세계화와 글로벌경제

김 관 호

博 英 社

머 리 말

불과 멀지 않은 과거와 비교하여 지금 우리 사회는 매우 개방적인 사회로 바뀌었다. 적어도 겉으로는 물적·인적 측면에서 외국과의 교류가 크게 확대되었고, 이러한 외형상의 변화를 보면서 우리는 이제 세계화된 세상에서 살고 있노라고 말하곤 한다. 그러나 내면적으로는 어떠한가? 과거보다는 좀 나아졌는지 모르지만 크게 변한 것은 없는 것 같다. 여전히 우리 것, 우리 나라, 우리 민족을 너무나 사랑하는(?) 정서가 강하다. 물론 이런 정서가 갖는 긍정적인 측면도 있지만, 세계화의 추세에서 우리의 발목을 붙잡는 요인이 되고 있기도 한 것이다. 외적으로는 상당히 세계화되었지만(본서에서 보겠지만 사실 외형상의 세계화도 상당히 뒤떨어져 있다), 내적으로는 그다지 세계화되지 못한 것이 우리의 모습이 아닌가 한다.

몇 년 전에 「세계화의 이해」라는 과목을 개설하고 이에 적합한 교재가 없을까 찾아본 적이 있다. 물론 세계화란 용어는 경제, 문화, 환경, 정치 등 다양한 측면에서 사용되는 용어이기는 하나, 저자가 그 강좌에서 다룰려고 했던 주제는 세계화의 핵심적인 측면이라 할 수 있는 경제적 측면에서의 세계화에 관한 것이었다. 따라서 당시 저자가 원했던 책은 '경제적 측면에서의 세계화'를 잘 정리해 놓은 교과서류의 책이었고, 당연히 이러한 책이 있을 것으로 생각했다. 그러나 놀랍게도 이러한 책을 찾을 수 없었다.

물론 세계화라는 주제를 다룬 많은 책들이 시중에 나와 있다. 그러나 이들은 교과서로는 적합한 것들이 아니었다. 교과서는 정론(正論)을 다루어야 한다. 그러나 이들 책들은 세계화의 단면만을, 그것도 다소 왜곡된 시각에서 세계화를 조망하는 것들이었다. 물론 세계화에 대한 올바른 이해가 충분히 형성되어 있는 사람들에게는 이런 류의 책들도 참고용으로 도움이 된다. 그러나 세계화에 관한 이해가 부족한 학생들이 이런 류의 책들부터 접하는 것은 결코 바람직하지 않은 것이다. 나무의 뿌리와 기둥을 먼저 보고, 그 다음에 잔가지와 잎들도 보아야 하는 것이다.

본서는 경제적 측면에서의 세계화에 관해 주류 경제학에서 논하고 있는 내용들을 정리하고 있다. 지금 우리 시대의 대학은 변화의 물결에 있으며, 그러다 보니 개설 과목들도 자주 바뀌고 있다. 저자도 대학강단에 선 지 그렇게 오래되지는 않았지만 많은 과목들을 담당하게 되었다. 「세계화의 이해」, 「국제경제관계 입문」, 「다국적기업과 외국인직접투자」, 「국제경제기구론」, 「국제통상 입문」, 「동아시아의 경제통합」, 「국제현안의 인식」 등등. 본서는 이러한 강좌에서 사용된 강의 노트들을 바탕으로 「세계화와 글로벌경제」라는 제목하에 새롭게 정리한 것이다.

본서가 지니고 있는 성격을 몇 가지 언급하기로 하자. 본서가 목표 대상으로 하고 있는 학생층은 주로 저급학년들의 학생들이다. 따라서 내용을 쉽게 해야 한다는 것을 염두에 두고 집필하였다. 그러나 집필을 마치고 나서 교정을 보면서 저자 스스로 내린 평가는 원래 의도한 만큼 쉬운 책은 되지 못했다는 것이었다. 그러나 쉽다는 것만이 절대의 미덕은 아닐 것이다. '적당히 쉬우면서도, 적당히 도전적인 것', 저자가 평가하는 본서의 등급이다.

본서는 경제학 서적이지만 경제학 전공자들만을 대상으로 하지 않는다. 오히려 경제학 비전공자들을 대상으로 염두에 두고 집필한 책이다. 경제학이 갖고 있는 한 가지 단점은 다른 사회과학 분야에 비해 학문의 벽이 좀 높다는 것이다. 그러다보니 경제에 관심도 많고 알고도 싶지만, 경제학 과목들에 학생들이 쉽게 접근하지 못하는 것이 문제라 할 수 있다. 본서는 경제학이 지니는 이러한 장벽을 최대한 낮추려고 노력하였다. 원래의 의도는 경제학 원론 과목을 수강한 학생이나 아닌 학생이나 별 차이 없이 접근할 수 있는 교재로 만들고자 했다. 그러나 이러한 의도 역시 그렇게 잘 충족된 것 같지는 않다.

본서는 크게 4부로 구성되어 있다. 제1부는 세계화의 개념, 역사, 추세 등을 다루고 있다. 제2부는 세계화라는 현상을 지배하는 이론적 논리에 대해 다루고 있다. 제3부는 지금 진행되고 있는 세계화의 가장 관심 있는 토픽이라 할 수 있는 세계화와 소득분배의 문제를 다루고 있다. 그리고 제4부에서는 세계화의 제도적 기반을 다루고 있다. 이 중 아무래도 제일 큰 비중을 차지하고 있는 부분은 제2부이며 그 중에서도 상품교역과 자유무역에 관한 논리 부분인 제4장이 제일 많은 지면을 차지하고 있다. 물론 이 부분은 기존의 국제무역론 교재들에서 다루어지는 내용이지만, 본서에서도 세계화의 논리로서 빼놓을 수는 없는 부분이다.

경제학 원론 정도를 수강한 학생들을 대상으로 하는 경우 한 학기에 본서의 내용을 전부 다룰 수 있을 것으로 본다. 그렇지 못한 경우, 특히 제4장의 내용을 다루는 데 상당한 시간이 필요한 경우, 한 학기에 다소 벅찰 수도 있을 것이다. 저자의 경우 경제학에 아직 입문하지 못한 다양한 학과의 학생들을 주로 대상으로 하는 상황에 있기 때문에 두 학기에 걸쳐 본서를 강의하고 있다. 또한 본서의 내용 중 좀 깊이 있는 부분들을 생략하면 교양과목의 교재로도 활용할 수 있을 것으로 본다. 경제학 전공의 고급학년의 경우에도 지금까지 배운 내용을 세계화라는 주제하에 정리할 수 있는 교재가 될 수 있을 것으로 본다.

본서가 세계화에 대한 올바른 이해를 형성하는 데 도움이 되었으면 한다. 본서의 집필을 격려해 주신 이성량 교수님께 감사의 말을 드린다. 또한 본서의 출판을 기꺼이 허락해 주신 박영사에 감사의 뜻을 표한다.

2003년 8월
김관호

차 례

제1부 세계화의 개념, 측정 및 추세

제1장 세계화의 개념

제2장 세계화의 측정

제3장 세계화의 역사 및 추세

제2부 세계화의 논리

제4장 상품의 이동과 자유무역의 이익

제 6 장 다국적기업과 글로벌경영

제 7 장　기술과 세계화

제 3 부　세계화와 소득분배

제 8 장　세계의 빈곤과 세계화

제9장 세계화와 국가간 소득격차

제10장 세계화와 국내 소득격차

제 4 부 세계화와 국제경제기구

제11장 글로벌 가버넌스와 국제경제기구

제12장 IMF와 국제통화제도

제13장 WTO와 세계무역체제

제14장 세계은행, OECD, UNCTAD

제15장 세계화와 지역경제통합

제1부 세계화의 개념, 측정 및 추세

제1장
세계화의 개념

세계화라는 용어는 분명히 우리 시대의 대표적인 화두라 할 수 있을 것이다. 정치, 경제, 사회, 문화, 과학기술 등 거의 모든 분야에서 공통적으로 가장 빈번히 사용되는 용어가 아닐까 한다. 또한 이 용어는 일상생활의 대화에서부터 학문 차원에 이르기 까지 광범위하게 쓰이는 용어이기도 하다.

그러나 '세계화가 무엇인가'라는 질문을 받았을 때 막상 대답이 쉽게 떠오르지 않는 것도 이 용어가 갖고 있는 특징이라 할 수 있을 것이다. 아니 보다 정확히 표현한다면, 누구든지 이에 대해 자신의 답을 제시할 수 있지만 그것이 적절한 답인지 자신할 수 있는 사람은 많지 않을 것이다.

우리는 세계화하면 보통 "국가간의 교류를 저해하는 각종 장벽들이 낮아지고 이로 인해 국가간의 교류가 크게 확대되는 현상"으로 생각한다. 이러한 장벽은 국가가 인위적으로 만든 장벽—예컨대 외국인, 외국 상품, 외국 자본의 국내 진입을 제한하는 각종 규제들—일 수도 있고, 국가간의 이동에 드는 비용이나 시간, 언어상의 차이, 또는 외국 문화의 수용을 배격하는 정서 등 자연적으로 존재하는 장벽일 수도 있을 것이다.

그러나 이러한 세계화의 개념을 좀더 깊이 생각해 보면 여러 가지 의문점을 갖게 된다. 국가간의 교류라고 하는 것은 지구상에 국가라는 존재가 등장한 이래로 있어 왔으며, 교류가 축소되는 시기도 있었겠지만 전반적인 역사적 추세는 지속적으로 교류가 확대되는 추세였을 것이다. 특히 과학기술의 지속적인 발전은 국가간의 통신 및 운송 비용을 계속 낮춤으로써 국가간의 교류를 확대시켜 왔을 것이다. 그러나 우리는 세계화 하면 이런 장기적인 추세가 아니라 최근에 진행되고 있는 고유한 현상으로 일반적으로 이해하고 있다. 그렇다면 장기적인 추세에 견주어 최근 급격한 변화가 일어나고 있단 말인가? 과거에 이러한 급격한 변화가 일어난 적은 없었단 말인가? 그리고 국가간의 교류가 어느 정도 급격히 확대될 때 우리가 세계화란 명칭을 부여할 수 있을 것인가?

또한 우리는 일반적으로 인접한 국가들간에 교류가 확대되는 현상을 세계화라 부르지는 않는다. 예컨대 유럽국가들간에 교류가 크게 확대되는 경우 이를 세계화라 부르지는 않는다. 지역주의화라고 하는 것이 이러한 현상을 표현하는 데 흔히 쓰이는 용어일 것이다. 즉 세계화라고 하는 용어에는 국가간의 교류 정도의 확대라는 측면과 함께 교류에 참여하는 국가들의 범위가 지리적으로 확산된다는 측면도 담겨져 있다고 할 수 있다.

한편 과거에도 우리는 세계화와 유사한 용어들을 사용해 왔다. 예컨대 국제화라든지, 경제적 측면에서는 경제통합이라든지 하는 용어들을 사용해 왔고, 물론 지금도 사용하고 있다. 그렇다면 세계화란 용어가 이들 용어와 구별해야만 하는 내용적 차이를 갖고 있는가? 아니면 용어의 단순한 대체일 뿐인가?

본장에서는 세계화의 전반적인 의미에 대해서 정리해 보도록 한다.

1. '세계화' 용어의 등장

우리가 사용하고 있는 세계화란 용어는 영어의 'globalization'이라는 단어를 번역한 용어이다. 그렇다면 'globalization'이라는 단어가 본격적으로 쓰이게 된 것은 언제 부터일까 하는 의문을 갖게 된다.

가장 권위 있는 영어사전의 하나라 할 수 있는 웹스터 사전(Marriam-Webster)은 각 단어가 사전에 등재된 연도를 기재해 놓고 있다. 그런데 'globalize'라는 단어의 경우 그 등재 연도가 1944년으로 나와 있다. 사전에 어떤 단어가 등재된다는 것은 그 단어가 어느 정도 사용될 때 이루어진다는 점에서 'globalize'라는 단어의 등장을 1940년대 전후로 추측해 볼 수 있을 것이다. 그리고 이 사전에서 이 단어의 의미는 "범위 혹은 적용에 있어 전세계로 확대되는 것"(to make worldwide in scope or application)으로 기술되어 있다.

즉 'globalization'이라는 단어 자체가 등장한 것도 그렇게 오래된 것은 아니다. 더욱이 이 단어가 본격적으로 사용되기 시작한 것은 매우 최근부터가 아닌가

한다. 정확한 시점을 찾기는 어렵지만 저자의 기억으로는 적어도 1990년대 초반까지만 해도 그다지 사용되지 않는 단어가 아니었던가 한다. 아마도 이 단어가 본격적으로 쓰이기 시작한 것은 1990년대 중반 이후가 아닌가 한다. 기업계, 정부, 학계 등 세계 경제 지도자급이 모여 세계경제의 최신 현안을 논의하는 모임으로서, 매년 스위스 다보스에서 개최되고 있는 세계경제포럼(World Economic Forum)의 1996년 의제가 '지속적 세계화'(sustaining globalization)였던 것을 보면 이 단어가 이 즈음에 부각했음을 알 수 있다. 그리고 동아시아에서 외환위기가 있었던 1997년 후반기에 이미 이 단어는 세계에서 가장 유행하는 단어의 하나가 되어 있었다.

'globalization'이라는 용어가 1990년대 중반 이후 본격적으로 사용되기 시작했다는 것은 이 시점에 즈음하여 이 용어가 의미하는 현상이 본격적으로 관심의 대상이 되기 시작했다는 바를 함의한다. 그런데 흥미있는 점은 우리나라에서 '세계화'라는 용어가 전면적으로 등장한 것은 1994년경이라는 것이다. 그리고 당시 사용되었던 '세계화'라는 용어는 'globalization'의 번역으로서 등장한 것이 아니라는 것이다. 즉 당시 우리 정부는 국정의 새로운 지표로서 '세계화'라는 생소한 용어를 제시하였던 것이다. 1995년 세계화추진위원회에서 발간한 「세계화의 비전과 전략」이라는 보고서에서는 세계화의 개념을 다음과 같이 제시하고 있다.

> … 지난 20세기 내내 인류의 갈등과 분열을 부채질하고 자유를 속박했던 이데올로기와 이념의 대립에 기초한 세계질서는 이제 자유와 평화, 그리고 민주주의에 기초한 새로운 세계질서로 대체되어야 한다. 세계화란 이 변화를 주도하는 요인이자 미래를 위한 선택의 방향인 것이다. 요컨대 세계화란 정치, 경제, 사회, 문화의 모든 분야에서 상호의존성이 깊어져 실질적인 지구촌 공동체가 형성되고 있음을 의미한다. 인류 역사상 처음으로 이 지구촌 공동체를 하나의 단위로 삼아 평화와 공동번영의 새로운 문명을 창조해 나가는 시대, 그것이 바로 세계화의 개념에 각별한 의미를 부여하는 이유이다.

이 보고서에서 제시하고 있는 세계화의 개념은 다음에서 소개할 세계화의 개념, 즉 'globalization'의 번역어로서의 세계화의 개념과 그다지 차이가 없다. 그리고 세계화라는 현상이 아직까지 세계적으로 크게 부각되지 않던 당시 상황에서 세계화 시대의 도래를 판단하고 이에 대한 대응을 국정지표로 제시했다는 것은 어떻게 보면 놀라울 정도의 탁월한 식견이라 할 수 있다. 그러나 유감스럽게도 훌륭한 발상이 적절한 정책 수립으로 연결되기보다는 당시 정치적인 상황에 이용됨으로써, 한동안 우리 사회에서 세계화라는 용어가 매우 왜곡된 의미로서 이해되었다는 것이다.[1] 우리 사회에서 이런 왜곡된 의미로서의 세계화가 아니고 보편적 의미로서의 세계화란 용어가 등장한 것은 역시 1990년대 중반 이후라 할 수 있을 것이다.

2. 세계화의 개념

세계화의 개념에 대한 가장 명쾌한 제시는 Keohane과 Nye(2000)의 정의가 아닌가 한다. 본절에서는 이들이 정의하고 있는 세계화의 개념을 소개하기로 한다.

이들은 세계화란 세계주의가 증대되어 가는 과정으로 정의하고 있다. 그러면 이들이 말하는 세계주의(globalism)[2]란 무언인가? 세계주의란 여러 대륙에 있는 국가들이 서로간의 상호의존이라는 네트워크를 형성하고 있는 세계 상황이라 정의하고 있다. 그리고 이러한 네트워크는 상품과 자본, 정보와 지식, 인력, 환경물질 등의 흐름을 통하여 형성된다.

즉, 세계주의는 네트워크이다. 그리고 네트워크라 함은 다수의 국가들을 연결하는 다수의 관계(multiple relationship)를 말한다. 따라서 미국과 일본간의 경제적 관계 또는 군사적 관계는 이러한 네트워크를 구성하는 하나의 연결선일 뿐, 그 자체가 세계주의는 아니다.

그런데 이러한 네트워크는 다수의 대륙에 걸쳐 형성되어야 한다. 이들은 이를 다대륙적 거리(multicontinental distance)라 언급하고 있다. 따라서 어떤 특정 지역에 속한 비교적 인접한 국가들간의 네트워크는 지역주의(regionalism)지 세계주의가 아니다.

그리고 이러한 네트워크는 다양한 성격의 관계를 통해 형성된다. 즉 세계주의는 다원적 현상(multidimensional phenomenon)이다. 이들은 이를 경제적 세계

1) 렉서스와 올리브 나무 「역자 후기」 참조.

2) 사전을 찾아보면 일반적으로 globalism이란 단어는 전세계를 정치적 영향권으로 취급하는 국가정책으로 정의되어 있다. 따라서 여기서 사용되고 있는 globalism이란 용어는 사전상의 정의와는 다른 개념이다.

주의, 군사적 세계주의, 환경적 세계주의, 그리고 사회 · 문화적 세계주의의 네 가지 유형으로 구분하고 있다. 경제적 세계주의는 상품, 서비스, 자본, 그리고 거래와 관련된 정보 및 인식의 흐름으로 연결된 네트워크이다. 군사적 세계주의는 국가간의 군사적 상호의존관계에 의해 형성된 네트워크이다. 이러한 의존관계는 협력적 관계일 수도 있고 대치적 관계일 수도 있다. 환경적 세계주의는 생화학적 물질의 흐름을 통해 형성되는 네트워크이다. 사회 · 문화적 세계주의는 사고, 정보, 형상 그리고 이를 소유하고 있는 사람들의 이동에 의해 형성된 네트워크이다. 그리고 이의 소분류로서, 권력과 통치에 관한 사고와 정보의 흐름으로 구성된 네트워크를 정치적 세계주의라 지칭하고 있다.

요컨대 이들이 정의하는 세계주의는 다수의 관계, 다지역적 거리, 그리고 다원적 형태라는 세 가지 '다'(multi)의 성격을 지니고 있는 네트워크이다. 그리고 세계화란 이러한 세계주의의 정도가 증대되는 과정을 지칭하고 있다. 반대로 세계주의가 약화되는 경우, 이를 반세계화(deglobalization)라 명칭하고 있다.

이들의 정의에 따르면 세계화는 세계주의의 변화 방향만을 구분하는 개념이다. 즉 세계주의가 단기간에 급격히 증대하든, 장기간에 걸쳐 완만히 증가하든 모두 세계화이다. 따라서 이들은 세계화는 태고부터 있었던 현상이며, 최근에 진행되고 있는 현상만을 세계화로 지칭하는 것은 적절치 않다고 지적하고 있다. 단 이들은 세계주의 정도의 증대 정도에 따라 "얇은 세계화"(thin globalization)와 "두꺼운 세계화"(thick globalization)란 명칭을 부여하고 있다. 예컨데 실크로드를 통해 이루어졌던 아시아와 유럽간의 경제적 · 문화적 교류의 경우, 교류의 규모나 교류에 참여한 사람들의 규모도 크지 않았고 교류가 극히 소수 계층의 소비에만 영향을 미쳤다는 점에서 얇은 세계화라 부르고 있다. 반면 최근의 세계금융시장에서 이루어지고 있는 거래는 규모뿐만 아니라 이로 인해 영향을 받는 사람들의 규모와 지리적 범위가 엄청나다는 점에서 두꺼운 세계화라 부르고 있다.

즉 우리가 일반적으로 이해하고 있는 세계화란 이들이 두꺼운 세계화라 지칭하고 있는 세계화라 할 수 있다. 그리고 이는 세계주의라는 네트워크가 특히 심화되는—내용과 범위에 있어—과정이라 할 수 있을 것이다.

3. 세계화와 국제화

우리는 세계화라는 용어가 보편화되기 이전 국제화라는 용어를 많이 사용했었다. 예컨대 지금 우리 경제의 세계화, 세계화의 추세 등을 언급하는 것처럼 얼마전만 해도 우리 경제의 국제화, 국제화의 추세 등과 같은 문구를 빈번히 사용했었다. 그렇다면 세계화란 용어는 국제화란 용어를 단순히 대체한 용어일 뿐인가? 아니면 양 용어간에 의미상의 차이가 있는가?

세계화와 국제화의 차이가 무엇인가? 라는 질문에 대해 국제화가 더욱 진척된 단계가 세계화다라고 답하는 경우를 자주 본다. 국제화란 용어를 많이 사용했던 시기에 비해 세계화라는 용어를 주로 사용하고 있는 현 시점에 국가간의 교류가 보다 활발히 이루어지고 있으니, 양 용어는 교류의 정도 차이를 반영하는 것이 아닌가 하는 추측을 할 법하다. 일견 일리가 있는 답이라 할 수도 있다.

세계화가 globalization의 번역어인 것처럼, 국제화 역시 internationalization이라는 영어 단어를 번역한 용어이다. 그런데 두 영어 단어를 유심히 살펴보면 분명한 차이점이 눈에 들어온다. 즉, 두 단어 모두 어떤 상황으로의 변화를 묘사하는 단어인데, 세계화는 지향하는 변화의 방향이 세계 또는 지구인 반면, 국제화는 국가간의 연결이라는 것이다. 즉 단어만을 놓고 보면 국제화는 국가간의 연계고리가 강화되는 방향으로의 변화라 할 수 있으며, 세계화는 분리되어 있는 지구상의 모든 국가들이 마치 하나의 국가처럼 통합되는 방향으로의 변화라 할 수 있을 것이다.

우리는 흔히 세계화를 국경의 무의미화 또는 국경의 소멸 과정 등으로 표현하곤 한다. 반면 국제화는 국가와 국가를 분리하는 국경이라는 존재를 당연한 전제로 하여, 국가간의 교류 확대를 통해 서로간의 연계 정도가 심화되어 가는 과정이라 할 수 있다. 즉 국제화와 세계화의 개념상의 차이를 굳이 찾아본다면 그 차이는 바로 국경이라는 존재를 보는 시각에 있다고 볼 수 있을 것이다.

이런 식으로 양 용어를 차별하는 경우, 한 가지 예를 들어 기업활동의 측면에서 국제화와 세계화는 다음과 같이 설명될 수 있을 것이다. 기업활동의 국제화란 국내와 해외를 기본적으로 구분하는 시각하에 기업활동을 전개하는 것이라 할 수 있으며, 수출이나 초보적인 단계의 해외투자 활동 등이 이에 해당된다고 볼 수 있을 것이다. 반면 기업활동의 세계화란 국내와 해외를 기본적으로 구분하지 않는 시각하에 기업활동을 전개하는 것이라 할 수 있을 것이다. 즉 세계 전체를 하나의 영업 무대로 보고, 세계에서 생산자원을 조달하고 가장 효율적으로 생산할 수 있는 곳에서 생산하며, 세계시장을 상대로 한 마케팅을 하는 등 이른바 글로벌 경영을 하는 것이라 할 수 있을 것이다. 우리가 뒤에 자세히 보겠지만 바로 다국적기업의 고도화된 기업활동이 이에 해당된다고 볼 수 있을 것이다.

한편 세계화와 역시 관련된 용어로서 우리는 개방화 내지 자유화(liberalization)라는 용어를 자주 언급한다. 그러나 이 용어는 세계화와는 분명히 구별될 필요가 있는 용어라 할 수 있다. 자유화란 국경간의 이동을 막는 규제라는 장벽을 제거해나가는 과정이라 할 수 있다. 우리는 앞에서 세계화란 다수의 국가들간에 교류의 확대를 통해 의존성이 심화되어 가는 과정이라 정의한 바 있다. 이러한 변화는 국가간의 교류를 저해하는 인위적인 규제 장벽의 완화를 통해서도 촉진될 수 있지만, 단순히 운송 및 통신 기술의 발전, 또는 사람들의 인식 변화를 통해서도 이루어질 수 있을 것이다. 따라서 자유화라고 하는 것은 세계화의 중요한 원동력이라 할 수 있지만, 세계화 그 자체는 아니라고 보는 것이 적절할 것이다.

그러나 우리가 뒤에 세계화의 추세에서 자세히 살펴보겠지만, 세계화의 진행, 특히 경제적 측면에서의 세계화의 진행은 자유화, 즉 개방화의 진행과 매우 밀접히 연관된다. 그리고 자유화는 세계화 보다 감지하기 쉬운 변화의 척도일 수 있다. 따라서 자유화를 세계화의 대리 지표로서 사용하는 경우를 자주 본다.

4. 세계화 체제

세계화는 변화의 과정으로 이해하는 것이 타당하다. 그러나 세계화를 이러한 변화뿐만 아니라 변화의 결과로서 드러나는 모습을 묘사하는 개념으로 이해하는 경우도 있다. 학술적 저서는 아니지만 뉴욕 타임즈 기자인 토마스 프리드만의 「렉서스와 올리브나무」는 세계화를 이런 시각에서 조망하고 있는 대표적 저작이라 할 수 있다.

그는 세계화를 2차 대전 이후 40여 년간 지속된 냉전 체제를 대체하는 새로운 세계 체제, 즉 탈냉전 시대의 세계 체제로서 묘사하고 있다. 즉 냉전 체제는 이른바 냉전의 논리가 모든 국내, 국제 문제를 지배했던 체제라면, 탈냉전 시대에는 세계화의 논리가 지배적 논리가 되고 있으며, 이로 인해 세계화 체제(globalization system)라는 새로운 세계 체제가 등장하고 있다는 것이다. 그렇다면 그가 언급하고 있는 세계화의 논리란 무엇인가? 그는 비경제적 논리가 만연했던 냉전 체제와 달리, 세계화 체제는 바로 자본주의 시장경제의 논리, 효율성의 논리, 그리고 경쟁의 논리가 지배하는 체제라고 해석하고 있다.

또한 냉전 체제는 국가간의 높은 장벽이 만연하여 국경간 이동이 어렵고, 이로 인해 국경에 따라 국가를 분리하는 사고가 지배했던 체제라면, 세계화 체제는 국경이라는 장벽이 갖는 의미가 줄어들면서 국경을 초월하는 통합적 사고가 지배하는 체제라고 대비하고 있다. 권력이라는 측면에서도 냉전 체제는 권력이 집중되는—세계무대에서는 미·소 양국에, 그리고 국내에서는 중앙정부에—체제라면, 세계화 체제는 권력이 분산되는—국가간에, 국가와 세계 시장간에, 정부와 시민간에—체제라 대비하고 있다. 이밖에 냉전 체제는 군사기술이 지배했던 체제라면, 세계화 체제는 정보통신기술이 지배하는 체제라 할 수 있으며, 냉전 체제가 정적인 체제라면, 세계화 체제는 동적인 체제라고 묘사하고 있다.

그는 세계에서 일어나는 모든 문제들이, 비록 순수한 국내문제 같이 보일지라도, 세계화라는 배경과 연계된다는 점을 강조하고 있다. 지나치게 세계화를 과대평가하고 확대해석하는 측면도 있지만, 그가 제시하는 흥미있고 다양한 사례들은 그의 논리를 상당히 뒷받침하고 있다.

그런데 우리가 굳이 이 책의 내용을 언급하지 않더라도, 세계화 하면 많은 사람들이 머릿속에 생각하는 것은 바로 자유시장경제 또는 자본주의의 모습일 것이다. 그리고 세계화에 관한 많은 논쟁을 살펴보면, 국가들간의 교류 확대라는 그런 측면에서의 세계화에 관한 논쟁이라기 보다는 자유시장경제 또는 자본주의의 장단점에 관한 논쟁인 경우를 자주 본다. 그리고 정치학이나 정치경제학의 영역에서는 세계화를 냉전의 종식 이후 자유시장경제가 범세계적으로 확산되는 현상으로 정의하는 경향도 있다. 즉 탈냉전으로 구사회주의 국가들의 시장경제 체제로의 전환이 진행되고, 사회주의 체제의 비효율성에 대한 인식이 확대되고, 그리고 경제적 측면에서의 경쟁 격화와 경제적 풍요에 대한 가치 비중이 확대되면서, 효율성의 추구를 최대의 가치로 삼는 이른바 신자유주의 이념이 범세계적으로 확산되는 현상으로 세계화를 이해하는 경향이 있다는 것이다. 이에 따르면 최근 각국에서 진행되고 있는 정부 규모의 축소, 규제완화, 민영화 등은 세계화의 대표적 단면인 것이다.

그러나 경제학의 영역에서는 일반적으로 세계화를 이렇게 확대해석하지 않는다. 제 3 장에서 보겠지만 경제학의 영역에서는 지금 진행되고 있는 세계화를 유일한 세계화로 보지 않는다. 19세기 말에도 지금의 세계화에 필적할 만한 세계화 현상이 진행되었다고 보고, 그때의 세계화를 제 1 차 세계화, 그리고 지금의 세계화를 제 2 차 세계화로 부른다. 그런데 19세기 말의 세계화에 자유시장경제의 확산과 같은 현상이 수반되었다고 보기는 어렵다. 요컨대 경제학의 영역에서 일반적으로 정의되는 세계화는 국가간의 교류 확대를 통해 세계경제가 통합되어 가는 현상일 뿐이다.

세계화에 관한 논쟁은 상당 부분 이 개념에 대한 정의 내지 이해가 사람들간에 다른 데서 비롯됨을 본다. 사회 · 문화의 영역에서는 세계화를 미국화(Americanization)라는 용어와 거의 동일하게 사용하는 경우도 본다. 즉 미국의 문화가 세계로 확산되는 현상, 그리고 더 나아가 미국의 문화가 세계의 지배적인 문화로서 보편화되는 현상으로 이해하는 경향이 상당히 강하다. 본서에서는 문화의 세계화 문제에 대해 논하지는 않는다. 이에 관심 있는 독자들은 서점이나 인터넷에서 이에 관한 책자나 논문을 쉽게 찾아볼 수 있을 것이다.[3] 저자가 여기서 단지 언급하려고 하는 것은 각 분야간에 있어 세계화에 대한 정의 및 이해가 다름으로서 공허한 논쟁이 벌어지는 경우가 많다는 것이다.

그래서 하바드 대학의 Rodrik 같은 학자는 경제학의 영역에서는 세계화라는 용어보다는 세계경제통합이라는 용어를 사용할 것은 제안하기도 한다. 세계화에 관한 그의 저명한 한 논문[4]에서 세계화라는 용어 대신 '세계경제통합'(international economic integration)이라는 용어[5]를 사용하면서, 그 이유를 두 가지 들고 있다. 첫째, 세계화란 용어는 분석자에 따라 그 의미가 다르게 사용되고 있고, 둘째, 세계화는 마치 가치판단의 문제처럼 이해되고 있다는 것이다. 반면 세계경제

3) 앞서 언급한 「렉서스와 올리브나무」에도 문화의 세계화에 대해 적절히 기술되어 있다.

4) 'How far will international economic integration go?' *Journal of Economic Perspective*, Vol 14, No. 1, Winter 2000.

5) 이 용어 자체만의 보다 정확한 번역은 국제경제통합이라 할 수 있겠지만, 이 논문의 내용에 맞는 번역은 세계경제통합이라 할 수 있을 것이다.

통합이란 용어는 유행성은 떨어지지만 적어도 경제학자들에게는 그 의미가 보다 분명히 전달되고, 또한 적어도 경제외적인 측면에서의 가치판단 논쟁에서 벗어날 수 있다는 점에서 보다 적절한 용어라는 것이다.

세계화에 대한 재미있는 표현

「렉서스와 올리브나무」에서 토마스 프리드만은 세계화 체제와 냉전 체제를 재미있는 표현으로 비교하고 있다.

- 냉전 체제의 상징이 장벽이라면, 세계화 체제의 상징은 www이다.
- 냉전 체제의 대표적 공식이 아인슈타인의 질량과 에너지 등식 $e=mc^2$이라면, 세계화체제의 대표적 공식은 무어의 법칙이다.
  * 무어의 법칙: 인텔의 공동설립자인 무어(Moore)는 1965년에 컴퓨터의 성능이 18-36개월마다 2배씩 늘어날 것이라 예측
- 냉전 체제에서 가장 흔한 질문이 "당신의 미사일이 얼마나 무거우냐?"라면, 세계화 체제에서 가장 흔한 질문은 "당신의 모뎀은 얼마나 빠르냐?"이다.
- 냉전 체제에서 핵심적인 경제학자가 맑스와 케인즈라면, 세계화 체제의 핵심적인 경제학자는 슘페터와 엔디 글로브(전 인텔 사장)이다.
  * 맑스가 자본주의 종말을 예언한 학자라면 케인즈는 자본주의의 문제점을 극복하고 자본주의를 되살린 학자라 할 수 있다. 슘페터는 경제발전에서 기술혁신의 역할을 강조한 학자이다.
- 냉전 체제를 운동에 비유하자면 스모 레스링이다. 세계화 체제를 운동에 비유하면 100미터 달리기이다.
  * 스모 레스링의 경우 거구 두 명이 씨름판의 원 안에서 온갖 몸짓과 각종 의식을 행하지만, 이들이 실제 맞부딪치는 것은 승부를 가름하는 최후의 몇 초일 뿐이며, 이때 패자는 원 밖으로 밀려난다. 하지만 여기서 죽거나 치명상을 입는 사람은 아무도 없다. 반면 세계화는 끊임없이 반복되는 100미터 달리기다. 그동안 몇 번을 이겼든 상관없이 그 다음날도 여지없이 또 경주에 나서야 하는 게임이다. 게다가 100분의 1초만 뒤져도 한시간 뒤진 것처럼 느껴진다.

- 냉전 체제가 '친구'와 '적'의 세계라면, 세계화 체제는 친구와 적이 모두 '경쟁자'로 바뀌는 세상이다.
- 냉전 체제에서 정부공직자 중 가장 중요한 인물이 군비통제협정을 이끌어 내는 협상가라면, 세계화 체제에서 가장 중요한 공직자는 무역협상에 나서는 협상가이다.
- 냉전 체제에서 대표적인 공포는 당신이 잘 알고 있는 적에 의해 멸종되는 것이었다. 세계화 체제에서 대표적인 공포는 당신이 보거나, 만지거나, 느낄 수 없는 적의 급속한 변화이다.

5. 경제적 의미의 세계화

본서에서 다루는 주제는 경제적 측면에서의 세계화이다. 이는 앞에서 언급한 세계화의 정의에 따르면 국가들간에 경제적 교류가 내용적으로는 더욱 깊어지고 지리적으로는 더욱 확산되는 현상, 그리고 이러한 변화의 현상이 비교적 급격하게 진행되어 장기적인 변화의 추세에 견주어 뚜렷이 부각되는 경우를 특히 지칭할 수 있을 것이다.

그렇다면 여기서 경제적 교류라 함은 보다 구체적으로 무엇을 언급하는가? 우리는 크게 세 가지 차원에서의 경제적 교류를 생각해 볼 수 있다. 첫째, 최종 생산물인 상품의 교류이다. 상품은 유형의 것으로 재화와 무형의 것으로 서비스로 구분되며, 소비자의 소비 대상으로서 소비재와 생산자가 생산에 사용하는 대상으로서 생산재로 구분될 수도 있다. 둘째, 이러한 재화와 서비스를 생산하기 위해 사용되는 요소, 즉 생산요소의 교류이다. 우리는 보통 자본, 노동, 토지를 3대 생산요소라 한다. 그런데 이 중 토지는 사실상 물리적으로 고정된 요소로서 이동의 대상이 될 수 없을 것이다. 따라서 생산요소의 교류라 함은 바로 자본과 노동의 교류라 할 수 있다. 셋째, 생산요소와 최종 생산물을 연결하는 고리는 생산기술이며, 생산기술 역시 중요한 경제적 교류의 대상이다. 넷째, 경제적 정보의 교류이다. 외국에는 어떤 상품이 있고, 이런 상품이 어떤 가격에 팔리는지 하는 것은 소비에 관한 정보이다. 외국에는 어떤 기업이 있고 그 기업의 투자가치는 얼마나 되는지 하는 것은 투자에 관한 정보이다. 또는 다른 나라의 경제상황은 어떤지 등과 같은 일반적인 경제정보도 있다. 이러한 정보 역시 중요한 경제적 교류의 대상이라 할 수 있다.

그러면 경제적 측면에서의 세계화에 대한 정의는 앞절에서도 언급한 경제통합이라는 용어와는 어떻게 구별되는가? 경제통합이라는 용어 역시 획일된 정의가 있는 것은 아니다. 그러나 보통 경제통합이라 함은 '지리적으로 인접한 2국 이상의 국가들간에 상품 및 생산요소의 자유로운 이동을 보장하는 조치 등을 통해 보다 광역의 시장을 형성하는 것'으로 이해되고 있다. 이러한 경제통합의 정의와 세계화의 정의간에는 약간의 차이가 있다고 볼 수 있다. 일단 경제통합은 보통 지역경제통합을 의미하는 데 반해 세계화는 전세계를 대상으로 한 통합을 의미한다고 할 수 있다. 또한 경제통합은 보통 국가간의 인위적인 교역 장벽의 철폐 과정으로 이해된다.[6] 세계화 역시 국가간의 인위적인 교역 장벽의 철폐가 중요한 원동력이 되지만 앞에서도 언급한 바와 같이 운송 및 통신 기술의 발전에 따른 결과로서 진행될 수도 있다. 그러나 우리가 용어상의 이런 차이에 지나치게 연연할 필요는 없을 것 같다. 따라서 경제적 측면에서의 세계화란 경제통합이 범세계적 차원에서 이루어지는 이른바 '글로벌 경제통합'(Global Economic Integration)이란 용어와 거의 대체적으로 쓰여도 무방할 것이다.

정리하면 본서에서는 세계화를 "국가들간에 교류를 저해하는 각종 장벽들이 완화되어, 상품, 생산요소, 기술, 정보 등 경제적 교류가 내용적으로 확대되고 지리적으로 확산되는 변화의 과정이 뚜렷이 목격되는 것"으로 파악하며, 글로벌 경제통합이란 용어와 무차별적으로 사용하기로 한다. 그리고 이러한 세계화의 무대가 되는 지구촌 경제를 글로벌 경제라 지칭하기로 한다.

---

6) 경제통합을 보다 넓게 해석해서 국가간의 인위적인 교역장벽의 철폐에 따른 통합뿐만 아니라 민간경제주체의 이윤 동기에 따른 활동의 결과로 교역이 특정지역에 집중되어 지역경제권을 형성하는 현상까지도 포함하기도 한다. 전자를 제도적 통합 또는 공적 통합, 후자를 시장주도형 통합, 기능형 통합 또는 사적 통합 등으로 지칭한다.

제 2 장
세계화의 측정

우리는 세계화라는 현상이 당연히 지금 진행되고 있는 것으로 받아들이고 있다. 그러나 세계화라 부를 만한 급격한 변화가 정말로 진행되고 있는가? 아니면 혹자가 말하는 것처럼 세계화는 유행을 좋아하는 사람들의 조어일 뿐 허구에 불과한 것인가? 우리는 다음 장에서 세계화의 역사와 추세를 통해 이러한 근본적인 질문에 대해 고찰할 것이다.

앞장에서 언급한 것처럼 세계화란 변화의 과정이다. 이러한 변화를 단순한 느낌이나 경험을 통해 물론 감지할 수도 있을 것이다. 그러나 우리는 이러한 변화를 객관적인 계량화된 수치를 통해 파악하기를 원한다. 특히 장기적인 추세의 파악을 위해서는 계량화된 지표가 필수 불가결하다.

본장에서는 제 3 장에서 세계화의 역사 및 추세를 살펴보기 위한 준비과정으로서 세계화를 측정하는 방법에 대해 살펴보고자 한다. 세계화의 진행을 파악하기 위해서는 상품, 생산요소, 기술, 그리고 더 나아가 경제적 정보의 교류 등의 변화를 측정해 보면 될 것이다. 얼핏보면 쉬운 작업일 것 같이 보이지만, 실제 세계화의 정도를 측정하는 데에는 여러 가지 난해한 문제가 존재한다. 우선 생각해 볼 수 있는 것은 적절한 통계수치를 구할 수 있는가 하는 것이다. 최근에는 국가간 교역에 관한 풍부한 통계자료들이 제시되고 있지만 과거에는 그렇지 못했다. 특히 자본이동에 관한 과거의 통계자료는 매우 빈약하다. 또한 시점과 시점간에 세계화의 변화 정도의 측정뿐만 아니라, 어느 시점에 세계화의 진행정도, 즉 세계화의 절대적 수준을 파악할 수 있다면 더욱 좋을 것이다. 그렇다면 우리는 현재 세계화의 정도가 높은가 낮은가 하는 평가를 해 볼 수도 있을 것이고 앞으로 세계화가 어느 정도 더 진행될 것인지 예측해 볼 수도 있을 것이다. 그러나 이러한 절대적 수준의 측정이 가능할 것인가? 그리고 상품이동, 생산요소, 기술, 정보 등 개개의 구성 요소별로 세계화 관련 지표를 구할 수 있다고 해도 이를 통합하여 하나의 세계화 지표를 만들 수 있을 것인가?

본장에서는 세계화의 가장 중요한 두 가지 요소라 할 수 있는 상품이동과 자본이동을 중심으로 하여 세계화를 측정하는 방법을 고찰하기로 한다.

1. 상품이동 측면에서의 세계화 측정

상품이동 측면에서의 세계화를 측정하는 방법은 물량지표를 통한 방법과 가격지표를 통한 방법으로 나누어 생각해 볼 수 있다.

(1) 물량지표를 통한 측정

아마도 세계화에 관한 지표로서 가장 흔히 볼 수 있는 것은 '교역도' 지표일 것이다. 한 나라의 교역도는 연간 교역규모(수출액과 수입액의 합)를 그 해의 GDP(국내총생산액)로 나눈 수치를 말한다. 예컨대 1999년 우리나라의 총 수출액(재화 및 서비스)은 1,720억 달러, 총 수입액은 1,440억 달러, GDP는 4,070억 달러로, 교역도는 0.77이다.

한 나라의 교역규모는 당연히 그 나라가 얼마나 외국과 활발하게 교류하고 있는가를 보여 주는 수치라 할 수 있다. 그런데 교역규모 그 자체를 세계화의 지표로 사용하지 않고 교역규모를 GDP로 나눈 교역도를 지표로 사용하는지는 쉽게 이해할 것이다. GDP는 한 나라의 경제규모를 나타내는 수치이다. 그리고 경제규모가 클수록 교역의 절대규모도 클 것이다. 예컨대 GDP 규모가 9,900억 달러에 이르는 중국의 경우 교역액이 4,080억 달러인 데 반해, 싱가포르의 경우 GDP는 850억 달러, 교역액은 2,600억 달러이다. 교역의 절대적 규모는 중국이 훨씬 크지만, 중국이 싱가포르보다 더 개방되어 있고, 외국과의 교역이 활발하다고 보는 사람은 없을 것이다. 싱가포르는 세계에서 가장 개방되어 있고 외국과의 교류가 많은 도시 국가임을 우리는 잘 알고 있다. 교역도를 비교해 보면 중국은 0.41인 데 반해 싱가포르는 무려 3.05에 이른다.

어느 나라에 있어 기준연도에 비해 비교연도의 교역도가 증가했다면 그 나라가 외국과의 교류 정도가 심화되었다고 말할 수 있을 것이고, 이를 우리는 상품이동의 측면에서 그 나라의 세계화 정도가 진척되었다고 부른다. 그리고 교역도의 국가간의 비교를 통해 어떤 나라가 보다 세계화되었는지 평가할 수도 있을 것이다. 범세계적인 차원에서는 전세계의 교역도, 즉 전세계의 교역액을 전세계의 GDP로 나눈 수치, 즉 세계 교역도를 통해 세계화의 정도를 측정할 수 있을 것이다. 1999년 세계의 GDP는 30조 달러, 교역액은 14조 달러로 교역도는 0.46이다. 반면 1990년 세계의 교역도는 0.4였다. 따라서 우리는 1990년대에 상품이동 측면에서 세계화가 진척되었다고 말할 수 있을 것이다.

그렇다면 이러한 수치들은 어느 정도 세계화가 진척된 정도라고 볼 수 있을 것인가? 분명한 것은 세계화가 전혀 이루어지지 않는 경우, 즉 국가간에 교역이 전혀 없는 경우 교역도는 0일 것이다. 반대로 국가간에 교역장벽이 전혀 없는 경우 — 인위적인 장벽뿐만 아니라 운송 · 통신 등 기술적 장벽도 전혀 없는 경우 —, 그리고 모든 정보가 지구촌 시민들에게 완벽하게 공유되는 경우, 교역도는 얼마가 될 것인가? 이런 세상이 존재한 적이 없고, 앞으로도 이런 세상이 도래할 가능성은 없으므로, 이런 질문 자체가 어리석은 질문일 수도 있다. 그러나 우리가 이런 가상적인 상황을 세계화의 최정점으로 설정하고, 이런 상황에서의 교역도를 추측해 보는 것은 의미가 있을 것이다.

Frankel(2000)은 이에 관한 매우 흥미 있는 수치를 제시하고 있다. 예컨대 미국의 경우를 생각해 보자. 미국의 총생산액은 전세계 총생산액의 약 $\frac{1}{4}$을 차지하고 있다. 이는 전세계에 존재하는 모든 상품의 $\frac{1}{4}$이 미국 영토 내에서, 나머지 $\frac{3}{4}$은 미국을 제외한 여타국들에서 생산된다는 의미라 할 수 있을 것이다. 그러면 앞에서 설정한 그런 가상적인 세상에서 미국의 교역도는 얼마가 될 것인가? 그런 가상적인 세상에서 지구촌 시민의 소비 패턴은 모두 똑같을 것이다. 즉 개인의 총소비에서 미국 상품이 차지하는 비중은 $\frac{1}{4}$, 미국 외의 상품이 차지하는 비중은 $\frac{3}{4}$이 될 것이다. 즉 미국의 총수입액을 미국의 GDP로 나눈 수치는 0.75가 될 것이다.[1] 그러면 미국의 $\frac{\text{총수출액}}{\text{GDP}}$은 얼마일 것인가? 미국에서 만들어지는 상품의 $\frac{1}{4}$ 만이 미국인들에 의해 소비되고 나머지 $\frac{3}{4}$은 미국 외의 국민들에 의해 소비될 것이므로, 역시 그 수치는 0.75일 것이다.

1) 한 나라의 GDP는 그 나라 국민의 총소득이기도 한 것을 여러분은 잘 알고 있을 것이다.

Frankel은 현재 미국의 동 수치가 0.12로 가상적인 수치의 $\frac{1}{6}$밖에 되지 않음을 지적하고 있다. 다시 말해 미국의 세계화 정도는 앞으로도 6배 정도 확대될 수 있다는 것이다. 여타 국가들도 마찬가지다. 세계의 국가들의 평균 GDP는 전세계 GDP의 0.5% 수준이다. 따라서 앞에서 언급한 가상적인 세계에서 평균적인 국가의 $\frac{\text{총수출액}}{\text{GDP}}$ 수치는 0.995에 이르러야 할 것이다. 그러나 싱가포르와 홍콩의 2개 국을 제외한 모든 국가들은 이 수치에 훨씬 못 미치고 있다.[2)]

여기서 그가 언급하려고 하는 것은 현재 세계화의 정도가 아직까지 그렇게 높은 것이 아니라는 것이다. 우리는 마치 현재 우리가 세계화의 정점에 이른 세상에 살고 있는 것처럼 과장하여 표현하는 경우를 자주 듣는다. 그러나 아직도 세계화의 진로는 멀고도 멀다는 것이다.

(2) 가격지표를 통한 측정

교역도는 한 나라가 얼마나 외국과 활발하게 교류를 하고 있는 가를 보여 주는 수치이다. 그런데 이 수치가 반드시 그 나라가 얼마나 자유롭게 외국과 교류하고 있는지를 보여 주는 수치라 볼 수는 없다. 예를 들어 두 개의 국가로 구성된 세계를 가정해 보자. 처음에 이들 국가가 국경을 완전 봉쇄한 채 자급자족을 했다고 하자. 그런데 우연히도 이런 자급자족 상태에서 모든 제품의 가격이 양국에서 똑같았다고 하자. 이제 양국이 국경을 완전히 개방하고 자유로운 교역을 허용했다. 그리고 양국간 운송비용도 전혀 없다. 그런데 양국간에 교역이 이루어질 것인가? 교역이 이루어질 이유가 없다. 그러나 이런 상황의 세계는 분명히 완벽하게 경제적으로 통합된 세계이다.

경제학의 영역에서는 경제통합의 정도를 물량지표보다도 가격지표를 통해 측정하는 것을 선호한다. 가격지표를 통한 측정의 배경을 이루는 원칙은 이른바 '일물 일가의 법칙' (Law of one price)이다. 즉 국가간에 교역장벽도 없고 수송비용도 없다면 동일한 상품에는 세계적으로 오직 하나의 가격만이 존재해야 한다는 것이다. 다시 말해서 국가간에 동일한 상품에 대해 가격의 차이가 있어서는 안 된다는 것이다. 만일 국가간에 동일한 상품에 대해 가격의 차이가 있다면, 가

2) 이들 두 국가의 경우 이 수치가 1을 넘는다. 이는 분모가 총매출액이 아니라 GDP로 설정되어 있기 때문에 가능한 것이다.

격이 싼 곳에서 사서 이를 가격이 비싼 곳에서 파는 차익거래가 발생하게 된다. 이러한 거래, 즉 매매차익을 노려 상품을 구입하고 판매하는 행위를 '재정'(裁定)(arbitrage)활동이라 한다. 이런 재정활동이 이루어지면 가격이 낮은 국가에서는 그 상품에 대한 초과수요로 인하여 가격이 상승하고, 반대로 가격이 높은 국가에서는 초과공급으로 인해 가격이 하락하기 때문에 궁극적으로 국가간의 가격 차이는 사라지게 된다.

가격척도를 통한 세계화의 측정이란 개별 국가의 가격들이 얼마나 근접해 가는가, 즉 가격수렴(price convergence)의 정도를 통해 세계화의 정도를 파악하는 것이다. 이론상으로는 적절한 측정 방법임은 분명하나, 실제 이 척도를 적용하는 데에는 많은 어려운 점이 있다. 우선 가격 비교는 동일한 상품에 대해 이루어져야 한다는 것이다. 그런데 완벽하게 동질적인 상품은 사실상 거의 없다고 볼 수 있다. 우리는 농산물, 특히 쌀 같은 농산물을 동질적인 상품의 예로 자주 거론한다. 그러나 농산물도 산지에 따라 상당히 차별적으로 인식되는 상품이라 할 수 있다.

또한 국가간 가격 비교에 있어 어떤 가격을 비교의 대상으로 삼아야 하는가 하는 문제도 생각해 볼 수 있다. 설령 교역장벽과 수송비가 전혀 없다 해도 국가간에 내국세율의 차이가 있다면 시장가격은 상당히 달라질 수 있을 것이다. 따라서 적절한 비교 가격은 국내 시장에 반입되기 직전의 가격이라 할 수 있을 것이다. 그러나 이런 가격에 관한 자료를 구하는 것은 쉬운 일이 아닐 것이다. 또한 우리는 환율의 변화라는 문제를 고려하지 않을 수 없다. 환율이 완벽하게 고정되어 있으면 별 문제가 아니겠지만, 지금처럼 환율이 수시로 변동하는 세계경제하에서 국가간의 가격 차이는 상당 부분 환율의 변동이라는 요인에 기인할 수 있다.

일물 일가의 법칙이 모든 상품에 대해 적용된다고 하자(즉, 모든 상품이 재정활동의 대상이 될 수 있다고 보자). 그리고 각국의 총소비에서 개개 상품이 차지하는 비중은 모든 국가에서 똑같다고 하자. 그리고 모든 국가에서 동일한 화폐를 사용한다고 보자(또는 각국 통화간의 환율이 완벽하게 고정되어 있다고 보아도 된다). 어느 한 나라의 물가는 모든 상품의 가격들을 가중평균한(각 상품에 대한 소비자들의 소비 비중에 따라) 수치로 정의하자. 그러면 우리는 다음과 같이 말할 수 있을 것이다. 교역장벽이 전혀 없고 수송비도 없는 세계화된 세계에서 모든 국가의 물가는 같아진다. 이를 우리는 '구매력평가'(purchasing power parity) 조건이라 부른다.[3] 즉 구매력평가는 일물일가의 법칙을 모든 상품에 적용한 총체적 관계라고 이해하면 될 것이다.

그런데 구매력평가 조건을 기준으로 세계화의 정도를 측정함에 있어 특히 유의할 점이 있다. 이는 교역 가능한 상품만을 대상으로 물가를 산정해야 한다는 전제이다. 그런데 물가에는 비단 교역 가능 상품뿐만 아니라 교역의 대상이 사실상 되지 않는 상품들—우리는 이를 비교역재(non-traded goods)라 부른다—이 상당히 포함된다는 것이다. 예컨대 주택이라든지, 미장원의 서비스라든지 하는 것은 재정 활동의 대상이 될 수 없을 것이다. 최근에 OECD, 세계은행 등에서 각국의 구매력평가를 계산한 통계자료 들을 발표하고 있다. 그런데 이들의 구매력평가의 계산시 비교역재도 상당 부분 포함됨을 유념해야 한다.

2. 자본이동 측면에서의 세계화 측정

자본이동 측면에서의 세계화 역시 물량지표와 가격지표를 통한 방법으로 측정해 볼 수 있다.

(1) 물량지표를 통한 측정

국가간의 자본이동은 크게 투자와 차입(대부)의 형태로 이루어지며, 투자는 직접투자와 포트폴리오 투자로 나누어 볼 수 있다. 직접투자는 기업의 경영에 직접 참여할 목적으로 이루어지는 투자이며, 포트폴리오투자(또는 간접투자)는 투자기업의 경영에 직접 참여할 의사는 없이 단지 시세차익을 겨냥한 주식 및 채권

3) 구매력평가(Purchasing Power Parities; PPPs)란 각국에서 자국의 화폐단위로 표시된 동종 상품들의 가격 비율을 말한다. 예컨대 맥도날드의 빅맥 하나만을 대상으로 PPP를 구하면, 우리나라에서 빅맥의 가격이 3000원, 미국에서 3달러라면 PPP는 1000이다. 그런데 환율이 1달러에 1500원이라고 해보자. 이 환율을 PPP로 나누면 1.5이다. 이 수치는 무엇을 의미하는가? 1달러를 갖고 미국에서는 빅맥 $\frac{1}{3}$개를 살 수 있는 반면, 우리나라에서는 $\frac{1}{2}$개를 살 수 있다. 즉 우리나라의 물가가 미국의 물가보다 싸다는 것이다. 시장환율을 PPP로 나눈 수치가 1 보다 크다는 것은 상대방 국가(즉 미국)에 비해 물가가 싸다는 것이고, 반대로 1 보다 작으면 물가가 비싸다는 것이다. 따라서 우리가 국가간의 물가 비교를 위해서는 각국의 PPP를 환율로 나눈 수치를 이용하면 된다.

투자이다. 이 개념에 대해서는 제 2 부에서 보다 상세히 설명될 것이다.

이러한 국가간의 자본이동 정도를 측정할 수 있는 가장 직관적인 방법은 역시 자본의 이동 규모를 파악하는 것일 것이다. 즉 각국의 연간 유입된 외국자본의 규모와 해외로 유출된 국내자본의 규모를 파악할 수 있다면, 이를 합한 규모가 총자본교류의 규모가 될 것이고 이를 그 나라의 경제규모, 즉 GDP로 나누면 상품이동의 물량지표에 상응하는 자본이동의 물량지표를 구할 수 있을 것이다.

그런데 상품이동의 경우 이러한 물량지표가 갖는 문제점을 지적한 바 있는데, 자본이동의 측면에서도 똑같은 문제점이 있다. 즉 국가간에 자본이동을 막는 장벽이 전혀 없는, 즉 완벽하게 통합된 세계자본시장에서는 각국의 자본가격이 같을 것이다. 그러나 국가간에 자본가격의 차이가 없다면 자본의 이동은 발생하지 않을 것이다. 반대로 국가간에 자본가격의 차이가 크다면 국가간에 자본이동을 가로막는 많은 규제에도 불구하고 자본거래의 규모가 클 수도 있다. 즉 우리가 자본의 세계화를 자본이 국가간에 얼마나 자유롭게 이동하는가 하는 측면에서 본다면, 이러한 물량적 지표는 전적으로 적절한 지표는 아니라 할 수 있다.

한편 근래에는 자본이동에 관한 각종 통계자료들이 발표되고 있지만, 과거에는 그렇지 못했다. 따라서 우리가 장기적인 측면에서 자본이동의 추세를 파악하는 데에는 통계자료상의 어려움이 따른다. 이때 우리가 한 가지 대안으로 사용할 수 있는 방법은 경상수지 불균형(흑자 또는 적자) 규모를 통해 자본이동의 정도에 간접적으로 접근하는 것이라 할 수 있다. 경상수지란 상품의 수출과 수입액의 차이를 말하며, 이에 대해서는 비교적 오래된 통계자료를 구할 수 있다.

그렇다면 경상수지의 규모가 자본이동의 규모를 보여 주는 간접적 지표가 될 수 있는 까닭은 무엇인가? 어떤 나라가 연간 10억 달러의 경상수지 적자를 기록했다고 하자. 이는 상품의 수출로 그 나라에 유입된 외환의 총액보다 상품의 수입으로 지불한 외환의 총액이 10억 달러 초과했다는 의미이다. 그렇다면 이 부족한 외환량은 어디서 조달했겠는가? 방법은 두 가지밖에 없다. 하나는 외국으로부터 자본유입이고, 또 하나는 국내에 비축한 외환보유고를 쓰는 것이다. 외환보유고가 전혀 없다고 해 보자. 다행히 외국인들이 이 나라에 10억 달러 이상의 순투자를 했다면 외환부족의 문제는 없을 것이다. 그러나 순유입된 투자액이 이에 미치지 못하다면 결국 외국으로부터 누군가가 부족한 외환을 차입해와야 할 것이다. 즉 외환보유고가 없다면 경상수지 적자규모는 정확히 자본의 순유입규모와 일치해야 한다. 반대로 경상수지 흑자국에서는 흑자규모가 자본의 순유출규모와 일치한다.

국제수지표에서 경상수지＋자본수지＋외환보유고 증감＝0라는 관계식은 바로 이러한 의미를 담고 있는 것이다(국제수지표에 대한 설명은 부록 참조). 외환보유고의 증감이라는 항목 때문에 경상수지와 자본수지는 완벽하게 동전의 앞뒷면을 이루지는 않는다. 그러나 자본이동에 대한 자료가 부족한 상황에서 경상수지의 불균형 규모는 이에 간접적으로 접근할 수 있는 방법이 될 수는 있을 것이다. 그런데 여기서 유념할 것은 경상수지 불균형 규모는 자본의 순유출입 규모에 대한 간접적 접근이지, 자본의 총유출입 규모에 대한 접근은 아니라는 것이다. 자본의 총유출액과 총유입액이 같다면, 자본거래가 아무리 활발하게 이루어졌다 해도 순유출입은 전혀 없는 것으로 나타날 것이다.

한편 반드시 물량적인 측정방법이라고는 볼 수 없지만, 국내저축과 국내투자 상호간의 상관관계 정도를 통해 세계 자본시장의 통합 정도를 측정하는 방법이 있다. 이를 Feldstein-Horioka(1980)의 방식이라 하는데, 논리는 매우 간단하다. 국가간에 자본이동이 완벽하게 이루어지고 있다면, 한 국가가 국내의 저축보다 많은 규모의 투자를 하고자 할 때 해외차입으로 언제든지 부족분을 충당할 수 있을 것이다. 즉 이런 상황에서는 국내투자와 국내저축간에 상관관계가 매우 낮을 것이다. 반면, 국가간 자본이동이 전혀 없다면, 모든 국내투자는 국내저축을 통해 형성된 자본으로 이루어질 수밖에 없을 것이고, 국내투자와 저축간에는 매우 높은 상관관계를 나타내야 할 것이다. 즉 여러 국가들을 대상으로 이들 국가의 저축과 투자의 상관관계가 얼마나 되는가를 측정해 봄으로써, 자본의 이동 정도를 간접적으로 파악해 볼 수 있는 것이다.

(2) 가격지표를 통한 측정

국가간 상품이동의 정도를 국가간에 동일한 상품의 가격 차이를 통해 측정할 수 있는 것처럼, 자본이동의 정도는 국가간의 자본가격의 차이를 통해 측정할 수 있다. 완벽하게 통합된 세계상품시장에서 일물일가의 법칙이 성립하는 것처럼, 완벽하게 통합된 세계자본시장에서도 일물일가의 법칙이 성립한다. 즉 동종의 투자상품이라면 수익률이 모든 국가에서 같아야 할 것이다. 만일 차이가 있다면 재정(arbitrage) 거래가 발생하고, 이를 통해 궁극적으로 수익률이 같아질 것이다.

자본시장에서의 일물일가의 법칙, 특히 채권시장에서의 일물일가의 법칙을 우리는 금리평가(interest rate parity)라 한다. 상품의 경우 재정거래 그리고 그 결과로서 일물일가의 법칙을 언급함에 있어, 가격이 싼 곳에서 사서 가격이 비싼 곳에서 팔 때 그 매매 시점의 차이에서 발생할 수 있는 문제를 고려하지 않았다. 만일 사고 파는 시점간에 상당한 시간적인 차이가 있다면, 그리고 그 기간 동안에 환율이 상당히 변화한다면, 재정거래는 좀더 복잡한 양상을 띠게 될 것이다. 그런데 상품의 재정거래의 경우 우리는 보통 이러한 시간적인 차이를 크게 고려하지 않는다. 즉 상당히 신속하게 재정거래가 완료되는 것으로 가정한다.

그런데 채권시장의 경우에는 그렇지 않다. 채권에는 만기라는 것이 있으며, 매입시점과 만기시점간에는 상당한 시간적인 차이가 있다. 따라서 환율이 완벽하게 고정되어 있지 않는 한 환율의 변화라는 요소를 고려하지 않을 수 없다. 예를 들어 보자. 정부가 발행하는, 즉 부실화될 위험이 없는 채권에 투자한다고 하자. 우리나라의 채권 이자율은 i, 그리고 미국의 채권 이자율은 i^* 라고 하자. 1억 원을 투자하는 경우 우리나라 채권에 투자하는 경우 만기시 원리금은 $(1+i)$억 원이 될 것이다. 반면에 1억 원을 미국 채권에 투자하는 경우 먼저 1억 원을 달러로 바꾸어야 할 것이다. 현재의 환율이 E(즉 1달러=E원)라고 하면, 1억 원을 달러로 환전한 금액은 $\frac{1}{E}$억 달러일 것이다. 따라서 미국 채권에 투자시 만기에 $\frac{(1+i^*)}{E}$억 달러를 받을 것이고 이를 원화로 환전하여 회수해야 할 것이다. 그런데 만기 시점에서 환율이 어떻게 될지 모른다는 것이다.

이런 불확실한 상황에서 선물환시장을 이용하면 회수시점의 환율을 미리 확정할 수 있다.[우리는 제2부에서 이처럼 미래의 가격이 어떻게 될지 모르는 상황에서 실제 거래는 미래에 이루어지지만 그때 거래될 가격을 미리 정하는 방식의 거래—이를 선물거래라 한다—에 대해 살펴볼 것이다. 외환거래는 이런 선물거래가 가장 보편화되어 있는 거래라 할 수 있다.] 이러한 환율을 선물환율이라 하며, 선물환율이 F라고 하자. 그러면 미국 채권에 투자하여 최종적으로 회수된 원리금은 원화로 $\frac{(1+i^*)F}{E}$ 억 원이 될 것이다. 따라서 우리가 비교해야 할 두 개의 가격은 $(1+i)$와 $\frac{(1+i^*)F}{E}$ 이며, 우리나라와 미국간에 자본이동이 완벽하게 자유롭게 이루어지고 있다면 이 두 개의 가격은 같아야 할 것이다. 그리고 이를 정리하면 $i = i^* + \frac{(F-E)}{E}$ 라는 조건이 나타난다.[4] 이를 무위험금리평가(covered interest parity) 조건이라 한다. 이를 '무위험' 금리평가라 부르는 것은 투자시 현물환율과 선물환율이 모두 확정되었기 때문에 환율의 변화로 인한 투자자의 손해는 없다는 것이다. 즉 환위험이 없을 때 국내외 금리의 균형조건이 무위험금리평가 조건인 것이다.[5]

따라서 이러한 금리평가 조건이 얼마나 잘 만족되고 있는가를 살펴봄으로써 세계의 자본시장이 얼마나 통합되었는지를 추측해 볼 수 있는 것이다. 국가간에 자본이동에 관한 많은 규제가 있다면 이러한 조건은 잘 만족되지 못할 것이다. 또한 주목해야 할 것은 이 조건이 성립할 중요한 전제조건은 투자자들이 국내와 외국의 자본시장에 관한 완벽한 정보를 갖고 있어야 한다는 것이다. 따라서 이 조건에는 비단 자본시장의 통합 이라는 세계화의 측면뿐만 아니라 정보의 확산이라는 측면까지도 내재되어 있는 것이다.

그러나 상품이동 측면에서 일물일가의 법칙을 적용하기 어려운 문제점과 유사한 문제점들이 역시 존재한다. 즉 비교대상으로 동종의 투자상품을 찾기 어렵다는 것이다. 투자상품 역시 매우 차별화된—만기, 유동성, 위험 등에서—상품이라 할 수 있다. 또한 투자수익에 대한 세금의 차이로 세후 수익률이 달라질 수 있다는 점도 고려되어야 한다.

3. 국가간 교역장벽의 정도를 통한 측정

우리는 세계화의 진행상황을 국가간 교류정도의 변화와 함께 이러한 교류를 저해하는 교역장벽의 정도가 어떻게 변화하고 있는가를 통해 파악하는 경우를 자주 본다. 우리가 교역장벽을 단순히 각국 정부가 국가간 교류에 부여하는 규제로만 정의한다면, 교역장벽의 정도와 교류정도가 완벽하게 대체될 수 있는 지표라고는 볼 수 없을 것이다. 그러나 우리가 교역장벽을 광범위하게 해석하여, 비

4) $(1+i) = \frac{(1+i^*)F}{E} = \left(\frac{F-E}{E}+1\right)(1+i^*) = \frac{(F-E)}{E} + i^* \cdot \frac{(F-E)}{E} + (1+i^*)$. 그런데 $i^* \cdot \frac{(F-E)}{E}$ 는 0에 가까운 두 숫자를 곱한 것이기 때문에 0과 같다고 보아도 무방하다.

5) 선물환 거래가 이루어지지 않고 현물환 거래만 이루어질 경우 금리평가조건은 어떻게 될 것인가? 무위험금리평가 조건에서 선물환율 F를 만기시점의 예상환율(E^e)로 대체하기만 하면 될 것이다. 이러한 조건식을 우리는 유위험금리평가(uncovered interest parity) 조건이라 한다.

단 이러한 인위적인 규제뿐만 아니라 국가간 거래에 소요되는 수송 및 통신 비용과 같은 물리적인 비용, 즉 이른바 거리비용까지도 포함하는 경우, 그리고 더 나아가 국가간 언어상의 차이, 문화나 관습상의 차이, 그리고 국내 제도의 차이 등까지도 포괄하는 경우, 교역장벽의 정도는 교류 정도를 대체할 수 있는 지표가 될 수 있을 것이다.

정부규제의 경우 상품이동, 특히 재화의 이동에 관한 대표적인 규제는 관세라 할 수 있다. 관세는 외국상품의 국내 유입시 국경에서 부과하는 세금을 말한다. 특히 관세는 구체적인 수치로서 나타나고 자료에의 접근이 용이하다는 점에서, 인위적인 교역장벽을 대표하는 지표로서 사용되고 있다. 그러나 최근 전반적으로 관세 수준이 낮아지면서 국가간의 교역장벽으로 보다 부각되는 것은 관세 이외의 여타 규제들이다. 우리는 이를 총괄하여 비관세장벽이라 부른다.

과거에 만연했던 수입수량 규제, 즉 수입쿼터제는 대표적인 비관세장벽이라 할 수 있다. 그러나 수입쿼터제는 현 국제제도하에서 사실상 금지되고 있으며, 현재의 주요한 비관세장벽들은 교류의 저해라는 목적이 명백히 드러나지 않는 경우가 많이 있다. 최근에 중요한 비관세장벽으로 부각되고 있는 표준문제의 경우를 대표적인 예로 들 수 있다. 각국은 그 나름대로의 이유로 상이한 상품의 표준을 제정하여 사용하고 있다. 따라서 수출업자의 경우 국가별로 상이한 표준을 충족시켜야 하므로 추가적인 비용이 발생하게 되어 교역이 위축될 수 있다. 어느 국가가 표준의 제정을 수입을 저해하기 위한 목적으로 행한다면 이는 수입규제라 할 수 있다. 그러나 개개 국가가 처한 사회적, 문화적 상황의 차이로 표준의 차이가 나타날 수 있고, 이 경우 결과적으로는 수입규제의 성격을 띠지만 사전적으로는 수입규제라 볼 수는 없을 것이다.

비관세장벽은 성격의 모호성과 함께, 이에 대한 자료의 수집도 쉽지 않으며 더욱이 이를 구체적인 수치로 계량화하기 어렵다는 점에서 세계화의 지표로서 사용하는 데 어려운 점이 있다.

한편 자본이동의 경우 관세에 상응할 만한 투명한 대표적인 지표는 없다고 할 수 있다. 자본이동의 경우 상품이동보다 훨씬 복잡하고 많은 규제들이 장벽의 역할을 하고 있다고 볼 수 있다. 외환거래 및 국내외 송금와 관련된 모든 규제들, 외국인의 투자와 관련된 규제들(반대로 국내인의 해외투자에 관한 규제들) — 예컨대 투자업종에 대한 제한, 투자상품에 대한 제한, 투자허용 최대지분의 설정, 국내

기업과의 합작투자 의무 부여 등 — 일일이 열거하기 어려울 정도의 다양하고 많은 규제들이 있다. 이러한 모든 규제들을 종합하여 하나의 지표로 계량화하는 것은 물론 쉬운 일이 아니다. 그러나 규제의 수가 줄었는지 늘었는지, 규제의 정도가 강화되었는지 완화되었는지 등을 파악하여 개략적인 변화의 방향을 제시할 수는 있을 것이다.

한편 수송 및 통신비용과 같은 거리비용의 경우, 해운이나 항공 운수요금의 변화 추세, 장거리 전화요금의 변화 추세 등을 통해 교역장벽의 정도 변화를 추정할 수 있을 것이다.

4. 세계화의 기타 요소의 측정

인력이동은 분명 개념상으로는 세계화의 중요한 구성요소이지만, 현실적으로 인력교류의 정도가 상품이나 자본에 비해 워낙 낮기 때문에 세계화의 한 측면으로서 그다지 부각되지는 않고 있다. 물론 역사적으로 인력이동이 급격히 증가했던 시기가 있기는 하다. 예컨대 미국이라는 신대륙으로 유럽대륙의 인력이 대거 유입되었던 19세기 및 20세기 초반이 대표적인 사례라 할 수 있을 것이다.

인력이동 측면에서 세계화의 정도를 측정하려면 이민자 수, 해외취업 인력 규모, 해외 수취소득 송금액 등의 물량적 지표를 사용할 수 있을 것이다. 국가간의 인력이동이 활발하게 진행되고 있다면, 상품이나 자본이동의 경우와 마찬가지로 가격지표를 통해 그 정도를 파악할 수도 있을 것이다. 극단적으로 국가간에 인력이동에 대한 제한이 전혀 없고, 생활환경에도 차이가 없고, 인간의 국가나 민족에 대한 귀속성도 전혀 없다면 역시 일물일가의 법칙에 따라 동종의 직종에 대해서는 세계적으로 오직 하나의 임금만이 존재할 것으로 예상할 수도 있다. 그러나 국가간에 인력이동이 아직까지 크게 제약되고 있고, 더욱이 인력의 이동이라는 것은 상품이나 자본의 이동과는 달리 비경제적 측면도 상당히 지니고 있는 만큼, 국가간 임금비교라고 하는 것은 의미 있는 세계화의 지표라 할 수 없을 것이다.

기술의 이동이란 어느 한 국가에서 개발된 기술이 타국에 전파되어 사용되는 것이라 할 수 있다. 우리는 보통 기술의 이동하면 선진국에서 개발된 기술이

후진국에 이전되는 경우를 생각하지만, 실제 기술교역은 선 · 후진국간보다 선진국간에 훨씬 활발하게 이루어지고 있다. 이러한 기술이동 정도를 측정해 볼 수 있는 방법은 외국인의 국내 특허등록건수를 살펴보는 것이라 할 수 있다. 이는 외국인의 특허등록이 단순히 기술보호의 차원을 넘어, 외국인특허권자가 기술임대계약을 체결함에 있어서 선결과제로 특허등록을 하기 때문이다. 또한 외국에서 개발된 기술이 국내에서 새로운 기술을 개발하는 과정에 사용될 수 있다. 이는 기술의 이전이나 교역이라기보다는, 기술지식의 전파 내지 확산이라 할 수 있다. 이러한 기술확산 정도를 측정해 볼 수 있는 한 가지 방법은 특허기술의 국내개발에서 인용된 외국의 특허기술의 건수를 살펴보는 것이라 할 수 있다. 그러나 우리가 뒤에서 살펴보겠지만 기술의 이전이나 확산이라는 것은 매우 다양한 경로를 통해 이루어질 수 있으며, 따라서 이러한 지표들은 국가간 기술이동의 전부를 보여 주는 것이라 할 수는 없을 것이다.

끝으로 정보의 교류 정도는 정보통신기술의 발전 정도를 통해 간접적으로 접근할 수 있을 것이다. 3대 정보통신기술이라 할 수 있는 전화, TV, 그리고 컴퓨터 기술의 발전 정도, 그리고 이의 보급 정도를 지표로 삼을 수 있을 것이다. 최근의 세계화와 관련해서는 인터넷 사용자수, 인터넷 호스트수 등이 정보교류의 정도를 측정하는 지표로 많이 활용된다.

부록 I 국제수지표

(1) 국제수지표의 개념

한 나라가 외국과 행한 경제적 교류의 내용을 정리한 표가 국제수지표이다. 보다 정확히 표현하면, 국제수지(Balance of Payments)란 일정기간 동안에 한 나라의 거주자와 외국의 비거주자 사이에 이루어지는 모든 경제적 거래에 수반되는 수입과 지출을 말하며, 국제수지표란 국제수지를 일정한 양식에 따라 표로 나타낸 것을 말한다. 따라서 국제수지표는 한 나라의 대외경제관계를 나타내는 기본적인 통계표라 할 수 있다.

여기서 일정기간 이란 말은 일정한 기간중에 발생한 거래를 집계한 플로우(flow) 통계라는 의미이다. 보통 1년을 기준으로 하나, 나라에 따라 분기별, 월별로 작성하기도 한다. 우리나라의 경우 한국은행이 월별로 작성하고 있다.

국제수지는 거주자와 비거주자간의 거래이지 국민과 외국인과의 거래가 아니라는 것이다. 거주자와 비거주자의 구분은 국적이 어디냐, 어디에 살고 있느냐에 따른 구분이 아니며, 경제활동에 있어 이익의 중심이 어디에 있는가 하는 점을 기준으로 한다. 외국인일지라도 1년 이상 우리나라에 거주하면서 생산활동 등에 참여하면 이익의 중심이 우리나라에 있는 것으로 보아 거주자로 인정한다. 기업은 영업이 어느 나라 영토에서 이루어지고 있는가에 따라 구분된다. 따라서 우리나라에 있는 외국인투자기업은 거주자이며, 우리나라 기업의 해외지사나 현지법인은 비거주자이다. 외국에 있는 우리나라의 대사관 같은 정부기관은 우리나라의 거주자로 보며, 반면 주한미군이나 미대사관은 비거주자로 본다.

모든 경제적 거래라 함은 재화 및 서비스, 소득, 무상이전, 자본 거래 등 모든 거래를 대상으로 한다는 것이다.

일정한 양식이라 함은 국제수지를 복식부기의 원리에 따라 국제적으로 통일된 객관적 기준에 의해 작성한다는 것이다. 복식부기의 원리란 개별거래에 대하여 대차양변에 같은 금액을 동시에 기록하기 때문에 결과적으로 대차 양변의 합계가 항상 일치하여야 한다는 것이다. 국제수지 작성의 대표적인 국제적 기준은 IMF에서 정한 기준이라 할 수 있으며, 우리나라 역시 이 기준을 따르고 있다.

(2) 국제수지표의 구성 및 내용

국제수지표는 외국과의 거래 내용에 따라 크게 경상계정과 자본계정으로 구분되며, 경상계정에는 재화와 서비스를 외국에 팔고 사는 거래와 외국에 투자한 대가로 벌어들인 배당, 이자 등의 소득이 계상되며, 자본계정에는 외국에 투자하거나 외국이 우리나라에 투자한 거래, 외국에 돈을 빌려주거나 우리가 외국에서 빌려온 거래 등이 기록된다. 경상거래의 결과 수취한 금액과 지급한 금액간의 차이를 경상수지라 하며, 자본거래의 결과 발생한 수취와 지급액의 차이를 자본수지라 한다.

경상수지는 다시 상품수지, 서비스수지, 소득수지, 경상이전수지로 구분된다. 상품수지는 경상수지의 가장 대표적인 항목으로 재화의 수출과 수입액의 차이를 말한다. 서비스수지는 운수, 여행, 통신, 보험, 사업서비스, 정부서비스, 기타 서비스[6] 등 서비스 거래에서 발생한 수취와 지급의 차이를 말한다. 특허권의 사용료도 서비스수지의 항목에 포함된다. 소득수지는 거주자가 외국에 단기간(1년 이내) 머물면서 일한 대가로 받은 금액과 국내에 일시 고용된 비거주자에게 지급한 금액의 차이를 나타내는 급료 및 임금수지, 거주자가 외국에 투자하여 벌어들인 배당금 및 이자와 비거주자에게 국내에 투자한 대가로 지급한 배당금 및 이자의 차이를 나타내는 투자소득수지로 구분된다. 경상이전수지란 거주자와 비거주자간에 아무런 대가없이 주고 받은 거래의 수지차를 말한다. 해외에 거주하는 교포가 국내 친척 등에게 보내오는 송금, 종교기관이나 자선단체의 기부금이나 구호물자, 정부간의 무상원조 등이 이에 해당된다.

자본수지는 다시 투자수지와 기타자본수지로 구분된다. 투자수지는 직접투자, 증권투자, 그리고 기타투자의 3개 부문으로 나누어진다. 직접투자는 경영참

6) 사업서비스는 중개인 대리인 등이 재화 및 서비스거래와 관련하여 수취한 수수료, 선박 및 항공기 등의 임대, 법률·회계·경영컨설팅, 광고 및 시장조사, 건축디자인, 공사감독 등의 서비스 거래를, 정부 서비스는 해외의 대사관, 영사관, 군대 등이 비거주자와 행한 모든 거래를, 그리고 기타 서비스는 금융서비스, 컴퓨터 및 정보 서비스, 문화 및 오락 서비스, 건설 서비스 등을 말한다.

여를 목적으로 한 투자를 말하며, 증권투자는 외국과의 주식, 채권, 파생금융상품 등 이윤추구를 목적으로 한 투자를 말한다. 기타투자는 직접투자와 증권투자에 포함되지 않는 외국과의 모든 금융거래를 말하며, 여기에는 대부 및 차입, 상품을 외상으로 수출하거나 수입할 때 발생하는 무역관련신용, 현금 및 예금 등의 금융거래가 포함된다. 기타자본수지는 특허권, 상표권 등을 사고 파는 거래와 해외 이주자가 외국에 이주할 때 가지고 가는 이주비 등이 계상된다.

국제수지표에는 경상계정, 자본계정과 함께 준비자산증감 항목이 있다. 이는 모든 경상 및 자본거래에 따른 외환보유액의 변동을 기록하는 항목이다.[7] 따라서 준비자산의 증감은 경상수지와 자본수지의 합과 같다. 경상수지나 자본수지가 흑자가 되면 준비자산은 증가하며, 반대로 적자가 되면 준비자산은 감소한다.

끝으로 오차 및 누락 항목이 있다. 복식부기의 원리에 따르면 경상수지와 자본수지의 합계는 중앙은행의 준비자산의 증감과 일치해야 하나, 실제는 약간의 차이가 발생한다. 이는 각 기초통계간의 불일치, 계상시점의 차이, 통계작성과정에서의 누락 등에 기인하는 것으로, 이러한 차이를 기록하는 항목이 오차 및 누락 항목이다.[8]

[표 2-1] 국제수지표의 내용

항목		차변(지급)	대변(수취)	수지	
경상거래	상품 서비스 소득 경상이전	상품수입 서비스수입 임금 · 이자지급 이전지급	상품수출 서비스수출 임금 · 이자수입 이전수입	상품수지 서비스수지 소득수지 경상이전수지	경상 수지
자본거래	투자 기타자본	투자유출 기타자본유출	투자유입 기타자본유입	투자수지 기타자본수지	자본 수지
준비자산증감		준비자산증가	준비자산감소		
오차 및 누락					

7) 통화당국이 환율안정을 위해 외환을 사고 파는 거래도 이 항목에 기록된다. 예컨대 한국은행이 국내외환시장에서 1천만 달러를 매입하는 경우 준비자산증감의 차변에 1천만 달러, 기타투자의 대변에 1천만 달러를 각각 기록한다.

8) 국제수지표를 작성하는 순서는 다음과 같다. 먼저 중앙은행의 대차대조표를 이용하여 대상기간중 중앙은행의 준비자산의 증감을 구한다. 다음으로, 여러 기초통계를 이용하여 모든 대외거래를 경상계정과 자본계정에 기록한다. 끝으로 중앙은행의 준비자산 증감에서 경상수지와 자본수지의 합계를 차감함으로써 오차 및 누락을 구한다.

(3) 국제수지표 작성 예

다음의 예[9]를 통해 국제수지표를 직접 작성해 보면 지금까지의 설명이 보다 분명해질 것이다.

〈예〉 거주자와 비거주자간에 다음과 같은 거래가 발생하였다고 하자.
① 상품 90단위를 현금으로 수출 ② 상품 80단위를 현금으로 수입 ③ 국내외항선사가 외국으로부터 화물운임대가로 20단위를 받음 ④ 동남아해외여행시 17단위의 경비사용 ⑤ 외채에 대한 이자로 외국에 13단위 지급 ⑥ 국내친지가 해외교포로부터 현금 2단위를 송금 받음 ⑦ 국내기업이 현금 4단위를 해외직접투자 ⑧ 국내기업이 해외에서 외화증권을 25단위 발행

항목		차변(지급)	대변(수입)	수지
경상거래	상품	80	90	+10
	서비스	17	20	+3
	소득	13		−13
	경상이전		2	+2
	계	110	112	+2
자본거래	투자	4	25	+21
	기타자본			
	계	4	25	+21
준비자산증감		90	80	
		20	17	
		2	13	
		25	4	
		(137)	(114)	−23

9) 국제통상론(2000, 법문사) 제13장 사례 인용

부 록 2 구매력평가와 각국의 생활수준

갑돌이는 2000년에 직장에서 연봉 4천만 원을 받고 있다. 어느날 갑돌이는 미국의 지사에서 근무하라는 지시를 받았다. 그러면서 지금의 연봉을 달러로 환산하여 미국으로 송금해 주겠다고 한다. 당시 환율이 1달러에 1200원이므로, 이는 약 3만3천 달러를 주겠다는 말이다. 그러면 갑돌이는 어떻게 반응하겠는가? 아마도 그는 "미국의 물가를 생각해 주셔야죠"하며 불만을 표시할 것이다. 그러면 "어느 정도 받아야 하겠는가?" 하는 질문을 받았을 때 어느 정도의 금액을 요구하는 것이 무난하겠는가? 4천만 원을 730으로 나눈 금액인 약 5만5천 달러라 할 수 있다.

그러면 이 730이란 수치는 어디서 나온 수치인가? 이것이 우리나라의 2000년 구매력평가 환율(OECD 발표)이다. 즉 미국에서 1달러를 갖고 누릴 수 있는 구매력과 우리나라에서 730원을 갖고 누릴 수 있는 구매력이 같다는 것이다.

본문의 [주석 3]에서 구매력평가(PPPs)란 동종 상품에 있어 각국의 가격(각국의 화폐단위로 표시한 가격)의 비율이라 언급했다. 구매력평가는 개개 상품에 대해, 상품군에 대해, 그리고 총체적으로 모든 상품에 대해 계산될 수 있다. 상품군의 경우, 이에 속하는 상품들의 가격비율의 평균치로 구해진다. 총체적 구매력평가의 경우, 개개 상품군의 구매력평가를 가중평균하여 구해진다. 이때 가중치는 각 상품군에 대한 지출비중에 따라 부여된다. 우리가 보통 구매력평가라 함은 이러한 총체적 수준에서 계산된 구매력평가를 말하며, 이를 흔히 구매력평가 환율이라 부른다.

구매력평가 환율의 가장 대표적인 용도는 각국의 생활수준 비교이다. 국가간의 생활수준 비교를 위해 가장 일반적으로 쓰이는 척도는 달러화로 표시된 각국의 1인당 GDP라 할 수 있다. 각국의 GDP는 각국의 화폐단위로 계산된다. 그리고 이를 그 해의 시장환율로 나누면 달러화로 표시된 각국의 GDP가 계산된다. 1999년 우리나라의 달러화 표시 1인당 GDP는 약 8,600달러였다. 그해 미국의 1인당 GDP는 약 33,000달러였다. 그러면 이는 미국인이 평균적으로 우리나라 사람보다 약 3.8배 잘 산다는 의미인가? 꼭 그렇다고 볼 수 없다. 왜냐하면 미국의 물가수준이 우리나라의 물가수준보다 높기 때문이다. 물가수준의 차이를 고려한 각국의 생활수준 비교를 위해 구매력평가 환율이 쓰인다. 1999년 우리나라의 구매력평가 환율은 750원이었다. 시장환율을 사용하지 않고 구매력평가 환율을 사용하는 경우 우리나라의 1인당 GDP는 약 13,000달러로 평가된다. 즉 미국인의 생활수준은 우리나라 사람보다 평균적으로 약 2.5배 높다는 의미다.

우리가 뒤에서 살펴보겠지만 시장환율은 여러 가지 요인에 의해 영향을 받는다. 특히 최근에는 국가간 자본이동의 규모가 크게 확대되면서 자본의 흐름이 환율에 가장 큰 영향을 미치는 요소라 할 수 있다. 국내의 자본이 해외로 대폭 유출되는 경우(즉 달러화에 대한 수요가 급등하는 경우) 환율은 급등하게 되며, 시장환율로 환산한 1인당 GDP는 급락하게 될 것이다. 그러나 국민의 생활수준은 이 수치가 보여 주는 것만큼 하락하지 않을 것이다. 우리나라의 외환위기 때의 상황을 생각해 보자. 1996년 우리나라의 1인당 GDP는 거의 1만 달러에 도달했었다. 그러나 외환위기의 영향으로 1998년 1인당 GDP는 7,000달러 아래로 하락하였다. 그렇다면 우리나라 사람의 생활수준이 이렇게 단기간에 30% 이상 하락하였다는 말인가? 물론 외환위기로 인해 생활수준이 이보다도 더 하락한 사람들도 있었을 것이다. 그러나 우리나라 국민의 평균적인 생활수준은 이렇게 대폭 하락하지는 않았다. 1인당 GDP가 이렇게 크게 줄어든 것은 외환위기로 생산이 위축된 영향도 있지만, 가장 중요한 원인은 환율이 급등했기 때문이다. 외환위기 전 우리나라 원화의 시장환율은 1달러에 800원~900원 정도 였지만 외환위기 이후 1달러에 1,200~1300원대로 상승했기 때문이다. 실제 구매력평가 환율로 환산한 우리나라의 1인당 GDP는 14,000달러선에서 1,3000달러선으로 약간 하락한 것으로 나타날 뿐이다.

대체로 고소득국일수록 물가수준이 높고 저소득국일수록 물가수준이 낮다. 따라서 고소득국은 구매력평가 환율로 환산한 소득이 시장환율로 환산한 소득보다 낮게 나타나고, 저소득국은 반대로 높게 나타나는 경향이 있다. 아래의 그림을 보면, 일본의 경우 특히 확연한 차이를 볼 수 있다. 시장환율로 환산한 일본의 소득수준은 미국보다 높다. 그러나 구매력평가 환율로 환산한 소득은 미국 보다 크게 낮게 나타난다. 우리나라나 멕시코의 경우 구매력평가 환율로 환산한 소득이 높다. 우리나라의 경우 시장환율로 환산한 소득수준은 OECD 회원국의 평균수준에 40% 정도이나 구매력평가 환율로 환산한 소득은 60%선에 이르고 있음을 볼 수 있다.

한편 구매력평가 환율의 또 다른 중요한 용도는 본문에서 언급한 바와 같이 각국의 물가수준의 비교이다. 구매력평가 환율이 시장환율과 일치한다면 1달러를 갖고 미국에서 구입할 수 있는 수준이나 우리나라에서 구입할 수 있는 수준이나 평균적으로 같을 것이다. 다시 말해 1달러가 갖는 구매력은 미국이나 우리나라나 같다는 것이다. 모든 상품의 가격들이 거의 비슷하다면 이렇게 될 것이다. 반면에 구매력평가 환율이 시장환율 보다 높다면 1달러가 갖는 구매력은 우리나라에서 낮다는 것이고 이는 우리나라의 물가수준이 높다는 의미이다. 반대로 구매력평가 환율이 시장환율보다 낮으면 우리나라의 물가수준이 미국보다 낮다는 의미이다. 따라서 구매력평가환율과 시장환율간의 비율은 국가간의 물가수준의 차이를 보여 주는 지표가 될 수 있다. 2002년 우리나라의 동 비율은 0.65로 나타나고 있다. 즉 미국보다 평균적으로 35% 정도 상품의 가격이 싸다는 것이다.

따라서 총체적인 상품들의 평균적인 가격의 수렴정도를 통해 세계화의 진행을 파악해 보고자 할때, 구매력평가 환율과 시장환율간의 근접 정도를 지표로 사

그림 2-1 1인당 GDP의 두 가지 측정 방법

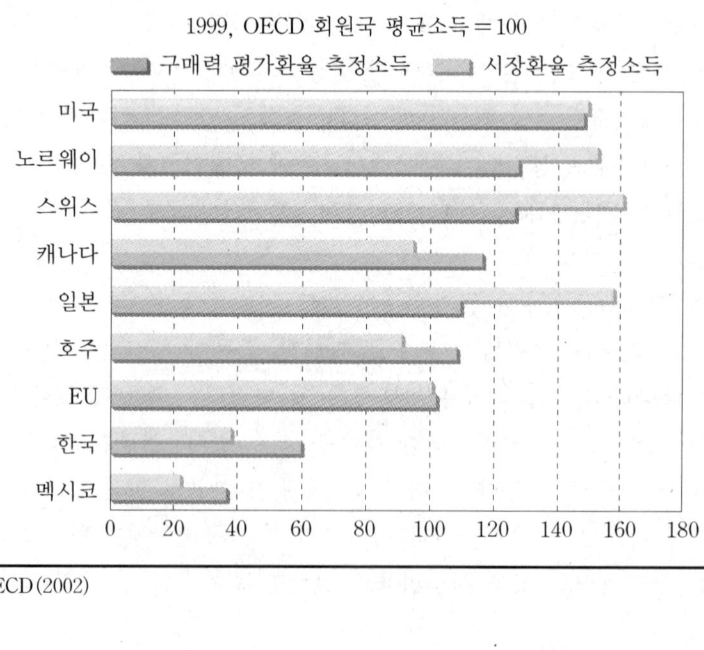

자료: OECD(2002)

용할 수 있다.[10] 그러나 본문에서 언급한 바와 같이 구매력평가 환율 계산시 비교역재가 상당 부분 포함됨을 유의해야 할 것이다.

10) 구매력평가 환율 그 자체는 일반적으로 발표되는 통계 지표는 아니다. 그러나 구매력평가 환율로 환산한 GDP는 세계은행 등 주요 국제기구의 통계자료에서 쉽게 발견할 수 있다. 따라서 구매력평가 환율로 환산된 GDP와 시장환율로 환산된 보통의 GDP간의 근접 정도를 대신 살펴보면 될 것이다.

제3장
세계화의 역사 및 추세

1. 세계화의 기점

제1장에서 언급한 바와 같이 세계화란 국가간의 교류가 심화되어 가는 변화의 과정이다. 따라서 어떻게 보면 국가란 존재가 지구상에 등장한 시점이 바로 세계화의 기점이라고 말할 수도 있을 것이다. 그러나 본서에서 우리는 세계화를 이러한 변화가 감지할 수 있을 정도로 급격하게 진행되는 경우를 지칭하기로 하였다. 그렇다면 이런 의미에서의 세계화가 과거에도 있었을 것인가?

일부 역사학자들은 세계화의 기점으로 1492년(콜럼부스의 신대륙 발견)과 1498년(바스코 다 가마의 인도항로 개척)이라는 연도를 제시하기도 한다. 또는 이 보다도 훨씬 이전의 시점—예컨대 몽고제국에 의해 동아시아와 유럽이 연결되는 13세기 중반—을 거론하기도 한다. 지금처럼 국가간의 경제 교류에 관한 객관적인 통계자료가 잘 구비되어 있지 않은 과거를 대상으로 세계화의 여부를 평가하는 것은 매우 어려운 일이라 할 수 있다. 역사에 기록되어 있는 일부 사례들은 세계화의 모습을 보이기도 한다. 그러나 세계화란 일부 사례만을 통해서는 진단할 수 없는 전면적인 변화의 양상인 것이다.

경제적 측면에서의 세계화의 역사에 대한 가장 대표적인 논문으로 경제사학자인 하바드대학의 Williamson 교수와 아일랜드의 더블린대학의 O'Rourke 교수의 논문(2000)을 들 수 있다. 이들의 결론은 19세기 이전에는 세계화라 부를 만한 세계경제의 변화가 목격되지 않는다는 것이다. 반면 19세기 중반 이후—우리가 보통 제1차 세계화의 물결이라고 부르는 시기—에는 세계화라 부를 만한 빅뱅이 분명히 목격된다는 것이다. 즉 세계화의 기점은 19세기 중반 이후로 보는 것

그림 3-1 20세기 이전의 상품가격 수렴 추세(암스테르담과 동남아지역 간)

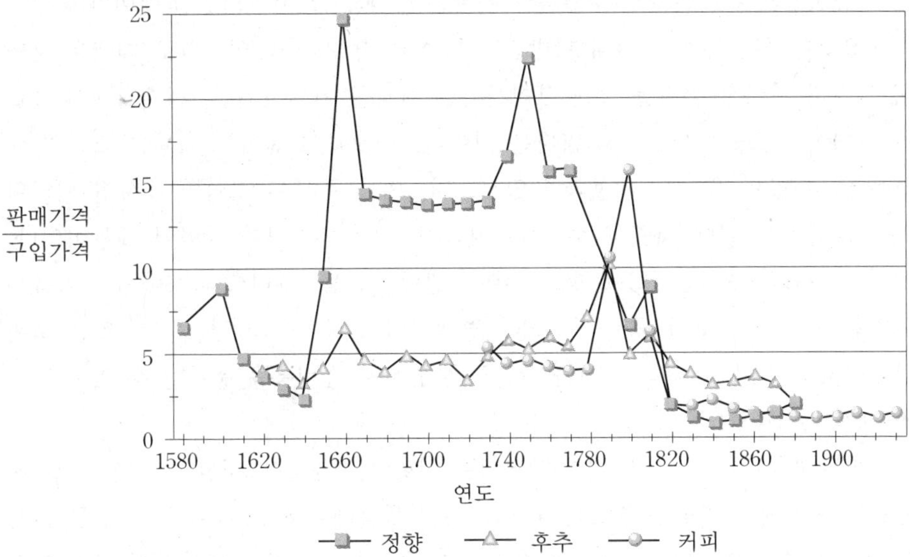

자료: O'Rourke and Williamson(2000)

이 타당하다는 것이다.

이들이 이러한 결론을 내리는 근거는 19세기 이전에는 국가간 가격수렴이 목격되지 않는다는 것이다. 이들은 당시 대표적인 대륙간 교역재라 할 수 있는 정향(향미료, 향유, 향수의 원료로 쓰이는 정향나무의 말린 꽃봉오리), 커피, 후추의 경우를 제시하고 있다. 이들 상품은 당시 네덜란드의 주요 수입품목이었는데, 네덜란드에서의 판매가격과 이들 상품의 원산지인 동남아지역에서의 구입가격 차이의 변화 추세를 살펴보면 19세기 이전에는 양 가격간에 수렴의 추세가 목격되지 않는다는 것이다. [그림 3-1]에서는 이들 상품의 양 지역간 가격수렴 추세를 보여 주고 있다. 가격 차이가 줄어드는 경향을 보이는 시기가 부분적으로 있기는 하지만, 19세기 이전까지는 장기적인 수렴의 추세가 보이지는 않는다.

또한 이들은 수송비용의 측면에서도 19세기 이전에는 뚜렷한 변화가 없었다는 점을 지적하고 있다. 이들은 당시 주요 대륙간 수송경로에서 수송비용의 변화를 예로 들고 있다. 예컨대 북대서양 항로로서, 바바도스/자메이카와 런던간의 설탕거래, 찰스턴과 영국간의 쌀거래, 보르도와 런던간의 포도주 거래 항로 등, 그리고 동인도와 유럽대륙을 연결하는 아시아 항로의 경우를 살펴볼 때, 수송비용의 급격한 하락의 증거를 찾을 수 없다는 것이다.[1] 그리고 19세기 이전까지 높은 수송비용의 유지는 가격수렴을 저해하는 하나의 요인이 되었던 것이다.[2]

요컨대 콜럼부스의 신대륙 발견과 바스코 다 가마의 인도항로 개척은 분명히 교류의 지리적 범위를 크게 확대시키는 결과를 가져왔지만, 세계경제의 통합에 기여한 정도는 그리 크지 않다는 것이다. 19세기 이전까지 대륙간 교역의 대상은 극히 일부 품목에 한정되어 있었으며, 이들 품목이 교역의 대상이 되었던 것도 본국에서 이에 대체할 수 있는 상품이 거의 존재하지 않았기 때문이었다. 예컨데 유럽의 수입품목으로 향료, 비단, 설탕, 금 등, 그리고 아시아의 수입품목이었던 은, 린넨, 모직 등은 현지에서 경쟁적인 상품이 거의 존재하지 않는 희귀상품이었던 것이다. 따라서 이들 상품들은 높은 수송비용을 충당할 수 있을 정도의 고가에 거래될 수 있었던 것이다.

따라서 19세기 이전의 대륙간 교역은 이런 사치재를 소비할 수 있는 일부 특권층의 생활에만 영향을 주었을 뿐 대다수의 생활에는 별로 영향을 주지 못했다. 그나마 앞에서 본 것처럼 교역의 결과가 이들 교역상품의 국내가격에 미친 영향도 크지 못했다. 따라서 교역이 국내 산업구조, 생산요소의 소득 등에 미친 영향도 거의 기대할 수 없다(우리는 제Ⅱ부에서 교역이 국내산업구조, 생산요소의 소득에 미치는 효과는 교역에 따른 국내가격의 변화라는 고리에 기인함을 배우게 될 것이다).

대다수 사람들의 생활에 영향을 주는, 예컨대 밀과 같은 상품이 중요한 교역의 대상이 되고, 수송기술의 발전에 따라 수송비용이 급격히 하락하고, 국가간의 인위적인 교역장벽도 크게 완화되고, 이로 인해 가격수렴의 급속한 진행이 목격된 시기는 19세기 중반 이후라고 할 수 있다. 그리고 이 시기를 우리는 세계화의 기점, 보다 정확히 표현하면 세계경제 통합의 기점으로 삼는다.

---

1) 17세기 초 동인도와 유럽간 왕복선의 수송비용은 톤당 30-32파운드였던 반면 1650년 동비용은 16-23파운드로 수송비용이 급격히 하락한 것으로 나타나고 있다. 그러나 이는 수송기술의 발전에 따른 비용의 하락이 아니었다. 1640년 이전까지 동인도를 운항하는 공인선박은 동아시아 해상에서의 방어임무—예컨대 폭동진압, 보루건설, 협상 등—까지도 수행했던 반면, 1640년 이후 이러한 임무를 더 이상 수행하지 않았다(이 임무는 아시아 상주함대에 의해 수행되었으며 그 비용은 동인도회사가 지불하였다). 따라서 수송비용의 차이는 이러한 비용의 차이에 기인하는 것이다.

2) 높은 수송비용은 19세기 이전 가격수렴 저해의 부분적인 요인일 뿐이다. 보다 중요한 요인은 독점, 국가간 분쟁, 관세 등 정부의 수입제한 등에 있다고 볼 수 있다. 당시 대륙간 교역은 국가가 권한을 부여한 특정 독점업체들에 의해 대부분 수행되었으며, 이들은 유럽의 소비자들에게는 높은 가격을, 원산지의 공급자들에게는 낮은 가격을 부과함으로써 높은 마진을 얻을 수 있었다. 즉, 당시 국가지정 독점이라는 존재는 대륙간 교역을 저해하는 중요한 교역장벽이었던 것이다.

[표 3-1] 수송비용과 가격수렴 정도의 변화(1870-1차대전 이전)

유럽-미국간		
가. 수송비용		
미국 밀수출: 수송비/밀가격	1869/71-1908/10	41% → 22.6%
영국 화물선 수송비	1869/71-1911/13	100 → 78
나. 가격수렴		
리버풀과 시카고: 밀가격차	1870-1912	58 → 16%
런던과 신시네티: 베이콘가격차	1870-1913	93 → 18%
필라델피아와 런던: 선철가격차	1870-1913	85 → 19%
런던과 보스톤: 양모가격차	1870-1912	59 → 28%
런던과 부에노스아이래스: 가죽가격차	1870-1913	28 → 9%
유럽-아시아간		
가. 수송비용		
랭군 → 유럽: 수송비/쌀가격	1882-1914	74% → 18%
자바 → 암스테르담: 설탕수송비	1870-1914	100 → 40-50
나. 가격수렴		
리버풀과 오데사: 밀가격차	1870-1906	40 → 2%
리버풀과 봄베이: 면화가격차	1873-1913	57 → 20%
런던과 캘커타: 황마가격차	1873-1913	35 → 4%
런던과 랭군: 쌀가격차	1873 1913	93 → 26%
리버풀과 알렉산드리아: 면화가격차	1837/46-1890/99	63 → 5%

자료: O' Rourke & Williamson(2000)

[표 3-1]은 1870년경부터 1차대전의 발발 이전의 약 40여 년의 기간 동안 수송비용의 하락과 가격수렴의 진행정도를 보여 주고 있다. 동기간 동안에 유럽의 미국산 밀의 수입가격에서 수송비용이 차지하는 비중은 절반 정도로, 동남아산 쌀의 수입가격에서 수송비용이 차지하는 비중은 1/4 정도로 축소된 것으로 나타나고 있다. 그리고 당시 대륙간 교역의 주요 품목들에 있어 각 대륙에서의 가격차이가 큰 폭으로 축소되었음을 볼 수 있다. 예를 들어 1870년 영국의 리버풀에서 밀의 가격은 미국 시카고에서의 가격보다 58% 비쌌지만, 1912년에 그 가격차이는 12%로 축소되었다.

2. 세계화의 두 물결

경제학의 영역에서는 지금 우리가 경험하고 있는 세계화를 새로운 현상으로 보지 않는다. 과거에도 이와 유사한 세계화의 시기가 있었다는 것이다. 즉 앞에서 언급한 1870년에서 1910년까지의 기간을 제1차 세계화의 물결로, 그리고 지금의 세계화 — 보통 1980년대 중반부터를 상정한다 — 를 제2차 세계화의 물결이라 부른다.

[그림 3-2]에서는 1870년부터 2000년까지 세계화의 장기적인 추세를 보여주고 있다. 전세계 수출총액/전세계 GDP, 외국자본총액/개발도상국 GDP, 미국에의 이민자수라는 3개의 세계화 지표는 모두 동일한 추세를 나타내고 있다. 즉 1870년부터 1차대전 발발 이전까지 증가하다가, 이후 2차대전이 끝나는 시점까지 급격히 감소하고, 이후 지금까지 줄곧 증가하는 모습을 보이고 있다. 세계은행은 2차대전 이후 세계화 추세를 다시 두 단계로 구분하여 1980년 이전까지를 제2차 세계화 물결, 그리고 세계화의 내용이 보다 심화되는 1980년 이후를 제3차 세계화 물결이라 지칭하기도 한다. 그러나 2차대전 이후부터 1970년대까지는 양차대전으로 급격히 붕괴된 세계화가 이전의 수준을 회복해가는 시기라 보는 것이 타당할 것이다.

그림 3-2 세계화의 장기적 추세

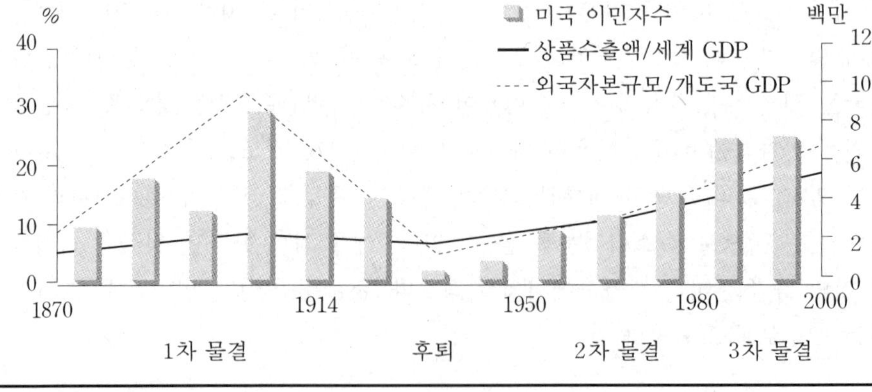

자료: 세계은행(2002)

(1) 제 1 차 세계화의 물결

이전에도 지금에 필적할 만한 세계화의 진행이 있었다는 점을 언급하면서 이를 뒷받침하기 위해 가장 많이 인용되는 글이 하나 있다. 이는 바로 이 시대를 살았던 위대한 경제학자, 케인즈가 그의 저명한 저서인 「평화의 경제적 귀결」(1919)에서 기술하고 있는 글이다.

> "1914년 8월에 종결된 그 시대는 인류의 진보과정에서 얼마나 특별한 에피소드인가!… 런던에 거주하는 사람이 자신의 침대에서 모닝티를 음미하면서 전화로 전지구상의 다양한 물건들을 주문할 수 있었고 … 그의 재산을 세계 곳곳에 있는 천연자원과 새로운 기업에 과감히 투자할 수도 있었고 … 여권이나 여타 절차 없이도 어떤 나라와 어떤 기후로도 여행할 수 있는 저렴하고 안락한 운송수단을, 원한다면 즉시 확보할 수 있었고…"

케인즈가 이렇게 특별하게 생각했던 이 시대, 즉 1차 세계화의 물결이 진행되었던 1870년에서 1914년까지의 기간이란 시대사적으로 어떤 성격을 갖는 시대인가?

우선적으로 이 시대는 18세기 중반에 시작된 주요 선진국의 산업혁명이 완성되면서 산업자본주의가 자리를 잡게되는 시기라 할 수 있다. 저명한 경제학자인 로스토우는 경제발전의 단계를 전통사회, 도약을 위한 준비단계, 도약단계, 성숙단계, 그리고 고도대중소비사회의 5단계로 구분하고 있는데, 이 시기는 대부분의 선진국에 있어 도약기(take-off dates)에 이르는 시기라 할 수 있다.[3] 로스토우는 영국의 경우 1783년에서 1802년, 프랑스는 1830-60년, 미국은 1843-60년, 독일은 1850-73년, 후발 선진국인 일본의 경우 1878-1900년, 러시아는 1890-1914년, 캐나다는 1896-1914년의 시기를 도약기로 설정하고 있다.

이 시대는 수송혁명의 시대라 할 수 있다. 1820-50년대의 기간 동안 철도망이 급속히 확대되었고, 1840-70년대의 기간에는 내륙 및 해양 운송에서 증기선의 사용이 크게 확대되었다. 1830년대말 영국의 리버풀과 뉴욕간 특급선의 운행 시

3) 도약기는 경제가 정상적인 성장을 개시하는 단계로서, 철도, 도로, 항만 등 사회간접자본의 건설과 농업 및 공업에 있어서 급진적인 기술의 발달이 이루어지고, 새로운 공업이 급속도로 확대되어 그 이윤의 대부분은 새로운 생산설비에 투자되며 투자율이 5%에서 10% 이상으로 증가하여 성장이 자동화되는 단계이다. 또한 몇몇 중요 제조업 부문이 발전하여 새로운 기업가 계급이 확대되고, 사회적 · 정치적 구조가 정비되어 착실한 성장률이 이후 계속 유지될 수 있는 단계이다.

시간은 40여 일에 달했으나, 1840년대에는 증기선의 도입으로 운행시간이 14일로 대폭 단축되었다. 또한 통신에 있어서도, 1866년 대서양을 연결하는 전신 케이블이 설치되었으며, 20세기에 들어서면서 전세계를 연결하는 전신망이 구축되게 되었다.

이 시대의 사조는 자유주의 사상이라 할 수 있다. 16-17세기의 사조가 중상주의, 그리고 정부의 보호 및 간섭주의라면, 18세기 중반 이후 산업자본주의 시대의 사조는 경제적 자유주의라 할 수 있다. 아담 스미스, 벤덤, 리카르도로 이어지는 경제적 자유주의 사상을 배경으로, 사유재산제도의 확립과 경제활동에서의 자유를 보장하는 제도들이 들어서게 되었다. 국가간의 교역에 있어서도 자유경쟁을 시현하는 자유무역의 시대를 여는 배경이 되었다. 18세기말-19세기초 영국에서 대두된 자유주의 사상은 대륙으로 확대되어 1860년-1879년의 기간은 자유주의가 유럽 전역에서 가장 만개하는 시기가 되었다.

한편 정치적인 측면에서 이 시대는 당시 사실상 유일의 선진국이라 할 수 있는 영국의 힘에 의해 세계질서가 안정되었던, 이른바 팩스-브리타니카(Pax Britanica)의 시대라 할 수 있다. 당시 영국은 비단 군사력뿐만 아니라 경제력에서도 여타 국가들을 압도하였고(당시 영국의 공업 수출액은 수입액의 5배에 이르렀다), 이에 따라 19세기 후반 유럽 대륙에서 보호주의의 대두에도 불구하고 계속 자유주의 정책을 유지함으로써 세계교역이 지속적으로 융성할 수 있었던 것이다. 또한 우리가 뒤에 세계경제제도에서 보겠지만 당시 세계교역이 융성했던 배경에는 금본위제도라는 국제통화제도가 원활하게 작동했다는 점을 들 수 있는데, 이 역시 영국이 적절한 역할을 했다는 것이 중요한 성공요소라 할 수 있다.

케인즈(John Maynard Keynes: 1883-1946)

운명적인 것일까? 칼 맑스가 사망했던 1883년에 케인즈가 탄생하였다. 맑스는 어떤 사람인가? 자본주의는 스스로의 모순에 의해 붕괴할 것임을 예상한 사람이다. 이러한 자본주의의 문제점을 극복하고 자본주의를 되살린 사람이 케인즈인 것이다.

그는 영국의 케임브리지에서 저명한 경제학자였던 존 네빌 케인즈의 아들로 태어났으며, 그의 어머니는 한때 케임브리지의 시장을 지내기도 했다.

그는 명문 이톤(Eton)과 킹스 칼리지에서 영국식 상류교육을 받았으며, 킹스 칼리지에서는 당대 최대 경제학자였던 알프레드 마샬 밑에서 수학하였다. 졸업후 한때 정부관리로 인도에서 근무하다, 영국으로 돌아온 후 케임브리지에서 교직을 잡았다. 여기서 그의 천재성은 금방 인정받게 되어 당시 최고의 권위를 갖는 학술지인 Economic Journal의 편집인이 되었다. 1차대전 중에는 재무성에 들어갔고, 베르사이유 평화회담에 재무성 대표로 참석하였다. 그는 독일에게 부과되는 전쟁배상금이 독일의 경제적 붕괴를 가져올 것으로 믿고 이의 수정완화를 주장했으나 받아들여지지 않았다. 당시 그의 견해를 담은 명저가 1919년에 출간된 '평화에의 경제적 귀결'이다. 이 책은 전 세계에 큰 반향을 일으켜 그를 일시에 세계적인 인물로 만들었다. 이 책에 쓴 "자유방임주의 자본주의는 1914년 8월에 끝났다"는 사상이 케인즈 이론의 출발점이라 할 수 있다.

케인즈는 보험, 증권투자, 출판업 등에도 손을 대었다가 파산을 하여 친구들의 구조를 받은 뒤 외환투기와 상품투기에서 2백만 달러를 모으기도 했다. 그는 전형적인 영국형 신사였다. 그의 관심은 금융에서 예술에까지 미치고 그의 도락은 문헌에서 발레에까지 걸친 다각적인 문화인이었다. 당시 영국 최고의 예술가 및 지성인들의 모임인 브룸스베리 그룹의 회원으로, 그곳에서 모든 종류의 문화인, 지식인에 둘러싸여 화려한 사교생활을 했다. 42세의 나이에 당대 최고의 발레리나였던 소련의 리디아 포로코바와 결혼한 것도 이러한 생활에서 얻은 수확이었다.

케인즈는 바쁜 생활에도 불구하고 10권의 저서와 84편의 논문을 저술했는데, 그의 대표적인 저서이자, 그 어떤 서적보다도 경제학에 큰 영향을 미친 저서가 말할 필요 없이 '고용, 이자 및 화폐에 관한 일반이론'(1936)이다. 1930년대 세계대공황은 지금까지의 경제학이론으로는 설명할 수 없었고, 새로운 시야에서의 이론이 필요했다. 케인즈는 일반이론에서 불황이라는 자본주의의 병리를 해부하고 치료방안을 제시하였다. 그는 지금까지 경제학에서 당연한 것으로 받아들였던 완전고용상태를 부정하고, 유효수요의 부족으로 비자발적 실업이 존속하는 불완전고용균형 상태가 일반적임을 제시하였다. 시장의 자동적인 조절기능만이 만사가 아니며 경제의 안정을 위해서는 정부의 적극적인 개입이 필요하다는 것이 요지이다. 즉 수정자본주의의 시작인 것이다.

(2) 세계화의 후퇴

1차 세계화의 물결이 약 40여 년의 기간에 걸친 세계화의 급격한 확대라면, 이후 약 40여 년의 기간은 세계 역사상 유례가 없는 세계화의 급격한 하락의 시대라 할 수 있다. 1차대전의 발발로 융성했던 세계의 교역은 좌초될 수밖에 없었다. 그러나 종전 후에도 세계교역은 회복되지 못하고 더욱 쇠퇴의 길을 걷게 되었다.

금본위제도의 붕괴 이후 국가간의 교역을 뒷받침할 수 있는 안정적인 국제통화제도가 마련되지 못한 것도 중요한 요인이다. 그러나 보다 근본적인 요소는 1차대전 이후 세계 각국에서 고립주의와 민족주의적인 정서가 강화된 데 있다고 볼 수 있을 것이다. 패전의 아픔은 독일의 민족주의 정서를 배양하였으며, 러시아에서는 볼셰비키 혁명 이후 타국과 단절의 길로 들어섰다. 미국의 강화된 고립주의 분위기는 국제연맹에의 불참이라는 모습으로 나타났다. 이민에 대한 규제가 크게 강화되는 등 미국 내에서 반외국 정서가 고조되었다.

이러한 고립주의 분위기는 외국과의 교역에서 보호주의적인 정책의 강화로 나타났다. 미국에서는 1차대전 이후 크게 두 번에 걸쳐 대폭적인 관세인상이 단행되었다. 첫번째는 종전 직후 전시채무상환 등을 위한 정부수입의 증대목적으로 단행되었으며, 두 번째는 당시 미국의 보호주의 정책의 결정판이라 할 수 있는 1930년의 스무트-홀리 관세법(Smoot-Hawley Tariff Act)이다. 국제무역의 역사에서 최대의 악법으로까지 불리는 이 법은 약 2천여 개의 수입품목에 대해 평균 60%의 관세를 부과하는 내용을 담고 있었다.[4]

1929년 미국의 주식시장 붕괴로 시작된 세계 경제의 대공황은 세계 각국의 경제활동을 크게 위축시켰고, 이에 따라 세계교역 역시 크게 쇠퇴하였다. 특히 미국의 스무트-홀리법, 그리고 이에 대응한 유럽국들의 보복관세 부과로 세계 교역은 크게 타격을 받게 되었고, 이는 세계 대공황을 더욱 심화시키는 역할을 하였다. 한편 이런 경제적 배경하에 집권한 독일의 나찌 정부, 그리고 이의 동맹국들은 국내외 자본이동에 대해 극도의 통제를 가하기 시작했다. 그리고 이러한 세계 경제의 위축은 2차 세계대전의 중요한 배경이 되었던 것이다.

---

4) 우리는 보통 이 법의 배경으로 미국 경제의 대공황을 언급한다. 그러나 미국에서 대공황이 시작되기 이전에 이미 이 법은 의회를 통과하였다는 점에서, 보다 중요한 배경은 미국 사회의 강화된 보호주의 정서라 할 수 있을 것이다(Mussa, 2000).

그림 3-3 세계교역의 축소, 1929-33

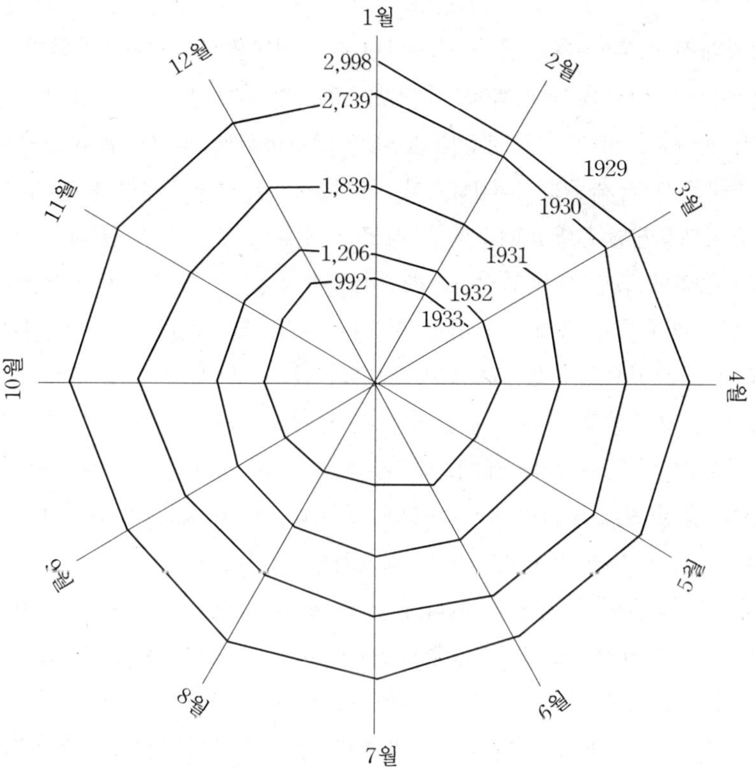

단위: 백만 달러
자료: Mussa (2000)

[그림 3-3]은 1929년 1월부터 1933년 2월까지 세계상품 교역의 규모가 축소되는 모습을 보여 주고 있다. 동 기간 동안 세계 75개국의 총 수입규모는 69% 줄어들었다. 미국의 경우 1929년 44억 달러에 이르던 수입규모가 1933년에는 14억 달러로, 수출규모는 52억 달러에서 16억 달러로 줄어드는 등 교역규모가 1/4 수준으로 급감하였다.

1차대전 이후부터 2차대전까지의 40여 년의 기간은 세계경제, 특히 세계교역에 있어 암흑기라 할 수 있는 것이다.

(3) 제2차 세계화의 물결

2차대전 이후 세계경제가 안정되면서 세계교역도 다시 증가하기 시작했다. 2차대전 직후 미국의 달러화를 기축통화로 하는 새로운 국제통화제도가 마련되었으며, 관세 등 국가간 교역장벽은 다시 낮추어졌다. 국제통화제도를 관리하기 위한 기구로서 국제통화기금(IMF)이, 개발도상국의 경제개발을 돕기 위한 기구로서 국제부흥개발은행(IBRD)이, 그리고 자유무역 추진을 위한 제도적 장치로서 관세 및 무역에 관한 일반협정(GATT)이 등장하였다. 즉 우리가 브레튼우즈 체제라 부르는 세계경제 체제가 등장한 것이다. 수송 및 통신 기술의 발전은 다시 가속화되기 시작했으며, 미국과 소련간 힘의 균형하에서 세계정세는 안정되었다. 세계경제는 고도성장의 궤도에 들어섰고, 세계교역의 확대추세가 지속되었다.

2차대전 이후 이러한 세계화의 추세가 특히 심화되는 양상을 보이는 것은 1980년대 중반 이후부터라 할 수 있을 것이다. 이를 제2차 세계화의 물결이라 부르며, 우리가 지금 경험하고 있는 세계화인 것이다.

지금의 세계화의 기점을 어디에 두는 것이 적당할 것인가? 1990년대, 특히 냉전종식을 그 기점으로 삼는 경우도 있다. 특히 지금의 세계화의 특성을 체제의 변화에서 찾으려 하는 경우 이를 기점으로 삼는 경우가 많이 있다. 「렉서스와 올리브 나무」에서 토마스 프리드만은 베를린 장벽이 무너지는 순간을 세계화의 기점으로 보고, '지금 세계는 10살'이라고 언급하기도 한다. 지금 세계화의 특성을 정보통신기술의 발전에서 찾으려 하는 경우, 인터넷의 사용이 크게 확대되는 90년대 초반을 세계화의 기점으로 삼을 수도 있을 것이다. 우리가 지금 세계화의 상징처럼 표현하는 세계무역기구(WTO)의 출범을 그 기점으로 삼는다면 이는 1995년일 것이다.

그러나 저자는 지금 세계화의 기점을 1980년대 중반 정도에 두고자 한다. 이는 2차대전 이후 지속적으로 진행되던 세계화의 추세에서 급격한 변화의 모습이 부분적으로 감지되기 시작하는 것이 1980년대 중반이라 보기 때문이다. 특히 지금 세계화의 가장 뚜렷한 특성이라 할 수 있는 다국적기업의 활동이 크게 확대되기 시작하는 것은 1980년대 중반부터라 할 수 있다. 또한 우리나라를 비롯한 신흥개도국들이 본격적으로 세계무대에 등장하는 것도 1980년대 중반이라 할 수 있다. WTO의 출범을 가져온 우루과이 라운드가 태동한 것도 1980년대 중반이다.

1980년대 초반인가, 중반인가 아니면 1990년대 초반인가? 불과 몇 년의 차이를 놓고 세계화의 기점을 따지는 것 자체가 그다지 의미있는 일은 아니다. 중요한 것은 제 1 차 세계화의 물결의 시대처럼 세계화라 부를 만한 급격한 변화가 지금 진행되고 있는가 하는 것이다. 혹자는 2차대전 이후의 전반적 추세가 이어지고 있는 것일 뿐이며, 지금 우리가 세계화라 부르는 변화는 현실(reality)이 아니라 허구(myth)라고 평하기도 한다. 다음절에서는 제 1 차 세계화의 물결과 비교하여 지금 진행되고 있는 세계화의 모습을 파악해 보기로 한다.

3. 제 1, 2차 세계화 물결의 비교

Baldwin과 Martin(1999)은 지금 제 2 차 세계화의 물결이라 부를 만한 변화가 진행되고 있으며, 이는 외형상 제 1 차 세계화의 물결과 상당히 흡사한 모습을 보이고 있지만(즉 피상적 유사성) 그 내용상으로는 상당한 차이(즉 근본적인 차별성)가 있다고 평가하고 있다.

본절에서는 이들의 논문을 중심으로 하여 제 1, 2차 세계화 물결의 유사성과 차이점에 대해 검토해 보기로 한다.

(1) 상품이동의 측면

[표 3-2]는 주요국의 교역도의 변화를 보여 주고 있다. 먼저 전세계의 교역도를 보면 1890년 12%에서 1913년에는 18%로 증가하였음을 볼 수 있다. 2차대전 이후 교역도는 계속 증가추세를 보여왔고, 1970년에는 1913년의 수준을 회복하게 된다. 1998년의 교역도는 37.6%로 1913년의 수준을 월등히 추월하고 있다. 1890-1913년의 기간 동안 일본의 경우 2배 이상의 교역도 증가를 보이는 반면, 영국이나 프랑스는 매우 완만한 증가를 보이고 있는데, 이는 이들 선발국들은 이미 1860년대까지 상당히 높은 수준의 교역도를 달성한 데 기인한다.

1990-1998년의 비교적 짧은 기간 동안 전세계의 교역도는 26%에서 37.6%로 크게 증가한 것으로 나타나고 있다. 그런데 이 기간 동안 주요 선진국들의 교역도는 그렇게 크게 증가하지는 않았음을 볼 수 있다. 캐나다와 스웨덴의 경우

[표 3-2] 상품교역도의 변화 (단위: %)

	1890	1913	1960	1970	1990	1998
호 주	30.4	42.0	26.0	23.0	26.8	29.4
캐나다	25.6	34.0	29.0	36.0	44.0	70.0
덴마크	48.0	61.4	53.8	46.6	48.6	53.4
프랑스	28.4	31.0	19.8	23.8	34.2	41.8
독 일	31.8	39.8	29.0	33.0	48.0	50.8
이태리	19.4	28.8	20.0	25.6	31.8	41.4
일 본	10.2	25.0	17.6	16.6	16.8	19.0
노르웨이	43.6	51.0	49.8	55.2	57.6	52.2
스웨덴	47.2	42.4	37.6	39.4	47.0	74.4
영 국	54.6	59.6	30.6	33.0	41.2	43.2
미 국	11.2	12.2	6.8	8.2	16.0	17.2
세 계	12.0	18.0	16.0	20.0	26.0	37.6

자료: McCulloch (2000)

큰 폭의 증가가 목격되지만, 미국, 일본, 독일, 영국 등 비중이 큰 선진국에서는 전세계 교역도의 증가 추세에 못미치는 증가세를 보이고 있다. 따라서 이 시기의 전세계 교역도의 급격한 증가는 [표 3-2]에 나타나지 않는 여타 국가들, 특히 신흥개도국들의 교역확대에 기인함을 추측할 수 있을 것이다.

흥미 있는 것은 영국의 경우 1998년의 교역도가 약 100여 년 전의 수준에도 아직 이르지 못하고 있다는 것이다. 호주의 경우도 그러하며, 일본과 덴마크는 1913년의 정점 수준에 아직 미치지 못하고 있는 것으로 나타나고 있다. 그런데 여기서 우리가 한 가지 유념할 것은 교역도의 계산에서 분모로 들어가는 GDP의 성격이 100여 년 전과 지금과는 상당한 차이가 있다는 것이다. 즉 19세기의 GDP는 거의 민간부문의 경제활동만을 반영하고 있다고 볼 수 있는 반면, 근래에는 GDP의 30-50% 정도가 정부의 경제활동에 의해 설명되는 부분으로 볼 수 있다. 이는 그동안 정부의 크기가 계속 확대되어 왔던 결과이다. 따라서 정부부문을 제외하고 민간부문의 경제활동만을 놓고 보면, 민간부문의 경제활동에서 교역에 노출된 정도는 제2차 세계화 물결이 훨씬 높다고 볼 수 있을 것이다.

[표 3-3]은 공산품 수입시 적용되는 평균 관세율 수준의 변화 추세를 보여주고 있다. 1차 세계화 물결시 관세율이 가장 낮았던 시기는 1870년대였다. 이는 앞에서도 언급했지만 영국에서 대두된 자유주의 사조가 유럽 전대륙으로 확산되

[표 3-3] 공산품 평균관세율 (단위: %)

	1820	1875	1913	1931	UR 이전	UR 이후
프랑스	금지	12-15	20	30		
독 일	na	4-6	17	21		
이태리	na	8-10	18	46		
영 국	50	0	0	na		
E U					5.7	3.6
캐나다		na	26	na	9.0	4.8
미 국	45	40-50	44	48	4.6	3.0

자료: McCulloch(2000)

어 자유주의의 절정을 이루었던 시기가 1870년대였던 것을 반영한다. 1870년대 이후에는 유럽대륙에서 보호주의 반동현상이 나타났고, 1913년의 관세율이 영국을 제외한 유럽국가들에서 1870년대 수준보다 더 높게 나타나고 있는 것이다. 영국의 경우 1820년대 관세율이 50%에 달했으나 1870년대에는 사실상 무관세 수준으로 하락했고, 대륙국가들의 보호주의 회귀에도 불구하고 1차대전 이전까지 계속 자유무역을 추구했다. 또 한 가지 흥미로운 점은 2차대전 종료 이전까지 지속된 미국의 높은 관세 수준이다. 1차 세계화 물결시 유럽국가들의 낮은 관세수준에도 불구하고 미국은 평균 40% 이상의 고관세 정책을 유지했다. 이는 당시 제조업 분야에서 미국의 상대적 후진성을 반영하는 결과라 할 수 있다. 미국의 관세율이 급격히 낮아지는 것은 2차대전 이후부터이다.

우루과이 라운드 협상 이전인 1980년대 중반 미국의 관세율은 4.6%, 유럽국의 관세율은 5.7%로, 선진국들의 관세율은 이미 매우 낮은 수준에 들어섰다. 우루과이 라운드 협상 이후, 즉 1990년대 중반 관세율은 더욱 하락하여 선진국의 평균관세율은 4%대에 이르고 있다.

[표 3-4]는 교역상품에서 공산품이 차지하는 비중을 보여 주고 있다. 1910년의 수치에서 볼 수 있는 사실은 주요 선진국의 경우 수출에서 공산품이 큰 비중을 차지하고 있는 반면 수입에서는 공산품의 비중이 매우 낮다는 것이다. 즉 공산품의 수출과 수입에서 상당한 불균형이 존재하고 있다는 것이다. 이에 반해 1993년의 수치를 보면 수출, 수입 모두에서 공산품의 비중이 압도적으로 높고, 또한 비교적 균형을 이루고 있다.

1차 세계화 물결 당시만 해도 전형적인 교역 패턴은 선진국은 후진국에 공

[표 3-4] 교역상품에서 공산품의 비중 (단위: %)

	1910		1993	
	수출	수입	수출	수입
영 국	75.4	24.5	97	77.2
프랑스	59.2	25.3	78	74.6
독 일	74.5	24.4	90	73.6
이태리	38.3	38.0	89	62.9
덴마크	9.1	28.1	66	na
스웨덴	33.6	56.0	85	na
미 국	47.5	40.7	82	77.1
캐나다	19.9	62.5	66	81.9
일 본	80.8	38.3	97	46.3

자료: Bordo 등(1999)

산품을 수출하고 후진국으로부터 1차산품을 수입하는 것이었다. 이에 반해 근래의 교역패턴은 상당한 차이가 있다. 전세계의 생산에서 1차산업 생산이 차지하는 비중이 크게 하락하면서 교역에서 1차산업의 비중도 크게 하락하였다. 선진국의 가장 중요한 교역 패턴은 서로간에 공산품을 수출하고 수입하는 것이라 할 수 있다. 서로 다른 공산품 산업의 상품을 교역할 뿐만 아니라, 같은 공산품 산업 내에서도 유사한 상품을 수출하고 수입하기도 한다. 이와 같이 동종 산업 내에서 이루어지는 교역을 산업내무역이라 하는데 이는 근래 교역패턴이 갖는 중요한 특징이다.

한편 교역상품의 측면에서 2차 세계화 물결에서 새롭게 나타나고 있는 또 하나의 중요한 측면은 서비스 분야에서의 교역증대라 할 수 있다. [표 3-5]는 공산품 수출규모에 대비한 서비스 수출 규모를 보여 주고 있다. 1997년 그 비율은 0.25로 1983년의 0.20보다 25% 정도 증가한 것으로 나타나고 있다. 특히 미국의 경우 그 비율은 0.25에서 0.34로 크게 확대된 것으로 나타나고 있다. 그러나 이 표에서 집계하고 있는 서비스 수출은 수송, 관광, 통신 및 사업서비스에서의 수출만을 대상으로 하고 있는 것으로, 실제 국가간에 이루어지는 서비스 거래의 규모는 이보다 훨씬 더 크다고 보아야 할 것이다. 특히 서비스 거래의 경우 소비자와 공급자간의 대면이 필요한 경우가 많이 있으며, 이 때문에 외국기업이 현지에 자회사 등의 설립을 통해 직접 진출하여 현지 소비자에게 서비스를 공급하는 것을 흔히 본다. 그러나 이러한 서비스 거래는 국경 내에서 이루어지기 때문에 서

[표 3-5] 공산품수출 대비 서비스 수출의 규모 (단위: %)

	1983	1997		1983	1997
호 주	20	33	노르웨이	39	36
캐 나 다	11	14	스 웨 덴	23	21
덴 마 크	31	32	스 위 스	33	33
프 랑 스	35	26	영 국	30	34
독 일	14	14	미 국	25	34
이 태 리	24	33	세 계	20	25
일 본	13	18			

자료: McCulloch(2000)

비스 수출이라 부르지 않는다. 따라서 이러한 서비스 거래까지도 생각하는 경우 지금 국가간에 이루어지는 서비스 분야에서의 교역은 [표 3-5]가 보여 주는 것보다 훨씬 규모가 크다고 보아야 할 것이다.

한편 세계교역의 지역별 분포 상황을 살펴보면, 세계교역에서 선진국과 개도국이 차지하는 비중은 19세기 말이나 20세기 말이나 그다지 큰 차이를 보이지 않고 있다. 1870년대 말 각 지역의 교역비중(지역의 총수출액+총수입액/전세계 수출액+수입액)을 보면, 유럽이 66.9%, 북미가 9.5%, 아시아가 12.9%, 남미가 4.6%, 오세아니아가 3.4%, 아프리카가 1.9%로, 당시 선진국(유럽과 미국)이 차지하는 교역비중은 약 75%에 달했다. 이에 반해 1990년, 서부유럽의 교역비중은 46.8%, 북미는 16.9%, 그리고 일본의 비중은 7.7%로, 이를 합한 선진국의 비중은 71%에 이르고 있다.

교역비중의 측면에서는 큰 변화가 없지만, 내용상으로는 상당한 변화가 있다. 1960년대 내지 1970년대까지는 세계교역은 전형적인 북-북 무역과 남-북 무역의 패턴을 띠고 있었다. 즉 선진국들 서로간에는 공산품을 교역하고, 선진국은 후진국에 공산품을, 후진국은 선진국에 1차 산품을 수출하는 것이었다. 그러나 1970년대 말 이후 남-북 무역의 내용에서 큰 변화를 볼 수 있다. 즉 개발도상국의 대 선진국 수출에서 공산품이 차지하는 비중이 급격히 높아지고 있다는 것이다. 그 비중은 1980년만 해도 15% 정도 였지만, 1989년에는 53%로 급격히 증가하였다. 이는 후진국들의 급속한 산업화를 반영하는 것으로, 특히 1970년대 및 80년대 초반 동아시아와 중남미의 신흥공업국들의 부상에 크게 기인한다고 볼 수 있을 것이다.

[표 3-6] 세계교역의 지역별 분포 (단위: %)

	1955	1970	1980	1989
선진국의 대후진국 수출				
공산품비중	73	78	79	79
후진국의 대선진국 수출				
원료 비중	20	33	66	25
여타 1차산품	74	51	18	21
공산품 비중	5	16	15	53

자료: Bordo 등(1999)

요약하면 상품이동의 측면에서 세계화라 부를 만한 변화가 목격되고 있다는 것이다. 그리고 이러한 변화는 외형상으로는 1차 세계화 물결시에 목격되었던 것과 유사하지만 내용상으로는 상당한 차이가 있다는 것이다. 1차산품의 교역비중은 크게 감소한 반면 공산품의 교역비중, 그리고 서비스분야의 교역비중이 매우 높은 수준을 차지하고 있다. 산업간 무역뿐만 아니라 산업내 무역이 큰 비중을 차지하고 있으며, 세계교역에 개발도상국들의 참여 비중도 과거에 비견되지 않는다. 그리고 현재의 세계화 수준은 1차 세계화 물결시의 수준보다도 훨씬 높다는 것이다.

(2) 자본이동의 측면

우리는 제2장에서 국가간의 자본이동 정도를 각국의 경상수지 불균형의 규모, 그리고 국내저축과 투자간의 상관관계를 통해 간접적으로 측정해 볼 수 있음을 설명한 바 있다. 특히 자본이동의 경우 과거의 통계자료가 양적, 질적으로 충분하지 않은 상황에서 장기간에 걸친 비교를 위해 이런 방법에 의존할 수밖에 없다.

[그림 3-4]는 주요 12개국을 대상으로 각국의 경상수지 불균형(적자 혹은 흑자)규모/GDP 수치를 평균한 수치의 변화를 보여 주고 있다. 제1차 세계화 물결의 기간 동안 동 수치는 상당히 높은 수준을 유지하고 있으며, 1885년부터 1900년대초의 감소세가 있기는 하지만 전반적으로 증가 추세를 보이고 있다. 그리고 1차 세계화 물결이 종결되는 시기에 5%를 상회하는, 가장 높은 수준을 보이고

그림 3-4 경상수지 불균형 규모의 추세

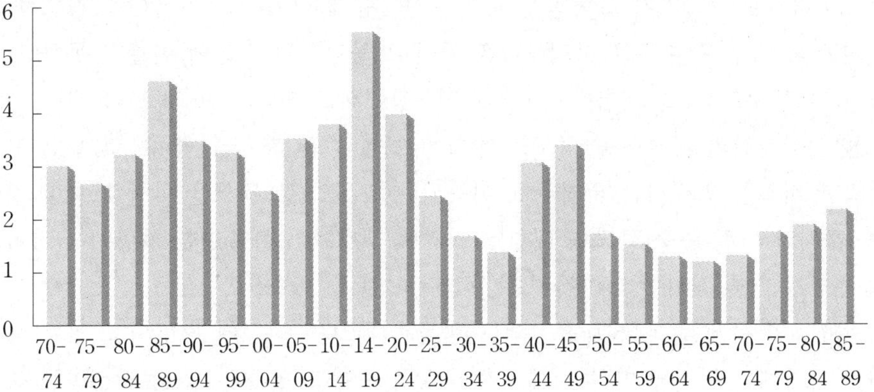

단위: 경상수지불균형규모/GDP×100. 12개국 평균치
자료: Taylor(1996)

있다. 그리고 2차대전 이후 동 수치는 다시 완만한 증가세를 보이고 있는 것으로 나타나고 있다.

[그림 3-5]는 역시 이들 12개국을 대상으로 각국의 국내저축과 국내투자간의 상관관계 정도를 평균한 수치의 변화를 보여 주고 있다. 제1차 세계화의 물결 기간 동안 동 수치의 전반적인 감소세는 보이지 않지만, 상당히 낮은 수치를 전반적으로 유지하고 있음이 목격된다. 2차대전 이후 동 수치는 지속적으로 감소하는 추세를 보이고 있다. 그러나 1980년대 말의 수치는 약 100여 년 전의 수치

그림 3-5 국내 투자와 저축간의 상관관계 추세(12개국 평균)

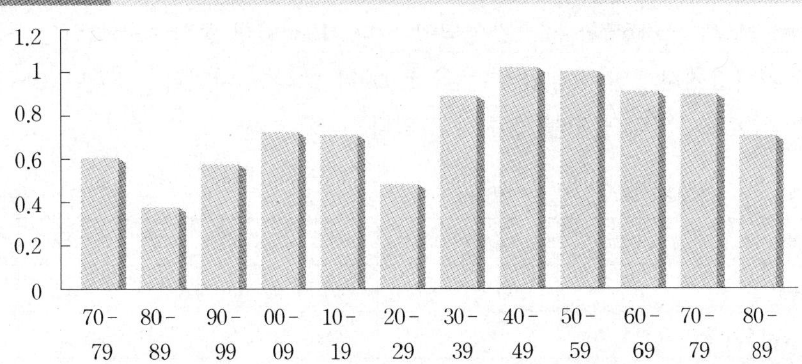

자료: Taylor(1996)

보다 여전히 높게 나타나고 있다.

우리가 이 두 가지 그림만을 놓고 보면, 근래 국가간의 자본이동 정도가 심화되고 있지만 그 수준은 아직도 1차 세계화 물결시의 수준에 이르지 못하고 있다고 말할 수도 있을 것이다. 그러나 제2장에서도 언급한 바와 같이 이러한 지표들은 국가간의 자본이동 정도를 정확히 보여 주는 지표라 할 수 없으며, 보다 정확한 비교를 위해서는 국가간에 이동되는 자본의 총 규모를 파악해야 할 것이다. 하지만 이런 총량 규모에 대한 과거의 통계자료가 불충분한 상황에서 장기간에 걸친 변화를 정확히 파악하기는 어렵다고 할 수 있다.

규모의 문제를 떠나 내용상의 변화를 살펴보면 최근에 진행되고 있는 세계화는 과거에는 목격되지 않는 새로운 양상을 보이고 있다. 우리는 자본이동 측면에서 나타나고 있는 최근 세계화의 특징을 세 가지 정도로 요약할 수 있다.

첫째, 1차 세계화 물결시 국제 자본거래의 주종을 이룬 것은 장기적 성격을 갖는 자본의 이동이라 할 수 있다. 즉 국가간의 장기차입(장기채권 포함)과 직접투자가 당시의 주된 자본거래의 모습이라 할 수 있다. 반면 2차 세계화 물결에서 국제자본거래의 주종을 이루는 것은 단기적 성격을 갖는 자본의 이동이라 할 수 있다. 외국의 주식이나 채권에 대한 단기적 투자, 즉 국제 포트폴리오투자가 주된 자본거래의 형태라 할 수 있다. [표 3-7]을 보면 1970년부터 1997년까지 서방선진 7개국(G7)에서 직접투자와 포트폴리오투자의 증가추세가 나타난다. 동 기간 동안 직접투자는 약 32배나 증가하였다. 그러나 포트폴리오투자는 무려 200배나 확대되었다. 1990년에서 1997년의 기간만 해도 포트폴리오투자는 약 3배나 확대된 것으로 나타나고 있다. 자본이동, 특히 단기자본 이동의 급격한 확대는 외환거래 규모의 급격한 확대로 반영되고 있다. 1980년대 중반 뉴욕, 런던, 동경의 3대 외환시장에서 1일 거래규모는 약 1,900억 달러선 이었다. 그러나 1995년 그 규모는 약 1조 2천억 달러를 상회하고 있다.

[표 3-7] 국경간 투자규모의 변화(G7국) (단위: 10억 달러)

	1970	1975	1980	1985	1990	1995	1996	1997
직접투자	14	34	82	75	283	369	357	448
포트폴리오투자	5	27	60	233	329	764	1162	1040

자료: 세계은행 (1998)

둘째, 1차 세계화 물결시 국제투자의 대상은 극히 한정된 분야에 집중되어 있었다. 당시 가장 대표적인 투자 대상은 철도건설이나 광산업의 투자라 할 수 있다. 예컨대 유럽의 자본이 미국의 철도건설에 투자한다든지, 아프리카 금광개발에 투자한다든지 하는 것이다. 이에 반해 현재 국제투자의 대상은 거의 제한없이 확대되고 있다. 선진국은 물론 신흥개도국을 포함하여 세계 각국에서 발행되는 각종 주식과 채권들이 모두 국제투자의 대상이 되고 있다. 직접투자의 경우에도 제조업과 서비스산업을 망라한 전산업에서 국제투자가 이루어지고 있다.

셋째, 신흥시장에 외국 민간자본의 유입이 크게 확대되고 있다는 것이다. 동아시아, 중남미, 그리고 유럽의 체제전환국 등 높은 성장세를 보이는 개발도상국을 신흥시장(Emerging Market)이라 부른다. [표 3-8]은 개발도상국에 유입되는 외국자본의 성격 변화를 보여 주고 있다. 1980년만 해도 개도국에 유입되는 자본의 거의 대부분은 외채의 성격을 지니고 있었으며, 아무런 대가없이 원조의 성격으로 유입되는 공여금도 상당한 비중을 차지하고 있었다. 그러나 1996년의 경우 외채가 차지하는 비중은 절반 이하로 줄어든 반면 직접투자가 가장 중요한 자본도입의 경로로 나다나고 있다. 또한 1980년만 해도 거의 전혀 없던 포트폴리오투자도 상당한 비중을 차지하고 있음을 볼 수 있다. 반면 냉전 종식 이후 개도국에 유입되는 공여금의 비중은 계속 감소하는 것을 볼 수 있다.

특히 신흥시장에의 포트폴리오투자 확대에 주목할 필요가 있다. 선진국의 주식이나 채권에 비해 신흥시장국가의 주식이나 채권은 고수익-고위험의 투자대상이라는 성격을 갖고 있다. 이러한 성격의 투자대상에 투자가 확대되고 있는 것은 최근 세계금융산업에서 일어나고 있는 변화와 연결된다. 이에 대해서는 제5장에서 보다 자세히 살펴보게 될 것이다.

[표 3-8] 개도국 유입자본 구성의 변화 (단위: %)

	직접투자	포트폴리오투자	외 채	공 여 금
1980	5.3	0	70.0	15.7
1996	42.3	16.3	31.1	10.4
1997	40.1	10.8	40.8	8.4

자료: 세계은행 (1998)

(3) 다국적기업과 외국인직접투자의 측면

[그림 3-6]은 1980년대 중반 이후 세계의 외국인직접투자 규모가 크게 확대되고 있는 추세를 보여 주고 있다. 앞에서도 언급했지만 제1차 세계화 물결의 시기에도 외국인직접투자는 중요한 역할을 차지했었다. 당시 세계 자본흐름의 약 35%는 직접투자의 성격을 띠고 있었다. 그러나 지금 진행되고 있는 세계화 물결에서 나타나는 외국인직접투자의 성격은 과거와 상당한 차이가 있다.

1차 세계화 물결시 직접투자는 선진국에서 후진국으로 투자가 이루어지는 형태가 거의 대부분 이었다. 예컨대 1914년의 경우 세계 직접투자의 90% 이상이 영국, 미국, 프랑스, 독일의 4개국에 의해 이루어졌으며, 이러한 투자의 60% 이상이 개도국을 대상으로 이루어졌다. 그러나 2차 세계화 물결에서 직접투자의 주종을 이루는 것은 선진국 서로간의 투자라 할 수 있다. 1996년의 경우 세계 직접투자의 90% 이상이 선진국 기업들에 의해 이루어지고 있으며, 이 중 개도국이 유치하는 비중은 30%를 넘지 못하고 있다.

또한 투자분야에 있어서도 확연한 차이가 있다. 1차 세계화 물결시 1차산업에서의 직접투자가 전체 직접투자의 55%를, 그리고 철도산업이 20%를 차지한

그림 3-6 세계 외국인 직접투자의 확대 추세(1980년=100)

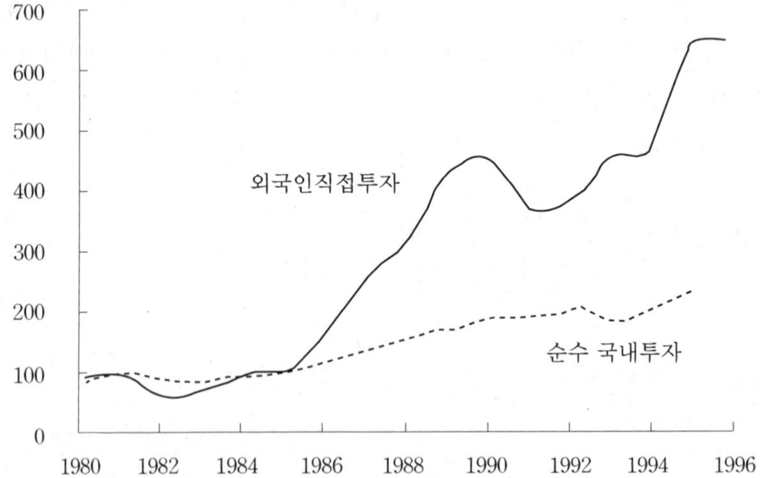

자료: UNCTAD(1998)

[표 3-9] 직접투자의 지역별 분포(스톡기준, 단위: %)

	1914	1960	1996
투자국	영국(45.5) 미국(18.5) 프랑스(12.2) 독일(10.5)	미국(49.2) 영국(16.2) 네덜란드(10.5) 프랑스(6.1)	미국(25.0) 영국(11.2) 독일(9.1) 프랑스(6.5) 개도국(8.9)
유치국	개도국(62.8) 미국(10.3) 러시아(7.1) 캐나다(5.7)	개도국(32.3) 캐나다(23.7) 미국(13.9) 영국(9.2)	개도국(28.4) 미국(19.9) 영국(10.7) 독일(5.3)

자료: Bordo 등(1999)

반면, 제조업은 15%, 금융 및 유통업은 10% 정도의 비중밖에 되지 않았다(1914년 스톡기준). 그러나 1990년대 후반의 경우, 제조업이 약 60%, 서비스업이 약 30%의 비중을 차지하고 있으며 1차산업의 비중은 10% 미만에 그치고 있다. 그리고 상품교역에서 산업내무역이 활발히 이루어지고 있는 것처럼, 직접투자에 있어서도 동종산업 내에서 서로간의 투자가 이루어지는 산업내투자도 활발히 이루어지고 있다.

최근의 세계화 물결에서 다국적기업과 외국인직접투자의 역할이 특히 중요한 것은 외국인직접투자는 단순한 자본의 이동이 아니라 세계교역을 창출하는 원동력이 되고 있다는 데에 있다. 세계 다국적기업들이 직접투자를 통하여 설립한 해외자회사들에 의해 이루어진 수출 규모는 세계 총수출의 1/4에서 1/3 정도를 차지하고 있다. 그리고 모기업의 수출까지도 포함하면 다국적기업이 세계교역에서 차지하는 비중은 훨씬 더 높을 것이다. Dunning(1993)은 모기업과 자회사를 모두 포함하여 다국적기업에 의해 이루어지는 교역이 세계 교역의 약 75%를 차지하고 있다는 추정치를 제시하고 있기도 하다. 1996년 미국의 다국적기업(미국내 모기업)의 총상품 수출액은 약 4,073억 달러로 이는 미국의 총상품 수출액인 약 6,120억 달러의 2/3를 차지하고 있다. 그런데 이 중 44.7%에 달하는 1,820억 달러는 해외자회사 또는 관계회사에의 매출인 것으로 나타나고 있다. 즉 다국적기업의 세계교역의 상당 부분은 다국적기업의 틀 안에서 이루어지는, 이른바 기업내무역(intra-firm trade)의 성격을 띠고 있는 것이다.

이러한 다국적기업의 기업내무역은 최근 세계화의 대표적인 단면이라 볼 수 있다. 제6장에서 다시 언급하겠지만, 다국적기업이 추구하는 글로벌 전략은 세계를 통합하는 원동력이 되고 있다고 볼 수 있다. 다국적기업은 제품개발, 생산, 부품조달, 유통, 금융활동 등 기업활동을 국경을 초월하여 전개하는 기업이다. 기업활동을 최적 단위로 분화하여 세계 도처에서 경영활동을 수행하며, 분화된 단위를 유기적인 네트워크로 통합하고 있다. 즉 모기업과 해외자회사간, 그리고 해외자회사 서로간에 이루어지는 고도의 분업체계를 구축하고 있는 것이다. 즉 다국적기업은 기업 내에서 국제분업을 수행하고 이를 전사적인 차원에서 통합하는 전략, 즉 글로벌 경영전략을 추구하고 있는 것이다. 이러한 다국적기업의 글로벌 경영의 모습은 1차 세계화 물결시에는 발견되지 않는 최근 세계화의 대표적인 모습인 것이다.

(4) 수송 및 통신비용의 측면

[표 3-10]은 1차 세계화 물결시 육로 및 해상 수송수단의 발전으로 수송비용이 급격히 하락하는 모습을 보여 주고 있다. 1830년에서 1880년의 50여 년의 기간 동안 수송비용이 절반 이하로 줄어들었음을 볼 수 있다. 통신기술의 발전으로 통신비용도 급격히 하락하여, 통신 소요시간의 단위가 수개월에서 수분으로 대폭 단축되었다. 이러한 수송 및 통신기술의 발전은 1차 세계화 물결시 세계교역 및 투자의 확대를 가져온 주요한 원동력이었던 것이다.

수송 및 통신기술의 발전은 2차 세계화 물결에서도 역시 중요한 원동력이 되고 있다. 이 중에서도 특히 통신기술의 발전이 중요한 배경이 되고 있다. [그림

[표 3-10] 1차 세계화 기간 수송비용의 하락 (생산비용 대비 수송비용(%), 800km 수송가정)

	1983	1850	1880	1910
밀	79	76	41	27.5
철 강	92	71	33	19
철강제품	27	21	10	6
면 화	11	8.5	3.5	2.5
면 섬 유	9.5	8	4.5	2

자료: Bordo 등(1999)

그림 3-7 수송 및 통신비용의 하락 추세

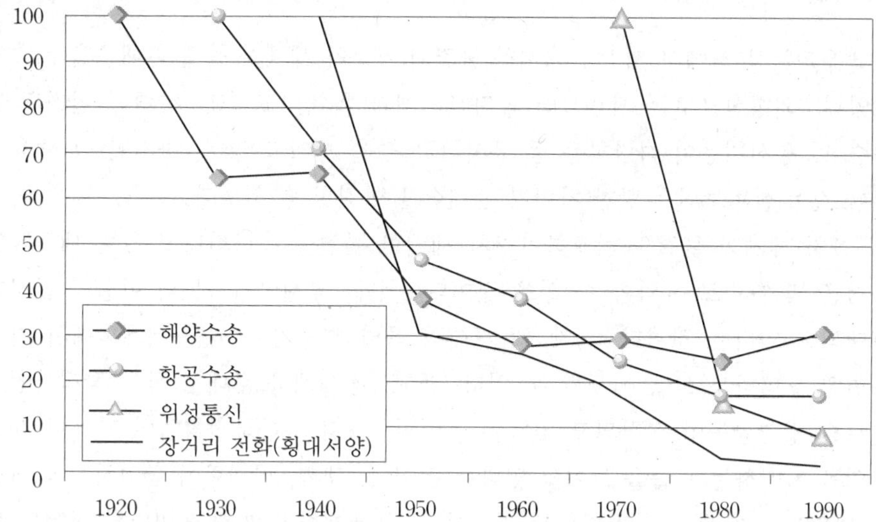

자료: 세계은행(1995)

3-7]에서 볼 수 있는 것처럼 지속적으로 감소해 왔던 수송비용은 근래 하락세가 정체되가는 것으로 나타나고 있다. 해운의 경우는 1960년대부터, 항공수송의 경우는 1980년대부터 정체되는 모습을 보이고 있다. 반면 통신비용의 경우 하락세가 최근에도 계속되고 있다. [그림 3-7]에서는 장거리전화와 위성통신 비용의 급격한 하락세를 보여 주고 있다. 뉴욕과 런던간 3분 통화비용은 1930년에 무려 250달러였다. 1960년에 그 비용은 50달러로 줄어들었다. 요즘은 얼마인가? 근래 통신기술의 발전하면 당연히 생각하는 것이 컴퓨터와 인터넷의 발전일 것이다. 그 내용에 대해서는 제7장에서 볼 것이다.

정보통신기술의 발전은 2차 세계화 물결의 가장 중요한 배경이라 할 수 있다. 모기업과 자회사간의 소통에 많은 비용이 드는 상황에서 다국적기업의 활동이 가능하겠는가? 외국의 증권시장의 시황을 파악하는데 비용이 많이 든다면 제대로 투자가 이루어질 수 있겠는가?

(5) 요 약

우리는 본절에서 제1차 세계화 물결과 제2차 세계화 물결의 내용을 비교해 보았다. 외형상으로는 상품교역과 자본거래가 확대되고, 교역장벽이 완화되고, 수송 및 통신비용이 하락하는 등 유사한 모습을 보이고 있다. 하지만 그 내용을 보다 깊이 살펴보면 상당한 차이가 존재함을 발견할 수 있었다.

1차 세계화 물결과 비교하여 2차 세계화 물결에서 나타나고 있는 대표적인 특징을 몇 가지로 요약할 수 있을 것이다. 첫째, 국제단기자본의 이동이 급격히 확대되고 있다는 것이다. 국제금융거래의 폭발적 증가는 최근 세계화에서 가장 확연히 드러나는 모습이라 할 수 있다. 둘째, 전세계를 무대로 한 다국적기업의 글로벌 경영활동이 심화되고 있다는 것이다. 그리고 다국적기업의 활동이 세계 교역을 지배하는 모습을 보이고 있다는 것이다. 셋째, 세계화에 참여하는 국가들의 범위가 크게 확대되고 있다는 것이다. 1차 세계화가 20개국 미만의 한정된 범위에서의 세계화였다면, 2차 세계화는 사실상 지구촌의 모든 국가들이 참여하는 세계화라 할 수 있을 것이다. 특히 신흥개도국들의 본격적인 등장에 주목할 필요가 있다. 넷째, 세계경제에서 서비스업의 비중이 높아지고 있으며, 서비스 상품의 세계 교역이 크게 확대되고 있다는 것이다. 그리고 2차 세계화 물결의 가장 중요한 배경은 정보통신기술의 발전이라는 것이다.

지금 진행되고 있는 세계화는 허구가 아니라 분명한 현실이라 할 수 있다. 그리고 1차 세계화에 비해 내용상 훨씬 심화된 모습의 세계화라 할 수 있는 것이다.

국경은 여전히 중요

우리는 세계화하면 흔히 국경의 소멸로 비유한다. 국경이라고 하는 것이 경제적 교류에 있어 더 이상 장애요인이 되지 않으며, 마치 한 나라 내에서 거래가 이루어지는 것처럼 외국과의 거래가 이루어진다는 것이다. 상당한 시간이 흐른 미래에 이런 상황이 실제 전개될지는 모르겠지만, 아직까지는 국경이라고 하는 요소가 경제적 거래에 상당한 영향을 미치고 있다는 것이다. 상품거래에 있어서도 그렇고 자본거래에 있어서도 그렇고 "홈 바이어스"(Home Bias)가 있다고 말한다. 즉 가급적이면 국제거래보다는 국내거래를 하려는 경향이 있다는 것이다. 물건을 사더라도 일단은 국내상품을 사려는 경향이 있고, 주식을 사더라도 국내주식을 사려는 경향이 있다는 것이다. 이러한 홈 바이어스가 존재하는 이유는 무엇일까? 많이 거론되는 몇 가지 요인을 지적해 보자.

거리: 거래에 있어 거리가 여전히 중요하다는 것이다. 이는 거리가 멀수록 수송비용이 증가한다는 점도 있지만, 거리가 멀수록 문화적, 역사적, 언어적, 정치적 유대성도 줄어든다는 점을 생각할 수 있을 것이다. 즉 물리적 거리는 심리적 거리와도 밀접히 연결되는 것이다. 산업의 지역별 집중은 거리의 중요성을 대표적으로 보여 준다고 할 수 있을 것이다. 어떤 큰 기업이 어느 지역에 있으면 그 기업과 거래관계가 있는 기업들, 예컨대 하청기업들이 역시 이 지역에 입주하는 것을 볼 수 있다. 거래에서는 대면관계가 여전히 중요한 것이다. 경제이론에서는 중력모델(gravity model)이라는 것이 있다. 두 국가간의 교역규모는 이들 두 국가간의 거리에 반비례하고 각국의 크기(GDP)의 곱에 비례한다는 것이다. 그리고 이 모델은 실증적으로 상당히 잘 맞는 것으로 나타나고 있다. 양국간의 거리가 1% 멀어지면 양국간 교역규모는 0.7% 에서 1% 정도 줄어든다는 추정치도 제시되고 있다. 바로 인접한 두 국가간의 교역규모는 유사한 조건을 가진 다른 두 국가간의 교역규모보다 80% 정도 높다는 추정치도 제시되고 있다. 또한 육지로 둘러싸인 국가는 그렇지 않는 국가에 비해 교역규모가 1/3 정도밖에 되지 않는다고 한다.

언어적 · 역사적 · 정치적 요인: 동일한 언어, 역사적 관계가 깊은 국가간에 거래가 활발하다는 것이다. 같은 언어를 사용하는 국가간에 교역규모는 그렇지 않은 국가간의 교역규모보다 평균적으로 50% 정도 높다고 한다. 과거에 같은 식민지권에 있었던 국가간의 거래 규모는 평균적으로 80% 정도 높다고 한다. 또한 말한 필요 없이 우호적인 관계에 있는 국가간의 거래규모가 적대적인 관계에 있는 국가간의 거래 규모보다 훨씬 높다.

제도적 동일성: 캐나다의 어떤 두 주간의 거래규모와 캐나다의 한 주와 미국의 한 주간(비슷한 거리와 경제규모의)의 거래규모를 비교하면 전자의 경우가 20배 이상 높게 나온다고 한다. 이러한 결과가 나타나는 이유 중의 하나는 제도적 관점에서 찾을 수 있다. 즉 같은 법제도하에 있는 당사자간

의 거래가 보다 용이하다는 것이다. 다시 말해서 국내거래가 국제거래보다 활발하게 이루어지는 것은 국가간에 존재하는 제도적 차이 때문이라는 것이다. 사용하는 도량형이 다르다면 상대국에 수출하기 위해 그 나라 도량형으로된 상품을 별도로 만들어야 할 것이다. 국내 당사자간의 거래계약에서 문제가 발생하면 국내법에 따라 쉽게 해결될 수 있을 것이다. 그러나 외국과의 거래계약에서 문제가 발생하면 해결이 그렇게 쉽지 않을 것이다. 또한 다른 화폐를 사용하는 외국과의 교역에는 환율의 변동 등에 따르는 불확실성의 문제가 나타날 수도 있다. 환율의 변동 정도가 7% 수준에서 0으로 떨어지면 두 국가간의 교역규모는 13% 정도 증가한다는 추정치도 제시되고 있다.

4. 세계화의 국가별 차이

우리는 세계화란 용어를 세계 전체의 시각에서 사용하기도 하지만, 한 개별 국가의 차원에서 사용하기도 한다. 예컨대 '우리나라가 과거보다 세계화되었다'든지, '우리나라가 싱가포르보다 덜 세계화되었다'든지 하는 말들을 많이 사용한다.

한 개별국가의 차원에서 세계화란 그 국가가 외국과의 교류가 심화되어 가는 과정이라 할 수 있다. 그런데 각 국가들의 세계화의 진행 정도, 그리고 현재 세계화의 수준은 결코 같지 않다. 싱가포르와 같이 거의 아무런 제한없이 외국과 교류하는 국가가 있는가 하면 북한과 같이 외국과의 교류가 거의 단절된 국가도 있다. 1990년대 중국과 같이 외국과의 교류가 급속히 확대되는 국가가 있는가 하면 아프리카의 국가들처럼 정체된 국가들도 있다.

세계화의 국가별 차이는 왜 나타나는가? 여러 가지 이유들이 있을 것이다. 한 나라의 경제발전 정도와 세계화의 정도는 상당히 밀접히 연결될 수 있을 것이다. 선진화된 국가일수록 개방적인 반면, 개발도상국은 자국의 국내산업 보호를 위해 높은 보호주의 장벽을 치는 경우가 많이 있다. 또한 기술발전 정도가 낮은 국가에서 외국과 활발한 정보 교류를 하는 것도 어려울 것이다. 아무리 제도적으로는 개방되어 있다 해도 그 나라의 기본적인 인프라가 낙후되어 있다면 외국기업의 진출을 기대할 수 없을 것이다.

그 나라의 역사적, 문화적 배경 그리고 국민의 성향도 중요한 요소일 것이다. 국수주의적이고 민족주의 성향이 강한 국가는 개방이나 외국과의 교류에 대해 거부감을 가질 수 있다. 아무래도 세계의 공용어라 할 수 있는 영어를 사용하는 국가가 세계화의 정도가 높다는 연구결과도 있다. 종교적 차이, 지리적인 차이, 국민의 교육수준 차이 등에서 그 원인을 찾는 경우도 있다. 국가의 규모, 즉 소국일수록 세계화에 유리하다고 언급되는 경우도 있다.

세계적인 콘설팅 회사인 A.T.Kearney와 미국의 시사잡지인 Foreign Policy는 매년 세계 각국의 세계화 정도를 평가한 세계화 지수(Globalization Index)를 발표하고 있다. 2003년에 발표된 지수는 4개 대항목, 13개 소항목에 대한 평가를 바탕으로 하고 있다.[5] 이 지수에 따르면 세계에서 가장 세계화된 국가는 어디일까? 2002년에 이어 2003년에도 아일랜드가 가장 세계화된 국가로 나타나고 있다. 그 뒤를 이어 스위스, 스웨덴, 싱가포르, 네덜란드, 덴마크 등이 위치하고 있다. 반면 62개 국을 대상으로 한 평가에서 가장 세계화의 정도가 뒤떨어진 국가로는 이란, 사우디아라비아, 베네주엘라, 페루, 인도네시아 등이 위치하고 있다.

이 지수에 따르면 우리나라의 세계화 정도는 어떠한가? 우리나라는 2003년 발표에서는 28위에 위치하고 있는 것으로 나타나고 있다. 2001년과 2002년의 31위에 비해 다소 상승한 위치라 할 수 있다. 그런데 개개 평가 항목별로 살펴보면 매우 흥미로운 우리나라의 모습을 발견할 수 있다. 경제통합 관련 지수는 40위, 인적교류 관련 지수는 42위로 나타나고 있다. 반면 기술관련 지수는 15위, 국제정치관련 지수는 33위에 위치하고 있다. 기술관련 지수에서 높은 위치를 차지할 수 있었던 것은 특히 그 소항목인 인터넷 사용자수에서 5위를 차지한 데 기인하

5) 각 소항목별로 각국의 점수가 0(=최저 수준의 국가)에서 1(=최고 수준의 국가) 사이에 부여되며, 이를 합산하여 지수를 산정하고 있다. 예컨대 교역도 항목의 경우 341%를 기록하여 최고를 차지한 싱가포르에 1의 점수가 부여되고, 15.3%를 기록하여 최저를 기록한 브라질에는 0의 점수가 부여된다. 나머지 국가들은 그 정도에 따라 0에서 1의 사이의 점수가 부여된다. 최종 합산시 인터넷 관련 변수들, 정치관련 변수들은 각각 하나의 대표 지표로 통합한다. 따라서 총평가항목은 9개가 되며, 이 중 직접투자, 포트폴리오투자, 인터넷 지표, 국제전화사용은 그 중요성을 감안하여 2배로 계상하고 있다.

고 있다.

우리나라가 인터넷 강국이라는 것은 우리가 잘 알고 있는 사실이다. 그러나 여기서 우리가 주목해야 할 것은 세계화의 가장 중요한 측면이라 할 수 있는 경제통합 관련 부문에서 평가가 낮다는 것이다. 특히 세부 항목 중 직접투자는 2배로 계상되는 중요 항목인데, 이 항목에서 50위에 위치함으로써 경제통합 부문에서 낮은 평가를 받은 주요 원인이 된 것으로 나타나고 있다.

물론 이 세계화 지수가 각국의 세계화 정도를 비교하는 절대적인 지수는 될 수 없을 것이다. 가격지표가 아닌 물량지표만을 사용하였고, 물량지표의 경우에도 국가의 크기에 따른 문제를 완전히 해결했다고도 볼 수 없다. 그러나 완벽한 세계화의 지표를 만드는 것은 매우 어려운 일이며, 설령 가능하다해도 흥미 차원을 넘어 그러한 지표를 굳이 만들 필요가 있을지는 모르겠다. 또한 보다 정교한 지표를 만드는 경우에도 이러한 지표와 아마 큰 차이는 없지 않을까 한다.

우리나라의 경제수준에 견주어 볼 때, 이 지수에서 나타나고 있는 우리나라의 세계화수준을 여러분은 어떻게 평가하는가? 높은가, 낮은가, 아니면 적당한가? 낮다고 본다면 그 원인은 무엇이라 생각하는가?

A.T.Kearney/Foreign Policy의 세계화지수 평가항목

경제통합 관련	상품교역 직접투자 포트폴리오투자 급료 및 임금, 투자소득	(수출+수입)/GDP (유입+유출)/GDP (유입+유출)/GDP (수취+지급)/GDP
기술 관련	인터넷 사용자 인터넷 호스트 보안서버	사용자수/인구 호스트수/인구 보안서버수/인구
인적교류 관련	관광 국제전화 이전거래	(입국자+출국자)/인구 (수신+발신)/인구 (수취+지급)/GDP
국제정치참여 관련	국제기구 UN 미션 외국대사관	참여 국제기구 수 참여 미션 수/UN안보리미션 수 국내 외국대사관 수

[표 3-11] 각국의 세계화 정도(A.T.Kearney/Foreign policy, 2003)

		경제교류	인적교류	기술	정치	상품교역	직접투자	포트폴리오투자	소득지급	관광	전화	이전지급	인터넷사용자	인터넷호스트	보안서버	국제기구	UN미션	대사관
1	아일랜드	1	1	16	22	3	3	1	1	3	1	7	24	16	9	15	4	38
2	스위스	5	2	7	20	18	4	4	2	2	2	8	11	10	5	8	7	23
3	스웨덴	2	9	5	5	21	1	5	8	14	9	22	3	8	7	3	1	14
4	싱가포르	4	3	6	53	1	6	36	5	5	3	41	2	13	10	29	11	37
5	네덜란드	3	6	10	28	8	2	2	6	13	6	19	16	3	15	5	11	16
6	덴마크	7	5	9	12	20	8	6	10	16	5	11	7	6	13	5	3	28
7	캐나다	17	7	3	6	24	10	20	20	21	4	49	9	7	4	3	3	9
8	오스트리아	16	4	13	7	12	29	7	11	4	7	24	17	14	11	4	3	10
9	영국	10	10	11	4	43	18	10	4	19	9	28	10	15	8	2	5	3
10	핀랜드	11	16	2	17	30	11	8	12	9	13	33	8	2	6	4	5	36
11	미국	50	33	1	2	60	35	23	34	31	16	55	4	1	1	5	5	1
12	프랑스	12	17	21	1	46	7	9	15	12	14	26	21	26	20	1	3	2
13	노르웨이	24	18	4	19	26	47	3	19	20	11	37	1	11	12	8	5	34
14	포르투갈	15	12	19	34	29	16	11	13	10	16	9	14	18	22	9	9	27
15	체코	9	11	25	25	6	13	37	17	1	21	38	28	20	19	15	7	21
16	뉴질랜드	28	14	8	46	31	22	22	22	26	8	40	19	5	2	20	10	40
17	독일	22	22	14	9	33	31	12	14	22	12	34	13	17	14	7	9	3
18	말레이시아	8	24	23	32	2	25	33	16	8	20	27	22	36	36	19	6	32
19	이스라엘	32	8	20	58	28	32	36	19	24	10	6	23	19	17	31	14	28
20	스페인	18	23	24	21	39	14	13	23	18	17	21	26	24	21	9	9	12
21	호주	33	38	3	39	51	28	19	28	29	21	47	12	4	3	17	10	20
22	크로아티아	21	13	34	56	15	15	28	33	17	14	10	35	35	24	28	12	41
23	헝가리	19	26	27	29	7	19	30	30	6	22	44	27	21	28	11	8	28
24	이태리	36	27	22	8	47	40	21	25	23	18	30	20	29	23	4	5	6
25	슬로베니아	30	21	18	57	10	36	37	37	11	16	29	18	22	16	29	11	44
26	그리스	41	15	28	30	45	48	16	41	15	15	15	29	23	30	12	8	28
27	슬로바키아	13	34	29	45	4	17	27	45	35	24	25	30	25	27	22	8	42
28	한국	40	42	15	33	23	50	24	50	39	28	32	5	31	33	19	9	15

29	모로코	23	25	51	49	32	12	54	48	42	29	2	52	53	52	24	13	19
30	파나마	6	40	36	59	5	21	17	3	37	24	39	43	37	26	28	14	41
31	칠레	14	47	26	41	38	5	29	21	38	28	45	25	33	32	18	10	29
32	폴란드	43	29	30	16	50	26	40	51	7	25	43	32	27	29	10	4	25
33	보스와나	31	19	48	61	19	54	34	7	25	25	3	50	45	48	30	14	46
34	대만	29	30	17	62	16	33	14	42	28	19	36	15	9	25	32	14	45
35	일본	56	52	12	26	62	52	25	26	44	28	58	6	12	18	15	11	7
36	우간다	49	20	57	60	49	23	54	58	58	33	1	60	59	57	29	14	43
37	나이지리아	25	46	58	15	13	30	54	18	58	33	23	61	60	58	13	4	17
38	남아공	20	50	33	40	41	9	18	29	36	28	52	34	34	31	20	12	13
39	튀니지	34	31	42	43	14	44	51	35	27	26	17	40	58	51	18	11	31
40	루마니아	42	35	40	37	27	37	52	53	30	27	18	39	39	40	19	9	24
41	세네갈	39	36	52	31	34	34	45	46	54	29	12	54	62	58	17	6	35
42	우크라이나	35	43	49	27	11	46	32	55	34	30	20	53	42	45	22	5	30
43	케냐	57	32	50	23	37	59	53	56	53	33	5	49	51	58	21	5	27
44	스리랑카	44	28	53	55	22	51	41	43	50	30	4	56	50	49	25	12	41
45	러시아	51	54	43	3	40	49	50	36	33	30	56	44	38	41	12	2	4
46	이집트	58	41	53	10	52	56	35	54	46	30	16	55	57	53	10	6	8
47	태국	27	53	38	42	9	41	39	27	43	30	48	36	43	43	21	10	31
48	아르헨티나	53	57	32	13	61	45	26	32	41	29	60	33	28	34	6	4	22
49	멕시코	37	44	39	48	42	24	42	49	32	23	46	42	32	39	16	14	22
50	파키스탄	60	37	56	18	55	57	50	47	59	31	13	59	54	56	15	5	24
51	중국	45	62	45	11	48	27	43	52	56	32	57	46	55	55	22	5	5
52	필리핀	26	56	46	51	17	39	44	9	49	28	53	47	48	47	23	12	31
53	터키	38	58	41	35	36	41	31	31	40	28	61	41	40	38	13	9	25
54	방글라데시	62	39	59	24	56	58	54	60	57	32	14	62	61	59	16	4	39
55	콜롬비아	48	45	44	54	54	42	15	38	52	28	31	45	41	44	18	14	35
56	인도	61	49	54	14	58	55	49	57	58	32	35	57	52	54	14	5	11
57	브라질	47	61	35	38	59	20	48	39	51	30	59	38	30	35	16	11	15
58	인도네시아	46	60	47	36	25	53	46	24	55	32	50	48	49	50	20	8	24
59	페루	55	51	31	47	57	43	47	44	47	30	42	31	47	42	18	12	33
60	베네수엘라	52	55	37	44	53	38	42	40	48	28	54	37	44	37	18	12	26
61	사우디	54	48	50	52	35	61	38	44	45	22	61	51	46	46	26	14	18
62	이라크	59	59	55	50	44	60	54	59	49	31	51	58	56	58	27	14	14

영국병, 빌리 엘리오트, 그리고 도시의 부활(1)

1차 세계화 물결 당시 사실상 세계 유일의 선진국으로서 세계화를 주도했던 영국에 대해서 살펴보도록 하자.

뉴욕 타임즈의 칼럼니스트인 토마스 프리드만은 그의 유명한 저서 「렉서스와 올리브나무」 초판에서 세계 각국을 하나의 기업으로 본다면 어떤 나라 주식을 사야 할 것인가 하는 질문을 던지고 있다. 그리고 그는 그가 사고 싶은 주식의 하나로서 영국을 들고 있다. 1997년 영국 정부는 오랜 기간 동안 사용했던 영국의 로고, '통치하라, 영국이여'(Rule Britanica)를 '산뜻한 영국'(Cool Britanica)이라는 새로운 로고로 바꾸었다. 이는 영국의 변모된 모습을 보여 주는 하나의 상징이라 할 수 있을 것이다.

영국은 지금 서유럽 국가 중 비교적 낮은 실업률에 안정적인 성장을 하고 있는 모범적인 국가로 평가되고 있다. 그러나 한 20년 전쯤이라면 아마도 프리드만은 가장 팔고 싶은 주식으로 주저 없이 영국을 들지 않았을까 한다. 한때 '해가 지지 않는 나라', '세계 유일의 선진국' 등으로 지칭되던 영국은 2차대전 이후부터 1980년대 초반까지 약 40여 년의 기간 동안 지속적으로 추락하는 모습만 보여 주었던 것이다.

1950년대 및 60년대 영국의 연평균 성장률은 2.8%선으로 여타 선진국들의 평균 성장률 5-6%선의 절반밖에 되지 않는다. 특히 1차 오일쇼크 이후 영국경제는 성장부진과 함께 물가불안 및 경상수지 적자라는 삼중고에 직면하면서 최악의 침체에 빠지게 된다. 1974-79년중 연평균 실질 성장률 1.3%—특히 1974-75년은 연속 마이너스 성장—, 소비자물가상승률은 연평균 15.7%, 동기간중 1978년을 제외하고는 매년 대폭적 경상수지 적자 기록, 이것이 바로 70년대 영국경제의 모습인 것이다. 19세기 중반에 전세계 공산품 수출액의 40%를 차지했던 영국산 공산품의 비중은 70년대 후반에는 10% 미만으로 추락하며, 1976년 가을에는 국가부도 상황에 직면하고 그 해 12월 IMF에 39억 달러의 자금지원까지 받는다.

우리는 이러한 영국경제의 모습을 이른바 '영국병'(English Disease)이라 부른다. 그리고 지금까지 밝혀진 이 병의 병인으로서 '강력한 노조와 노동쟁의의 빈발', '노동당 정부의 준사회주의적 정책', '경제정책의 일관성 결여'등 사회구조적 요인들이 거론되고 있다.

오랜 전통을 지닌 영국의 노동조합은 조직력을 꾸준히 확대하여 산업과 정치계에서 막대한 영향력을 행사하게 되었으며, 노조에 유리한 관련법제(예컨데 1974년의 노동법은 closed-shop제와 노조원에 대한 면책규정을 도입하였다)와 영국정부의 전통적인 비개입주의 등을 배경으로 여타 선진국에 비해 노동쟁의가 빈발하였다. 1970-74년중 근로자 1천인당 파업일수는 585일로 서독의 49일, 프랑스의 166일 등과 비교가 되지 않는다.

1945년에 집권한 노동당 정부는 최약자보호 등 공리주의적 복지개념에 입각하여 포괄적인 사회보장제도를 확립하였으며, 석탄(1947), 전력 및 가스(1948), 교통운송, 철강(1949) 등의 주요 기간산업을 국유화하였다. 그러나 이러한 사회개혁조치는 당초 의도했던 만큼의 분배구조를 개선하지 못한 채 시장기능을 저해하고 기업의 투자의욕과 노동자의 근로의욕을 저하시키는 등의 역기능을 나타냈다. 정부 재정부담의 급증, 자발적 실업의 증가, 공기업의 관료주의적 경영으로 효율성 저하, 경쟁 제한으로 민간경제 부문의 활력 상실 등도 나타났다.

이념과 지지기반이 크게 다른 보수, 노동당의 양당 체제하에서 집권정당 교체시마다 정책기조가 뒤바뀜으로써 정부정책의 장기적 일관성도 부족했다. 양당의 경제정책은 특히 산업정책에서 큰 차이를 나타내어 제조업 발전의 장애 요인으로 작용하였는데, 철강산업의 경우 1954년에 민영화되었다가 1965년에 다시 국유화되는 등 극심한 정책혼란을 보였다.

이러한 영국병을 치유하는 의사의 역할을 자처하며 등장한 사람이 이른바 '철의 여인'이라 불리는 마가렛 대처 수상인 것이다. 1979년 5월에 집권한 대처 보수당 내각은 영국경제의 구조적 장애를 제거하고 산업경쟁력을 회복시키기 위해 이른바 '대처리즘'에 입각한 경제조치를 실시하게 된다. 시장기능 강화를 위해 공공부문을 축소하고 각종 규제를 완화한다. 사회복지 지출 삭감, 국영기업 보조금 축소, 공무원 감원 등을 통해 재정지출을 삭감하며, 영국항공(British Airways), 영국통신(British Telecom), 영국석유(British Petroleum) 등 20여 업체를 민영화한다. 또한 공급확대효과를 위한 감세정책을 실시하며, 외환관리의 철폐, 증권거래소 개혁(Big Bang), 부동산 중개업 자유화 등 경쟁촉진책을 실시한다. 그리고 불법 노동쟁의의 제재를 강화하며 노동조합의 지위를 격하하기 위한 일련의 조치를 단행한다. 1982년 고용법 개정, 1984년 노동조합법 개정을 통해 합법파업의 범위를 적시하며, closed-shop제를 폐지하고 노조원의 면책범위를 축소시킨다.

이러한 구조조정을 바탕으로 영국경제는 1980년대 들어 성장세를 회복하는 모습을 보인다. 1982년부터 86년간 성장률은 연평균 3%대로 높아졌고, 1970년대의 물가고가 해소되고 경상수지도 흑자로 반전된다. 1980-86년 중 영국 제조업의 노동생산성은 주요 선진국 중 가장 높은 상승률을 보이게 된다. 과연 대처리즘이 영국경제의 회복에 얼마 만큼 효과적으로 기여했는지에 대해서는 아직도 논란이 있다. 그러나 대처의 개혁이 없었으면 영국경제는 어떻게 되었을까?

대처 수상의 개혁조치는 결코 순탄하게 이루어진 것은 아니었다. 대처의 개혁에 이해가 반하는 집단들은 강력히 지항하였고, 당시 사회적 갈등을 보여 주는 대표적인 사건이 1984년에 시작된 전국광산노조 파업이라 할 수 있을 것이다.

영국의 석탄산업은 산업혁명을 잉태시키고 영국을 세계 최내의 공업국으로 이끈 가장 중요한 산업의 하나였다. 1950년대와 60년대는 영국 광부들에게는 가장 행복했던 시기로 기억될만 하다. 전통적으로 노동당의 가장 강력한 지지 세력이었던 이들은 노동당 정부하에서 사회복지혜택을 가장 많이 받은 계층이었다. 교육, 의료, 주택 제공 등 높은 수준의 다양한 복지혜택이 제공되었으며, 주당 24 파운드라는 최고 수준의 임금이 주어졌다.

그러나 영국의 석탄산업은 2차대전 이후부터 이미 경쟁력을 서서히 상실해 가고 있었다. 그러다 1970년대 들어 중동으로부터 저렴한 석유가 도입되면서, 고임금과 잦은 파업 상태에 있던 영국의 석탄 산업은 급격히 경쟁력을 잃게 되었다. 그러나 광부들의 실업을 우려하여 노동당 정부는 수십억 파운드의 재정 지출을 통해 적자를 메워 나갔을 뿐이다.

대처 수상은 경쟁력 없는 석탄산업을 민영화를 통해 과감히 정리하려 했고, 정부의 지원에 안주해 왔던 영국의 광부들에게 이는 절대절명의 도전으로 다가온 것이다. 1984년, 전국광산노조는 총파업을 단행한다. 전국적으로 21만여 명이 참여한 이 파업은 1년 여 동안 지속되었고, 대처 정부는 한 걸음도 물러서지 않고 강력하게 대처했다. 파업기간 동안 광부들에게는 생계비조로 주당 5파운드만이 지원되었고, 파업이 장기화되면서 광부들의 삶은 어려워져만 갔던 것이다. 그 해 겨울 광부들은 경험하지 못한 추운 겨울을 겪어야만 했다. 그러면서 광산을 떠나는 광부들이 계속 늘어갔다.

몇 년 전에 상영된 영국 영화 '빌리 엘리오트'(Billy Elliot)는 바로 이러한 시대 상황을 배경으로 하고 있는 영화이다. 아카데미상 최우수 영화상 후보에도 올랐던 이 영화는 당시 상황을 경험한 영국인들에게는 진정으로 가슴에 와닿는 영화가 아닐까 한다.

– 영국 북부지방 작은 탄광촌에 살고 있는 11살 소년 빌리, 광부인 형과 아버지는 파업상태이다. 할아버지의 오래된 권투 장갑을 끼고 체육관을 찾은 빌리, 체육관의 한 귀퉁이에서 실시되는 발레수업을 목격하고 발레의 평화로운 분위기와 아름다운 음악에 순식간에 매료되 버린다. 발레 선생의 권유로 빌리는 간단한 레슨을 받고, 천재성을 발견한 선생은 빌리에게 전혀 새로운 세상을 열어 준다.

이 사실을 알게 된 아버지와 형은 빌리를 말린다. 힘든 노동과 시위로 살아온 이들에게 있어 남자가 발레를 한다는 것은 수치스러운 일이었다. 그러나 성탄절 우연히 체육관을 찾은 아버지는 빌리의 춤을 직접 목격하고, 발레만이 빌리가 탄광에서 벗어날 수 있는 유일한 탈출구라는 사실을 깨닫게 된다. 그리고 빌리가 왕립발레스쿨에 들어갈 수 있는 자금을 마련하기 위해 그토록 열성적이었던 파업의 대열에서 이탈, 탄광으로 돌아가기로 결심한다. 다시 곡괭이를 잡는 아버지, 그리고 이를 말리는 형의 모습 …

이 영화의 각본을 쓴 리 홀(Lee Hall)은 다음과 같이 말하고 있다. "당시 파업의 실패에 있어 결정적 역할을 한 광부 공동체 내의 다양한 알력을 통해 간접적으로 당시 상황을 쓰고자 했다." "이것은 소수의 민중들에게 국가가 공권력을 동원한 계급 전쟁이었다… 이는 어린 시절 나에게 분노심을 남겼고 이후 나의 많은 작품에 영향을 주었다." 당시 파업은 영국 북동부 지역에 사는 모든 사람들에게 영향을 준 역사적 사건이었던 것이다.

생활고를 못이긴 광부들은 속속 작업장으로 복귀하였고, 결국 1년 여간 지속된 파업은 실패로 돌아갔다. 그리고 탄광은 민영화되었다. 그러나 이미 경쟁력을 상실한 영국 석탄산업의 몰락은 피할 수 없었고, 1만 여 명의 광부들은 실업자가 되었다. 광부들은 새로운 직업을 찾아, 그리고 빌리 엘리오트처럼 새로운 기회를 찾아, 광산을 떠났다.

영국 석탄산업의 중심지로 한때 영국 최대 공업도시이기도 했던 영국 북동부의 뉴캐슬, 이 도시를 사람들은 속속 탈출하였다. 도시의 몰락이었다. 이 지역 최대의 탄광도시였던 아싱톤(Easington)시 — 빌리 엘리오트의 촬영무대가 된 곳이다 — 이 곳엔 지금 오직 하나의 탄광만이 남아 있을 뿐이다.

- 제 7 장에서 계속

제 2 부　세계화의 논리

제 4 장
상품의 이동과 자유무역의 이익

본장에서는 세계화의 대표적 측면인 국가간의 상품 이동에 관한 이론적 배경에 대해 살펴보도록 한다. 국가간에 상품의 이동은 왜 발생하는가, 이러한 상품 이동은 관련 국가들에 어떤 이익을 가져다 주는가 등의 문제에 대해 살펴본다.

상품의 국가간 이동에 관한 이론은 경제학에서 가장 오래된 이론 중의 하나라 할 수 있다. 국가간의 상품교역의 원인을 규명하고, 이로 인한 후생효과를 분석하는 것은 경제학자들의 지속적인 과제가 되어 왔다. 지금까지 그 이론적 틀은 크게 세 가지 기둥으로 구성되어 있다고 볼 수 있다. 첫째, 리카르도의 모델, 둘째, 헥셔-오린 모델, 그리고 1980년대 중반 이후 대두된 신 국제무역이론이다. 본장에서는 이들 세 가지 이론을 중심으로 하여 국가간 상품교역과 관련된 여러 가지 문제들을 고찰하도록 한다.

1. 분업과 교환의 이익

(1) 아담 스미스의 분업과 교환

국가간의 상품교역에 대해 살펴보기에 앞서, 먼저 인간의 분업과 교환활동에 대한 일반적인 이야기를 해 보도록 하자.

여러분은 경제학의 아버지라 불리우는 아담 스미스에 대해 들어 본 적이 있을 것이다. 여러분은 아담 스미스 하면 머릿속에 무엇을 떠올리는가? 아마도 대부분의 학생들은 '보이지 않는 손'이라고 답할 것이다. 그러면 '보이지 않는 손'

이란 무엇인가? 역시 많은 학생들이 시장과 가격의 기능이라고 답할 것이다. 즉 시장에 모든 것을 맡겨 놓으면 수요와 공급의 원리에 따라 가격이 변화하고 이에 따라 모든 것이 자연스럽게 조정된다는 것으로 이해하고 있을 것이다.

그러나 이는 엄격히 말하면 맞는 답이 아니다. 경제학의 역사에서 수요와 공급에 의해 가격이 결정된다는 기본적인 이론이 정립된 것은 19세기 말에 이르러서이다. 아담 스미스는 우리가 지금 이해하고 있는 이러한 가격의 기능에 대해 언급하지 않았다. 그러면 아담 스미스가 「국부론」(An Inquiry into the Nature and the Causes of the Wealth of Nations, 1776)에서 언급하고 있는 '보이지 않는 손'은 무엇인가?

스미스는 각 개인이 이기심에 입각하여 자기의 이익 또는 행복을 추구하면, 사회는 보이지 않는 손에 이끌려 그 전체의 이익 내지 행복의 증진을 갖게 된다고 언급하고 있는 것이다. 즉 보이지 않는 손이란 개인의 이기적 행위와 사회공공의 이익을 연결하는 고리인 것이다. 우리는 흔히 인간이 이기적으로만 행동하면 사회에 해를 줄 것으로 생각한다. 그러나 그렇지 않다는 것이다. 모든 사물들은 스스로의 행복을 추구할 권리가 있고, 그 추구가 설사 이기적이어서 무질서하게 진행되는 것 같지만 결국에는 무의식중에 신이 정해 놓은 예정조화에 따라 합목적적인 운동 및 운행을 한다는 것이다. 각 개인이 자기애(self-love)와 자리심(self-interest)에 따라 경제활동을 하고 국가가 여기에 간섭을 하지 않더라도, 예정조화적인 운행법칙에 의해 사회전체의 이익 달성, 국가발전이 이룩될 수 있다는 것이다.

그는 이런 경제철학적 입장에서 한 나라의 경제발전 내지 국부증대는 개인의 경제적 자유의 확보 정도에 달려 있다고 보았다. 구체적으로 말하면 국부라고 하는 것은 상품생산의 증대에 의해 가능한 것이고, 상품생산의 증대는 노동의 생산성 증대에 의해 가능한 것이다. 그런데 노동의 생산성 증대는 분업의 발달에 의해, 분업의 발달은 시장의 보다 큰 확대에 의해, 그리고 시장의 확대는 교환의 발달에 의해, 그리고 교환의 발달은 각 개인들이 교환하고자 하는 욕망의 확장에 의해 가능하다는 것이다. 따라서 각 개인들이 자신의 물질적 이익을 추구하고자 하는 상업활동과 교환활동이 아무런 간섭없이 원활하게 진행된다면, 한 나라의 국부증대는 보이지 않는 손에 이끌려 자동적으로 가능하게 된다는 것이다.

> … 노동생산성의 향상이라는 사회적 이익을 가져오는 분업은 결과를 예측하여 활동하는 인간의 지혜에 의해 의도적으로 도입되지는 않았다. 분업은 인간성의 자연적 경향이라고 할 수 있는 교환의 성향으로부터, 점진적이기는 하지만 필연적으로 발생하였다. 원시사회에서 각각의 사회구성원은 교환을 통해 타인으로부터 필요한 생산물을 얻을 수 있다는 확실성에 기초하여, 특정의 직업에 몰두해 자기가 가지고 있는 재능과 자질을 개발하고 완벽하게 한다. 이에 따라 사회적 분업은 형성되고 사회전체의 노동생산성은 증대한다. 특히 분업이 교환성향에 의해 야기되므로, 교환성향의 크기를 의미하는 시장의 크기에 따라 사회적 분업은 더욱 발전하고, 한 사회의 생산력은 더욱 증대한다. …

아담 스미스는 국부증진의 가장 중요한 원천은 분업에 있다고 보고 있다. 분업이란 생산과정의 조직원리로서 생산공정에서의 다양한 분할과 결합(기술적 분업)과, 한 사회 내에서의 상이한 업종과 직업들의 분리와 조정(사회적 혹은 경제적 분업)으로 정의된다. 분업은 노동자의 숙련 · 기교 · 판단을 향상시킴으로써 국부증진의 제 1 원인이라 할 수 있는 노동생산력을 향상시킨다. 그는 분업을 원시사회와 구분되는 문명사회의 진보의 근원이라고까지 평가하고 있는 것이다.

국부론에는 분업의 중요성을 극명하게 보여 주는 유명한 핀 공장의 예가 나온다. 핀의 생산공정을 18개의 독립된 조작으로 나누었을 경우 핀의 생산성은 약 240배가 증가한다는 것이다. 이는 노동자 각자가 전문적인 작업만 수행함으로써 그 작업에서 기교가 향상하고, 하나의 작업에서 다른 작업으로 옮길 때 발생하는 시간을 절약할 수 있으며, 더 나아가 전문적인 작업의 수행을 통해 기계의 발명과 같은 효과가 이루어지기 때문이라고 보았다.

그런데 이러한 분업이라고 하는 것은 반드시 교환이 전제되어야 한다. 만일 교환이 이루어지지 않는다면 인간의 분업활동은 결코 이루어질 수 없을 것이다. 그런데 아담 스미스는 분업을 가능하게 하는 교환은 인간의 기본적 성향으로 보고 있다. 즉 인간은 교환을 통해 자신의 이익을 보다 증대시키려는 기본적인 욕구를 갖고 있으며, 이러한 욕구에 의해 교환은 자연스럽게 이루어지며, 이러한 교환이 이루어지는 시장 역시 자연스럽게 형성되는 것이다. 즉 인간의 이기심은 교환, 분업, 노동생산성 증대라는 과정을 거쳐 국부의 증대라는 공공의 이익으로 나타나는 것이다.

아담 스미스(Adam Smith: 1723-1790)

경제학의 아버지라고 부른다. 영국 스코틀랜드의 한 작은 마을에서 세관원의 아들로 출생하였다. 일찍이 아버지를 여의고 홀어머니 밑에서 성장하고 일생을 홀어머니와 함께 독신으로 살았다. 옥스퍼드 대학에 신학을 공부한 후 성직자가 되고자 들어갔으나, 옥스퍼드 특유의 보수적이고 고리타분한 분위기에 제대로 적응을 못했다. 학창시절에 옥스퍼드 대학에서 당시 금서로 치고 있는 흄의 인간오성론을 읽다가 퇴학 맞을 위기에 처했었다고도 한다. 이 때문인지는 몰라도 그는 교수들을 별로 안좋아 했다고 한다. 후에 그의 국부론에서 대학교수들에게 고정월급을 지불할 것이 아니라, 그의 수강학생수에 따라 봉급을 지불해야 교수들은 자신의 강의개선에 많은 노력을 기울일 것이라 주장하기도 했다.

그는 결국 성직자가 될 것을 포기하고 고향으로 돌아가 글래스고우 대학에서 교수가 되어, 10여 년간 논리학, 그리고 후에 도덕철학과 정치경제학을 가르쳤다. 그는 외모가 툭 튀어나온 왕방울만한 눈과 뭉툭한 입술과 코 등 그렇게 잘 생긴 얼굴은 아니었지만 뛰어난 유머감각과 매끄러운 언어능력으로 인해 세인들로부터 많은 인기를 얻었다고 한다. 그는 일찍부터 많은 제조업자, 상공인들, 정치가, 은행가들과 교류하여 토론을 즐겼는데, 이러는 가운데 모든 사람들은 본능적으로 자애심(self-love)에 따라 자기의 이익을 추구하며 이것은 결국 공익을 가져오기도 한다는 이치를 깨닫고, 이를 도덕감정론(The Theory of Moral Sentiment: 1759)이란 책에서 전개하였다. 이 책은 시장경제 윤리를 역설한 저서로서 스미스 생전에 6판을 낼 정도로 호평을 받았다.

1764년에 버클럭공작 아들의 가정교사 제의를 받고 글래스고우 대학 교수직을 사임하였다. 스미스는 그 대가로 매년 300파운드의 연봉과 추가로 매년 300파운드를 지불 받았는데, 이 보수는 대학교수로서 받은 봉급의 2배였다고 한다. 1767년에 고향에 돌아와 은둔하며 오직 집필에만 몰두하였다. 이때부터 10년이라는 세월에 걸쳐 위대한 저서 국부론을 집필하는 데만 몰두하였다. 1776년 세상에 나온 국부론은 흄의 극찬과 아울러 폭발적인 인기를 얻고 말 그대로 불티나게 팔리고, 스미스를 우상적인 존재로 만들었다. 그 당시 재상이었던 피트가 이 책을 읽고 스미스 사상을 현실에 그대로 실현해 보고자 했을 정도였던 것이다. 이제 스미스는 영국의 가장 유명한 지식인으로서 명성을 얻고, 세무감독관까지 되어 총연금 900파운드라는 풍부한 수입을 보장 받음으로써 말년을 풍요와 안정 속에서 보내다가 1790년 일생을 마쳤다.

(출처: 경제학대사전(박영사))

(2) 크루소와 프라이데이의 무인도 이야기

분업과 교환의 이익을 보여 주는 사례로서 가장 유명한 것은 로빈슨 크루소와 프라이데이가 사는 무인도의 이야기일 것이다. 크루소와 프라이데이 두 사람만이 살고 있는 무인도가 있다고 하자. 이 두 사람은 매우 단조로운 생활을 하고 있다. 하루 24시간중 딱 10시간만을 일하고 나머지 시간은 잠을 자거나 쉬거나 놀거나 한다고 하자. 우리는 이 10시간을 각각의 노동시간이라 한다. 이 10시간 동안에 크루소와 프라이데이는 두 가지의 일만을 한다. 즉 물고기를 잡든가 아니면 나무에 올라가 코코넛을 따든가 한다. 우리는 이를 두 가지 경제활동이라 부른다.

그런데 크루소와 프라이데이는 체격도 다르고 운동능력도 다르고 지능도 다르다. 이로 인해 이들이 각각의 경제활동을 수행하는 능력에 차이가 있다고 하자. [표 4-1]은 두 사람의 이러한 능력의 차이를 나타내고 있다.

크루소는 1시간에 물고기를 1마리밖에 잡지 못한다. 그러나 프라이데이는 3마리를 잡을 수 있다. 크루소는 코코넛을 1시간에 3개 딸 수 있지만, 프라이데이는 4개를 딸 수 있다. 오랫동안 섬생활을 한 프라이데이가 두 가지 경제활동에서 모두 우수한 능력을 갖고 있음을 보여 주고 있다.

[표 4-1] 시간당 수확량

	물고기	코코넛
크루소	1마리	3개
프라이데이	3마리	4개

크루소와 프라이데이는 처음에는 자급자족의 생활을 하였다고 하자. 즉 자기가 채취한 물고기와 코코넛만을 각자 소비하는 생활을 말한다. 이런 자급자족 상황에서 크루소와 프라이데이는 물고기와 코코넛을 각각 몇 개씩 먹을 수 있을 것인가? 우리는 여기서 좀 비현실적으로 들릴지 모르지만 재미 있는 가정을 하나 하도록 하자. 즉 물고기와 코코넛은 반드시 쌍으로 먹어야 한다고 하자(물고기 한 마리와 코코넛 한 개를 항상 같이 먹어야 하며, 물고기 한 마리와 코코넛을 두 개 먹는 경우 두 번째 코코넛은 전혀 소화가 되지 않는다고 하자. 코코넛 한 개와 물고기 두 마리를 먹는 경우도 마찬가지다). 그리고 10시간이라는 노동시간을 반드시 전부 사용해야 한다고 하자. 이런 가정하에서 이들의 수확 및 소비량은 각각 얼마가 될 것인가?

이는 초등학생들도 풀 수 있는 간단한 일차방정식 문제이다. 크루소는 물고기 잡는 데 사용하는 시간을 미지수 x라 놓고, $x=3(10-x)$ 라는 방정식을 풀어야 할 것이다. 그 결과 $x=7.5$라는 답이 구해진다. 즉 크루소는 물고기 잡는데 7.5시간을, 코코넛 따는데 2.5시간을 투입하고, 그 결과 물고기 7.5마리와 코코넛 7.5개를 수확하여 이를 먹을 것이다. 한편 프라이데이의 경우 $3x=4(10-x)$ 라는 방정식을 풀어 $x≒5.7$이라는 답을 구할 것이다. 즉 프라이데이는 물고기 잡는데 약 5.7시간, 코코넛 따는데 나머지 시간을 투입해, 그 결과 물고기 17.1마리와 코코넛 17.1개를 수확하고 소비할 것이다.

즉 자급자족 상황에서 프라이데이는 크루소에 비해 2배 이상의 후생을 향유한다. 그리고 자급자족 상황에서 이 두 사람이 채취한 물고기와 코코넛의 총량은 물고기 24.6마리와 코코넛 24.6개로 나타나고 있다.

이제 크루소와 프라이데이는 아담 스미스의 국부론을 읽고 감명을 받아 분업과 교환의 이익을 실험해 보기로 하였다. 그런데 분업을 하는 방법이 두 가지가 있다. 크루소가 물고기를 잡고, 프라이데이가 코코넛 따는 식으로 분업하는 방법, 그리고 그 반대로 하는 방법이다. 먼저 전자의 방법을 통한 분업을 해 보았다. 그 결과 두 사람이 채취한 총량은 물고기 10마리와 코코넛 40개이다. 후자의 방법을 통한 분업을 한 결과는 물고기 30마리와 코코넛 30개이다.

먼저 후자의 경우를 생각해 보자. 지금 크루소는 30개의 코코넛을, 그리고 프라이데이는 30마리의 물고기를 갖고 있다. 이들은 일단 각각의 자급자족시의 소비량만큼을 만들어 주기로 하였다. 즉 크루소는 물고기 7.5마리와 코코넛 7.5개를, 프라이데이는 물고기 17.1마리와 코코넛 17.1개를 일단 갖기로 하였다. 그런데 그러고 나서도 5.4마리의 물고기와 5.4개의 코코넛이 남는 것을 발견하였다.

전자의 경우로 분업을 한 경우는 어떠한가? 물고기 10마리와 코코넛 40개를 갖고는 두 사람의 자급자족시의 후생수준을 모두 만족시켜 줄 수 없다. 물고기 한 마리와 코코넛 한 개를 반드시 같이 먹어야 한다고 했으므로, 결국 분업의 결과 얻은 것은 물고기 10마리와 코코넛 10개일 뿐이다. 이는 프라이데이가 자급자족시에 누렸던 후생수준조차 만들 수 없는 양이다. 크루소의 자급자족시의 후생수준은 만들 수 있다. 그러나 그 결과는 프라이데이의 후생수준이 엄청나게 하락하는 것이다.

이러한 실험의 결과 크루소와 프라이데이는 한 가지 사실을 알게 되었다. 즉 분업을 제대로 해야 한다는 것이다. 만일 분업을 제대로 하면, 그 결과 교환을 통해 두 사람 모두 후생수준이 높아질 수 있다. 즉 자급자족시의 후생수준을 보장하고도 남은 5.4마리의 물고기와 5.4개의 코코넛을 적당히 나누어서 추가적으로 소비함으로써 두 사람 모두 더 큰 만족감을 누릴 수 있다. 어디 이뿐인가? 추가적인 소비를 하지 않고, 대신 노동시간을 줄일 수도 있을 것이다. 즉 분업을 하게 되면 자급자족시보다도 적은 노동시간을 투입하고도 자급자족시의 후생수준을 누릴 수도 있는 것이다. 즉 분업과 교환은 추가적인 소비뿐만 아니라 여가 시간의 증대라는 혜택으로도 나타날 수 있는 것이다. 만일 남는 시간을 여가로 써버리지 않고, 그 시간에 그물을 만든다든지, 배를 만든다든지, 코코넛을 따기 위한 사다리나 죽창을 만든다든지 하면 어떻게 될 것인가? 이는 미래의 생산력 향상으로 나타날 것이다. 즉 미래에 두 사람 모두에게 더 큰 후생을 줄 수 있는 생산능력의 향상이 이루어질 것이다. 이러한 모든 것이 분업과 교환을 통해 발생한 혜택인 것이다.

그러나 제대로 된 분업을 하지 않는 경우 이러한 혜택은 나타나지 않으며, 오히려 두 사람 모두 손해를 볼 수 있다. 그러면 크루소가 코코넛을 따고 프라이데이가 물고기를 잡는 것은 제대로 된 분업이고, 크루소가 물고기를 잡고 프라이데이가 코코넛을 따는 것은 잘못된 분업인 것은 무슨 까닭인가?

(3) 리카르도의 비교우위론

크루소와 프라이데이의 의문을 해결해 준 것은 아담 스미스의 국부론보다

150여 년 뒤에 나온 리카르도의 「정치경제 및 조세 원론」(On the Principles of Political Economy and Taxation, 1817)이었다. 이들은 이 책을 통해 분업은 비교우위의 원칙에 따라 해야 함을 알게 되었다. 그렇다면 비교우위란 무엇인가?

크루소와 프라이데이의 시간당 수확량에 관한 표를 보면, 프라이데이는 크루소보다 두 가지 경제활동 모두에서 생산력이 우수함을 알 수 있다. 어떤 경제활동에서 A라는 사람이 B라는 사람보다 생산능력이 우수할 때 우리는 A가 그 경제활동 분야에서 절대우위(Absolute Advantage)를 갖는다고 부른다. 따라서 이 용어를 사용하면, 프라이데이는 물고기 채취와 코코넛 채취 두 가지 경제활동 모두에서 절대우위를 갖고 있는 것이다.

그런데 프라이데이의 우위 정도는 두 가지 경제활동에서 차이가 있음을 볼 수 있다. 물고기 채취의 경우 3배의 생산능력 우위를 갖고 있지만, 코코넛 채취의 경우 4/3배의 우위를 갖고 있다. 즉 크루소와 비교하여 프라이데이는 코코넛 채취 활동보다 물고기 채취활동에서 상대적으로 우위의 정도가 크다. 우리는 이때 프라이데이는 물고기 채취활동에서 비교우위(Comparative Advantage)를 갖는다고 부른다.

한편 크루소의 경우 프라이데이에 비해 두 가지 경제활동에서 모두 절대열위를 갖고 있다. 그런데 그 열위의 정도는 역시 경제활동간에 차이가 있다. 물고기 채취의 경우 프라이데이에 비해 1/3의 능력만을 갖고 있지만, 코코넛 채취의 경우에는 3/4의 능력을 갖고 있다. 이때 우리는 크루소는 코코넛 채취에서 비교우위를 갖는다고 부른다.

절대우위와 비교우위의 차이를 생각해 보자. 절대우위는 동종의 경제활동에서 상대방과 비교하여 생산능력이 높은가, 낮은가를 비교하는 개념일 뿐이다. 이에 반해 비교우위는 두 가지의 경제활동 중에서 어느 활동에서 보다 능력이 우수한가를 비교하는 개념이다. 그런데 이때 각 활동에서의 능력은 상대방의 능력에 대한 상대적 능력을 말한다.

비교우위의 개념은 생산능력뿐만 아니라 비용의 측면에서도 접근할 수 있다. 크루소와 프라이데이의 시간당 수확량에 관한 표는 다음과 같이 전환할 수 있다.

[표 4-2]는 크루소와 프라이데이가 물고기 한 마리, 코코넛 한 개를 채취하는데 소요되는 노동시간을 보여 주고 있다. 이 노동시간은 물고기와 코코넛을 채

[표 4-2] 단위당 노동시간

	물고기	코코넛
크루소	1시간	1/3시간
프라이데이	1/3시간	1/4시간

취하는 데 드는 절대적인 비용이라 할 수 있다. 프라이데이는 크루소보다 두 가지 경제활동 모두에서 생산능력이 우수하다, 즉 절대우위를 갖는다고 했다. 이는 비용측면에서 접근하면 두 가지 경제활동 모두에서 절대적인 생산비용이 낮다는 의미이다.

절대우위가 동종 경제활동에서 상대방과 절대적인 비용을 비교하는 개념이라면, 비교우위는 절대 비용이 아니라 기회비용을 비교하는 개념이다. 그러면 기회비용이란 무엇인가?

기회비용(opportunity cost)이란 어떤 행위를 할 경우 이것은 동시에 다른 행위의 기회를 희생해야 하는데 이의 가치를 말한다. 생산의 측면에서 보면 일정량의 생산에 드는 기회비용이란 그러한 생산 때문에 포기하지 않으면 안 되는 다른 생산물의 가치인 것이다. 그러면 [표 4-2]에서 크루소와 프라이데이가 물고기 및 코코넛 채취에 드는 기회비용을 생각해 보자. 크루소의 경우 물고기 한 마리를 잡는데 1시간이 필요하다. 그런데 이 1시간을 코코넛을 따는데 쓰면 코코넛 3개를 딸 수 있다. 즉 크루소가 물고기 한 마리를 잡는데 드는 기회비용은 코코넛 3개인 것이다. 그러면 코코넛 한 개를 따는데 드는 기회비용은 얼마인가? 그것은 물고기 1/3마리인 것이다. [표 4-3]은 크루소와 프라이데이가 물고기 한 마리, 코코넛 한 개를 따는데 드는 각각의 기회비용을 나타내고 있다.

물고기 한 마리를 잡는데 드는 기회비용은 프라이데이가 낮다. 반면 코코넛 한 개를 따는데 드는 비용은 크루소가 낮다. 동종 경제활동에서 상대방보다 기회비용이 적은 경우 그 활동에서 비교우위를 갖는다고 한다. 즉 그 활동을 함으로

[표 4-3] 기회비용

	물고기	코코넛
크루소	코코넛 3개	물고기 1/3마리
프라이데이	코코넛 4/3개	물고기 3/4마리

써 희생하는 가치가 상대방보다 적을 경우 비교우위를 갖는 것이다.

비교우위는 상대적 생산능력에서 접근하거나 기회비용에서 접근하거나 하등의 차이가 없다. 생산성과 비용은 동전의 앞뒷면과 같은 성격을 갖고 있으며, 따라서 어떤 측면에서 접근하든지 동일한 결과가 나타날 수밖에 없는 것이다. 우리가 이 사실을 다음과 같이 확인해 보도록 하자. 크루소와 프라이데이의 시간당 수확량이 구체적인 수치가 아니라 [표 4-4]처럼 일반적인 수치로 주어져 있다고 하자. [표 4-5]는 상대적 생산능력과 기회비용을 나타내고 있다. 프라이데이가 물고기 채취에서 비교우위가 있다고 하자. 즉 생산능력의 비교에서 $c/a > d/b$가 성립하고 있다고 하자. 이는 $bc > ad$를 의미하며, 양변을 모두 ac로 나누면 $b/a > d/c$가 된다. 그런데 이는 물고기 채취에서 프라이데이의 기회비용이 낮다는 의미인 것이다.

절대우위는 한 사람이 두 가지 분야에서 모두 가질 수 있다. 그러나 비교우위는 절대로 한 사람이 모두 다 가질 수 없다. 두 분야에서 모두 절대 열위에 있는 사람도 한 분야에서는 반드시 비교우위를 갖는다. 여러분은 이 사실을 [표 4-5]를 통해 쉽게 증명할 수 있을 것이다. 이는 당연한 사실이다. 기회비용이라는 것은 결국 상대적인 개념이기 때문에 한 분야에서 기회비용이 적다는 것은 반대로 다른 분야에서는 기회비용이 그만큼 크다는 것을 의미하는 것이다.

다시 앞으로 돌아가도록 하자. 분업은 비교우위의 원칙을 따라야 한다는 것은 각자가 비교우위가 있는 경제활동에 종사하는 방식의 분업을 해야 한다는 것이다. 즉 프라이데이는 물고기 채취에, 그리고 크루소는 코코넛 채취에 비교우위

[표 4-4] 시간당 수확량

	물고기	코코넛
크루소	a	b
프라이데이	c	d

[표 4-5] 상대적 생산능력과 기회비용

	물고기	코코넛
크루소	a/c, b/a	b/d, a/b
프라이데이	c/a, d/c	d/b, c/d

가 있으므로 각각 그 활동에 특화하는 방식으로 분업을 해야 한다는 것이다. 그리고 앞에서 이런 방식으로 분업을 해야 서로 이득을 얻을 수 있음을 보았다.

두 사람이 절대우위를 나누어 갖고 있다면 이는 극히 자명한 사실이라고 할 수 있다. 각자가 상대방보다 우수한 분야에 특화하는 방식으로 분업을 해야 좋은 결과를 기대할 수 있음은 말할 필요가 없을 것이다. 아마도 열등한 분야에 특화하는 식으로 분업을 하는 어리석은 사람들은 없을 것이다. 그러나 본절에서 언급하고 있는 것은 절대우위를 나누어 갖고 있지 않더라도 분업의 원칙이 항상 존재한다는 것이다. 중요한 것은 상대방과의 절대능력 내지 절대비용의 비교가 아니라 상대 능력 내지 기회비용의 비교인 것이다. 상대방 보다 모두 우수할지라도 그 중에서도 특히 우수한 분야에, 상대방보다 모두 열등할지라도 그 중에서도 덜 열등한 분야에 특화하면 두 사람 모두에게 더 큰 후생을 줄 수 있는 결과가 나온다는 것이다.

2. 생산기술과 국제무역

리카르도는 비교우위의 개념을 도입하여 국가간의 상품교역에 관한 이론을 정립하였다. 우리는 이를 리카르도 모델이라 부르며, 국제무역 이론 중 가장 고전적인 이론이라 할 수 있다.

크루소와 프라이데이를 A와 B라는 두 국가로, 물고기와 코코넛을 X와 Y라는 두 개의 상품으로 바꾸어 보자. [표 4-6]은 두 국가에서 각 상품을 생산하는데 드는 노동력을 표시하고 있다.

A국에서는 X상품 1단위를 만드는데 노동력 1인이 필요하며 Y상품 1단위를 만드는데는 노동력 2인이 필요하다. 반면 B국에서는 각각 4인과 3인의 노동력이 필요하다. 이는 각국에서 각 상품을 만드는 생산기술의 수준을 나타낸다고

[표 4-6] 각국의 생산기술과 노동부존량

	X 상품	Y 상품	노동부존량
A국	1인	2인	600인
B국	4인	3인	720인

할 수 있다. 즉 A국은 양 상품 모두에서 B국보다 적은 노동력을 투입하고도 동일한 생산량을 창출할 수 있으며, 이는 A국이 B국보다 양 상품 생산 모두에서 생산기술 수준이 높다는 것을 의미한다. 한편 [표 4-6]의 마지막 칸은 각국이 갖고 있는 총노동력, 즉 노동부존량을 나타내고 있다.

(1) 국가간 상품교역의 이익

앞에서 살펴본 비교우위의 원칙에 따라 각국이 분업을 한다고 하자. [표 4-7]은 각국에서 X 및 Y 상품 1단위를 생산하는 데 드는 기회비용을 표시하고 있다.

A국은 양 상품 생산 모두에서 절대우위를 갖고 있다. 그러나 비교우위의 측면에서는, A국은 X상품에, B국은 Y상품에 비교우위를 갖고 있다. 크루소와 프라이데이의 예처럼, 양국이 비교우위가 있는 분야에 각각 특화하는 방식으로 분업을 하고, 생산물을 서로 적절히 교환하면 양국 모두 이득을 볼 수 있다. 이 사실을 생산가능영역과 소비가능영역이라는 개념을 도입하여 살펴보도록 하자.

[표 4-7] 각국의 기회비용

	X 상품	Y 상품
A국	1/2	2
B국	4/3	3/4

그림 4-1 생산가능변경

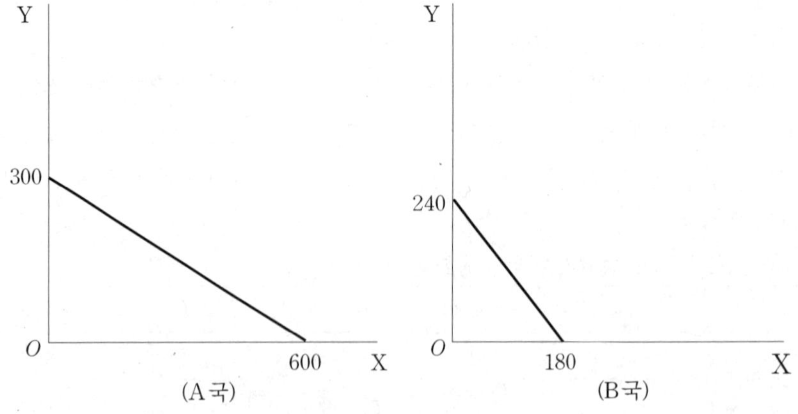

생산가능영역이란 한 국가의 자원과 기술이 주어져 있을 때 이러한 자원과 기술하에서 생산할 수 있는 두 생산물의 모든 조합들을 표시하는 영역이다. 그리고 생산가능변경이란 생산가능영역의 가장 바깥쪽 테두리로서, 주어진 자원을 가장 효율적으로 사용하여 생산할 수 있는 두 생산물의 여러 가지 조합을 나타내는 선(곡선 또는 직선)이다.

[그림 4-1]에서는 A국과 B국의 생산가능변경을 보여 주고 있다. A국의 경우를 보자. A국이 갖고 있는 모든 자원, 즉 노동부존량을 전부 X상품의 생산에 투입하면 X상품 600단위를 만들 수 있을 것이다. 따라서 X=600, Y=0이라는 조합은 모든 자원을 투입하여 생산가능한 하나의 점이다. 반대로 모든 자원을 Y상품의 생산에만 투입하면 Y상품 300단위를 생산할 수 있다. 따라서 X=0, Y=300이란 조합 역시 생산가능변경에 위치하는 하나의 점이다. 이 두 개의 점을 연결하는 직선이 생산가능변경이며, 이 변경 내의 영역이 생산가능영역이 된다.

A국의 생산가능영역과 변경을 수식으로 나타내면 어떻게 되는가? A국에서 X상품을 x단위, Y상품을 y단위 생산하면 이에 필요한 총 노동력은 $x+2y$일 것이다. 그런데 이는 A국의 총 노동부존량 600을 절대로 초과할 수 없을 것이다. 따라서 $x+2y \leq 600$이라는 조건이 성립하며, 바로 이 조건을 만족하는 x와 y의 모든 조합들이 생산가능영역으로 표시되는 것이다. 그리고 $x+2y=600$이라는 등식을 만족하는 x와 y의 모든 조합들은 하나의 선분으로 표시되며, 이 선분이 생산가능영역의 바깥쪽 테두리인 생산가능변경인 것이다. 생산가능변경의 바깥쪽 영역에 있는 어떤 x와 y의 조합은 A국이 절대로 생산할 수 없다. 생산가능변경 내에 있는 어떤 x와 y의 조합은 A국이 생산할 수 있는 조합이다. 그러나 이는 A국이 갖고 있는 모든 자원이 사용된 경우가 아니다. 따라서 생산가능변경 내의 영역은 불완전 고용의 생산영역이라 부를 수 있다. 한편 B국의 생산가능영역을 표시하면 [그림 4-1]의 오른쪽 그림과 같을 것이다.

먼저 자급자족의 경우를 생각해 보자. 자급자족시 한 나라의 생산가능영역은 바로 그 나라의 소비가능영역이 된다. 생산가능영역의 바깥 영역은 그 나라가 생산할 수 없는 영역이며 따라서 소비할 수도 없는 영역이다. 최대한 생산할 수 있는 점들을 연결한 생산가능변경은 따라서 소비가능변경이기도 하다. 보다 정확히 말하자면 자급자족은 생산점과 소비점이 반드시 일치해야 하는 상황이라 할 수 있다. 구체적으로 생산가능변경상에 있는 어떤 한 점에서 생산이 이루어지고 있다면 바로 그점이 소비점도 되는 것이다.

이제 양국이 비교우위의 원칙에 따라 분업을 하기로 하자. 즉 A국은 X상품만 생산하고 B국은 Y상품만 생산한다. 그러면 A국에서는 모든 자원을 X상품 생산에 투입하여 X상품 600단위를 생산할 것이고, B국은 역시 모든 자원을 Y상품 생산에 투입하여 Y상품 240단위를 생산할 것이다. 그다음에 양국이 X상품과 Y상품을 1 : 1의 비율로 서로 교환한다고 하자. 즉 A국에서 X상품 한 단위를 B국에 주면 B국은 그 댓가로 Y상품 한 단위를 A국에 준다. 이런 분업과 교환의 결과는 자급자족의 경우와 어떤 차이가 있는가?

분업과 교환이 이루어지는 상황에서는 생산가능영역과 소비가능영역이 반드시 일치할 필요가 없다. A국의 경우를 보자. 분업시 A국의 생산점은 (600, 0)이라는 점이다. A국이 X상품 1단위를 B국에 주면 Y상품 1단위를 얻을 수 있다. 따라서 (599, 1)은 A국의 소비가능한 점이다. X상품 10단위를 주면 Y상품 10단위를 얻을 수 있고, 따라서 (590, 10) 역시 소비가능한 점이다. 이러한 소비가능한 점들을 연결하면 점선으로 표시된 직선이 나타난다. 바로 이 직선이 분업과 교환시의 소비가능변경인 것이다. 이 소비가능변경은 상품간 교환비율이 1 : 1이기 때문에 기울기(절대치)가 1인 직선으로 나타나고 있다. 한편 B국의 경우도 분업과 교환시 소비가능변경을 그려보면 [그림 4-2]의 점선과 같이 나타날 것이다.

우리가 여기서 발견할 수 있는 사실은 무엇인가? 분업과 교환의 이익은 바

그림 4-2 분업 · 교환시 생산가능영역과 소비가능영역

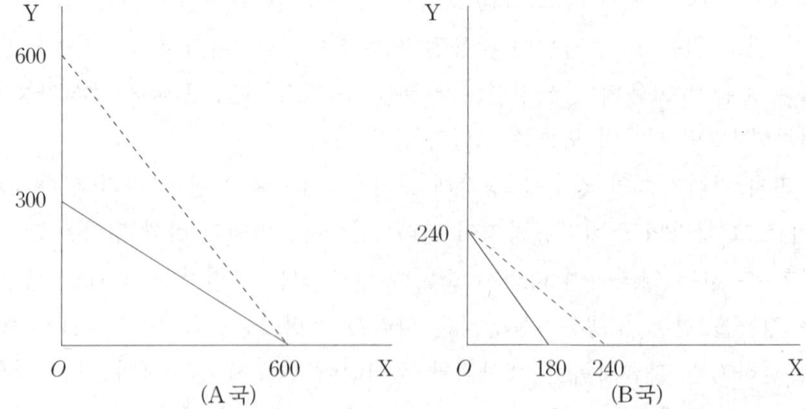

로 소비가능영역의 확대로 나타난다는 것이다. 자급자족시보다 더 많은 소비를 할 수 있으며, 따라서 후생이 증대하는 것이다. 소비가능영역이 확대된 부분이 바로 국제무역의 이익을 보여 주는 부분인 것이다. 국제무역의 이익은 어느 한 나라에게만 나타난 것이 아니다. 국제무역에 참여한 모든 국가에게 이러한 이익이 나타나는 것이다.

국제무역의 이익은 세계의 자원을 효율적으로 사용한 결과라 할 수 있다. 각국이 유한한 자원을 상대적으로 생산능력이 높은 분야에 집중하여 생산함으로써, 세계전체로 더 큰 규모의 생산량을 만들어낼 수 있었던 것이다. 그리고 증대된 생산량을 각국간에 적절히 분배하면 모든 국가들이 이득을 보는 결과가 나오는 것이다.

(2) 교환비율과 무역의 이익

앞에서 우리는 X상품과 Y상품간의 교환비율을 1 : 1로 가정하였다. 교환비율이 달라진다면 소비가능변경 역시 달라질 것이다. 교환비율이 1.5 : 1이라고 해보자. 즉 A국이 X상품 1.5단위를 주면 B국이 Y상품 1단위를 준다고 하자. [그림 4-3]에서 볼 수 있는 것처럼 이 경우 A국의 소비가능변경은 안쪽으로, B국의 소비가능변경은 더욱 바깥쪽으로 이동할 것이다. 즉 A국의 소비가능영역은 축

그림 4-3 교환비율과 무역의 이익

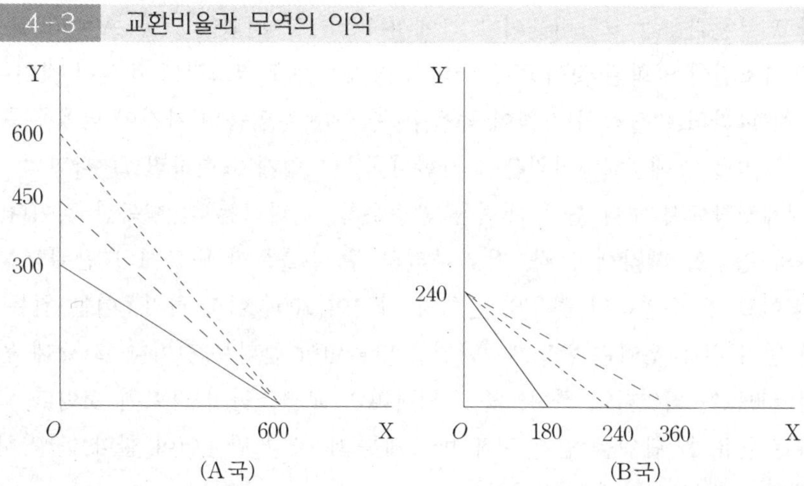

소되고, B국의 소비가능영역은 확대된다. 다시 말해서 A국의 국제무역의 이익은 줄어들며, B국의 이익은 증가한다.

이는 당연한 사실이라고 할 수 있다. A국은 교환비율이 1 : 1인 경우에는 X상품 1단위를 주고 Y상품 1단위를 얻을 수 있었지만, 교환비율이 1.5 : 1인 경우에는 X상품 1단위를 주면 Y상품을 2/3단위밖에 얻지 못한다. 따라서 A국이 얻는 무역의 이익은 줄어든다. 반면 B국은 교환비율이 1 : 1인 경우에는 Y상품 1단위를 주고 X상품 1단위를 얻을 수 있었지만 교환비율이 1.5 : 1이면 Y상품 1단위를 주고 X상품 1.5단위를 얻을 수 있다. 따라서 B국이 얻는 무역의 이익은 늘어난다.

교환비율이 1 : 1에서 1.5 : 1로 변화했다는 것은 A국의 입장에서는 그 나라의 수입품의 가격에 대비한 수출품의 가격이 떨어졌다는 것을 의미한다. 양국이 동일한 화폐를 쓰고 있다고 하자. A국의 수출품인 X상품의 가격이 100원이고 수입품인 Y상품의 가격이 역시 100원이라면, X상품과 Y상품은 1 : 1로 교환될 것이다. 그런데 X상품의 가격은 그대로 100원인데 Y상품의 가격이 150원이 된다면 X상품과 Y상품은 1.5 : 1로 교환될 것이다. 또는 Y상품의 가격은 그대로 100원인데 X상품의 가격이 66.7원이 되면 역시 X상품과 Y상품은 1.5 : 1로 교환될 것이다. 우리는 수출품의 가격/수입품의 가격을 그 나라의 교역조건(terms of trade)이라고 부른다. 이 수치가 오르는 경우 우리는 그 나라의 교역조건이 개선되었다고 부르며, 반대로 이 수치가 떨어지는 경우 그 나라의 교역조건이 악화되었다고 부른다. 즉 교환비율이 1 : 1에서 1.5 : 1로 변화한 것은 A국의 입장에서는 교역조건이 악화된 것이고, B국의 입장에서는 교역조건이 개선된 것이다.

한 나라의 수출품의 가격이 높을수록, 또는 수입품의 가격이 낮을수록 그 나라가 무역을 통해 얻는 이익은 증가한다. 보다 쉽게 표현하면 그 나라의 수출품이 세계시장에서 보다 높은 대접을 받을수록 그 나라는 더 행복한 것이다. 우리나라의 경우를 생각해 보라. 우리나라의 주 수출품인 반도체의 단위당 가격이 100원이고 주 수입품인 원유의 단위당 가격이 200원이라 하자. 이는 원유 한 단위를 얻기 위해 우리는 반도체 2단위를 만들어야 한다는 것이다. 그런데 원유 가격이 400원이 되었다고 하자. 즉 우리나라의 교역조건이 악화된 것이다. 그러면 우리는 원유 한 단위를 얻기 위해 반도체를 네 개나 만들어야 한다. 당연히 우리의 생활은 전보다 나빠질 것이다.

만일 A국의 교역조건이 더욱 악화되어 X상품과 Y상품이 2 : 1로 교환되면 어떻게 되겠는가? 그러면 B국의 소비가능변경은 더욱 바깥쪽으로 확대되겠지만 A국의 소비가능변경은 더욱 안쪽으로 축소되어 결국 생산가능변경과 일치해 버릴 것이다. 즉 교환비율이 2 : 1이 되면 A국의 입장에서는 무역의 이익이 사라져 버린다. 교역조건이 이보다 더 악화된다면 소비가능변경은 오히려 생산가능변경의 안쪽에 위치하게 될 것이고 무역의 이익이 아니라 무역으로 인한 손실이 발생할 것이다.

반대로 A국의 교역조건이 개선되어 교환비율이 3 : 4로 되면 어떻게 되겠는가? 이 경우에는 B국의 소비가능변경이 안쪽으로 축소되어 결국 생산가능변경과 일치해 버릴 것이다. 그리고 교역조건이 더 개선되면 (B국의 입장에서는 교역조건이 더 악화되면) B국은 무역으로 인해 오히려 손해를 보게 될 것이다.

즉 양국이 모두 무역으로부터 이득을 얻기 위해서는 교환비율이 어떤 일정한 범위 안에 있어야 함을 알 수 있다. 그 범위는 바로 2 : 1과 3 : 4이다. 교환비율이 이 범위 밖을 벗어나면 한 나라가 손해를 보게 되는 것이다. 그러면 2 : 1과 3 : 4라고 하는 기준은 어디서 나오는 것인가? 그것은 다름 아니라 각국의 생산가능변경의 기울기이다(A국의 경우 기울기의 절대치는 1/2, B국의 경우 기울기의 절대치는 4/3이다). 그리고 그 기울기는 바로 [표 4-7]에서 볼 수 있는 것처럼 각국의 X상품 생산의 기회비용인 것이다.

또한 기준이 되는 이 두 개의 교환비율은 자급자족시 각국에서 X상품과 Y상품이 교환되는 비율이기도 하다. A국에서의 임금이 W라고 하자. 그러면 A국에서 X상품 한 단위를 만드는데 드는 비용은 W, Y상품 한 단위를 만드는데 드는 비용은 2W일 것이다. X상품의 가격이 P_x, Y상품의 가격이 P_y라고 하자. 그리고 X상품을 만드는 산업이나 Y상품을 만드는 산업이나 모두 완전경쟁적인 산업으로, 초과이윤이라는 것이 존재하지 않는다고 하자(만일 어떤 산업에서 초과이윤이 나타나면 즉시 새로운 생산자들이 그 산업에 진입하고, 이로 인해 생산이 증대하고 이는 가격을 낮춤으로써 초과이윤은 결국 사라져 버린다). 그러면 P_x=W, P_y=2W라는 관계가 성립할 것이다. 그러면 X상품과 Y상품은 어떤 비율로 교환될 것인가? 당연히 2 : 1의 비율로 교환될 것이다. 마찬가지로 생각하면 B국에서는 자급자족시 X상품과 Y상품은 3 : 4의 비율로 교환될 것이다.

우리는 P_x/P_y를 X상품의 Y상품에 대한 상대가격이라 부른다. 자급자족시

A국에서 X상품의 상대가격은 1/2, B국에서는 4/3이다. 즉 각국의 생산가능변경의 기울기는 자급자족시 그 나라에서 X상품의 상대가격인 것이다. 그러면 무역으로 양국 모두 이득을 보는 조건을 어떻게 표현하면 되겠는가? 양국간의 무역에서 적용되는 X상품의 상대가격이 각국의 자급자족시의 X상품의 상대가격 사이에 있어야 한다고 말할 수 있을 것이다. 반대로 Y상품을 기준으로 하는 경우에는, 무역시 Y상품의 상대가격이 자급자족시의 각국의 Y상품의 상대가격 사이에 있어야 한다. 그리고 이를 종합하여 국가간에 교역시 적용되는 국제가격이 각국의 국내가격 사이에 위치해야 한다고 보통 언급한다.

(3) 교환비율의 결정

영특한 학생이라면 지금쯤 다음과 같은 의문이 생길 것이다. 국가간의 교역이 발생하려면 너무 복잡하고 어려운 것 아닌가? 각각 비교우위가 있는 상품에 특화해야 한다고 했는데, 이는 어떻게 결정하는가? 각국의 정부 대표가 만나 [표 4-6]을 놓고 비교우위를 따져서 서로 특화할 상품을 결정하는가? 교환비율은 어떻게 결정되는가? 양국 대표가 만나 협상을 해서 교환비율을 결정하는가? 그리고 협상이 잘 안 되서 교환비율이 앞에서 논한 그 범위를 벗어나면 교역을 안 하기로 하는가?

크루소와 프라이데이의 무인도 이야기에서는 이런 방식으로 분업의 방향과 교환비율의 설정이 이루어질 수 있을 것이다. 그러나 국가간의 교역에서 이런 식의 과정을 거쳐 교역이 이루어진다고 생각하는 사람은 없을 것으로 안다. 그러면 국가간의 교역에서는 어떤 식으로 특화의 방향, 교환비율 등이 결정되는가? 그것은 다름 아닌 가격의 기능에 의해서이다.

우리는 앞에서 자급자족시 A국에서의 X상품의 상대가격은 1/2이라고 했다. 이를 여러분들이 잘 알고 있을 것으로 생각하는 수요와 공급의 법칙을 통해 설명해 보도록 하자. 만일 X상품의 상대가격이 1/2보다 낮으면 어떻게 되겠는가? X상품 한 단위를 만드는 데는 Y상품 한 단위를 만드는 데 드는 비용의 1/2이 든다. 그런데 시장에서 X상품은 Y상품의 가격에 1/2도 안 되는 가격에 팔리고 있다. 여러분이 X상품을 만들고 있는 생산자라면 어떻게 하겠는가? 당연히 X상품의 생산을 중단하고 Y상품의 생산으로 전환하려 할 것이다. 즉 $P_x/P_y<1/2$

그림 4-4 국내가격의 결정

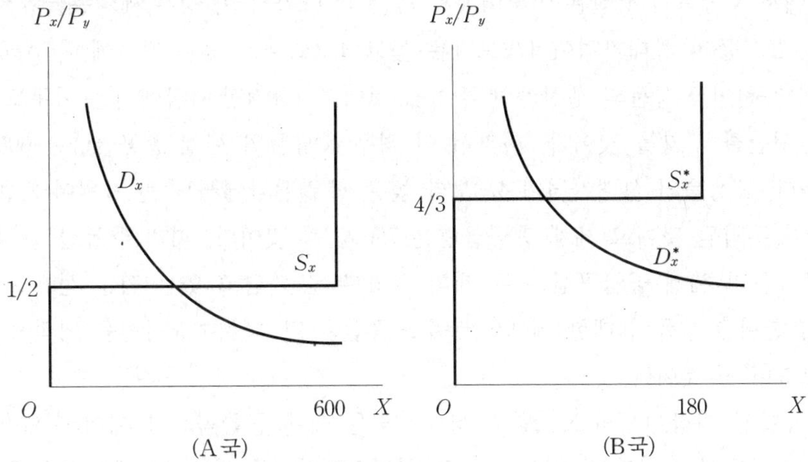

이면 X상품의 생산은 일어나지 않는다. 즉 이 경우 X상품의 공급량은 0이 될 것이다. 반대로 $P_x/P_y>1/2$이면 어떻게 되겠는가? Y상품의 생산자들이 생산을 중단하고 X상품의 생산으로 전환할 것이다. 즉 이 경우에 X상품의 공급량은 600단위가 될 것이다. $P_x/P_y=1/2$인 경우에는 X상품을 생산하건 Y상품을 생산하든 아무런 차이가 없다. 즉 이 경우에 X상품의 공급량은 0에서 600사이의 어느 수준에 위치할 것이다.

A국에서 X상품의 공급곡선은 [그림 4-4]에서 볼 수 있는 것처럼 $P_x/P_y=1/2$에서 0과 600을 연결하는 수평선 부분을 담고 있다. 수요곡선은 우리가 일반적으로 생각하는 우하향하는 형태의 수요곡선으로 표시되어 있다. 그러면 A국에서 X상품의 가격은 얼마인가? 수요곡선과 공급곡선이 만나는 점에서 가격이 결정되며 가격은 다름 아닌 1/2이다(수요곡선이 극단적으로 우측에 있는 경우 공급곡선의 수평선 부분이 아니라 수직선 부분에서 만나는 경우를 생각해 볼 수도 있다. 그러나 이러한 극단적인 수요곡선은 X상품에 대한 선호도가 엄청나게 큰 경우에 나타날 수도 있겠지만 일반적으로 나타나지 않는다).

한편 그 옆의 그림에서는 B국의 국내 가격결정을 보여 주고 있다. 마찬가지 논리로 B국의 국내가격은 4/3가 된다. A국과 B국이 하나의 통합된 세계시장을 만들면 어떻게 되겠는가? [그림 4-5]는 통합된 세계시장에서 X상품의 세계공급곡선을 보여 주고 있다. X상품의 상대가격이 1/2보다 낮은 경우 A국이나 B국 모두에서 X상품의 생산은 이루어지지 않는다. 따라서 이 경우 세계총급량은 0이 된다. X상품의 상대가격이 1/2보다는 높고 4/3보다는 낮은 경우에는, A국에서는 전 자원이 X상품의 생산에만 투입될 것이다. 하지만 B국에서는 아무도 X상품을 생산하지 않을 것이다. 따라서 이 경우 X상품의 세계 총공급량은 600단위가 된다. X상품의 상대가격이 4/3보다 높은 경우 B국에서도 전 자원이 X상품의 생산에 투입될 것이고 세계 총공급량은 780이 될 것이다. 따라서 통합된 시장에서 X상품의 세계 공급곡선은 두 개의 수평 부분을 담고 있는 꺾은 선으로 나타난다. 한편 X상품에 대한 세계의 총수요곡선은 각국의 수요곡선을 횡적으로 더한 모습이 될 것이다.

통합된 시장에서의 X상품의 상대가격은 세계 공급곡선과 세계 수요곡선이 만나는 점에서 결정되며, 이는 $\bar{p}$로 표시되어 있다. 즉 세계시장에서 X상품의 가격은 양국의 자급자족시 국내가격의 사이에서 결정되었다. 이제 이 세계시장에서 형성된 가격이 양국 모두에서 적용되는 가격이 된다. 이 가격 수준에서 A국은 X상품만을 생산하게 된다. 반면 B국에서는 X상품의 생산이 이루어지지 않으며 Y상품의 생산에 특화하게 되는 것이다. 그리고 이는 양국이 비교우위 원칙에 따라 특화한 것이다. 즉 특화의 방향, 교환비율의 결정 등 모든 것이 시장에서 가

그림 4-5 교환비율의 결정

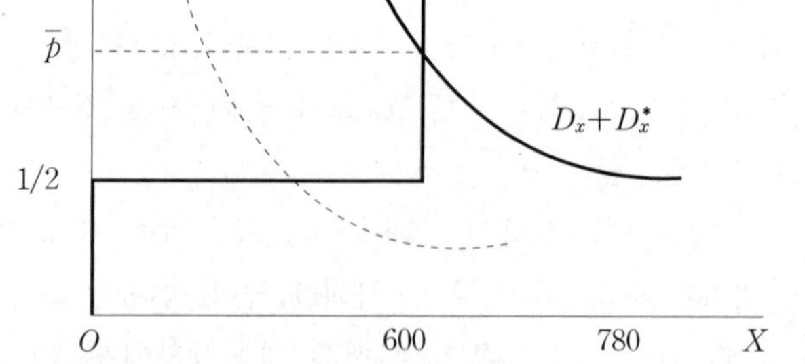

격의 기능에 의해 자연스럽게 이루어지는 것이다.

세계시장에서 형성되는 가격은 자급자족시의 국내가격 사이를 벗어나지 않는다. 그러나 그 경계에 위치할 가능성은 충분히 있다. [그림 4-5]에서 이러한 가능성은 점선으로 표시된 세계 수요곡선과 세계 공급곡선이 만나는 경우로 예시되고 있다. 이런 경우에는 어느 한 국가는 무역을 통한 이득을 볼 수 없게 된다. 하지만 상대방 국가는 매우 큰 이득을 볼 수 있는 경우가 된다. 어떤 경우에 이런 상황이 실제 나타날 가능성이 있겠는가? 본 사례에서는 국가간에 크기의 차이가 별로 없다. 크기(노동 부존량)의 차이가 큰 두 개의 국가를 설정하고 이런 그림을 그려 보도록 해 보자. 여러분은 이러한 경우에 세계시장의 가격이 대국의 국내가격과 같아질 가능성이 크게 나타나는 것을 볼 수 있을 것이다. 이 밖에 어떤 경우에 이런 상황이 발생할 가능성이 큰지 스스로 생각해 보자(Y상품에 비해 X상품에 대한 선호도가 특히 높으면 어떻게 되겠는가?).

(4) 정 리

지금까지 본 절에서 언급한 내용을 정리해 보자. 국가간에 상품 교역은 왜 발생하는가? 자급자족시 각국가의 상품가격, 보다 정확히 표현하면 상품간의 상대가격이 국가간에 다르기 때문이다. 이런 상황에서 국가간에 자유로운 상품 이동이 허용되면 상품은 가격이 낮은 국가에서 높은 국가로 이동하게 되는 것이다.

그러면 국가간에 국내가격의 차이가 존재하는 이유는 무엇인가? 리카르도 모델이 제시하는 이유는 국가간에 생산기술의 차이이다. 보다 정확히 표현하면 각 상품을 만드는 생산기술 수준의 국가간 차이가 상품간에 다르기 때문이다. 그런데 리카르도 모델에서 유일한 생산요소는 노동이다. 따라서 생산기술이라는 용어는 노동생산성이란 용어로 대체되어도 된다.

상품이동의 결과는 어떻게 되는가? 세계 전체로 한 상품에는 오직 하나의 가격, 즉 국제가격만이 존재하게 된다. 그리고 이 가격의 수준은 각 국가의 자급자족시의 국내가격의 사이에 위치하게 된다. 따라서 가격이 낮은 국가에서는 가격의 상승이, 가격이 높은 국가에서는 가격의 하락이 나타난다. 그 결과 가격이 낮은 국가에서는 그 상품의 생산 증대가 이루어지며 종국적으로 그 상품의 생산에만 특화하게 된다. 반면 가격이 높은 국가에서는 그 상품의 생산 감소가 진행되며 종국적으로 그 상품을 생산하는 산업은 사라지게 된다.

상품교역의 결과는 이에 참여하는 모든 국가에게 후생의 증대라는 이득을 준다. 이는 한정된 세계자원을 보다 효율적으로 사용한 데서 나온 혜택이다. 상품의 교환비율, 즉 국제가격의 수준에 따라 각 국가가 보는 이득의 정도는 달라질 수 있다. 그러나 어떤 국가가 상품교역의 결과 손해를 볼 정도로 나쁜 교환비율은 세계시장에서 형성되지 않는다.

3. 부존자원과 국제무역

리카르도의 모델에서 국가간 상품교역을 발생시키는 원인은 국가간 생산기술의 차이에 있었다. 이에 반해 국가간 상품교역 발생의 원인을 생산기술의 차이가 아니라 국가간 부존자원의 차이에서 찾는 모델이 있다. 이 모델의 기초를 마련한 두 명의 스웨덴 학자의 이름을 따서 이를 헥셔-오린(Heckscher and Ohlin) 모델이라 부른다.

앞절과 마찬가지로 A와 B라고 하는 두 개의 국가와 이들이 생산하는 X와 Y라는 두 개의 상품이 있다고 하자. 그런데 각 상품을 만드는데 비단 노동력뿐만 아니라 자본이라는 생산요소도 사용된다고 하자. 즉 노동과 자본이라는 두 개의 생산요소를 투입하여 각 상품을 만든다. 각국가는 노동과 자본이라는 생산 자원을 모두 갖고 있다.

각국가가 갖고 있는 노동력의 총량을 그 나라의 노동부존량, 그리고 자본의 총량을 자본부존량이라 부른다. 우리가 이 모델의 내용을 살펴보기에 앞서 이 모델에서 사용되는 두 가지 핵심적인 개념을 먼저 이해하도록 하자.

먼저 노동풍부국(labor-abundant country), 자본풍부국(capital-abundant country)이라는 개념이다. A국이 갖고 있는 노동부존량과 자본부존량이 각각 L_A와 K_A, 그리고 B국이 갖고 있는 노동부존량과 자본부존량이 각각 L_B와 K_B라 하자. 이때 $L_A/K_A > L_B/K_B$라는 관계가 성립하면 우리는 A국을 노동풍부국, 그리고 B국을 자본풍부국이라 부른다. 즉 노동풍부국, 자본풍부국이라는 개념은 국가간에 노동부존량이나 자본부존량의 절대적인 비교가 아니라, 각 자원 부존량간의 비율을 비교하는 개념이다. 따라서 A국의 노동부존량이 100, B국의 노동부존량이 1,000이라도 A국의 자본부존량이 10, B국의 자본부존량이 200이라면 A국은 노동풍부국이 된다.

다음, 노동집약적(labor-intensive) 상품, 자본집약적(capital-intensive) 상품이라는 개념이다. X상품 한 단위를 만드는 데 사용되는 노동량과 자본량이 각각 a_{LX}와 a_{KX}, 그리고 Y상품 한 단위를 만드는데 사용되는 노동량과 자본량이 각각 a_{LY}와 a_{KY}라 하자. 이때 $a_{LX}/a_{KX} > a_{LY}/a_{KY}$라는 관계가 성립하면 X상품을 노동집약적인 상품, 그리고 Y상품을 자본집약적인 상품이라고 부른다. 즉 생산과정에서 다른 상품에 비해 노동을 자본보다 상대적으로 많이 필요로 하는 상품을 노동집약적 상품, 자본을 노동보다 상대적으로 많이 필요로 하는 상품을 자본집약적 상품이라 부른다.

이 모델은 앞의 리카르도 모델에 비해 상당히 복잡하다. 먼저 이 모델의 가장 단순화된 모습부터 살펴보도록 하자.

(1) 고정계수의 경우

X상품 한 단위, 그리고 Y상품 한 단위를 만드는 데 사용되는 노동과 자본량이 항상 고정되어 있다고 하자. 예를 들어 X상품 한 단위를 만드는데는 노동자 1명과 자본 2단위(자본을 어떤 기계라 생각하면 기계 2대)가 꼭 필요하다. 즉 노동자 1명과 자본 3단위만 있다면 X상품을 한 단위밖에 만들지 못한다. 여분의 자본 한 단위는 생산에 전혀 기여하지 못한다. 그리고 Y상품 1단위를 만드는데는 노동자 2명과 자본 한 단위가 꼭 필요하다고 하자.

이는 X상품과 Y상품을 만드는 생산기술을 나타낸다. 이러한 생산기술은 A국과 B국에서 동일하다. 즉 리카르도 모델과 달리 국가간에 생산기술의 차이는 전혀 없다고 가정하는 것이다. A국과 B국간의 차이는 생산요소의 부존량 차이

[표 4-8] 생산기술과 부존량

	필요 투입량		부 존 량	
	X상품	Y상품	A국	B국
노 동	1인	2인	120인	240인
자 본	2단위	1단위	180단위	200단위

에 있다. A국은 노동 120인, 자본 180단위, 그리고 B국은 노동 240인, 자본 200 단위를 갖고 있다고 하자.

즉 A국은 자본풍부국, B국은 노동풍부국이며, X상품은 자본집약적 상품, Y상품은 노동집약적 상품이다.

먼저 각국의 생산가능영역을 살펴 보자. A국에서 X상품을 x개, Y상품을 y개 만드는 경우 x+2y 만큼의 노동이 필요하다. 그런데 이는 120을 초과할 수 없으며, 따라서 $x+2y \le 120$이라는 조건이 만족되어야 한다. 한편 자본의 경우 $2x+y \le 180$이라는 조건이 만족되어야 한다. [그림 4-6]에서는 이 두 가지 조건을 만족하는 영역을 표시하고 있다. A국의 생산가능영역은 사다리꼴 bcdo이고 그 바깥쪽 테두리가 생산가능변경이 된다. 삼각형 abc의 경우 자본부존량의 제약조건은 만족하지만 노동부존량의 제약조건을 만족하지 못한다. 반대로 삼각형 cde의 경우 노동부존량의 제약조건은 만족하지만 자본부존량의 제약조건을 만족하지 못하는 영역이다. 오로지 점 c만이 노동과 자본이 완전고용된 상태이며, 선분 bc 상의 점은 노동은 완전고용되어 있지만 자본이 불완전고용되어 있는 상태, 그리고 선분 cd 상의 점은 자본은 완전고용되어 있지만 노동이 불완전고용되어 있는 상태이다.

지금 A국에서 h라는 점에서 생산이 이루어지고 있다고 해 보자. 그런데 X상품의 상대가격, 즉 P_x/P_y가 1/2보다 작다고 하자. 그러면 어떻게 되겠는가? 지

그림 4-6 생산가능변경

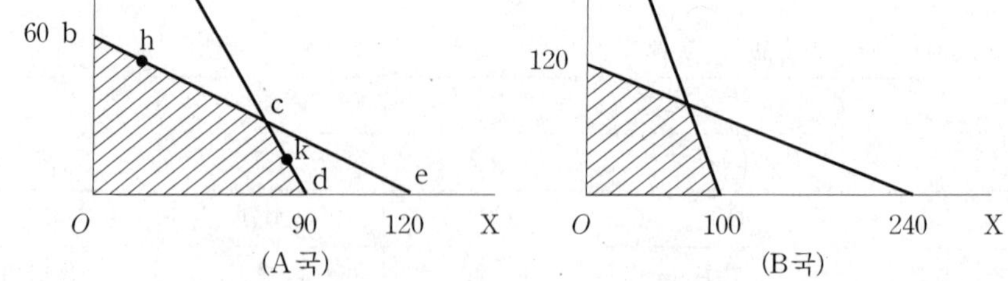

금 어떤 생산자가 X상품과 Y상품을 동시에 생산하고 있다고 하자. 이 생산자가 X상품 생산을 한 단위 줄이면 노동자 한 명과 자본 두 단위가 생긴다. 이를 갖고 Y상품을 생산하면 Y상품을 몇 단위 만들 수 있겠는가? Y상품 1/2단위를 만들 수 있을 것이다(그리고 자본 한 단위가 남을 것이다). 지금 X상품의 가격이 100원, Y상품의 가격이 300원이라고 하자. 이 생산자는 X상품 한 단위 생산을 줄임으로써 100원 만큼의 수입이 줄었지만, Y상품 반단위를 생산함으로써 150원 만큼의 수입이 생겨났다. 다시 말해서 X상품의 상대가격이 1/2보다 작다면 이 생산자는 X상품의 생산을 줄이고 Y상품의 생산을 늘이려고 할 것이다. 즉 h라고 하는 점은 X상품의 상대가격이 1/2보다 작은 경우 절대로 나타나지 않는다는 것이다.

만일 선분 cd 상의 k라는 점에서 생산이 이루어지고 있다면 어떻게 되겠는가? 마찬가지인가? 아니다. 이 생산자는 Y상품 반 단위가 아니라 두 단위를 생산할 수 있다. 왜그런가? k라고 하는 생산점은 노동이 불완전고용된 영역에 존재하고 있기 때문이다. 즉 현재 노동이 남아도는 상태로 필요한 노동력을 즉시(X상품의 생산을 더 줄일 필요없이) 구할 수 있기 때문이다. 따라서 이 생산자는 더 말할 필요없이 X상품의 생산을 줄이고 Y상품의 생산을 늘이려 할 것이다. 즉 X상품의 상대가격이 1/2보다 작은 경우 나타나는 유일한 생산점은 b가 된다.

만일 X상품의 상대가격이 1/2이면 어떻게 되겠는가? 앞의 논리에 의해 k라고 하는 생산점은 나타나지 않는다. 그러나 h라고 하는 생산점에 있다면 생산자가 상품 생산을 변경할 이유가 없다. 즉 선분 bc상의 모든 점들이 나타날 수 있다.

X상품의 상대가격이 2보다 크고 현재 생산점이 k라면 어떻게 되겠는가? Y상품의 생산을 한 단위 줄이면 노동자 2명과 자본 한 단위가 생겨난다. 이를 X상품의 생산에 투입하면 X상품 반단위를 생산할 수 있다. 그런데 X상품의 가격이 Y상품의 가격을 두 배 이상 초과하는 상황이므로, 이 생산자는 Y상품의 생산을 줄이고 X상품의 생산을 늘이는 상품생산 변경을 기꺼이 할 것이다. h라고 하는 생산점에 있다면 더 말할 필요가 없다. 즉 X상품의 상대가격이 2보다 크면 나타나는 유일한 생산점은 d가 된다. 그리고 X상품의 상대가격이 2면, 선분 bc 상의 점은 나타나지 않지만 선분 cd상의 모든 점들은 나타날 수 있다.

X상품의 상대가격이 1/2과 2 사이면 어떻게 되겠는가? 유일한 균형 생산점은 완전고용점인 c가 된다. 이러한 가격 수준에서, 현재 h라는 생산점에 있으면 생산자는 X상품의 생산을 늘이고 Y상품의 생산을 줄이려 할 것이다. 반대로 k

라고 하는 생산점에 있으면 생산자는 X상품의 생산을 줄이고 Y상품의 생산을 늘이려 할 것이다. 결국 유일한 균형점은 c점뿐이다. 여러분은 이 과정을 설명할 수 있을 것으로 본다.

이제 A국의 공급곡선을 그려 보자. 그런데 X상품의 절대량의 공급곡선이 아니라 Y상품의 공급량에 대한 X상품의 상대적 공급량을 그려 보도록 하자. 그 이유는 아래에서 설명될 것이다. 그러면 X상품의 상대가격이 1/2보다 낮은 경우 오직 Y상품만 생산하므로 X상품의 상대적 공급량은 0일 것이다. X상품의 상대가격이 2보다 큰 경우 오로지 X상품만 생산하므로 X상품의 상대적 공급량은 무한대이다. 가격이 1/2과 2 사이에 있는 경우 c점에서 X상품은 80단위, Y상품은 20단위를 생산하므로 X상품의 상대적 공급량은 4가 된다. 가격이 1/2인 경우 X상품의 상대적 공급량은 0과 4 사이의 어느 수준이든 가능하다. 따라서 이때 공급곡선은 수평선으로 나타난다. 마찬가지로 가격이 2인 경우도 공급곡선은 수평선으로 나타난다.

B국의 경우도 같은 논리에 따라 공급곡선을 유도 하면 [그림 4-7]의 오른쪽 그림과 같다. A국의 공급곡선과 유일한 차이점은 굴절 부분이 4가 아니라 4/7에서 나타난다는 것이다. 즉, X상품의 상대가격이 1/2과 2 사이에 있을 때 B국에서도 완전고용상태의 생산이 이루어지는데, 이때 X상품의 상대적 공급량은 4가 아니라 4/7이다.

이 모델에서 설정하고 있는 중요한 가정 중의 하나는 양국의 수요패턴이 동

그림 4-7 국내가격의 결정

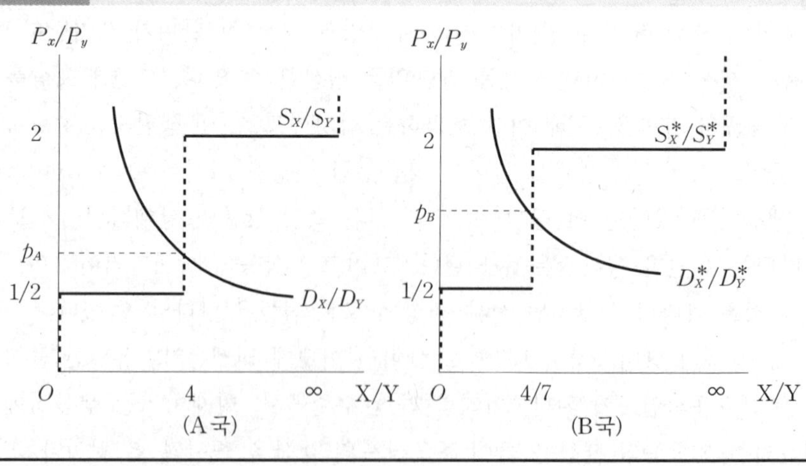

일하다는 것이다. 즉 어떤 나라가 어떤 상품을 더 좋아한다든지 하는 선호도의 차이가 없다는 것이다. 구체적으로 상품간의 가격 비율이 양 국가에 동일하게 주어져 있을 때, 각 상품의 수요량간의 비율이 양국에서 동일하다는 것이다.[1] 이러한 수요패턴의 가정하에서 양국의 수요함수(X상품의 상대가격과 X상품의 상대적 수요량간의 관계로 표시한 수요함수)는 그림에서 동일하게 나타나고 있다.

그러면 자급자족시에 각국의 X상품의 상대가격은 얼마인가? 그림에서는 양국 모두에서 수요곡선이 공급곡선의 굴절된 부분에서 교차하는 경우를 상정하고 있다. 이때 A국의 상대가격은 p_A, B국의 상대각격은 p_B로 결정된다. 즉 A국에서 X상품의 상대가격이 더 낮다.

그런데 A국은 어떤 나라인가? 바로 자본풍부국이다. X상품은 어떤 상품인가? 바로 자본집약적 상품이다. 즉 자본풍부국인 A국에서 자본집약적 상품의 가격이 상대국보다 낮다. 반대로 노동풍부국인 B국에서는 노동집약적인 상품의 가격이 상대국보다 낮다.

이 모델에서 국가간의 가격차이가 발생하는 원인은 무엇인가? 이 모델에서 양국간의 유일한 차이는 자원의 부존량의 차이에 있다. 바로 자원 부존량의 차이, 보다 정확히 언급하면 각 자원 부존량간 비율의 차이가 상품의 상대가격의 차이를 초래하는 것이다. 이는 각 자원 부존량의 비율이 다르게 주어지면 자원을 최대한 활용하여 생산할 수 있는 각 상품의 생산량의 비율 역시 다르게 나타나기 때문인 것이다.

이 사실을 직관적으로 이해하는 학생들도 있겠지만 아직도 혼돈에 있는 학생들도 있을 것이다. 이들을 위해 다음과 같이 설명을 해 보도록 하자. 처음에 양국이 부존량도 똑같다고 하자. 즉 [표 4-8]에서 B국의 부존량이 A국의 부존량과 같다고 하자. 그러면 두 국가는 완벽하게 동일하며 각 상품의 생산량도 당연히 같을 것이다. 그런데 어느날 갑자기 B국에 인구가 늘어났다고 해 보자. 이제 B국에서는 어떤 상황이 발생하겠는가? B국에서는 모든 자원이 완전고용된 상태

1) 이러한 수요패턴을 경제학에서는 동조적(homothetic) 수요패턴이라 부른다. 예컨대 소득이 1000원인 사람이 X상품의 상대가격이 a인 상황에서 X상품과 Y상품을 7 : 3의 비율로 수요한다고 하자. 이 사람의 소득이 2000원이 되었다고 하자. 그리고 X상품의 상대가격은 여전히 a라고 하자. 그러면 이 사람은 X상품과 Y상품을 계속 7 : 3의 비율로 수요한다. 즉 동조적 수요패턴하에서 두 상품간의 수요량의 비율은 오직 두 상품간의 가격 비율에 의해서만 영향을 받으며, 소득수준은 영향을 미치지 않는다. 따라서 본문에서 A국과 B국간의 소득차이가 존재하더라도 이는 수요패턴의 차이를 초래하지 않는다.

에 있다가 갑자기 잉여노동력이 생겨난 상황이다. 이러한 잉여노동력은 임금의 하락을 초래할 것이다. 임금의 하락은 X상품과 Y상품 생산업자 누구에게 더욱 이득이 되겠는가? 당연히 노동집약적인 Y상품을 생산하는 생산자에게 더 큰 이득을 줄 것이다. 따라서 사회 전체적으로 X상품의 생산에서 Y상품의 생산으로 생산변경이 이루어지게 될 것이다. X상품의 생산 축소로 X상품 산업에 고용되어 있던 노동과 자본이 풀릴 것이고(1 : 2의 비율로) 이는 새로 생겨난 노동력과 함께 Y상품 산업에 흡수될 것이다(노동과 자본이 2 : 1의 비율로). Y상품의 생산 증대에 따라 잉여노동력은 계속 줄어들 것이고 이에 따라 임금은 다시 상승할 것이다. 궁극적으로 모든 잉여노동력이 흡수되면서 다시 완전고용의 상태가 회복될 것이고 임금은 다시 원래의 수준으로 복귀할 것이다.

결과는 무엇인가? 인구가 갑자기 증가한 B국에서 노동집약적 상품의 생산이 절대적으로 증가하고 자본집약적 상품의 생산은 절대적으로 감소한 것이다.[2)3)] 이제 B국은 A국에 비해 노동풍부국이 된 것이고, 노동풍부국인 B국에서 노동집약적 상품의 상대적 생산량이 높아진 것이다.

이제 양국이 자유롭게 교역을 하면 어떻게 되겠는가? 양국의 시장은 하나의 세계시장으로 통합될 것이고, 세계의 총공급과 총수요에 의해 하나의 국제가격이 형성될 것이다. [그림 4-8]은 이러한 세계시장에서 국제가격이 결정되는 모습을 보여 주고 있다. X상품의 상대가격이 1/2보다 낮으면 양국 모두에서 X상품을 생산하지 않는다. 반면 2보다 높으면 양국 모두에서 Y상품을 생산하지 않는다. 가격이 1/2과 2 사이인 경우 A국에서 X상품의 상대적 공급량은 4, B국에서의 상대적 공급량은 4/7이었다. 그러면 A, B 양국에서 생산되는 X상품의 총량을 Y상품의 총량으로 나눈 비율은 얼마인가? 그 비율은 4/7와 4 사이에 위치할 것이다(여러분은 구체적인 수치를 구할 수 있을 것이다). 따라서 세계시장에서 X상품의 공급곡선은 4/7와 4 사이에서 굴절되는 모습으로 나타날 것이다. 한편 세계시

2) X상품 생산 산업에서 노동력과 자본은 1 : 2의 비율로 풀린다. 반면 Y상품 생산 산업에서 노동력과 자본은 2 : 1의 비율로 흡수된다. 그리고 지금 V라는 만큼의 신규 노동력이 있다고 하자. 그러면 다시 모든 자원이 완전고용되는 상태는 언제이겠는가? X상품의 생산이 x만큼 줄면 노동력 x, 자본 2x가 생긴다. 따라서 $x+V : 2x = 2 : 1$의 관계가 성립해야 할 것이고, 이를 풀면 $x=V/3$이다. 따라서 X상품의 생산이 V/3 만큼 줄고, Y상품의 생산이 2V/3 만큼 늘어나는 상태가 새로운 완전고용 균형점이 될 것이다.

3) 이를 립진스키 정리(Rybczynski theorem)라 한다. 노동(자본) 부존량이 증가하면 노동(자본) 집약적 상품의 생산량은 절대적으로 증가하고 자본(노동)집약적 상품의 생산량은 절대적으로 줄어든다는 것이다.

그림 4-8 국제가격의 결정

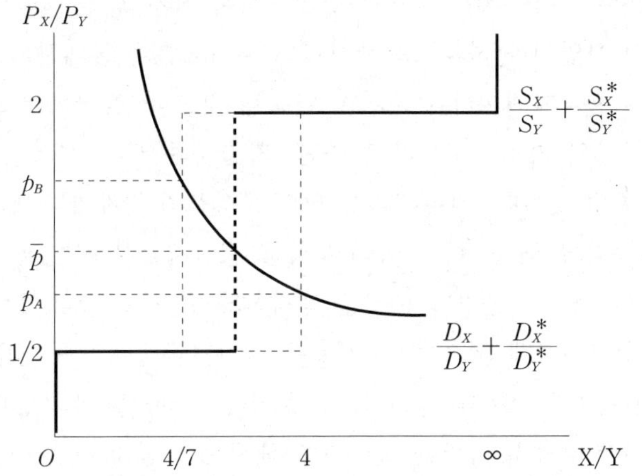

장에서 X상품의 수요곡선은 각국의 수요 곡선과 동일한 모습으로 나타난다(왜?). 따라서 세계시장에서 형성되는 X상품의 가격은 각국의 자급자족시의 가격 사이에 위치하게 된다.

그러면 교역패턴은 어떠한가? 자본풍부국인 A국은 이 국제가격 수준에서 자본집약적 상품인 X상품의 초과공급이 나타나고 이 초과공급분만큼을 B국에 수출한다. 반대로 노동풍부국인 B국은 노동집약적인 상품인 Y상품을 A국에 수출하게 된다. A국의 자급자족시 X상품의 국내가격이 낮다는 것은 바로 이 상품에 대해 비교우위를 갖는다는 의미이다. 반대로 B국은 Y상품의 생산에 비교우위를 갖고 있는 것이다. 따라서 정리하면 다음과 같이 서술할 수 있을 것이다. 자본풍부국은 자본집약적 상품의 생산에 비교우위를 갖고 따라서 이 상품을 수출한다. 반대로 노동풍부국은 노동집약적 상품의 생산에 비교우위를 갖고 따라서 이 상품을 수출한다. 우리는 이를 헥셔-오린의 명제(Heckscher-Ohlin Theorem)라 부른다.

이러한 자유교역의 결과 각국은 어떤 이득을 얻는가? 본 모델에서 각국의 생산점은 자유교역의 결과로 바뀌지 않는다. 그러나 소비가능영역은 확대된다. 여러분은 [그림 4-6]에서 자유교역시 각국의 소비가능변경을 그려 볼 수 있을 것이다. 자급자족시에는 소비할 수 없는 점들이 자유교역시에는 소비할 수 있는 점으로 나타남을 볼 수 있을 것이다.

좀더 일반적인 모습의 모델을 살펴보기에 앞서, 이 모델에서 파생되는 재미있는 결과 두 가지를 추가적으로 살펴보도록 하자. 지금 각국에서 각 산업은 완전경쟁적인 산업이라 하자. 즉 생산자의 초과이윤이 존재하지 않는다. 그러면 단위당 생산비용=가격이라는 조건이 만족될 것이다. A국에서 노동의 가격, 즉 임금을 w, 자본의 가격을 r이라고 하면, 자급자족시 $w+2r=P_X$, $2w+r=P_Y$라는 조건이 만족될 것이다. 자유교역을 하면 X상품의 국제가격이 자급자족시의 국내가격보다 높다고 했다. 즉 A국의 X상품 생산자들은 자유교역으로 그들이 생산하는 상품의 가격이 올라가는 것을 목격하게 된다. A국의 X상품 산업에는 이제 초과이윤이 발생하게 되고, 이는 새로운 생산자들을 X상품 산업에 유인하는 작용을 할 것이다. 또한 기존의 생산자들도 X상품의 생산을 더욱 증대하려 할 것이다.

그러나 X상품의 생산을 늘이기 위해서는 노동과 자본이라는 생산요소가 필요하며, 특히 1 : 2의 비율로 필요하다. 그러나 현재 노동과 자본이 완전고용되어 있는 상황에서 이러한 노동과 자본을 얻을 수 있는 방법은 Y상품 산업에 고용되어 있는 노동과 자본을 빼오는 방법밖에 없다. 그리고 이를 위해서는 보다 높은 임금과 자본가격을 제시해야 할 것이다. 이러한 가격 유인으로 Y산업에 고용되어 있던 노동과 자본이 X산업으로 이동하게 될 것이다. 그런데 Y산업에서 빠져나오는 노동과 자본의 비율은 2 : 1이 될 것이다. 이는 무엇을 의미하는가? 노동시장에서는 초과공급이, 자본시장에서는 초과수요가 발생할 것이고, 이는 결국 임금의 하락과 자본가격의 상승으로 나타날 것이다. 자본가격의 상승은 X상품

그림 4-9 임금과 자본가격의 결정

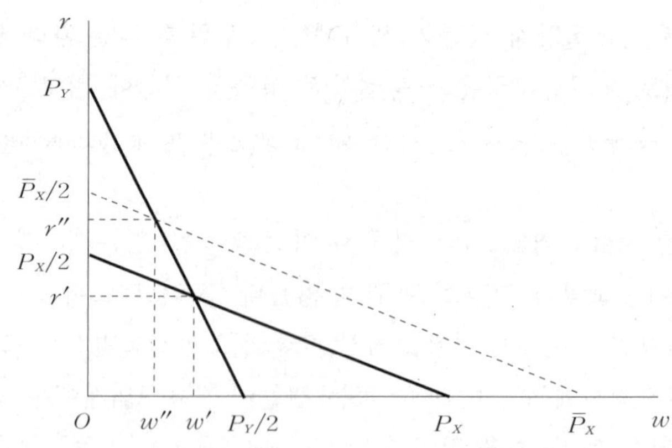

생산의 비용을 높이는 방향으로, 임금의 하락은 비용을 낮추는 방향으로 작용할 것이다. 그런데 X산업에서 노동과 자본은 1 : 2의 비율로 사용되고 있기 때문에 자본가격의 상승으로 인한 비용 증가가 지배하게 될 것이다. 그리고 이러한 임금 하락과 자본가격 상승은 결국 X산업에서 초과이윤이 완전히 사라질 때까지 계속 될 것이다.

궁극적으로 자유교역의 결과는 자본풍부국인 A국에서 자본가격의 상승, 임금의 하락으로 나타난다. [그림 4-9]는 이러한 결과를 보여 주고 있다. 자급자족 시 국내가격은 P_X와 P_Y이고, 이러한 가격수준에서 임금과 자본의 가격은 w'과 r'로 결정된다. 이제 자유교역의 결과 X상품의 가격이 $\bar{P}_X$로 상승했다고 하자. 그러면 앞에서 서술한 과정을 거쳐 종국적으로 나타나는 임금과 자본의 가격은 w''과 r''이 된다. 즉 임금은 절대적으로 하락하였고, 자본의 가격은 절대적으로 상승하였다.

반대로 B국에서는 자유교역으로 어떤 결과가 나타났겠는가? B국에서는 자유교역의 결과 X상품의 가격이 하락했다(이는 Y상품의 가격이 상승했다는 것과 동일하다). A국의 경우와 마찬가지 방법으로 여러분은 B국에서 일어나는 상황과 결과를 설명할 수 있을 것이다. 그 결과는 임금이 절대적으로 상승하고 자본가격은 절대적으로 하락하는 것이다.

정리하면 자본풍부국인 A국에서는 자유교역의 결과 자본집약적 상품의 국내가격이 상승하고 이에 따라 자본의 가격은 상승하고 노동의 가격은 하락한다. 노동풍부국에서는 자유교역의 결과 노동집약적 상품의 국내가격이 상승하고 이에 따라 노동의 가격은 상승하고 자본의 가격은 하락한다. 우리는 이를 스톨퍼-사무엘슨의 정리(Stolper-Samuelson Theorem)라고 부른다.[4)]

---

4) 처음에 X상품의 가격과 Y상품의 가격이 모두 3원이라고 하자. 그러면 임금과 자본의 가격은 모두 1원일 것이다. 이제 X상품의 가격이 4원이 되었다고 하자. 그러면 임금은 2/3원, 자본가격은 5/3원이 될 것이다. 즉 X상품의 가격은 33.3% 증가한 반면 자본의 가격은 66.6%나 증가하였다. 만일 X상품의 가격이 2원이 되었다고 하자. 그러면 임금은 3/4, 자본가격은 1/3이 될 것이다. 즉 X상품의 가격은 33.3% 하락한 반면 자본의 가격은 66.6%나 하락하였다. 우리는 이러한 효과를 확대효과(magnification effect)라 한다. 즉 자본(노동)집약적 상품의 가격이 오르면 자본(노동)가격은 이보다 더 큰 정도로 오르고 반대로 상품가격이 떨어지면 자본(노동)가격은 이보다 더 큰 정도로 떨어진다. 이런 효과가 왜 나타나는지는 각 산업에서 초과이윤=0이라는 식을 유심히 관찰하면 알 수 있을 것이다. 이 효과가 갖는 의미는 무엇인가? 승자는 확실한 승자, 패자는 확실한 패자가 된다는 것이다. X상품의 가격이 올랐는데 자본가격의 상승률이 이보다 작다고 하자. 그리고 자본을 소유하고 있는 자가 X상품에 대한 소비 비중이 매우 높다고 하자. 그러면 이러한 자본소유자는 사실상 손해를 보는 것이다. 반대로 X상품의 가격이 내렸는데 자본

이 정리는 매우 중요한 의미를 담고 있다. 자유교역은 모든 생산요소들에게 혜택을 주는 것이 아니라는 것이다. 손해를 보는 생산요소도 존재한다는 것이다. 즉 자유교역의 결과 승자와 패자가 있다는 것이다. 자본풍부국에서 자유교역의 승자는 자본이며 패자는 노동이다. 반대로 노동풍부국에서 승자는 노동이고 패자는 자본이다. 우리는 이 결과를 제 3 부에서 자주 인용하게 될 것이다.

이 모델에서 유도되는 또 하나의 결과는 요소가격 균등화의 정리(factor price equalization theorem)이다. 이는 상품의 자유교역을 하면 이에 참여하는 각국에서 개개 생산요소의 가격이 같아진다는 것이다. 즉 A국과 B국에서 임금과 자본의 가격이 같아진다는 것이다.

이는 자명한 결과이다. 자급자족시에는 국가간에 국내가격이 다르다. 앞에서 초과이윤=0이라는 조건식에서 볼 수 있듯이 임금과 자본의 가격은 상품의 가격에 의해서만 결정된다. 따라서 자급자족시에는 임금과 자본의 가격이 국가마다 다르다. 그러나 자유교역을 하게 되면 오로지 세계에는 국제가격 하나만이 존재하게 되며 국가간에 가격 차이가 없어진다. 결국 양국에서 상품의 가격이 같으므로 임금과 자본의 가격도 같다.

이 정리 역시 중요한 의미를 담고 있다. 생산요소, 예컨대 자본이 국가간에 자유롭게 이동한다면 모든 국가에서 자본의 가격이 같아질 것이다. 즉 제 1 부에서 본 것처럼 일물일가의 법칙이 성립하는 것이다. 노동도 마찬가지다. 그런데 이 모델에서 자본과 노동이라는 생산요소는 국가간에 전혀 이동하지 못한다. 각 국가의 국경 내에 잡혀있는 것이다. 그러나 이러한 생산요소를 사용하여 만든 상품들이 국가간에 자유롭게 이동한다면 그 결과는 마치 생산요소들이 자유롭게 이동한 결과와 같이 나타난다는 것이다.

(2) 변동계수의 경우

지금까지는 각 상품 한 단위를 생산하는 데 쓰이는 노동과 자본의 양이 항상 고정되어 있다고 가정하였다. 그러나 보다 일반적인 경우는 이러한 노동과 자본

가격의 하락률이 이보다 작다고 하자. 그러면 이런 자본소유자는 사실상 이득을 보는 것이다. 그런데 확대효과가 의미하는 바는 이런 상황은 발생하지 않는다는 것이다. 즉 단순히 명목소득의 측면이 아니라 실질소득의 측면에서 상품가격의 변화는 확실한 승자와 패자를 낳는다는 것이다.

의 양이 임금과 자본의 가격에 따라 변하는 것이다. 즉 생산과정에서 노동과 자본을 대체할 수 있으며, 따라서 임금의 가격이 낮아진다면 좀더 노동집약적인 방법으로, 그리고 자본의 가격이 낮아진다면 보다 자본집약적인 방법으로 생산방법을 변화시킬 수 있다는 것이다. 즉 노동과 자본 투입계수는 고정변수라기보다는 임금과 자본의 가격에 따라 결정되는 변수라는 것이다.

가. 볼록한 생산가능변경

X상품의 생산을 한 단위 늘이는 경우를 생각해 보자. 이를 위해서는 추가적인 노동과 자본이 X상품의 생산에 투입되어야 할 것이다. 그런데 현재 노동과 자본이 완전고용되어 있는 상태라 하자. 그러면 이런 추가적인 노동과 자본을 얻을 수 있는 방법은 Y상품의 생산에 투입되고 있는 노동과 자본을 빼내어 오는 방법밖에 없다. 그런데 문제는 X상품 생산 산업에서 필요로 하는 노동과 자본의 비율이 Y상품 산업에서 풀리는 노동과 자본의 비율과 다르다는 것이다. X상품 산업이 자본집약적 산업이므로 자본의 초과수요, 노동의 초과공급 상황이 발생한다. 앞의 고정계수의 경우에 있어서는 이런 상황은 노동의 실업상태로 연결되었다.

그러나 투입계수가 변동하는 경우 이런 실업상황은 발생하지 않는다. 자본의 초과수요, 노동의 초과공급 상황은 자본가격의 상승, 임금의 하락으로 나타날 것이다. 그러면 생산자들은 가급적 노동을 많이 쓰고 자본을 적게 쓰는 방법으로 생산방법을 변경하고자 할 것이다. 이러한 생산방법 변경이 이루어지면 사회전체적으로 노동의 수요가 늘어나고 자본의 수요는 감소할 것이고, 궁극적으로 자본의 초과공급, 노동의 초과수요 상황은 해소될 것이다. 즉 생산요소 가격의 변화와 생산방법의 변경에 의해 완전고용상태가 계속 유지될 수 있는 것이다.

[표 4-9]에서는 X상품의 생산량에 따른 투입계수의 변화와 생산요소의 상대가격의 변화를 예로 들고 있다.

예컨대 X상품 4단위를 생산하고 있는 상황에서 X상품의 단위당 생산에 투입되는 노동력은 4인 자본은 5단위, Y상품의 단위당 생산에 투입되는 노동력은 5인 자본은 4단위이다. 그리고 이때 임금과 자본가격의 비율은 1이다. 이제 X상품 생산을 한 단위 증가시켜 보자. 그러면 앞의 논리에 의해 자본에 대한 임금의 상대가격은 하락하여 1/2이 된다고 하자. 그리고 생산방법 역시 보다 노동을 많

[표 4-9] 변동계수와 기회비용의 체증

X	1	2	3	4	5	6	7
a_{LX}	1	2	3	4	5	6	7
a_{KX}	8	7	6	5	4	3	2
a_{LY}	2	3	4	5	6	7	8
a_{KY}	7	6	5	4	3	2	1
w/r	4	3	2	1	1/2	1/3	1/4
C_X/C_Y	0.8	0.87	0.92	1	1.08	1.15	1.25

이 쓰고 자본을 적게 쓰는 방법으로 변화한다. 반대로 X상품 생산을 한 단위 줄이는 경우에는 임금의 상대가격이 상승하고 생산방법은 노동을 적게 쓰고 자본을 많이 쓰는 방법으로 변화한다. 여기서 주목할 것은 어떤 상황에서도 $a_{LX}/a_{KX} < a_{LY}/a_{KY}$ 이라는 관계가 계속 유지된다는 것이다. 즉 X상품 산업은 항상 자본집약적, Y상품 산업은 항상 노동집약적 이라는 것이다.

맨 아래 줄에서는 X상품 한 단위를 생산하는데 드는 비용과 Y상품 한 단위를 생산하는데 드는 비용의 비율을 나타내고 있다. 즉 $(a_{LX}w+a_{KX}r)/(a_{LY}w+a_{KY}r)$ 을 계산한 수치들이다. 여기서 우리가 발견하는 것은 이 비율이 일정하지 않다는 것이다. 즉 X상품의 생산량이 많을수록 이 비율이 높다는 것이다. 이는 무엇을 의미하는가?

이 비율은 X상품 1단위를 추가적으로 생산하기 위해 희생해야만 하는 Y상품의 단위를 의미한다. 예컨대 X상품 1단위를 생산하고 있을 때 그 비율은 0.8이며, X상품 1단위를 생산하는 데 드는 비용이 8원이라면 Y상품 1단위를 생산하는데 드는 비용은 10원이라는 것이다. 그러면 X상품 한 단위를 생산하는데 드는 비용으로 Y상품 0.8단위를 만들 수 있는 것이다. 바꾸어 말하면 X상품 1단위를 더 생산하기 위해서는 Y상품 0.8단위를 희생해야 한다는 것이다.

X상품의 생산을 늘릴수록 이 비율은 증대한다. 즉 X상품의 생산을 늘일수록 희생해야 하는 Y상품의 단위가 증대한다는 것이다. 우리가 앞에서 배운 기회비용이라는 개념을 이용하면 어떻게 말할 수 있겠는가? X상품의 생산을 늘릴수록 이에 따른 기회비용이 증가한다는 것이다.

[그림 4-10]은 X상품의 생산량을 추가적으로 한 단위 증가함에 따라 희생해야 하는 Y상품의 단위가 증가하는 모습을 나타내고 있다. 그림에서 A부터 G까

그림 4-10 볼록한 생산가능곡선

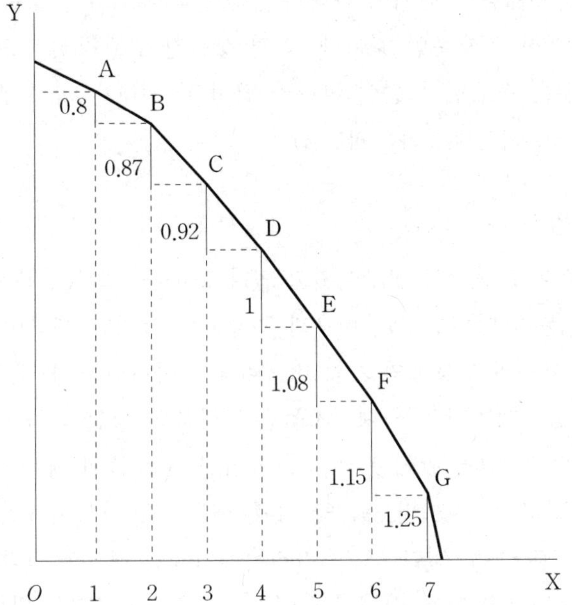

지의 점들을 부드럽게 연결하는 선을 그려보면 볼록한 모습의 곡선이 나타날 것이다. 바로 이 곡선이 생산가능변경인 것이다. 이 생산가능변경은 이 나라가 가지고 있는 모든 자원, 즉 노동과 자본을 최대한 활용하여 생산할 수 있는 X상품과 Y상품의 수량들의 다양한 조합을 나타내는 곡선이다. 이 곡선의 밖에 있는 점은 생산할 수 없는 점이다. 곡선 안에 있는 점은 생산가능하나 자원이 불완전하게 고용되어 있는 상황이다.

경제학 원론 수업을 들은 학생은 이 볼록한 생산가능곡선이 낯설지 않을 것이다. 경제학 원론에서 볼록한 생산가능곡선은 인간 사회의 가장 보편적인 모습의 생산가능곡선이라 배웠을 것이다. 그리고 이러한 모습의 생산가능곡선의 배후에는 기회비용체증의 법칙이라는 것이 숨어있음을 배웠을 것이다.

본 모델에서 기회비용체증의 법칙이 나타나는 이유는 무엇인가? 생산요소가격의 변화가 각 상품의 생산비용에 미치는 영향이 다르기 때문이다. 임금이 올라가면 노동집약적 상품의 생산비용이 자본집약적 상품의 생산비용보다 높게 상승할 것이다. 따라서 임금이 오를수록 노동집약적 상품 한 단위를 추가적으로 얻기 위해서는 더 많은 단위의 자본집약적 상품을 희생해야 하는 것이다. 결국 본 모델에서 기회비용체증의 법칙이 나타나는 근본적인 이유는 상품간의 요소 집약도의 차이가 존재하기 때문인 것이다. 만일 상품간에 요소집약도의 차이가 없으면 생산가능곡선은 볼록한 모습이 아니라 직선으로 (리카르도 모델의 경우처럼) 나타날 것이다(스스로 확인해 보기를 바란다).

나. 생산균형

지금 생산점이 D점에서 이루어지고 있다고 하자. 즉 X상품을 4단위 생산하고 있으며, X상품의 단위당 생산비용과 Y상품의 단위당 생산비용이 같은 상태이다. 그런데 X상품과 Y상품의 가격 비율이 1이 아니라고 하자. 만일 $P_X/P_Y>1$ 이면 어떻게 되겠는가? 당연히 생산자들은 Y상품의 생산을 줄이고 X상품의 생산을 늘리려고 할 것이다. 반대로 $P_X/P_Y<1$이면, X상품의 생산을 줄이고 Y상품의 생산을 늘리려고 할 것이다. 즉 양 상품간의 가격 비율이 1이 아니면 D라고 하는 생산점은 나타날 수 없다. 오직 가격비율이 1인 경우에 D라는 생산점이 나타날 수 있다. 여러분은 다른 점에서도 이런 실험을 해 보기를 바란다. 그러면 여러분은 다음과 같은 사실을 발견하게 될 것이다. 어떤 생산점이 실제 나타나기 위해서는 이에 대응하는 유일한 상품가격 비율이 존재한다. 다시 말해서 상품가격의 비율이 주어지면 이에 대응하는 유일한 생산점이 존재한다. 이 점을 생산균형점이라 부른다.

그림 4-11 생산균형

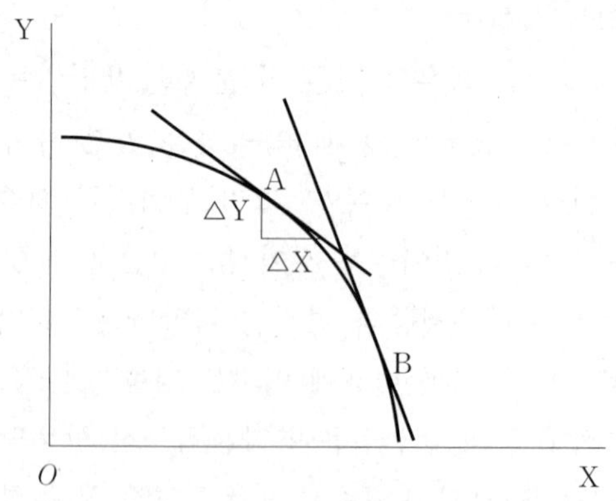

생산가능곡선이 주어져 있고 상품의 가격비율이 주어지면 생산가능곡선상에서 생산균형점을 쉽게 찾을 수 있다. 생산가능곡선상의 각 점에서 이에 접하는 접선이 존재할 것이다. 그리고 이러한 접선의 기울기는 각 점마다 전부 다를 것이다. 이 중 기울기가 가격비율과 같아지는 점이 바로 생산균형점이 된다. [그림 4-11]에서 A라고 하는 점을 보자. 점 A에서 X상품의 생산을 조금(△X 만큼) 늘려보자. 그러기 위해서는 Y상품의 생산을 역시 조금(△Y 만큼) 줄여야 할 것이다. A점에서 접선의 기울기(절대치)는 △Y/△X일 것이다. 만일 $P_X/P_Y \neq \triangle Y/\triangle X$면 앞에서 언급한대로 A점은 균형점이 되지 못한다. A점이 균형점이 되기 위해서는 반드시 $P_X/P_Y = \triangle Y/\triangle X$라는 조건이 만족되어야 하는 것이다.

X상품의 가격이 더 높아지면 어떻게 되겠는가? A라고 하는 점은 더 이상 생산균형점이 되지 못할 것이다. 새로운 균형점은 예컨대 B와 같은 점이 될 것이다. 당연히 X상품을 더 많이 생산하고 Y상품을 더 적게 생산하는 점이 이 가격에 대응하는 생산점으로 나타나는 것이다.

다. 국가간 생산가능곡선의 차이

A국은 자본풍부국, B국은 노동풍부국이라고 했다. 그러면 이러한 국가간 부존량의 차이가 본 모델에서 어떤 차이로 나타날 것인가? 고정계수의 경우 유일한 차이점은 생산가능영역의 차이로 나타난다고 했다. 변동계수의 경우에도 마찬가지이다.

이를 다음과 같이 설명해 보자. A국의 생산가능곡선이 [그림 4-12]와 같이 주어져 있다고 하자. B국도 처음에는 A국과 부존량이 완벽하게 동일했다. 즉 처음에는 A국의 생산가능곡선과 똑같은 생산가능곡선을 갖고 있었다. 그런데 어느날 인구가 증가하였다. 그러면 B국의 생산가능곡선은 어떻게 바뀔 것인가? 모든 자원을 노동집약적 상품인 Y상품의 생산에만 쓴다고 하자. 그러면 처음에는 oa만큼의 Y상품을 생산했을 것이다. a라고 하는 생산점은 어떤 상태인가? 임금이 매우 높고 따라서 최대한 노동을 적게 쓰는 방향으로 생산이 이루어지고 있는 상태이다. 그런데 이제 잉여의 노동력이 생겨났다. 따라서 임금이 하락할 것이고, Y상품의 생산은 보다 노동집약적인 방법으로 생산방법의 전환이 쉽게 이루어질 것이다. 그리고 Y상품의 총생산량은 증가할 것이다.

반대로 모든 자원을 자본집약적 상품인 X상품의 생산에만 쓰고 있다고 하

그림 4-12 요소 부존량과 생산가능곡선

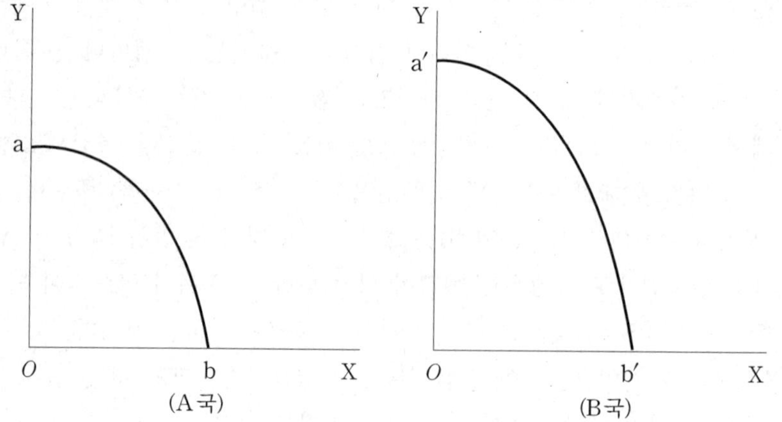

자. 그러면 처음에는 ob만큼의 X상품을 생산했을 것이다. b라고 하는 생산점은 자본의 가격이 매우 높아서 최대한 노동을 많이 쓰는 방법으로 생산이 이루어지고 있는 상태이다. 이 경우 잉여노동력의 발생은 생산자에게 별로 반가운 사실이 아닐 것이다. 임금은 하락할 것이고 따라서 보다 노동집약적인 방법으로 X상품의 생산방법이 변화할 것이다. 그러나 자본의 투입을 거의 최소화하고 있는 상태에서 자본 투입량의 축소 규모는 매우 적을 것이다. 즉 자본 한단위와 결합하는 노동력의 양이 큰 폭으로 증가할 것이다. X상품의 총생산량은 증가는 하겠지만 그 증가 규모는 매우 미미할 것이다.

요컨대 인구가 증가한 상황에서 B국의 생산가능곡선은 그 옆의 그림과 같이 변화할 것이다. 이제 B국은 노동풍부국이, 그리고 A국은 자본풍부국이 되었다. 그리고 양국의 생산가능곡선은 더 이상 일치하지 않는다. 노동풍부국인 B국의 생산가능곡선은 A국의 생산가능곡선에 비해 길쭉한 모습으로 나타나는 것이다. 즉 노동풍부국일수록 높이가 커지는 방향으로, 그리고 자본풍부국일수록 길이가 커지는 방향으로 생산가능곡선의 모습이 나타나는 것이다(이는 Y상품이 노동집약적, X상품이 자본집약적 상품이기 때문이다).

라. 국내가격과 국제가격의 결정

자본풍부국인 A국, 노동풍부국인 B국의 생산가능곡선이 [그림 4-13]에서

그림 4-13 각국의 상대공급량

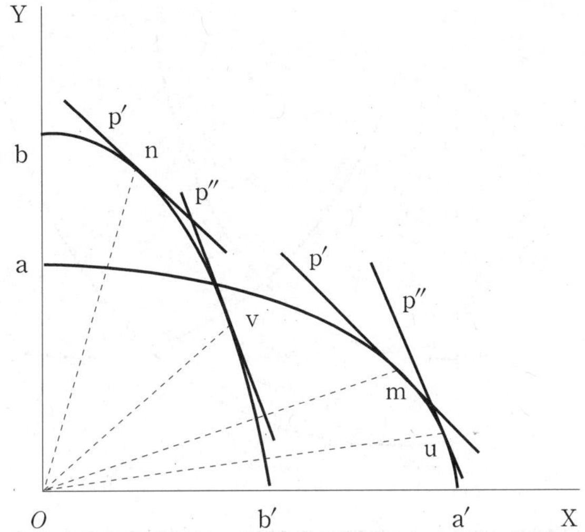

aa′과 bb′로 각각 주어져 있다고 하자. 지금 각국에서 가격(P_X/P_Y)이 p′로 같다고 하자. 그러면 A국에서 생산균형점은 m, B국에서의 생산균형점은 n이 될 것이다. m점에서 A국의 X상품생산량/Y상품생산량과 n점에서 B국의 X상품생산량/Y상품생산량을 비교하면 전자가 큼을 알 수 있다. 가격이 p″로 양국에 동일하게 주어진 경우는 어떠한가? 이때 각국의 생산균형점은 u와 v가 될 것이고 역시 A국에서 X상품의 상대적 생산량이 B국보다 클 것이다. 여러분은 여타 가격에서도 이 관계가 항상 성립함을 볼 수 있을 것이다.

[그림 4-14]에서는 각국의 공급곡선(즉 각 가격과 이에 대응하는 X상품의 상대적 공급량간의 관계)을 그려 놓고 있다. A국의 공급곡선은 S_A, B국의 공급곡선은 S_B로 그려져 있다. 즉 동일한 가격 수준에서 A국의 X상품 상대적 공급량이 B국보다 크다. 한편 고정계수의 경우와 마찬가지로 각국의 수요곡선(즉, 각 가격과 이에 대응하는 X상품의 상대적 수요량간의 관계)은 동일하게 D라는 그래프로 그려져 있다. 그러면 자급자족시 각국에서의 가격은 얼마인가? A국에서는 p_a, B국에서는 p_b가 국내가격이 될 것이다. 즉 자급자족시 자본풍부국인 A국에서 자본집약적 상품인 X상품의 상대가격이 낮다. 반대로 노동풍부국인 B국에서 노동집약적 상품인 Y상품의 상대가격이 낮다.

그림 4-14 국내가격과 국제가격의 결정

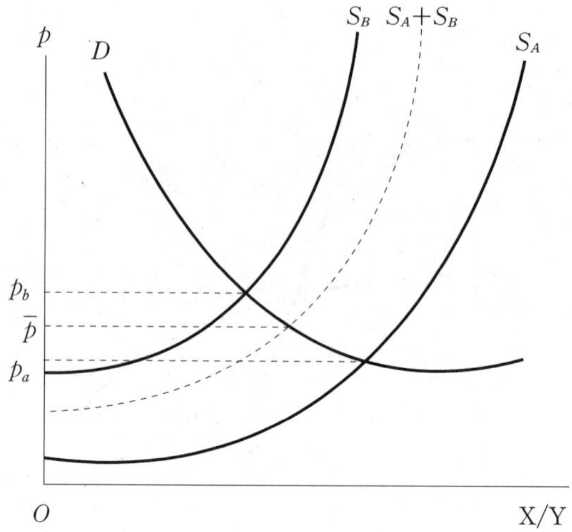

이제 양국이 자유롭게 교역하면 어떻게 되겠는가? 세계시장에서 X상품의 공급곡선은 각국의 공급곡선 사이에 위치할 것이다. 수요곡선은 각국의 수요곡선과 동일한 모습을 가질 것이다.[5] 즉 X상품의 국제가격은 자급자족시 각국의 국내가격의 사이에 위치하게 된다. 이러한 국제가격 수준에서 A국에서는 X상품의 초과공급이, B국에서는 초과수요가 나타나게 된다. A국에서 초과공급된 양은 B국에 수출되어 B국의 초과수요된 양을 메워 주게 된다.

고정계수의 경우와 결과는 동일하다. 자본풍부국인 A국은 자본집약적 상품 X를 수출하고, 노동풍부국인 B국은 노동집약적 상품인 Y를 수출한다. 우리는 이를 헥셔-오린의 정리라고 부른다고 언급한 바 있다.

마. 무역의 이익

양국간 교역의 이익은 역시 소비가능영역의 확대로 나타난다. 이 점을 좀더 자세히 살펴보도록 하자. [그림 4-15]에서 p_a는 자급자족시 A국에서 X상품의 상대가격으로 점 a는 자급자족시 생산점이자 소비점이다. 자유교역을 하게 되면

5) p라는 가격에서 A국의 X상품의 상대적 공급량이 x/y, B국의 상대적 공급량이 x′/y′이고 x/y>x′/y′라고 하자. 그러면 (x+x′)/(y+y′)은 x′/y′와 x/y 사이에 있다(각자 증명해 보시오). A국에서 X상품의 상대적 수요량이 a/b, B국의 상대적 수요량이 a′/b′이고 a/b=a′/b′라 하자. 그러면 (a+a′)/(b+b′)=a/b=a′/b′이다.

그림 4-15 자유교역의 이익

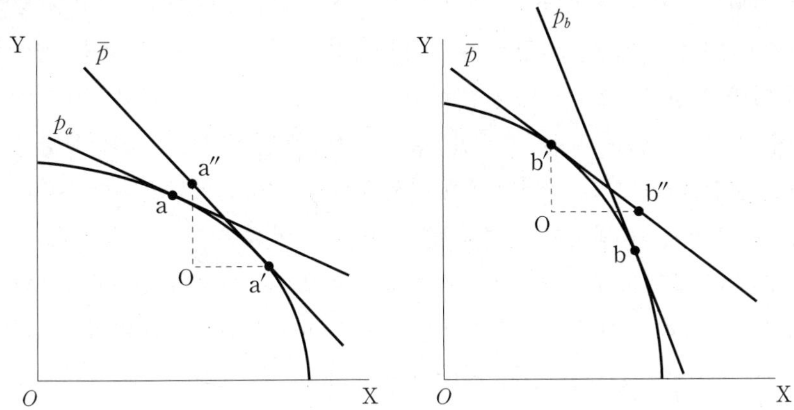

국제가격은 $\bar{p}$가 되고 A국의 생산점은 a′으로 이동하게 된다. 즉 자유교역의 결과 A국에서 X상품의 가격은 상승하고 Y상품의 가격은 하락하며, 이에 따라 X상품의 생산은 증대하고 Y상품의 생산은 축소된다. 다시 말해서 자본풍부국인 A국에서 자본집약적 상품의 생산은 증대하고 노동집약적 상품의 생산은 축소되는 것이다.

자유교역시 A국의 소비점은 점 a″으로 표시되어 있다. A국은 oa′ 만큼의 X상품을 수출하고 그 대가로 oa″ 만큼의 Y상품을 수입함으로써 점 a″의 소비가 가능해진 것이다. 점 a″는 자급자족시에는 절대로 소비할 수 없는 점이었다. 그러나 교역의 결과 이런 점에서의 소비가 가능해 진 것이다. B국의 경우도 자유교역으로 인한 변화를 마찬가지로 설명할 수 있을 것이다.

고정계수의 경우와 비교하여 한 가지 중요한 차이점이 있다. 고정계수의 경우에는 자유교역의 결과로 인한 생산점의 변동이 없었다. 즉 각국의 생산량이 변화하지 않았으며 따라서 세계전체의 생산량도 변화하지 않았다. 그럼에도 불구하고 교역의 이익은 존재했다. 자급자족시에는 비싸서 소비를 적게 할 수밖에 없었던 상품의 가격이 떨어졌고, 이로 인해 이런 상품을 더 많이 소비할 수 있는 이득을 얻었던 것이다. 변동계수의 경우에는 이런 이득—즉 순수한 소비측면에서의 이득—외에도 각국에서 생산점의 변동으로 인한 세계전체의 생산량 증대의 효과가 나타난다.

자유교역의 결과 세계전체의 생산량이 증대하는 것은 각국이 상대방 국가보다 기회비용이 낮은 상품의 생산을 각각 확대하는 방향으로 생산점 변동이 이루어지기 때문이다. A, B 양국이 자급자족상태, 즉 각각 a와 b라는 생산점의 상태에 있다고 하자. A국에서 X상품 생산을 한 단위 증가시키고 B국에서 X상품 생산을 한 단위 줄여보자. 그러면 A, B 양국에서 Y상품의 총생산량은 어떻게 변화할 것인가? 증가할 것이다 A국에서 Y상품의 생산이 △Y만큼 줄어든다면 B국에서는 Y상품의 생산이 이보다 큰 폭으로 늘어날 것이기 때문이다(a, b점에서 접선의 기울기를 비교해 보라). 마찬가지로 B국에서 Y상품의 생산을 한 단위 증가시키고 A국에서 Y상품의 생산을 한 단위 줄이는 경우, A, B 양국에서 생산되는 X상품의 총량은 증가한다. 즉 자급자족 상태의 생산점인 a, b에서 자유교역 상태의 생산점인 a′, b′으로의 이동은 각국이 상대국에 비해 기회비용이 낮은 상품의 생산을 계속 확대해 가는 방향으로의 변화인 것이다. 그리고 그 결과 세계전체적으로 두 상품의 생산량은 모두 증대하게 된 것이다.

바. 자유교역의 승자와 패자

고정계수의 경우에서 언급했던 생산요소가격 균등화 정리와 스톨퍼-사무엘슨 정리는 변동계수의 경우에도 성립하는 정리이다. 보다 정확히 언급하면 변동계수의 경우를 상정하는 일반적인 모델에서 유도되는 정리들이다.

생산요소의 측면에서 자유교역의 승자는 각국의 풍부한 자원에 해당하는 생산요소이다. 즉 자본풍부국에서는 자본이, 노동풍부국에서는 노동이 자유교역으로 인해 실질소득의 증가라는 혜택을 보는 승자가 되며, 반면 자본풍부국에서는 노동이, 노동풍부국에서는 자본이 실질소득의 감소를 겪는 패자가 된다.

산업의 측면에서 자유교역의 승자는 각국의 풍부한 자원에 해당하는 생산요소를 집약적으로 사용하는 산업이다. 이러한 산업은 자유교역의 결과 팽창하는 반면 다른 생산요소를 집약적으로 사용하는 산업은 축소된다. 자유교역은 이러한 산업간 구조조정을 수반한다. [그림 4-15]의 A국에서 a라고 하는 점에서 a′라고 하는 점으로의 이동, B국에서 b라고 하는 점에서 b′라고 하는 점으로의 이동은 바로 산업간 구조조정의 결과로 이루어지는 것이다. 그리고 각국에서 이러한 구조조정의 결과로 교역의 혜택이 나타나는 것이다.

자유교역으로 인한 산업의 구조조정이 원활하고 신속하게 이루어지고 있는 것으로 모델에서는 암묵적으로 가정하고 있다. 그러나 이러한 구조조정은 사실 상당한 시간이 걸리고 상당한 고통이 수반되는 과정이라고도 볼 수 있다. 비교우위가 없는 산업에 고용되어 있는 노동력은 일시적으로 실업의 상태에 처할 수 있으며, 비교우위가 있는 산업으로 재취업하기 위한 교육이 필요할 수도 있다. 또한 각 산업의 지역적 입지가 다를 경우 지역경제의 위축 등 부작용이 발생할 수도 있다. 그러나 이러한 구조조정은 자유교역으로 인한 장기적인 혜택을 누리기 위해 일시적으로 부담해야 하는 비용이라 할 수 있는 것이다.

앞절에서 본 리카르도의 모델과 비교하면 이러한 구조조정의 비용은 본 모델에서 상대적으로 적다고도 볼 수 있다. 리카르도 모델의 경우 자유교역은 산업의 완전특화를 초래한다. 비교우위가 없는 산업은 완전히 사라진다. 반면 본 모델에서는 자유교역이 완전특화를 초래하지 않는다. 비교우위가 없는 산업이 위축되기는 하지만 완전히 사라지지는 않는다. 이러한 차이점은 바로 생산가능곡선이 직선이 아니라 볼록한 모양을 갖는 데서 비롯되는 것이다.

사. 정 리

여러분은 헥셔-오린 모델이 상당히 복잡하고 난해한 모델이라는 생각을 갖고 있을지 모른다. 본서에서도 이 모델의 완벽한 전개를 설명하지 않았음에도 상당한 분량이 소요되었다. 그러나 사실 그 핵심적인 내용은 매우 단순하다. 다수의 자원을 갖고 있고 각 자원들을 결합하여 다수의 물건을 만들 때, 그리고 각각의 물건을 만드는 각 자원들의 결합방식이 다를 때, 자원을 최대한 활용하여 만들어낼 수 있는 물건들의 조합은 각 자원의 양에 따라 다르다는 것이다. 따라서 각 자원의 양이 다른 국가간에 교환의 여지가 생기는 것이다.

수학을 잘하는 사람에게 본 모델에 관한 기본적인 정보—각 자원의 부존량, 각 물건의 생산을 위한 자원의 결합비율, 각 물건의 가치(가격) 등—를 주면, 최대한의 가치를 창출하기 위해서 각 물건들을 얼마 만큼씩 만들어야 할 것인가 하는 문제를 풀 수 있을 것이다. 그러나 우리는 이 모델의 전개에서 이러한 문제를 직접적으로 풀지는 않았다. 그냥 모든 것이 시장에서 자연스럽게 이루어지는 상황을 상정했을 뿐이다. 그러나 그 결과는 결국 이러한 문제를 직접 푸는 것과 하등의 차이가 없는 것이다.

요컨대 리카르도 모델의 경우도 그랬지만 여러분은 이 복잡한 내용이 어떻게 현실적으로 나타날 것인가를 전혀 걱정할 필요가 없다는 것이다. 모든 것은 시장에 맡겨두면 자동적으로 다 해결해 주는 것이다. 자급자족의 경우에는 국내시장이 모든 것을 다 해결해 준다. 국가간 교역시에는 각국의 국내시장을 통합한 세계시장이 모든 것을 다 해결해 준다. 시장의 핵심은 가격이다. 다시 말해 가격이 모든 것을 다 해결해 주는 마술사와 같은 존재인 것이다. 마술사가 제대로 활동하도록 여건만 마련해 주면 그는 모든 국가에 혜택을 주는 결과를 풀어내는 것이다.

시험공부 하는 법

내일 영어와 수학 두 과목 시험을 본다고 하자. 그리고 오늘 여러분에게 주어진 시험공부 시간이 10시간이라고 하자. 여러분은 어떻게 공부해야 할 것인가? 여러 가지 방법이 있을 것이다. 10시간을 모두 영어 공부만 하는 방법, 반대로 10시간을 모두 수학 공부만 하는 방법, 5시간은 영어 공부 5시간은 수학 공부 하는 방법 등등.

10시간을 모두 영어 공부에 투입하면 영어 시험에서는 100점을 맞지만 수학 시험에서는 0점을 맞을 것으로 예상한다고 하자. 영어 공부에 투입했던 10시간 중 한 시간을 빼내서 대신 수학 공부하면 영어와 수학 각각 몇 점씩 맞을까? 아마 영어 점수는 조금 깍이고 수학 점수는 꽤 올라갈 것이다. 시험문제의 난이도가 다르기 때문에. 즉 영어, 수학 시험 모두 아주 쉬운 문

	영 어	수 학	합
영10, 수 0	100	0	100
영 9, 수 1	98 (−2)	20 (+20)	118 (+18)
영 8, 수 2	94 (−4)	34 (+14)	128 (+10)
영 7, 수 3	88 (−6)	47 (+13)	135 (+7)
영 6, 수 4	80 (−8)	59 (+12)	139 (+4)
영 5, 수 5	70 (−10)	70 (+11)	140 (+1)
영 4, 수 6	59 (−11)	80 (+10)	139 (−1)
영 3, 수 7	47 (−12)	88 (+8)	135 (−4)
영 2, 수 8	34 (−13)	94 (+6)	128 (−7)
영 1, 수 9	20 (−14)	98 (+4)	118 (−10)
영 0, 수 10	0 (−20)	100 (+2)	100 (−18)

제에서 아주 어려운 문제까지 난이도가 다른 문제들로 구성되어 있다고 하자(그런데 난이도에 상관없이 각 문제의 배점은 같다고 하자). 그러면 조금만 공부하면 아주 쉬운 문제들은 맞출 수 있을 것이다. 그러나 아주 어려운 문제를 맞추기 위해서는 상당한 시간의 공부가 필요할 것이다. 그래서 영어에 9시간, 수학에 1시간 투입하면 영어는 98점, 수학은 20점을 맞을 것으로 예상한다고 하자. 영어 공부시간에서 한 시간을 더 빼내서 수학 공부를 하면 어떻게 될 것인가? 영어 점수의 감소 정도는 늘어나고 수학 점수의 증가폭은 줄어들 것이다. 즉 영어에 8시간, 수학에 2시간 투입하면 영어 94점, 수학 34점이 예상된다고 하자.

앞의 표는 여러분의 성적 가능 조합들을 보여 주고 있다. 그러면 여러분은 어떤 식으로 공부할 것인가? 여러분의 목표가 총점을 극대화하는 것이라고 하자. 그러면 당연히 영어 5시간, 수학 5시간 공부하는 방법을 택할 것이다. 영어 6시간, 수학 4시간 공부하는 것은 적절한 선택이 아니다. 왜냐하면 영어 공부 한시간 줄이면 영어 점수는 10점 내려가지만, 수학 공부 한시간 더하면 수학 점수는 11점 올라가니까. 반대로 영어 4시간, 수학 6시간 공부하는 것도 역시 적절한 선택이 아님을 알 수 있다. 즉 유일한 적절한 선택은 영어 5시간, 수학 5시간 공부하는 것이다.

앞의 표를 그림으로 그려보라. 횡축을 수학 점수, 종축을 영어 점수로 해서. 어떤 모양이 나타나는가? 우리가 본문에서 보았던 것과 같은 볼록한 모양의 그림이 나타날 것이다. 이 그림의 명칭은? 성적가능곡선. 그러면 이렇게 볼록한 모양의 성적가능곡선이 나타나는 이유는 무엇인가? 바로 시험문제의 난이도가 다르기 때문이다. 만일 시험에서 모든 문제의 난이도가 똑같다면 성적가능곡선은 곡선이 아니라 직선으로 나타날 것이다. 마치 앞절에서 본 리카르도 모형에서의 생산가능곡선처럼. 시험문제의 난이도가 다름으로 인해 어떤 현상이 나타나고 있는 것인가? 바로 기회비용이 증가하는 현상이 나타나고 있는 것이다. 수학을 전혀 공부하지 않고 있는 상황에서 수학 공부 한 시간을 하게 되면 기회비용은 얼마인가? 영어 점수 2점이다. 수학 공부를 한 시간 더하면 이때의 기회비용은? 영어 점수 4점이다. 수학 공부를 한 시간 더하면? 이때의 기회비용은 영어 점수 6점이다. 영어 2시간, 수학 8시간 공부하고 있는 상태에서 수학 공부를 한 시간 더하면? 이때 수학 공부 한 시간의 기회비용은 영어 점수 14점인 것이다. 반대로 영어 공부를 전혀 하지 않는 상태에서 시작해도 마찬가지임을 알 수 있을 것이다. 즉 기회비용이 체증하는 상황이기 때문에 볼록한 모양의 성적가능곡선이 나타나고 있는 것이다.

본문에서 볼록한 생산가능곡선하에서 생산균형은 생산가능곡선의 접선의 기울기가 두 상품간의 가격비율과 같아지는 점이라고 했다. 그러면 성적가능곡선에서 이러한 균형점, 즉 가장 적절한 선택의 점은 어디인가? 성적가능곡선의 접선의 기울기(절대치)가 1인점이다. 왜? 영어와 수학 점수의 가격비율은 1이기 때문이다. 영어 점수 10점이나 수학 점수 10점이나 총점에 기여하는 정도는 똑같다. 즉 총점의 극대화가 목표인 경우 영어와 수학의 상대가격은 1인 것이다. 다시 말해서 총점이 기준인 경우 영어 공부 한 시간 덜해서 손해보는 점수와 대신 수학 공부 한 시간 더해서 추가되는 점수가 같아지는 점이 적절한 선택의 점이 되는 것이다. 이러한 성격을 갖는 점이 영어 5시간, 수학 5시간 공부하는 점인 것이다(시간을 분, 초 단위로 더 잘게 쪼갤 수 있다면 보다 정확한 공부점을 구할 수 있을 것이다).

세상에 이런식으로 계산해서 공부하는 멍청한 인간이 누가 있겠는가 하고 물어볼지도 모른다. 이런식으로 표를 만들고 그림을 그려서 공부하는 방법을 찾는 사람은 물론 없을 것이다. 그러나 여러분이 이미 시험 공부할 때 이러한 논리를 머릿속에 그리면서 공부해왔던 것이다. 경제학은 인간의 행동을 논리적으로 분석하는 학문인 것이다.

(연습문제) 1. 만일 수학 점수에 영어 점수의 2배의 가중치를 부여하는 시험이라면 어떤 공부 방법이 적절한 방법이 될까?

2. 더 어려운 문제! 각 문제의 난이도에 따라 배점이 달라지면 어떻게 될까? 예컨대 아주 어려운 문제에는 10점, 아주 쉬운 문제에는 1점식으로.

4. 보호무역의 비용

(1) 자유무역과 보호무역

우리는 앞절들에서 자급자족과 자유교역의 상태를 비교하여 자유교역이 더 큰 후생을 가져다 준다는 사실을 보았다. 본절에서는 외국상품의 국내진입을 억제하기 위해 정부가 어떤 규제조치를 취하는 경우, 이런 규제조치는 어떤 효과를 발생하는지에 대해 살펴보도록 한다.

앞절에서 우리가 모델을 전개할 때 정부란 용어는 등장하지 않았다. 즉 각국 정부가 전혀 개입하지 않고 자유롭게 국가간의 교역이 이루어지는 상황을 상정하였다. 이와 같이 정부가 국가간의 교역에 간여하지 않고 자유롭게 방임하는 것을 자유교역이라 한다. 이에 반해 자국의 특정산업을 보호하기 위해 정부가 국가간의 교역에 개입하는 것을 보호무역이라 한다. 여기서 특정산업이란 비교우위가 없어 그대로 방치하면 비교우위가 있는 외국으로부터 수입에 의해 국내시장을 침식당하는 산업이라 할 수 있다. 우리가 흔히 수입경쟁산업이라 부르는 산업이다.

정부가 어떤 목적으로든 국내의 수입경쟁산업을 보호하기 위해서는 수입품의 국내진입을 억제해야 한다. 이를 위해 사용될 수 있는 가장 대표적인 수단은 관세와 수입할당이라 할 수 있다. 관세(Tariff)란 외국의 상품이 국내에 진입하는 순간, 즉 국경에서 부과하는 세금을 말한다. 상품의 이동에서 국경은 바로 세관이라 할 수 있으며, 관세는 세관을 통과할 때 부과된다. 따라서 관세는 외국의 상품이 국내 시장에서 팔리는 가격을 비싸게 함으로써 잘 안팔리도록 하는 효과를 겨냥하다. 반면 수입할당(Import Quota)이란 특정 상품의 수입에 대해 일정량 이상의 수입을 허가하지 않는 수량제한을 말한다. 즉 아예 수입량을 한정해 버리는 것이다.

이밖에도 수입을 억제하는 방법은 여러 가지 있다. 외국상품의 통관절차를 어렵게 만들고 각종 부과금을 부여한다든지, 상품의 표준을 까다롭게 해서 외국상품이 들어오기 어렵게 만든다든지, 더 나아가 심지어 외국상품에 대한 부정적 인식을 국민들에게 홍보한다든지 하는 것도 넓게 보면 보호무역의 수단이라 할 수 있을 것이다. 제1부에서 이런 것들—즉 관세 이외의 모든 직간접적 교역장벽—을 비관세 장벽이라 부른다고 했다.

본장에서는 가장 대표적이고 고전적인 보호무역의 수단이라 할 수 있는 관세와 쿼터의 효과에 대해 살펴보도록 한다. 이에 앞서 이러한 보호무역의 효과 분석을 위해 사용되는 중요한 도구인 소비자잉여와 생산자잉여의 개념부터 살펴보도록 하자.

(2) 소비자잉여와 생산자잉여

여러분은 혹시 이런 의문점을 가져본 적이 있는가? 상품의 수요곡선과 공급곡선을 그릴 때 왜 X축을 물량, Y축을 가격으로 놓고 그리는가? 우리는 보통 수요곡선을 이해하기를 가격이 오르면 그 상품의 수요량이 줄고 가격이 내리면 수요량이 느는 관계로 이해하고 있다. 즉 수학적으로 말하면 가격이 독립변수고 수요량이 종속변수로 보통 이해하고 있다. 공급곡선도 마찬가지다. 수학에서는 보통 독립변수를 X축에, 그리고 종속변수를 Y축에 표시한다. 그렇다면 경제학에서는 가격을 X축에 놓지않고 왜 Y축에 놓는가?

그 이유는 수요곡선이 나오게 된 배경을 설명하면 이해가 갈 것이다. 지금 여러분이 상당히 배가 고픈 상태로, 가게에 가서 초코파이를 사먹는다고 하자. 그런데 초코파이의 가격을 모른다고 하자. 여러분은 초코파이 한 개를 사면서 머릿속에 이런 생각을 할 것이다. 초코파이 가격이 얼마면 내가 이를 살것인가? 다시말해서 이 초코파이 한 개에 내가 지불할 수 있는 최대의 가격은 얼마인가? 바로 이 최대의 가격은 여러분이 초코파이 한 개를 먹음으로써 느끼는 만족감을 금전적으로 표시한 것이라 할 수 있을 것이다. 예컨대 그 만족감이 만원이라면(여러분은 지금 상당히 배가 고픈상태이므로 만족감이 상당히 클 것이다) 여러분이 지불하고자 하는 최고의 가격도 역시 만원일 것이다.

초코파이 한 개를 먹고 나서 한 개 더 사먹으려고 한다. 두 번째 단위의 초코파이를 주문할 때 여러분이 지불하고자 하는 최고의 가격, 즉 두 번째 단위의 초코파이를 먹음으로써 느끼는 만족감은 얼마일 것인가? 아마 만원보다 작을 것이다(왜냐하면 이제 배가 좀 덜 고플 것이기 때문에). 두 번째 단위의 초코파이를 살 때 지불하고자 하는 최고 가격이 예컨대 8천원이라 하자.

그림 4-16 소비자잉여

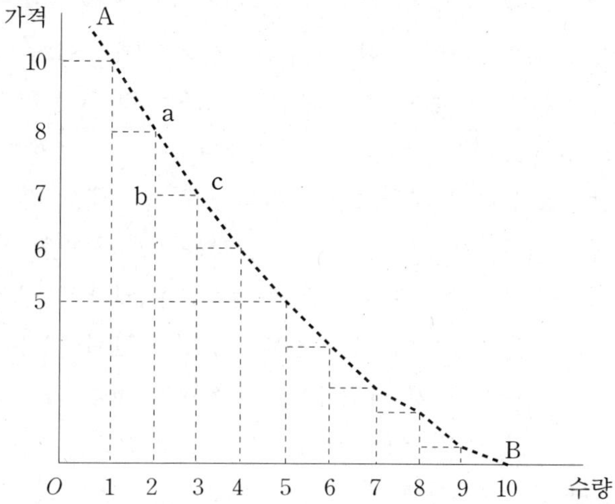

세 번째 단위의 초코파이를 살 때는 어떨 것인가? 지불하고자 하는 최고가격은 더 낮아질 것이다. 즉 초코파이의 추가적 소비에 지불하고자 하는 금액은 갈수록 줄어들 것이다.[6] 그리고 언젠가는—예컨대 10단위째라 하자—공짜로 주어도 먹기 싫은 경우가 나타날 수도 있을 것이다.

[그림 4-16]에서는 각 소비단위마다 여러분이 지불하고자 하는 최고가격을 그려 놓고 있다. 자 이제 초코파이의 가격이 5천원으로 고정되어 있다고 하자. 그러면 여러분은 초코파이를 몇 개 살 것인가? 다섯 개를 살 것이다. 네 번째 단위의 초코파이를 살 경우 여러분이 그 단위째의 소비에서 느끼는 만족감, 즉 지불하고자 하는 최고가격이 5천원을 초과하므로 네 번째 단위의 소비를 할 것이다. 그러나 여섯 번째 단위의 경우 그 단위째의 소비에서 느끼는 만족감이 5천원에 미달하므로 소비하려 하지 않을 것이다. 결국 그 단위째의 만족감과 가격이 같아지는 다섯 번째 단위까지 소비를 하게 될 것이다. 만일 가격이 7천원이면 어떻게 되겠는가? 세 번째 단위까지 소비하고자 할 것이다.

각 단위의 소비에 대해 지불하고자 하는 최고가격을 연결한 선을 그려 보자. 그 선은 무엇인가? 바로 여러분의 초코파이 수요곡선이다. 즉 가격이 얼마일 때

6) 추가적으로 소비하면 할수록 이로 인해 느끼는 만족감은 줄어든다는 인간의 심리를 한계효용 체감의 법칙이라 한다.

초코파이를 몇 개 소비할 것인가를 보여 주는 관계인 것이다.

소비자가 상품을 구입할 때 상품 각 단위에 대하여 지불해도 좋다고 생각하는 최고가격을 수요가격이라 한다. 수요곡선은 원래 수요물량에 따라 수요가격이 어떻게 변하는 가를 보여 주는 관계로 도출된 것이다. 따라서 원래는 가격이 독립변수가 아니라 물량이 독립변수인 것이다.

다시 앞으로 돌아가 지금 초코파이의 가격이 5천원이라 하자. 그러면 여러분은 5단위를 구입할 것이고 총 지불한 금액은 2만5천원일 것이다. 그러면 여러분이 다섯 단위를 소비함으로써 느낀 총 만족감은 얼마인가? 첫번째 단위의 소비에서는 만원, 두 번째 단위에서는 8천원, 세 번째 단위에서는 7천원, 네 번째 단위에서는 6천원, 다섯 번째 단위에서는 5천원으로 총 3만6천원이다. 여러분이 얻은 총 만족감에서 총 지불한 금액을 빼면 만2천원이 나온다. 이를 여러분이 소비자로서 얻은 잉여라 부른다.

소비자잉여는 수요곡선과 가격선 사이에서 만들어지는 삼각형의 면적을 말한다([그림 4-16]에서 소비 각 단위를 매우 작게 분할하고 각 단위에서의 만족감들을 연결하는 선을 그리면 삼각형 abc와 같은 부분은 거의 없어질 것이다). 따라서 수요곡선이 일정하게 주어져 있을 때 가격이 낮을수록 소비자잉여는 커지는 것이다.

사회전체의 수요곡선은 각 개인의 수요곡선을 횡적으로 합하면 얻어질 수 있다. A와 B 두 사람만 있는 사회를 생각해 보자. [그림 4-17]에서처럼 A와 B의 수요곡선이 주어져 있다고 하자. 그러면 이 사회의 수요곡선은 A와 B의 수요곡선을 횡적으로 합한 mnk와 같은 모습이 될 것이다. 지금 가격이 p‴라고 하자. 그러면 A의 수요물량은 a, B의 수요물량은 b이고 사회전체의 수요물량은

그림 4-17 사회수요곡선과 소비자잉여

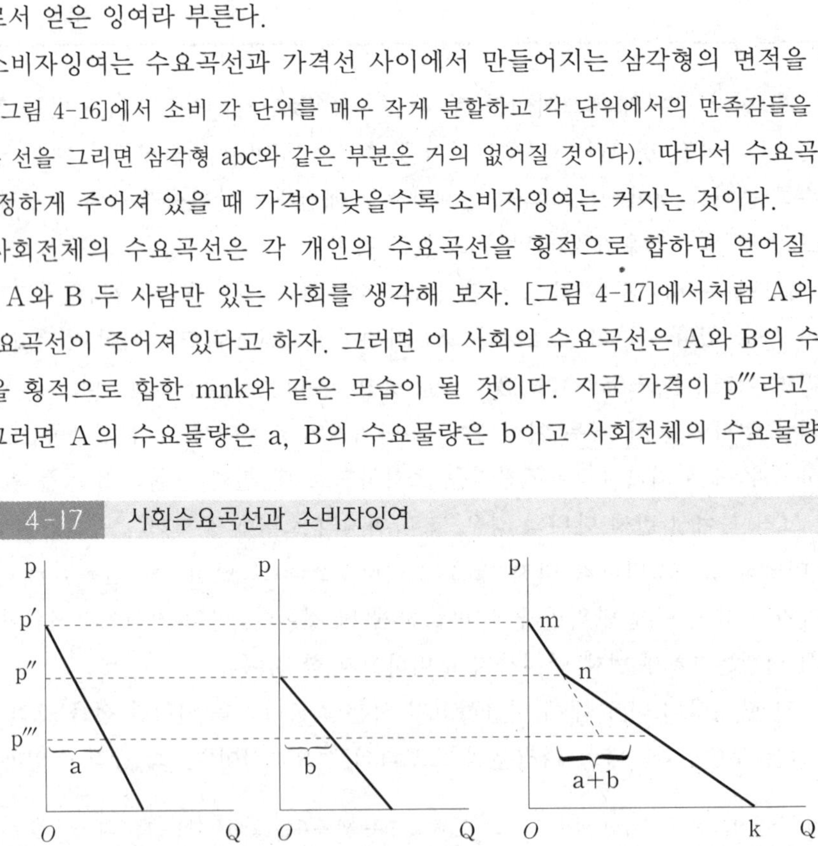

a+b이다. 그러면 사회전체의 소비자잉여는 사회전체의 수요곡선과 가격선 사이에서 형성되는 부분의 면적이며, 이는 그 가격에서 A, B 두 소비자의 각각의 잉여를 더한 면적과 같다. 소비자가 다수인 경우 사회 수요곡선에서 n과 같은 굴절점은 거의 감추어지며 사회 수요곡선은 부드러운 선으로 나타날 것이다. 그리고 사회 전체의 소비자 잉여는 개개 소비자의 잉여를 모두 합한 것이 되는 것이다.

이번에는 초코파이를 만드는 경우를 생각해 보자. 지금 초코파이를 만들기 위한 주방은 갖추어져 있다고 하자. 이 주방에 노동력 1인을 투입하여 초코파이 한 개를 만들어냈다. 이 노동력에 지불한 임금이 천원이라고 하자. 그러면 초코파이 처음 한 단위를 만드는 데 든 비용은 천원이다(주방은 부모로부터 물려받았고 초코파이 생산외에는 아무데도 활용가치가 없다고 하자. 또한 초코파이 생산에는 주방과 노동력외에 여타 생산요소는 전혀 필요없다고 하자). 그러면 초코파이 두 번째 단위를 생산하는 데 드는 비용은 얼마일까?

경제학에는 아주 오래된 경험법칙이 있다. 여러분도 들어본 적이 있겠지만 바로 수확체감의 법칙이라는 것이다. 여러분이 경제학원론책에서 수확체감의 법칙이라는 용어를 찾아보면 거기에는 다음과 같이 정의되어 있을 것이다.

"수확체감의 법칙이란 다른 생산요소들을 고정시켜 놓고 한 가변요소를 증가시킬 때 어떤 단계를 지나고 나서는 가변요소의 한계생산물이 지속적으로 감소하는 현상을 말한다."

여러분은 아마도 수확체감의 법칙의 대표적인 예로서 농지가 일정하게 주어져 있는 상태에서 그 농지에 농사를 짓는 노동력을 계속 늘려갈 때 추가적인 노동력이 생산하는 양(이를 한계생산물이라 한다)은 계속 줄어든다는 사실을 들어본 적이 있을 것이다. 즉 첫번째 노동력을 투입하여 만원 만큼을 생산한다면 두 번째 노동력을 투입하면 만원만큼 생산해 내지 못한다는 것이다. 그리고 세 번째 단위의 노동력을 투입하면 두 번째 단위의 노동력이 생산한 만큼도 생산하지 못한다는 것이다.

수확체감의 법칙은 정의에서 언급하는 것처럼 어떤 단계 이상부터 나타나는 것이 보통이다. 즉 투입되는 가변요소의 양이 적은 상태에서는 오히려 수확체증의 법칙이 나타난다. 그러다가 투입된 가변요소의 양이 어느 수준에 도달하면 그 다음부터 수확체감의 법칙이 나타난다는 것이다. 그런데 경제학에서 수확체증의 법칙이 나타나는 부분은 그다지 관심 있는 부분이 아니다. 왜 그런가? 생산물의 가격과 가변요소에 지불하는 가격이 일정하게 주어져 있는 상태에서 생산자는 수확체증의 법칙이 나타나는 한 계속 생산을 증대할 것이고, 생산증대는 결국 수확체증의 법칙이 사라지는 때까지 계속될 것이기 때문이다. 즉 수확체증의 법칙이 나타나는 상태는 안정적인 균형상태가 될 수 없는 것이다.

앞의 예로 되돌아 가보자. 주방은 고정된 생산요소이고 노동력은 그 양을 변화시킬 수 있는 가변 생산요소이다. 우리는 초코파이 생산에서 처음부터 수확체감의 법칙이 작용한다고 가정하자. 한 단위의 노동력이 주방에 투입되어 초코파이 한 개를 만들어 냈다. 두 번째 단위의 노동력을 투입하면 이 노동력은 0.8개를 만든다고 하자. 즉 두 번째 단위의 초코파이를 만들기 위해서는 추가적인 노동력 한 단위 갖고는 부족하다. 예컨대 1.2단위의 노동력이 필요하다고 하자. 다시 말해서 두 번째 단위의 초코파이를 만들기 위해서는 천원이 아니라 천2백원의 비용이 드는 것이다. 세 번째 단위의 초코파이를 만드는데 드는 비용은 얼마인가? 마찬가지 논리로 천2백원이 아니라 그 이상의 비용이 든다. 예컨대 세 번째 단위의 초코파이를 만드는데 추가적으로 드는 비용이 천5백원이라고 하자.

[그림 4-18]에서는 추가적인 단위의 생산에 드는 비용을 그려 놓고 있다. 그런데 추가적인 단위의 생산에 드는 비용이란 다시 말해서 무슨 의미인가? 예컨대 세 번째 단위의 생산에 드는 추가적인 비용이 천5백원이라는 것은 이 생산자가

그림 4-18 생산자잉여

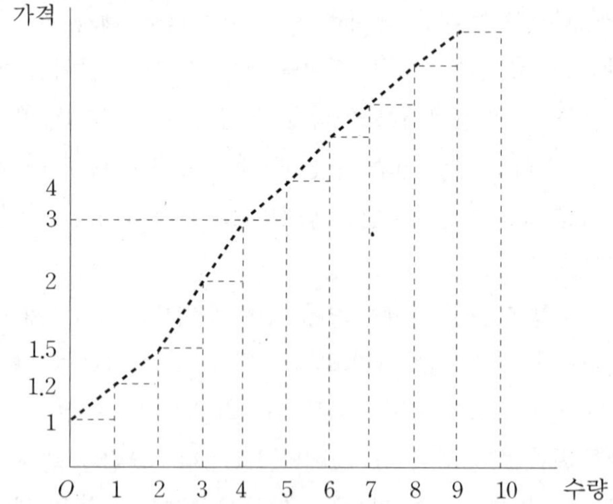

그림 4-19 사회공급곡선과 생산자잉여

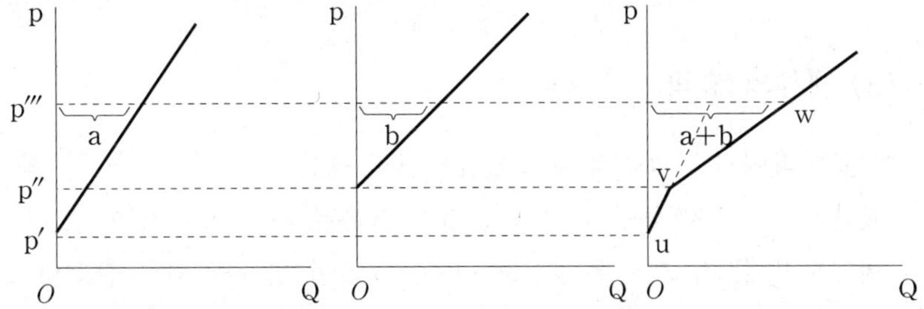

세 번째 단위를 판매할 때 최소한 받아야 한다고 생각하는 가격일 것이다. 만일 가격이 천5백원이 안 된다면 이 생산자는 세 번째 단위를 만들지 않을 것이다. 생산자가 상품을 판매할 때 상품 각 단위에 대하여 꼭 받아야 하겠다고 생각하는 최저 가격을 우리는 공급가격이라 부른다. 즉 그림에서 보여 주고 있는 것은 상품의 생산이 늘어날수록 추가적인 단위의 공급가격은 높아진다는 것이다.

지금 시장에서 초코파이의 가격이 3천원으로 고정되어 있다고 하자. 그러면 이 생산자는 초코파이 몇 단위를 만들 것인가? 당연히 다섯 단위를 만들 것이다. 초코파이의 가격이 천5백원이라면 세 단위를 만들 것이다. 즉 이 생산자의 공급가격들을 연결한 선은 상품의 가격과 이 생산자의 공급물량간의 관계를 나타내는 이 생산자의 공급곡선이 되는 것이다.

초코파이의 가격이 3천원일 때 이 생산자가 누리는 잉여는 얼마인가? 바로 이 생산자의 공급곡선과 가격선 사이에서 형성되는 삼각형의 면적일 것이다. 즉 생산자잉여(producer surplus)란 생산자가 어떤 상품을 생산하여 얻는 실제수입이 생산자가 그 상품을 판매하여 꼭 얻어야 하겠다고 생각하는 수입보다 초과하는 부분이다.

[그림 4-19]에서는 두 명의 생산자 A, B가 있는 사회에서 사회전체의 공급곡선과 사회전체의 생산자잉여를 보여 주고 있다. 사회전체의 공급곡선은 개개 공급자의 공급곡선을 역시 횡적으로 합하면 구할 수 있다. 즉 가격이 p‴일 때 사회전체의 공급량은 개개 공급자의 공급물량을 합한 a+b가 된다. 가격이 p‴일 때 사회전체의 생산자잉여는 얼마인가? 가격선과 사회 공급곡선의 사이에서 형성되는 부분의 면적일 것이다. 그리고 사회전체의 생산자잉여는 개개 생산자의

잉여를 합한 것이 될 것이다.

(3) 관세의 효과

어떤 나라에서 X상품의 수요곡선과 공급곡선이 [그림 4-20]에서와 같이 주어져 있다고 하자. 지금 이 나라는 완전히 자유무역을 하고 있는 상태이며, X상품의 세계시장에서의 가격은 $\bar{p}$라고 하자. 그러면 이 나라의 생산자와 소비자는 X상품을 얼마만큼 생산하고 소비할 것인가? 생산자들은 Q_1만큼을 생산하고 소비자들은 Q_2만큼을 소비할 것이다. 그 차이, 즉 Q_2-Q_1은 이 나라의 X상품 수입물량이 될 것이다. 자급자족시 국내가격, 즉 수요곡선과 공급곡선이 만나는 점에서 형성되는 가격이 국제가격보다 높고, 따라서 자유무역시 이 나라는 X상품을 수입하는 상황이 나타나고 있는 것이다.

이런 자유무역 상태에서 이 나라의 사회후생은 얼마인가? 사회후생은 소비자잉여와 생산자잉여를 합한 것을 말한다. 소비자잉여는 삼각형 ABF, 생산자잉여는 삼각형 BCE이고 사회후생은 이 두 개의 삼각형을 합한 면적이다.

이제 이 나라의 정부가 X상품의 수입시, 수입가격의 t%에 해당하는 관세를 부과한다고 하자. 그러면 국내시장에서 나타나는 가격은 $p_d=\bar{p}(1+t/100)$로 상승

그림 4-20 관세의 효과

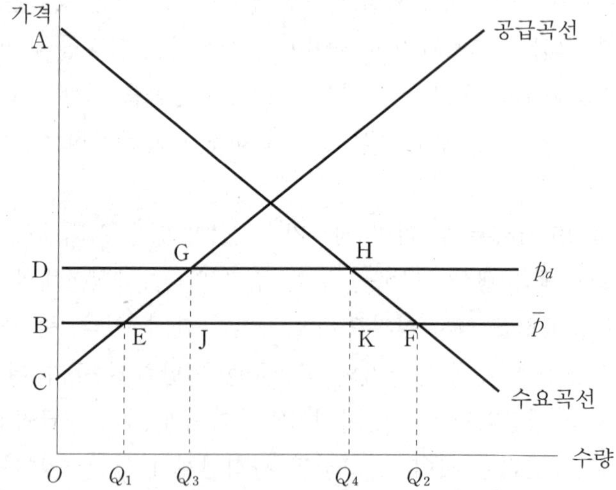

할 것이다. 가격의 상승으로 국내 생산자의 생산량은 Q_3로 늘어날 것이고, 반면 소비자들의 소비량은 Q_4로 줄어들 것이다. 이에 따라 수입물량은 Q_4-Q_3로 줄어들 것이다. 즉 관세의 부과로 수입량이 줄어드는 효과가 나타나는 것이다.

그러면 소비자후생과 생산자후생은 어떻게 변화하는가? 이제 소비자잉여는 삼각형 ADH가 될 것이고, 생산자잉여는 삼각형 DCG가 될 것이다. 소비자후생은 사다리꼴 DBFH만큼 줄었고, 생산자후생은 사다리꼴 DBEG 만큼 증가하였다. 따라서 소비자잉여와 생산자잉여를 합한 사회후생은 관세부과로 사다리꼴 GEFH만큼 감소하였다. 그런데 관세의 부과로 이 나라에 새롭게 생겨난 것이 있다. 바로 관세수입(tariff revenue)이다. 관세수입은 정부의 수입으로 돌아가는 부분으로, 정부는 이 수입을 갖고 이 나라의 후생증대를 위한 일에 사용할 수 있을 것이다. 관세수입은 그림에서 사각형 GJKH의 면적으로 나타나고 있다(관세수입=수입량×수입가격×관세율). 즉 관세부과로 이 나라의 총후생은 사다리꼴 GEFH 만큼 감소한 것이 아니라 삼각형 GEJ와 삼각형 HFK를 합한 면적만큼 감소한 것이다.

우리는 이 자그마한 삼각형 두 개의 면적을 관세부과로 인한 사회적 비용, 즉 보호무역의 비용이라 부른다. 즉 관세의 효과를 요약하면 다음과 같다. 관세의 부과로 소비자잉여는 감소하고 생산자잉여는 증가한다. 그러나 소비자잉여의 감소분이 생산자잉여의 증가분보다 훨씬 크다. 관세수입을 고려하더라도 소비자잉여의 감소분을 메울 수 없다.

우리는 이 그림을 자유무역 상태에서 관세부과 상태로의 변화로 보지 말고 반대로 관세부과 상태에서 자유무역 상태로의 변화로 보면, 반대로 자유무역의 이익을 이야기 할 수 있을 것이다. 즉 $t\%$ 만큼의 관세를 부과하다, 그 관세를 철폐하였다고 하자. 그러면 사회후생은 어떻게 변할 것인가? 반대로 삼각형 GEJ와 삼각형 HFK를 합한 만큼 늘어날 것이다. 생산자후생은 감소하고 관세수입도 없어진다. 그러나 소비자후생의 증대가 워낙 커서 이들 감소분들을 메우고도 남는 부분이 있는 것이다. 여러분은 신문이나 TV 뉴스 등에서 우리나라가 어떤 상품의 수입을 자유화하면 얼마 만큼의 이익이 생긴다 하는 식의 기사를 본 적이 있을 것이다. 지금 설명한 내용은 이와 같은 자유무역의 이익을 금전적으로 계산하는 가장 기초적인 방법인 것이다.

(4) 쿼터의 효과

[그림 4-21]에서 자유무역시 총 수입물량은 GH로 나타나고 있다. 이제 정부가 수입물량을 이보다 적은 LM 수준으로 고정시켜 버렸다고 하자. 그러면 어떤 변화가 나타날 것인가?

이 나라의 X상품의 총 공급곡선은 S′과 같이 나타날 것이다. 즉 이 나라 생산자들의 공급곡선인 S에 횡적으로 LM 만큼을 더한 것이 이 나라의 X상품의 총공급곡선이 될 것이다. 따라서 국내시장에서 X상품의 가격은 OI가 될 것이다. 즉 수입쿼터의 부과로 국내가격이 상승하였다. 소비자후생은 사다리꼴 IFHM 만큼 감소하고, 생산자후생은 사다리꼴 IFGL 만큼 증가한다.

쿼터의 부과시 관세수입은 없다. 그러나 역시 새롭게 생겨나는 부분이 있다. 바로 수입업자의 이득이다. 정부는 수입허가증(import licence)을 수입업자들에게 배분하는 방식으로 수입쿼터를 실시한다. 수입업자들은 전체적으로 LM 만큼의 물량을 국제시장에서 $\bar{p}$의 가격에 구입하여 국내시장에서 OI의 가격에 팜으로서 이득을 얻는다. 따라서 사각형 LNRM은 수입업자들의 이득으로 귀속되는 부분으로 이를 쿼터지대(quota rent)라 부른다. 따라서 쿼터 부과로 인한 사회후생의 감소는 역시 삼각형 LGN과 삼각형 MHR를 합한 면적 만큼이 된다.

그림 4-21 쿼터의 효과

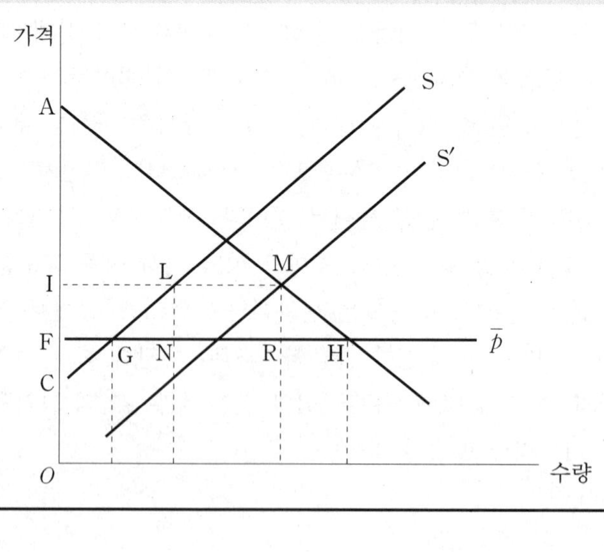

관세의 효과와 쿼터의 효과를 비교하면 거의 같다는 점을 발견했을 것이다. 중요한 차이점은 관세수입 대신에 쿼터지대가 나타난다는 것이다. LM 만큼의 쿼터를 부여하는 대신에 IF/OF률 만큼의 관세를 부과하면 어떻게 되겠는가? 그러면 국내가격은 OI가 될 것이고 수입량은 LM이 될 것이다. 소비자잉여와 생산자잉여 역시 변화가 없을 것이다. 쿼터지대는 전부 정부의 관세수입으로 대체될 것이다. 우리는 IF/OF 만큼의 관세율을 수입쿼터 LM의 관세상당치(tariff equivalents)라 부른다.

한편 쿼터와 거의 유사한 성격을 지니는 교역장벽으로 자발적수출규제(voluntary export restraint: VER)라는 것이 있다. 이는 문자 그대로 수출국이 수출물량을 자율적으로 제한하는 것이다. 여러분은 수출국이 수출물량을 제한할 필요가 뭐가 있으며, 이것이 무슨 규제인가 하는 의아심을 가질 것이다. 그러나 이것이 사실상 규제인 이유는 수출국이 자발적으로 수출물량을 제한한다기보다는 수입국의 압력에 의해 마지못해 수출물량을 줄이는 것이기 때문이다. 우리가 제4부에서 보겠지만 수입쿼터는 국제규범에서 사실상 사용을 금지하고 있다. 또한 특별한 사유가 없는 한 관세율을 높이는 것도 쉬운 일이 아니다. 이런 상황에서 수입국이 수입량을 줄일 수 있는 한 가지 방법은 상대국에 대해 수출량을 줄이도록 강한 압력을 넣는 것이라 할 수 있다. 특히 수입국이 수출국에 비해 상당한 협상파워를 갖고 있는 경우 이것이 가능하다고 할 수 있다. VER의 대표적 사례로 1980년대 일본이 미국의 통상압력하에 대미 자동차수출물량을 자발적으로 제한한 경우를 들 수 있을 것이다.

자발적수출규제는 쿼터의 효과와 한 가지 점만 제외하고는 완벽하게 동일하다. 그 차이점은 쿼터지대가 수입업자가 아니라 수출업자에게 귀속된다는 것이다. 즉 수입국에서 국내가격의 상승으로 인한 혜택은 수출업자들에게 돌아가는 것이다.

(5) 소국과 대국의 차이

우리는 앞에서 관세와 쿼터의 효과를 분석하면서 한 가지 암묵적으로 가정한 것이 있다. 수입국에서 수입물량을 줄이는 경우에도 국제가격에는 아무런 영향을 주지 않는다는 것이다. 그러나 수입국이 규모가 매우 큰 국가라면 그 나라의 수입물량의 변화가 국제가격에 영향을 미칠 수도 있을 것이다. 어떤 상품의 국제가격은 그 상품에 대한 세계의 총수요와 총공급에 의해 결정된다. 그런데 규모가 매우 큰 국가가 수입물량을 줄이는 경우 이는 그 상품의 세계 총수요를 상당히 감소시키는 효과를 발생시킬 것이고 결과적으로 그 상품의 국제가격이 하락할 것이다. 그리고 이러한 수입상품의 국제가격의 하락은 수입국에 이득이 될 것이다.

무역정책과 관련하여 대국이란 이와 같이 국제가격에 영향을 미칠 수 있을 정도의 국가 규모를 갖고 있는 나라를 말한다. 반면 소국이란 그렇지 못한 나라를 말한다. 따라서 대국의 경우에는 소국과 달리 보호무역으로 인해 수입품의 가격하락, 즉 교역조건의 개선효과를 얻을 수 있다. 그리고 이런 교역조건의 개선효과가 앞에서 논한 보호무역의 비용을 초과하는 경우 완전한 자유무역이 아니라 어느 정도의 관세나 쿼터를 부과하는 것이 적정할 수도 있다. 대국의 경우에 있어 교역조건의 개선효과를 고려하여 그 나라의 후생을 극대화시키는 관세수준을 최적관세(optimal tariff)라 부른다.

최적관세 이론은 상당히 그럴싸하게 들릴지 모르지만 이를 보호무역의 논리로서 주장하는 것은 적절치 않을 것이다. 우선 특정상품의 국제가격에 유의할 만한 영향력을 미칠 수 있는 국가가 얼마나 되겠는가 하는 것이다. 그리고 아무리 대국이라 할지라도 상당히 높은 수준의 관세를 부과하여 수입물량을 대폭 감소하지 않는 한 국제가격에 미치는 영향은 그다지 크지 않을 것이다. 또한 설령 그러한 대국이 있다고 하자. 이러한 국가가 관세를 인상한다면 이로 인해 피해를 보는 국가들이 가만히 있지는 않을 것이다. 이들 국가의 보복조치가 발동될 것이고 결국 관세인상국도 후생의 감소를 피할 수 없을 것이다. 제 3 장에서 언급한 1930년대의 세계경제 상황을 생각해 보면 될 것이다.

결국 우리가 무역정책의 효과를 분석함에 있어 소국을 일반적인 전제로 하는 것이 적절하다 할 수 있다. 그리고 결론은 소국에게는 자유무역이 최고라는 것이다(Free trade is best for a small country). 완벽하게 자유무역을 하지 않는다 해도, 즉 관세 등을 통해 국내산업을 어느 정도 보호한다 해도, 이는 무역을 하지 않는 것보다는 훨씬 낫다는 것이다(Some trade is better than no trade). 즉 자유무역(free trade)은 보호무역(dirty trade or some trade)보다, 그리고 보호무역은 자급자족 상태(no trade)보다 우월하다. 여러분은 이 결론을 머릿속에 깊이 간직하기를 바란다.

그런데 자유무역, 보호무역, 자급자족의 상태를 비교할 때 그 기준이 된 것은 사회의 총후생이라는 점을 유의해야 한다. 자유무역으로 인해 모든 사람들이 다 이득을 보는 것은 아니다. 손해를 보는 사람들도 있다. 그런데 손해를 보는 사람들의 총손해분보다 이득을 보는 사람들의 총이득분이 더 크다는 것이다. A라고 하는 사람이 손해를 보고 B라고 하는 사람은 이득을 보는데 그 합이 플러스가 되면 사회의 총후생은 증가하는 것으로 보는 것이다. 여러분 중에 이런 사회 총후생의 정의에 대해 문제가 있다고 생각하는 사람이 있을지도 모른다. 특히 손해를 보는 층이 사회적 약자라면 자유무역이 잔혹한 것이 아닌가 하는 생각을 할 수도 있을 것이다.

그래서 필요한 것이 보상의 논리이다. 자유무역의 이익은 암묵적으로 보상의 가능성을 전제로 하고 있다. 자유무역으로 이득을 본 사람들의 이득분을 갖고 손해를 본 사람들의 손해분을 메워 준다는 것이다. 그러고도 남는 것이 있다는 것이다. 따라서 자유무역으로 인해 생긴 총 이득을 적절히 분배하면 모두 사람들이 자유무역의 혜택을 누릴 수 있다는 것이다. 여러분은 시장경제체제에서 가장 중요한 분배 메커니즘은 세금이라는 것을 알고 있을 것이다. 이득을 본 사람들에게서 보다 많은 세금을 거두어 손해를 본 사람들에게 나누어 주면 되는 것이다.

(6) 보호무역의 존재 이유

세계 각국의 무역정책 담당자들은 대학시절에 어떤 강의에서든 자유무역의 이익에 대해 들어보았을 것이다. 그럼에도 불구하고 보호무역이 계속 존재하는 이유는 무엇인가? 이들은 왜 배운데로 행하지 않는 것인가? 보호무역이 필요한 특별한 이유가 존재하는가? 아니면 그런 이유는 별로 없는데 현실적으로 자유무역을 추진하기 어려운 제약이 있는가?

가. 개발도상국의 보호무역 논리

개발도상국은 선진국들에 비해 보호무역의 정도가 높다. 현재 선진국들의 평균관세율 수준이 4%인 반면 개발도상국들의 평균관세율 수준은 8% 수준에 이르고 있다. 이는 모든 상품에 대한 평균적인 관세율일 뿐, 상품에 따라서는 아직도 매우 높은 관세율을 통해 국내산업을 보호하고 있는 경우가 많이 있다.

개발도상국의 보호무역의 논리로서 가장 많이 거론되어 왔던 논리는 유치산업 보호의 논리라 할 수 있다. 유치산업(Infant industry)이란 국내에 도입된 지 얼마되지 않아 아직 유아기에 있는 산업을 말한다. 이러한 개발도상국의 유치산업이 처음부터 자유무역에 노출되면 선진국의 경쟁력에 눌려 성장할 수 없지만, 적당기간 선진국으로부터의 수입을 억제하여 보호해 주면 국내수요를 기반으로 성장할 수 있고 더 나아가 국제경쟁력을 기를 수 있다는 논리가 유치산업 보호의 논리이다.

유치산업 보호론 역시 상당히 오랜 역사를 갖고 있다. 자유무역하면 우리가 아담 스미스나 리카르도를 떠올리는 것처럼, 보호무역, 특히 유치산업 보호하면 떠올리는 인물은 19세기 중엽 미국의 헤밀턴과 독일의 리스트라 할 수 있다. 당시 유일한 선진국은 영국이라 할 수 있으며, 독일과 미국은 상대적으로 후진국의 위치에 있었다. 따라서 유치산업보호론의 원조는 영국의 공산품으로부터 국내공업을 보호하려는 후발 선진국의 입장에서 비롯된 것이다.

이후 유치산업보호론은 1970년대까지만 해도 개발도상국의 보호무역의 논리로서 가장 중요한 위치를 차지해 왔다. 그러나 이후 유치산업보호론의 의의는 상당히 퇴색되고 있다. 그 이유는 유치산업 보호의 성공사례는 별로 없는 반면, 이로 인한 부작용이 적지 않게 나타난 데 있다.

유치산업보호가 성공하기 위해서는 여러 가지 조건이 필요하다. 우선 일정기간 보호해 주면 국제적 경쟁력을 갖출 수 있다는 조건이 만족되어야 한다. 또한 산업 선택의 문제가 있다. 모든 산업을 다 유치산업으로 보호할 수는 없는 일이다. 다른 산업에 대해 외부 이익을 상당히 발생시키는 산업을 우선적으로 선택해야 할 것이다. 그러나 이들 조건이 그렇게 쉽게 만족될 만한 조건은 아니다. 정부가 완벽한 정보와 미래에 대한 예측을 갖고 적절한 산업정책을 추진하는 것은 쉬운 일이 아니다. 또한 다행히 그런 산업을 선택했다고 해도 그 산업이 보호의 결과 경쟁력을 갖출 수 있을 것인지는 극히 불확실하다. 일정기간 보호해 주었는데도 적당한 경쟁력을 갖추지 못하면 어떻게 하겠는가? 보호를 중단할 것인가? 조금만 더 보호해 주면 필요한 경쟁력을 키울 수 있다는 업계의 요구에 정부는 굴복할 수밖에 없을 것이고 잘못하면 보호가 영속화될 위험성이 있는 것이다. 또한 외국과의 경쟁이 없는 상태에서, 보호를 받고 있는 산업이 경쟁력 제고 노력을 할 것인가 하는 문제도 있다.

유치산업보호론과 반드시 일치하는 개념은 아니지만, 유치산업보호론을 근간으로 하는 개발도상국의 경제발전정책으로 수입대체전략이라는 것이 있다. 이는 외국상품에 대한 각종 수입규제를 통해 국내산업을 보호 육성하여 궁극적으로 자립경제를 달성한다는 취지의 발전전략이다. 즉 유치산업보호를 중요한 수단으로 하여 자립경제의 달성이라는 목표를 추구하는 국가전략으로, 이를 대내지향형(inward-oriented) 전략이라고도 한다. 이는 1960-70년대까지 중남미와 동남아 국가들이 추진한 대표적인 발전전략이었다. 그러나 이는 거의 실패로 돌아갔다. 초기에는 성공적인 모습이 나타나기도 했지만 결국 국내시장 규모의 한계에 봉착하여 더 이상의 발전을 이룰 수 없었다. 또한 국내산업의 보호에 따른 산업의 비효율성이 갈수록 심화되어 국내산업의 고비용산업화 현상이 나타났다. 또한 수입대체는 일단 완성소비재의 수입대체부터 시작되는데, 그 과정에서 중간재와 자본재의 수입이 확대되면서 국제수지가 악화되는 문제도 발생하게 되었다. 수입대체전략은 결국 어느 시점에서는 이러한 문제점들로 인해 포기할 수밖에 없는 성격을 내재하고 있다고 볼 수 있으며, 이를 수입대체의 자기종결적(self-terminating) 속성이라 부른다. 수입대체전략을 추구했던 국가들이 결국 이를 포기할 수밖에 없었던 것은 이러한 이유 때문인 것이다.

나. 선진국의 현실적 이유

선진국은 개발도상국에 비해 전반적으로 보호의 정도는 낮다고 볼 수 있을 것이다. 그러나 특정 산업에 있어서는 여전히 적지 않은 보호장벽을 치고 있다. 비록 명시적인 관세율은 그다지 높지 않다고 해도 보다 교묘한 방법으로 수입을 억제하는 경우를 흔히 볼 수 있다. 예컨대 덤핑수출이라는 이유를 들어 보복관세를 부과한다든지, 제품의 표준을 까다롭게 한다든지, 더 나아가 힘의 우위를 바탕으로 부당한 통상압력을 가하는 경우도 있다.

선진국에—꼭 선진국에 한정된 것은 물론 아니지만—보호무역이 존재하는 대표적인 이유는 이해집단(interest group)의 압력 때문이라 할 수 있다. 자유무역 또는 보호무역과 관련하여 다양한 이해집단들이 존재한다. 우리는 앞에서 보호무역의 비용을 분석하면서 수입경쟁산업의 생산자들은 자유무역으로 인해 후생이 감소함을 보았다. 따라서 수입경쟁산업의 생산자들은 무역정책에 대해 가장 민감한 이해집단이라 할 수 있다. 앞절에서 살펴본 헥셔-오린 모델은 생산요소별로도 자유무역에 대한 이해가 상반될 수 있음을 설명하였다. 이 모델에 따르면 수출산업에서 집약적으로 사용되는 생산요소는 자유무역으로 인해 이득을 보지만 수입산업에서 집약적으로 사용되는 생산요소들은 손해를 본다고 했다. 따라서 자본이 풍부한 선진국에서 노동자들은 보호무역을 원하는 이해집단이 될 가능성이 크다고 하겠다. 그러나 헥셔-오린 모델은 어디까지나 산업간에 생산요소들, 특히 노동자들이 자유롭게 이동할 수 있다는 것을 전제로 하는 장기적인 모델이라 할 수 있다. 하지만 단기적으로는 산업간에 노동자의 이동이 쉽지 않으며 따라서 단기적으로 노동자의 입장은 자기가 고용되어 있는 산업의 입장과 같이 한다고 볼 수 있다. 즉 노동자들 간에도 산업별로 이해가 달라질 수 있는 것이다.

이러한 다양한 이해집단들의 이해를 수렴하여 구체적인 정책이 나오기까지의 과정을 통상정책의 결정과정이라 부른다. 이해집단들은 그들의 이해를 관철하기 위해 다양한 압력을 행사한다. 집회를 통해 그들의 힘을 과시하기도 하고, 로비를 통해 직접적으로 영향력을 행사하기도 한다. 그러나 가장 중요한 압력의 수단은 선거과정에서 그들의 입장에 맞는 정당이나 후보를 지지하는 방식으로 나타난다고 볼 수 있을 것이다. 이해집단의 압력 대상은 당연히 정치가들이다. 민주주의 사회에서 정책의 결정이 이루어지는 곳은 의회—우리나라는 국회—이다. 행정부는 정책을 집행하는 역할을 할 뿐이다. 그런데 정치가들은 이해집단의 압력에 매우 취약할 수밖에 없는 존재들이다. 이들에게 가장 중요한 것은 국가의 이익이 아니다. 정당의 최고 목표는 집권이며, 정치가들의 최고 목표는 선거에서의 승리일 것이다. 따라서 이러한 목표하에 이해집단들의 압력을 적극적으로 수용할 수밖에 없는 것이다.

이는 결코 정치가들에 대한 비판이 아니다. 오히려 정치가들이 담당해야 하는 본연의 역할인 것이다. 만일 모든 정치가들이 국가의 이익을 위해서만 일한다면 이런 사회는 아무런 재미가 없을 것이다. 우리는 다원적 민주주의 사회라는 말을 한다. 이는 소수의 의견이라도 저버리지 않고 사회의 다양한 입장을 모두 수렴하는 사회인 것이다. 이러한 사회가 가능한 것은 그들의 이익을 추구하는 정치가들이 존재하기 때문인 것이다.

민주주의 사회에서 보호무역은 민주주의의 비용이라 할 수 있다. 만일 국가 전체의 이익을 추구하는 계몽군주에 의해 통치되는 독재국가가 있다면 이러한 나라는 완전한 자유무역을 추진할 것이다. 그렇다면 보호무역을 민주주의 사회가 지불해야 하는 비용으로 생각하고 그대로 방치할 것인가? 그것은 적절한 선택이 아닐 것이다. 우리는 앞에서 보상의 논리에 대해 언급한 바 있다. 이러한 보상메커니즘이 원활히 이루어진다면 보호무역에 대한 압력은 훨씬 줄어들 수 있을 것이다. 또한 자유무역에 따르는 산업간 구조조정이 원활하고 신속하게 이루어질 수 있는 제도적 기반이 마련된 사회라면 그렇지 못한 사회보다 자유무역에 보다 근접할 수 있을 것이다. 그리고 이러한 역할을 담당해야 하는 것이 정부인 것이다.

끝으로 한 가지만 더 언급하기로 하자. 자유무역의 최대의 승자는 누구인가? 그것은 바로 소비자이다. 앞에서도 본 것처럼 자유무역의 이익이 생기는 가장 중요한 원천은 소비자잉여의 증대에 있는 것이다. 그러나 보통 우리는 소비자들을 이해집단이라 부르지 않는다. 물론 소비자들의 이해단체는 많이 있다. 그러나 이들 단체에서 자유무역을 하라고, 시장을 개방하라고 요구하는 것을 들어본 적이 있는가?

자유무역이 갖는 중요한 속성의 하나는 그 이익은 다수에게 소규모로 분산되어 나타나는 반면 손해는 소수의 집단에 집중되어 나타난다는 것이다. 소비자들이 자유무역의 혜택을 감지하는 것은 쉽지 않다. 상품 가격이 조금 떨어졌다고 해서, 전에는 구경도 못하던 좋은 외국상품을 쉽게 구입할 수 있게 되었다고 해서, 그들의 행복감은 얼마나 늘어나겠는가? 그리고 행복감이 감지할 정도로 증가한 사람이 있다고 해도, 이것이 자유무역의 혜택이라고 감사해 하는 사람이 있겠는가? 반면에 외국상품이 많이 수입되어 자신이 일하던 기업이 어려워져서 일자리를 잃어버린 노동자가 있다면, 또는 자신이 경영하던 기업이 망한 기업가라면 이들은 외국상품, 더 나아가 자유무역에 대해 엄청난 증오심을 갖는 것이 인지상정일 것이다.

이해집단은 그 규모가 작을수록(물론 너무 작으면 안 되겠지만), 그리고 이해가 분명히 드러날수록 압력단체로서 효과적이다. 그 규모가 너무 크면 무임승차(free-riding)의 문제가 반드시 나타난다. 즉 내가 아니더라도 누군가가 나서겠지 하는 식의 사고이다. 소비자들은 침묵하는 다수(silent majority)이다. 반면 수입경쟁산업은 시끄러운 소수(noisy minority)라 할 수 있다. 침묵하는 다수는 시끄러운 소수에 압도당하는 것이 현실이다. 그리고 이러한 현실이 자유무역을 추진하기 어려운 이유인 것이다.

다. 기타 이유

우리나라에서 농산물 수입을 반대하는 논리는 무엇인가? 가장 대표적인 이해집단의 하나라 할 수 있는 농민들의 압력이 가장 현실적인 이유라 할 것이다. 그러나 농산물 시장개방에 관한 국제협상에 나가서 우리나라 정부대표가 우리는 농민들의 압력이 워낙 강해서 시장개방을 할 수 없다고 주장하는가? 그렇지 않다. 물론 상대국들도 현실적인 이유를 다 알고 있다. 그러나 이런 협상에서 우리나라와 같은 농산물 수입국들이 주장하는 논리는 그런 것이 아니다. 예컨대 식량문제는 국가안보 차원에서 접근해야 한다든지, 농업은 단순히 농산물을 생산하는 산업이 아니라 환경문제와 직결된 산업이라든지 하는 것이다.

국가안보는 주로 국가기간산업이나 국방산업 등의 보호에 적용되는 논리이다. 국가안보라는 것은 어느 나라나 최고의 목표로서 상대국이 이러한 논리에 도전하기는 쉽지 않다. 국가안보가 무엇이고, 국가안보를 위해 어떤 산업을 자급자족하는 것이 필요한지는 판단하기 나름이다. 이로인해 국가안보 논리는 상당히 남용될 가능성이 큰 논리라고도 볼 수 있다. 주식인 쌀을 자급자족하는 것이 국가안보를 위해 필요한 것인가? 우리나라는 그렇다고 한다. 쌀 수출국은 그렇지 않다고 한다. 누가 맞는가?

환경논리는 최근 환경에 대한 관심이 높아지면서 많이 거론되는 논리이다. 비단 국내환경에 유해한 상품의 수입규제뿐만 아니라, 세계환경보호의 차원에서 환경에 매우 유해한 방식으로 생산된 외국상품의 수입을 규제하는 문제까지도 최근 논의되고 있다. 환경논리 역시 판단하기 쉬운 문제는 아니며, 위장된 보호무역 장벽으로 작용할 소지가 있는 논리라고도 볼 수 있다. 우리나라는 모든 자동차에 배기량 기준으로 국내세율을 차별적으로 적용하고 있다. 배기량이 많은 차일수록 환경에 유해하므로 더 많은 세금을 내야 한다는 것이 그 이유이다. 그러나 미국은 이는 대형차가 많은 비중을 차지하는 수입차를 차별하기 위해서라고 주장한다. 어느 쪽이 맞는가?

또한 보호무역의 논리로서 우리가 자주 접하는 것은 문화보호의 논리일 것이다. 외국의 영화나 음반 등과 같이 외국의 문화 콘텐츠를 담고 있는 상품의 수입을 규제하면서 항상 수반되는 논리이다. 문화산업 보호하면 우리가 머릿속에 떠올리는 것이 우리나라의 스크린쿼터제일 것이다. 스크린쿼터제는 수입쿼터는 아니다. 국내극장에 대해 국산영화의 연간 최소의 상영일수를 부과하는 규제이다.[7] 그러나 효과적으로는 수입쿼터와 유사한 성격을 지닌다. 왜냐하면 수입영화의 경쟁력이 매우 높다면 이는 수입영화의 물량을 사실상 제한하는 결과를 갖기 때문이다. 우리나라의 영화산업 관련자들은 이 규제는 우리나라의 영화산업 보호, 더 나아가 우리나라의 문화증진을 위해 꼭 필요한 조치라 주장한다. 이들의 말이 맞는가?

이밖에도 보호무역의 사유로 제시되는 논리는 실로 다양하다. 국민정서상의 이유로 외국사치품의 수입을 억제한다든지, 공공질서 및 도덕적 차원에서 도박기기의 수입을 억제한다든지, 등등 우리가 들어본 많은 논리를 떠올릴 수 있을 것이다.

그러나 이러한 논리의 내막을 보면 결국 관련 이해집단의 압력이 작용하고 있음을 알 수 있을 것이다. 이해집단이 제시하는 이러한 논리들이 실제 타당한 것인지, 아니면 단지 그들의 이해를 위한 위장의 논리인지는 판단하기 쉽지 않다. 그러나 분명한 것은 논리야 어떻든 보호무역의 결과 이들 이해집단의 이익이 보호되고 있다는 것이다.

The Mystical Power of Free Trade — Some people finds it hard to believe it really works, but it does

Free trade is always a hard sell. In all of social science, the proposition that comes closest to being scientific, in terms of being theoretically provable and true in real life, is that society benefits from allowing its citizens to buy what they wish-even from foreigners. But people resist this conclusion, sometimes violently, as in Seattle last week. Why?

A couple of reasons. First, the principle of free trade may be true, but it's not obviously true. In fact, it's counterintuitive. If a factory shuts down because of a flood of cheap foreign products,

7) 현재는 연간 상영일수의 2/5 이상으로 규정되어 있다.

how is that good? If the middle-class finds itself competing with workers being paid practically nothing and living in squalor in other countries, how can this send the middle-class standard of living up and not down? If another nation is willing to pollute its air and water in order to produce goods for sale in the global economy, how can a country join that economy and still hope to keep its own air and water clean?

There are answers to these questions, but they take a bit of background and a bit of persuading. Students of economics are led step by step through layers of reasoning until the moment they see the light. Skeptics think that the whole routine is like induction into a religious cult and that free trade is more like an article of religious faith than a sound policy recommendation. These skeptics are wrong, but their skepticism is understandable.

The other reason it's hard to sell free trade is that any given example tends to benefit a lot of people in small ways that are hard to identify and tends to harm a few people a lot in ways that are vividly evident. When that factory shuts down, the unemployed workers know they've suffered a loss, and they know why. And it's a big enough loss to stir them politically. It will affect their vote at least, if not cause them to march in the streets.

By contrast, budget-conscious shoppers(maybe those same workers) who are able to save a few bucks on a new sweater are not likely to realize they are enjoying a bargain as a result of global trade or take to the streets to defend their right to a cheap sweater. Or suppose the U.S. slaps a tariff on foreign sweaters and the foreign country retaliates by raising a tariff on something the U.S. is selling them-the people who would lose their jobs aren't even identifiable for sure, though for sure they exist. Likewise the people who lose jobs because shoppers who have to pay more for sweaters have less money to spend on other things.

It's by considering all these things-the risk of losing your job one way minus the risk of losing it another, the extra money you make if your industry is shielded from foreign competition minus the extra money you pay for goods and services that are protected-that you reach the conclusion that on average, free trade benefits us all. Yes, there are various economic theories about circumstances in which all this may not be true, but their authors win prizes precisely because the circumstances are unusual. In general, the numbers work irrespective of what policies other countries follow. They just get worse if one country's trade restrictions led other countries to impose more of the same. Trouble is, who's got time for all that math?

Still, a half-century of general prosperity in the U.S. has created a climate of toleration, if not enthusiasm, for free-trade gospel-mostly, indeed, as a gospel of our civic religion rather than out of anyone's buying the math.

Alarm about imports tends to ebb and flow with the economy-less in good times, more in bad. So, how, in the best times ever, did the World Trade Organization become the global bogeyman? No earnest college kid ever hitched across the U.S. to carry a picket sign against the General Agreement on Tariff and Trade, the WTO's predecessor, although its function was similar. It took decades for the CIA, the Trilateral Commission and the Council on Foreign Relations to achieve their place in the pantheon of political paranoia. The WTO has joined them in just four years. And it is despised across the entire political spectrum, whereas these other groups symbolize evil only to one political extreme or the other.

Part of the explanation is the special nature of the current prosperity, which is widening the income gap rather than narrowing it, as in the past. Part is the growth of global economic forces that are actually impinging on national sovereignty, even though it's the paranoid hysterics who say so. But the WTO isn't responsible for either of these trends, both of which are probably inevitable and neither of which undermines the basic case for free trade or for an organization empowered to promote trade through binding arbitration of trade disputes.

Maybe it's the name. If you call yourself the WTO, you can't complain much if people dial your toll-free number and gripe about world trade. If a bunch of heads of governments plan a triumphalist self-celebration in Seattle, you can't blame party poopers for showing up to horn in on the publicity. But really, the WTO is O.K. Do the math. Or take it on faith. (Time 1999년 12월 13일자 essay)

Note

hard sell: 힘든 판매, 힘든 설득. counterintutitive: 반직관적인. squalor: 더러움, 누추함. see the light: 사리를 알게되다, 납득하게 되다. religious cult: 종교적 집단 buck: 달러 take to the streets: 거리로 뛰쳐 나오다 slap a tariff: 관세를 부과하다.
retaliate: 보복하다. buy the math: 그 계산을 받아들이다. bogeyman: 마귀, 괴물. Trilateral Commission: 삼자위원회(북미, 유럽, 일본을 대표하는 유력인사들의 모임) pantheon: 영웅, 우상(의 지위) paranoia: 편집증, 과대망상증. impinge: 침범하다. binding: 구속력 있는. arbitration: 중재, 조정. toll-free number: 무료통화번화 gripe: 투덜대다. triumphalist: 승리에 도취한 사람. party pooper: 모임의 흥을 깨는 사람. horn in: 주제넘게 나서다, 끼여들다.

〈주〉: 1999년 12월 시애틀에서 있었던 WTO 3차 각료회의는 뉴라운드의 출범을 추진했으나 과격한 시민단체들의 저항에 부딪쳤다. 이 에세이는 당시 상황을 배경으로 하고 있다. WTO 뉴라운드에 대해서는 4부에서 설명할 것이다.

5. 규모의 경제와 다양성의 이익

과거와 비교하여 지금 달라진 우리의 모습 중의 하나는 소비자로서의 선택의 폭이 넓어졌다는 점일 것이다. 80년대 중반만 해도 우리의 선택의 범위는 넓지 않았다. 자동차하면 포니니 엑셀이니 하는 현대차—대우차도 있기는 했지만—, 그것도 색상은 검은색, 누런색, 회색 몇 종 되지 않았다. TV 등 가전기기는 삼성 아니면 금성사 제품, 맥주는 OB 아니면 크라운맥주, 볼펜은 모나미, 담배는 전매청에서 만들어 주는 것, 등등 우리는 무엇을 살 것인가, 무엇을 고를 것인가 별로 고민할 필요가 없는 사회에 살았다. 아마도 당시, 아니 그전은 더 했겠지만, 미국에 간 사람은 여러 측면에서 우리 사회와 미국 사회 사이의 괴리를 느꼈을 것이다. 그 중 대표적인 측면이 다양성의 차이가 아니었을까 한다. 당시 우리는 누릴 수 없었던 선택의 범위를 미국 사회에서는 누리고 있었던 것이다.

지금은 우리 사회에서도 선택의 범위가 매우 넓어졌다. 이제는 미국에 가도 충격적인 차이를 느끼지는 못할 것이다. 우리나라와 미국 사회간에 다양성의 차이가 컸던 이유는 무엇이고, 우리나라에서 이렇게 다양성이 확대된 이유는 또한 무엇인가?

한 사회에서 소비자들이 접하는 상품의 다양성의 정도는 일단 그 사회의 크기와 밀접히 관련될 것이다. 시장의 규모가 큰 국가일수록 다양성이 크다는 것은 많은 설명이 필요 없을 것이다. 시장의 규모가 크다면 소비자들의 다양한 욕구와 취향을 겨냥한 다양한 상품들이 만들어질 수 있을 것이다. 그러나 시장의 규모가 작다면, 소비자들의 욕구와 취향은 똑같이 다양하다 할지라도 극소수의 취향을 겨냥한 상품을 생산하는 것은 수지가 맞지 않을 것이다. 따라서 과거에 우리 사회와 미국 사회간에 존재했던 다양성의 큰 차이는 일단 시장규모의 차이에서 그 원인을 찾을 수 있을 것이다.

한 사회의 다양성의 정도를 결정하는 또 하나의 중요한 요소는 그 사회의 개방 정도라 할 수 있을 것이다. 외국의 상품이 자유롭게 수입되는 사회에서 소비자들이 누리는 선택의 폭은 그렇지 못한 사회에서보다 훨씬 클 것이다. 맥주의 경우를 생각해 보라. 우리나라 회사에서 만드는 상품도 종류가 많아졌지만, 다양성을 더욱 확대시키고 있는 것은 외국에서 수입된 각종 맥주들이 아닌가? 여러분들의 지금 주변에 있는 외국산 상품을 생각해 보라. 같은 용도의 국내 상품이 있을 것이다. 그런데 여러분은 왜 외국상품을 사용하고 있는가? 가격의 차이 때문일 수도 있을 것이다. 품질의 차이 때문일 수도 있을 것이다. 그러나 결국은 그 외국상품이 국내상품보다 여러분의 취향에 맞기 때문에 그 상품을 선택했을 것이다. 국내상품이 더 취향에 맞는 소비자라면 국내상품을 선택했을 것이다. 수입이 확대되면 그 만큼 여러분의 선택의 범위도 늘어나는 것이다.

우리 사회에서 그동안 다양성이 확대된 것은 우리의 시장규모가 커진 것과 함께 우리 사회의 개방 확대에 따른 결과라 할 수 있다. 반대로 이야기하면 과거에 우리 사회의 다양성이 적었던 것은 시장규모가 크지 않았을 뿐만 아니라 시장개방이 미흡했기 때문인 것이다. 물론 경제발전에 따른 소득증대로 소비자들의 소비패턴이 변화한 것도 중요한 이유이다. 소득수준이 높아질수록 사람들의 다양성에 대한 욕구도 증대하는 것이다.

본절에서는 시장개방에 따른 다양성의 이익에 대해 논하고자 한다. 혹자는 다양성이 무슨 이익인가 하고 반문할지도 모른다. 상품의 종류가 많아지면 고르는데 머리만 아프고, 차라리 과거의 단순한 사회가 더 좋다고 생각하는 사람도 있을 수 있다. 그런데 유감스럽게도 경제학에서는 이런 사람들은 정상적인 사람으로 취급하지 않는다는 것이다. 정상적인 인간의 심리는 자신의 취향에 보다 맞는 상품을 소비함으로써 더 큰 만족감을 느끼고, 다양한 소비를 함으로써 기쁨을 느낀다는 것이다. 여러분은 당연히 이런 심리를 갖고 있을 것이라 생각한다.

(1) 간단한 모형

지금 어떤 상품의 시장규모가 일정하게 주어져 있다고 하자. 예컨대 그 상품의 연간 매출규모가 Q라고 하자. 그리고 그 상품을 만드는 기업의 숫자가 n이라고 하자. 그런데 이 상품은 동질적인(homogeneous) 상품이 아니고 만드는 기업마다 조금씩 특성이 있는 상품이라 하자. 우리는 이러한 상품을 차별화된(differentiated) 상품이라 부른다. 기업들은 만드는 상품이 차별화되어 있다는 점만을 제외하고는 모든 면에서 같다고 하자. 우리는 이런 기업들을 대칭적(symmetric)이라고 부른다.

그러면 개개 기업의 연간 매출규모는 얼마일 것인가? Q/n일 것이다. 이제 여기서 중요한 상황설정을 하나 하기로 하자. 즉 기업의 생산규모가 클수록 상품

한 단위를 만드는 데 드는 평균적인 비용은 감소한다는 것이다. 예컨대 100개의 물건을 만들 때 총 백만원의 비용이 든다면 평균비용은 만원이다. 그런데 200개의 물건을 만들면 총비용이 2백만원(즉 평균비용이 만원) 드는 것이 아니라 그보다 적게 든다는 것이다. 이처럼 생산규모가 증가할수록 단위당 평균비용이 떨어지는 현상을 규모의 경제(economies of scale)라 부른다.[8)]

일반적으로 규모의 경제는 생산규모가 작은 단계에서 나타난다. 비교적 생산규모가 작은 단계에서 생산규모를 증대시키면, 생산요소의 전문적인 활용(즉 분업의 증대), 경영의 효율성 증대, 원료나 부품 등 생산요소의 대량 구입에 따른 할인 혜택 등 다양한 이득을 얻을 수 있고, 따라서 규모의 경제 현상이 나타난다. 그러나 생산규모가 너무 커지게 되면 그 이상의 규모 확대가 오히려 평균비용의 증가를 초래하는 것이 일반적이다(이를 규모의 비경제(diseconomies of scale)라 부른다). 지나치게 기업의 규모가 커지면 이를 효과적으로 통제하고 경영하는 것은 어려워진다. 또한 전문화도 지나치게 되면 인간소외, 사기저하 등의 부작용이 발생할 수 있다. 즉 생산규모가 작은 단계에서는 규모의 경제가, 생산규모가 큰 단계에서는 규모의 비경제가 나타나는 것이 경험적인 법칙이다.

그림 4-22 본국의 상품 다양성

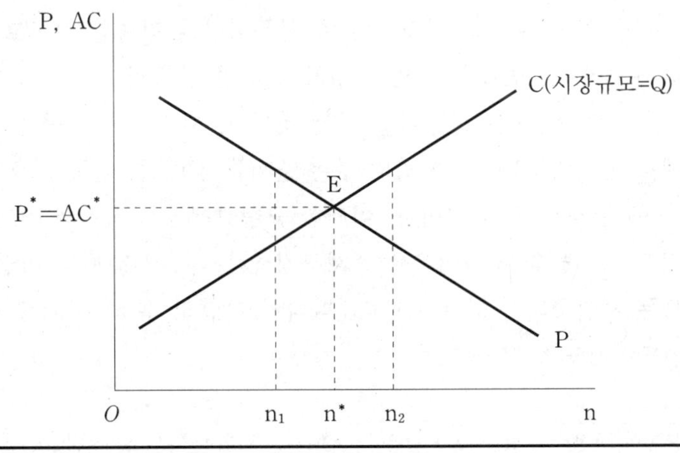

8) 보다 정확한 정의는 기업이 모든 생산요소들을 똑같은 비율로 증가시킬 때 생산량은 그 비율을 초과하는 비율로 증가한다는 것이다. 예컨대 노동과 자본이 생산에 투입되는 두 개의 생산요소라 할때 노동과 자본의 투입을 각각 2배씩 늘리면 총생산량은 2배보다 많이 증가한다는 것이다. 이를 비용측면에서 보면 생산량이 늘수록 평균비용은 감소한다는 것이 될 것이다.

지금 이 모델에서 시장의 규모(Q)에 견주어 기업의 수(n)가 상당히 많은 편이라고 본다면(즉 개개 기업의 생산규모 Q/n이 작은 편이라고 본다면), 따라서 규모의 경제라는 상황 설정이 무리가 없을 것이다. 그러면 기업의 수와 각 기업의 평균비용간에는 어떤 관계가 있겠는가? 기업의 수가 많을 수록 각 기업의 생산규모는 줄어들고 따라서 상품 한 단위를 만드는 데 드는 평균비용은 높을 것이다. 이 관계를 그래프로 표시하면 [그림 4-22]의 C와 같은 그래프로 나타날 것이다. [그림 4-22]에서 횡축은 기업의 수(n), 종축은 평균비용(AC: average cost)을 표시하고 있다.

다음은 이 모델에서 상품의 가격과 기업의 수간의 관계를 살펴보자. 기업의 수가 많아지면 상품의 가격은 어떻게 되겠는가? 기업의 수가 많을수록 기업간의 경쟁은 더욱 치열해질 것이고 가격은 낮아질 것이라는 것을 쉽게 예상할 수 있을 것이다. [그림 4-22]에서 P라고 하는 그래프는 바로 이러한 관계를 나타내고 있다(이때 종축은 평균비용이 아니라 가격으로 설정된다).

자 그러면 이 사회에서 기업의 수는 몇 개가 될 것인가? C 그래프와 P 그래프가 만나는 점, 즉 E점에 상응하는 기업 수인 n^*가 될 것이다. 만일 기업의 수가 이보다 적은 n_1이라고 하자. 그러면 상품의 가격이 그 상품을 만드는 데 드는 비용보다 높고, 따라서 기업들은 초과이윤을 얻게 될 것이다. 그러나 초과이윤이 존재하는 것을 보고 새로운 기업들이 이 상품시장에 진출할 것이고 기업의 수가 증가하게 될 것이다. 반대로 기업의 수가 n_2라면 상품의 가격보다 비용이 더 높고 기업들이 손실을 보는 상황이 발생할 것이다. 따라서 기업들은 점차 이 상품의 생산에서 손을 뗄 것이고 기업의 수는 줄어들 것이다. 결국 n^* 만큼의 기업만이 이 시장에 존재하게 될 것이다. 이러한 균형상태에서 상품의 가격은 평균비용과 같아지고 기업들의 초과이윤은 존재하지 않는다. 그런데 각 기업이 생산하는 상품은 모두 차별화되어 있다고 했다. 따라서 기업의 수 n^*는 바로 이 상품의 다양성의 정도이기도 한 것이다.[9]

---

9) 이 모델이 상정하고 있는 것과 같은 시장구조를 독점적 경쟁(monopolistic competition)이라 한다. 즉 독점적 경쟁시장은 많은 기업들이 각각 차별화된 제품을 생산하고, 시장에 기업의 진출과 퇴출이 자유로울 때 성립하는 시장이다. 각 기업은 차별화된 제품을 생산하기 때문에 독점기업에 비해 정도는 약하지만 자사제품에 대해 독점력을 갖는다. 그러나 독점시장과는 달리 기업의 시장 진입과 퇴출이 자유롭기 때문에 완전경쟁의 경우와 마찬가지로 균형상태에서 각 기업의 초과이윤=0이라는 관계가 성립한다.

(2) 자급자족시 국가간 차이

또 다른 국가가 있다고 하자. 우리가 이를 외국이라 부르고, 앞의 경우를 본국이라 하자. 외국에서 이 상품의 시장규모는 $\widetilde{Q}$라 하자. 그리고 이밖의 모든 상황은 본국과 동일하다고 하자. 그러면 외국에 존재하는 기업의 수, 즉 상품 종류의 수는 [그림 4-23]에서 볼 수 있드시 $\widetilde{n}^*$가 될 것이다. P 그래프는 본국의 경우와 하등의 차이가 없을 것이다. 그러나 C 그래프의 위치는 시장의 규모에 의해 결정되며, 시장의 규모가 클수록 아래쪽에 위치하게 될 것이다.

외국의 시장규모가 본국의 시장규모보다 크다고 하자. 그러면 자급자족시 양국의 상황은 어떻게 다를 것인가? 시장규모가 큰 외국에 보다 다양한 종류의 상품이 존재할 것이다. 또한 상품의 가격 또한 낮을 것이다. 즉 대국이 소국에 비해 규모의 경제를 더욱 실현할 수 있고, 이는 상품의 다양성 증대와 생산비용의 저하라는 혜택으로 나타나는 것이다.

(3) 자유교역의 혜택

본국과 외국간에 자유롭게 교역이 이루어진다고 하자, 즉 본국과 외국의 시장이 하나의 시장으로 통합되었다고 하자. 그리고 이렇게 통합된 시장을 놓고 본

그림 4-23 외국의 상품 다양성

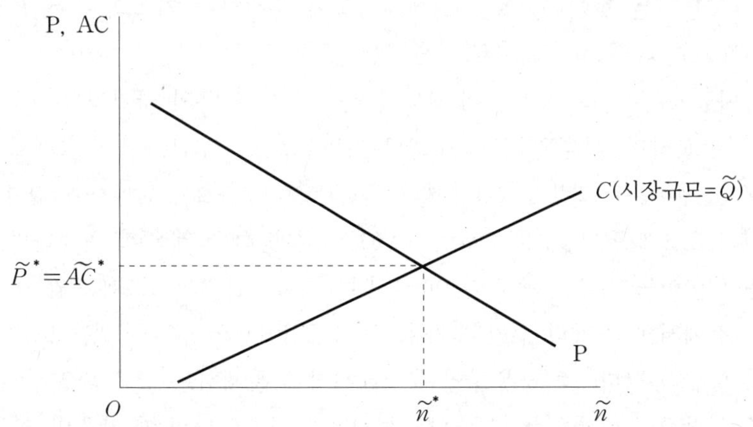

그림 4-24 세계시장의 상품 다양성

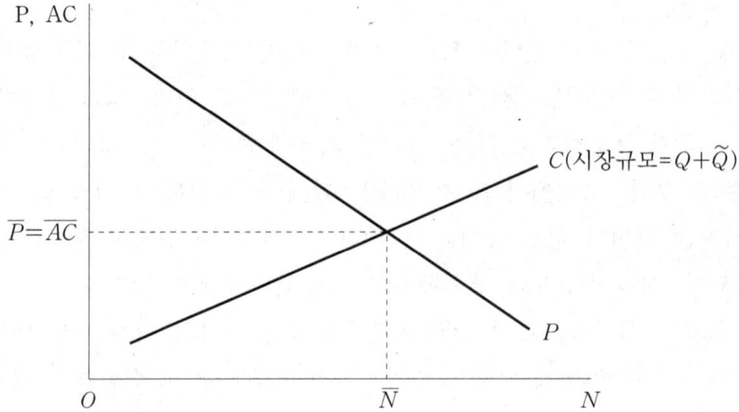

국과 외국의 기업들이 동일한 조건하에서 경쟁을 한다고 하자. 이때 어떤 변화가 일어나겠는가?

이 상품의 세계시장 규모는 $Q+\widetilde{Q}$일 것이다. 이 상품을 생산하는 세계(본국과 외국 모두의) 기업의 수를 N이라 하자. 그러면 [그림 4-24]에서 볼 수 있는 것처럼 N은 $\overline{N}$로 결정될 것이다. P 그래프는 단지 기업의 수와 가격간의 관계를 나타내는 것으로 그 관계는 자급자족의 경우나 통합시장의 경우나 마찬가지일 것이다. 자급자족의 경우와 달라지는 점은 이제 개개 기업의 생산규모가 $(Q+\widetilde{Q})/N$이라는 것이다. 이때 기업의 수 N과 각 기업의 평균비용간의 관계가 C그래프로 나타나고 있는 것이다. 그리고 세계시장에 존재하는 기업의 수는 P그래프와 C그래프가 만나는 점, 즉 $\overline{N}$로 나타나는 것이다.

자급자족시, 즉 국가간에 교역을 하지 않는 경우와 국가간에 교역을 하는 경우를 비교하면 어떠한 차이가 있는가? [그림 4-24]에서 C그래프(시장규모가 $Q+\widetilde{Q}$인 경우)는 [그림 4-22]에서의 C그래프(시장규모가 $\widetilde{Q}$인 경우)나 [그림 4-23]에서의 C그래프(시장규모가 $\widetilde{Q}$인 경우)보다 분명히 아래쪽에 위치한다. 그리고 P그래프는 어느 경우든 똑같다. 따라서 [그림 4-24]에서 C그래프와 P그래프가 만나는 점에서의 기업의 수인 $\overline{N}$가 [그림 4-22]에서의 n^*나 [그림 4-23]에서의 $\widetilde{n}^*$보다 확실히 크다. 즉 자유교역시 세계시장에 존재하는 상품 다양성의 수는 자급자족시 각국에 존재하는 상품 다양성의 수보다 크다. 또한 상품의 가격도 자급자족시 각국에서의 가격보다 낮다. 요컨대 자유교역시 양국의 소비자들은 보다 다양한 종류의 상품을 보다 낮은 가격에 소비할 수 있게 되는 것이다.

여기서 한 가지 주목할 점은 자유교역시 세계시장에 존재하는 상품 종류의 수, 즉 기업의 수는 자급자족시 각국에 존재하던 상품 종류의 수를 합한 것보다는 적다는 것이다. 즉 $\overline{N}<n^*+\widetilde{n}^*$의 관계가 성립한다는 것이다. 그 이유는 다음과 같다. 자급자족을 하다가 양국이 교역을 시작했다고 해 보자. 그러면 양국을 합한 세계시장의 규모는 $Q+\widetilde{Q}$가 되고 총 기업의 수는 일단 $n^*+\widetilde{n}^*$가 될 것이다. 개개 기업의 생산규모는 일단 변화가 없으며 따라서 평균비용도 변화가 없다. 그러나 기업의 수가 늘어남으로써 기업간의 경쟁이 치열해지고 상품의 가격은 하락한다. 따라서 기업의 손실이 발생하고 기업의 퇴출이 나타난다. 기업의 수가 줄어들면서 개개 기업의 생산규모가 확대되고 평균비용도 하락한다. 결국 세계시장에는 $\overline{N}$개의 기업만이 살아남게 된다. 그리고 살아남은 기업의 생산규모는 자급자족시보다 확대되는 것이다.

본 모델만으로는 어느 나라의 기업들이 얼마 만큼 살아남을 것인가에 대해서는 알 수 없다. 경우에 따라서는 특히 어느 한 나라의 기업들에 퇴출이 집중되는 상황도 발생할 수 있을 것이다. 그러면 여러분 중에는 이것이 무슨 무역의 혜택인가 하고 반박하는 사람도 있을 것이다. 그러나 앞절에서 논한 보호무역의 비용과 결국 마찬가지 논리가 전개될 수 있다. 산업의 경쟁력이 약한 국가에서 자유교역으로 생산자의 후생은 감소할 수 있다. 그러나 소비자의 후생은 증가한다. 본 모델만으로는 생산자 후생의 변화와 소비자 후생의 변화 정도를 비교 분석하기 어렵다. 그러나 분명한 것은 자유교역으로 소비자 후생은 증가한다는 것이다. 그리고 자유교역으로 국내기업의 수가 줄어든다 해도 살아남는 국내기업의 생산규모는 확대됨으로써 산업 전체로는 그 규모가 더욱 확대될 수도, 설령 줄어든다 해도 그 정도가 완화될 수 있는 것이다.

6. 수출지원의 효과

현재 세계에서 가장 영향력 있는 경제학자 중의 한 명인 폴 크루그만(Krugman) 교수는 그의 저서 「팝 인터내셔널리즘(Pop Internationalism)(1996)」에서, 경제학 입문 과정에서 쫓아낼 수 있고 또 당연히 쫓아내야 하는, 현재 유행하고 있는 몇 가지 잘못된 개념들이 있다고 소개하고 있다. 그 중의 하나가 수출과 수입에 대한 잘못된 인식이다. 그는 다음과 같이 언급하고 있다.

> … 실무자들 사이에 가장 인기 있고 끊임없이 나도는 잘못된 개념 중 하나는 국가들도 사업을 영위하는 회사들과 똑같은 방식으로 서로 경쟁하고 있다는 것이다. 1817년 리카르도는 벌써 이를 잘 알고 있었다. 경제학 입문과정은 국제무역이 경쟁이 아니라 서로에게 유익한 교환이라는 점을 학생들에게 납득시켜야 한다. 좀더 근본적인 사실을 말하면 무역의 목적은 수출이 아니라 수입이라는 사실을 학생들에게 가르칠 수 있어야 한다. 즉 국가가 무역에서 얻는 이득은 그 나라가 원하는 것을 수입할 수 있는 능력이다. 수출은 그 자체가 목적이 아니다. …

이러한 지적은 이미 오랜 전에 국제무역의 초기 이론가인 제임스 밀이 언급한 바이기도 하다. 즉 그는 1821년 경제학요론(Elements of Political Economy)이라는 저서에서 다음과 같이 언급하고 있다.

> … 상품의 교환으로부터 나오는 혜택은 주는 상품(the commodity given)이 아니라 받는 상품(the commodity received)에서 발생하는 것이다. …

요컨대 국가간의 교역의 이익은 수출에 있는 것이 아니라 수입에 있는 것이다. 지금까지 우리가 논한 것을 상기해 보라. 교역의 이익은 어떻게 나타났는가? 소비가능곡선이 확대된다든지, 앞절에서 본 것처럼 소비의 다양성이 증대된다든지 하는 것이었다. 그리고 이는 교역으로 인해 외국으로부터 보다 저렴한 가격으로, 보다 다양한 제품을 수입할 수 있기 때문이었다.

그러나 우리의 일반적인 생각은 어떠한가? 경제학 입문과정을 듣지 않은 사람이나 들은 사람이나 막론하고 '수출은 선이고 수입은 악'이라고 생각하고 있지 않은가? 설령 수입을 악이라고까지 생각은 안 한다고 해도 수출은 좋은 것이다라는 일종의 강박관념을 갖고 있지 않은가? 우리는 어떻게 보면 수출에 대해 숭고한 가치를 부여하고 있다. 다른 나라의 경우도 그렇지만 특히 우리나라의 경우에는 이런 경향이 강하다고 볼 수 있다. 우리가 과거에 뇌리에 박힐 정도로 수없이 들어왔고 지금도 여전히 듣고 있는 '수출만이 우리의 살길이다'라는 슬로건을 알 것이다. 이런 관념하에서 기업의 수출을 지원하고 수출산업을 보호하는 등 수출 증대를 목표로 하는 정부 정책은 무조건적 타당성이 부여되어 왔다고 볼 수 있다.

본절에서는 바로 이러한 수출지원의 문제에 대해 살펴본다. 수출지원의 효과는 무엇인지, 국가들이 수출증대를 위해 경쟁을 하면 그 결과는 어떻게 되는지 등의 문제를 살펴본다.

(1) 수출보조금의 효과

수출지원의 대표적인 수단은 수출보조금이라 할 수 있다. 수출보조금(export subsidy)이란 수출에 대한 금융·조세상의 각종 지원을 의미한다. 관세의 효과를 분석했던 것과 같은 방식으로 수출보조금의 효과를 분석해 보자.

[그림 4-25]에서 어떤 상품의 국제가격이 $\bar{p}$로 주어져 있다고 하자. 지금 이 나라의 수요곡선과 공급곡선은 그림에서와 같이 주어져 있다. 국제가격 수준에서 이 나라는 이 상품의 초과공급 상황으로, 초과공급분인 AB 만큼을 수출할 것이다. 이 나라의 정부가 이 상품의 수출 한 단위에 대해 s율 만큼의 보조금을 지급하기로 하였다. 즉 보조금 지급 이전에 수출업자는 상품 한 단위를 수출하면 $\bar{p}$ 만큼의 수입을 얻었지만, 이제는 $\bar{p}(1+s)$ 만큼의 수입을 얻게 된 것이다. 이제

그림 4-25 수출보조금의 효과

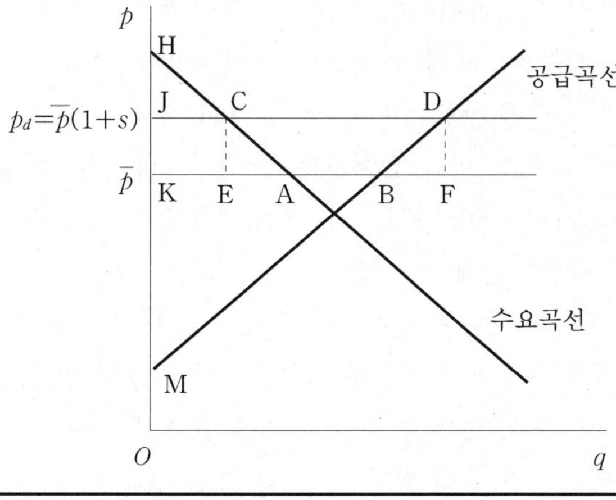

수출업자들이 직면하는 가격은 $\bar{p}$가 아니라 $\bar{p}(1+s)$가 된 것이다. 따라서 수출상품의 국내생산은 B에서 D라는 수준으로 확대된다.

이 상품의 국내가격은 어떻게 될 것인가? 보조금 지급의 결과 국내가격 역시 $\bar{p}(1+s)$로 상승하게 된다. 왜? 국내시장에서의 가격이 그대로 $\bar{p}$라면 생산자들은 아무도 이 상품을 국내시장에서 팔려고 하지 않을 것이다. 수출을 하게 되면 더 많은 수입을 얻을 수 있기 때문이다. 따라서 국내 소비자들이 이 상품의 소비를 위해서는 $\bar{p}(1+s)$ 만큼의 가격을 지불해야 할 것이다. 국내 생산자들이 $\bar{p}$라는 가격에서 국내판매를 전혀 하지 않는다면 이 가격하에 상품을 수입하여 국내소비가 충당될 수도 있을 것이다. 그러나 이러한 경우 수출업자가 $\bar{p}$라는 가격으로 상품을 수입하여 보조금을 받고 다시 $\bar{p}$라는 가격으로 수출하는 것이 가능해진다. 따라서 이러한 경로를 차단하기 위해서는 이 상품의 수입시 관세를 역시 s율 만큼 부과해야 할 것이다. 결국 국내시장에서 이 상품의 가격은 $\bar{p}(1+s)$에서 균형을 이룰 수밖에 없다.

이 상품의 국내시장 가격 상승에 따라 국내소비는 A에서 C라는 수준으로 줄어든다. 따라서 수출규모는 AB에서 CD로 확대된다. 즉 수출보조금은 수출증대의 효과를 갖는다.

이제 후생상의 변화를 보자. 수출보조금 지급 이전에 소비자잉여는 삼각형 HKA였으나 수출보조금 지급 이후 삼각형 HJC로 축소된다. 즉 소비자잉여는 사다리꼴 JKAC 만큼 감소한다. 생산자잉여는 수출보조금 지급 이전 삼각형 KMB였으나 수출보조금 지급 이후 삼각형 JMD로 확대된다. 즉 생산자잉여는 사다리꼴 JKBD 만큼 늘어난다. 한편 수출보조금의 경우에는 국민의 세부담이 발생한다. 사각형 CEFD는 수출보조금 총액으로 이는 국민의 소득이 세금과 보조금을 통해 수출업자에게 이전된 부분이다. 따라서 사회 전체의 후생은 삼각형 CEA와 삼각형 DFB의 면적을 합한 만큼 감소하는 것으로 나타난다. 즉 수출보조금은 생산자잉여의 증가를 가져오지만 이는 소비자잉여의 감소와 수출보조금 지출총액을 합친 것만큼 크지는 못하다는 것이다.

한편 관세의 경우와 마찬가지로 여기서 분석의 대상이 되고 있는 국가는 소국이다. 즉 이 나라의 수출량의 변화가 국제가격에 아무런 영향을 미치지 못한다는 점을 전제로 하고 있다. 만일 이 나라가 이 상품의 세계시장 공급에서 큰 비중을 차지하는 대국이라면 어떻게 될까? 관세의 경우 대국의 관세 부과는 수입품의 가격을 떨어뜨리는 교역조건의 개선 효과가 발생할 수 있음을 언급한 바 있다. 반대로 수출보조금의 경우 대국의 보조금 지급은 수출물량의 확대에 따라 수출품의 가격을 떨어뜨리고, 이로 인해 오히려 교역조건이 악화되는 효과가 발생할 수 있다. 즉 대국의 경우 수출보조금은 국내후생상의 순손실과 더불어 교역조건의 악화라는 부정적인 효과까지 발생하게 되는 것이다.

(2) 중상주의적 사고와 수출

정부가 개입하여 수출을 지원하는 것은 후생상 오히려 손실을 초래한다. 그럼에도 불구하고 수출에 대한 지원이 계속 매력적으로 들리는 것은 무엇 때문인가? 수출지원의 후생효과를 모르는 사람이라면 그럴 수도 있다. 그러나 이를 알고 있는 사람들도 여전히 수출의 매력에서 벗어나기 어렵다. 왜 그런가?

일찍이 무역의 목적이 오로지 금 · 은의 획득에 있었던 시대가 있었다. 중세 봉건제의 붕괴 이후 절대왕정의 성립으로부터 시민혁명을 거쳐 산업혁명에 이르기까지의 시대를 우리는 보통 중상주의(mercantilism)의 시대라 부른다. 이러한 절대왕정의 시대에 국가의 부란 바로 왕의 부와 같은 것이었고, 왕의 부는 금 · 은과 같은 귀금속을 얼마나 많이 보유하고 있느냐에 달려 있는 것이었다. 따라서 금 · 은과 같은 귀금속의 유입을 가져오는 수출은 좋은 것이고, 금 · 은의 유출을 초래하는 수입은 어떻게든 억제하려고 했던 것이다.

그런데 요즘에도 무역을 중상주의적 관점에서 보는 사람들이 적지 않다. 아니 어쩌면 이런 사고가 오히려 일반적인 사고가 아닌가 한다. 수출은 금쪽 같은 외화를 벌어들이는 소중한 것이고, 수입은 피 같은 외화가 빠져나가는 가슴 아픈 현상으로 이해하고 있지 않은가? 60년대, 70년대 우리나라의 경제발전 초기에 누누이 들었던 말이요, 최근에는 외환위기 이후 또 다시 자주 들었던 말일 것이다. 금 · 은이 외화, 즉 달러로 바뀌었을 뿐, 중상주의 시대의 사고와 하등의 차이가 없다.

후진국의 경우 수출의 절대적인 목표가 외화의 획득에 있는 경우가 있을 수 있다. 후진국의 경우 경제발전을 위해서는 중간재와 자본재의 수입이 절대적으로 필요하나, 외환의 부족으로 이러한 수입이 여의치 않을 수 있다. 따라서 사회후생의 손실을 감수하면서 외화 획득을 위한 수출증대에 매진할 수도 있다. 우리나라가 경제발전 초기에 경험한 상황이다. 그러나 후진국의 이런 특수한 상황을 제외하고는 외화 획득이라는 목적 때문에 수출을 장려하는 것은 합리화하기 어렵다. 외환위기 상황에서 바닥난 외환보유고를 다시 채우기 위해 수출을 인위적으로 지원하는 것이 바람직한가? 혹자는 그렇다고 답할지도 모른다. 그러나 이는 결코 좋은 정책처방이 아니다. 우리가 제4부에서 보겠지만 외환위기는 수출증대로 외환유입이 좀 확대된다고 해서 해결되는 문제가 아니다. 보다 근본적인 처방이 필요하며, 수출지원과 같은 후생손실을 감수하지 않고도 외환보유고를 확충할 수 있는 방법은 있는 것이다.

수출, 수입과 관련된 또 다른 중상주의적 사고는 수출은 일자리의 창출, 수입은 일자리의 감소로 보는 사고이다. 이 역시 금 · 은과 같은 귀금속이 일자리로 바뀌었을 뿐 중상주의 시대의 사고와 다를 것이 없다. 이는 후진국보다는 실업문제를 안고 있는 선진국에 만연된 사고라 할 수 있다. 실업자가 많은 상황에서 수출확대에 따른 생산증대는 분명히 새로운 일자리를 만들어 낸다. 그리고 수입의 확대는 비교우위가 없는 수입경쟁산업의 생산을 감소시키고 그 산업에서의 일자리는 줄어든다. 그러나 고용 문제 때문에 무역정책을 사용하는 것은 결코 적절한 정책처방이 아니다. 경제원론을 들어본 학생은 케인즈의 거시경제이론을 알고 있을 것이다. 대공황과 같은 극심한 실업상황에서 케인즈가 내린 처방이 수출증대, 수입억제 정책이었던가? 아니다. 정부지출을 늘인다든지, 금리를 인하한다든지 하는 경기부양책이 아니었던가?

실업문제는 결코 무역정책으로 해결할 수 없다. 설령 약간의 효과가 나타날 수도 있겠지만 이는 근본적인 처방이 아니며 또한 사회후생의 손실을 감수해야 한다. 더욱이 실업문제 해결을 위해 무역정책을 사용하는 경우 상대방 국가에게 피해를 줄 수 있다는 것이다. 즉 이른바 실업의 수출이라는 문제가 발생할 수 있는 것이다. 그러면 피해를 본 국가에서 역시 무역정책으로 대응하고, 그렇게 되

[표 4-10] 수출지원경쟁과 후생

		B국	
		수출지원	자유방임
A국	수출지원	−△, −△	100개−△, −100개,
	자유방임	−100개, 100개−△	0, 0

면 결국 어떤 국가도 의도한 목표를 달성하지 못하는 상황이 나타날 수 있는 것이다. 다음과 같은 간단한 예를 생각해 보자. A국에서 일자리 창출을 위해 B국을 상대로 수출지원책을 사용했다고 하자. 만일 B국이 아무런 대응도 하지 않는다면 A국은 일자리가 100개 늘어나고 B국은 일자리가 100개 줄어든다고 하자. 여기서 △는 앞에서 본 것처럼 수출지원에 따른 사회후생의 감소분을 나타낸다.

양국이 모두 수출지원책을 쓰면 일자리의 창출 효과는 서로 상쇄되어 나타나지 않고, 오직 사회후생의 감소만 나타난다. 여기서 한 가지 가정을 하자. 즉 이들 나라에서 최대의 관심은 일자리에 있으며, 사회후생의 감소에는 별로 관심이 없다고 하자. 즉 일자리 100개>△라는 생각을 각국 정부가 갖고 있다고 하자. 그러면 어떤 상황이 발생할 것인가? 본절의 부록에서는 간단한 게임이론을 소개하고 있다. 지금의 예는 마치 '죄수의 딜레마'와 같은 성격을 지니는 게임이라는 것을 알 수 있을 것이다. 즉 각국이 수출지원을 하는 것이 우월적 전략이 된다. 그러나 그 결과는 어떠한가? 양국 모두 수출지원을 하지 않는 것보다 못하다. 요컨대 상대국의 대응을 생각한다면 실업문제 해결을 위해 무역정책을 사용하는 것은 적절한 처방이 아니라는 것이다.

(3) 선략적 무역성책

수출에 대한 중상주의적 사고는 매우 강력하다. 무역을 국가간의 협력이 아니라 국가간의 경쟁으로 생각하고, 특히 국내 일자리가 달린 문제라고 생각하는 것이 일반적인 상황에서 '수출은 좋고 수입은 나쁘다'는 명제에 도전하는 것은 상당한 용기가 필요하다. 특히 인기에 영합할 수밖에 없는 정치인들로서는 국민의 보편적인 정서에 기반을 둘 수밖에 없을 것이다. 경제학자들은 이런 정치인들을 어리석고 근시안적이고 경제교육 좀 받으라고 비판한다. 반대로 정치인들은 경제학자들에게 괜히 고고한 척하지 말고 현실을 보라고 비판한다. 무역정책에 관한 한 경제학자와 정치인간의 논쟁은 예나 지금이나 변화가 없다.

그런데 80년대 중반에 정치인들을 즐겁게 만들고 경제학자들을 당혹스럽게 만드는 일이 발생했다. Brander라는 당시 경제학계에 잘 알려져 있지 않던 젊은 경제학자가 수출지원이 지원국의 사회후생을 높일 수 있다는 이론을 제시한 것이다. 이 이론이 나오자 마자 미국에서 곧바로 큰 반향을 불러 일으켰다. 정치인들이나 비경제학자들은 이 이론을 원용하면서 보다 공격적인 무역정책을 펴야 한다고 주장했다. 경제학계에서는 이후 단기간에 걸쳐 이 이론과 관련된 수많은 논문들이 발표되었다. 그리고 이러한 연구결과들은 대체로 다음과 같이 정리될 수 있다. 이 이론은 여러 가지 특수한 가정하에서 타당성을 지니는 이론이며 일반화될 수 있는 이론은 아니다. 그리고 이론상으로는 부분적 타당성이 있다고 해도 이를 현실적으로 적용하는 데는 여러 가지 문제점이 있다는 것이다. 경제학자들은 결코 정치인들의 손을 들어주지 않았다. 오히려 이 이론을 통해 자유무역의 논리를 더욱 강화했다고 볼 수 있는 것이다.

이 이론을 이해하기 위해서는 과점시장의 균형에 대한 이해가 필요하다. 이를 먼저 살펴보도록 하자.

가. 과점시장의 균형

먼저 독점기업의 경우를 보자. 지금 X라는 어떤 상품을 만드는 기업이 하나밖에 없다고 하자. 이 상품에 대한 시장의 수요곡선은 P=100−2Q로 주어져 있다고 하자. 지금 이 독점기업은 자신이 생산하는 상품의 이 수요곡선을 알고 있다. 그리고 이 상품 한 단위를 만드는 데 10이라는 비용이 든다고 하자. 그러면 이 독점기업은 이윤을 극대화하기 위해 몇 단위만큼의 상품을 생산할 것인가?

〈답〉 q만큼을 생산하여 이를 판다고 하자. 그러면 상품의 가격은 $100-2q$가 될 것이다. 그러면 이 기업의 총수입은 $q\times(100-2q)$ 일 것이고 총비용은 $10\times q$일 것이다. 따라서 이 기업의 총이윤(초과이윤) $\Pi=q(100-2q)-10q$이고, 이를 극대화시키는 q의 값은 22.5이다. 그리고 22.5 단위의 상품을 생산하여 판매한 결과 얻는 총 이윤은 1012.5이다.

과점(oligopoly)이란 둘 이상의 소수의 기업들에 의해 상품의 공급이 이루어지는 경우이다. 특히 단 두 개의 기업만이 있는 경우를 복점(duopoly)이라 한다. 앞의 예에서 X라는 상품을 만드는 기업이 두 개 있다고 하자. 이를 기업 1, 기업 2라 부르자. 그러면 이들 기업은 각각 얼마만큼의 상품을 생산할 것인가?

기업 1이 q_1, 기업 2가 q_2만큼 생산하여 시장에 공급한다고 하자. 그러면 시장에 나오는 총공급물량은 q_1+q_2일 것이고, 시장수요와 공급량이 일치하는 가격수준은 $[100-2(q_1+q_2)]$가 될 것이다. 따라서 기업 1의 총이윤 Π_1은 $q_1\times[100-2(q_1+q_2)]-10\times q_1$이 될 것이다. 우리가 여기서 알 수 있는 사실은 기업 1의 이

그림 4-26 과점시장의 균형

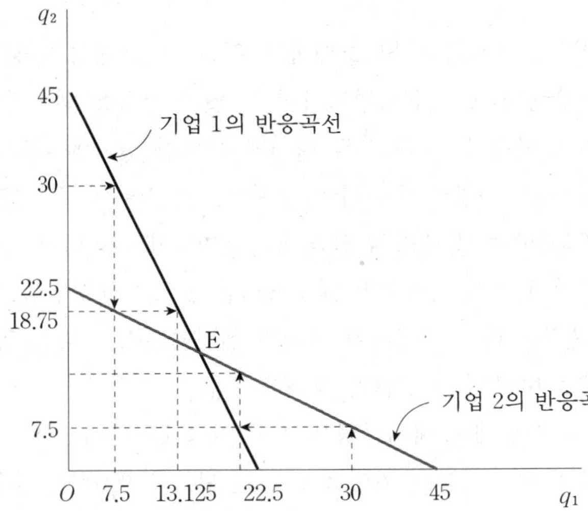

윤은 비단 기업 1의 생산량뿐만 아니라 상대방 기업의 생산량에 의해서도 영향을 받는다는 것이다. 이런 상황에서 기업 1은 얼마만큼 생산할 것인가? 기업 2가 계속 q_2만큼의 생산량을 유지할 것이라고 기업 1이 생각하고 있다고 하자. 그러면 기업 1은 $(90-2q_2)/4$만큼을 생산할 것이다(q_2가 주어진 숫자로 생각하고 Π_1을 최대화하는 q_1의 값을 구해 보라).

기업 2의 생산량에 따라 기업 1이 선택하는 생산량 수준은 달라진다. 기업 2가 20 단위를 생산하고 있다면 기업 1의 선택은 12.5 단위가 될 것이다. 기업 2가 30단위를 생산하고 있다면 기업 1의 선택은 7.5 단위가 될 것이다. 기업 2의 생산량이 많을수록 기업 1이 선택하는 생산량 수준은 낮다. [그림 4-26]에서 이러한 관계는 기업 1의 반응곡선이라는 명칭이 부여된 그래프로 표시되어 있다. 이를 반응곡선(reaction curve)이라 부르는 이유는 기업 2의 생산량에 대해 기업 1이 어떤 생산수준으로 대응하는가를 보여 주기 때문이다(이 경우에 반응곡선은 직선으로 나타나고 있다).

마찬가지로 이번에는 기업 2의 입장에서 생각해 보자. 기업 2 역시 생산량을 결정할 때 기업 1이 현재의 생산량을 계속 유지할 것이라고 전제한다고 하자. 그러면 기업 1의 생산량이 q_1으로 주어져 있을 때, 기업 2의 선택은 $q_2=(90-$

$2q_1)/4$가 될 것이다. 이러한 관계는 [그림 4-26]에서 기업 2의 반응곡선으로 나타나고 있다.

지금 이 상황은 〈부록〉에서 소개하고 있는 바로 게임의 상황이다. 기업 1, 기업 2가 게임에 참여하고 있는 경기자이고, 얼마 만큼을 생산할 것인가 하는 것이 각 경기자의 전략이다. 그리고 각 경기자가 택한 전략에 따라 각 경기자에 돌아가는 이득(여기서는 기업의 이윤)이 결정된다. 이 경우에 각 경기자가 선택하는 전략(각 기업의 생산량)은 상대방의 전략(상대방 기업의 생산량)에 따라 달라진다. 이런 상황의 게임에서 가장 일반적인 해(solution)는 내쉬균형임을 부록에서 소개하고 있다. 내쉬균형은 다른 경기자가 현재의 전략을 유지한다는 전제하에 나 자신도 현재의 전략을 바꿀 유인이 없는 상태를 말한다.

이 과점시장 게임에서 내쉬균형은 바로 기업 1과 기업 2의 반응곡선이 교차하는 점, 즉 점 E(이는 기업 1, 기업 2 모두 15 단위씩 생산하는 경우이다)임을 쉽게 알 수 있을 것이다. 기업 2가 15 단위를 생산하고 있을 때 기업 1에 최대의 이윤을 가져다 주는 기업 1의 생산량은 15 단위이다. 따라서 기업 2가 계속 15 단위를 생산할 것이라고 생각한다면 기업 1은 15 단위의 생산에서 다른 생산량으로 바꿀 이유가 없다. 마찬가지로 기업 2의 입장에서, 기업 1이 계속 15 단위를 생산할 것이라고 생각한다면 기업 2는 15 단위의 생산에서 다른 생산량으로 바꿀 이유가 없다. 따라서 E점이 이 과점시장 게임의 내쉬균형점이 되는 것이다.

처음에 기업 2가 30 단위를 생산하고 있다고 하자. 그러면 기업 1의 전략은 7.5 단위를 생산하는 것이 될 것이다. 기업 1이 7.5 단위를 생산한다고 보자. 그러면 기업 2의 전략은 18.75 단위를 생산하는 것이 될 것이다. [그림 4-26]에서 화살표는 내쉬균형을 찾아가는 모습을 보여 주고 있다. 반대로 기업 1이 30 단위를 생산하고 있다고 하자. 그러면 역시 이와 같은 경로를 거쳐 내쉬균형에 접근해 감을 확인할 수 있을 것이다. 즉 이 과점시장 게임에서 내쉬균형은 안정적인 균형점이다. 즉 처음에 어떤 상황에서 시작하든지 간에 반드시 유일한 내쉬균형점으로 수렴해 간다는 것이다.

우리는 이 내쉬균형을 과점시장의 균형이라 부른다. 과점시장 균형에서 각 기업에 돌아가는 이윤은 얼마인가? 계산을 해 보면 각각 450이 될 것이다.

나. 전략적 무역정책

이제 기업 1을 우리나라 기업, 그리고 기업 2를 어떤 외국의 기업이라 하자. 그리고 여기서 문제를 좀 단순화하기 위해 한 가지 가정을 하기로 하자. 즉 우리나라에서 이 상품에 대한 소비는 없고, 모든 소비는 외국에서 이루어진다고 하자. 따라서 기업 1은 상품을 만들어 전부 외국에 수출하고, 외국시장에서 기업 2와 경쟁하고 있는 것이다.

우리나라 정부가 기업 1에게 수출보조금을 지급한다고 하자. 상품 한 단위 수출에 대해 s원 만큼의 보조금을 지급한다. 그러면 앞의 과점시장 모델의 내용과 한 가지 점에서 차이가 생긴다. 기업 1이 상품 한 단위를 수출해서 (생산해서) 얻는 수입은 이제 P+s원이 될 것이다. 반면에 기업 2가 상품 한 단위를 생산해서 얻는 수입은 계속 P원으로 변화가 없다. 이런 경우에 과점시장에서의 균형문제를 풀면 어떻게 되겠는가?

앞에서 설명한 방식을 그대로 따라서 하면 여러분은 이 문제를 쉽게 풀 수 있을 것이다. 기업 1의 반응곡선은 $q_1=(90+s-2q_2)/4$, 그리고 기업 2의 반응곡선은 $q_2=(90-2q_1)/4$로 도출될 것이다. 이들 반응곡선이 교차하는 점, 즉 내쉬균형에서 $q_1=(90+2s)/6$, $q_2=(90-s)/6$이 될 것이고, 이 균형점에서 기업 1의 이윤 $\Pi_1=(90+2s)^2/18$, 기업 2의 이윤 $\Pi_2=(90-s)^2/18$로 나타날 것이다.

그림 4-27 수출보조금과 과점시장균형

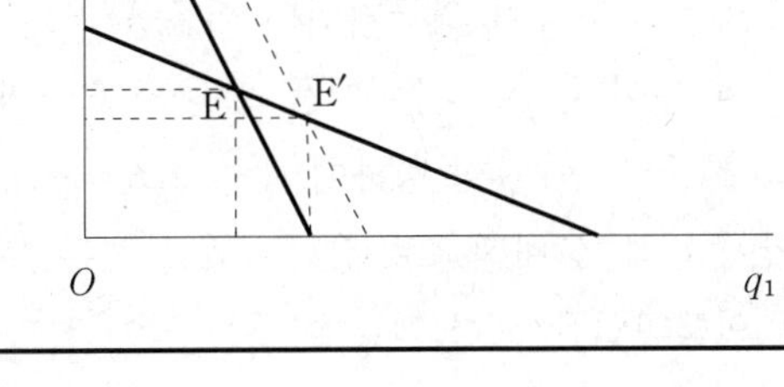

우리나라 정부가 자국기업에 수출보조금을 지급한 결과 어떤 변화가 발생하였는가? 우리나라 기업인 기업 1의 생산량, 즉 수출량은 증가하였고 외국기업인 기업 2의 생산량은 감소하였다. 기업 1의 이윤은 증가하였고, 기업 2의 이윤은 감소하였다.

그러면 우리나라의 후생은 어떻게 변화하였을까? 지금 이 상품에 대한 국내소비는 전혀 없기 때문에 소비자후생은 고려할 필요가 없을 것이다. 생산자후생과 수출보조금 지출비용만 생각하면 된다. 우리가 앞에서 수출보조금의 효과를 분석한 때로 돌아가 보자. 수출상품에 대한 국내소비가 없는 경우([그림 4-25]에서 수요곡선을 지우면 된다), 수출보조금은 여전히 사회후생의 순손실을 유발한다. 이 경우 생산자잉여는 사다리꼴 JKBD 만큼 증가하지만 수출보조금 지출비용은 사각형 JKFD로 삼각형 DFB 만큼의 순손실이 발생함을 알 수 있다.

그런데 과점시장의 경우를 보자. 수출보조금 지급 이후 기업 1의 총이윤은 $\Pi_1=(90+2s)^2/18$이다. 그런데 이 이윤에는 정부로부터 받은 수출보조금이 포함되어 있다. 지급받은 수출보조금 총액 $S=s\times q_1=s\cdot(90+2s)/6$이며, 이는 국민의 소득이 세금과 보조금을 통해 기업 1에 이전된 부분일 뿐이다. 따라서 수출보조금 지급 이후 우리나라의 총후생은 Π_1-S라 할 수 있다. 이를 수출보조금 지급 이전에 기업 1의 이윤과 비교해 보자. 그때 기업 1의 이윤은 450이었다. 수출한 단위당 보조금을 1원씩 지급하면 우리나라 총후생은 454.8이 나온다. 2원을 지급하면 459.5, 3원을 지급하면 464, 만일 22.5원을 지급하면 506.2나 된다. 24원을 지급하면 506, 30원을 지급하면 500, 45원을 지급하면 450, 46원을 지급하면 444.8 등등으로 나타난다. 즉 45원 미만의 보조금을 지급하면 우리나라의 후생이 증가한다는 것이다. 특히 22.5원의 보조금을 지급하면 우리나라의 후생이 극대화된다는 것이다.

이는 매우 놀라운 사실이다. 수출보조금이 사회후생의 감소를 가져오는 것이 아니라 오히려 증가를 가져오는 것이다. 그러면 이러한 효과가 나타난 이유는 무엇인가? 그것은 바로 수출보조금이 외국기업의 이윤을 국내기업의 이윤으로 이전시키는 역할을 했기 때문이다. 우리는 이를 수출보조금의 이윤이전효과(profit-shifting effect)라고 부른다. 쉽게 설명하여 수출보조금으로 인해 우리나라 기업의 경쟁력이 외국기업에 비해 상대적으로 강화되었고 이는 우리나라 기업은 보다 많은 이윤을, 반면에 외국기업은 보다 적은 이윤을 얻는 결과를 초래한 것이다. 그리고 그 이윤의 증가분은 수출보조금에 지불된 비용을 초과할 정도로 크다는 것이다.

이와 같이 초과이윤이 존재하는 시장에서 외국기업으로부터 국내기업으로의 이윤이전을 겨냥한 무역정책을 전략적 무역정책(strategic trade policy)이라 부른다.

다. 전략적 무역정책의 한계

전략적 무역정책은 여러분에게 매우 매력적으로 들렸을 것이다. 리카르도 모델이나 헥셔-오린 모델과 같은 고전적 모델은 기업의 초과이윤이 존재하지 않는 완전경쟁시장을 상정하고 있다. 그러나 이 모델은 과점시장을 상정하고 있다. 그런데 우리가 보통 생각하는 시장은 과점시장이라 할 수 있다. 자동차산업도, 반도체산업도, 철강산업도 다 과점산업이라 할 수 있다. 또한 이 모델은 우리에게 익숙한 기업간의 경쟁이라는 요소를 기반으로 하고 있다. 따라서 이 모델은 매우 현실적인 모델로 보이고, 또한 매우 쉽고 간단한 모델이라는 점에서 매력이 있는 것은 분명하다.

그런데 이 모델이 갖고 있는 치명적인 약점은 모델 내용의 약간의 변화가 결과에는 상당한 영향을 미친다는 것이다. 대표적으로 두 가지만 언급해 보자. 기업의 수가 둘, 즉 국내기업 하나 외국기업 하나만 있는 상황이 아니고 여러 개의 기업이 있는 과점시장을 고려하면 결과가 전혀 반대로 나타날 수도 있다. 즉 수출보조금이 아니라 국내기업의 수출에 오히려 세금을 부과하여 억제하는 것이 후생증대를 가져올 수도 있다. 또한 우리는 기업들이 생산량을 전략으로 택하는 모델을 고려하였다. 이러한 과점시장의 모델을 꾸르노(Cournot) 모델이라 부른다. 그런데 과점시장에서 기업들이 생산량이 아니라 가격을 전략으로 하여 경쟁하는 경우도 있다. 이러한 과점시장 모델을 버트란트(Bertrand) 모델이라 한다. 그런데 이런 가격경쟁 모델에서는 오히려 수출에 세금을 부과하는 것이 적절한 정책으로 나타난다. 그 자세한 내용은 본서에서는 생략하기로 한다. 관심있는 학생은 교수님의 약간의 도움하에 이러한 경우의 문제를 풀 수 있을 것이다.

또한 이 모델이 갖고 있는 문제점의 하나는 정보의 문제이다. 쉽게 말해서 정부가 그렇게 똑똑하냐 하는 것이다. 이 모델은 정부가 과점시장에서 일어나고 있는 상황을 훤히 알고 있는 것으로 가정하고 있다. 기업의 비용, 수요곡선의 모습, 기업간의 경쟁방식 등등 모든 것에 대한 완벽한 정보를 갖고 문제를 푸는 것으로 가정하고 있다. 그러나 실제 정부는 그렇게 똑똑하지 않다. 잘못된 정보를 갖고 문제를 풀면 오히려 손해를 자초할 수도 있다. 예컨대 방금 언급한 것처럼 기업이 가격경쟁을 하고 있는데 생산량경쟁을 하고 있는 것으로 알고 수출보조금을 지급하면 순손실을 야기하는 것이다.

그리고 역시 고려하지 않으면 안되는 중요한 문제는 상대국 정부의 대응이다. 우리나라 정부가 미국시장을 겨냥하여 이러한 공격적인 전략을 쓰면 미국 정부가 가만히 있을 리가 없을 것이다. 당연히 보복하려 할 것이다. 우리나라 기업이 정부로부터 수출보조금을 받아 수출한다면 미국 정부는 이에 대응하여 그 수출상품에 보복적인 관세를 부과하여 수출보조금의 효과를 완전히 상쇄시켜 버릴 수도 있다. 이러한 보복관세를 상계관세(countervailing duties)라 부르는데, 이는 제4부에서 보겠지만 국제규범(즉 WTO 협정)에서도 인정해 주는 보복관세이다. 또한 수출국간의 경쟁도 생각해 보자. 미국 시장에서 우리나라 기업과 일본 기업이 경쟁하고 있다고 하자(즉, 기업 1을 우리나라 기업, 기업 2를 일본기업으로 생각하라). 우리나라 정부가 수출보조금을 지급하면 일본 기업들은 손해를 본다. 이에 대응하여 일본 정부도 수출보조금을 주면 어떻게 되겠는가? 여러분 중에 이 문제를 풀 수 있는 사람이 있을 것이다. 정부간 수출보조금 경쟁의 결과는 전형적인 '죄수의 딜레마'와 같은 게임의 성격을 지닌다. 즉 양국 모두 손실을 보는 것이다. 양국이 협력하여 수출보조금 전략을 함께 사용하지 않으면 양국 모두 더 큰 이득을 얻을 수 있는 것이다.

현재 수출보조금은 WTO의 수출보조금 협정에 의해 금지되고 있다. 그리고 지금까지 언급한 수출보조금의 다양한 부정적인 논리가 그 배경을 이루고 있다고 볼 수 있다. 그럼에도 불구하고 눈에 드러나지 않게, 보조금인지 아닌지 애매한 형태로 수출지원이 각국에서 계속 이루어지고 있다고 볼 수 있다. 우리나라의 경우는 어떠한가? 수출에 대한 중상주의적 사고는 분명히 떨쳐버리기 어려운 매력적인 사고인 것이다.

부 록 게임이론

게임이론은 사회과학 분야에서 많이 활용되는 분석방법의 하나이다. 여러분은 게임이론을 이미 접해 본 사람도 있을 것이고, 앞으로 배울 계획으로 있는 사람도 있을 것이다. 본절에서 게임이론에 기초한 분석을 전개하였다. 게임이론에 관한 지식이 아직 없는 학생들을 위해 이에 대한 기초적인 설명을 하도록 한다.

(1) 게임이란?

게임이론이란 합리적인 의사결정자의 행위가 상호의존적일 경우 그 행위를 분석하는 틀이라 할 수 있다. 게임은 세 가지 요소로 구성된다. 게임에 참여하는 경기자(players), 각 경기자의 전략(strategies), 그리고 각 경기자가 선택한 전략에 따라 나타나는 각 경기자의 이득(payoffs)이다. 예컨대 두 사람이 가위, 바위, 보를 하는 경우를 생각해 보자. 지는 사람이 이긴 사람에게 천원을 주기로 했다고 하자. 그러면 이 두 사람이 경기자이고, 가위, 바위, 보가 각 경기자의 전략이다. 그리고 일어날 수 있는 모든 경우에 대해 각자가 받는 (또는 지불하는) 금액을 표시하면, 그것이 전략에 따른 이득이 된다.

경기자 각자가 자신의 이득에만 관심을 갖고 자신의 이득을 극대화하기 위해 전략을 선택하는 경우, 이러한 게임을 비협조적 게임(non-cooperative game)이라 한다. 반면에 협조적 게임(cooperative game)은 경기자들(모든 경기자 또는 일부 경기자들)이 집단을 구성하여, 집단이 확보할 수 있는 이득에 관심을 갖는 게임을 말한다.

(2) 게임의 해(solution): 우월전략균형

게임의 예로 가장 많이 인용되는 '죄수의 딜레마'(prisoner's dilemma)라는 게임을 보자. A, B 두 사람이 서로 공모하여 범행을 한 혐의로 경찰서에 잡혀왔다.

그런데 지금 이러한 범행을 입증할 결정적인 증거가 부족하다. 형사가 A, B 두 사람을 각각 다른 방에서 취조하고 있다. 만일 두 사람이 모두 입을 다문다면 결국 결정적인 범행의 증거는 없고 단지 소란을 피운 정도에 대한 처벌만 받게 된다. 이것이 징역 1년이라 하자. 만일 두 사람 모두 자백을 하면, 각각 징역 8년을 받게 된다. 만일 한 사람이 자백을 하고 다른 사람은 하지 않으면, 자백을 한 사람은 즉시 풀어주고 다른 사람은 징역 10년을 받게 된다.

A, B 두 사람이 게임의 경기자이고, 자백을 할 것인가 아니면 침묵할 것인가가 이들 경기자가 택할 수 있는 전략이다. 그리고 각 경기자의 선택 전략에 따른 각 경기자의 이득이 주어져 있다. 이를 표로 나타내면 [표 I]과 같다.

이 매트릭스에서 각 칸의 첫번째 숫자는 A의 이득을, 두 번째 숫자는 B의 이득을 나타낸다. 이와 같은 게임에서 어떤 결과가 나타날 것인가? 이 게임은 매우 특수한 성격을 갖고 있다. 즉 상대방이 어떤 전략을 택하든 상관없이 각 경기자는 유일한 최선의 전략을 갖고 있다는 것이다. A의 경우를 보자. B가 침묵할 것이라고 생각한다면 A의 최선의 전략은 자백하는 것일 것이다. B가 자백할 것이라고 생각한다면 A의 최선의 전략은 역시 자백하는 것일 것이다. 즉 B가 침묵하든 자백하든 A의 최선의 전략은 자백하는 것이다. B의 경우도 마찬가지다. 이와 같이 상대방이 어떤 전략을 택하든 상관없이 경기자의 최선의 전략이 존재할 때 이를 우월적 전략(dominant strategy)이라 부른다. 즉 이 게임에서 자백은 A, B 모두에게 우월적 전략이다. 그리고 각 경기자가 우월적 전략을 택하는 것이 당연히 이 게임의 결과가 될 것이다. 이를 우월적 전략 균형(dominant strategy equilibrium)이라 부른다.

이러한 비협조적 게임의 결과 A, B 두 사람에게 주어지는 결과는 최선의 결과는 아니다. 만일 두 사람이 서로 협력을 한다면 두 사람은 모두 침묵하기로 할 것이다(협조적 게임의 결과이다). 그런데 여기서 주의할 것은 협력을 하는 경우 경

[표 I] '죄수의 딜레마' 게임

		B	
		침 묵	자 백
A	침 묵	−1, −1	−10, 0
	자 백	0, −10	−8, −8

기자들이 협력 약속을 반드시 지킬 것이라는 믿음이 있어야 한다. 서로 침묵하기로 약속했지만 이런 약속에서 일탈하고 싶은 유인이 존재함을 알 수 있을 것이다(침묵하기로 해놓고 혼자 자백을 해 버리면 그는 이득을 보게 된다). 따라서 협조적 게임의 경우 결과를 강제할 수 있는 구속적 수단이 필요한 것이다.

(3) 게임의 해: 내쉬균형

다음과 같은 게임을 생각해 보자. 두 마리의 돼지를 큰 투명한 상자에 넣는다. 이 상자의 한쪽 벽에는 음식이 나오는 창문이 있고, 다른 쪽 벽에는 그 창문을 작동하는 단추가 있다. 이 단추를 누르면 창문이 열리고 음식이 들어온다. 단추를 누르는 데는 2단위의 힘이 필요하고, 음식은 10단위가 들어오게 된다고 하자. 두 마리 돼지 중 한 마리는 큰 돼지이고 다른 돼지는 작은 돼지다. 큰 돼지가 창문에 먼저 도달하면 9단위의 음식을 먹어버리고 작은 돼지는 1단위의 음식만 먹게 된다. 반대로 작은 돼지가 먼저 창문에 도달하면 4단위를 먹고 큰 돼지는 6단위를 먹게 된다. 만일 동시에 도달하면 큰 돼지는 7단위, 작은 돼지는 3단위를 먹게 된다.

각 돼지의 전략은 단추를 누르러 갈 것인가, 아니면 음식이 나오는 창문 앞에서 기다릴 것인가 하는 것이다. 이 게임을 표로 나타내면 [표 Ⅱ]와 같다.

큰 돼지가 단추를 누르고 작은 돼지는 창문에서 기다리면, 큰 돼지는 단추를 누르고 오기 때문에 작은 돼지보다 늦게 창문에 도달하고, 따라서 작은 돼지가 4단위의 음식을 먹는다. 큰 돼지는 6단위를 먹지만 단추를 누르는 데 2단위의 힘을 사용했고 따라서 큰 돼지의 이득은 4단위가 된다.

이 게임에서 우월적 전략이 존재하는가? 큰 돼지의 경우를 보자. 작은 돼지가 단추를 누르러 갈 것이라고 생각한다면 큰 돼지의 전략은 기다리기가 될 것이

[표 Ⅱ] '상자 속의 돼지' 게임

		작은 돼지	
		누르러가기	기다리기
큰 돼지	누르러가기	5, 1	4, 4
	기다리기	9, −1	0, 0

다. 작은 돼지가 기다릴 것이라고 생각한다면 큰 돼지의 전략은 누르러가기가 될 것이다. 즉 큰 돼지의 전략은 작은 돼지의 전략에 따라 달라지고 우월적 전략은 없다. 작은 돼지의 경우는 어떤가? 큰 돼지가 누르러갈 것이라 생각한다면 작은 돼지는 기다릴 것이다. 큰 돼지가 기다릴 것이라 생각한다면 작은 돼지는 역시 기다릴 것이다. 즉 작은 돼지의 입장에서는 기다리기가 우월적 전략이 된다.

따라서 이 게임에서 우월적 전략 균형은 없다. 그러면 이 게임의 해는 어떻게 되겠는가? 비협조적 게임의 가장 기초적이고 중요한 균형의 개념으로 내쉬균형(Nash equilibrium)이 있다. 이는 다른 경기자가 현재 전략을 유지한다는 전제하에 나 자신도 현재의 전략을 바꿀 유인이 없는 상태로 정의된다. 바꾸어 말하면 아무도 자기 혼자만 다른 전략을 선택해서 더 큰 이득을 볼 수 없는 경우를 말한다.

이것이 무슨 의미인가? 이 게임에서 큰 돼지가 누르러가기를, 작은돼지가 기다리기를 택한 경우를 보자. 큰 돼지의 입장에서 작은돼지가 계속 기다리기 전략을 택할 것이라 본다면 누르러가기 전략에서 기다리기 전략으로 바꿀 이유가 없다. 마찬가지로 작은 돼지의 입장에서 큰 돼지가 계속 누르러가기 전략을 유지할 것이라 본다면 기다리기 전략에서 누르러가기 전략으로 바꿀 이유가 없다. 즉 (누르러가기, 기다리기)는 내쉬균형인 것이다.

다른 전략의 조합은 내쉬균형이 아니다. 예컨대 두 돼지 모두 누르러가기를 택한 경우를 보자. 큰 돼지의 입장에서 작은 돼지가 계속 누르러가기 전략을 유지할 것이라 본다면 기다리기 전략으로 바꿀 것이다. 작은 돼지의 입장에서도 큰 돼지가 계속 누르러가기 전략을 유지할 것이라 본다면 기다리기 전략으로 바꿀 것이다. 그러면(기다리기, 기다리기)의 경우는 어떠한가? 작은 돼지의 입장에서 큰 돼지가 계속 기다리기 전략을 유지할 것이라 본다면 기다리기 전략을 바꾸지 않을 것이다. 그러나 큰 돼지의 입장에서는 누르러가기 전략으로 바꿀 것이다.

즉 내쉬균형은 다른 경기자의 전략이 주어져 있다고 할 때 각 경기자의 최선의 전략을 찾아감으로써 구해진다. 앞에서 본 우월적 전략균형은 역시 내쉬균형이다. 그러나 내쉬균형은 반드시 우월적 전략균형일 필요가 없다. 즉 내쉬균형은 우월적 전략 균형 보다 훨씬 일반적인 균형의 개념인 것이다.

게임에서 내쉬균형은 반드시 하나만 존재하는 것은 아니다. 경우에 따라서는 복수의 내쉬균형이 나타날 수도 있다. 다음과 같은 예를 보자. 서로 사랑하는 부부가 있다. 남편은 복싱을 좋아하고 부인은 발레를 좋아한다. 부부는 오늘 저녁에 복싱경기장이나 발레극장에 가기로 했다. 그러나 사전에 이 중 어디로 갈 것인지는 결정하지 않았다. 따라서 각각 두 장소 중 하나를 택해야 한다. 만일 부부가 모두 복싱경기장으로 간다면 거기서 만나 같이 복싱경기를 볼 것이다. 남편은 복싱경기장으로 가고 부인은 발레극장으로 간다면 부부는 만나지 못할 것이고 각각 복싱과 발레를 보게 될 것이다. 이 게임을 표로 나타내면 [표 Ⅲ]과 같다.

부부가 복싱장에서 만난다면 모두 만족감을 느낀다. 그런데 복싱을 좋아하는 것은 남편이므로 남편의 만족감이 더 크다. 부부가 발레극장에서 만난다면 모두 만족감을 느끼지만 부인의 만족감이 더 크다. 남편은 복싱장으로, 부인은 발레극장으로 가면 모두 −1의 만족감, 즉 불만을 느낀다. 남편은 발레극장으로, 부인은 복싱경기장으로 가는 것은 최악이다. 만나지 못해 가뜩이나 불만인데 좋아하지 않는 것까지 보아야 하니까.

이 게임 역시 우월적 전략균형은 없다. 그러면 내쉬균형은 무엇인가? 이 경우 내쉬균형은 (복싱, 복싱), (발레, 발레) 두 개가 존재한다. (복싱, 복싱)의 경우를 보자. 부인이 계속 복싱 전략을 유지할 것이라 본다면 남편은 복싱 전략에서 발레 전략으로 바꿀 이유가 없다. 남편이 복싱 전략을 유지할 것이라 본다면 부인 역시 발레 전략으로 바꾸지 않을 것이다. 따라서 (복싱, 복싱)은 내쉬균형이다. (발레, 발레)의 경우도 마찬가지다. (복싱, 발레), (발레, 복싱)은 경우는 내쉬균형이 아님을 역시 쉽게 확인할 수 있을 것이다.

이 두 개의 내쉬균형 중 어떤 것이 나타날 것인가? 지금까지 주어진 게임의 정보만으로는 알 수 없다. 두 개의 균형이 무차별적이다. 그런데 하나의 정보를 추가해 보자. 즉 남편이 그 전날 복싱티켓(자신의 것만)을 사와서 자기는 복싱장에 갈 것이라는 확실한 의지를 부인에게 천명했다고 하자. 그러면 부인의 선택은 복싱이 될 것이다. 즉 남편이 복싱장에 확실히 갈 것이라 생각하고 역시 복싱장으로 갈 것이다. 반대로 그 전날 부인이 발레 티켓을 사와서 이를 남편에 보여 주면, 결

[표 Ⅲ] '만남' 게임

		부 인	
		복 싱	발 레
남편	복 싱	2, 1	−1, −1
	발 레	−5, −5	1, 2

과는 (발레, 발레)가 될 것이다. 이는 무엇을 의미하는가? 경기자 중에 먼저 움직이는 쪽이 유리하다는 것이다(first mover advantage). 즉 자신이 어떤 전략을 택할 것이라는 확실한 의지(committment)를 먼저 보여 주는 쪽이 유리하다는 것이다.

제 5 장
국가간 자본이동의 효과

본장에서는 현재 진행중인 세계화의 대표적인 측면이라 할 수 있는 국가간 자본이동에 대해서 살펴본다.

국가간 이동되는 자본은 자본공급자의 입장에서 볼 때 크게 대부(loan)와 투자(investment)의 형태로 분류될 수 있다. 대부는 자본 수요자의 입장에서는 차입(또는 차관, borrowing)으로서, 원리금의 상환의무를 지니고 상환기간이 존재하는 자본이라 할 수 있다. 이에 반해 투자는 상대적으로 불확실한 수익을 겨냥한 자본의 이동이라고 할 수 있다. 투자는 다시 직접투자(direct investment)와 간접투자(또는 포트폴리오투자, portfolio investment)로 분류될 수 있다. 직접투자는 직접적인 기업경영을 통한 이윤추구를 목적으로 한 투자로서 비교적 장기적인 성격을 지니는 투자라 할 수 있다. 이에 반해 간접투자는 자산운용의 측면에서 주식이나 채권 매매 등을 통한 거래이득을 목적으로 한 투자로서 비교적 단기적인 성격을 지니는 투자라 할 수 있다.

본장에서는 특히 국간간 단기자본의 이동을 중심으로 살펴보고자 한다. 그리고 직접투자는 다음 장에서 좀더 심도있게 살펴보기로 한다.

1. 국제단기자본이동의 확대와 배경

(1) 국제단기자본이동의 확대

제1부에서 19세기 말에서 20세기 초의 제1차 세계화 물결과 비교하여 지금

[표 5-1] 주요 선진국의 국경간 주식 및 채권거래 규모(GDP 대비) (단위: %)

	1975	1980	1985	1990	1992	1994	1996	1997
미 국	4	9	35	89	107	131	160	213
일 본	2	8	62	119	72	60	79	96
독 일	5	7	33	57	85	158	199	253
프 랑 스	–	5	21	54	122	197	258	313
이 태 리	1	1	4	27	92	207	470	672
캐 나 다	3	9	27	65	114	208	251	358

자료: 국제결재은행(BIS)(1998)

[표 5-2] 외환거래 규모

	1986	1989	1992	1995
일일 평균 거래규모 (단위: 10억달러)	188	590	820	1190
세계 총 수출액 대비	7.4	15.8	17.4	19.1
세계 총 외환보유액 대비(단위: %)	36.7	75.9	86.0	84.3

자료: BIS 및 IMF(1997)

진행되고 있는 세계화의 중요한 차이점의 하나는 단기자본의 국가간 이동이 크게 확대되는 것이라 언급한 바 있다. 국가간 포트폴리오투자는 1970년에서 30여년 동안 200배 이상 확대되었음을 보았다. 이러한 최근의 단기자본 이동 확대추세를 좀더 살펴보기로 하자.

[표 5-1]에서는 주요 선진국에 있어 국경간 주식 및 채권 거래의 규모(GDP에 대비한) 변화추세를 보여 주고 있다. 1975년만 해도 대부분의 선진국에서 국경간 주식 및 채권거래 규모는 GDP의 5% 미만이었다. 그런데 1997년의 경우 그 규모는 작게는 GDP의 한 배, 크게는 6배에 이를 정도로 급격히 확대되었음을 볼 수 있다.

[표 5-2]는 외환거래의 규모를 보여 주고 있다. 80년대 중반에서 90년대 중반의 10여 년의 기간 동안 외환거래 규모는 약 6배 확대되었음을 볼 수 있다. 1995년 세계의 연간 총수출규모는 6.1조 달러 인데 반해, 일일 외환거래 규모는 1.2조 달러, 즉 연간 거래규모는 약 300조 달러로 세계 총수출규모의 50배선에 이르고 있다. 이는 10여년 전에 비해 3배 이상 확대된 수치이다. 외환거래는 크게 국가간 상품교역과 자본거래에 의해 발생된다고 볼 수 있다. 따라서 세계 상품교

역의 증가보다 외환거래규모가 더 빠른 속도로 증가하고 있다는 것은 국가간 자본거래의 급격한 확대를 반영하는 것이라 할 수 있다.

(2) 국제단기자본이동 확대의 배경

그러면 이처럼 국제단기자본이동이 최근 크게 확대된 이유는 무엇인가? 확대의 배경이 되는 몇 가지 중요한 요소를 지적할 수 있다.

첫째, 국내자본시장 개방의 확대이다. 즉 국가간의 자본거래에 대한 각국의 규제, 특히 외국자본의 유입에 대한 규제가 크게 완화되었다는 것이다. 대부분의 선진국들은 이미 1980년대에 국제자본거래에 대한 규제를 거의 철폐하고 국내자본시장을 외국투자자에게 전면 개방하였다. 1990년대 들어서는 신흥개도국들이 자본시장 개방을 크게 확대하였다. [그림 5-1]에서는 신흥개도국(제1부에서 언급한 바와 같이 동아시아, 중남미 개도국, 그리고 동구의 체제전환국들을 지칭한다)에서 자본이동에 대한 규제정도의 변화를 보여 주고 있다. 80년대 후반 이후 통제정도가 크게 완화되고 있는 모습을 볼 수 있을 것이다.

그러면 개도국에서 자본거래에 대한 규제가 완화된 이유는 무엇인가? 여러 가지 이유를 들 수 있을 것이다. 개도국의 가장 중요한 외국자본의 유입경로였던 차입이 80년대 일부 개도국들의 채무불이행에 따라 과거처럼 용이하지 않게 되

그림 5-1 개도국의 자본이동 규제 추세

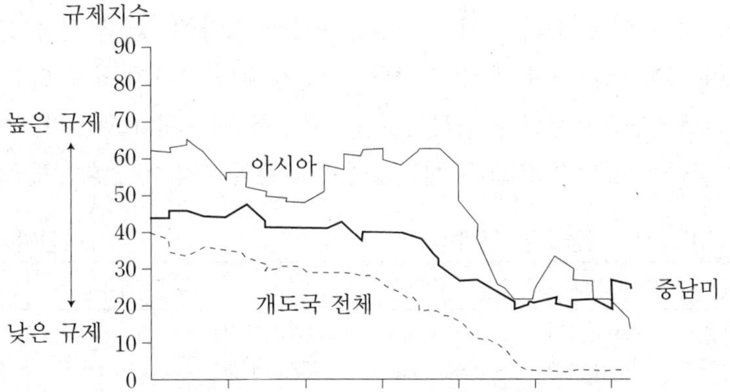

자료: 세계은행(2002)

었다는 점, 냉전 체제의 종식으로 주요 선진국의 공여도 줄어들었다는 점, 경제개발에 대한 욕구가 커지면서 외국자본에 대한 필요성이 증대했다는 점, 그리고 전반적인 규제완화의 추세 등등을 지적할 수 있을 것이다.

둘째, 정보통신기술의 발전이다. 제1부에서도 지적한 바와 같이 국가간의 자본거래에 있어 정보통신기술은 필수적인 인프라라고 할 수 있다. 그런데 앞에서 본 것처럼 최근 정보통신기술의 비약적인 발전이 이루어졌던 것이다. 대규모 정보의 신속하고 정확한 전달로 자본거래의 비용이 대폭 경감되었고, 복잡한 거래형태에 대한 대응도 용이해졌다. 방대한 정보 데이터의 처리와 신속한 자산가치의 평가기능으로 투자자들의 투자결정도 용이해졌다. 세계 금융시장의 동태, 금융환경의 변화를 즉각적으로 파악할 수 있게 되어 각종 위험을 효과적으로 관리할 수 있는 능력도 제고된 것이다.

셋째, 자본조달에 있어 증권화(securitization)현상이다. 이는 자금의 조달에 있어 증권을 매개수단으로 하는 금융방식이 확대되는 현상을 말한다. 즉 전통적인 자금조달 방식이라 할 수 있는 은행대출이 증권발행 및 투자형태의 자금조달로 대체되는 현상을 의미한다. 이러한 증권화 현상은 비단 국내에서뿐만 아니라 국가간의 자본거래에서도 나타나고 있다. [표 5-3]은 세계 각국이 국제금융시장에서 조달한 자금의 형태 중 은행대출의 비중은 줄어드는 반면 국제채권 등 증권발행을 통해 조달한 자금의 비중이 증대하는 추세를 보여 주고 있다. 즉 은행대출의 비중은 1990년 72.4%에서 1997년에는 45.6%로 감소한 반면 증권발행의 비중은 27.6%에서 54.4%로 두배 가까이 상승한 것으로 나타나고 있다. 이러한 현상이 나타나는 이유 중의 하나는 자금수요자의 입장에 볼 때 금융기관으로부터의 차입이 더욱 어려워진 데 있다. 특히 신용상태가 그다지 좋지 않은 국가가 선진국의 금융기관으로부터 차입하는 것은 갈수록 어려워지고 있다. 이런 상황에서 이런 국가들의 자금 조달은 채권발행에 의존할 수밖에 없다. 채권의 경우 위

[표 5-3] 국제 자금조달 형태의 추이 (단위: 10억 달러)

	1990	1993	1995	1996	1997
은행대출	430.0(72.4)	200.0(51.4)	330.0(55.2)	420.0(43.6)	500.0(45.6)
증권발행	164.1(27.6)	189.0(48.6)	268.2(44.8)	543.4(56.4)	595.9(54.4)
합 계	594.1(100)	389.0(100)	598.2(100)	963.4(100)	1095.9(100)

자료: BIS Annual Report(1998). 괄호안은 구성비율

험이 분산되고(구입자가 다수이므로), 이를 만기이전에 시장에서 언제든지 매각하여 자금을 회수할 수도 있으며, 경우에 따라서는 높은 수익을 가져다 줄 수도 있는 것이다.

한편 최근에 증권화라는 용어는 특정자산으로부터의 현금흐름을 시장거래가 가능한 증권으로 바꾸는 금융거래형태가 확산되는 현상을 의미하는 것으로 자주 사용된다. 예컨대 장기 고정화되어 있는 금융기관의 대출채권을 풀(pool)화하여 이를 담보로 증권을 발행하는 것을 생각할 수 있다. 즉 대출채권을 유동화, 시장화하는 것이다. 금융기관의 입장에서 대출채권은 대출기간 동안 자금을 회수할 수 없고 채권이 부실화되는 경우 손실을 입는 위험성을 갖고 있다. 그런데 이러한 대출채권들을 자산 담보로 하여 채권을 발행하여 이를 판매하면 자금이 유입되고 위험도 분산시킬 수 있다는 장점이 있다.

증권화 현상은 다시 말해서 국제 금융시장에서 거래되는 금융상품의 종류가 많아졌다는 것을 의미한다. 여러분들 중 경제신문 등에서 '수익자산은 전부 증권화하라'라는 말을 들어본 사람이 있을 것이다. 상품시장에서 상품이 종류가 많아지면 거래가 더욱 활발하게 이루어지듯이, 금융시장에서도 금융상품의 종류가 많아지면 거래도 더욱 활발해지고 국가간의 자본이동도 확대되는 것이다.

넷째, 위험관리기법의 발전이다. 1980년대 후반 이후 국제금융시장에서 나타나고 있는 두드러진 특징 중의 하나는 파생금융상품의 거래가 급속히 확대되고 있다는 것이다. 파생금융상품이란 환율, 금리, 주가의 변동으로 기초금융상품(underlying assets, 즉 외환, 채권, 주식 등)의 가치가 달라짐에 따른 위험을 회피하기 위하여 고안된 금융상품을 말한다.

1970년대 이후 변동환율제도로의 전환, 각국의 금리 자유화, 외환 및 자본거래에 대한 규제의 철폐 등으로 인해 금리 및 환율과 관련된 금융상품의 가격변동이 크게 확대되었다. 이에 따라 자산관리에 있어서 환율과 금리변동에 수반되는 위험을 효과적으로 관리할 수 있는 새로운 금융기법이 요구되었고, 이러한 요구에 의해 개발된 것이 파생금융상품인 것이다. 우리가 자주 듣는 선물, 옵션, 스왑 등이 대표적인 파생금융상품이다(파생금융상품에 대해서는 부록에서 별도로 설명하고 있다).

투자자의 투자를 결정하는 두 가지 요소는 수익과 위험이다. 그리고 어떤 투자자든지 고수익과 저위험을 선호한다. 그런데 수익에 대한 기대가 큰 투자대상은 또한 위험도 큰 것이 보통이다. 파생금융상품 등 위험관리기법의 발달로 위험을 어느 정도 통제할 수 있음으로써 고수익을 겨냥한 공격적인 투자도 보다 활발하게 이루어질 수 있게 된 것이다.

다섯째, 금융산업의 경쟁격화이다. 금융산업의 경쟁격화는 각국 금융시장의 개방에 따른 하나의 결과이자, 금융산업의 세계화를 더욱 촉진시키는 배경이라고도 할 수 있다.

금융산업에서 경쟁이 격화된 데에는 여러 가지 요인이 있겠지만, 개방에 따른 각국 금융기관간의 경쟁심화, 업무영역에 대한 규제완화로 인한 은행과 비은행금융기관(예컨대, 각종 펀드회사, 투자은행, 보험회사 등)들간의 경쟁심화 등을 대표적으로 지적할 수 있을 것이다. 이로 인해 금융기관들에게 전통적인 금융업무에 의한 수익실현(예컨대, 은행의 경우 예금과 대출금리 차이)의 기회는 크게 축소되었고, 이에 대한 대응이 필요하게 되었다. 새로운 금융상품 및 기법 개발을 통한 금융서비스 경쟁력의 강화, 새로운 수익원의 개발, 더 나아가 고위험-고수익 상품에의 투자확대 등이 금융산업의 경쟁격화에 따른 결과라 볼 수 있을 것이다. 금융기관들은 보다 높은 수익을 낼 수 있는 투자기회를 찾고 있으며, 이는 국내

[표 5-4] 선진국 기관투자자의 외국증권보유 비중(총자산 대비) (단위: %)

	1980	1990	1992	1994	1995
〈연 기 금〉					
미 국	0.7	4.2	4.6	…	…
일 본	0.5	7.2	8.4	…	…
독 일	…	4.5	4.3	5.0	…
영 국	7.9	17.8	19.5	19.8	19.8
〈보험회사〉					
미 국	4.1	3.6	3.7	…	…
일 본	…	13.5	11.4	6.7	6.9
독 일	0.6	1.0	…	…	…
영 국	4.1	10.7	12.4	13.5	14.2
〈뮤츄얼 펀드〉					
미 국	…	6.6	10.1	…	…
일 본	…	7.9	9.9	…	…
독 일	…	…	…	20.3	20.2
영 국	17.9	31.0	35.2	36.4	34.5

자료: IMF(1999)

[표 5-5] 은행 보유자산 형태의 변화

	1980	1990	1995
대출자산비중(%)			
미 국	63.3	62.9	58.9
일 본	55.3	56.2	65.4
독 일	83.6	81.2	77.7
영 국	43.6	57.9	52.4
증권자산비중(%)			
미 국	18.0	18.9	20.1
일 본	14.7	14.3	15.4
독 일	10.2	12.1	15.7
영 국	9.2	9.2	17.9

자료: IMF(1999)

의 투자기회뿐만 아니라 외국의 투자기회, 더 나아가 신흥개도국에서의 투자기회로까지 확대되고 있는 것이다. [표 5-4]는 선진국의 주요 기관투자자의 자산에서 외국발행 증권의 보유비중이 증가하는 모습을 보여 주고 있다.

네 번째 요소로 언급했던 증권화 현상도 금융기관의 경쟁격화에 따른 결과라 볼 수 있을 것이다. 즉 은행의 예금의 운용에서 전통적인 대출보다 고수익을 낼 수 있는 증권에의 투자로 옮겨가고 있는 것이다. [표 5-5]는 주요 선진국에서 은행들의 보유사산에서 대출자산의 비중은 감소하고 증권자산의 비중은 증가하는 모습을 보여 주고 있다.

인간도 증권화?

런던의 명문 연극학교에 합격한 여성이 1만 파운드에 달하는 학비를 마련할 길이 없어 자신의 재능을 담보로 주식을 발행해 1백주가 팔렸는데…

영국의 한 젊은 여성이 자신의 재능을 담보로 주식을 발행했고, 시장에서 이를 파는데 성공했다. 주인공은 광고회사에 근무하면서 배우를 꿈꾸는 28세의 캐롤라인 일레나. 벤처기업들이 전망이 불투명한 기술을 담보로 주식시장에 기업을 상장하는 것이 「하이테크 주식」이라면, 그녀가 창안해낸 것은 재능을 파는 것이므로 「탤런트 주식」이라 할 만하다.

그녀는 1995년 런던의 명문 연극학교에 합격했다. 그러나 1만 파운드에 달하는 학비를 마련할 길이 없었다. 부호와 유명인에게 지원을 호소하는 편지를 수백통 보냈으나 답장이 없었다고 한다. 그때 떠오른 것이 『내 재능을 주식으로 증서화해 판다면?』이란 아이디어였다. 벤처기업과 마찬가지로 그녀의 재능은 아직 완성되지 않은 단계였다. 다만 명문 연극학교 합격증이란 「기술」에 대한 보증서를 갖고 있었다.

결국 런던의 뮤지컬 작곡가, 뉴질랜드의 투자가 등이 그녀의 탤런트 주식을 1백주 사주었다. 거기서 벌어들인 돈 1만 파운드로 그녀는 학교를 졸업할 수 있었다. 1997년에는 연극 무대에도 데뷔했다.

일레나는 1999년 12월 21일 런던의 한 호텔에서 주식회사 「캐롤라인 일레나」의 주주총회를 열었다. 주주들을 앞에 놓고 대표이사 일레나가 부드러운 미소를 띤 채 업무를 보고했다.

『월트 디즈니 등으로부터 사업을 따내는 등 보람있는 한 해였습니다. 연극계에서 인맥도 넓혔습니다』

현재 주주들에 대한 배당은 없다. 여배우로서 수입이 전혀 없기 때문이다. 1999년 결산에서 매상이라곤 광고회사로부터 받은 급여 3만5천 파운드가 전부다. 그나마 대부분 연기공부 부문 투자자금으로 사용했다. 그래도 주주들은 주주총회에서 그녀에게 『너무 조급해 할 것 없다』고 격려했다고 한다.

일레나는 2년 후인 2002년에는 적어도 10%의 배당금을 지급할 계획이다. 그런 계획을 달성하기 위해, 그녀는 자신을 불러주는 곳이라면 세상 어느 곳이라도 달려갈 각오라고 한다. 그렇게 해서라도 배당금을 지급하는 것이, 주주에 대한 대표이사의 책무라고 생각하기 때문이다.

(월간조선, 2000년 2월호 미니뉴스)

2. 국가간 자본이동의 혜택

우리는 4장에서 국가간에 상품이동이 발생하는 이유와 그에 따르는 혜택에 대하여 살펴보았다. 본절에서는 국가간 자본이동이 발생하는 이유와 이의 혜택에 대하여 살펴보기로 한다.

(1) 세계자본의 효율적인 재배분 효과

가. 자본의 가격

먼저 자본의 가격에 대해 살펴보자. 상품시장에서 상품을 사고 팔 때 가격이 존재하듯이, 자본을 빌려주고 빌리는 시장에서도 가격이 형성된다. 자본을 빌려주려고 하는 사람, 자본을 빌리려고 하는 사람들이 모여서 거래를 형성시키는 시장을 추상적인 개념으로서 자본시장이라 한다. 그리고 이와 같이 자본이 거래되는 자본시장에서 자본을 필요로 하는자(자본 수요자)가 자본을 대주는자(자본 공급자)에게 자본을 빌린 대가로 지불하는 것이 자본의 가격이며, 이를 금리 또는 이자율이라 부른다.

그러면 자본의 가격은 어떻게 결정되는가? 상품의 경우와 마찬가지로 자본의 경우도 기본적으로는 자본에 대한 수요와 공급의 시장원리에 의해 결정된다. 그러면 자본에 대한 수요는 어디서 나오는가? 자본을 필요로 하는 데에는 여러 가지 이유가 있겠지만 가장 중요한 것은 기업들의 생산을 위해서라고 할 수 있다. 우리는 앞에서 노동과 자본은 가장 중요한 두 개의 생산요소라 했다. 노동만 갖고는 물건을 만들 수 없다. 자본을 갖고 기계 등을 구입하고 이를 노동과 결합해야 물건을 만들 수 있다. 물론 자본만 갖고도 물건을 만들 수는 없다.

우리는 제4장에서 공급자 잉여에 대해 설명하면서 수확체감의 법칙에 대해 언급한 바 있다. 즉 어떤 한 생산요소가 일정량으로 주어진 상황에서 다른 생산요소의 투입을 계속 증대시키면, 추가적으로 투입되는 생산요소가 생산에 기여하는 정도는 계속 줄어든다는 것이다. 이제 노동이라는 생산요소를 고정된 요소로 생각하고 자본의 투입을 증가시켜 보자. 자본 한 단위를 투입하면 총 20개의 물건이 만들어진다고 하자. 지금 물건의 가격은 10원이고 따라서 200원만큼의 수입이 생긴다. 자본 한 단위를 더 투입하면 어떻게 되겠는가? 수확체감의 법칙에 의해 40개의 물건이 만들어지는 것이 아니라 이보다 적은, 예컨대 38개의 물건이 만들어질 것이다. 그리고 이 기업의 총수입은 380원이 될 것이다. 즉 두 번째 단위의 자본이 벌어들인 수입은 180원이 되는 것이다. 세 번째 단위의 자본을 투입하면 그 자본이 벌어들이는 수입은 더 줄어들 것이다. 예컨대 160원이라 하자.

[그림 5-2]에서는 이러한 관계를 표시하고 있다. 그리고 그림에서 자본의 각 단위가 총수입에 기여한 금액, 즉 점 A, B, C 등을 연결한 선은 바로 이 기업의 자본수요곡선이 된다. 왜? 자본의 가격이 160원이라고 하자. 그러면 이 기업은 자본 3단위를 쓸 것이다. 네 번째 단위의 자본은 생산에 투입시 140원만큼의 수입 증대를 가져올 뿐이며 이는 자본의 가격에 미달한다. 따라서 네 번째 단위의 자본은 필요가 없다. 자본의 가격이 140원으로 하락하면 네 번째 단위까지 사용할 것이다(자본의 가격과 수입증대분이 같으면 그 자본을 사용한다고 하자). 즉 점 A, B, C 등을 연결한 선은 자본의 가격과 자본의 수요량간의 관계를 나타내는 자본의 수요곡선이 되며, 이는 상품의 수요곡선과 마찬가지로 우하향하는 모습으로 나타나는 것이다.

그림 5-2 자본의 수요곡선

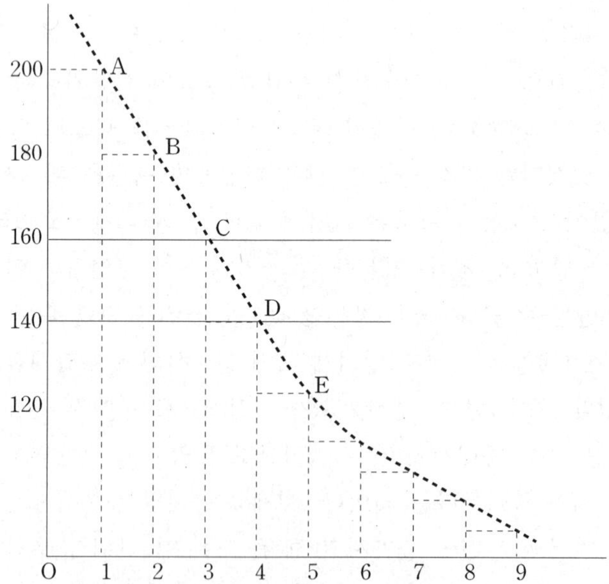

그림 5-3 자본가격의 결정

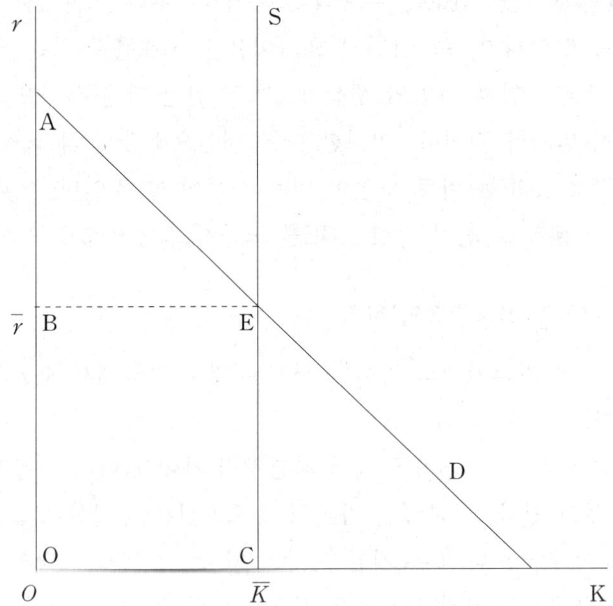

사회전체의 자본수요곡선은 각 기업의 자본수요곡선을 횡적으로 합하면 얻어질 것이다. [그림 5-3]에서 D는 이렇게 해서 얻어진 사회의 자본수요곡선이다. 지금 이 사회에 있는 자본의 총공급량이 $\bar{K}$라고 하자.[1] 그러면 자본의 가격, 즉 금리 r은 자본의 수요곡선과 공급곡선이 만나는 점에서 결정되고, 이는 그림에서 $\bar{r}$로 나타나고 있다. 자본의 가격이 이보다 높으면 자본의 초과공급이 발생하고 자본의 가격은 하락한다. 반대로 자본의 가격이 이보다 낮으면 자본의 초과수요가 발생하고 자본의 가격은 상승한다. 따라서 $\bar{r}$를 자본의 균형가격, 또는 균형금리라 부른다.

이 사회의 총소득은 얼마일까? 기업들이 $\bar{K}$ 만큼의 자본을 투입하여 만든 생산물을 팔아서 얻는 총수입은 사다리꼴 AOCE의 면적만큼이 될 것이다(앞에서 개별 기업의 자본수요곡선을 도출하는 그림에서 기업의 총수입을 생각해 보라). 기업이 얻은 총수입은 결국 누군가의 소득으로 분배될 것이고, 따라서 이 면적은 이 사

1) 엄밀히 따지면 자본의 공급곡선도 상품의 공급곡선과 마찬가지로 자본의 가격이 높아짐에 따라 자본의 공급량도 늘어나는 우상향의 관계를 지닌다. 그러나 우리는 자본의 공급량은 자본의 가격에 의해 영향을 받지 않는다고 가정하자.

회의 총소득이 된다. 이 중에서 사각형 BOCE는 자본이 얻는 소득이 됨은 명확하다. 그러면 삼각형 ABE는 누구의 소득인가? 우리는 여기서 다시 완전경쟁시장의 가정을 도입하자. 즉 기업의 초과이윤은 존재하지 않는다. 그렇다면 삼각형 ABE는 자본과 함께 기업의 생산과정에 투입된 다른 생산요소에 지급한 비용분과 정확히 일치할 것이다. 이러한 다른 생산요소가 오직 노동뿐이라고 하자. 그러면 삼각형 ABE는 바로 노동이 얻는 소득이 될 것이다. 따라서 우리는 사각형 BOCE를 자본가 소득, 삼각형 ABE를 노동자 소득이라고 보통 부른다.

나. 국가간 자본가격의 차이

국가간에 자본가격의 차이가 생기는 것은 각국에서 자본의 수요곡선과 공급곡선이 다르기 때문이다.

[그림 5-4]는 A, B 양국에서 자본량의 차이에 따라 자본가격이 달라진 경우를 보여 주고 있다. 양국에서 자본의 수요곡선은 동일한 모습을 지니고 있다. 그러나 B국이 A국보다 많은 자본을 갖고 있다. 그 결과는 당연히 A국에서의 자본가격이 B국에서의 가격보다 높은 것으로 나타난다.

[그림 5-5]의 경우 양국에서 자본량은 같다. 그런데 A국의 자본수요곡선에 비해 B국의 자본 수요곡선이 위에 위치하고 있다. 이러한 차이는 어떤 경우에 발

그림 5-4 자본량의 차이와 자본가격

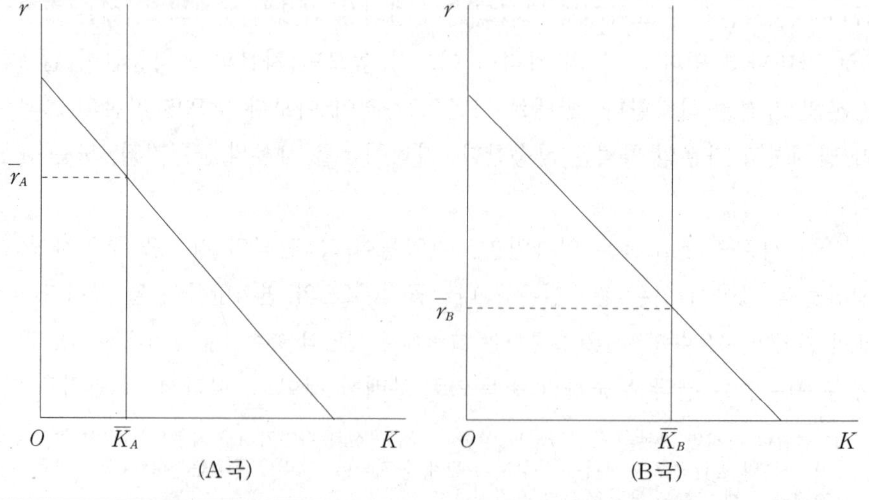

그림 5-5 투자기회의 차이와 자본가격

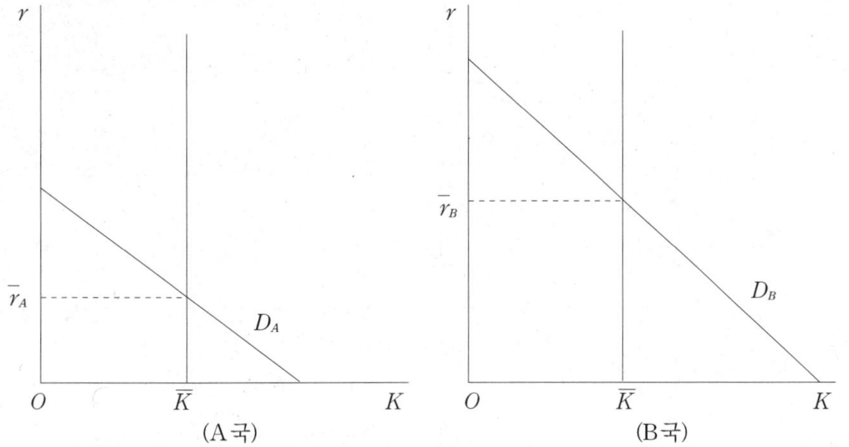

생하는가? B국의 기업들이 하는 사업이 A국의 기업들이 하는 사업보다 수익성이 높은 경우에 이런 차이가 발생할 수 있을 것이다. 다시 말해서 B국에서 기업들이 보다 좋은 투자기회들을 갖고 있는 경우라 할 수 있을 것이다. 이런 경우에는 A국보다 B국에서 기업들의 자본에 대한 수요가 클 것이고 자본의 가격도 높을 것이다.

다. 국가간 자본이동의 효과

자본의 가격에 차이가 있는 A, B 두 개의 국가에서 서로간에 자유로운 자본이동이 이루어지도록 하면 어떤 결과가 발생할 것인가? 자본이동의 효과를 좀더 분명하게 보기 위하여 A, B 양국의 자본의 수요곡선과 공급곡선을 하나의 평면에 그려보자. [그림 5-6]에서 A국의 자본수요곡선과 자본공급곡선은 O_A를 원점으로 한 평면에 그려져 있다. A국의 자본수요곡선은 AA′으로 그려져 있으며, A국의 자본공급량은 O_AQ로 주어져 있다. 따라서 A국에서 자본의 가격은 $\bar{r}_A$로 나타나고 있다. B국의 자본수요곡선과 자본공급곡선은 O_B를 원점으로 한 평면에 그려져 있다. 즉 B국의 자본수요곡선은 BB′으로 그려져 있으며, B국의 자본공급량은 O_BQ로 주어져 있다. 따라서 B국에서 자본의 가격은 $\bar{r}_B$로 나타나고 있다. A, B 양국을 합한 세계 전체에 존재하는 자본의 양은 O_AO_B이며, 이는 A, B 양국이 O_AQ, O_BQ 만큼 각각 나누어 갖고 있는 것이다.

그림 5-6 자본이동의 효과

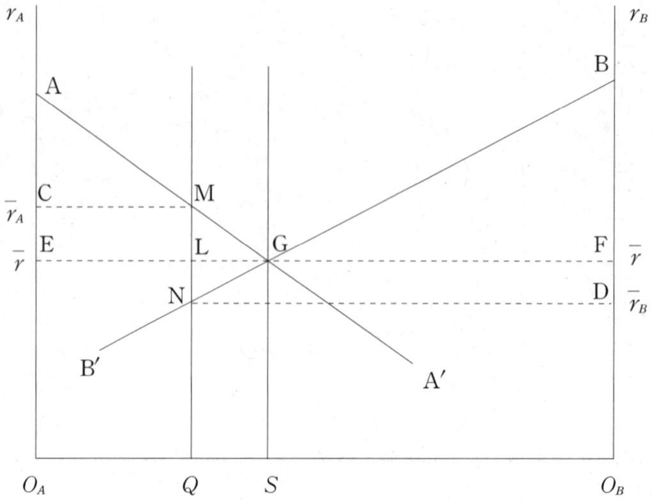

양국간에 자본이 자유롭게 이동한다고 하자. A국에서의 자본가격이 B국에서의 자본가격보다 높으며, 따라서 B국에 있는 자본이 A국으로 이동하게 될 것이다. B국의 자본이 유입되면서 A국에 존재하는 자본의 양은 늘어날 것이고, 반대로 B국에 존재하는 자본의 양은 줄어들 것이다. 이러한 자본의 이동은 언제까지 계속될 것인가? A국에는 자본의 양이 늘어나면서 자본가격은 떨어질 것이다. 반대로 B국에서는 자본의 양이 줄어들면서 자본의 가격이 올라갈 것이다. B국에서 A국으로 QS만큼의 자본이 이동하면 양국에서 자본의 가격은 $\bar{r}$ 수준으로 같아지고 더 이상 자본의 이동이 일어날 이유가 없을 것이다. 즉 자본은 자본가격이 낮은 국가에서 자본가격이 높은 국가로 이동하고, 이러한 이동의 결과 자본가격이 높은 국가에서는 자본가격 하락이, 자본가격이 낮은 국가에서는 자본가격 상승이라는 효과가 발생하는 것이다. 그리고 궁극적으로 양국에서 자본의 가격은 같아지는 것이다.

자본이동으로 인한 후생의 변화를 살펴보자. 자본이동 전에 A국의 총소득은 사다리꼴 AO_AQM, B국의 총소득은 BO_BQN이었다. 자본이동 후 A국의 총소득은 AO_ASG, B국의 총소득은 BO_BSG가 된다. 즉 A국의 소득은 사다리꼴 MQSG만큼 증가하고 B국의 소득은 사다리꼴 NQSG만큼 감소한다. 따라서 세계전체의 소득은 자본이동 후 삼각형 MNG만큼 증가한다. 그러면 자본이동으로 A국만 이득을 보고 B국은 손해를 보는 것인가? 그렇지 않다. 여기서 자본이동 후 A국의 총소득에는 B국에서 온 자본이 얻은 소득이 포함되어 있다. 즉 사각형 LQSG가 그 부분이다. 따라서 A국의 원래 생산요소가 얻은 소득은 이 부분을 뺀 만큼이 될 것이다. 따라서 자본이동의 결과 A국의 원래 생산요소에 돌아가는 소득은 자본이동 전에 비해 삼각형 MLG 만큼만 증가한 것이다. B국의 경우 원래 생산요소가 자본이동 후 얻은 소득은 전부 얼마인가? 사다리꼴 BO_BSG(이는 자본이동 후 B국에 남아 있는 자본과 노동이 벌어들인 소득이다)에다 사각형 LQSG(이는 A국에 이동한 자본이 A국에서 얻은 소득이다)를 더한 만큼이 될 것이다. 즉 B국의 원래 생산요소가 자본이동 후 얻은 총소득 역시 증가하였고, 그 증가분은 삼각형 LNG로 나타나고 있는 것이다.

자본이동 후 소득의 변화가 각 생산요소별로는 어떻게 나타나고 있는지를 보자. A국의 노동자 소득은 자본이동 전에 삼각형 ACM이었으나, 자본이동 후 삼각형 AEG로 증가하였다. 즉 A국의 노동자 소득은 자본이동의 결과로 사다리꼴 CEGM만큼 증가하였다. 반면에 A국의 자본가 소득은 자본이동 전에 사각형 CO_AQM이었으나 자본이동 후 사각형 EO_AQL로 감소하였다. 즉 자본가 소득은 사각형 CELM 만큼 감소한 것이다. 반면에 B국의 경우 노동자 소득은 자본이동 후 사다리꼴 GNDF만큼 감소하고, 자본가의 소득은 사각형 LNDF만큼 증가하였음을 알 수 있다. 즉 A국 소득의 증가분인 삼각형 MLG는 노동자의 소득증가분이 자본가의 소득감소분을 초과하는 부분이며, B국의 소득증가분인 삼각형 LNG는 자본가의 소득증가분이 노동자의 소득감소분을 초과하는 부분인 것이다.

자본이동은 세계 전체의 소득증가를 가져온다. 그리고 GNP의 개념(자국의 생산요소가 국내외에서 얻은 소득)으로 각국의 소득을 정의하면 자본이동은 자본이 유입된 국가나 자본이 유출된 국가나 모두 소득의 증가를 가져온다. 그러면 이러한 소득증대 효과는 어디서 발생하는 것인가? 그것은 세계의 한정된 자본을 세계 전체적으로 보다 효율적으로 이용함으로써 발생하는 효과라 할 수 있다. 자본이동전에 A국에서의 자본가격이 B국에서보다 높다는 것은 A국이 B국보다 자본을 보다 필요로 하는 상황에 있음을 의미하는 것이다. 그리고 이는 자본의 부존량에 견주어 자본의 투자기회가 A국에서 더 많음을 의미하는 것이다. 따라서 B국에서 A국으로의 자본이동은 자본이 보다 필요시되는 곳으로 자본이 유입되는 것이고, 그 결과 세계 전체의 후생은 증가하는 것이다. 우리는 이러한 자본이동의 효과를 세계자원(여기서는 자본)의 효율적인 재배분 효과라 부른다.

우리는 이 모델에서도 자본이동으로 인한 승자와 패자가 나타남을 알 수 있다. 외국의 자본이 유입되는 국가에서 승자는 노동자라 할 수 있다. 이러한 국가의 노동자는 보다 많은 양의 자본과 결합하여 생산함으로써 소득 증대의 효과를 누릴 수 있다. 반면에 국내자본은 패자라 할 수 있다. 외국자본의 유입으로 국내의 자본가격은 하락하고 이들은 자본이동 전보다 소득의 감소를 겪게 된다. 반면에 자본유출국에서 승자는 자본가라 할 수 있다. 이들은 자본이동전 국내의 낮은 자본가격을 그대로 수용할 수밖에 없었다. 그러나 자본이동이 허용됨으로써 보다 높은 자본가격이 지급되는 외국에 투자하고 그 결과 소득이 증가하는 것이다. 반대로 자본유출국의 노동자는 패자라 할 수 있다. 이들은 같이 생산에 참여하던 국내자본이 빠져나감으로써 국내생산의 감소에 따른 소득감소를 겪게 되는 것이다.

(2) 현재와 미래간의 교역의 이익

여러분의 소득 중 소비하지 않고 남은 부분을 저축이라 한다. 여러분이 저축을 하는 이유는 무엇인가? 미래의 소비를 위해서 일 것이다. 국가도 마찬가지다. 우리나라의 총소득이 Y이고 총소비는 C라고 하자. 그러면 Y−C는 총저축이다. 그러면 저축은 어떻게 쓰이는가? 기업들이 빌려서 투자를 할 것이다. 그리고 이러한 투자의 결과 기계나 공장 등의 자본재가 만들어진다. 그리고 자본재는 노동과 결합하여 소비재를 만들어낸다. 즉 국가의 경우에도 저축은 미래의 소비와 연결된다. 우리나라 국민이 현재 소비량이 많다면(따라서 소비재를 많이 생산하고 있다면) 저축은 줄어들 것이고, 미래의 생산가능한 소비재의 양 역시 줄어들 것이다.

현재의 소비량과 미래의 소비량간의 관계는 [그림 5-7]에서 AA′이라는 곡선으로 그려져 있다. 현재 소비를 전혀하지 않는다면 OA만큼의 소비재를 미래에 생산할 수 있다. 현재의 소비재 생산량(즉 소비량)을 점차 증가시켜 보자. 미래의 소비재 생산량은 이에 대응하여 점차 감소할 것이다. 그리고 그 감소폭은 갈수록 커진다. 왜? 우리는 제4장에서 볼록한 생산가능곡선을 유도하면서 그 배경에는 기회비용체증의 법칙이 작용하고 있다고 설명한 바 있다. 지금의 경우도 마찬가지다. 현재의 소비량이 매우 적다고 하자. 이는 미래에 많은 양의 자본재가 있음

그림 5-7 현재와 미래의 소비

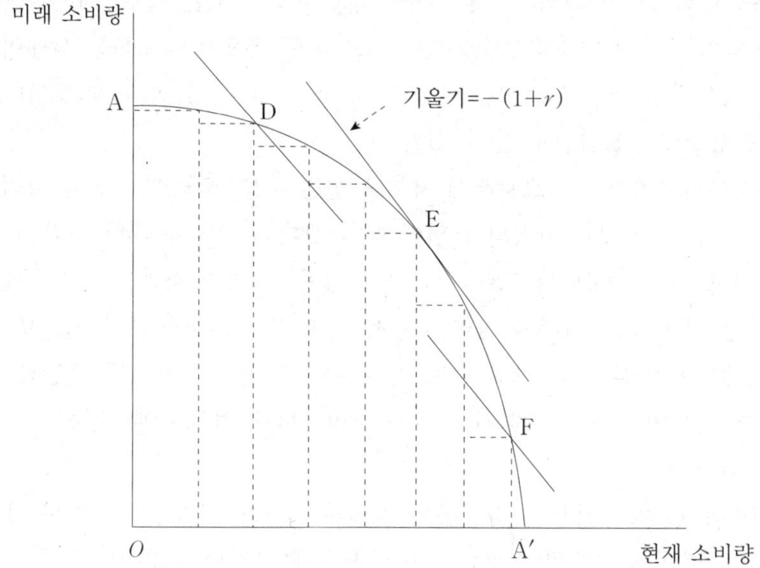

을 의미한다. 이런 상태에서 현재 소비량을 늘려도(즉 미래 자본재 양을 줄여도) 미래 소비재의 생산량은 그다지 줄지 않는다(수확체감의 법칙을 생각하라). 반면에 현재의 소비량이 매우 많다고 하자. 이는 미래에 적은 양의 자본재가 있음을 의미한다. 이런 상태에서 현재 소비량을 더 늘리면 미래 소비재의 생산량은 큰 폭으로 감소할 것이다. 즉 현재의 소비를 늘리는 데 따르는 기회비용(미래의 소비량)은 체증하는 것이다.

그런데 우리나라 국민들이 현재 소비 한 단위와 미래 소비 한 단위를 $(1+r):1$ $(r>0)$의 가치로 평가하고 있다고 하자. 즉 현재의 소비를 미래의 소비에 비해 더 중요하게 생각하고 있으며 그 정도는 r이라는 수치로 나타나고 있다고 하자 (미래에 비해 일단은 현재를 중요시 하는 것은 인지상정이다). 그러면 우리나라는 현재와 미래에 각각 얼마 만큼씩 소비재를 생산할 것인가? 바로 E점이 될 것이다. E점에서 생산가능곡선에 접하는 접선의 기울기(절대치)는 $(1+r)$이다. 즉 E점에서 현재의 소비를 한 단위 줄이면 미래의 소비를 $(1+r)$만큼 늘일 수 있다는 것이다. 이는 우리나라 국민들의 현재와 미래의 소비에 대한 상대적 가치평가와 일치한다. 만일 D라고 하는 점에 있다고 해 보자. 이는 현재의 소비를 한 단위 줄여도 미래의 소비가 $(1+r)$만큼 늘어나지 않는 상태이다. 따라서 이 상태에서는 현재의 소비를 더욱 증가시키려 할 것이다. 반대로 F점에 있는 경우, 이는 현재의 소비를 한 단위 줄이면 미래의 소비가 $(1+r)$보다 큰 폭으로 증가하는 상태이다. 따라서 이 경우에는 현재의 소비를 줄이고 미래의 소비를 늘리려 할 것이다. 결국 유일한 균형상태는 E점임을 알 수 있다.

이제 우리나라가 외국으로부터 자본을 빌릴 수도, 외국에 자본을 빌려 줄 수도 있다고 하자. 현재와 미래의 소비에 대한 상대적 가치에 대한 생각은 우리나라 사람이나 외국 사람이나 모두 똑같다고 하자. 그러면 자본을 빌려 주는 측의 입장에서는 한 단위의 자본을 빌려 주면서 그 대가로 최소한 r 만큼을 요구할 것이다. 왜냐하면 자본을 한 단위 빌려 준다는 것은 현재의 소비를 그만큼 희생하는 것이기 때문이다. 다시말해서 자본을 빌리거나 빌려 주는데 적용되는 금리는 r인 것이다.

r이라는 금리로 자본을 자유롭게 차입하고 또한 대부할 수 있는 상황에서 우리나라의 현재와 미래의 소비는 반드시 E점에 한정되지 않는다. [그림 5-8]에서 볼 수 있는 것처럼 기울기(절대치)가 $(1+r)$이고 E점에 접하는 직선상의 모든 점들이 소비가능한 점들이 된다. E′점을 보자. 이는 현재 O′E′ 만큼을 외국에서 차입하여 현재의 소비를 늘리는 데 쓰고, 미래에 소비를 O′E 만큼($=$O′E′$(1+r)$)

그림 5-8 현재와 미래의 교역

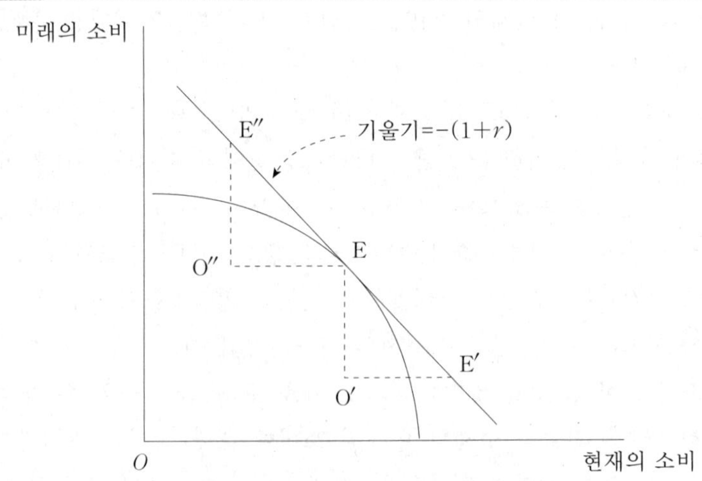

줄여 이를 외국에 지급하는 경우이다. 반대로 E″점은 현재 소비를 O″E 만큼 줄여 이를 외국에 대부해 주고, 미래에 O″E″ 만큼을 외국으로부터 돌려받아 이를 소비에 쓰는 경우이다.

즉 외국과의 자본교역하에서 우리나라의 선택의 폭은 훨씬 넓어지는 것이다. 여러분은 이 모델이 제 4 장에서 본 상품교역의 모델과 매우 흡사함을 발견할 수 있을 것이다. 즉 E점은 상품교역 모델에서의 생산점, E′이나 E″점은 소비점과 같은 의미를 지니고 있는 것이다. 그런데 이 모델에서의 교환은 국가간의 상품의 교환이 아니라 한 국가 내에서 현재의 소비와 미래의 소비간의 교환인 것이다. 그리고 현재와 미래간의 이러한 교환은 바로 국가간의 자본교역이라는 매개를 통해 이루어지고 있는 것이다. 그래서 우리는 이 모델을 국가간 자본교역의 시제간 교역(intertemporal trade) 모델이라 부른다.

현재와 미래 소비간의 교환이 중요한 이유는 무엇인가? 이는 소비수준의 변동 정도를 완화시켜 주는 역할을 하기 때문이다. 어느 나라 경제이든 경기변동을 겪게 마련이다. 경기가 좋은 해에는 기업들의 생산도 활발하게 이루어지고 실업자도 줄고 국민의 소득도 올라간다. 이에 따라 국민의 소비수준도 높아진다. 반면에 경기가 나쁜 해에는 기업생산도 위축되고 실업자도 늘어나고 소득도 떨어지고(떨어지진 않더라도 상승률이 낮아지고), 이에 따라 국민의 소비수준도 낮아질 것이다. 그런데 소비수준의 지나친 변동은 결코 바람직하지 않을 것이다. 어느 해는 지나치게 풍요롭다가 어느 해는 지나치게 궁핍하고, 마치 청룡열차와 같은 변동이 바람직하겠는가?

국가간의 자본이동은 소비수준의 변동 정도를 완화시키는 역할을 할 수 있다. 경기가 안 좋은 해에는 외국에서 차입하여 소비에 충당하고, 경기가 좋은 해에는 차입금을 상환한다든지 외국에 대부하여 지나친 소비의 확대를 막을 수 있는 것이다. 만일 모든 국가에서 경기변동이 똑같이 나타난다면 이러한 효과는 사실 기대하기 어려울 것이다. 그러나 경기변동은 최근 국가간 동조화 현상이 심화되고 있기는 하지만 여전히 국가간에 차이가 있다. 경기변동의 국가간 차이가 있는 상태에서 국가들은 자본교역을 통해 경기변동에 따른 위험을 서로 나눌 수 있는 것이다.

(3) 분산투자의 이익

투자에는 항상 위험이 따른다고 볼 수 있다. 그런데 투자에 따르는 위험이 너무 크다면 자본을 가진 사람들은 투자에 주저할 수밖에 없을 것이다. 그래서 투자가 위축된다면 이는 결국 기업활동의 위축으로 연결될 것이고 경제도 활기를 잃을 것이다. 우리는 우스개소리로 돈이 돈인 것은 계속 돌기 때문이다라고 말하곤 한다. 그러나 이는 결코 우스개소리만은 아니다. 돈은 경제에서 마치 피와 같은 것이어서 계속 돌지 않고 어디선가 막힌다면 그 경제는 병이 들고 마는 것이다. 은행에 예금을 하든지, 주식이나 채권에 투자하든지, 부동산에 투자하든지 모두 투자에 따른 위험부담이 너무 커서 돈 있는 사람들이 투자하지 않고 차라리 금고 속에 돈을 처박아 놓는다면(우리는 이를 고상하게 돈을 퇴장시킨다고 한다), 그 경제는 머지 않아 병증이 나타날 것이다.

우리는 투자에 따르는 위험을 보통 시장위험과 개별위험으로 분류한다. 시장위험은 전체 경제에 공통적인 위험이라 할 수 있다. 예컨대 A라는 국가의 정부가 발행한 채권을 샀는데 그 나라에서 전쟁이 났다든지, 외환위기가 발생한다든지 하면 그 채권의 가격은 급격히 하락할 것이고 이에 투자한 사람은 큰 손해를 볼 것이다. 개별위험은 개별산업이나 기업에 독특한 위험이라 할 수 있다. 예컨대 B라는 기업의 주식에 투자했는데 그 기업이 도산한다면 그 주식은 사실상 휴지조각과 같을 것이다.

그런데 잘 알려진 사실은 여러 개의 위험자산에 분산하여 투자하면 위험부담을 크게 줄일 수 있다는 것이다. "모든 달걀을 한 바구니에 담지 마라"라는 잘 알려진 격언은 바로 분산투자를 하라는 의미인 것이다. 분산투자는 국내에서도 국내의 주식, 채권, 부동산 등에 분산하여 투자한다든지, 여러 개의 주식에 분산하여 투자한다든지 하는 방식으로 투자자의 포트폴리오(자산구성)를 구성함으로써 할 수 있을 것이다. 그런데 세계 각국의 금융상품에 자유롭게 투자할 수 있다면, 투자자가 투자할 수 있는 상품은 크게 확대될 것이고 보다 다양한 상품을 대상으로 분산투자를 할 수 있을 것이다.

분산투자는 각 투자상품의 위험간에 상관관계가 작아야 그 효과를 거둘 수 있다. 예컨대 반도체관련 산업의 두 개의 기업 주식에 분산하여 투자하는 경우, 반도체 가격의 하락시 두 기업의 주가는 같이 하락할 것이고 분산투자의 이익을 얻을 수 없을 것이다. 설령 반도체관련 기업의 주식과 식료품산업 기업의 주식에 나누어 투자했다 해도 각 주식의 위험간에 상관관계가 전혀 없다고는 볼 수 없을 것이다. 예컨대 우리나라 경제가 매우 나빠진다면 속하는 산업이 다르더라도 두 기업의 주가는 함께 떨어질 수 있을 것이다.

국제적인 분산투자를 하는 경우 위험의 상관관계가 보다 적은 상품들을 대상으로 분산하여 투자할 수 있을 것이다. 우리나라의 시장위험은 우리나라의 어떤 기업의 주식에 투자하든지 공통적으로 갖는 위험이다. 그러나 국제적 분산투자를 하면 이러한 시장위험도 분산할 수 있다. A, B 양국의 경기가 일치하지 않는 한 양국의 주식에 분산투자하면 위험을 줄일 수 있다. 특히 양국의 경기가 반대로 움직인다면 분산투자의 위험 감축효과는 더욱 커질 것이다.

다음과 같은 간단한 예를 들어보자. 지금 어떤 투자자가 백만 원을 투자한다고 하자. A국과 B국의 주식에 각각 투자하는 경우 (표 1)과 같은 상황이 예상된다고 하자.

A국의 주식에 투자시 기대수익은 2만 원($-8\times1/3+4\times1/3+10\times1/3$), B국의 주식에 투자하는 경우 기대수익은 3만 원($-12\times1/3+6\times1/3+15\times1/3$)이다. 한편 A국의 주식에 투자시 수익의 표준편차는 7.48만 원($\{1/3(-8-2)^2+1/3(4-2)^2+1/3(10-2)^2\}^{1/2}$), B국의 주식에 투자시 수익의 표준편차는 11.22만 원($\{1/3(-12-3)^2+1/3(6-3)^2+1/3(15-3)^2\}^{1/2}$)이다. 즉 B국의 주식이 A국의 주식에 비해 기대수익률은 높지만 또한 위험도 높다.

이제 A국의 주식과 B국의 주식에 50만 원씩 나누어 투자하면 어떻게 되겠는가? 이렇게 구성된 포트폴리오의 기대수익은 2.5만 원이 될 것이다. 그러면 이 포트폴리오의 표준편차는 얼마인가? 이는 A국과 B국의 주가간에 얼마나 상관관계가 있는지에 의해 영향을 받을 것이다.[2]

(표 1) 경기상태와 투자수익

A국			B국		
상 태	확 률	수 익	상 태	확 률	수 익
불 황	1/3	−8만원	불 황	1/3	−12만원
정 상	1/3	4만원	정 상	1/3	6만원
호 황	1/3	10만원	호 황	1/3	15만원

2) 여러분은 통계학에서 이런 관계를 배웠을 것이다. X와 Y라는 확률변수가 있을 때 E(aX+bY)

(표 2) 분산투자의 효과

	기대수익	표준편차	
A국 주식	2	7.48	
B국 주식	3	11.22	
포트폴리오 (50 : 50)	2.5	$\rho=-1$	1.88
		$\rho=-0.5$	4.95
		$\rho=0$	6.74
		$\rho=0.5$	8.15
		$\rho=1$	9.35

우리가 여기서 알 수 있는 사실은 A국과 B국의 경기가 같은 방향으로 움직이지 않는다면 양국의 주식에 분산하여 투자하는 것이 투자의 위험을 항상 줄여준다는 것이다. 만일 양국의 경기상황이 상당히 밀접하게 연결되어 있다면 분산투자의 위험부담 감소효과는 별로 없을 것이다. 그러나 여러 개의 국가들을 대상으로 경기 변동의 연계정도가 적은 국가들을 찾아서 이에 분산하여 투자한다면 투자의 위험부담을 상당히 줄일 수 있을 것이다. 오직 미국의 주식시장에서 20개 기업의 주식을 골라 포트폴리오를 구성한 경우와 미국뿐만 아니라 주요국에서 20개 기업의 주식을 골라 포트폴리오를 구성한 경우, 후자의 경우가 전자에 비해 약 15%의 위험부담 감소효과가 있다고 한다.[3)]

세계자본시장의 통합이 분산투자의 범위를 확대함으로써 투자의 위험부담을 감소시킨다는 사실은 상당히 중요한 의미를 지닌다. 유망한 사업으로 기대수익도 높지만 위험부담이 큰 경우 이러한 사업은 자본을 끌어들이기 어려울 것이다. 그러나 분산투자의 논리하에서 이러한 사업에도 많은 자본이 투자될 수 있는 것이다. 그리고 그 결과 세계 각지에서 성장 잠재력이 큰 사업들이 활발하게 시도될 수 있는 것이다.

세계자본시장 통합이 심화되면, 즉 국가간의 자본이동이 확대되면 세계경제의 불안정성이 증폭되는가? 그렇다고 생각하는 사람이 아마도 많이 있을 것이다. 다음절에서 보겠지만 국내외 자본이동이 자유롭게 이루어지는 상황에서 경제운

$=aE(x)+bE(Y)$, $Var(aX+bY)=a^2Var(X)+b^2Var(Y)+2abVar(X)^{1/2}Var(Y)^{1/2}\rho_{XY}$($\rho_{XY}$는 X와 Y 간의 상관계수)이다.

3) Solnik, B. H.(1999)

용을 제대로 하지 못하면 외환위기가 발생할 가능성이 있고, 이는 세계 각국의 경제가 밀접하게 연결된 상황에서 세계경제에 상당한 파급효과를 미칠 수 있다. 그러나 분산투자의 논리가 시사하는 바는 세계자본시장의 통합이 불안정의 요소만을 갖고 있는 것은 아니라는 것이다. 오히려 투자에 따르는 위험부담을 전반적으로 낮춤으로써 세계경제의 안정에도 기여하는 측면이 있다는 것이다.

(4) 황금구속복의 논리

제 1 장에서도 소개한 바 있는 토마스 프리드만의 「렉서스와 올리브나무」는 세계화를 매우 실감 있게 그리고 있는 책이라 할 수 있다. 이 책에서 프리드만은 몇 가지 재미있는 용어를 만들어냈는데 그 중 하나가 '황금구속복'(Golden strait-jacket)이라는 용어다.

> … 결국 오늘날의 세계화 체제에서 번성하고자 하는 나라는 황금구속복을 입어야 할 뿐만 아니라 이 전자투자가와 접속이 되어야 한다. 전자투자가는 황금구속복을 좋아한다. 왜냐하면 이들은 자유스런 자유시장의 규칙을 좋아하는데, 황금구속복이야 말로 이 모든 것을 갖추고 있기 때문이다. 따라서 황금구속복을 입고 있고, 또 이를 계속 단정하게 유지하는 나라에는 전자투자가가 몰려들고, 이 나라는 이들의 자금을 이용해 성장하게 된다. 그러나 황금구속복을 입지 않은 나라는 전자투자가에 의해 징벌을 받는다. 전자투자가가 그 나라를 기피하거나 또는 그 나라에 들여 놓았던 자금을 빼내는 방법으로 징벌이 가해지는 것이다. 무디스 인베스터스 서비스라든지 스탠다드 푸어스 같은 회사는 전자투자가의 경찰견이다. 이들 신용평가기관은 세계 곳곳을 배회하며 끊임없이 여러 나라의 냄새를 맡고 다닌다. 이들은 어느 한 나라가 황금구속복을 벗어 던지려는 기색을 보이면 큰 소리로 짖어대는 임무를 맡고 있다. …
>
> ** 전자투자가 : 프리드만은 세계화시대에 정보통신기술로 무장된 세계의 투자가들을 전자투자가라 부르고 있다.

> … 황금의 구속복을 입고자 하는 나라는 다음과 같은 황금률을 채택해야 한다. 이 모든 것을 당장 모두 채택할 수는 없을지라도 최소한 그렇게 진행하는 시늉이라도 해야 한다. 1. 민간부문을 경제성장의 주력 엔진으로 삼을 것 2. 인플레이션을 낮게 유지하고 물가안정을 유지할 것 3. 정부관료조직의 규모를 축소할 것 4. 국가재정을 흑자는 못 낼지언정 적자로 만들지 말 것 5. 수입품에 대한 관세를 폐지하거나 인

하할 것 6. 외국인투자를 저해하는 규제를 폐지할 것 7. 쿼터제와 국내독점체제를 철폐할 것 8. 수출을 늘릴 것 9. 공기업과 수도, 전기, 가스 등 국유산업이나 공익사업을 민영화할 것 10. 자본시장에 대한 규제를 완화할 것 11. 자국통화와 타국통화 사이의 교환이 가능하도록 할 것 12. 실물시장, 주식시장, 채권시장을 개방해 외국인들이 투자하고 소유할 수 있게 할 것 13. 규제를 완화해 시장내 경쟁을 최대한 촉진시킬 것 14. 정부의 부정부패와 보조금, 그리고 뒷돈 관행을 최대한 줄일 것 15. 금융시스템과 통신시스템을 개방해 민간과 경쟁을 허용할 것 16. 국민들이 국내외 금융상품을 마음대로 선택해 연금 · 기금을 투자할 수 있도록 할 것.

무엇을 이야기 하고 있는 것인가? 바로 투자자의 감시기능을 언급하고 있는 것이다. 투자자의 감시기능이 작동하는 상태에서 각국 정부는 건전하 경제운용에 보다 신경을 쓸 수밖에 없다. 세계자본시장이 통합된 상태에서 정부의 잘못된 경제운용에 따르는 대가는 크다. 투자자는 그 나라에 투자한 자금을 회수할 것이고 이에 따라 그 나라 통화의 가치는 하락할 것이다. 외국의 금융기관은 그 나라에 대한 대부를 꺼려할 것이고 따라서 자본의 차입을 위해서는 더 높은 이자를 지급해야 할 것이다. 그리고 환율의 상승, 이자의 상승은 그 나라가 외국으로부터 상품을 수입할 때 그리고 자본을 들여올 때 보다 높은 비용을 지불해야 함을 의미하는 것이다.

프리드만이 위에서 언급하고 있는 황금구속복의 구성 항목들에 대해서는 너무 연연할 필요는 없을 것이다. 단지 프리드만이 언급하고 있는 황금구속복은 시장경제체제하의 건전한 경제운용이다라는 정도로 이해하면 될 것이다. 혹자는 이렇게 반박할지도 모른다. 세계자본시장의 통합으로 황금구속복이라는 것을 입어야 하는 것이 각국에 가해지는 제약이지 무슨 이익이냐고. 자유로운 정책의 여지가 줄어드니 분명히 제약은 제약이다. 그러나 이는 바람직한 제약이라 할 수 있다. 프리드만도 언급하고 있지만 처음에 입기는 어렵지만 일단 입으면 편해지는 옷이 황금구속복인 것이다.

한편 자본의 감시기능은 정부의 정책운용에만 작용하는 것은 아니다. 더욱 중요한 것은 직접적인 투자의 대상이 되는 기업에 대한 감시기능이라 할 수 있을 것이다. 기업의 잘못된 경영은 곧바로 그 기업의 주가하락으로 반영된다. 그 기업을 보다 잘 경영할 수 있을 것으로 생각하는 여타 기업이나 투자자에 의해 인수되어 경영권을 빼앗기는 상황도 발생할 수 있다. 기업들은 수익성, 건전성, 투명성 등 기업차원의 황금구속복을 입어야 하는 것이다. 물론 기업에 대한 감시기능은 자본시장이 개방되어 있지 않는 상태에서 국내투자자들만에 의해서 이루어질 수도 있을 것이다. 그러나 자본시장이 개방되어 국내투자자뿐만 아니라 외국의 투자자들도 감시에 나서면 기업이 황금구속복을 입어야 하는 유인은 더 커질 수밖에 없을 것이다.

3. 국제자본이동과 외환위기

우리는 앞절에서 국가간 자본이동이 가져다 주는 혜택에 대해 살펴보았다. 국가간 자본이동의 혜택은 분명 부인할 수 없다. 그러나 1997년 동아시아 외환위기 이후 국제자본이동에 대해서는 혜택과 함께 위험성에 대한 지적이 따라 다니고 있다. 개발도상국이 경제발전을 위해 자본시장을 개방해야 한다는 주장은 국내여건, 특히 국내금융부문이 취약한 상황에서 자본시장을 서둘러 개방하는 것은 바람직하지 않다는 주장으로 대체되는 모습을 보이고 있다.

외환위기는 결코 새로운 현상은 아니다. 그러나 동아시아의 외화위기는 결코 예상하지 못했던 사건으로 세계경제에 큰 충격을 안겨주었다. 불과 몇 달 전만해도 장미빛으로 포장되었던 동아시아의 고도성장 경제가 한 순간에 침체의 나락에 빠지는 모습은 아마도 역사상 유례가 없는 사건이었다고 할 수 있을 것이다.

외환위기의 위험성은 세계화의 혜택에 따르는 대가인가? 본절에서는 외환위기의 개념, 원인, 추세 등을 살펴본 후 이 질문에 대해 고찰해 보고자 한다.

(1) 외환위기의 개념

외환위기란 무엇인가? 우리가 외환위기를 겪은 후 수없이 들어본 말이지만 이 의미를 정확히 이해하고 있는 사람은 많지 않을 것이다. 아마도 대부분의 국민들은 우리나라에 달러화가 부족해져서 IMF로부터 달러를 빌려오고 그 결과 IMF가 우리에게 이래라 저래라 하고 간섭하는 것으로 생각하고 있을 것이다.

외환위기에 대한 확정된 정의는 사실 없다고 볼 수 있다. 실제 위기에 닥쳐서야 '아 이것이 외환위기구나'하고 인지하게 되는 것이 외환위기라는 이야기도 있다. 학자들의 경우도 정의에 다소의 차이가 있는데, 적어도 외환위기의 정의에 공통적으로 포함시키는 가장 중요한 기준요소는 그 나라 통화가치의 급격한 하락이라 할 수 있다. 가장 일반적인 정의는 그 나라의 통화가치의 절하가 임박했을 때 국내외 투자자들의 투기적 공세, 즉 자본이득을 실현하기 위해 외환을 경쟁적으로 매입하여 해당국의 통화가치가 현저하게 하락하는 현상이라 할 수 있을 것이다.[4] 그리고 외환위기시에는 보통 국내자본의 급격한 해외유출이 수반되며, 국내의 외환보유고는 정부의 통화가치 방어, 자본의 해외유출 등에 따라 급격히 감소하는 현상이 나타난다. 그리고 더 나아가 이러한 현상이 그 나라의 경제에 상당한 타격을 줄 때 이를 외환위기라 부르는 것이 적절할 것이다.[5]

외환위기와 거의 동일한 개념으로 국제수지 위기(Balance of Payment crisis)라는 용어가 사용되기도 한다. 국제수지 위기는 그 나라의 경상수지가 악화되면서 통화가치의 하락에 대한 기대에 따라 외환의 매입이 급격히 증가하고, 정부는 통화가치의 방어를 위해 외환의 매각으로 대응하지만 결국 외환보유고의 고갈로 환율방어를 포기하고 환율이 급격히 상승하는 사태로 일반적으로 이해되고 있다. 즉 국제수지 위기는 고정환율제도하에서 경상수지 악화를 주요 배경으로 하여 발생하는 외환위기라 할 수 있을 것이다. 그러나 외환위기는 반드시 고정환율제도하에서만 발생하는 것은 아니며 경상수지 악화가 주요 원인이기는 하나 여타 요인에 의해서도 촉발될 수 있다. 따라서 외환위기가 국제수지 위기보다 포괄적인 개념으로 볼 수 있을 것이다.

한편 외환위기 대신에 금융위기(financial crisis)라는 용어를 쓰기도 한다. 그러나 금융위기는 외환위기보다 포괄적인 개념이라 할 수 있다. 외환위기는 외환이라는 돈에 관련된 문제이기 때문에 분명히 금융측면에서의 위기라 할 수 있다. 그러나 국내금융기관들이 도산하여 경제에 큰 타격을 주는 사태도 금융위기이다. 즉 기본적으로 금융측면에서 발생하는 모든 위기 상황은 금융위기라 할 수 있다. 우리는 은행 등 금융기관이 대규모로 도산하고, 설령 대규모의 도산까지는

4) 어느 정도의 통화가치 하락을 외환위기로 볼 수 있는가에 대해서는 일률적인 기준은 없다. 통화가치가 전년도에 비해 10% 이상 절하한 동시에 당해연도에 25% 이상 절하한 경우를 보통 상정하나 이 역시 확립된 기준은 아니다.

5) 영어로는 currency crisis, 또는 exchange crisis라는 용어가 사용되며, 이 중 currency crisis가 보편적으로 사용된다. 이 용어를 그대로 번역하여 우리말로 통화위기라는 용어를 쓰기도 하는데, 우리 용어로는 통화위기보다는 외환위기가 보편적으로 사용되고 있다.

가지 않는다 해도 은행에 대한 신뢰도 저하로 예금이 급격히 줄어들고, 은행의 보유자산이 부실화(대출기업의 부도 등으로 대출금 회수가 어려워지면 그렇게 될 것이다)되는 위기 상황이 발생하면 이를 특히 은행위기(banking crisis)라 부른다. 그런데 외환위기는 은행위기와 함께 발생하는 경우가 자주 있으며, 특히 최근에는 이러한 경향이 증대하고 있다. 이와 같이 외환위기와 은행위기가 같이 나타나는 경우를 쌍둥이 위기(twin crises)라고 지칭한다.

또한 우리가 외환위기와 자주 혼동하는 것으로 외채위기(debt crisis)라는 것이 있다. 이는 문자 그대로 외채를 제대로 갚지 못함으로써 발생하는 위기이다. 개개의 기업이나 금융기관이 외국에서 빌려온 자금을 제대로 갚지 못한다면 이는 사적인 문제일 것이다. 그러나 정부가 빌려온 자금, 정부의 보증하에 민간기업이나 금융기관이 빌려온 자금을 제대로 갚지 못하면 그것이 외채위기라 할 수 있다. 외채위기는 외환위기와 분명히 관련이 있다. 외채를 제대로 갚지 못하게 되는 상황이 발생하는 표면적인 이유는 국내보유 외환은 부족하고 대외신뢰도의 저하로 만기연장이나 추가적인 차입이 어려워지기 때문이라 할 수 있다 외채가 많은 국가에서 외환위기로 인해 외환보유고가 감소하고, 환율상승으로 원리금 상환 부담은 증가하는 상황에서 만기연장, 외국 정부나 국제기구로부터 긴급자금 차입 등이 제대로 이루어지지 못하면 외채위기로 발전될 가능성이 큰 것이다.

이러한 긴급상황에서 일방적으로 외채 원리금의 지불을 연기하는 지불유예(모라토리엄)를 선언하고 채권국가와 협상에 들어가게 된다. 그러나 이도 여의치 않게 되면 채무를 더 이상 이행할 수 없음을 공식적으로 선언하는, 즉 디폴트 사태로까지 악화될 수 있는 것이다. 외채위기가 모라토리엄 이상의 단계로까지 악화되면 그 나라는 큰 타격을 받게 된다. 당장 외국과의 모든 경제적 교류가 중단된다고 볼 수 있다. 상품의 수출입 거래는 오직 현금거래로만 이루어지게 될 것이고 외환이 부족한 상태에서 필수적인 수입품의 공급이 중단되는 위기상황이 나타날 수 있다. 또한 외채위기가 수습된 뒤에도 상당기간 동안 국제금융시장에서 자금차입을 할 수 없는 상황이 전개되는 것이다.

(2) 외환위기의 원인

외환위기의 개념 자체도 일률적이지 않은 것처럼 외환위기의 원인 역시 일률적인 원인은 없다고 할 수 있다. 외환위기 그 자체가 매우 복잡한 현상이고 다양한 직·간접적 요인들이 외환위기를 촉발하는 요인들이 될 수 있다. 지금까지 학문적으로 제시된 이론 중 몇 가지만 소개해 보기로 한다.

가. 기초경제여건의 악화

1970년대, 1980년대 중남미의 경험에 근거한 Krugman(1979)의 모델은 가장 전통적인 외환위기 모델이라고 할 수 있다. 그래서 이 모델에 기초한 외환위기 이론을 '제1세대 모델'(first generation model)이라 부른다.

이 모델은 매우 간단한다. 70, 80년대 중남미 국가처럼 정부 재정적자를 통화발행을 통해 충당하고 있는 국가가 있다고 하자. '아르헨티나여 나를 위해 울지마오'라는 음악으로 유명한 에비타라는 영화를 보면 세금은 잘 거둬들여지지 않는데 사회복지의 무리한 확충 등에 따른 정부재원을 마련하기 위해 돈을 막 찍어내는 장면이 나온다. 우리는 이를 정부 재정적자를 통화 증발을 통해 보전한다고 말한다. 그리고 이 나라는 어느 일정한 수준에서 자국의 통화가치를 유지하는 고정환율제도를 채택하고 있다고 하자. 국내통화의 증발은 물가의 상승을 야기시키고 이는 국내 통화가치의 하락을 의미한다. 반면에 고정환율제도는 대외적으로 통화가치의 유지를 의미한다. 따라서 이 둘은 분명히 모순되는 정책이다. 자 이러한 경우 어떤 상황이 전개되겠는가?

정부가 국내 물가안정을 생각한다고 해 보자. 증발된 통화를 회수할 수 있는 방법은 정부가 갖고 있는 외환을 매각하는 것이다. 이 나라의 통화명칭이 페소이고 1달러는 1페소라는 고정환율을 유지하고 있다고 하자. 그러면 정부가 백만 달러를 매각하면 백만 페소가 정부로 회수될 것이다. 국내에 증발된 통화를 이런식으로 흡수하면 물가안정을 도모할 수 있을지는 모르나 국내 외환보유고는 계속 줄어들 수밖에 없을 것이다.

증발된 국내통화를 회수하지 못하고 그대로 두면 어떻게 되겠는가? 국내 물가의 상승으로 수출은 줄어들고 수입은 늘어날 것이다. 결과적으로 경상수지 적자가 확대될 것이다. 외국으로부터의 자본 유입에 의해 경상수지 적자가 충당되지 못한다면 정부는 환율의 유지를 위해 보유하고 있는 외환을 풀어야 할 것이다. 이런 과정이 계속된다면 역시 국내 외환보유고는 계속 줄어들 수밖에 없을 것이다.

즉 정부의 재정적자, 통화증발, 고정환율제도의 결과는 외환보유고의 감소로 나타난다. 만일 외환보유고가 무한하다면 문제가 없을 것이다. 그러나 외환보유고는 한정되어 있으며, 결국 파국에 직면할 수밖에 없다. 그런데 파국은 외환보유고가 완전히 바닥나기 전에 발생한다. 외환보유고가 바닥에 가까이 가면 얼마 못가서 정부가 이 고정된 환율 수준을 포기할 것이라는 예상이 형성된다. 즉 국내 통화가치를 큰 폭으로 절하시키는 방향으로 환율 조정이 있을 것이라는 기대가 형성되는 것이다. 그러면 이 단계에서 환투기가 발생하게 된다. 환율의 상승을 기대하여 국내통화를 매각하고 외환을 매입하는 투기적 외환거래가 발생하는 것이다. 그 결과 외환보유고는 급격히 감소하게 되고, 결국 정부는 고정환율을 포기하게 되는 것이다.

이 모델이 시사하는 바는 외환위기는 해당국의 기초경제여건(economic fundamentals)의 악화에서 비롯된다는 것이다. 즉 경상수지 악화, 재정적자, 통화팽창, 저성장, 적은 외환보유고, 잘못된 정부정책 등 해당국이 갖고 있는 기본적인 경제여건에 문제가 있음으로써 외환위기가 발생할 수 있다는 것이다.

나. 자기실현적 예상

우리나라에서 1997년 가을 외환위기가 발생하기 전에 우리 정부는 우리 경제는 동남아 국가들과 달리 기초경제여건, 즉 펀더멘탈이 튼튼하기 때문에 외환위기의 위험성이 없다고 주장한 적이 있었다. 그러나 결국 우리나라는 외환위기를 맞았다.

외환위기는 기초경제여건의 악화 없이도 향후 환율변동에 대한 시장참가자의 예상에 따라 발생할 수 있다는 이론이 있다. 우리가 앞에서 배운 게임이론을 복습하는 의미로 다음과 같은 간단한 게임모델을 생각해 보자.

어떤 나라의 외환당국과 외환거래자 A, B 두 명이 있다고 하자. 외환거래자는 각각 6원 만큼의 국내통화를 갖고 있다고 하자. 이들이 외환거래를 하는 데 드는 비용은 1원이라고 하자. 외환거래자는 국내통화를 매도하고 외환을 매입하는 전략(이를 매도 전략이라 하자)과 국내통화를 그대로 보유하는 전략(이를 보유전략이라 하자)의 두 가지 전략을 갖고 있다. 그리고 이들 외환거래자는 서로간에 협력하지 않는다고 하자. 한편 이 나라의 외환당국이 보유하고 있는 외환보유고는 10달러이고, 현재 환율은 1달러는 1원으로 고정되어 있다고 하자. 만일 외환보유

(표 3) 자기실현적 예상과 외환위기

		거래자 B	
		보 유	매 도
거래자 A	보 유	0, 0	0, −1
	매 도	−1, 0	1.5, 1.5

고가 부족한 상황이 발생하면 외환당국은 국내통화 가치를 50% 평가절하하는 조치를 단행한다고 하자. 이 게임의 상황은 (표 3)으로 정리된다.

두 거래자 모두 보유전략을 택하면 아무런 변화가 없을 것이므로 각 거래자에 돌아가는 이득은 (0, 0)일 것이다. 거래자 A가 매도하고 거래자 B는 보유전략을 택하면 어떻게 되겠는가? 외환당국은 갖고 있는 외환보유고로 거래자 A의 공격에 대해 충분히 방어할 수 있다. 따라서 평가절하는 발생하지 않으며, 거래자 A는 거래비용 만큼의 손실만 입게 된다. 그리고 거래자 B에게는 아무런 변화가 없다. 거래자 B가 매도전략을 택하고 거래자 A는 보유전략을 택하는 경우도 마찬가지다. 즉 한 거래자만이 공격에 나서는 경우 평가절하는 발생하지 않고 그 거래자만이 손실을 보게 된다.

두 거래자가 동시에 공격에 나서면 어떻게 되겠는가? 외환보유고는 두 거래자의 공격을 모두 방어할 수 있을 정도로 충분하지 않다. 외환보유고의 부족으로 모든 거래가 성사되지는 못하며 각 거래자는 외환보유고의 절반씩, 즉 5원만큼의 거래를 하게 된다. 그리고 외환보유고는 소진되고 외환당국은 평가절하를 단행하게 된다. 그러면 각 거래자의 이득은 얼마인가? 원래 환율이 1원에 1달러이므로 5원을 5달러로 바꾸었을 것이고 평가절하 후(즉 1달러는 1.5원) 이를 원화로 바꾸면 7.5원이 될 것이다. 즉 2.5원만큼의 이득이 발생했다. 그런데 거래비용이 1원이므로 순이득은 1.5원이 되는 것이다.

이 게임의 결과는 무엇인가? 이 게임의 우월적 전략균형은 존재하지 않는다. 상대방 거래자가 보유전략을 택할 것으로 예상하면 보유전략을, 상대방이 매도전략을 택할 것으로 예상하면 매도전략을 택하려 할 것이다. 그러면 내쉬균형은 무엇인가? 이 경우 내쉬균형은 두 개가 존재함을 쉽게 알 수 있을 것이다. 즉 (보유, 보유)와 (매도, 매도)가 내쉬균형이다. 즉 이 게임은 앞에서 게임이론을 소개하면서 든 예들 중에 '부부간의 만남 게임'과 같은 구조를 갖고 있는 게임인 것이다.

그런데 이 두 개의 내쉬균형 중 (보유, 보유)는 외환위기가 발생하지 않는 경우이고, (매도, 매도)는 외환위기가 발생하는 경우이다. 그러면 어떤 상황에서 외환위기라는 균형이 나타나고 어떤 상황에서는 나타나지 않을 것인가? 외환당국이 절대 평가절하를 하지 않을 것이다, 즉 어떻게든 지금의 환율을 유지할 것이다라는 믿음을 거래자들이 갖고 있는 경우, 거래자들은 투기적인 공격에 나서지 않을 것이다. 그러나 외환당국이 환율유지에 대한 의지가 별로 없고 쉽게 평가절하를 단행할 것이라는 믿음을 거래자들이 갖고 있는 경우, 거래자들은 투기적인 공격에 나설 것이고 결국 외환위기가 발생할 것이다. 즉 거래자들이 국내통화의 평가절하를 예상하면 실제 평가절하가 된다는 것이다. 외환위기가 날 것이라고 예상하면 외환위기가 난다는 것이다. 이와 같이 예상이 실제 결과를 초래하는 현상을 자기실현적 예상(self-fulfilling expectation)이라고 한다.

이 모델을 외환위기의 '제2세대 모델'(second generation model)이라고 부른다. 이 이론은 1992-93년 유럽환율조정 메커니즘(ERM: European Exchange Rate Mechanism)하에서 영국, 스페인 등 일부 유럽국가들에 발생한 외환위기의 경험을 근거로 하고 있다. 이 메커니즘은 독일의 마르크화를 사실상 중심통화로 하여 각국 통화와의 기준 환율을 설정하고 환율의 변동을 일정한 범위 내에서만 허용하는 장치이다. 즉 약간 완화된 고정환율제도라 할 수 있다. 그런데 당시 외환위기가 발생한 영국, 스페인 등의 경우 제1세대 모델이 제시하고 있는 요인들, 즉 기초적인 경제여건은 그다지 나쁘지 않았다. 그럼에도 불구하고 이들 국가에서 외환위기가 발생한 데에는 외환시장 참가자들의 예상이 중요한 역할을 했다는 것이다.[6]

이 모델이 시사하는 또 하나의 중요한 점은 정부에 대한 평판(reputation)이 결정적인 요소가 될 수 있다는 것이다. 그 나라의 정부가 적절한 환율수준을 유지할 의지와 능력이 있는지가 외환시장 참가자들의 예상 방향을 형성하는 변수가 된다는 것이다. 이러한 점에서 정부의 경제정책 능력에 대한 평판 역시 펀더멘탈이 될 수 있다는 것이다.

6) 보다 근본적인 이유는 고정환율제도하에서 국가간 자유로운 자본이동이 이루어지는 상황에서는 각 국가가 상이한 경제정책(예컨대 A라는 국가는 고금리정책을, B라는 국가는 저금리정책을)을 쓸 수 없다는 데에 있었다. 이 점은 우리가 뒤에서 다시 살펴볼 것이다.

다. 최근의 이론

앞의 두 모델에서 볼 수 있드시 대형의 외환위기가 있은 뒤에는 이를 설명하는 대표적인 이론들이 제시되었음을 알 수 있다. 그러면 동아시아 외환위기 이후에도 이를 설명하는 대표적인 이론, 즉 제3세대 모델이라 불리는 이론이 제시되었는가? 물론 동아시아 외환위기 이후에도 이를 설명하려는 많은 이론들이 제시되었다. 그러나 어떤 특정한 이론에 대해 제3세대 모델이라는 훈장이 아직까지는 부여되지 않고 있다. 동아시아 외환위기 이후 제시된 여러 이론 중 대표적인 것으로 뱅크런 모델과 도덕적 해이 모델 등을 살펴보기로 하자.

① **뱅크런**(bank run) **모델**

이는 마치 은행이 도산하는 것과 같은 양상으로 외환위기가 발생한다는 것이다. 은행은 제조업체와 달리 갑자기 한순간에 도산할 수 있다는 특징을 갖고 있다. 은행은 다수의 예금자들로부터 자금을 모아 이를 대출하거나 투자하여 수익을 얻는 장사를 하는 곳이다. 은행의 입장에서 예금은 부채이다. 그런데 문제는 부채를 100% 충당할 만큼 충분한 현금을 보유하고 있지 않다는 것이다. 따라서 예금주들, 즉 은행의 입장에서는 채권자들이 한 순간에 예금을 인출하고자 하면 그 은행은 도산해 버린다는 것이다. 은행은 이러한 가능성이 거의 없다는 것을 전제로 영업을 한다. 만일 이러한 상황을 염려하여 항시 100% 충당 가능한 현금을 보유한다면 결코 은행이라는 영업을 하지 못할 것이다.

은행의 이러한 위기는 은행이 부채를 갚을 능력이 없어서 발생하는 것은 아니다. 은행이 이런 위기 상황에서 대출이나 투자금을 즉시 회수할 수 있다면 이를 갖고 부채를 충분히 상환할 수 있을 것이다. 문제는 바로 만기의 불일치(maturity mismatch)에 있다. 채권자들은 언제든지(요구불예금이라면) 채권상환을 요구할 수 있다. 그러나 대출이나 투자금은 극히 단기적인 대출이나 투자를 하지 않은 이상 즉시 회수될 수 없다. 그래서 이러한 은행의 위기를 유동성 위기(liquidity crisis)라 부른다.

그러면 채권자들이 한 순간에 예금 인출을 요구하는 사태는 왜 발생하는가? 채권자들의 심리적 공황, 즉 패닉상태가 이를 설명할 수 있다. 자기가 돈을 맡긴 은행이 요즘 좀 위험하다는 생각을 갖게 만드는 사태가 벌어졌다고 하자. 예컨대 그 은행이 잘못된 투자에 손을 대서 큰 손실을 보았다는 소식이 알려졌다든지 하

자. 걱정이된 예금주는 그 은행에서 예금을 인출하려 할 것이다. 이렇게 일부 예금주들이 예금 인출을 시작하면 여타 예금주들도 이 대열에 경쟁적으로 합세하게 된다. 만일 늦게 되면 은행의 보유현금이 바닥나서 예금을 돌려받지 못하는 사태가 발생하기 때문이다. 즉 채권자들의 선착순 경쟁이 벌어지는 것이다. 이런 채권자들의 패닉상태에서 은행의 보유현금은 한순간에 소진되고 은행은 도산할 수 있는 것이다.

이러한 은행 위기 모델이 외환위기에도 그대로 적용될 수 있다는 것이다. 어떤 나라의 기업이나 금융기관들이 외국의 금융기관으로부터 외화자금을 차입했다고 하자. 이들은 차입금을 갖고 투자를 한다든지, 금융기관의 경우에는 기업들에게 대출을 한다든지 했을 것이다. 외국 금융기관에 대한 차입금들의 상환만기는 분산되어 있을 것이다. 또한 정상적인 상황이라면 필요시 추가적인 차입도 쉽게 이루어지고 차입금을 좀더 쓰고 싶으면 만기연장도 쉽게 이루어질 수 있을 것이다. 이러한 정상적인 상황에서는 그 나라가 현재 갖고 있는 외환보유고 수준만으로 아무런 문제가 없다고 하자. 그런데 이 나라와 관련된, 채권자들을 불안하게 만드는 일련의 사건들이 발생했다고 하자. 외국의 금융기관들은 이 나라에 더 이상 대출을 하려 하지 않을 것이고, 만기에 도래한 자금은 더 이상 연장하지 않고 즉시 회수하려 할 것이다. 일시에 자금상환이 몰리면서 외환보유고가 줄어들 것이다. 거기다가 아직 만기에 이르지는 않았지만 만기시 외환부족으로 상환불능 사태에 처할 것을 염려한 국내기업이나 금융기관들도 외환을 선매입하려는 대열에 뛰어들게 될 것이다. 그리고 그 결과는 외환보유고가 단기간에 급속히 감소하는 상황이 전개될 수 있는 것이다.

이러한 논리는 차입뿐만 아니라 국내에 투자된 외국자금의 경우에도 그대로 적용될 수 있을 것이다. 정부는 국내 주식이나 채권에 투자된 외국자금이 일시에 빠져나갈 것을 염두에 두고 이에 대비한 충분한 외환보유고를 갖고 있지는 않다. 그러나 채권자들의 패닉과 마찬가지로 투자자들의 패닉상태가 나타나면 일시에 투자금을 외환으로 회수하려 할 것이고 결국 외환보유고가 급격히 소진되는 사태가 발생할 수 있는 것이다.

뱅크런 모델에서 강조하고 있는 외환위기의 원인은 채권자나 투자자의 패닉이다. 이러한 패닉을 촉발할 수 있는 요소는 여러 가지가 있을 수 있다. 그 나라의 펀더멘탈상의 문제가 이를 촉발시킬 수도 있다. 그러나 설령 펀더멘탈은 양호하다 해도 이러한 패닉이 촉발될 수 있다. 우리나라에서 외환위기가 발생하기 전에 우리 정부의 주장처럼 우리 경제의 펀더멘탈은 양호했다고 믿어보자. 그러나 동남아국가들의 연쇄적인 외환위기를 목격한 채권자나 투자자들이 우리나라 역시 동남아국가들과 별 차이 없다는 생각을 갖고 있다면 어떻게 행동하겠는가?

② 도덕적 해이(Moral Hazard) 모델

동아시아 외환위기 이후 아마도 가장 유행한 용어는 도덕적 해이라는 용어가 아닐까 한다. 도덕적 해이라는 용어는 여러 가지 맥락에서 쓰이지만 외환위기와 관련하여 사용된 의미는 무언가 암묵적인 보증하에서 방만한 행태를 보이는 것이란 의미라 할 수 있다. 예컨대 화재보험에 가입한 보험자가 화재예방에 덜 신경을 쓰는 것과 같은 현상으로서의 의미이다.

이 모델이 강조하고 있는 외환위기의 원인은 도덕적 해이에 따른 과잉차입과 과잉투자, 그리고 이에 따른 자산가치의 버블화이다. 지금 어떤 토지가 있다고 하자. 이 토지의 예상수익은 상황이 좋을시—예컨대 경기가 좋다든지 할 때—에 100원, 그리고 상황이 나쁠 때에는 25원이라고 하자. 그리고 상황이 좋을 확률은 1/3, 상황이 나쁠 확률은 2/3라고 하자. 그러면 이 토지의 기대수익은 50원이 될 것이다. 이 토지를 사려고 여러 투자자들이 경쟁한다고 하자. 그러면 이 토지의 가격은 역시 50원이 될 것이다. 그리고 이 토지를 구입하게 된 투자자는 구입대금을 해외에서 차입하여 충당한다고 하자.

그런데 투자자들이 도덕적 해이를 갖고 있다고 하자. 즉 상황이 나쁜 경우가 발생하더라도 정부가 지원을 해줘서 상황이 좋은 경우의 수익을 얻을 수 있을 것이라는 기대를 갖고 있다고 하자. 그러면 이 토지의 기대수익은 50원이 아니라 100원이 될 것이고, 토지의 경쟁 가격 역시 100원이 될 것이다. 즉 투자자들의 도덕적 해이의 결과 토지의 가격은 2배로 상승하였고 외국으로부터의 차입금 역시 2배가 증가하였다.

이런 상황이 언제까지 계속될 수 있을 것인가? 어느 순간 외국의 금융기관들이 이 나라의 상환능력에 대해 의구심을 갖게 되었다고 하자. 예컨대 이 나라의 해외차입규모가 너무 크다든지, 외환보유고가 충분하지 않다든지, 상황은 나빠지고 정부의 암묵적 보증도 여의치 않아 국내투자자가 채무를 상환할 만한 수익을 거둘 수 없을 것이라는 예상이 형성된다든지 하는 경우를 생각해 보자. 외국 금융기관은 더 이상 이 나라에 대출하려 하지 않을 것이고 대출한 자금은 빨리 회수하려 할 것이다. 그리고 앞의 뱅크런 시나리오와 유사하게 외환위기가 발생할 것이다.

뱅크런 모델과 도덕적 해이 모델은 한 가지 중요한 차이점이 있다. 뱅크런 모델의 경우 차입금을 상환할 능력에 문제가 있는 것은 아니다. 차입금을 충분히 상환할 수 있는 수익사업에 차입금은 투입되었다. 단지 만기의 불일치와 채권자의 패닉에 의해 유동성(liqudity)의 문제가 발생한 것뿐이다. 반면에 도덕적 해이 모델의 경우 차입금은 충분한 수익을 내는 사업에 투입되지 않았다. 따라서 투자자에게 닥친 문제는 유동성만의 문제가 아니라 기본적으로 지급불능(insolvency)의 문제인 것이다.

외환위기를 유발시킨 도덕적 해이는 어느 특정한 경제주체가 아니라 여러 경제주체들의 문제라 할 수 있다. 정부의 묵시적인 보증을 기대하고 기업은 수익성이 없는 사업에 과잉투자하였다. 국내금융기관은 이러한 기업의 투자에 대해 적절한 심사를 하지 않고 대출을 해 주었다. 부실채권의 발생시 정부가 결국 해결해 줄 것이라는 기대에 따른 금융기관의 도덕적 해이다. 외국의 금융기관은 어떠한가? 이러한 국내의 기업이나 금융기관에 투자나 대출을 해 준 것은 결국 국내정부의 지급보증에 대한 믿음이 있었기 때문일 것이다. 더 나아가 외환위기 발생시 IMF나 세계은행과 같은 국제기구가 긴급자금을 지원해 줄것이고, 이 긴급자금을 통해 대출금을 결국 상환받을 수 있을 것이라는 기대도 작용할 수 있었을 것이다.

그러면 동아시아 외환위기 모델로 어느 모델이 보다 타당할까? 뱅크런 모델의 경우 외환위기 발생국의 펀더멘탈상에는 아무 문제가 없지만 투자자들의 잘못된 예상 때문에 외환위기가 발생했다는 것이다. 반면 도덕적 해이 모델의 경우는 외환위기 발생국의 펀더멘탈상에 분명한 문제가 있고 이 때문에 외환위기가 발생했다는 것이다. 이 두 가지 모델이 모두 부분적으로 설명력을 갖는다고 보는 것이 적절한 답일 것이다.

③ 위기전염론

외환위기는 발생국의 주변국가에 대해 전염효과(contagion effect)를 갖는다는 것이다. 이러한 전염효과는 과거의 외환위기시에도 나타났지만 특히 동아시아의 외환위기 상황에서 가장 극명하게 드러났다고 할 수 있다. 대체로 다음의 세 가지 전염경로가 제시되고 있다.

첫째, 교역의 연계성이다. 즉 한 국가가 평가절하를 단행하게 되면 그 국가와 경쟁관계가 있는 국가의 가격경쟁력이 급속히 악화되고, 이에 따라 경쟁적인 평가절하가 불가피해진다는 것이다.

둘째, 투자자들의 투자대상국에 대한 인식의 문제이다. 한 국가에서 위기상황이 촉발되면 이것이 투자자들로 하여금 경제구조가 유사한 국가에 대해서도 기존의 평가를 재점검하는 계기로 작용한다는 것이다. 만일 투자자들이 여타 국가에서도 위기국가에서 찾아볼 수 있는 구조적 취약점을 발견하게 되면 신용등급을 급속히 하향조정함에 따라 전염효과가 발생한다는 것이다.

셋째, 국가간의 금융의 연계성이다. 한 국가는 타국, 특히 신흥개도국들이 발행한 금융자산을 통상적으로 소유하고 있다. 그런데 위기상황에서 다급히 이러한 자산을 매각하면 타국의 금융시장도 혼란에 빠진다는 것이다. 예컨대 우리나라의 외환위기시 브라질과 러시아의 외환 · 금융시장도 극심한 혼란을 겪었다. 이는 고수익의 브라질과 러시아 정부채권을 지속적으로 매입해 온 우리나라의 금융기관이 외환위기시 외환유동성 부족을 해소하기 위해 소유채권을 급속히 매각한 것이 하나의 원인이 된 것이다.

(3) 외환위기의 추세

외환위기는 결코 새로운 현상이 아니다. 100여년 전에도 지금에 못지 않는 외환위기들이 발생했던 것으로 목격되고 있다. 그러면 지난 100여년의 기간 동안 외환위기의 발생 추세는 어떤 변화를 보여왔을까? 최근에 외환위기의 발생은

[표 5-6] 외환위기의 추세

	외환위기	은행위기	쌍둥이위기	합 계	국제위기
1880-1913	10	16	12	38	5
1919-1939	19	18	17	54	1
1945-1971	43	0	1	44	2
1974-1997 (21개국 대상)	26	4	12	42	6
1974-1997 (56개국 대상)	108	18	33	159	16

주: 외환위기와 은행위기가 동시발생시 쌍둥이위기로만 계상

더욱 빈번해지고 있는가? 우리가 제1부에서 보았던 제1차 세계화 물결의 시기, 즉 19세기 말과 비교하면 어떠한가?

최근의 Bordo외(2000), Eichengreen(2001) 등의 연구결과는 외환위기의 발생빈도가 최근 증가하였음을 보여 주고 있다. 이들은 1914년 이전, 1919-1939의 양차 대전간의 시기, 2차대전 이후부터 1971년까지의 브레튼우즈체제기, 1973년부터 1998년까지의 시기로 구분하여 각 기간에 발생한 외환위기의 수를 조사하였다. 총 21개국을 대상으로 조사하였고, 1973-1998년의 기간의 경우에는 총 56개국을 대상으로 한 조사도 추가하였다. 이들의 연구결과를 정리하면 [표 5-6]과 같다.

1914년 이전에 어떤 나라가 어느 해에 위기를 겪을 확률은 5% 정도였다. 1920-30년대에 위기 가능성은 약 3배로 확대되었다. 이는 특히 1930년대 불안했던 세계경제의 모습을 반영한다 할 수 있다. 2차대전 이후 1971년 이전까지의 기간에는 은행 및 금융시장에 대한 엄격한 규제하에서 은행위기는 오직 한건(1963년 브라질의 쌍둥이 위기)만 발생하였다. 반면 외환위기는 약 6%의 확률로 발생하였다. 1973년 이후 위기발생 확률은 10%대(56개국을 대상으로 한 경우에는 12%대)로 상승하였다. 이는 1차 세계화 물결의 시기보다 약 두 배의 높은 빈도로 위기가 발생하고 있음을 보여 주는 것이다. 은행위기의 경우에는 빈도상 큰 변화가 없다. 그러나 외환위기의 발생빈도가 크게 높아졌고, 이에 따라 쌍둥이위기의 발생빈도 역시 높아진 것으로 나타나고 있다.

한편 [표 5-6]의 마지막 칸에 나타나고 있는 국제위기란 3년 내의 기간에 6개 국 이상에서 위기가 발생한 경우를 말한다. 국제위기의 발생 건수 역시 최근에 증가한 것으로 나타나고 있다.

그런데 이들이 제시하는 또 하나의 결과는 금융위기의 빈도는 증가하였지만 그 심도는 과거의 위기와 별로 차이가 나지 않는다는 것이다. 즉 위기의 지속기간, 위기로 인한 경제적 손실 등으로 측정해 본 위기의 심도는 별반 차이가 나지 않는다는 것이다.[7] 단 70년대 이래 발생한 위기는 외환위기와 은행위기가 함께 발생한 쌍둥이위기의 빈도가 높고, 이러한 성격의 위기는 개별적 위기보다 위기의 극복기간이 길고 경제적 손실 또한 크다는 것이다.

7) 이들은 지난 120여년의 기간 동안 발생한 위기들은 평균적으로 2-3년의 지속기간에 국내총생산액의 5-10% 정도의 경제적 손실을 야기했다는 수치를 제시하고 있다.

(4) 자본이동과 외환위기

최근 외환위기의 발생 빈도의 증가는 국가간 자본이동의 확대의 결과로 볼 수 있을 것인가? 외환위기와 자본이동, 특히 단기적 성격의 자본의 이동간에는 연결고리가 있음을 부정할 수 없다. 대규모로 유입된 외국자본이 단시간 내에 유출되면 외환보유고의 부족과 급격한 환율의 변동을 피하기 어려울 것이다.

그러나 자본이동이 외환위기의 주범이라고 단정하는 것 또한 적절한 논리는 아니다. 우리가 앞에서 본 것처럼 지난 2-30여년의 기간 동안 국가간 자본이동의 규모는 엄청나게 확대되었지만, 이에 비해 외환위기의 발생 빈도는 그렇게 크게 증가한 것은 아니다. 또한 자본이동이 자유로운 국가에서 외환위기가 더 쉽게 발생하는 것도 아니다. 동아시아 외환위기시 태국, 인도네시아, 우리나라보다도 더 자본이동이 자유로운 싱가포르, 홍콩, 대만 등은 외환위기를 겪지 않았다.

자본이동과 외환위기의 관계는 여전히 논란의 쟁점이 많은 연구 주제이다. 본 서에서는 자본시장에 내재되어 있는 근본적 문제점, 투기적 자본, 자본이동과 환율제도, 자본이동에의 적절한 대응의 문제에 대해 고찰해 보기로 한다.

가. 자본시장의 문제: 정보의 문제

상품시장에 비해 자본시장은 정보의 문제로 인해 기본적으로 보다 불안정한 요소를 내재하고 있다고 말한다. 이는 채무자에 대해 채무자 본인과 채권자가 갖고 있는 정보가 다르다는 것이다. 당연히 채권자는 채무자에 대해 채무자 본인만큼 알지 못한다. 우리는 이를 채권자와 채무자간의 정보의 비대칭성(information asymmetry)이라 부른다. 이러한 비대칭성의 문제에서 비롯되는 현상으로 역선택의 문제와 도덕적 해이의 문제가 있다.

먼저 역선택(adverse selection)의 문제를 보자. 역선택이란 일반적으로 거래대상물의 우열을 판별할 수 없는 정보의 불완전성으로 인해 우월한 유형은 도태되고 열등한 유형은 득세하여 결국 우월한 유형이 열등한 유형에 의해 시장에서 구축되어 버리는 현상을 의미한다. 기업들이 금융기관으로부터 대출을 받는 경우를 생각해 보자. 그런데 금융기관은 희망대출기업의 투자수익률이나 부도율을 정확히 알지 못한다. 수익률은 높지만 부도위험도 높은 용도에 투자하는 위험기업과 수익률은 낮지만 부도위험은 거의 없는 용도에 투자하는 안전기업이 있다고 하자. 안전기업은 대출이자율이 너무 높은 경우 증자 등 다른 방법을 통해 자금을 조달할 유인이 많은 반면, 위험기업은 높은 이자를 지불하고라도 돈을 빌어 쓸 유인이 있다. 금융기관은 개별기업의 신용도를 정확히 알지 못하는 경우 평균적인 신용도를 가진 기업을 기준으로 대출이자율을 정할 것이다. 그러면 부도율이 평균 이하인 기업은 대출을 받으려 하지 않을 것이고, 부도율이 평균 이상인 기업만이 대출을 받으려 할 것이다. 이에 따라 대출자금의 회수 가능성은 낮아지고 금융기관은 대출이자율을 더욱 올릴 수밖에 없다. 그런데 대출이자율이 상승하면 더욱 부도위험이 큰 기업만이 대출을 하게 된다. 즉 극히 위험기업만이 금융기관에서 높은 이자율로 대출받는 상황이 초래되는 것이다.

도덕적 해이(Moral Hazard)의 문제는 외환위기의 원인과 관련해서 그 의미를 설명한 바 있다. 그런데 자본시장의 문제와 관련하여 도덕적 해이의 문제는 자금의 차입자가 차입 후 행동을 변화시킬 수 있다는 측면에서 발생한다. 기업은 안전한 사업보다는 성공시 높은 수익이 나올 수 있는 사업에 투자하고자 하는 유인을 항상 갖고 있다. 만일 이러한 사업에 실패하여 차입금을 상환하지 못하게 되는 상황이 발생하면, 금융기관이 만기연장, 재대출 등을 통해 기업의 도산을 막아줄 것이라 기대하기 때문이다. 만일 대출기업이 도산하면 금융기관은 대출금을 전혀 돌려받지 못하는 손실을 볼 것이고, 금융기관의 입장에서는 기업을 회생시켜 대출금을 상환받을 수 있도록 상황을 선개하는 것이 유리할 것이기 때문이다. 그런데 금융기관은 차입기업의 이러한 감추어진 행동을 관찰할 수 없다고 하자. 그러면 차입기업은 금융기관의 자금을 이용하여 양질의 투자기회보다는 위험이 큰 투자기회에 투자하려는 유인을 갖게 되는 것이다.

결국 채권자와 채무자간의 정보의 비대칭성하에서 위험성이 큰 사업에 자금이 과잉공급되고, 이러한 사실을 예상한 채권자는 대출을 꺼리거나 보다 높은 대출이자율을 요구하는 상황이 초래되는 것이다. 우리는 이를 정보의 비대칭성에 기인한 자본시장의 실패라 부른다. 아무런 규제없이 내버려두면 자본시장은 자원의 적절한 배분을 가져오지 않는다는 것이다.

원래 이러한 모델은 폐쇄경제, 즉 국가간 자본이동이 전혀 없는 국가의 국내자본시장을 상정하고 있다. 그러나 이를 확대하여 세계자본시장을 상정해도 같은 논리가 적용될 수 있는 것이다. 금융기관이 자금차입을 원하는 세계 각지의 투자자들에 대해 정확한 정보를 갖지 못하는 한 위험사업 또는 위험국가에 과잉으로 자금이 유입될 소지가 있는 것이다.

한편 세계자본시장의 불안정을 심화시킬 수 있는 요소로서 지적되는 투자자의 군집행동(herding behavior) 역시 불완전한 정보의 문제에 기인한다고 볼 수 있다. 투자자의 군집행동이란 일단의 투자자들이 투자와 관련된 결정을 내리면 여타 투자자들도 이를 따르는 행태를 의미한다. 예컨대 대규모 국제금융기관이나 기관투자가들이 신흥시장에 대한 투자를 결정하면 여타 금융기관이나 투자자들도 뒤이어 이 지역에 진출한다든지, 반대로 위험상황을 감지한 일단의 투자자들이 이탈하는 경우 여타 투자자들도 이를 뒤따르는 등의 행태를 말한다. 이러한 투자자의 군집행태는 친구따라 강남간다는 식의 소신없는 행동으로 보일지 모르지만 실제는 불완전한 정보하에서 투자자의 합리적인 행동이라고도 볼 수 있다. 다른 투자자들이 자신이 소유하고 있는 기업의 주식을 팔고 있다면 그 기업에 뭔가 문제가 없는지 점검해 보는 것이 당연할 것이다. 특히 투자대상에 대한 평가능력이 뒤지는 소규모 투자자들의 입장에서는 선도적인 투자자들이 월등한 정보수집력과 분석력을 바탕으로 투자결정을 내렸을 것으로 기대하며 이를 따르는 것이 정보의 수집과 분석에 드는 비용을 절감할 수 있다는 점에서도 합리성이 있다고 볼 수 있다.

그런데 문제는 이러한 군집행동이 금융상품의 가격과 환율의 변동폭을 확대시키고 외환위기를 촉발시킬 수 있다는 데에 문제가 있다. 세계자본시장이 통합되면서 투자자가 선택할 수 있는 투자상품들은 크게 확대되었다. 그러나 이는 개개의 투자상품에 대한 정보수집에 그만큼 집중할 수 없다는 측면도 있는 것이다. 즉 투자가 분산화될수록 정보 역시 분산화될 가능성이 있는 것이다. 즉 세계자본시장이 통합될수록 정보의 불완전성 문제가 심화될 소지가 있고, 이는 투자자의 군집행동과 세계자본시장의 불안정성 확대로 연결될 소지가 있는 것이다.

나. 투기적자본

동아시아 외환위기 당시 말레이시아의 마하티르 총리는 조지 소로스와 같은 국제환투기자들은 외환위기의 주모자라고까지 비난한 적이 있다. 환투기란 무엇인가? 이는 환율의 변동에 따른 금전적 이득을 얻기 위해 외환을 사고 파는 거래를 하는 행위라 할 수 있다.

물론 환투기는 결코 새로운 현상이 아니다. 그런데 동아시아 외환위기시 특히 환투기가 비난의 과녁이 된 것은 이러한 투기의 주체로서 헤지펀드라는 세력이 부각되었기 때문이다. 1992년 영국과 스페인 등의 외환위기, 1994년 멕시코 외환위기시에도 헤지펀드의 환투기가 문제가 된 적은 있었다. 그러다가 동아시아에서 외환위기가 확대되면서 헤지펀드는 마치 환투기의 대명사처럼 불리게 된 것이다.

그러면 헤지펀드라 무엇인가? 이는 일반적으로 100명 미만의 소수의 투자자로부터 자금을 모집하여 주식, 채권 등 금융상품뿐만 아니라 원유, 철강 등 실물자산까지 포함하여 고수익-고위험 자산에 파생금융상품을 활용한 위험회피(헤징: hedging)기법을 통해 공격적으로 투자하는 자본을 지칭하고 있다. 우리는 보통 투자형 펀드하면 뮤추얼펀드를 생각한다. 뮤추얼펀드는 일반투자자들에게 주식을 발행해 자금을 마련한 뒤 이 자금을 펀드매니저가 주식, 채권 등 유가증권에 투자하는 방식으로 펀드매니저의 자금운용실적에 따라 투자수익이 달라진다. 뮤추얼펀드와 헤지펀드의 주요 차이점을 정리하면 [표 5-7]과 같다.

헤지펀드들은 자신의 활동 및 재정상황을 보고하는 금융조직상의 체계가 없기 때문에 IMF나 세계은행 등과 같은 국제기구에서 이들의 실태를 파악하는 것이 거의 불가능하다. 1995년 말 현재 전세계적으로 운영되는 글로벌 헤지펀드의 수는 약 4,700여개에 규모는 3천억 달러에 이르는 것으로 추정되고 있다. 또한 헤지펀드들은 조세 및 규제를 피하기 위하여 인원수를 제한하는 방법 외에 바하마,

[표 5-7] 헤지펀드와 뮤추얼펀드의 주요 차이점

	헤지펀드	뮤추얼펀드
투자패턴	단기수익을 중시하는 투기적 패턴	중장기적 수익 중시하는 보수적 패턴
투자자 모집방식	사 모	공 모
정보접근	비 공 개	공 개
투자대상 · 방법에 대한 규제	규제 작거나 암묵적	비교적 많은 규제
펀드운용자에 대한 보수	투자성과 중시	운용규모 중시
하락장세의 위험회피	다양하고 적극적으로 관리	제한적이고 소극적 대응
예상되는 투자수익	장세방향과 관계없음	장세방향과 일치

자료: 이영우(1998)

버뮤다, 케이만군도 등과 같은 조세피난지역(Tax Haven)에 주로 거점을 두고 있다.

외환시장이 이들 헤지펀드의 주요 투기대상이 되기 시작한 것은 1990년대 들어서라 할 수 있다. 브레튼우즈체제, 즉 고정환율제도의 붕괴 이후 각국의 환율제도가 다양하게 재편되었고 환율의 변동폭이 커짐에 따라 환투기의 가능성이 생겨났고, 이후 1980년대 이후 파생금융상품의 발달은 환투기자들의 투기적인 포지션을 확대하는 역할을 한 것이다.

그러면 헤지펀드의 활동과 외환위기와는 얼마나 상관관계가 있는가? 몇몇 국가의 외환위기시 이들 헤지펀드의 환투기 사례들은 분명히 제시되고 있다. 그러나 이들의 활동이 외환위기를 촉발하는데, 또는 외환위기를 심화시키는데 어느 정도 역할을 했는지는 아직까지 분명치 않다. 동아시아 외환위기시 태국의 경우는 비거주자에게도 내국인과 같이 거액의 바트화 대출을 해줘 헤지펀드가 외환시장을 교란할 수 있었으나 우리나라의 경우 비거주자의 원화 차입이 1억원으로 제한되어 헤지펀드의 직접적인 외환교란은 불가능했다는 분석도 있다. 지금까지 우리가 말할 수 있는 정도는 헤지펀드의 활동이 외환위기를 일으키는 주요인은 아니라도, 외환위기의 상황에 편승하여 더욱 교란을 확대시키는 요인이 될 수 있다는 것이다.

외환위기시 교란을 확대시키는 또 다른 요소로서 핫머니를 생각할 수 있다. 핫머니라는 용어는 헤지펀드의 투기자금까지 포함하여 단기성 투기적 유동자금을 의미하는 포괄적인 용어로 쓰이기도 하나, 원래 핫머니라는 용어는 정치적·경제적으로 불안정한 나라로부터 도피하여 안정된 나라로 이동하는 단기자본, 즉 자본도피(capital flight)를 지칭하는 용어다. 따라서 이러한 원래 의미로서의 핫머니는 투기적 성격의 자본은 아니라고 할 수 있다. 그러나 이러한 도피성 자본 역시 외환위기시 상황을 더욱 악화시키는 교란요인이 됨은 분명하다 하겠다.

장기적인 자본보다는 단기적인 자본, 단기적 자본 중에서도 특히 투기를 목적으로 한 자본은 그 변동성이 크고 국제자본시장의 안정에 피해를 줄 수 있는 자본이라고 말할 수 있다. 그러나 문제는 변동성, 투기성 등을 기준으로 하여 자본의 형태를 구분하는 것이 사실상 어렵다는 것이다. 헤지펀드를 위시한 투기적 단기자본만을 따로 분류하여 규제하거나 통제할 수 없고 단기자본 일반에 대한 통제의 형태로 나타날 수 밖에 없다. 국제금융거래가 이루어질 때 이것이 투기적 목적인지 실수요에 의한 것인지 금융당국이 선별하는 것은 거의 불가능하기 때문이다. 또한 거래목적은 표면적으로 여러 형태를 띨 수 있기 때문이다. 그렇다고 모든 단기자본 이동에 대해 규제를 강화하는 경우 국가간 자본교류의 위축 등으로 득보다는 오히려 손실이 크게 나타날 수도 있는 것이다. 이것이 현재 세계경제가 안고 있는 고민거리 중의 하나인 것이다.

천재들의 실패

LTCM(Long-Term Capital Management)은 존 메리웨더가 1994년에 조직한 투자회사이다. 1980년대에 미국의 투자은행 살로먼 브라더스에서 활동하면서 월스트리트 최고의 트레이더로 촉망받던 메리웨더는 자신의 팀원들을 이끌고 독립하여 헤지펀드를 운영하게 된다. 당시 그의 팀은 1997년에 노벨경제학상을 수상하게 되는 두 명의 경제학 교수—머턴(Merton)과 숄스(Scholes)—를 비롯하여 모두 일류대학에서 박사학위를 받은 수재들로 구성되어 있었다.

이들 천재 경제학자들의 연구에 따르면 주식이든 채권이든 유가증권의 기본적인 가격변화는 과거의 가격변화를 토대로 상당히 근접하게 추정해낼 수 있다는 것이었다. 월스트리트의 유수한 투자은행들조차 주먹구구식으로 투자자금을 운용하던 시절에 '드림팀'이란 명성답게 철저하게 투자모델에 의거하는 과학적 투자기법으로 한번의 실패도 없이 엄청난 수익률을 올렸다. 전세계 자본시장의 큰 손들은 LTCM에 참여하기 위해 안달을 했고, LTCM은 그들의 기대를 충족시켜 주며 세계 최대의 헤지펀드로 성장하게 된다.

그러나 1997년 아시아 경제위기에서도 경이적인 수익을 올리던 LTCM의 천재들은 단 한번의 잘못된 배팅으로 몰락하게 된다. 1998년 여름 이들은 은행들로부터 빌릴 수 있는 한도까지 대출받아, 몇몇 핵심 채권에 1,200억 달러를 투자했다. 이들은 정교한 컴퓨터 모델에 근거하여, 미국의 국채가격이 하락하고, 투자등급 아래의 정크본드와 신흥시장의 채권가격은 올라갈 것으로 추정하였다. 그러나 그들의 배팅은 완전히 실패하고 말았다. 전세계 투자자들이 일시에 미국 국채로 몰려들어 미국 국채가격은 떨어지기는 커녕 하늘 높은 줄 모르고 치솟았고, 반대로 정크본드와 신흥시장의 채권은 가격이 오르기는 커녕 바닥까지 추락해 버리고 말았던 것이다.

그들이 예측하지 못했던 것은 러시아의 모라토리엄 선언이었다. 취약한 세수기반으로 러시아 정부는 재정의 대부분을 원유를 비롯한 원자재 수출에 의존할 수밖에 없는 처지였다. 또한 러시아 정부는 외국투자가들에게도 크게 의존하면서, 매우 높은 이율의 국채를 발행했다. 경제사정이 악화되던 1998년초 러시아의 루블화 표시 국채금리는 연 20%에서 50%, 70% 등으로 수직상승했다. 그래야만 외국 투자가들의 돈을 끌어들일 수 있었기 때문이다. 세계의 헤지펀드들과 은행들은 러시아 국채를 마구 사들였다. 설령 러시아 정부가 갚지 못하는 상황이 오더라도 IMF가 개입할 것이고 결국 손해는 보지 않을 것이라는 생각이었다.

그러나 동아시아 외환위기의 충격은 러시아에게도 닥쳤다. 동아시아 위기로 촉발된 유가하락으로 인해 러시아 정부는 만기가 돌아온 국채의 원리금 갚기가 갈수록 어려워졌다. 게다가 동아시아국가들에 대한 대규모 지원으로 IMF로서는 러시아에 더 이상 자금을 쏟아부을 여력이 없었다. 아울러 IMF는 먼저 러시아에 경제개혁이 약속대로 이행되지 않는 한 추가지원은 없다는 입장을 취했다. 1998년 8월 17일, 러시아 경제는 결국 무너져 내렸다. 러시아 정부는 루블화를 평가절하했고, 일방적으로 국채에 대한 채무상환 불이행, 즉 모라토리엄을 선언했다.

헤지펀드를 비롯한 수많은 투자기관들이 러시아에서 엄청난 손해를 보았다. 일부는 빌려서 투기를 했기 때문에 손실액이 자기자본의 50배를 넘기도 했다. 빌린 돈을 갚기 위해 갑자기 거액의 현금을 마련해야 하는 상황에서 이들은 팔 수 있는 것은 무엇이든 다 팔아야 했다. 심리적 공황에 빠진 투자자들은 신흥시장에 투자했던 주식이나 채권을 마구 팔아치우기 시작했다. 신흥시장의 주식과 채권을 현금으로 바꾼 투자자들은 가장 안전한 투자처인 미국 국채를 사들이기 시작했다. 이에 미국 국채가격은 급상승했고, 금리는 급락했다.

한달만에 LTCM은 대부호에서 거지로 전락했다. 그리고 그들에 투자했던 월스트리트와 유럽의 주요 은행들도 연쇄적인 위기를 맞게 된다. 세계인들은 물론 미국인들의 99%가 그 이름도 들어본 적이 없는 이 투자회사 때문에 전세계의 금융시스템이 흔들리면서, 미국경제의 보루 연방준비은행은 긴급 은행장 회의를 소집하여 대책 마련에 나서게 된다. 공적자금의 투입은 없었다. 은행들이 구제금융자금을 조성하여 LTCM의 파산을 막도록 했다. 비록 도덕적 해이의 시비는 뒤따랐지만, 윤리적 스캔들은 일어나지 않았다. 'LTCM은 돈은 잃었지만 최소한 정직한 방법으로 잃었기 때문이다'.

(출처: 천재들의 실패(2000). 렉서스와 올리브 나무(2000))

다. 개방경제의 트릴레마

국가간의 자유로운 자본이동이 초래하는 한 가지 분명한 비용이 있다. 환율의 안정을 포기하거나 아니면 통화정책의 독립성을 포기해야 한다는 것이다. 만일 자유로운 자본 이동의 상황에서 환율의 안정과 독립적인 통화정책을 동시에 추구하면 외환위기를 초래하는 상황이 전개될 수 있다. 이것이 무슨 말인가?

우리는 지금까지 자본의 가격, 즉 금리는 자본시장에서 자본에 대한 수요와 공급의 시장원리에 따라 결정되는 것으로 설명하였다. 그러나 금리는 다른 상품의 가격과 달리 투자와 저축, 그리고 경기변동 등 국가경제전반에 미치는 영향이 크기 때문에 대부분의 나라에서 금리가 금융시장에서만 결정되도록 방임하지 않고 정부나 중앙은행이 직접 또는 간접적으로 금리에 영향력을 행사한다. 경기가 침체되어 있을 때 금리수준이 너무 높게 형성되면 투자나 소비수요가 억제되어 경기회복에 걸림돌이 되고 반대로 경기가 과열되어 있는데도 금리가 낮은 수준을 유지하면 경기를 진정시키기 어려울 것이다. 따라서 금리는 과열된 경기를 진정시키거나 침체된 경기를 부양시킬 수 있는 대표적인 정책수단으로 이용되고 있다. 이처럼 통화당국이 직접 또는 간접적으로 금리를 조절하는 정책을 금리정책이라 하며, 가장 대표적인 통화정책이다.[8)]

자본이 자유롭게 이동할 수 있는 상태에서 어떤 나라가 고정환율제도를 채택하고 있다고 하자. 지금 이 나라의 경기가 안좋아서 경기부양을 위해 독자적으로 금리를 인하했다고 하자. 그러면 어떤 상황이 전개되겠는가? 자본의 국외유출이 시작될 것이다. 외환에 대한 수요가 증대할 것이고 환율의 유지를 위해서는 외환보유고를 풀어야 할 것이다. 결국 외환위기의 상황으로 발전할 수 있고, 경기부양이 아니라 오히려 경기를 더욱 침체시키는 상황이 나타날 수 있는 것이다.

8) 통화정책의 또 하나의 중요한 수단은 통화량 자체에 대해 규제하는 것이다.

그림 5-9 개방경제의 트릴레마

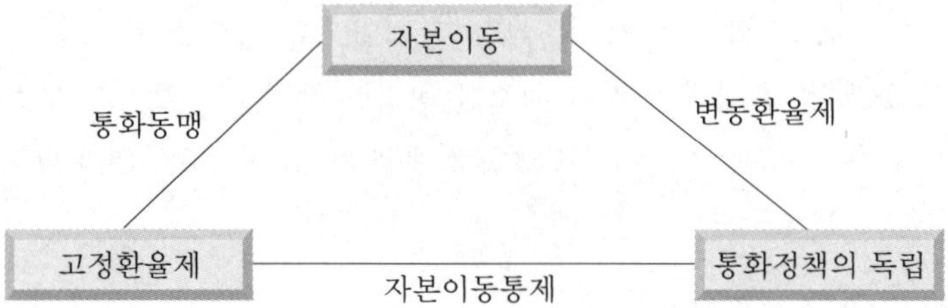

환율의 안정을 포기하면, 즉 환율의 자유로운 변동을 허용하면 이런 상황을 피할 수 있을 것이다. 자본이 유출되면 곧바로 환율이 상승할 것이고, 국내외 금리차이에서 발생할 수 있는 차익거래의 기회는 환율의 변화에 의해 바로 소멸될 것이다(우리가 제1부의 2장에서 본 이자율평형조건을 상기하라). 즉 자유로운 자본 이동의 상황에서 국내경제목표를 위한 독립적인 통화정책 수행을 위해서는 환율의 안정이라는 목표를 포기해야 하는 것이다.

물론 또 다른 대안은 자본이동 자체를 통제하는 것일 것이다. 자본이동을 통제하는 상황에서는 고정환율제도를 통한 환율의 안정과 통화정책의 독립성을 달성할 수 있을 것이다.

즉 정리하면 자본의 이동, 고정환율제도, 통화정책의 독립성이라는 3가지 측면은 동시에 모두 성립할 수는 없다는 것이다. 이 중에 한 가지는 반드시 포기해야 한다는 것이다. 이를 개방경제의 트릴레마(open economy trilemma)라 부른다. 그리고 이것이 함의하는 바는 자본이동이 확대되고 있는 상황에서 각국은 완전한 변동환율제도를 채택하거나 아니면 통화정책의 독립성을 포기하든지 양자택일의 선택을 해야 한다는 것이다. 후자의 경우는 유럽국가들처럼 통화동맹을 결성하여 단일통화를 사용한다든지, 아니면 개별적인 소국의 경우 홍콩이나 아르헨티나처럼 달러통용제(dollarization)를 채택하는 경우를 생각할 수 있다. 어중간한 환율제도, 예컨대 변동가능한 고정환율제도[9]는 자유로운 자본이동 상황에서 외환위기에 가장 취약한 환율제도라 할 수 있다.

9) 예컨대 많은 개도국들이 사용하고 있는 제도로서, 경제상황에 따라 조정가능한 중심환율을 설정하고 중심환율의 일정한 범위 내에서 환율변동을 허용하는 관리된 크롤링페그 제도(managed crawling pegs)를 생각할 수 있다.

라. 자본이동에의 대응

무엇보다도 자본이동과 외환위기를 연결하는 가장 중요한 고리는 자본이동에 대한 각국의 대처상황이라 할 수 있다. 즉 전세계적인 금융시장의 개방화와 통합화 추세에 따라, 종전의 통제된 자본시장에서 용납되어 온 경제의 구조적 취약성과 정책의 오류 등이 변화된 세계금융환경에서는 더 이상 용납되기 어렵다는 것이다. 세계금융시장의 통합화의 진전으로 각종 위험에 대한 노출이 확대된 가운데, 신흥시장국들과 같이 경제체질이 약한 국가가 위험관리를 소홀히 할 경우 위기상황을 맞게 될 가능성은 과거보다 크다고 할 수 있는 것이다.

본서에서 자주 인용하고 있는「렉서스와 올리브나무」에서 토마스 프리드만은 외환위기 상황을 컴퓨터를 예로 들어 설명하고 있다. 그는 컴퓨터의 하드웨어를 한 나라의 경제를 이루는 기본골격으로 비유하고, 지금은 자유시장주의 하드웨어만이 존재하는 세계라 보고 있다. 그리고 컴퓨터의 운영체계는 그 나라의 거시경제정책에 비유하고 있다. 그는 이러한 운영체계를 발전 정도에 따라 DOS 0.0에서 DOS 6.0까지로 분류하고 있다. 앞절에서 본 황금구속복을 입고 있는 국가의 운영체계를 그는 DOS 6.0으로 보고 있다. 마지막으로 컴퓨터에 있어 소프트웨어는 하드웨어와 유영체계를 최대한 활용하기 위해 필요한 것으로, 비유하자면 한 나라의 법률 및 규제시스템이 얼마나 잘 만들어져 있는가, 그 나라 공직자며 민간인 들이 그 내용을 얼마나 잘 이해하고, 이를 얼마나 잘 준수하며, 그 작동 메커니즘을 잘 알고 있는지 하는 것들이라고 설명하고 있다.

> … 1990년대에 전자투자가집단은 기어를 고속으로 바꾼데다, 286칩에서 펜티엄Ⅱ칩으로 마이크로프로세서를 교체함으로써 힘을 대폭 키웠다. … 그러나 불행히 동남아시아 국가들은 DOS 3.0 운영체계를 고수하는 엄청난 실수를 저질렀다. … DOS 3.0 버전은 역부족이었다. 당연히 과부하가 걸려 하드웨어가 마비되고 말았다. 펜티엄Ⅱ컴퓨터에서 저급한 DOS 운영체계로 윈도우용 소프트웨어를 작동시키고자 할 때 어떤 일이 벌어지는가? 이럴 경우 모니터에는 "귀하는 지금 잘못된 처리를 하셨습니다," "메모리가 부족합니다" 또는 "데이터를 저장할 수 없습니다" 등의 경고문이 나타난다. 1997-1998년 동남아시아 국가들에서 발생했던 사태가 바로 이와 같은 것이었다. 다만 경고문이 달랐을 뿐이다. "귀하는 지금 일련의 비합리적인 투자를 수행하셨습니다. 이들을 구제할 수 없습니다. 모든 비효율적 산업을 메모리에서 삭제하십

시오. 이에 관해 제조업체에 연락을 하시는 한편, 새 소프트웨어와 운영체계를 다운로드 받으십시오" …

외환위기는 이해하기 어려운 만큼 피하기도 쉽지 않다. 이것을 해결하기 위한 만병통치약은 존재하지 않는다. 신흥개도국들과 같이 경제적 · 제도적 제반여건이 선진국 수준만큼 충분히 마련되어 있지 않는 상태에서 자본자유화를 추진하는 경우 위기발생 가능성을 최소화하고 위기발생시 그 피해를 최소화할 수 있는 장치의 마련이 선행되어야 한다. 대표적으로 금융기관의 건전성에 대한 규제와 감독기능의 강화, 은행부문의 경쟁력 강화와 위기관리 능력의 배양을 위한 금융부분의 개혁, 정보의 원활한 유통과 확산을 통한 투명성의 제고, 그리고 투자자들의 신뢰를 확보할 수 있는 정책의 일관성 유지 등은 빠지지 않고 거론되는 중요한 요소라 할 수 있을 것이다.

부 록 I 파생금융상품

파생금융상품이란 환율, 금리, 주가의 변동으로 기초금융자산(underlying assets)의 가치가 달라짐으로써 발생하는 위험을 회피하기 위해 고안된 금융상품을 말한다. 여기서 "파생"이라는 용어가 사용된 것은 파생금융상품의 가치가 외환, 채권, 주식 등 기초자산의 가치변동으로부터 파생되어 결정되기 때문이다.

원래 파생금융상품은 농산물이나 원유 등의 원자재의 가격변동에 따른 위험을 피하기 위한 계약에서 출발했다고 할 수 있다. 예컨대 배추를 재배하는 농가를 생각해 보자. 수확시 배추의 시장가격은 확정되어 있는 것이 아니고 그 해의 작황이라든지 여러 가지 상황에 의해 달라질 수 있는 것이다. 따라서 농가의 입장에서는 불확실한 수입보다는 적정하다고 생각하는 어느 수준에서 수입이 안정되기를 원하는 심리를 갖는다. 그런데 이런 야채중매인이 있다고 생각해 보자. 즉, 수확시 배추의 가격이 어느 정도 될 것이라는 예측을 하고, 이 가격하에 배추를 미리 사두고자 하는 사람이다. 이 중매인은 수확시 배추의 시장가격이 어떻게 되든간에 미리 계약한 가격으로 배추를 농가로부터 구입한다. 만일 시장가격이 계약가격보다 높게 나타나면 이 중매인은 이득을 보게 된다. 그러나 시장가격이 낮게 나타나면 이 중매인은 손해를 보게 된다.

농가는 배추가격의 변동으로부터 생기는 위험을 회피하고자 하는 사람이다. 중매인은 이러한 위험을 사들임으로써 이익을 얻으려는 사람이다. 이러한 두 사람의 서로 다른 동기가 결합되어, 배추의 수확 이전에 양자가 합의하는 일정가격에 거래가 이루어질 수 있는 것이다.

대표적인 파생금융상품으로 선물환, 금융선물, 옵션, 스왑에 대해 살펴보자.

(1) 선 물 환

선물환(forward exchange)이란 장래의 일정시점에 특정통화를 일정환율로 사거나 팔 것을 약정하는 거래를 말한다. 즉 선물환은 환율변동에 수반하여 발생하는 환리스크를 회피하기 위한 수단이라 할 수 있다.

우리나라의 기업이 미국의 수입회사에 자동차를 백만달러 수출하고 3개월 뒤에 수출대금을 받기로 했다고 하자. 현재 환율은 달러당 1200원이라 하자. 3개월 뒤에도 환율이 계속 1200원이라면 아무런 문제가 없다. 그런데 변동환율제도 하에서 3개월 뒤의 환율은 1200원일 수도 있고, 그보다 높을 수도, 또는 그보다 낮을 수도 있는 것이다. 우리나라 기업은 환율이 더 높아지면 좋겠지만 적어도 환율이 크게 하락함으로써 생기는 손해를 피하고 싶다고 하자. 그런데 3개월 뒤에 백만 달러를 달러당 1210원에 사겠다고 나서는 측이 있다고 하자. 아마도 3개월 뒤에 환율이 1210원보다 높을 것이라고 예상하는 측이라면 이런 제안을 할 것이다. 우리나라 기업도 3개월 뒤에 환율이 1210원보다 높을 것이라 예상을 하고는 있다. 그러나 지금 우리나라 기업의 입장은 환율 하락으로 인한 손해를 가능한 피하고자 하는 것이므로 1210원이라는 환율에 계약을 체결할 것이다.

3개월 뒤에 환율이 1250원이 되었다면 1210원에 매입을 한 측은 이득을 볼 것이다. 우리나라 기업은 실현될 수 있는 이득을 얻지 못했다는 점에서 손해라 볼 수도 있겠지만 이는 위험을 회피한 대가라 볼 수 있을 것이다. 3개월 뒤에 환율이 1150이 되었다면 우리나라 기업의 위험회피 전략은 완벽히 성공한 것이다. 반면 매입자측은 잘못된 예상으로 손해를 본 것이다.

(2) 금융선물

금융선물이란 거래소에서 통화, 금리, 주가지수 등을 대상으로 표준화된 계약조건으로 매매계약 체결 후 일정기간이 경과한 뒤에 미리 결정된 가격에 의해 그 상품의 인도와 결제가 이루어지는 거래를 말한다. 금융선물에는 거래대상에 따라 통화를 대상으로 하는 통화선물, 금리를 대상으로 하는 금리선물, 주가지수를 대상으로 하는 주가지수 선물 등이 있다.

통화선물은 선물환과 비슷하나, 통화선물은 거래소라는 조직된 거래매장에서 공개경쟁입찰방식에 의해 거래가 이루어지며, 대상통화, 거래단위, 결제일 등이 표준화되어 거래가 이루어지는 반면, 선물환은 장외에서 모든 계약조건이 당사자간의 합의에 의해 결정된다는 점에서 다르다.

금리선물은 이자를 발생시키는 채권이나 예금 등을 대상으로 하여 장래 일정시점에서 예상가격을 놓고 매매하는 거래이다. 주가지수 선물은 다수의 주식을 하나로 묶어서 이들의 주가를 가중평균하여 산출한 종합주가지수(우리나라는 주요품목 200개를 선정한 KOSPI 200)를 매매하는 선물거래이다. 그런데 이는 현물을 주고 받을 수 없으므로 모든 결제가 현금결제로 이루어진다는 점에서 다른 금융선물과 다르다.

(3) 옵 션

옵션이란 장래 특정일 또는 일정기간 내에 미리 정해진 가격으로 상품이나 유가증권 등의 특정자산을 사거나 팔 수 있는 권리, 즉 선택권을 가지되 의무를 지지 않는 계약을 말한다. 옵션거래는 행사선택권의 종류에 따라 콜옵션(call option)과 풋업션(put option)의 두 가지 기본 옵션이 있다.

콜옵션은 매도자로부터 일정액의 금융자산을 특정가격으로 약정기일 또는 그 이전에 매입할 수 있는 권리를 매입자에게 부여하는 계약이다 매입자는 이러한 권리에 대한 댓가로 매도자에 프리미엄을 지불한다. 만기시 시장가격이 옵션행사가격보다 높다고 하자. 그러면 매입자는 매입권리를 행사하여 {시장가격－(행사가격＋프리미엄)}만큼의 순이득을 취할 수 있다. 만일 시장가격이 행사가격보다 낮을 경우에는 매입자는 매입권리를 포기하며 이미 지급한 프리미엄만큼의 손실만 보게 된다. 한편 매도자의 입장에서는 시장가격이 행사가격보다 낮을 경우에는 매입자가 매입권리를 행사하지 않을 것이므로 프리미엄만큼의 이익이 발생한다. 시장가격이 행사가격보다 높을 경우에는 매입권리가 행사되어, 시장가격에 관계없이 이를 행사가격에 매도해야 하므로 손실을 보게 된다.

풋옵션은 반대로 일정액의 금융자산을 특정가격으로 약정기일 또는 그 이전에 매도할 수 있는 권리를 부여하는 계약이다. 시장가격이 행사가격보다 높으면 매도권리를 포기하게 되므로 이때 손실은 지급한 프리미엄만큼으로 한정된다. 반면에 시장가격이 행사가격보다 낮으면 매도권리를 행사하고 {(행사가격－프리미엄)－시장가격}만큼의 순이득을 얻게 된다. 반대로 매입자의 입장에서는 시장가격이 행사가격보다 높으면 프리미엄만큼의 이득을, 시장가격이 행사가격보다 낮으면 손실을 보게 된다.

(4) 스 왑

이는 통화나 금리 등의 거래조건을 서로 맞바꾸는 것을 말한다. 두 채무자가 각자의 금리지급조건을 교환하는 금리스왑, 서로 다른 통화의 원리금 상환을 교환하는 통화스왑, 그리고 이를 여러 형태로 결합한 혼합스왑 등이 있다.

통화스왑의 경우를 보자. A라는 미국기업과 B라는 일본기업이 있다고 하자. 그런데 A는 지금 엔화가, 그리고 B는 달러화가 필요하다고 하자. A가 보유달러를 엔화로 바꾸어 엔화를 조달하는 경우, B가 보유엔화를 달러화로 바꾸어 달러를 조달하는 경우 모두 환율의 변동에서 생기는 환위험을 감수해야 한다. 그런데 A와 B는 각각 자국의 시장에서 보다 유리한 조건으로 자금을 차입할 수 있다고 하자. 그러면 A와 B는 각각 자국시장에서 차입한 후 그것을 상호교환해서 A는 엔화를, B는 달러화를 사용하고, 추후 원리금 상환시에는 사전에 약속된 환율로 다시 원금을 교환해서 각기 채무를 상환할 수 있을 것이다. 그러면 두 기업 모두 차입비용을 줄일 수 있고 또한 필요 통화를 직접 조달함으로써 발생하는 환위험과 거래비용을 절감할 수 있을 것이다.

부 록 2 채권수익률과 채권가격

본문에서 금리는 자본이 거래되는 가격이라고 했다. 그런데 금리는 어떤 자본시장에서 형성되느냐에 따라 여러 종류의 금리로 구분될 수 있다. 국공채나 회사채가 발행되어 거래되는 채권시장에서 형성되는 금리를 채권수익률이라고 부른다. 채권수익률은 채권을 만기까지 보유시 채권투자로부터 얻을 수 있는 모든 수익을 그 채권을 산 가격과 비교하여 계산한 이자율이라고 할 수 있다.

보다 정확히 정의하면, 채권수익률은 채권투자에서 만기까지 얻게 되는 현금흐름의 현재가치와 채권의 시장가격을 일치시켜 주는 할인율이다. 여기서 현금흐름이란 만기까지의 일정기간마다 받는 이자수입과 만기시점에 받는 원금을 의미한다. 이것이 무슨 말인가?

이 정의를 이해하기 위해 먼저 현재가치, 그리고 할인율이라는 개념을 알 필요가 있다. 지금 90만 원 받을래 아니면 1년 뒤에 백만 원 받을래 하는 질문을 받으면 여러분은 어떤 선택을 할 것인가? 전자를 택하는 사람도 있을 것이고 후자를 택하는 사람도 있을 것이다. 그러나 지금 백만 원 받을래 아니면 1년 뒤에 백만 원 받을래 하는 질문을 받으면 모든 사람들이 전자를 택할 것이다. 사람들은 미래 보다 현재를 선호하는 경향이 있다. 또한 지금 90만 원을 받아 이를 은행에 예금해서 1년 뒤에 백만 원 이상의 금액이 된다면 역시 전자를 더 선호할 것이다. 또한 1년 동안 물가상승도 생각할 것이다. 즉 1년 뒤의 백만 원이라는 금액은 지금의 백만 원보다 더 적은 금액과 같은 가치로 평가되는 것이다. 예컨대 1년 뒤의 백만 원과 지금의 90만 원을 같은 가치로 평가하고 있다고 하자.

$$90\text{만 원} = \frac{\text{백만 원}}{(1+R)}$$

이 등식을 만족시키는 R을 할인율(discount rate)이라 부른다. 계산하면 R은 약 0.11이다. 다시 말해서 1년 뒤의 백만 원은 현재 이보다 11% 할인된 가치를 갖고 있는 것이다. 그리고 할인율이 11%일 때 1년 뒤 백만 원이 갖는 현재의 가치, 즉

90만 원을 현재가치(present value)라 부른다.

어떤 채권에 투자하여 매년 C만큼의 이자를 받고 n년 뒤에 채권의 액면가액인 F 만큼을 상환받는다고 하자. 그리고 미래에 대한 할인율이 R이라고 하자. 그러면 이러한 채권의 현재가치(P_0)는 다음과 같을 것이다.

$$
\begin{aligned}
P_0 &= \frac{C}{(1+R)} + \frac{C}{(1+R)^2} + \frac{C}{(1+R)^3} + \cdots + \frac{C+F}{(1+R)^n} \\
&= \sum_{t=1}^{n} \frac{C}{(1+R)^t} + \frac{F}{(1+R)^n}
\end{aligned}
$$

예를 들어 액면금액 1만원, 표면금리(즉 이자) 연 10%, 잔존기간 2년인 채권을 현재의 시장가격 9,500원에 매입할 경우, 채권수익률은 약 연 13%가 된다.

$$
9{,}500\text{원} = \frac{1000\text{원}}{(1+R)} + \frac{1000\text{원}+10{,}000\text{원}}{(1+R)^2},\ R \fallingdotseq 0.13
$$

만일 동일한 채권을 9,800원에 매입했다면 이때 채권수익률은 약 연 11.2%가 된다. 채권의 가격이 이보다 더 높다면 채권 수익률은 더 낮을 것이다. 즉 채권의 가격과 채권의 수익률은 반대방향으로 움직이는 것이다.

그러면 채권수익률은 어떻게 결정되는가? 기본적으로 채권시장에서 채권에 대한 수요와 공급의 원리에 의해 결정된다. 채권에 대한 수요가 증대하면 채권가격은 상승(즉, 채권수익률은 하락)하고 채권의 공급물량이 확대되면 채권가격은 하락(즉, 채권수익률은 상승)한다. 물론 정부가 개입하여 채권수익률을 적절한 수준으로 조절한다. 시중에 돈이 너무 많이 풀려있다고 판단하는 경우 한국은행이 갖고 있는 채권을 시장에 내다 판다. 그러면 시중의 돈의 양이 줄어들고 채권의 가격이 떨어져 채권수익률은 올라간다. 반대로 채권을 사들이면 돈의 양이 늘어나고 채권의 가격이 올라가 채권수익률은 떨어진다. 이를 중앙은행의 공개시장조작이라고 한다.

대표적인 금리하면 회사채수익률과 콜금리를 들 수 있다. 콜금리란 주로 금융기관 상호간에 일시적인 자금이 거래되는 콜시장에 적용되는 금리이다. 그런데 이들 금리는 거의 같은 움직임을 보인다.

이제 여러분은 경제뉴스에서 자주 나오는 말을 이해할 수 있을 것이다. 즉 금리가 오르면 채권시장에 돈이 흘러들어 간다는 말이다. 금리가 오르면 채권가격이 내려가고 채권수익률도 올라가는 것이다. 따라서 채권을 사려는 사람들이 많아지는 것이다. 반대로 금리가 내려가면 채권시장에서 돈이 빠진다. 그러면 그 돈은 어디로 가는가? 주식시장으로도 갈 수 있겠지만 우리나라의 경우 부동산 시장으로 많이 간다는 것 아닌가?

부 록 3 환율과 환율제도

우리는 지금까지 환율, 변동환율제도, 고정환율제도 등의 용어를 특별한 설명없이 사용해 왔다. 특히 본장에서는 환율 문제에 대해 자주 언급하였다. 이에 대해 기본적인 이해가 있는 학생에게는 문제가 없었겠지만 그렇지 못한 학생에게는 좀 당혹스러울 수도 있었을 것이다. 본 부록에서는 환율과 환율제도에 관한 기본적인 사항을 정리하고 있다.

(1) 환율이란?

환율(exchange rate)이란 외화 한 단위를 얻기 위해 지불해야 하는 자국통화의 수량을 말한다. 즉 자국의 돈으로 표시한 다른 나라 돈의 가치를 말한다. 예컨대 미화 1달러를 얻기 위해 1200원을 지불해야 한다면, 1달러는 1200원이라는 것이 원화의 대미달러 환율이 되는 것이다.

1달러의 가격이 1200원에서 1300원으로 상승하면 우리는 환율이 올랐다고 말한다. 이는 다시 말해서 원화의 가치가 상대적으로 떨어졌다는 의미이고, 그래서 이를 원화의 평가절하(depreciation)라고도 부른다. 반대로 1달러의 가격이 1200원에서 1100원이 되면 환율이 내렸다고 말하고, 이는 원화의 가치가 상대적으로 높아졌다는 의미이다. 그래서 이를 원화의 평가절상(appreciation)이라고 부른다.

(2) 환율의 결정

환율은 외화의 가격이고, 상품의 가격과 마찬가지로 외화의 가격도 시장에서 수요와 공급의 원리에 의해 결정된다.

외화에 대한 수요는 왜 발생하는가? 이는 대외지급을 필요로 하는 거래 때문에 발생할 것이다. 예컨대 외국으로부터 상품을 수입한다든지, 외채에 대한 원금이나 이자를 지급한다든지, 해외투자를 한다든지, 외국에 원조를 한다든지, 모두 외화를 필요로 하는 거래들이다. 외화의 수요는 환율과 역의 관계에 있다. 환율이 상승하면 수입품의 국내가격이 높아질 것이고 수입이 줄어들 것이다. 따라서 외화에 대한 수요도 줄어들 것이다. 환율이 상승하면 외국의 주식이나 채권 한 단위를 사는 데 보다 많은 금액(원화)을 지불해야 한다. 따라서 해외투자도 줄어들고 외화수요는 줄어든다. 반대로 환율이 하락하면 수입도 증가하고 해외투자도 증가하면서 외화에 대한 수요도 늘어날 것이다.

반면에 외화의 공급은 대외수취를 가져오는 거래에서 발생한다. 예컨대 상품을 수출한다든지, 외국인이 국내투자를 한다든지, 외국으로부터 차입을 한다든지 하는 경우들이다. 외화의 공급은 환율과 같은 방향으로 움직인다. 환율이 상승하면 국내상품의 외화표시 가격은 하락할 것이고 따라서 수출이 늘어난다. 환율이 상승하면 국내 주식이나 채권의 외화표시 가격 역시 하락하고 외국인투자도 늘어난다. 따라서 환율이 상승하면 외화의 공급이 늘어난다. 반대로 환율이 하락하면 수출도 줄어들고 외국인투자도 감소하여 외화의 공급은 줄어들 것이다.

[그림 5-10]은 외화의 수요곡선과 공급곡선을 D와 S로 각각 표시하고 있다. 환율은 외화의 수요곡선과 공급곡선이 만나는 점, 즉 e로 결정된다. 우리는 이

그림 5-10 환율의 결정

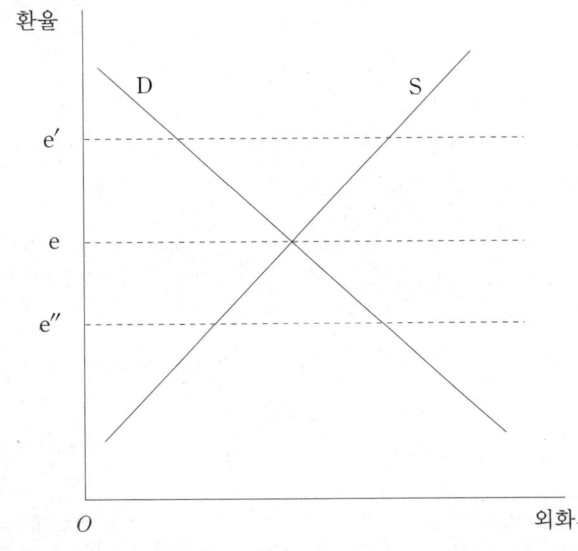

환율을 시장균형환율이라 부른다. 만일 환율이 e′이면 외화의 초과공급 상태이고, 환율은 하락한다. 반대로 환율이 e″이면 외화의 초과수요 상태로 환율은 상승한다. 따라서 환율은 e라는 수준에서 결정되는 것이다.

(3) 환율의 변동

이와 같이 환율이 외환시장에서 자유롭게 결정되도록 내버려두는 것을 변동환율제도라 한다. 이 경우 환율은 여러 가지 요인들에 의해 변동하게 된다. 몇 가지 예를 들어보자. 우리나라의 물가가 오르면 어떻게 되겠는가?

환율이 e라는 수준에 있다고 하자. 국내물가가 오르면 수출품의 원화표시 가격도 상승할 것이고 따라서 이 환율 수준에서 외화표시 가격도 상승할 것이다. 따라서 외국에서 우리나라 상품에 대한 수요가 줄어들 것이고 우리나라의 수출은 줄어들 것이다. 즉 환율이 일정하게 주어진 상태에서 국내물가의 상승은 수출의 감소, 즉 외화공급량의 감소를 초래한다. 따라서 외환의 공급곡선은 안쪽으로 이동하게 될 것이다. 또한 국내물가 상승에 따라 수입품의 국내가격은 상대적으로 싸질 것이다. 따라서 수입품에 대한 수요는 늘어날 것이고 수입이 증가할 것

그림 5-11 국내물가 상승과 환율변화

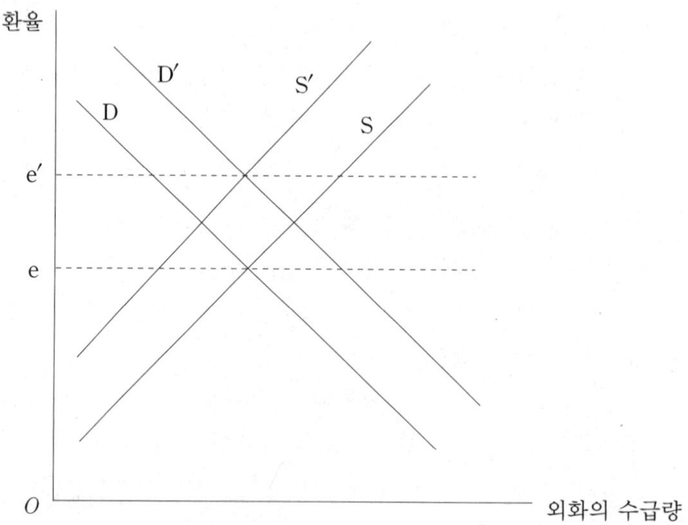

이다. 즉 환율이 일정하게 주어진 상태에서 국내물가의 상승은 수입의 증대, 즉 외화수요량의 증대를 초래한다. 따라서 외화의 수요곡선은 바깥쪽으로 이동하게 될 것이다. [그림 5-11]에서는 수요, 공급곡선의 이러한 이동의 결과 환율이 상승한 결과를 보여 주고 있다. 즉 국내물가의 상승은 환율의 상승으로 연결된다.

우리나라의 국내금리가 오르면 어떻게 되겠는가? 외국자본의 유입이 증가할 것이고 이에 따라 외환의 공급량이 늘어날 것이다. 따라서 외환의 공급곡선은 바깥쪽으로 이동하게 될 것이다. 외환의 수요량에도 영향을 미칠 수 있을 것이다. 금리 상승으로 국내기업들의 투자가 줄어들 것이고, 이에 따라 기계류 등의 수입이 줄어들 것이다. 이에 따라 외환의 수요는 감소하고 외화의 수요곡선은 안쪽으로 이동할 것이다. 즉 국내금리의 상승은 환율의 하락으로 연결된다.

우리나라의 경기가 호황이면 어떻게 되겠는가? 경기호황으로 인한 소득증가로 소비가 늘어날 것이고, 수입품에 대한 수요도 증가할 것이다. 이에 따라 외환의 수요도 증가하고 외환 수요곡선은 바깥쪽으로 이동할 것이다. 즉 환율은 상승한다.

(4) 고정환율제도

고정환율제도는 정부가 어떤 일정한 수준에서 환율을 고정시키는 제도를 말한다. [그림 5-12]에서 정부가 e라는 수준으로 환율을 고정시켰다고 하자. 이 환율수준에서 외화의 수요와 공급이 일치한다면 아무 문제가 없을 것이다. 그런데 국내의 금리가 하락했다고 하자. 이로 인해 국내자본이 해외로 유출되고 외화에 대한 수요가 증대하였다고 하자. 외화의 수요곡선은 바깥쪽으로 이동할 것이고, e라고 하는 고정된 환율수준에서 외화에 대한 초과수요가 발생할 것이다. 변동환율제라면 외화의 초과수요 압력으로 환율이 상승할 것이다. 그러나 고정환율제도하에서 이러한 초과수요의 압력을 해소하기 위해서는 정부가 초과수요분에 해당하는 외화를 공급해야 한다. 즉 e라는 환율로 초과수요분만큼, 즉 [그림 5-12]에서 ab만큼의 외화를 매도해야 하는 것이다. 이에 따라 정부의 외환보유고는 감소하고 국내통화량도 줄어든다.

반대로 국내금리가 상승했다고 하자. 그러면 외국의 자본이 유입되고 외화의 공급량이 증가할 것이다. 즉 고정된 환율에서 외화의 초과공급이 발생할 것이

그림 5-12 고정환율제도

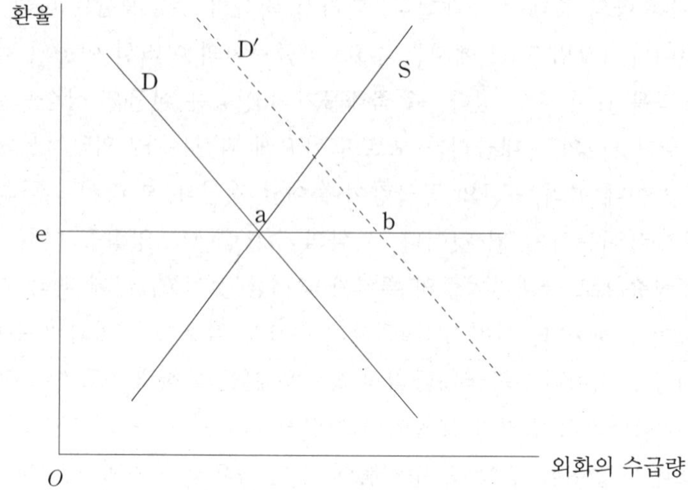

다. 환율의 하락을 막기 위해서는 정부가 e라는 환율로 초과공급된 외화분을 매입해야 한다. 이에 따라 정부의 외환보유량은 증가하고 국내통화량도 늘어난다.

제 6 장 다국적기업과 글로벌경영

제1부에서 제1차 세계화 물결과 비교하여 지금 진행되고 있는 세계화가 보이는 뚜렷한 특징의 하나로 다국적기업의 활동이 확대되고 심화되고 있다는 점을 언급한 바 있다. 우리는 흔히 다국적기업을 세계화의 대표적인 모습으로 표현하곤 한다. 맥도날드가 전세계적으로 확대되는 현상을 세계화의 대표적인 단면으로 보고, 맥도날드를 세계화의 상징으로 묘사하는 경우도 있다.

분명히 다국적기업의 활동은 세계화의 중요한 원동력이라 할 수 있다. 다국적기업이 세계경제에서 차지하는 역할과 비중은 그 어느 때보다도 높다. 그러나 세계화에 대한 이해가 제대로 이루어지지 못하고 있는 것처럼, 다국적기업 또한 제대로 이해되지 못하고 있는 대표적인 대상이기도 하다. 다국적기업을 제국주의의 상징으로 여기는 과거의 시각에서 아직도 벗어나지 못한 사람들도 있으며, 외국기업의 국내진출을 결코 긍정적인 시각으로 보지 않는 사회 분위기도 여전히 강하다.

본장에서는 다국적기업과 외국인직접투자에 대해 살펴본다. 다국적기업과 외국인직접투자에 관한 일반적인 내용, 즉 외국인직접투자의 개념 및 이론, 외국인직접투자의 경제적 효과, 다국적기업의 글로벌경영 등에 관한 개략적인 내용을 살펴보도록 한다. 그리고 다국적기업과 외국인직접투자의 최근 추세 및 현황을 살펴본다. 그리고 마지막 절에서는 다국적기업과 외국인직접투자와 관련하여 자주 제기되는 몇 가지 이슈들에 대해 논하기로 한다.

1. 다국적기업과 외국인직접투자

(1) 개 념

다국적기업에 대한 가장 일반적인 정의는 해외에 자회사를 두고 경영활동을 하는 기업이라 할 수 있다. 즉 본국에 모기업이 있고 1개국 이상의 외국에 모기업의 통제를 받는 자회사를 두고 있는 기업이다. 이는 기업의 외형상 구조를 기준으로 한 것으로 가장 식별하기 쉬운 기준이라 할 수 있다. 그러나 혹자에 따라서는 이러한 외형상의 기준만으로는 충분치 않음을 지적하기도 한다. 즉 실제 기업활동의 상당 부분이 해외에서 이루어져야 하고, 기업의 소유권도 세계적으로 분산되어 있어야 하며, 경영자의 경영철학이 세계화되어 있어야 한다는 점을 강조하기도 한다.

한편 다국적기업과 구별없이 사용되는 용어로서 초국적기업이란 용어가 있다. 다국적기업(Multinational Corporation: MNC)이란 용어는 문자 그대로 다수의 국적을 가진 기업이란 의미이다. 그런데 사실 중요한 것은 기업이 몇 개의 국적을 갖고 있느냐 하는 것보다는 그 기업의 활동이 얼마나 초국경적으로 이루어지는냐 하는 것이라 할 수 있다. 초국적기업(Transnational Corporation: TNC)이란 용어는 이와 같이 기업의 외형보다는 기업의 활동 측면에 초점을 두고 있는 용어라 할 수 있다. 초국적기업이란 용어는 1980년대 중반 이후부터 UN에서 공식적으로 사용되고 있으나 아직 다국적기업이란 용어를 대체할 정도로 보편화된 용어는 아니다.

외국인직접투자는 다국적기업의 대표적인 활동이라 할 수 있다. 보다 정확히 말하면 외국인직접투자를 통해 자회사를 설립함으로써 기업이 다국적기업이 된다고 말할 수 있을 것이다. 외국인직접투자(Foreign Direct Investment: FDI) 역시 일률적인 정의는 없다. 가장 보편적인 정의는 '지속적인 경제적 이해관계를 설정할 목적으로 기업경영에 실질적 영향력을 행사할 가능성이 있는 투자'라는 정의이다. 지속적인 경제적 이해관계의 설정이란 이 형태의 투자가 장기적 성격을 지니는 투자라는 점을 제시하고 있다. 어느 정도가 장기적이냐 하는 것에 대해서는 어떤 획일적인 기준은 없다. 그러나 분명한 것은 일단 외국에 자회사를 만들면 상당한 기간 동안 이를 존속시키고 운영할 것이라는 것이다. 기업경영에 실질적인 영향력 행사라는 문구는 이러한 형태의 투자의 목적이 기업경영에 직접 참여하여 이윤을 추구하는 데 있다는 점을 제시하고 있는 것이다.

따라서 외국인직접투자는 간접투자(포트폴리오투자)와 비교하여 기간과 목적상에서 차이가 있다. 간접투자가 주식이나 채권 등을 대상으로 한 비교적 단기성 투자라면 외국인직접투자는 상대적으로 장기적인 성격의 투자이다. 간접투자가 주식이나 채권의 시세차익, 배당, 이자 등, 즉 자본이득(capital gain)을 겨냥한 투자라면, 외국인직접투자는 기업경영을 통해 이윤을 추구하는 목적의 투자이다.

외국인직접투자는 새로운 기업을 외국에 만드는 형태로 이루어질 수도 있지만, 이미 외국에 존재하는 기업을 인수하거나 합병하는 방식으로 이루어질 수도 있다. 전자의 경우를 신규투자형(greenfield investment)이라 하고, 후자의 경우를 인수 · 합병형(Merge and Acquisition: M&A)이라 한다. 외국인직접투자는 자회사의 지분을 반드시 100% 소유하는 형태로 투자하는 것을 의미하지는 않는다. 자회사의 지분을 부분적으로 소유하더라도 그 자회사의 경영에 실질적인 영향력을 행사할 수 있으면 외국인직접투자가 된다. 그래서 외국인직접투자의 정의에서 중요한 것이 어느 정도의 지분을 소유하면 경영에 실질적인 영향력을 행사하는 것으로 보느냐 하는 것이다. 이에 대해 획일적인 기준은 없지만 가장 많이 사용되는 기준은 10% 기준이다. 즉 외국인투자자 1인이 의결권이 있는 주식 지분의 10% 이상을 취득하는 투자를 한 경우를 외국인직접투자로 본다. 현재 우리나라에서도 이 기준을 사용하고 있다.

한편 외국인이나 외국기업이 국내에 직접투자를 하는 경우를 외국인직접투자, 그리고 국내인이나 국내기업이 외국에 직접투자를 하는 경우를 해외직접투자(overseas direct investment: ODI)로 용어상 보통 구분한다. 본서에서는 특별히 투자의 방향성을 확실히 할 필요가 없는한 외국인직접투자라는 용어를 사용하기로 한다. 그리고 외국인직접투자가 이루어진 국가, 즉 직접투자가 유입된 국가를 투자유치국(host country), 그리고 이러한 투자를 행한 주체가 근거하는 국가를 투자국(home country)이라 한다. 그리고 외국인이나 외국기업이 직접투자한 국내의 기업을 외국인투자기업(Foreign invested enterprise: FIE)이라 부른다.

(2) 외국인직접투자 발생에 관한 이론

외국인직접투자는 왜 발생하는가? 왜 기업들은 해외직접투자를 통해 다국적 기업이 되는가? 외국인직접투자의 발생을 설명하는 가장 대표적인 이론으로서 Dunning의 절충이론(Eclatic theory)이라는 것이 있다. 이를 절충이론이라 부르는 것은 외국인직접투자의 발생을 설명하는 기존의 이론들과 Dunning이 새롭게 추가한 이론 등을 절충하여 하나의 패러다임을 구성했다는 것이다.

이 이론은 다음의 세 가지 요소, 즉 기업특유의 우위요소, 내부화 우위요소, 입지특유의 우위요소가 모두 만족되는 경우에 외국인직접투자가 발생한다는 점을 설명하고 있다.

가. 기업특유의 우위요소(Ownership-specific Advantage: O-Advantage)

해외에 진출하는 기업은 현지의 경쟁기업들에 비해 여러 가지 불리한 점을 갖게 된다. 외국기업이기 때문에 갖는 불리한 점을 총칭하여 외국비용(cost of foreignness)이라 부른다. 예컨대 언어, 제도, 법률, 문화 등과 같은 기업환경의 차이, 현지국 시장에 대한 지식과 경험의 부족, 본사와 시간적, 공간적으로 떨어진 데서 오는 비효율성, 현지국의 민족주의적 차별대우 등을 생각할 수 있을 것이다. 따라서 해외진출이 가능하려면 현지국 기업과 경쟁에서 이길 수 있는, 즉 외국비용을 극복하고도 남을 만한 독특한 자산이나 능력을 배타적으로 보유하고 있어야 한다는 것이다.

기업특유의 우위요소는 바로 이러한 배타적인 자산이나 능력을 말한다. 예컨대 기술에 관한 노하우, 상표, 마케팅상의 능력, 경영관리 기술 등과 같이 오랜 시간에 걸쳐 기업내부에 축적된 무형의 자산이라 할 수 있다.

나. 내부화 우위요소(Internalization Advantage: I-Advantage)

그런데 기업특유의 우위요소를 갖고 있는 기업이 이러한 우위요소를 활용할 수 있는 방법은 이를 갖고 해외에 직접 진출하는 방법도 있지만 다른 방법도 있을 것이다. 즉 특유의 기술을 갖고 있다면 이를 라이센싱(기술이전계약)을 통해 현지국의 기업에 판매하여 이득을 얻을 수도 있을 것이다. 이러한 경우를 외부화(기업특유의 자산이 기업 밖으로 나가니까)라고 하고, 직접투자의 경우는 이러한 자산이 기업 내부에 계속 머물러 있으므로 내부화라 한다.

따라서 외국인직접투자가 발생하려면 기업특유의 우위요소를 외부화하지 않고 내부화하려는 동기가 존재해야 할 것이다. 기업특유 우위요소를 외부화하는 경우 높은 거래비용이 발생할 수 있다는 점이 이러한 내부화의 동기로 작용할 수 있다. 거래비용은 시장거래를 완결하기 위해 지불해야 하는 모든 비용을 말하며, 여기에는 거래 상대방을 찾는 데 드는 비용, 계약을 체결하는 데 드는 비용, 계약의 완전한 이행을 위해 필요한 감시비용 등이 모두 포함된다. 기술거래의 경우를 생각해 보자. 일단 상품으로서 기술의 적정한 가격을 선정하는 것이 쉽지 않다. 또한 기술의 판매자(즉 보유자)와 구매자가 갖고 있는 그 기술에 대한 정보는 차이가 있을 것이며, 따라서 적정한 가격을 제시하는 구매자를 찾기 어렵다. 또한 기술의 구매자를 통해 현지국의 여타 기업에게도 기술이 확산될 수 있는 위험성이 존재한다. 이러한 모든 것들이 기술을 외부화하는 경우 발생하는 거래비용인 것이다. 그리고 이러한 거래비용이 높은 경우 우위요소를 외부화하지 않고 내부화하려는 동기가 발생하는 것이다.

다. 입지특유의 우위요소(Location-specific Advantage: L-Advantage)

앞의 두 가지 여건이 다 갖추어져 있다고 하자. 즉 특유의 기술을 갖고 있고, 이러한 기술을 팔아서 얻는 이득보다 내부화하는 이득이 크다고 하자. 그렇다고 해서 이 기업은 무작정 해외에 진출하지는 않을 것이다. 해외 현지국보다 본국의 투자여건이 좋다면 해외에 굳이 투자하려 하지 않을 것이다. 즉 외국인직접투자가 발생하기 위해서는 기업을 특정국으로 끌어들이는 그 국가의 매력요소가 존재해야 한다는 것이다. 한 국가가 투자유치국으로서 갖는 매력요소를 입지특유 우위요소라 부른다.

이러한 입지특유 우위요소로 여러 가지를 들 수 있을 것이다. 현지의 방대한 시장규모, 시장의 높은 성장성, 현지의 우수하고 저렴한 노동력, 현지의 우수한 사회간접자본, 외국인투자에 호의적인 현지국 정부의 정책, 유리한 세율, 정치적 안정성 등을 생각할 수 있을 것이다.

Dunning의 절충이론은 이들 세 가지 요소가 모두 만족해야 외국인직접투자가 발생한다는 점을 설명하고 있다. 그래서 절충이론을 OLI 패러다임이라고도 부른다.

(3) 외국인직접투자의 유형

외국인직접투자는 그 투자동기에 따라 몇 가지 유형으로 구분할 수 있다.

가. 생산거점형 투자(생산효율지향형 투자)

이는 생산요소의 가격이 낮은 국가에 투자하여 생산효율을 높이기 위한 목적의 투자이다. 일반적으로 현지국의 풍부하고 저렴한 노동력을 이용하기 위해 이루어지는 투자라 할 수 있다. 따라서 선진국의 기업이 개도국에 투자하는 경우 이러한 유형의 투자가 많이 있다. 그리고 이 유형의 투자는 주로 노동집약적 산업, 예컨대 섬유, 의류, 봉제, 신발, 가정용 전자제품 산업 등에서 나타나며, 중소규모의 투자가 주를 이룬다. 한편 이 유형의 투자는 비교적 수출지향형 성격을 띠는 경우가 많다. 이는 현지국에서 제품을 만들어 현지시장에 판매할 목적으로 투자하기보다는, 임금의 상승 등으로 본국에서는 사양화된 수출산업을 해외에 이전하고 현지에서 생산된 제품을 본국이나 제3국으로 다시 수출할 목적으로 투자하기 때문이다.

나. 시장지향형 투자(현지시장접근형 투자)

이는 현지시장에 직접 침투하여 현지시장을 공략하기 위한 목적의 투자를 말한다. 따라서 이 유형의 투자에서는 현지국의 시장규모와 성장성이 가장 큰 유인요소가 된다. 이는 주로 선진국 서로간에 투자하는 모습으로 나타나며, 기계, 화학, 자동차 등의 산업에서 대기업형 투자가 중심을 이룬다. 서비스업의 해외진출 역시 이 유형의 투자라 할 수 있다. 한편 이 유형의 투자는 현지에서 제품을 생산하여 현지에서 판매할 목적으로 투자하기 때문에 수출지향형 성격은 별로 없다.

다. 무역장벽회피형 투자

이는 해외 수출시장의 무역장벽을 회피하기 위한 목적으로 투자하는 것을 말한다. 예컨대 어떤 국내기업의 주요 수출시장인 미국에서 높은 관세를 통해 수입을 규제하고 있다고 하자. 관세로 인해 수출에 애로를 겪는 이 기업은 미국에 직접 진출하여 현지에서 생산하고 판매하는 전략을 택할 수 있을 것이다. 이러한 투자를 무역장벽회피형 투자라 하며, 특히 관세를 피하기 위해 투자하는 것을 관세회피형 투자(tariff-jumping investment)라 한다. 제 4 장에서 자발적수출규제를 설명하고 그 예로 지난 80년대 일본자동차 수출에 대한 미국의 규제를 든 바 있다. 이때 일본 기업들은 이러한 수출규제를 피하기 위해 미국에 현지생산공장을 설립하는 방식으로 미국시장에 우회진출하는 전략을 택했는데, 이것이 무역장벽회피형 투자의 전형적인 예라 할 수 있을 것이다.

라. 기술습득형 투자

이는 주로 개발도상국의 기업들이 선진기술이나 경영의 노하우를 습득하기 위한 목적으로 선진국에 진출하는 경우라 할 수 있다. 우리나라 기업들이 미국시장에 직접 진출하는 이유는 미국시장이 갖는 매력과 함께 현지에서 기술과 경영능력을 보다 쉽게 이전받을 수 있는 효과도 기대하고 있는 것이다.

2. 외국인직접투자의 경제적 효과

외국인직접투자는 자본의 단순한 국경간 이동이 아니다. 외국인직접투자는 자본과 함께 고급인력, 기술, 경영지식 등의 이전을 수반한다. 그 결과 외국인직접투자는 여타 형태의 자본이동보다 현지국에 많은 혜택을 가져다 주는 자본이동이라 할 수 있다. 현재 세계경제에서 나타나고 있는 뚜렷한 특징의 하나는 각국이, 선진국과 개도국을 망라하여 외국인직접투자 유치를 위해 치열한 경쟁을 벌이고 있다는 것이다. 이는 불과 10여년 전만 해도 그렇게 부각되지 않던 현상이었다. 이는 최근에 외국인직접투자의 긍정적인 효과에 대한 인식이 그만큼 높아지고 있음을 반영하고 있는 현상이라 할 수 있다. 본절에서는 외국인직접투자가 현지국에 미치는 긍정적 효과를 살펴보기로 한다.

(1) 안정적 외자의 도입

외국인직접투자는 원리금의 상환 부담 없이 외국자본을 안정적으로 도입할 수 있는 방법이라 할 수 있다. 외국인직접투자는 자금의 차입이 아니므로 당연히 원리금의 상환의무가 없다. 그리고 외국인직접투자는 비교적 장기적으로 현지국에 체류하고, 변동성이 적다는 점에서 안정적인 외국자본이라 할 수 있다.

(2) 기술이전효과

외국인직접투자는 흔히 자본과 기술이 패키지로 도입되는 형태다라는 말을 한다. 외국인직접투자는 선진기술이 이전되는 가장 중요한 경로의 하나라고 할 수 있다.

외국인직접투자에 의한 현지국에의 기술이전은 두 단계를 통해 이루어진다. 1단계의 기술이전은 모기업에서 현지자회사로의 기술이전, 즉 기업 내 기술이전이다. 그리고 2단계의 기술이전은 현지자회사에 이전된 기술이 현지국의 경제산업체제에 흡수되는 과정으로, 이를 기술확산이라 부른다. 외국인직접투자를 통한 기술이전에서 특히 중요한 것은 바로 기술확산이라 할 수 있다. 만일 모기업이 보유하고 있는 기술지식이 단지 현지자회사로 이전되는 것으로 끝난다면 현지국에 미치는 긍정적 효과는 별로 없을 것이다. 그런데 기술지식이 단순히 기업 내에서 머무르지 않고 현지국에 전반적으로 확산된다는 점에서 그 중요성이 있는 것이다.

다국적기업의 입장에서는 보유하고 있는 기술지식이 기업 밖으로, 특히 현지국의 경쟁기업에 유출되는 것을 원치 않을 것이다. 그리고 기술유출을 막기 위해 많은 노력을 할 것이다. 그러나 현실적으로 어느 정도의 기술유출은 피할 수 없으며, 현지국에 자발적으로 기술을 이전해 주는 것이 필요한 경우도 있다. 전자의 경우로 현지고용을 통한 학습효과를 들 수 있을 것이다. 현지고용인에 체화된 기술지식은 노동력의 이동과 더불어 외국인투자기업으로부터 현지국 경쟁기업으로 자연스럽게 확산될 것이다. 후자의 경우로는 현지기업과의 네트워크 형성을 들 수 있을 것이다. 외국인투자기업은 현지국의 하청기업과 네트워크를 형성하고, 하청기업의 생산성 향상을 위해 기술지도의 형태로 기술을 이전할 것이다. 또한 최근에는 현지에서도 연구개발활동을 수행하는 다국적기업들이 많다. 이러한 현지 연구개발활동은 이에 참여하는 현지의 연구인력들에게, 또는 공동으로 연구개발활동을 수행하는 현지기업들에게 기술을 이전하는 효과를 갖는다.

(3) 고용효과

외국인직접투자는 현지국에서 고용창출효과를 갖는다. 외국인적접투자에 의한 고용창출효과는 직접적인 고용창출효과와 간접적인 고용창출효과로 나누어 볼 수 있다. 직접적 고용창출효과는 현지자회사의 설립을 통해 현지인력을 채용함으로써 나타난다. 간접적 고용창출효과는 전방효과와 후방효과로 나누어 볼 수 있다. 전방효과는 외국인투자기업에 중간재나 원자재를 공급하는 현지기업에 고용이 창출되는 효과를 말하며, 후방효과는 외국인투자기업이 생산한 상품을 유통, 판매하는 데 관련된 현지기업에서 고용이 창출되는 효과를 말한다.

경쟁력 있는 외국기업의 진출시 경쟁력이 뒤떨어지는 현지기업이 위축되고, 이러한 현지기업에서 고용이 축소될 가능성도 있다. 그러나 이러한 고용감소의 가능성은 외국인직접투자에 의해 유발되는 고용창출효과에 미치지 못한다. 특히 자본과 기술의 도입에 따른 외국인직접투자의 중장기적인 경제발전효과까지 고려한다면 더욱 그러하다.

(4) 수출효과

앞에서 개도국에 진출하는 선진국기업의 주요 목표는 생산거점의 확보이며, 이러한 목적의 투자는 높은 수출성향을 갖는다고 언급한 바 있다. 따라서 이러한 성격의 외국인직접투자는 현지국의 수출을 증대하는 효과를 갖는다. 시장접근형 투자의 경우 수출증대 효과를 기대하기는 어려울 것이다. 그러나 이는 수입을 현지생산으로 대체함으로써 현지국의 입장에서는 수입이 감소되는 효과를 거둘 수 있다.

(5) 경쟁촉진효과

외국기업의 진출로 국내기업들은 보다 치열한 경쟁에 직면하게 되고, 이는 국내기업들이 경쟁력을 제고시키는 노력을 유발하는 효과를 갖는다. 이는 국내시장이 소수의 국내기업에 의해 독과점 상태에 있는 경우에 특히, 큰 효과를 기대할 수 있을 것이다.

3. 다국적기업의 글로벌 경영

(1) 글로벌 전략

외국인직접투자는 다국적기업이 추구하는 글로벌 경영전략의 결과이다. 글로벌 전략이란 글로벌 이윤의 극대화라는 다국적기업의 목표하에 모기업과 세계에 흩어져 있는 현지기업들간에 유기적인 통합적 네트워크를 구축하는 전략이라 할 수 있다. 다국적기업의 글로벌 전략은 흔히 고도의 분업과 조정 · 통합의 전략이라 부른다.

여기서 분업이란 상품을 생산, 판매하는 모든 과정을 각 국가에서 분산 수행한다는 의미이다. 어떤 상품을 만들어 내고 이를 판매하기까지에는 여러 단계를 거치게 된다. 즉 상품을 구상하는 연구개발단계, 상품을 만드는 데 필요한 원재료의 조달단계, 각 부품의 생산 단계, 생산된 각 부품을 조립하는 단계, 그리고 상품을 마케팅하는 단계 등 여러 단계를 거치게 될 것이다. 이러한 각 단계를 연결하는 고리를 우리는 부가가치생산 체인(value-added chain)이라 부른다. 왜냐하면 각 단계에서 상품의 부가가치가 더 해지기 때문이다. 그리고 다국적기업의 분업 전략이란 부가가치 생산체인의 각 단계에서 최적의 입지를 추구하는 전략을 말한다. 즉 A라는 부품을 만드는 데는 단순한 노동력이 필요하다면 임금이 저렴한 국가에서 이를 생산하고, B라고 하는 부품을 만드는 데는 우수한 노동력이 필요하다면 양질의 노동력이 풍부한 국가에서 이를 생산하고, 마케팅은 각 현지시장에서 분산 수행하고 하는 식으로 분업활동을 하는 것이다.

조정 · 통합 전략이란 자회사들간의 이러한 분업적 활동을 모기업 차원에서 조정하고 통합한다는 의미이다. 즉 현지자회사들은 각각 독립적인 활동을 하지만 이는 어디까지나 모기업의 기획과 통제라는 큰 틀 안에서 이루어지는 것이다.

(2) 글로벌 전략의 효과 및 배경

글로벌 전략의 결과 다국적기업은 무엇보다도 효율성 제고의 효과를 얻을 수 있다. 세계 각지에서 가장 효율적인 생산요소를 활용함으로써 생산비용을 절감할 수 있다. 각 생산단계를 한곳에서 집중적으로 수행함으로써 규모의 경제효과를 얻을 수 있다. 원재료를 집중적으로 조달함으로써 할인 혜택을 얻을 수도 있다.

글로벌 전략은 소수의 글로벌 제품의 생산을 지향하는 전략이다. 즉 세계시장을 대상으로 소수의 제품을 대량생산하는 것이다. 그리고 소수의 제품생산에 집중하는 결과로 제품의 품질 향상을 도모할 수 있다. 또한 제품에 대한 글로벌 인지도가 높아짐으로써 기업의 무형의 가치가 증대되는 효과를 거둘 수도 있다.

다국적기업의 글로벌 전략이 최근 확대 · 심화된 데에는 몇 가지 배경요소를 지적할 수 있다. 무엇보다도 중요한 요소는 정보통신기술의 발전이라 할 수 있다. 모기업, 자회사들간의 분업, 조정, 통합은 고도의 정보통신망을 배경으로 하여 가능한 것임은 말할 필요가 없을 것이다. 또 하나의 중요한 요소는 소비자 수요의 수렴현상이다. 이는 세계 소비자들의 수요 패턴이 비슷해져 간다는 것이다. 만일 소비자의 수요 패턴이 국가마다 큰 차이가 있다면 소수의 글로벌제품을 만든다는 다국적기업의 글로벌 전략은 성공할 수 없을 것이다. 그러면 소비자 수요의 수렴현상이 나타나는 이유는 무엇인가? 정보통신기술의 발전, 여행의 확대 등으로 국가간에 상품정보 교류가 확대된 것이 중요한 요인이다. 이와 함께 국가간에 소득수준의 차이가 줄어들고 있는 것도 이를 설명하는 요인이 된다. 우리가 제3부에서 보겠지만 중상위 소득국들간에 소득격차는 상당히 수렴되고 있다. 그리고 국가간 교역장벽의 완화로 범세계적인 경쟁이 격화된 것도 다국적기업의 글로벌 전략의 확대 배경이 된다고 할 수 있을 것이다.

(3) 현지화 전략

다국적기업은 오로지 세계시장만을 중요시하고 현지국을 소홀히 하는 기업이라고 생각하면 안 된다. 여러분은 "생각은 세계적으로 하고, 행동은 현지에 맞게 하라"(Think globally, but act locally)라는 기업들의 슬로건을 들어본 적이 있을 것이다. 글로벌 전략뿐만 아니라 현지화 전략 역시 다국적기업의 중요한 전략이다.

현지화(localization)란 해외투자기업, 즉 해외자회사가 생산, 판매, 고용, 원자재 및 부품조달, 마케팅, 금융, 연구개발 등 주요활동을 현지에서 수행함으로써 현지국의 기업으로 정착되는 것이라 할 수 있다. 보다 추상적으로 표현하면, 해외투자기업의 현지국에서의 융합의 과정, 해외투자기업이 현지사회, 시장 및 기업과의 조화를 통해 현지국과 공존 · 공생의 관계로 발전해 나가는 것이라 할 수 있다.

다국적기업의 현지화 전략은 현지국과의 관계에서 발생할 수 있는 마찰을 피하고 현지국과 원만한 관계 유지를 위해서 필요하다고 할 수 있다. 그러나 마찰회피뿐만 아니라 다국적기업의 효율성 제고라는 측면에서도 현지화는 필요하다. 연구개발활동은 모기업에서 집중적으로 수행하는 것이 보통이지만, 현지사회의 요구에 보다 정확하고 신속하게 대응하기 위해서는 현지에서도 부분적으로 연구개발활동을 수행하는 것이 효율적일 수 있다. 또한 자회사의 고위직을 모두 모기업에서 파견하는 것도 바람직한 전략이 아니다. 현지시장에 정통한 현지인재를 활용하는 것이 보다 효율적일 수 있다.

요즘 많이 사용되는 용어로서 글로컬라이제이션(glocalization)이란 용어는 글로벌 전략(globalization)과 현지화 전략(localization)을 적절히 배합해야 한다는 의미인 것이다.

(4) 전략적 제휴

다국적기업의 중요한 경영 전략의 하나는 전략적 제휴라 할 수 있다. 전략적 제휴(strategic alliance)란 둘 또는 그 이상의 기업들이 자신의 경쟁우위요소를 바탕으로 하여 각자의 독립성을 유지하면서 전략적으로 상호협력관계를 형성함으로써 제 3 의 기업에 대해 경쟁우위를 확보하고자 하는 것으로 정의된다. 즉 기업들이 합병을 하는 식으로 독립성을 상실하는 것이 아니고 각각 독립적인 상태하에서 각 기업이 갖고 있는 강점을 서로 결합하여 함께 경쟁력을 키우는 것이라 할 수 있다. 특히 전략적 제휴는 겉으로 보기에는 경쟁관계에 있는 기업들간에 이루어지는 협력이라는 점에서 이른바 '적과의 동침'이란 표현을 쓰곤 한다.

전략적 제휴는 생산, 판매, 조달 등 여러 가지 기업활동 측면에서 이루어질 수 있다. 그런데 무엇보다도 중요한 전략적 제휴 형태는 기술개발의 측면에서 서로 협력하는 기술제휴라 할 수 있다. 예컨대 기술을 함께 개발한다든지, 각자가 갖고 있는 기술을 서로 교환한다든지 하는 것이다.

기술제휴는 최근 첨단기술 산업에서 활발히 이루어지고 있다. 기술제휴는 기술개발에 드는 비용과 위험을 경감할 수 있다. 최근 신제품에 필요한 기술의 경우 기술의 대형화, 복잡화로 대규모의 투자가 필요하지만, 신제품의 경쟁적 출현으로 제품의 수명주기는 단축됨으로써 기술개발의 성공에 대한 불확실성과 위험은 증대하고 있다. 이런 상황에서 기업들이 경쟁하면서도 또 한편으로는 서로 협력하는 관계를 형성해가고 있는 것이다.

라이쉬 대 타이슨

세계 헤비급 권투경기 얘기가 아니다. 1990년대 초 미국에서 있었던 외국인 투자기업에 관한 논쟁에 관한 얘기이다. 이 논쟁에 대해 보기 전에 먼저 논쟁의 배경이 되었던 당시의 미국 상황에 대해 살펴보자. 지금은 일본 경제의 장기 침체로 인해 일본의 해외투자가 크게 위축된 상황이지만, 한때 일본은 세계 최대의 해외투자국이었다. 그것이 1980년대 후반기였다. 엔화의 급격한 평가절상(85년 달러당 250엔선이었던 엔화의 가치는 그해 9월에 있었던 플라자합의 이후 2년 반만에 달러당 130엔선으로 수직상승하였다)에 따른 엔화의 구매력확대, 지속적인 대규모 경상수지흑자 누적에 따른 풍부한 자본력, 일본경제의 버블화, 수요국늘과의 통상마찰의 심화 등을 배경으로 하여 일본의 해외직접투자는 급격히 확대되었다. 특히 미국에의 투자 확대는 비약적이었다. 80년대 초 연간 20억 달러선이었던 미국에의 투자규모는 89년에 이보다 14배나 증가한 320억 달러 규모에 이르렀다. 그리고 미국에의 투자의 상당 부분은 기존의 미국기업들을 인수 · 합병하는 형식으로 이루어졌다. 86년에서 89년까지 일본투자자가 미국에서 인수 · 합병한 투자건수는 무려 603건에 이르렀다.

당시 일본기업들의 미국기업 인수붐을 상징하는 대표적 사례로 89년 미쓰비시사의 록펠러센터 인수를 들 수 있다. 록펠러센터가 무엇인가? 맨하탄의 중심에 있고, 미국의 크리스마스 시즌의 시작을 알리는 트리 점화식이 열리는 곳이 아닌가? 록펠러가 또한 누구인가? 미국의 자본주의의 상징적 인물 아닌가? 어디 이뿐인가? 미국의 문화산업하면 우리는 헐리웃 영화를 생각할 것이다. 그런데 대표적인 영화사인 콜럼비아 영화사 역시 일본의 소니사에 의해 89년에 인수되었다. 미국인의 자존심이 얼마나 상했겠는가? 1991년 12월 하와이 진주만에서는 진주만 침공 50주년 추모식이 열렸다. 당시 부시 대통령 등 정부요직이 참석한 가운데 열린 추모식에서 '상기하자 진주만'의 광경을 연출하였다. 이 장면을 본 미국인들은 무슨 생각을 했을까? 아마도 이런 생각을 하지 않았을까 한다. "50년 전에 일본한테 군사적으로 당했는데, 지금은 경제적으로 당하고 있는 것 아닌가?"

이제 라이쉬 대 타이슨의 경기로 되돌아가자. 라이쉬(Robert Reich)는 하바드 대학 경영대학 교수로 클린턴 행정부에서 노동부 장관을 역임하기도 한 학자이다. 그리고 '국가의 과업'(The Work of Nations)이란 저명한 저서를 쓴 학자이기도 하다. 그는 1990년 Harvard Business Review에 "누가 우리인가?"(Who is Us?)라는 제목의 논문을 발표하였다. 이 논문에서 라이쉬 교수는 먼저 다음과 같은 질문을 던지고 있다.

A와 B라고 하는 두 가지 유형의 기업이 있다고 하자. A라고 하는 유형의 기업은 다음과 같다. 미국에서 설립되었고 미국에 본부를 두고 있다. 모든 이사진은 미국인들이며, 회사지분의 과반수 이상을 미국인 투자자들이 소유하고 있다. 그러나 기업의 연구개발활동, 제품 디자인, 그리고 상품제조의 대부분은 해외에서 이루어지고 있고, 이 기업의 근로자의 대부분 역시 외국인들이다. 반면에 B라고 하는 유형의 기업은 다음과 같다. 이 기업은 타국에서 설립되었고 본부 역시 타국에 있다. 이사진들은 그 나라 사람들이며 회사지분의 과반수 이상을 역시 그 나라 사람들이 소유하고 있다. 그러나 연구개발활동, 제품다지인, 상품제조 활동의 대부분은 미국에서 이루어지고 있고, 근로자 역시 대부분 미국인들이다. 이러한 두 가지 유형의 기업 중 어느 것이 미국의 기업이고 어느 것이 외국기업인가? 어떤 유형의 기업이 미국의 경제 미래에 보다 중요한가? 즉 누가 우리인가?

라이쉬 교수는 B라는 유형의 기업이 우리 기업이라고 답하고 있다. 이유는? 세계화 시대에 한 국가의 경쟁력이라고 하는 것과 그 나라 기업의 경쟁력이라고 하는 것은 더 이상 일치하지 않는다는 것이다. 한 국가의 경쟁력이라고 하는 것은 그 국가 내에 위치한 기업들의 경제활동의 질(quality)에 의해 결정되는 것이며, 그 기업들을 누가 소유하고 있느냐 하는 것은 중요한 것이 아니라는 것이다. 따라서 외국인 소유기업이라도 국내에 진출하여 국내인을 고용하고 제품을 만들고 연구개발도 하는 등 상당한 경제활동을 하는 기업은 다 우리 기업으로 보아야 한다는 것이다.

이러한 라이쉬 교수의 견해에 대해 도전장을 낸 학자가 버클리대학교 교수인 타이슨이었다. 성은 마이크 타이슨을 연상시키는 타이슨(Tyson)이지만 이름은 슬픈 로라를 연상시키는 로라(Laura)이다. 클린턴 행정부 때 대통령 경제자문위원회 의장을 역임했으며, 대표적 저서로 "Who is bashing whom?"(우리말로는 살벌하게도 '누가 누구를 후려치는가'로 번역되어 있다. 주로 미·일간 통상문제에 관한 내용을 다룬 책이다)이 있다. 1991년 American Perspective지에 타이슨 교수는 "그들은 우리가 아니다. 왜 미국인 소유라고 하는 것이 여전히 중요한가"(They are not us. Why American ownership still matters)라는 글을 발표하였다. 이 글에서 그녀는 B라고 하는 유형의 기업이 우리의 기업이 될 수 없는 이유를 다음과 같이 제시하고 있다.

국가의 경제적 운명은 그 국가에 기반을 둔 기업의 운명과 여전히 밀접하게 연결되고 있다. … B라고 하는 유형의 기업은 장기적으로 볼 때 미국경제에 해가 될 수 있다. 예컨대 외국기업의 진출로 미국기업의 시장진입이나 확대가 저해되거나 위축될 수 있다. 그리고 정상적으로, 미국에 진출한 외국기업보다 미국기업이 미국 내에서 보다 많은 생산활동을 하고, 보다 양질의 고용을 창출하며, 연구개발활동도 더 많이 하고, 국내 하청업체들과 보다 긴밀한 관계를 가지며, 기술이전 정도도 높다. … 또한 외국기업들이 국내기업들을 시장에서 퇴출시켜 버린다면 그 결과는 보다 과점화된 시장, 즉 남아 있는 기업들이 큰 시장지배력을 행사하는 결과가 될 것이다. … 또한 여전히 외국은 다른 나라 기업의 진출을 규제하고 있는데 미국만 문호를 활짝 연다면 이는 미국의 이익에 부합하는 것이 아니다.

이러한 이유들 중에서, 타이슨 교수가 특히 말하고 싶었던 것은 맨 마지막 이유가 아니었을까 한다. 특히 일본시장에의 미국기업 진출이 쉽지 않은 상황에서 일본기업의 미국진출을 환영할 수 있겠는가 하는 것이 타이슨 교수의 속마음이 아니었을까 한다.

여러분은 A와 B라고 하는 유형의 기업 중 어느 것이 우리의 기업이라고 생각하는가?

4. 세계 외국인직접투자의 추세 및 현황

[표 6-1]은 세계 외국인직접투자의 규모, 다국적기업의 활동 규모 등을 보여주고 있다. [표 6-1]에서 나타나고 있는 몇 가지 사실을 보자.

첫째, 외국인직접투자의 높은 증가 추세이다. 80년대 중반 이후 외국인직접투자 규모는 연평균 20% 이상의 높은 증가율을 보이고 있으며, 90년대 후반기에 연평균 증가율은 40%에 이르고 있음을 볼 수 있다.

둘째, 외국인직접투자 중에서도 외국기업의 인수 및 합병 형태의 투자가 특히 높은 증가율을 보이고 있으며, 현재 이러한 인수·합병 형태의 외국인직접투자가 전체 외국인직접투자의 80% 이상을 차지하고 있다는 것이다. 즉 그린필드형 투자가 차지하는 비중은 20% 미만에 이르고 있다.

셋째, 다국적기업의 활동 역시 빠르게 확대되고 있다는 것이다. 다국적기업들의 현지 자회사(즉 모기업은 제외)의 매출규모 역시 80년대 중반 이후 연평균 10%를 넘는 높은 증가율을 보이고 있으며, 현지 자회사의 고용규모 역시 높은 증가율을 보이고 있다. 특히 90년대 후반기에는 세계 경제의 낮은 성장세에도 불구하고 다국적기업의 활동은 오히려 더욱 활발해지고 있는 모습을 보이고 있다.

넷째, 세계 전체의 수출에서 이들 다국적기업의 현지자회사들에 의해 이루어지는 부분이 1/3 이상을 차지하고 있다는 것이다. 이는 모기업의 수출은 제외

[표 6-1] 외국인직접투자의 추세

	규모(단위: 10억 달러)			연평균증가율(%)		
	1982	1990	2001	'86-'90	'91-'95	'96-2000
FDI(연간)	59	203	735	23.6	20.0	40.1
FDI(누적)	734	1874	6846	15.6	9.1	17.9
국경간 M&A	–	151	601	26.4	23.3	49.8
현지기업 매출	2541	5479	18517	16.9	10.5	14.5
현지기업 수출	670	1169	2600	14.9	7.4	9.7
현지기업 고용(천명)	17987	23858	53581	6.8	5.1	11.7
세계 총생산	10805	21672	31900	11.5	6.5	1.2
세계 총수출	2081	4375	7430	15.8	8.7	4.2

자료: World Investment Report 2002, UNCTAD

[표 6-2] 직접투자의 지역별 비중 (단위: %)

	외국인직접투자			해외직접투자		
	1995	1997	1998	1995	1997	1998
선 진 국	63.4	58.9	71.5	85.3	85.6	91.6
서부유럽	37.0	29.1	36.9	48.9	50.6	62.6
미 국	17.9	23.5	30.0	25.7	23.1	20.5
일 본	0.1	0.7	0.5	6.3	5.5	3.7
개 도 국	32.3	37.2	25.8	14.5	13.7	8.1
아프리카	1.3	1.6	1.2	0.1	0.3	0.1
중 남 미	10.0	14.7	11.1	2.1	3.3	2.4
동아시아	20.4	18.9	12.0	12.5	9.6	5.3
서아시아	0.0	1.0	0.7	0.0	0.4	0.3
동 유 럽	4.3	4.0	2.7	0.1	0.7	0.3

자료: World Investment Report 2002, UNCTAD

한 것으로, 모기업의 수출까지 합하는 경우 다국적기업이 세계 총수출에서 차지하는 비중은 훨씬 높다고 볼 수 있을 것이다.

[표 6-2]는 외국인직접투자와 해외직접투자의 지역별 분포를 보여 주고 있다. 외국인직접투자의 경우 대체로 선진국의 비중이 60%선, 그리고 개도국의 비중이 40%선을 차지하고 있다. 1998년에 개도국에의 유입 비중이 급격히 낮아진 것은 동아시아 외환위기의 여파로 인해 전반적인 추세에서 일시적으로 벗어난 것으로 보인다. 개도국에 유입되는 투자는 동아시아와 중남미의 양 지역에 집중적으로 이루어지고 있음을 볼 수 있다.

해외직접투자의 경우 대체로 선진국의 비중이 80% 이상, 개도국의 비중이 20% 미만을 차지하는 것으로 나타나고 있다. 개도국의 해외투자 비중은 80년대 초반만 해도 5% 미만이었음을 감안하면, 개도국의 해외투자 역시 최근에 크게 증가하고 있음을 알 수 있다.

한편 외국인직접투자의 분야별 분포의 경우, 대체로 서비스업이 50%, 제조업이 40%, 그리고 1차산업의 비중은 10% 정도를 차지하고 있다.

[표 6-3]에서는 세계 각국에서 진행되고 있는 외국인직접투자에 대한 자유화 추세를 보여 주고 있다. 외국인의 투자에 대한 개방폭을 확대한다든지, 외국기업에 세제감면 등의 인센티브를 부여한다든지, 외국인직접투자에 대한 각종 규제를 완화한다든지 하는 방향으로 자국의 외국인직접투자 관련 제도를 개선하

[표 6-3] 외국인직접투자 자유화 추세

	1991	1993	1995	1997	1999	2001
FDI관련제도의 변경을 단행한 국가수	35	57	64	76	63	71
변경된 제도의 총수	82	102	112	151	140	208
보다 우호적인 방향으로의 변경	80	101	106	135	131	194
덜 우호적인 방향으로의 변경	2	1	6	16	9	14

자료: World Investment Report 2003, UNCTAD

는 국가들이 계속 확대되고 있음을 볼 수 있다. 이는 각국이 외국인직접투자 유치를 위해 노력하고 있음을 간접적으로 보여 주고 있는 것이다.

[표 6-4]에서는 다국적기업의 현지 자회사가 현지경제에서 차지하는 중요성에 대해 몇 가지 지표를 통해 살펴보고 있다. 개도국의 경우 외국인투자기업의 활동 현황에 대한 통계를 파악하는 국가가 많지 않아, 이러한 통계를 파악하고 있는 일부 선진국들을 중심으로 살펴보고 있다.

국가간에 차이가 있기는 하지만 외국인투자기업이 현지국 경제에서 차지하는 역할이 상당히 높음을 볼 수 있다. 우리가 제1부에서 본 것처럼 현재 세계에서 가장 세계화된 국가의 하나로 꼽히는 아일랜드의 경우 제조업 분야에서 일하는 근로자 10명 중 4명은 외국인투자기업에서 일하고 있다는 것이다. 또한 국내

[표 6-4] 현지국 경제에서 외국인투자기업의 비중

	고용 비중	매출 비중	총생산 비중	연구개발 비중
오스트리아	27.9	26.2	…	…
핀 란 드	12.8	12.8	6.1	13.2
프 랑 스	22.7	…	4.1	16.4
아일랜드	36.8	74.9	35.8	…
일 본	1.8	3.9	0.5	1.7
네덜란드	…	…	…	21.8
포르투갈	7.9	16.3	6.4	…
스 웨 덴	26.8	28.8	9.3	17.5
영 국	…	…	…	30.1
미 국	15.1	18.1	4.8	14.9

주: 고용비중=외국인투자기업의 총고용/국내 총고용(제조업). 매출비중=외국인투자기업의 총매출/국내 총매출(제조업). 총생산비중=외국인투자기업의 부가가치 생산총액/GDP. 연구개발비중=외국인투자기업의 연구개발 지출비용/국내 기업의 총연구개발비용. 이상 1998년 수치
자료: World Investment Report 2003, UNCTAD

총생산의 35% 정도가 외국인투자기업에 의해 이루어지고 있다는 것이다. 연구개발에 있어서도 외국인투자기업에 의해 수행되는 부분이 상당히 높음을 볼 수 있다. 예컨대 영국의 경우 그 비중이 30% 선에 이르고 있다. 미국의 경우 우리는 해외투자국으로서만 보통 생각하지만 미국경제에서 외국인투자기업이 차지하는 비중 또한 꽤 높음을 볼 수 있다. 제조업 분야만을 보면 미국인 10명 중 1.5명은 외국인투자기업에서 일하고 있는 것이다.

5. 몇 가지 이슈

본절에서는 다국적기업과 외국인직접투자에 관련하여 생각해 볼 만한 몇 가지 이슈들에 대해 논하기로 하자.

(1) 인수 · 합병형 투자의 문제

외국기업이 그린필드형으로 진출하는 경우와 국내기업을 인수 · 합병하는 형태로 진출하는 경우 어떤 차이점이 있는가? 앞에서 외국인직접투자가 투자유치국에 미치는 긍정적 효과로서 일반적으로 거론되는 사항들을 살펴본 바 있다. 이러한 효과가 인수 · 합병 형태의 외국인직접투자에서도 똑같이 나타나는가?

자본의 형성이라는 측면에서 살펴보자. 그린필드형 투자의 경우 투자한 자본만큼 직접적으로 국내자본을 증대시키는 효과를 가질 것이다. 그러나 인수 · 합병형 투자의 경우 이미 존재하던 국내의 자본을 외국의 자본으로 대체하는 효과를 가질 뿐이다. 즉 자본의 소유주가 국내인에서 외국인으로 바뀔 뿐이다.

고용의 측면에서 보자. 그린필드형 투자의 경우 직접적으로 신규 고용을 창출하는 효과를 가질 것이다. 그러나 인수 · 합병형의 경우 기존의 고용된 인력을 계승할 뿐이면 신규 고용창출을 없다. 오히려 국내기업을 인수 · 합병하면서 구조조정을 통해 고용인력을 감축시키는 경우도 발생할 수 있다. 경쟁촉진의 측면에서도, 그린필드형 투자와 달리 인수 · 합병형 투자는 국내시장에 존재하는 기업의 수를 직접적으로 늘리는 효과가 없다.

따라서 얼핏 보면 인수 · 합병형 투자는 그린필드형 투자와 달리 투자유치국에 미치는 긍정적 효과는 별로 없고 오히려 부정적인 측면이 많은 것처럼 보인다. 그러나 좀더 깊이 생각해 보면 인수 · 합병형 투자 역시 그린필드형과 마찬가지의 긍정적 효과를 갖고 있다고 말할 수 있다. 외국기업이 국내기업을 인수하여 인수한 기업의 경쟁력을 강화하기 위해 추가적인 자본을 투입할 수도 있다. 인수초기에는 구조조정 차원에서 인력을 감축할 수도 있겠지만 인수기업의 경쟁력이 강화되면 추후 고용을 확대할 수도 있을 것이다.

그러나 무엇보다도 인수 · 합병형 투자의 긍정적 효과가 나타나는 경우는 국내의 부실화된 기업을 인수 · 합병하는 경우라 할 수 있을 것이다. 이 경우 적절한 비교의 상태는 현재의 상태가 아니라 국내 부실기업이 시장에서 사라지는 상태라 할 수 있을 것이다. 국내 부실기업이 도산하여 사라진다면 그만큼 국내의 자본감소를 초래할 것이다. 그러나 이러한 기업이 외국기업에 의해 인수되어 회생한다면 이러한 자본감소는 나타나지 않을 것이다. 고용측면에서도 부실기업이 사라지는 경우 이에 고용되어 있던 모든 인력은 실업의 상태에 처할 것이다. 그러나 이러한 기업이 외국기업에 의해 인수된다면 이러한 실업의 증가를 막을 수 있는 것이다. 경쟁의 측면에서도 부실기업의 인수는 국내시장에서의 경쟁 감소를 막는 효과를 갖는다고 볼 수 있을 것이다.

한편 인수 · 합병형 투자는 그린필드형 투자에서는 나타나지 않는 특별한 효과도 갖는다. 인수 · 합병의 활성화는 기업 구조조정을 촉진시키는 효과를 갖는다. 기업은 불필요한 사업 부문은 과감히 매각하고 기업의 핵심역량 강화에 필요한 사업은 인수함으로써 경영의 합리화를 도모할 수 있다. 기업의 인수 · 합병에 대한 규제가 많은 상황에서는 기업의 이러한 구조조정이 당연히 용이하지 않을 것이다. 또한 인수 · 합병은 기업들의 시장 진입과 퇴출을 용이하게 함으로써 시장에서의 경쟁을 한층 촉진시키는 효과를 갖는다. 새로운 기업을 만드는 것보다 기존기업을 인수함으로써 시장에 보다 신속히 진입할 수 있을 것이다. 또한 사업을 그만두고 싶은 경우 인수를 원하는 기업에 사업을 매각하고 시장에서 쉽게 빠져나올 수도 있을 것이다. 또한 인수 · 합병이 활성화되면 기업이 보다 건실한 경영을 추구할 수밖에 없다. 경영이 부실해서 실적이 좋지 못한 기업은, 이러한 기업을 인수해서 보다 좋은 실적을 거둘 수 있을 것으로 생각하는 투자자들의 인수 타겟이 될 것이기 때문이다.

(2) 외환위기와 국내기업의 헐값매각 문제

외국인직접투자와 관련하여 외환위기를 겪은 국가에서 나타나는 뚜렷한 특징이 있다. 즉 외환위기 기간중에는 외국인직접투자의 유입이 급격히 감소하지만 외환위기를 극복해 가는 기간중에는 외국인직접투자가 다시 크게 증가한다는 것이다. 이는 지난 80년대 중남미 외환위기, 1994년의 멕시코 외환위기, 그리고 1997년 동아시아 외환위기 상황에서 공히 목격된 현상이다.

외환위기시 외국인직접투자가 감소하는 것은 지극히 당연한 일이다. 국내경제가 극도로 침체한 상황에서 외국인직접투자가 활성화될 수는 없는 것이다. 따라서 흥미로운 것은 외환위기 극복과정에서 외국인직접투자가 크게 증가하는 현상이다. 이는 몇 가지 요인을 들 수 있을 것이다. 외환위기 극복을 위한 외자유치의 필요성이 증대하면서 외환위기를 겪은 국가들이 외국인투자의 개방폭을 확대하고 각종 유인책을 확대한 것도 한 요인일 것이다. 경기침체가 완화되면서 그동안 미루었던 투자를 한 것도 한 요인일 것이다. 인수·합병형 투자의 증대와 관련해서는 국내 통화가치의 하락, 즉 환율의 상승으로 국내기업의 외화표시 가격이 하락한 것이 중요한 요인일 수 있다.

이러한 정상적인 요인들외에 외환위기와 외국인직접투자, 특히 인수·합병형 외국인직접투자의 증가를 연결하는 고리가 있는가? 이에 대해 동아시아 외환위기 이후 제기된 문제가 이른바 '급매'(fire sale)의 문제이다. 이는 급박한 상황에서 싼 가격으로 급히 매각하는 것을 말한다. 즉 외환위기로 극심한 자금경색을 겪게 된 기업들이 외국기업에 너무 싼 가격으로 기업을 매각한 것이 아니냐는 것이다. 만일 이러한 급매가 이루어졌다면 이는 외환위기가 초래하는 또 하나의 부정적 측면일 수 있을 것이다.

얼핏 보면 외환위기는 외환위기국 기업의 급매를 초래하는 것처럼 보인다. 그러나 좀더 깊이 생각해 보면 이 문제는 그렇게 쉽게 답할 수 있는 성격의 문제가 아님을 알 수 있다. 먼저 급매의 정의 문제이다. 단지 외환위기 전의 가격에 비해 낮은 가격으로 매각된 것을 급매로 볼 수 있느냐 하는 것이다. 만일 외환위기전 기업의 가격이 버블화된 비정상적인 가격이었다면 이 역시 급매로 보아야 할 것인가? 또한 가격의 비교 문제를 떠나 생각해 보아야 할 점은 매각의 결과가 사회전체의 후생에 미치는 영향일 것이다. 설령 정상적인 가격보다 낮은 가격으로 매각되었다 해도 그 결과가 사회전체의 후생 증대로 나타난다면 반드시 부정적으로 볼 필요는 없을 것이다.

이 문제에 대해 Krugman은 뚜렷한 기준을 제시하고 있다. 우리는 앞장에서 최근의 외환위기를 설명하는 대표적 이론으로 뱅크런 모델과 도덕적 해이 모델이 있음을 설명한 바 있다. 외환위기가 뱅크런 모델에 의해 설명된다면 이 경우 국내기업의 매각은 급매의 성격을 지닌다고 볼 수 있지만, 도덕적 해이 모델에 의해 설명된다면 이 경우 기업 매각은 급매가 아니라는 것이다.

뱅크런 모델에서 외환위기는 차입기업들의 예상치 못한 유동성 부족에서 발생하며, 이러한 유동성 부족 문제를 해결하기 위해 기업들이 비정상적으로 낮은 가격에 기업을 매각한다는 것이다. 따라서 이는 급매라 볼 수 있다. 이러한 기업을 인수한 외국기업이 결코 국내기업만큼 그 기업을 잘 운영할 수 있다는 보장도 없다. 따라서 급매의 결과가 사회전체 후생에 미치는 영향도 부정적일 수 있다.

반면 도덕적해이 모델에서 외환위기는 차입기업들의 도덕적 해이에 기초한 무분별한 과잉투자와 자산가격의 버블화에 기인한다. 따라서 외환위기전의 가격은 비정상적인 가격이며, 외환위기 이후 거품이 빠진 가격이 정상적인 가격이다. 따라서 외환위기 이후 국내기업의 매각은 정상적인 가격으로 매각되는 것이므로 급매라 볼 수 없다는 것이다. 또한 이 경우 매각의 결과 사회전체의 후생도 증대한다는 것이다. 왜냐하면 기업을 보다 잘 운영할 수 있는 외국기업이 외환위기 전에는 비정상적으로 높은 가격 때문에 그 기업을 인수하지 못했지만, 외환위기 이후에는 그 기업을 인수하여 보다 효율적인 운영을 하게 되기 때문인 것이다.

결국 급매 여부는 외환위기의 본질에 달려 있다는 것이다. 그런데 동아시아 외환위기는 뱅크런 모델의 성격과 도덕적해이 모델의 성격이 혼재되어 있으며, 따라서 급매의 판단 역시 확실히 말하기 어렵다는 것이다.

(3) 다국적기업의 구조조정과 기업철수 문제

다국적기업의 최종적인 목표는 기업 전체 차원에서의 이윤의 극대화라 할 수 있다. 다국적기업은 이러한 목표를 달성하기 위해 각 지역의 거점간에 자본의 투입이나 생산량을 적절하게 배분하게 되며, 이 과정에서 거점간에 생산역량의 이동이 발생하게 된다.

다국적기업의 거점이동의 가장 단순한 모습은 한 지역에서 생산공장을 폐쇄하거나 생산규모를 대폭 축소하고 타지역에 새로운 공장을 설립하는 경우라 할 수 있을 것이다. 그러나 이러한 생산의 재배치에는 적지 않은 비용이 수반되며, 따라서 그렇게 빈번하게 일어나지는 않는다. 그러나 저렴한 생산비용을 추구하는 노동집약적 산업에 있어 임금 경쟁력을 상실한 지역으로부터 보다 저렴한 임금수준이 제공되는 지역으로의 생산 재배치는 흔히 목격되는 현상이다.

물론 공장폐쇄는 순수한 국내기업에도 일어나는 문제이며, 국내기업이 국내에 다수의 생산공장을 두고 있는 경우 이들 공장간에 생산역량의 이동이 일어날 수도 있다. 그러나 다국적기업의 거점 이동이 보다 문제가 될 수 있는 것은 이에 대한 예측 가능성이 적을 수 있다는 점 때문이라 할 수 있다. 국내기업이 폐업을 하는 경우 이미 오랜 전부터 채산성의 심각한 악화 등과 같은 조짐이 드러나게 마련이다. 그러나 다국적기업의 경우 아직 채산성이 유지되고 있는 거점에 대해서도 기업 전체의 구조조정 차원에서 폐쇄하는 경우가 발생할 수 있다. 따라서 다국적기업의 경영에 관해 충분한 이해를 갖고 있지 못한 근로자들에게 큰 반향을 불러일으킬 수 있는 것이다.

최근 유럽에서는 이러한 성격의 현지기업 철수가 문제시 된 바 있다. 유럽의 경제통합이 심화되면서 다국적기업은 유럽 각국에 별개의 현지공장을 둘 필요가 없어졌다. 이에 따라 가장 입지조건이 좋은 지역에 생산을 집중시키려는 구조조정이 진행되었고, 이 과정에서 현지기업의 철수와 관련하여 현지국과 마찰이 야기되는 사례도 늘어났다. 지난 1997년에 있었던 Renault사의 벨기에 공장 폐쇄는 유럽 전역 노동단체들의 연대 저항을 받기도 했다.

다국적기업은 국제적인 기업이라는 성격 때문에 기업의 사회적 책임 또한 국제적인 차원을 지닌다. 특히 현지기업이 현지국의 기업으로서의 책임감을 인식하는 것이 중요하다. 현재 유수의 다국적기업들은 현지국에서 준수해야 할 자체의 강령들을 갖고 있다. 또한 OECD에서는 다국적기업들에게 현지국에서 영업활동을 전개함에 있어 준수해야 할 지침을 가이드라인의 형태로 제시하고 있다. 이들 강령이나 가이드라인은 노사문제, 환경보호, 성실한 조세의 납부 등 다양한 내용을 담고 있는데, 결국 현지국에서 선량한 시민(good citizen)이 되어야 한다는 것이다.

이러한 다국적기업의 현지국에서의 책임 문제와 관련하여 특히 강조되는 점이 노사문제, 그 중에서도 기업의 철수와 관련된 노사문제라 할 수 있다. 세계 각국의 노동관련법은 기업이 폐업하는 경우 사전에 근로자들에게 통보하고 이들과 협의할 것을 규정해 놓고 있다. 그리고 이러한 사전통보와 협의의 요건은 다국적기업들에게 특히 요구되는 사항이라 할 수 있다. 다국적기업의 경우 앞에서 언급한 것처럼 기업 폐쇄의 예측 가능성이 떨어질 수도 있고, 책임 있는 경영진이 국내에 부재할 수도 있으며, 정보의 부족으로 근로자들이 다국적기업의 경영에 대한 이해가 부족할 수도 있기 때문이다.

그런데 여기서 오해해서는 안 될 점은 다국적기업의 노사관계가 국내기업의 노사관계보다 나쁠 것이라고 생각하는 것이다. 다국적기업의 노사관계가 국내기업에 비해 갈등의 소지가 많을 것으로 보이지만 실제 노사분쟁의 발생빈도는 결코 높지 않다. 이는 이러한 갈등의 소지를 상쇄할 만한 긍정적인 요인들도 존재하기 때문이다. 다국적기업은 자사의 국제적 경쟁력의 유지를 위해 근로자의 교육투자를 특히 중요시 한다. 또한 다국적기업은 일반적으로 국내기업에 비해 양질의 근로여건과 상대적으로 높은 임금을 제공한다. 그리고 다국적기업은 국내기업에 비해 보다 효율적이고 발전된 노사관리 체제를 운영하고 있다. 따라서 다국적기업의 존재는 현지국의 노사체제 발전에 기여할 수 있는 중요한 경로가 되기도 하는 것이다.

(4) 밑바닥을 향한 경쟁

세계화를 반대하는 일부 세계 시민단체들이 다국적기업에 대한 비판 사항으로 제기하는 대표적인 이슈가 밑바닥을 향한 경쟁(Race to the bottom)의 논리이다. 즉 외국인투자 유치 경쟁으로 인해 각국, 특히 개도국들이 경쟁적으로 자국의 환경이나 노동기준을 약화시킬 가능성이 있다는 것이다.

먼저 환경문제에 대해 보자. 밑바닥을 향한 경쟁의 가설과 연결되는 또 하나의 가설은 공해피난처(pollution haven)의 가설이다. 우리말로 직역하면 마치 공해를 피해 환경이 좋은 곳으로 옮기는 것처럼 보이지만, 실제는 그 반대의 내용이다. 즉 다국적기업이 환경기준이 약한 국가로 생산거점을 이동한다는 것이다.

이에 대해 개도국의 입장을 강조하는 국제기구라 할 수 있는 UNCTAD에서는 다음과 같은 결론을 제시하고 있다.[1] 이 가설에 부합하는 일부 사례가 있기는

1) World Investment Report 1999

하다. 그러나 다국적기업이 일반적으로 환경규제가 약한 국가에 입지하려 한다는 점을 입증할 만한 근거는 없다. 다국적기업의 입지 결정에서 결정적인 요소는 시장의 크기나 성장성, 생산요소의 우수성과 가격, 전반적인 투자환경 등 경제적인 요소들이다. 환경규제를 준수하는 데 드는 비용이 총비용에서 차지하는 비중은 크지 않으며, 이러한 환경비용의 차이가 투자결정에 큰 영향을 미치지 못한다. 더욱이 다국적기업이 각 입지 국가의 환경기준에 따라 현지기업에 각각 다른 환경기준을 적용하는 것보다는 공통된 환경기준을 적용하는 것이 비용이 낮을 수도 있다. 이와 함께 다국적기업의 행동, 특히 환경문제와 관련한 행동이 세계 시민들에 의해 감시되고 있는 상황에서, 환경문제를 소홀히 하면 기업 이미지가 훼손되고 이는 세계시장에서 좋은 이미지 유지가 중요한 다국적기업에게는 특히 큰 위험이 될 수 있다는 것이다. 한편 다국적기업이 현지국의 낮은 환경기준을 이용하려 하기보다는 오히려 다국적기업의 우수한 환경관리 능력을 바탕으로 현지국에 환경보호 기술의 이전 등으로 현지국의 환경보호에 기여하는 사례도 적지 않다.

즉, 공해피난처의 가설은 몇몇 사례에 따른 가설일 뿐이며 다국적기업 전체에 일반적으로 적용될 수 있는 논리는 아니다. 따라서 외국기업 유치를 위해 각국이 환경기준을 낮추어 세계환경이 악화된다는 밑바닥을 향한 경쟁의 논리 역시 일반적으로 타당한 논리라고 볼 수는 없을 것이다.

노동기준과 관련한 밑바닥을 향한 경쟁 역시 같은 내용이다. 즉 다국적기업은 노동기준이 약한 국가에 입지하려고 하고, 이 때문에 외국인 투자유치를 원하는 개도국들이 경쟁적으로 노동조건을 약화시킬 수 있다는 것이다. 그러나 이 역시 다국적기업에 일반적으로 적용될 수 있는 논리는 아니다. 일부 개도국의 경우 외국인투자를 유치할 목적으로 특수한 지역, 예컨대 수출가공지역(EPZ) 등에 입주한 기업에서 파업 등과 같은 노동자의 권리를 제한하는 경우가 있기는 하다. 그러나 이런 일부 사례를 갖고 전체를 단정하는 것은 지나친 논리의 비약이라 할 수 있을 것이다. 그리고 앞에서 기업 철수와 관련하여 언급한 것처럼 다국적기업이 현지에서 국내기업들보다 더 높은 노동조건을 제공하는 경우도 많이 있는 것이다.

영국병, 빌리 엘리오트, 그리고 도시의 부활(2)

– 제3장에서 계속

몰락한 도시 뉴캐슬의 지금의 모습은 어떨까? 몇 년 전 KBS의 일요스페셜에서 방영된 다큐멘터리 '도시의 부활'에서는 이 도시의 변화하는 모습을 보여 주고 있다. 이 프로그램은 세계적 축구 스타, 쉬어러의 모습부터 보여 주고 있다. 이 지역 출신인 쉬어러가 고향을 떠난 후 10년 만에 세계적인 스타가 되어 이 지역의 프로 축구팀으로 돌아온 것이다. 한때 2부 리그로 떨어졌던 이 지역 축구팀은 쉬어러가 돌아온 후 1부 리그 우승까지 넘보고 있다. 축구장에는 열광하는 관중들로 가득하다. 뉴캐슬의 쇼핑가 노섬브리아 거리에도 사람들이 넘쳐 난다. 10년 만의 최대 호황을 맞고 있는 것이다. 70년대 한때 문을 닫았던 Tyne극장에도 사람들이 넘쳐 난다. 돌아온 젊은이들, 활기찬 도시의 밤, 이것이 지금 뉴캐슬의 모습이다. 도시가 부활한 것이다.

한때 몰락했던 이 도시는 어떻게 부활할 수 있었는가? 그것은 바로 외국기업의 적극적인 유치를 통해서 였다.

1985년 뉴캐슬 남부지역에 니산 자동차 공장을 유치한 것은 이후 이 지역의 발전 방향을 결정한 중요한 계기가 된다. 당시 니산 자동차 유치에 중요한 역할을 한 사람은 20여 년 간 이 지역 노조 지도자 역할을 한 죠 밀이라는 사람이었다. 당시 노조원의 실업문제라는 당면과제를 해결하기 위해 그는 외국기업의 유치라는 안을 내놓았고, 니산 자동차 유치를 위해 혼신의 힘을 기울였다. 정부에 압력을 통해 실업문제를 해결하려는 기존의 사고방식에서 탈피한 새로운 접근 방법이었다. 지역노조는 복수노조가 니산에 익숙지 않을 것이라는 점을 인식하고, 니산에 한 개의 노조만을 선택할 수 있는 권리도 주었다. 이러한 노조의 노력은 결국 3천여 명이 새로운 일자리를 얻는 결과로 나타났다.

그러나 니산 자동차의 유치는 노조의 힘만으로만 이루어진 것은 아니었다. 그것은 지방 정부, 의회, 기업가, 노조가 합심한 결과였고 그 산물로 나타난 것이 바로 북부투자개발공사(NDC)인 것이다. 발족 이후 10여년 간

NDC를 이끌고 있는 죤 브릿지는 이 지역 출신으로 미국에서 경제학 박사를 받은 유능한 인재였다. 그는 다른 곳에서 더 좋은 직업을 얻을 수 있었지만, 자기 주변의 고통받는 이웃의 문제를 해결하는 역할을 자임했다. 그는 이곳에 외국기업을 유치하면 경제재건의 기초를 이룰 수 있다는 이론적 근거를 제시했고, 그의 강력한 추진력하에서 NDC는 가장 성공적인 외국인투자 유치기구로 발전하게 되는 것이다.

이 프로그램에서는 뉴캐슬 남단 1시간 거리에 있는 윈야드에 삼성전자 공장을 유치하는 과정에서 있었던 다양한 일화를 소개하고 있다.

삼성전자가 진출 지역을 모색하고 있던중, 이 소식을 들은 지역 유지, 죤 홀은 자신의 저택, 런던 데리로 이건희 회장을 초대한다. 그리고 삼성 관계자들을 자신 소유의 축구팀 경기에 초대하기도 한다. 그리고 그는 공장부지 25만평을 시세의 1/10에 불과한 평당 5천 원에 제공한다. 거의 공짜인 셈이다.

영국 정부는 투자액의 30%를 지원하고, 고용 1인당 5천 파운드의 보조금을 제공하였다. 영국의 중앙정부가 240만 파운드의 지원금을 주는 절차는 상공부 차관이 공항에서 삼성관계자를 만나 수표 한 장 주고 사진 한 장 찍는 것이 다였다. 각종 인허가는 관련 구청 공무원들이 와서 1시간 내에 다 해결해 주었다.

그리고 우리에게 잘 알려진 것 처럼, 엘리자베스 여왕이 직접 윈야드 공장 준공식에 참석하여 영국에 투자해 준 삼성에 감사를 표시한다.

이 지역이 외국기업 유치를 통해 부활하게 된 것은 노조, 기업가, 공무원, 시민단체 모두가 뜻을 모은 결과였다. 죤 브릿지 NDC 대표는 다음과 같이 말하고 있다. "NDC의 뒤에는 많은 영역의 기관들이 좋은 결과를 이끌어 내려고 애쓴다. 누구는 땅을 내고, 누구는 공익시설, 기술훈련, 도로, 주재원의 사택, 자녀교육 등의 편의를 제공하는 것이다."

NDC의 출범 후 10년간 미국, 캐나다 등 북미지역 기업 140개, 일본, 한국 등 아시아 지역 기업 70개, 그리고 독일, 프랑스 등 유럽기업 170개를 유치한다. 기업 유치 총 446건, 투자액 총 74억 파운드, 고용창출 63,875명이 그 실적이다. NDC 출범 10주년 기념식에서 토니 블레어 총리는 다음과 같이 말하고 있다. “다양한 정치적 상황도 결과적으로 큰 상관이 되지 못했다. 이 지역 사람들은 직면한 현실문제를 원만하게 해결하기 위해 이데올로기에 관계없이 가장 좋은 방법을 택하자는 신념을 모았다.”

끝으로 이 프로그램은 다음 3인의 말로 정리하고 있다.

죠 밀(노조 지도자): 내 아버지는 많은 실업문제를 겪었다. 돈도, 희망도, 미래도 없는 생활 말이다. 나는 우리의 아이들이 그런 상황을 겪게 하고 싶지 않다. 그래서 우리는 협력을 택했다. 역사는 다시 쓸 수 없는 것이다. 과거를 향해 갈 수 없다. 미래를 향해야만 한다.

죤 홀(기업가): 오늘 나같은 사업가들이 변화하는 세계의 추세를 보고 지역에 지도력을 발휘하는 것은 정말 중요하다고 생각한다. 리더십은 지역 사람들의 갈 길과 미래를 제시해야 하는 것이다.

죤 브릿지(NDC 대표): 우리는 먼저 모든 사람들이 동의하는 한 가지 비전을 가져야 했다. 그것은 이 지역으로 외국기업의 투자를 유치하는 것이었다. 그것이 실현되면 우리는 이 지역의 경제를 되살릴 수 있는 것이다. 우리는 그렇게 했고 장기적인 계획이어야 했다.

오랜 기간 동안 영국병이라는 고통을 겪었던 영국, 이제는 산뜻한 영국의 모습으로 다가오고 있다. 영국이 영국병을 치유하고 부활할 수 있었던 데에는 외국인투자의 전략적 유치가 분명히 하나의 중요한 역할을 했음을 부인할 수 없을 것이다. 그리고 이러한 전략이 성공할 수 있었던 것은 외국기업의 유치라는 목표를 위해 모든 주체들이 단합할 수 있었기 때문이었다.

지금 영국은 세계에서 가장 투자환경이 좋은 나라의 하나로 손꼽히고 있다. 컨설팅 회사인 A.T.Kearney는 세계 1000대 기업들의 최고 의사결정자들을 대상으로 투자의향에 대한 조사를 매년 실시하고 있다. 이 조사에 따르면 영국은 이 조사가 시작된 98년 이래 유럽국가 중 항상 가장 높은 점수를 받고 있다.

저자는 지금 쓰고 있는 글의 내용을 갖고 학생들에게 일종의 특강을 하고 있다. 그리고 학생들에게 느낀 점을 이야기해 보라고 한다. 많은 학생들이 비디오를 보고 큰 감동을 받았다고 이야기한다. 특히 이해가 다른 주체들이 외국기업의 유치를 위해 단합하는 모습에 부러움을 표시하기도 한다.

명분도 중요하다. 민족정신도 좋다. 우리 기업에 대한 애정도 좋다. 그러나 빠르게 변화하는 세상에서 이런 것들에만 얽매여 있으면 상대적으로 후퇴할 수밖에 없다. 영국인들에게 이런 것들이 없겠는가? 한때 세계 최강의 국가로서 영국인들이 갖는 자존심은 우리 국민의 그것과 비교가 안될 정도로 높을 수도 있을 것이다. 이런 영국인들이 머리를 숙이고 외국기업의 유치를 위해 노력하는 이유는 무엇인가? 그것은 바로 실리를 추구하려는 정신 때문일 것이다.

국내 외국기업의 이윤 송금을 국부유출이라 주장할 수도 있을 것이다. 국내기업의 매각가격이 낮아 헐값매각이라고 주장할 수도 있을 것이다. 그러나 우리는 좀더 큰 시각을 갖고 보아야 한다. 외국기업이 국내에서 새롭게 창출하는 부를 보아야 한다. 외국기업에 인수된 국내기업의 자산가치가 높아지는 것을 보아야 한다. 이것은 국내에 존속하는 국부인 것이다. 경제통계에서 GNP의 개념이 사라지고 GDP의 개념이 이를 대체한 지는 이미 오래되었다. 그러나 여전히 우리의 사고 방식은 GNP적 사고에 머물러있지 않은가?

토니 블레어 영국총리가 한 말은 시사하는 비가 크다. "직면한 현실문제를 해결하기 위해 이데올로기에 관계없이 가장 좋은 방법을 택하자는 신념을 모으는 것"이 중요한 것이다. 외국인투자의 문제는 실사구시의 정신으로 접근해야 한다. 이를 자꾸 명분과 연결하고, 이데올로기와 연결하고, 애국심과 연결하고, 이러면 결코 단합된 모습을 보일 수 없다. 그리고 그 결과는 우리가 일할 자리를 중국인, 태국인, 인도인 등이 차지하는 모습일 것이다.

출처: 「외국인투자에 대한 올바른 이해」(2001, 대외경제정책연구원)

제 7 장
기술과 세계화

제1부에서 세계화의 추세를 설명하면서 제 1차 세계화 물결의 기술적 배경이 수송기술의 급속한 발전이라면 제 2차 세계화 물결의 기술적 배경은 정보통신기술의 급속한 발전이라고 했다. 본장에서는 이러한 정보통신기술의 발전이 세계경제에 미치는 영향에 대해 자세히 살펴보도록 한다.

이와 함께 본장에서 살펴보고자 하는 또 하나의 주제는 세계화의 한 측면이라 할 수 있는 지식과 기술의 국가간 확산에 관한 것이다. 국가간에 지식과 기술은 어떤 경로를 통해 확산되는가? 상품이동이나 자본이동과 같은 세계화의 다른 측면과 마찬가지로 지식과 기술의 국가간 이동도 심화되고 있는가? 그리고 지식과 기술의 확산이 세계경제에 미치는 영향은 무엇인가?

1. 정보통신기술의 발전과 그 영향

(1) 정보통신기술 발전의 추세

1970년대부터 미래학자들은 이른바 '제 3의 물결', '메가 트렌드', '탈(post)산업화 사회' 등으로 지칭하면서 정보통신의 급속한 발전에 의한 사회의 새로운 변화를 예측해 왔다. 그리고 1980년대 후반 이후 정보통신기술의 급속한 발전이 가시화되면서 이들의 예측은 상당히 현실화되고 있다.

우리는 지금의 시대를 흔히 정보통신혁명의 시대라고 부르고 있다. 과연 혁명이라고 하는 명칭을 부여할 수 있을 지는 좀더 시간이 흐른 뒤에 역사적인 평가가 필요하겠지만, 근래에 정보통신기술의 비약적인 발전이 이루어지고 있는 것은 분명하다고 하겠다. 그리고 이러한 기술의 발전으로 물리적인 거리가 갖는 의미는 과거에 비해 크게 쇠퇴하고 있는 것도 사실이다. 이른바 '거리의 소멸'(the death of distance)이라고 불리는 현상이 진행되고 있는 것이다.[1)]

정보통신기술의 발전 추세에 대해 간단히 살펴보자. 3대 정보통신기술이라 하면 전화, TV, 그리고 컴퓨터를 지칭한다. 1876년에 발명된 전화의 경우 이후 비약적인 기술발전이 있어 왔다. [그림 7-1]은 뉴욕과 런던간 3분 통화료의 하락 추세를 보여 주고 있다. 1930년대 무려 250달러(1990년 달러기준)에 달했던 비용은 이제 거의 0에 접근해가고 있다. 1980년대 이후 전화는 특히 두 가지 측면에서 중요한 혁신이 이루어지고 있다. 첫째는 장거리 전화 처리능력의 확대이다. 이는 새로운 광섬유 케이블 덕분이다. 1988년 약 4만회선의 용량을 갖춘 대서양 횡단 광섬유 케이블이 개통되었고, 이후 처리 용량이 급속히 확대되어 1990년대 중반에는 전체 용량의 30-35% 정도만 사용되는 공급과잉 상태에 이르고 있다. 두 번째 혁신은 이동통신 기술의 발전이다. 2차대전 직후 출현한 이동통신은 1980년

그림 7-1 3분 통화료(뉴욕-런던간) 하락 추세 (단위: 달러)

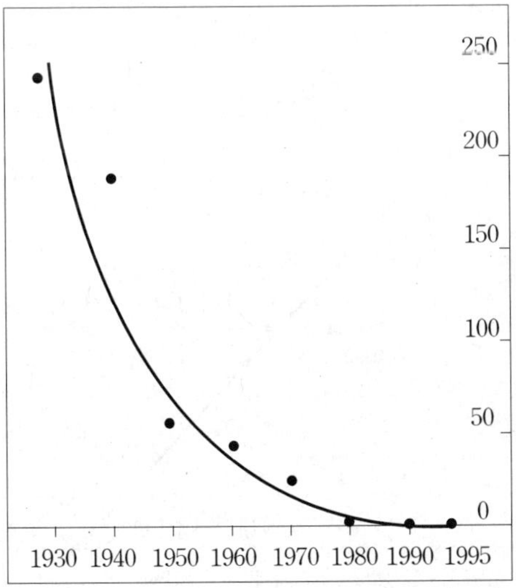

자료: Cairncross(1997)

1) Cairncross, 1997

대 초반 상업화되기 시작했고, 1990년대 들어 컴퓨터기술의 발전을 배경으로 사용이 보편화되면서 우리 생활을 변화시키는 주요 요소로서 등장하게 된 것이다.

2차대전 직후 세계에 TV 수상기를 보유하고 있는 가구는 약 8천만 가구 정도 였다. 1990년대 중반 전세계 가정의 2/3에 이르는 8억4천만 가구가 TV를 시청하고 있다. 근래 TV의 혁신은 통신위성의 발전에 따라 프로그램 전송률이 폭발적으로 증가하면서 세계 전역이 실시간대로 연결되고 있고, 케이블 TV의 보급에 따른 다채널 방송의 확대로 훨씬 광범위한 정보에 접근하게 되었다는 점을 들 수 있다. 또한 1990년대 중반 이후에는 정보 압축기술의 발전과 디지털 송신을 통해 과거의 TV에서 기대할 수 없었던 새로운 TV의 기능 들이 나타나고 있다.

무엇보다도 정보통신기술의 발전을 대표하는 것은 컴퓨터기술의 발전이라 할 수 있을 것이다. 컴퓨터기술의 발전은 이른바 '무어의 법칙'(Moore's Law)으로 대변된다. 이는 인텔의 공동설립자인 무어가 1965년에 예측했다는 것으로, 컴퓨터의 성능이 18-36개월마다 두 배씩 늘어날 것이라는 예측이다. 또한 많은 컴퓨터를 연결시키는 인터넷기술의 발전은 컴퓨터의 위력을 더욱 증대시켰다. 1990

그림 7-2 무어의 법칙

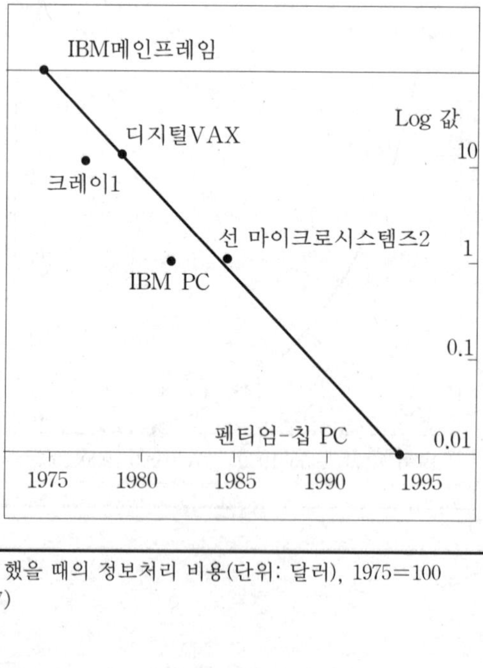

초당 1회작동 명령을 했을 때의 정보처리 비용(단위: 달러), 1975=100
출처: Caincross(1997)

그림 7-3 인터넷 호스트의 증가 추세

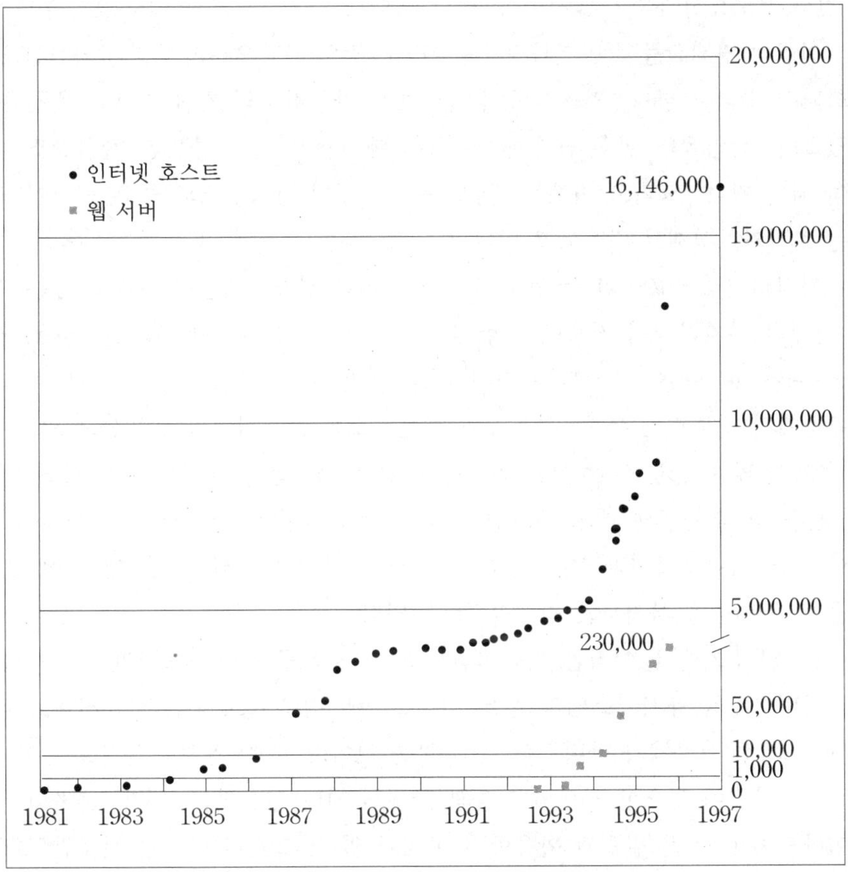

출처: Cairncross(1997)

년대 초반 World Wide Web의 등장으로 텍스트, 그래픽, 음성, 동영상의 전송 기능을 갖추게 되면서 인터넷은 새로운 대중통신수단으로 자리잡게 되었다. 이른바 전세계 정보고속도로가 구축되고 있는 것이다.

(2) 정보통신기술의 발전과 지식기반경제

말할 필요 없이 정보통신기술의 발전은 모든 분야에서 큰 변화를 이끌어내고 있다. 경제분야에서도 정보통신기술의 발전이 미치고 있는 영향은 실로 다양하다. 지식기반산업의 비중 확대라는 산업구조의 변화에 중요한 배경이 되고 있는 것도 정보통신기술의 발전이라 할 수 있다.

인류의 경제활동의 변천과정에서 가치창조의 수단으로서 중요시되었던 것은 변화되어 왔다고 한다. 일찍이 농경사회에서 가치창조의 가장 중요한 원천은 토지였으며, 산업혁명 이후 근대사회에서는 에너지가 가장 중요한 가치창조의 수단이 되어 왔다. 그리고 이제는 '정보'와 '지식'이 가치창조의 중요 원천이 되고 있는 지식기반경제로 전환되고 있다고들 말한다.

지식기반경제(Knowledge-based economy)란 경제주체들이 가지고 있는 지식이 경제적 부가가치의 창출에서 핵심적인 역할을 하는 경제, 즉 한마디로 지력(knowledge power)이 중시되는 경제라 할 수 있다. 그리고 지식기반산업이란 생산활동에서 노동과 자본 등 전통적인 생산요소외에 지식이라는 생산요소의 투입과 활용이 많은 산업을 말한다. 이러한 산업으로 보통 거론되는 것이 항공, 컴퓨터, 전자, 의약 등 하이테크 제조업, 그리고 통신서비스, 금융서비스, 사업서비스업 등 고급서비스업이라 할 수 있다. 따라서 지식기반경제는 이러한 지식기반산업들이 큰 비중을 차지하는 경제라 할 수 있다.

정보통신기술은 이러한 지식기반산업의 가장 중요한 인프라라 할 수 있다. 통신서비스나 금융서비스업과 같은 서비스업의 경우 정보통신망이 제대로 작동 못하면 그 산업 자체가 마비됨을 알고 있을 것이다. 또한 정보통신기술은 이러한 지식기반산업에 필요한 지식의 창출과 확대의 기반이라 할 수 있다. 혼자만의 지식이라고 하는 것은 발전과 활용에서 한계가 있다. 그러나 지식은 서로간의 교류를 통해 무한히 발전하고 활용이 확대될 수 있는 것이다. 그리고 이러한 지식의 교류를 가능하게 하는 것이 정보통신기술인 것이다.

우리는 정보통신기술의 발전이 세계화의 중요한 원동력이 되고 있음을 알고 있다. 그런데 역으로 세계화는 지식기반경제의 배경이 되고 있다고도 볼 수 있다. 지식기반산업은 거대한 자금이 소요되는 연구개발이 기초가 되는 산업이라 할 수 있다. 그런데 이러한 연구개발이 가능할 수 있는 것은 이러한 연구개발활동의 결과 창조된 제품에 대한 세계적인 규모의 시장이 존재하기 때문인 것이다. 세계화에 의해 통합된 세계시장이 지식기반산업의 존립기반이 되고 있는 것이다.

이러한 지식기반경제에서 나타나고 있는 재미있는 현상의 하나는 생산물이 점차 무형화되고 있다는 것이다. 미국의 GDP는 중량기준으로는 약 100여년 전과 같지만 가치로 계산하면 20배나 된다고 한다. 제품은 점점 더 많은 지식을 내장하고 있다. 세탁기는 정확히 물의 온도를 계산하는 소프트웨어를, 비디오 카세트 레코더는 타이머나 다른 기능을 제어하는 소프트웨어를 내장하고 있다. 무형의 투입물은 지금 자동차 가치의 70%를 차지한다고 한다(Cairncross, 1997). 토마스 프리드만이 언급하고 있는 바와 같이 이제는 '나라가 얼마나 가벼운가'가 강국의 기준이 되고 있는 것이다.

(3) 인터넷의 발전과 노동생산성 향상

1990년대 후반 미국은 매우 흥분된 분위기에 있었다. 4%가 넘는 높은 경제성장률, 2%대의 낮은 물가상승률이 계속되면서 미국경제에 대한 장미빛 미래가 보였기 때문이다. 미국경제가 인플레이션과 실업률간의 트레이드 오프(trade-off) 관계(즉 물가상승률이 높으면 실업률이 낮고, 물가상승률이 낮으면 실업률이 높은 관계), 그리고 호경기와 경기침체가 주기적으로 나타나는 경기순환에서 탈피하여, 인플레이션 없는 성장추세에 접어든 것이 아닌가 하는 것이었다.

이러한 당시 미국경제의 고성장-저물가 현상을 '신경제'(New Economy)라 불렀다. 그리고 이러한 신경제는 정보통신기술의 발전, 특히 인터넷의 발전에 따른 노동생산성의 향상이 배경이 되고 있다는 설명이 제시되었다. 따라서 신경제를 주창하는 측에서는 고성장이 노동생산성의 향상에 기초한 착실한 성장을 반영하는 것이기 때문에 경기과열을 염려한 경기진정책을 쓸 필요가 없다고 주장하였다. 또한 노동생산성의 향상에 기초한 경제성장세가 상당기간 지속될 것으로 전망하였다.

그러나 2000년 하반기부터 미국경제는 침체국면으로 접어 들었고 이후 침체세가 상당기간 지속되면서 신경제란 용어는 일단 자취를 감추게 되었다. 향후 미국경제에 90년대 후반기와 같은 현상이 다시 나타나면 신경제에 대한 논쟁은 다시 살아날지도 모른다.

그런데 신경제의 진위 여부를 떠나서 우리가 한 가지 관심을 갖고 보아야 할 사항은 정보통신기술, 특히 인터넷의 발전과 노동생산성간의 관계이다. 노동생산성은 매우 중요한 경제변수이다. 왜냐하면 노동생산성은 근로자의 실질임금수준, 즉 근로자의 생활수준에 직접적으로 영향을 미치는 변수이기 때문이다. 그러면 인터넷의 발전은 노동생산성의 향상에 어느 정도 영향을 미치고 있을까?

1970-80년대 컴퓨터의 도입과 사용이 확대되면서 경제학자들은 이에 따른 노동생산성의 상승이 나타날 것으로 기대하였다. 그러나 이러한 영향은 거의 나타나지 않았다. 1970년대 이후부터 1990년대 중반에 이르기까지 미국의 노동생산성 향상은 연평균 1.5% 미만의 낮은 상승률에서 벗어나지 못했다. 노벨경제학상 수상자인 Solow는 "우리는 생산성 통계를 제외한 모든 분야에서 컴퓨터 시대를 맞고 있다"는 표현으로 컴퓨터기술의 발전과 노동생산성 향상간에 기대했던 관계가 나타나지 않음을 의아해 했다.

1990년대 후반기 미국의 노동생산성은 연평균 2.7%라는 비약적인 상승이 나타났다. 그러면서 Solow를 당황하게 했던 '컴퓨터 역설'(computer paradox)을 설명하는 가설로서 인터넷 가설이라는 것이 제기되었다. 이는 컴퓨터기술의 발전과 생산성 향상을 연결하는 고리는 인터넷이며, 그동안 생산성 향상 효과가 나타나지 않은 것은 이러한 고리가 결여되어 있었기 때문이라는 것이다. 즉 90년대 후반 노동생산성 상승의 가장 중요한 원인을 인터넷의 발전에서 찾고 있는 것이다.[2)]

그러나 인터넷의 중요성을 강조하고 있는 이러한 가설에 대한 반박도 있다. 당시 노동생산성의 괄목할 만한 상승이 나타난 분야는 컴퓨터 제조업뿐이며, 전반적인 컴퓨터사용 산업에서 노동생산성의 향상은 미미했다는 것이다. 즉 컴퓨터 제조업 한 개 산업에서 나타난 노동생산성의 급상승이 마치 경제전반에서 노동생산성의 상승이 이루어지고 있는 것처럼 보였을 뿐이라는 것이다.

인터넷의 발전과 생산성 향상간의 관계는 분명히 존재한다고 볼 수 있을 것이다. 인터넷의 발전으로 기업의 재고관리 비용은 감소한다. 더욱 중요한 고리는 전자상거래를 통해 거래의 중간단계가 축소되는 효과에서 찾을 수 있을 것이다. 또한 기업경영에서도 중간관리층이 축소됨으로써 비용절감의 효과가 나타날 수 있을 것이다. 또한 더 나아가 지식집약산업에서는 지식에의 접근확대를 통한 간접적인 생산성 향상 효과도 존재할 것이다. 그러나 그 영향이 어느 정도인지에 대해서는 아직 평가하기 이르다고 할 수 있다. 인터넷이 보편적으로 사용된 것이

---

2) 또 다른 가설로서 확산가설(diffusion hypothesis)이라는 것도 있다. 이는 전동기 기술이 산업생산성의 괄목할 만한 상승으로 나타나기까지에는 수십 년간의 기술확산의 기간이 필요했던 것처럼, 컴퓨터기술도 충분한 기술확산의 기간이 필요했다는 것이다.

그렇게 오래되지 않은 만큼, 좀더 시간이 흐른 뒤에 그 영향의 정도를 보다 정확히 평가할 수 있을 것이다.

(4) 지식기반산업의 특성

우리가 지식기반산업의 특성으로서 지식기반산업은 전통산업과 달리 수확체감의 법칙이 적용되지 않는다는 점을 자주 거론한다. 수확체감의 법칙은 이미 설명한 바와 같이 생산량의 증가에 따라 생산단가가 증가하는 현상을 말한다. 그런데 지식기반산업의 경우 오히려 생산량의 증가에 따라 생산단가가 감소하는 현상, 즉 수확체증의 법칙이 나타나는 경향이 있다는 것이다.

수확체증의 법칙이 적용되는 것으로 보이는 대표적인 지식기반산업으로 정보통신산업을 들 수 있을 것이다. 미국의 산타페 연구소의 브라이언 아서 교수는 정보통신산업에서 수확체증의 법칙이 나타나는 이유로 높은 신제품 개발비용과 네트워크효과를 들고 있다. 예컨대 컴퓨터 소프트웨어는 막대한 연구비가 들어가지만 일단 개발되면 재생산에는 별로 비용이 들지 않는다. 따라서 생산량이 커질수록 초기비용을 희석시키는 효과로 인해 평균비용은 줄어들게 된다. 네트워크효과란 어떤 제품을 사용하는 사람들이 많으면 많을수록 그 제품에 대한 사용자수는 더욱 늘어난다는 것이다. 예를 들어 비디오 테이프가 초기에는 베타 방식과 VHS 방식의 두 가지가 있었지만(그리고 성능은 실제 베타방식이 더 좋았다고 한다), VHS 방식이 시장에 먼저 나왔고 대부분의 비디오 테입이 이 방식으로 제작되었다. 그 결과 소비자들은 호환성이 높은 VHS 방식을 택하였고, 베타방식은 시장에서 사라지게 되었다. 즉 제품을 선점하게 되면 호환성 등 여러 측면에서 편리한 네트워크 효과를 차지함으로써 그 제품이 사실상의 표준으로 굳어지게 된다는 것이다. 즉 네트워크효과, 또는 선점효과는 사용측면에 있어서의 수확체증 현상이라 볼 수 있을 것이다.[3]

수확체증의 법칙이 작용하는 경우 시장에서 독점현상이 나타날 수 있다. 생

3) 이러한 선점효과의 또 다른 대표적인 예로 쿼티의 문제(Qwerty Problem)라는 것이 있다. 쿼티란 컴퓨터 자판의 왼쪽 6개 키를 가리키는 말로 1873년 타자기가 탄생한 이래 130년 가까이 사용되고 있다. 그런데 이 자판이 인체공학적으로 비효율적이어서 1930년대 그 대안으로서 Dvorak 자판이라는 더 편리한 자판이 개발되었지만, 이는 오래지 않아 소멸되었다고 한다. 쿼티 자판에 익숙한 타이피스트들은 새로운 자판을 다시 익히려 하지 않았고 따라서 기업은 계속 이 자판을 사용했다. 그리고 새로 취직하려는 타이피스트들 역시 쿼티를 배울 수밖에 없었던 것이다.

산량을 증가시킬수록 생산단가가 줄어들기 때문에 기업들은 계속 생산량을 늘릴 것이다. 시장 공급량이 확대되면서 제품의 가격은 떨어지고, 경쟁력이 뒤떨어지는 기업들은 시장에서 퇴출될 것이다. 결국은 경쟁에서 승리한 어느 하나의 기업만이 시장에 남게 되고, 이 기업이 시장의 총수요량을 충족할 만큼의 대량생산을 하게 되는 독점상황이 나타날 수 있는 것이다. 그러면 어떤 기업이 살아남을 것인가? 보다 우수한 제품을 만드는 기업, 즉 경쟁력이 있는 기업일 것이라고 일단은 생각할 수 있다. 그러나 경우에 따라서 제품의 우수성보다는 누가 먼저 출발했는지가 결정적인 요소가 될 수도 있다. 앞에서 언급한 것처럼 선점효과가 큰 산업에서 이러한 경우가 나타날 수 있다. 이러한 경우 선점이라고 하는 초기의 작은 차이가 추후에 시장 지배와 같은 큰 차이로 나타나는 것이다. 이른바 초기의 상황이 향후 경로를 결정해 버리는 경로의존성(path-dependence) 현상인 것이다.

우리가 흔히 말하는 것 중에 세계화는 승자독식, 좀더 속된 말로는 승자싹슬이 사회라는 말이 있다. 이는 영어의 "winner takes all"이라는 말을 우리말로 번역한 것이다. 그리고 이 말이 의미하는 바는 세계화 시대에는 개인이든 기업이든 치열하게 경쟁을 하고 결국 이러한 경쟁에서 살아남는 자가 모든 것을 다 차지하고 경쟁에서 탈락한 자는 아무것도 얻지 못한다는 살벌한 의미이다. 얼핏 들으면 상당히 그럴싸하게 들리는 말이다. 왜냐하면 세계화하면 국경없이 모두 경쟁하는 그런 상황을 떠올리게 되기 때문이다. 그러나 경쟁을 한다고 해서 승자한 사람이 최종적으로 살아남는 그런 상황이 반드시 전개되는 것은 아니다. 수확체증의 현상이 나타나는 부문에서 승자독식의 가능성이 존재하는 것이다. 국경이라는 장벽이 매우 높은 경우에는 한 국가에 각각 하나의 최종 승자가 나타날 수 있다. 국경장벽이 전혀 없는 세계화의 상태에서는 전세계적으로 유일한 최종 승자가 나타날 수 있는 것이다.

전통적인 경제이론에서 가정하고 있는 것은 수확체감의 법칙이다. 이는 앞에서 언급했던 바와 같이 인류의 보편적인 경험에 근거한 경험적인 법칙이다. 이러한 수확체감의 법칙이 작용하는 한 승자독식의 상황은 일반적으로 나타나지 않는다. 왜냐하면 생산량을 늘일수록 제품의 생산 단가가 높아지고, 어느 수준을 넘어서부터는 생산량을 늘이면 이윤이 감소하는 상황이 나타나기 때문이다. 그리고 이러한 기업의 최적 생산량은 시장의 총수요량을 충족시키지 못하기 때문에 여러 기업들이 시장에 존재할 수 있게 되는 것이다. 수확체감의 법칙이 작용하는 산업에서도 치열한 경쟁은 존재한다. 그리고 이러한 경쟁 과정에서 경쟁력이 뒤떨어지는 많은 기업들이 시장에서 퇴출된다. 그러나 이러한 경쟁의 결과 살아남는 승자의 수는 하나가 아니라, 소수, 또는 다수, 또는 수많은 다수도 될 수 있는 것이다. 그리고 세계의 기업들이 국경없이 경쟁한다고 해서 승자의 총수가 반드시 줄어들 필요도 없는 것이다.

요컨대 승자독식의 논리는 세계화에 있는 것이 아니고 수확체증현상에 있는 것이다. 물론 수확체증의 성격을 비교적 강하게 지니고 있는 정보통신산업이나 여타 지식기반산업이 앞에서도 언급한 바와 같이 세계화를 배경으로 하고 있다는 점에서 세계화와 승자독식 현상간의 연결고리를 찾을 수도 있다. 그러나 이러한 고리 때문에 세계화를 승자독식의 사회라고 언급하는 것은 너무 과도한 표현이라 할 수 있을 것이다. 아마도 보다 적절한 표현은 “세계화는 승자에게 더 큰 혜택을 가져다 준다”라는 표현일 것이다. 그리고 이러한 승자는 수확체증의 현상이 지배하는 부문에서 경쟁에 이기는 기업만으로 생각할 필요는 없다. 개인이든 기업이든 국내시장에서 평가되는 가치보다 국내시장을 포함한 세계시장에서 평가되는 가치가 더 높은 주체들은 모두 세계화의 승자라 볼 수 있는 것이다.

통합된 세계시장에서 어떤 개인이나 기업의 가치는 이들에 대한 세계의 총수요와 총공급에 의해 결정될 것이다. 예컨대 어떤 특출한 재능을 가진 사람이 있다고 하자. 국내시장에서 평가되고 있는 이 사람의 가치는 10억이라고 하자(이는 이 사람의 소득으로 나타날 것이다). 시장이 세계시장으로 확대되면 이 사람에 대한 수요의 세계적 확대로 이 사람의 평가가치는 훨씬 높아질 것이다. 이러한 사람이 세계화 시대의 승자, 즉 세계화로 큰 혜택을 보는 사람이라 할 수 있는 것이다. 토마스 프리드만이 「렉서스와 올리브나무」에서 ‘승자독식’이라는 제목의 장에서 세계화 시대의 승자로 거론하고 있는 농구선수 마이클 조던의 경우라 할 수 있다. 마이클 조던과 같은 특별한 경우를 생각하지 않더라도 우리 주변에 세계화 시대에 그들의 가치가 높아지는 많은 사람 그리고 가업들을 보게 된다. 이들 모두가 세계화 시대의 승자인 것이다. 이들이 그들의 분야에서 다른 경쟁자들을 모두 물리치고 독식을 하는 것은 아니다. 단지 이들이 갖고 있는 무언가 뛰어난 능력 때문에 세계화된 시장에서 더 큰 혜택을 보고 있을 뿐인 것이다.

다시 수확체증의 문제로 되돌아가자. 경제에서 수확체증의 법칙이 적용되는 부분은 어느 정도일까? 브라이언 아서 교수는 현재 시장에는 첨단정보통신산업과 같은 수확체증의 부분과 전통적 대량생산공업과 같은 수확체감의 부분이 공존하고 있다고 주장한다. 거의 모든 공업에서 수확체증의 현상이 나타난다고 주장하는 학자도 있다. 그러나 이에 대한 확실한 답은 아직까지 없다. 첨단정보통신산업이라고 해서 반드시 수확체증의 법칙이 지배한다고 단정할 수도 없다. 그리고 전통적인 산업에서 적용되는 수확체감의 법칙도 어느 생산량 이상을 넘어서면 수확체감의 법칙이 적용됨을 말하고 있는 것이며, 그 이전까지의 생산량 수준에서는 수확체증의 법칙이 일반적으로 나타남을 부정하고 있지는 않은 것이다. 요컨대 어떤 산업은 수확제증, 어떤 산업은 수확체감, 이런식으로 양분하는 것은 적당치 않으며, 동일한 산업에서도 생산량 수준에 따라 수확체증과 수확체감이 모두 나타날 수 있는 것이다. 단지 정보통신산업의 경우 여타 산업에 비해 수확체증적 성격을 좀더 강하게 지니고 있다고 말할 수 있는 것이다.

그러면 수확체증의 성격을 강하게 지니고 있는 부문에서는 결국 세계시장에서 승자독식의 결과가 초래될 것인가? 그렇지는 않을 것이다. 왜냐하면 세계 각국은—특히 선진국일수록—독점을 규제하는 국내법규를 갖고 있기 때문이다. 독점기업의 시장 지배력 남용 등과 같은 부작용을 방지하기 위해 공정개래법 차원에서 독점에 대해 강력한 규제를 하고 있는 것이다. 물론 이러한 규제가 시장에서 다수 기업들의 존속을 유도하는 것은 아니며, 거대한 연구개발비용의 투하가 필요한 부문에서 다수의 기업들이 존재할 수도 없다. 결국 세계시장에서 매우 소수의 기업들만이 존재하는 과점적 시장이 형성될 수밖에 없는 것이다. 즉 승자독식은 아니더라도 승자들 독식 현상은 나타날 수 있는 것이다.

(5) 디지털 격차

정보통신기술의 발전에 대해 거론할 때 이와 더불어 항상 언급되는 것이 디지털 격차(digital divide)라고 하는 현상이다. 이는 개인간, 가계간, 세대간, 기업간, 그리고 국가간 등 다양한 레벨에 있어 정보통신기술에 대한 접근 정도에 분리(divide)라는 명칭을 붙일 정도로 상당한 차이가 존재함을 의미한다. 다시 말해서 최근의 정보통신기술의 발전이 가져다 주는 혜택은 상당한 편중성을 보이고 있다는 것이다.

그림 7-4 디지털 격차(인구 1000명당 인터넷 호스트수)

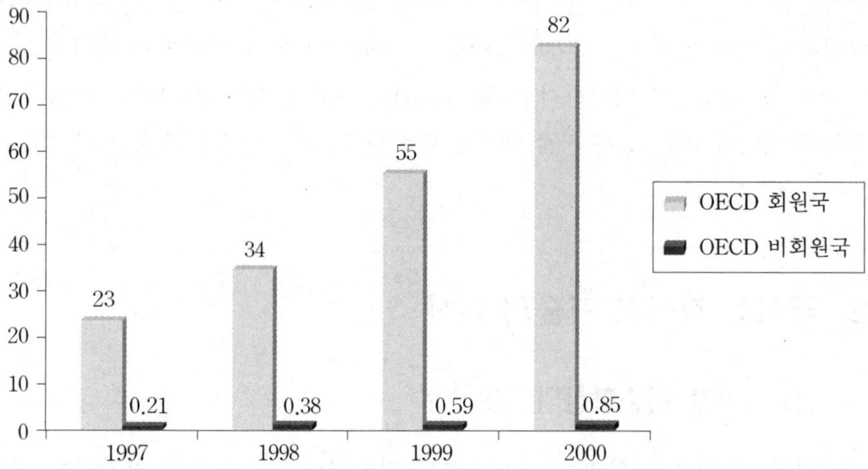

출처: OECD(2001)

디지털 격차는 사회 여러 측면에서 다양한 문제를 야기할 수 있다. 세계경제의 측면에서 디지털 격차가 특히 문제시되는 이유는 이것이 국가간에, 그리고 한 국가 내에서도 빈부 격차를 확대시키는 요소가 될 수 있기 때문이다. 정보통신기술에 대한 접근 정도에 영향을 주는 가장 중요한 변수는 소득과 교육수준이라 할 수 있다. 즉 소득과 교육수준이 높은 국가와 그렇지 못한 국가간에 디지털 격차가 존재하고, 소득과 교육수준이 높은 계층과 그렇지 못한 계층간에 역시 디지털 격차가 존재하는 것이다. 그런데 정보통신기술에의 접근은 바로 정보와 지식에의 접근을 의미하며, 생산요소로서 지식의 중요성이 증대하고 있는 상황에서 이는 바로 소득기회와 밀접히 연결되고 있다. 따라서 디지털 격차는 현재의 소득 격차 상태를 더욱 심화시키는 요소로서 작용할 수 있는 것이다.

[그림 7-4]에서는 디지털 격차의 가장 대표적인 측면으로 거론되는 인터넷 접근 정도에 대한 선진국과 여타 국가들간의 차이를 보여 주고 있다. 2000년 전세계의 인터넷 호스트 수는 9천4백만 개에 이르고 있는데, 이 중 95.6%가 29개의 OECD 회원국들에 있고 나머지 4.4%만이 OECD 비회원국가에 존재하고 있다. 그런데 OECD 비회원국에 있는 인터넷 호스트 중 대만, 싱가폴, 홍콩, 이스라엘, 중국이 52%를 차지하고 있고, 아르헨티나, 브라질, 말레이시아, 남아공이 24%를 점유하고 있다. 즉 OECD 회원국과 이들 9개 선진 개도국이 전세계 인터

넷 호스트의 99%를 차지하고 있는 것이다. 이들 국가들과 가장 심각한 디지털 격차를 보이고 있는 지역은 아프리카 지역으로 전세계 인터넷 호스트의 0.25%를 차지하고 있을 뿐이며, 이나마 남아공을 제외하면 여타 아프리카 국가들의 인터넷 접근정도는 거의 미미하다고 볼 수 있다. 이러한 디지털 격차 문제를 어떻게 극복할 것인가 하는 것은 지금 세계경제가 안고 있는 새로운 과제인 것이다.

2. 국가간 지식과 기술의 확산

(1) 국가간 기술확산의 경로

지식, 그리고 지식의 결정체로서의 기술이 생산과정에서 차지하는 역할이 최근에 크게 부각되고 있다. 그런데 지식이라고 하는 생산요소는 노동이나 자본과 같은 전통적인 생산요소와 구별되는 특성을 갖고 있다고 말한다. 노동이나 자본과 같은 유형의 생산요소는 어떤 기업이 이를 사용하고 있으면 동일한 생산요소를 다른기업은 사용할 수 없다. 즉 생산요소의 사용이라는 측면에서 경합성(rivalry)이라는 성격을 갖고 있는 것이다. 이에 반해 지식이라고 하는 무형의 생산요소는 사용에 있어 비경합적(non-rivalry)인 성격을 지니고 있다고 할 수 있다. 어떤 기업이 어떤 지식을 사용하고 있다고 해서 다른 기업이 동일한 지식을 사용하지 못하는 것이 아니다. 사회가 갖고 있는 어떤 지식의 풀이 있으면 이러한 지식의 풀에 많은 기업들이 동시에 접근할 수 있는 것이다. 이러한 측면에서 지식은 마치 공공재적인 성격을 지니고 있다고 말하기도 한다. 지식이 갖는 또 하나의 중요한 특성은 외부성(externality)이다. 어떤 기업이 새로운 지식을 창출해 냈다고 하자. 이러한 새로운 지식은 그 기업의 내부에만 머물러 있는 것이 아니라 다른 기업들에게도 전파된다. 새로운 제품이 개발되어 시장에 나오면 타 기업들은 이 제품을 면밀히 분석하여—즉 신제품에 내재되어 있는 지식을 흡수하여—이와 경쟁할 수 있는 제품들을 만들어내게 된다. 그리고 이와 같은 지식의 전파를 지식의 확산(knowledge diffusion)이라 부른다.

지식의 확산은 국경을 넘어 이루어진다. 미국에서 개발된 기술은 유럽으로 전파되고 유럽에서 개발된 기술은 미국으로 전파된다. 그러면 이러한 지식의 국경간 확산은 어떤 경로를 통해 이루어지는가? 여러 가지 경로가 있을 수 있을 것이다. 외국의 기업으로부터 필요한 기술을 사옴으로써 기술을 이전받을 수 있을 것이다. 외국의 두뇌를 유치함으로써 기술지식을 습득할 수도 있을 것이다. 또는 국내 기술진을 해외에 파견하여 기술지식을 습득하게 할 수도 있을 것이다. 이러한 경로는 모두 기술지식의 습득을 직접적인 목적으로 한 경로로서, 능동적인(active) 지식확산의 경로라 할 수 있을 것이다.

그러나 이러한 경로보다 더 중요한 의미를 지니는 것은 다른 경제활동의 결과로 지식의 이전이 수반되는 경우, 즉 수동적인(passive) 지식확산의 경로라 할 수 있다. 이러한 경로의 가장 대표적인 것이 무역과 직접투자이다. 우리는 앞장에서 외국인직접투자가 투자유치국에 미치는 긍정적인 효과로서 기술이전 효과가 있음을 설명한 바 있다. 그러면 무역은 어떻게 해서 지식이전의 경로가 되는가?

무역이 지식이전의 경로가 되는 것은 외국상품을 수입하는 경우 이는 상품만 들어오는 것이 아니라 그 상품에 내재되어 있는 기술적인 지식도 함께 들어오기 때문이다. 특히 중간재나 자본재의 수입이 그러하다고 볼 수 있다. 외국의 상품이 들어오면 국내기업들은 이 상품이 어떻게 만들어졌는지를 면밀히 검토할 것이다. 그리고 이러한 연구과정을 거쳐 외국상품을 모방하는 국내상품을 개발해 낼 수 있는 것이다. 즉 외국상품의 수입은 모방의 창구가 되는 것이다.

외국상품에 대한 모방을 통해 지식이 이전되는 사례를 우리는 쉽게 떠올릴 수 있을 것이다. 우리나라 영화의 경우를 생각해 보자. 지금은 우리나라 영화도 꽤 볼만하다고들 한다. 그리고 때로는 웬만한 외국영화보다 우리나라 영화가 잘 만들어졌다고도 말한다. 그러나 불과 얼마 전까지만 해도 이렇지 않았다. 우리나라 영화는 공짜로 보라고 해도 안 본다는 사람이 많았다. 그러면 우리 영화가 이렇게 발전할 수 있었던 이유는 무엇인가? 스크린 쿼터로 우리 영화를 보호해 주었기 때문인가? 그런 점도 있을 수 있을 것이다. 그러나 아마도 보다 중요한 이유는 외국영화, 특히 헐리웃 영화에 많이 접하고, 이러한 영화를 분석하고, 모방하고 한 데 있을 것이다. 우리나라의 대중 가요도 역시 비슷한 사례가 아닌가 한다.

그러면 혹시 이런 질문을 하는 사람이 있을 수도 있을 것이다. 굳이 수입만이 모방의 창구가 되는 것은 아니지 않은가? 어떤 사람이 해외에 여행하다가 국내에 없는 새로운 물건을 우연히 발견하고 이를 갖고 들어와 국내기업과 상의하여 이를 모방한 제품을 만들기로 했다고 하자. 물론 해외여행이라고 하는 것도 서비스의 수입이고, 해외에서 구입한 물건을 갖고 들어온 것도 수입행위다. 그러나 여기서 언급하려고 하는 것은 모방이라고 하는 것은 이런식으로 단발적으로 이루어질 수도 있겠지만, 대체로 상당한 수입을 배경으로 하여 이루어질 수 있다는 것이다. 왜 그런가? 모방을 해야겠다고 생각하는 사람 또는 기업들이 많이 있어야 한다. 모방을 시도해서 꼭 성공한다는 보장은 없기 때문에 많은 기업들이 이를 시도하고자 하는 상황이 필요하다. 또한 많은 기업들이 모방을 위한 연구를 할때 서로간에 지식이 확산되면서 더 빠른 시간 내에, 그리고 보다 완벽한 지식을 습득할 수도 있을 것이다. 또한 무엇보다도 상당량의 수입이 필요한 이유는 모방이 시도되기 위해서는 이 상품에 대한 충분한 국내시장의 형성이 사전에 필요하다는 것이다. 모방에도 상당한 비용이 수반된다. 그런데 이렇게 해서 출시된 상품에 대한 시장 수요가 별로 없다면 큰 손실을 보게 될 것이다. 불확실한 시장 수요하에서 모험을 하려 하지 않을 것이다. 그러나 외국상품에 대한 국내시장 수요가 이미 존재한다면 이러한 불확실성은 상당히 줄어들고 모방의 동기도 커질 것이다.

국가간의 지식의 확산 정도를 계량화하기는 매우 어렵다. 특히 수입과 같은 간접적인 경로를 통한 경우는 더욱 그러하다. 그래서 국가간 지식확산에 관한 최근의 계량적 연구들은 간접적인 지표로서 수입액/GDP라는 지표를 많이 사용하고 있다. 즉 어떤 나라의 수입비중이 높을수록 이 나라가 외국으로부터 이전되는 지식도 많은 것으로 본다는 것이다. 앞의 모방과정에 대한 설명이 이 지표에 대해 어느 정도의 논리를 제공한다고 볼 수 있을 것이다.

(2) 선·후진국간 기술이전과 국제무역

반드시 그런 것은 아니지만 기술이전(technology transfer)이라 함은 보통 선진국에서 후진국으로 기술이 이전되는 것을 지칭한다. 이러한 선·후진국간 기술이전과 선·후진국간 무역패턴을 동시에 설명하는 오래된 이론으로서 Vernon (1966)의 상품수명주기론(product life-cycle theory)이라는 것이 있다.

이 이론에 따르면 상품은 신상품 단계—성숙상품의 단계—표준상품의 단계라는 3단계를 거친다는 것이다. 신상품 단계는 상품이 개발되고 시장에 도입되는 단계이다. 상품의 개발은 최선진국(Vernon은 당시 이를 미국이라 하였다)에서 기술혁신에 의해 이루어지며, 상품의 생산과 소비도 이 선진국 시장을 벗어나지 못한다. 시간이 흐르면 이 상품을 대량생산할 수 있는 기술적 기반이 마련된다. 수요 측면에서도 이 상품에 대한 수요가 확대되며, 후발선진국에서도 이 상품에 대한 수요가 발생하고 증가한다. 이에 따라 최선진국으로부터 후발선진국으로 이 상품의 수출이 이루어진다. 시간이 지나면서 후발선진국 기업들은 수입상품을 모방한 국내상품을 생산하게 된다. 그러나 국내수요를 충분히 충족할 만한 생산은 하지 못하며 최선진국으로부터의 수입이 계속된다. 이 단계를 성숙상품의 단계라 한다. 그리고 이 단계의 후반부쯤에서는 후진국에서도 이 상품에 대한 수요가 발생하면서 최선진국으로부터의 수입이 이루어지게 된다.

시간이 더 흐르면 이 상품을 만드는 생산기술은 이제 후진국 기업들도 접근할 수 있을 정도의 표준화된 기술이 된다. 후진국에서는 저렴한 노동력과 표준화된 기술을 결합하여 생산량이 크게 증가한다. 반면 선진국들에서는 이 상품의 생산에 경쟁력을 잃게 되고 이제 역으로 후진국으로부터 상품을 수입하게 된다. 이 단계를 표준화상품의 단계라 한다.

즉, 이 이론에서 언급하고 있는 것은 신제품의 개발을 가져오는 기술의 혁신은 최선진국에서 이루어지고, 이러한 기술이 시간이 지나면서 후발선진국, 그리고 후진국으로 이전된다는 것이다. 기술이전의 중요한 경로는 수입을 통한 모방효과라 할 수 있다. 그리고 기술은 이전되면서 이전된 국가의 상황에 맞게 진화하게 된다. 상품이 개발되는 최선진국은 자본이 풍부한 국가이기 때문에 자본집약적인 방식의 기술이 도입된다. 그러나 후발선진국, 그리고 후진국으로 이전되면서 보다 노동집약적인 기술로서 변화하게 된다.

이 사이클은 일회성으로 끝나는 것이 아니라 계속된다. 즉 최선진국에서 새로운 기술혁신이 또 일어나고 이 과정이 또 반복되는 것이다. 이 모델은 세계경제의 거대한 동학(dynamics)모델이라 할 수 있다. 그런데 이러한 동학을 이끄는 원동력, 즉 기관차와 같은 역할을 하는 것은 최선진국에서의 기술혁신이다. 만일 최선진국에서의 기술혁신이 멈추어 버리면 세계경제라는 열차 모두가 멈추어 버리는 것이다.

그런데 흥미 있는 것은 서구 학자들에게는 잘 알려지지 않았지만 이와 유사한 이론이 1930년대에 이미 일본의 학자에 의해 만들어졌다는 것이다. 즉 Akamatsu(1932)의 안행모델(flying geese model)이라는 것이 그것이다. 이는 일

그림 7-5 상품수명주기 모델

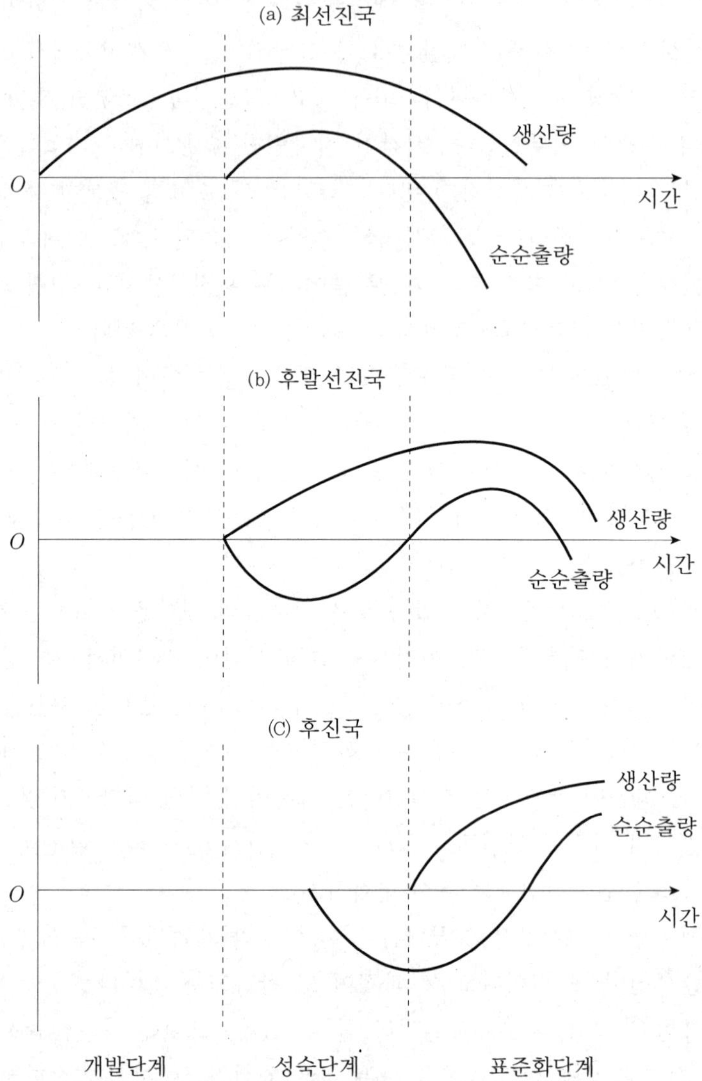

본경제의 발전과정 경험을 바탕으로 한 것으로 그 내용을 간단히 소개하면 다음과 같다. 선진국이 경쟁력 있는 제품을 후진국에 수출한다. 이에 따라 경쟁력이 없는 후진국의 생산자들은 국내시장에서 축출된다(이를 국내생산자의 빈곤화 단계라 한다). 그러나 시간이 지나면서 국내생산자들의 반격이 시작된다. 국내생산자들이 수입품에 대한 모방을 통해 기술을 습득하고, 정부의 지원 및 보호정책의 도움을 받아 생산을 확대하면서 수입품을 국내시장에서 축출하기 시작한다. 시간이 더 지나면 이 제품의 생산산업이 선진국에서 경쟁력을 잃고 사양화된다(이를 선진국 생산업자의 빈곤화 단계라 한다).

수입을 통한 기술의 이전(즉, 국내생산자의 기술모방)을 강조하고, 이를 통한 산업 비교우위의 국가간 순환(즉, 선진국에서 후진국으로의 산업 이전)을 설명하고 있다는 점에서 Vernon의 상품수명주기 이론과 흡사하다. 그러나 한 가지 중요한 차이점이 있다. Vernon의 모델이 기본적으로 최선진국의 시각에서 논리를 풀어가고 있다면, Akamatsu의 모델은 후발국의 시각에서 논리를 전개하고 있다는 것이다. Vernon의 모델에서 이야기의 시작이자 최대 강조점은 최선진국에서의 기술혁신이라 할 수 있다. 이에 반해 Akamatsu의 모델에서 이야기는 후진국이 선진국으로부터 상품을 수입하는 데서부터 시작되며, 가장 강조하는 점은 모방과 경쟁(즉 국내생산품과 수입제품간에), 그리고 이를 통한 후진국의 선진국 따라잡기(catch-up)라 할 수 있다.

여하튼 이 두 개의 모델 모두에서 수입이 기술이전의 중요 경로라는 점을 강조하고 있는 것은 서로 통한다고 할 수 있을 것이다.

(3) 세계화 시대의 세계지도

콜럼비아 대학의 제퍼리 삭스 교수는 세계화 시대에서 세계는 이념이 아니라 기술에 의해 3개 지역으로 나누어지고 있다고 설명하고 있다. 즉 새로운 기술을 창조해내는 기술혁신지역(technological innovators), 그리고 이러한 기술을 흡수할 수 있는 기술수용지역(technological adopters), 그리고 기술혁신은 물론 외국기술의 수용조차도 못하는 기술소외지역(technological excluders)의 3개 지역으로 구분된 세계지도를 그리고 있다. 기술혁신지역은 인구 백만명당 특허출원수가 10개 이상인 지역, 기술수용국은 하이테크 제품의 수출규모가 GDP의 최소 2% 이상인 지역으로 설정하고 있다. 이러한 구분에 따를때 인구상으로 보면 전세계 인구의 15% 가량이 기술혁신지역에, 약 50% 정도가 기술수용지역에, 그리고 나머지인 지구상 인구의 1/3 정도가 기술소외지역에 거주하고 있다고 보고 있다.

그가 그리고 있는 세계의 기술지도에서 지역의 구분은 반드시 국가의 국경

그림 7-6 세계화 시대의 기술지도

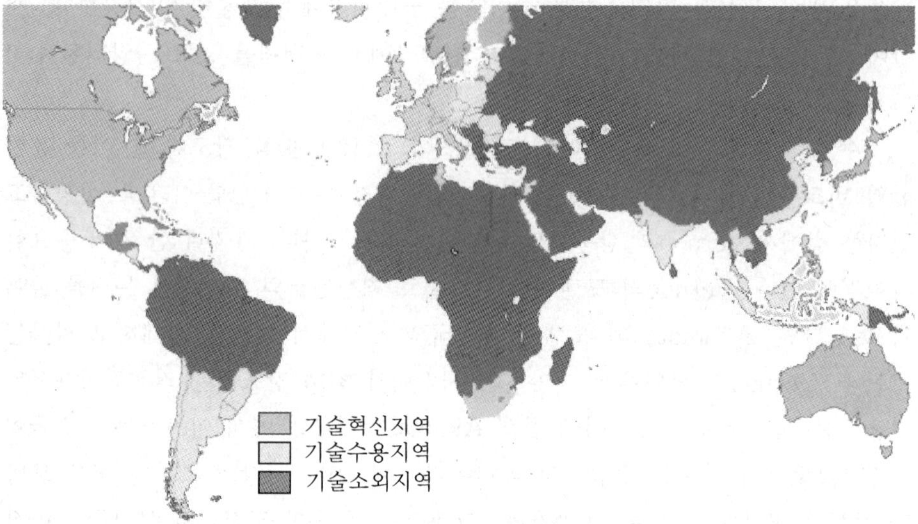

자료: Sachs(2000)

과 일치하지는 않느다. 예컨대 중국의 해안지역은 기술수용지역으로 분류하고 있지만 내륙 깊숙한 지역은 기술소외지역으로 분류하고 있다. 또한 멕시코의 남부지역 역시 기술소외지역으로 분류하고 있다. 구소련의 경우 유럽과 동아시아 시장에 근접해 있는 지역만을 기술수용지역으로 분류하고 있다. 기술적 지역의 변경(boundary)은 고착되어 있는 것은 물론 아니다. 시간이 지남에 따라 변화할 수도 있다. 예컨대 우리나라, 대만, 이스라엘은 기술수용지역을 졸업하고 기술혁신지역에 들어선 것으로 보고 있다.

삭스 교수가 관심을 보이는 지역은 기술소외지역이다. 왜 이들 지역은 지식과 기술의 확산에서 소외되어 있으며, 이러한 기술적 소외가 미치는 영향은 무엇인가? 외국의 선진 지식과 기술을 수용할 수 있기 위해서는 어느 정도의 흡수능력이 필요하다는 것은 이미 잘 알려진 사실이다. 예컨대 국민의 교육수준이라든지, 과학 · 기술과 관련된 인프라 등 기초적 여건이 필요하다는 것이다. 그런데 삭스 교수가 강조하고 있는 점은 이러한 이유가 아니라 지리적 문제이다. 즉 선진 기술을 잘 흡수하고 있는 지역을 보면 선진국 시장에 인접해 있거나 주요 해양수송노선에 위치하고 있다는 것이다. 멕시코, 헝가리, 폴란드, EU의 인접국,

중국의 해안지역, 싱가폴, 홍콩, 동남아 항구도시, 남인도의 해안지역에는 선진 지식과 기술이 확산되고 있지만, 안데스 산맥 국가들과 같은 오지, 중앙아시아 국가들과 같이 육지에 둘러싸인 지역, 중국의 내륙이나 북부 인도처럼 항구에서 멀리 떨어진 지역에는 선진지식과 기술이 흘러들어가지 않는다는 것이다.

지식과 기술의 확산에 있어 지리적 요소가 미치는 영향에 대해 최근의 한 논문은 흥미있는 수치를 제시하고 있다.[4] 선진국들 서로간의 기술확산 정도에 있어서도 거리가 중요한 요소가 되고 있다는 것이다. 즉 기술을 창조한 국가에 근접한 국가일수록 기술확산의 정도가 크다는 것이다. 그리고 확산정도가 반감되는 거리는 약 1,200km라는 구체적인 수치를 제시하고 있다.

이와 같이 지리적인 요인이 기술확산에 영향을 미치는 것은 여러 가지 측면에서 설명될 수 있을 것이다. 기술확산의 중요 경로인 무역과 직접투자에 있어 거리가 중요한 요소가 된다는 점을 우선 생각해 볼 수 있을 것이다. 두 국가간에 지리적 거리가 짧을수록 서로간의 교역규모가 크다는 사실은 잘 알려진 사실이다.[5] 또한 직접투자의 경우에 있어서도, 특히 생산거점형 투자의 경우 인접한 국가에 투자하는 경향이 있다(예컨대, 미국은 중남미지역에, 일본은 동남아지역에 등등). 또한 오지나 내륙지역의 경우 정보통신에의 접근이 떨어진다는 점도 분명히 영향을 미칠 것이다. 그리고 지리적 요소와 반드시 연결되어 있다고 볼 수는 없겠지만, 같은 언어를 사용하는 국가간에 기술확산의 정도가 크다는 사실도 고려될 수 있을 것이다.[6] 기술소외지역은 대부분 비영어권인 것이다.

그러면 이러한 기술소외가 미치는 영향은 무엇인가? 특별한 조치가 없는 한 이들 기술소외지역은 빈곤에서 벗어나기 어려우며, 타 지역과의 상대적 격차가 더욱 확대될 것이라는 것이다. 지식과 기술은 자기 확대적인 성격이 강하다고 말한다. 즉 기존의 지식을 바탕으로 새로운 지식이 계속 창출되는 것이다. 따라서 처음에 두 국가간에 존재하는 지식과 기술의 차이가 시간이 지남에 따라 계속 확대될 수 있다(앞에서 언급한 경로의존성 현상이다). 그리고 한 국가의 기술수준은 근

4) Keller(2002)

5) 국제무역이론 중에 중력모델(gravity model)이라는 것이 있다. 두 국가간에 교역규모는 양국의 GDP의 곱에 비례하고 양국간의 거리에 반비례한다는 것이다.

6) Keller(2001)에 따르면 어떤 언어를 사용하느냐 하는 것이 기술확산 정도에 큰 영향을 미친다는 것이다. 예컨대 스페인의 영어사용인구 비율은 17% 정도인데, 그 비율이 네덜란드 수준(약 77%)으로 오르면 영어권 국가로부터 스페인에의 기술확산 정도는 약 15% 증가할 것이라는 추정치를 제시하고 있다.

로자의 생산성을 결정하는 가장 중요한 요소이며, 근로자의 생산성은 바로 근로자의 소득과 생활수준으로 직결된다. 따라서 지식과 기술의 경로의존적 측면은 시간이 지남에 따라 국가간의 생활수준의 차이를 더욱 확대시킬 것이라는 것이다.

그리고 이러한 국가간의 상대적 격차 확대라는 문제를 해결할 수 있는 방법은 결국 기술의 확산에 있다고 할 수 있다. 기술확산의 정도가 클수록 국가간의 소득 격차는 줄어들 것이다. 문제는 기술소외지역이다. 이 지역에 기술확산이 이루어지지 않는 한 이 지역의 생활수준은 상대적으로 계속 떨어질 뿐만 아니라 절대적인 생활수준의 개선도 어렵다는 것이다. 세계화의 혜택에서 소외된 이 지역의 문제는 현재 세계경제가 안고 있는 중요한 해결과제인 것이다. 이 문제에 대해서는 제3부에서 보다 자세히 살펴보기로 한다.

(4) 지적재산권 보호와 기술확산

지식이나 기술의 확산을 받는 쪽에서는 분명히 혜택이지만, 자신의 지식이나 기술이 확산되는 것은 반드시 달가운 것은 아닐 것이다. 특히 기업의 경우는 그러할 것이다. 새로운 기술을 개발하는 데 적지 않은 시간과 비용을 투입하였는데, 이러한 기술이 외부, 특히 경쟁기업들에 쉽게 확산된다면 기술개발의 의욕을 상실해 버릴 것이다.

지적재산권(Intellectual Property Rights)이란 산업 · 과학적인 발명과 문예적 창작 등 인간의 창의적인 정신활동의 결과인 지적재산물에 대한 소유권을 말한다. 그리고 지적재산권의 보호란 이러한 지적재산물에 대해 배타적인 소유권을 보장해 주는 것을 말한다. 즉 지적재산권의 소유자에게 이에 따르는 독점적인 경제적 이익을 보장받을 수 있게 해 주는 것이다. 이것도 분명히 독점은 독점이므로 독점에 따르는 폐단이 존재할 수 있을 것이다. 그러나 독점을 야기시킨다는 이유로 지적재산물에 대해 배타적 소유권을 보장해 주지 않는다면 아무도 외부확산성이 큰 지적재산물의 창출을 위한 노력을 경주하지 않을 것이다. 따라서 보다 장기적인 측면에서 사회후생의 극대화를 위해서는 지적재산권의 보호가 필요한 것이다.

지식과 기술의 확산이라고 하는 측면에서 볼 때, 지적재산권의 보호는 지식과 기술의 확산을 저해하는 요소가 된다고도 볼 수 있을 것이다. 그러나 그 반대의 측면도 있다. 지적재산물의 내용을 공공의 영역(public domain)에 발표되도록 함으로써, 이를 기반으로 새로운 지식과 기술이 창조될 수 있도록 하는 중요한 역할도 갖고 있는 것이다.[7] 만일 지적재산권 보호장치가 없다면 기업은 그들의 개발기술을 어떻게 해서든지 기밀로 유지하려고 할 것이고 이는 오히려 기술의 확산을 더디게 할 수도 있을 것이다.

또한 지적재산권 보호가 아무리 치밀하다 해도 완전한 보호는 사실상 불가능하다. 기술에 관한 정보는 필연적으로 유출될 수밖에 없다. 노벨경제학상 수상자인 Arrow가 일찍이(1962) 언급한 것처럼, “법률적인 보호로는 정보와 같은 무형물을 완전히 사유화할 수 있는 상품으로 만들기 어려운 것이다.” 우리가 앞에서 기술이전의 중요경로로 설명했던 모방의 경우를 생각해 보자. 어떤 기업이 새로운 화학섬유를 발명하여 특허를 얻었다고 하자. 이를 완전히 복제하는 형태의 모방은 불법이다. 그러나 화학물질의 다른 조합을 통해 유사한 특성을 지닌 섬유를 개발해 낼 수도 있다. 이러한 유사한 변종의 개발을 포함한 불완전 복제 역시 모방이지만, 이는 사안에 따라(즉 어느 정도 실질적 유사성을 갖는가에 따라) 특허법에 위반될 수 있고 허용될 수도 있다. 특허와 모방간의 관계에 대한 연구결과들이 제시하고 있는 결론은 특허가 모방을 완전히 봉쇄할 수는 없다는 것이다. 그러나 특허가 모방의 비용과 시간을 어느 정도 증가시킴으로써 기술보호의 효과를 지닌다는 것이다.[8]

지적재산권 보호의 문제는 선진국과 개도국간에 첨예하게 대립하고 있는 이슈 중의 하나라 할 수 있다. 지식과 기술의 창조국이라 할 수 있는 선진국의 경우 당연히 지적재산권 보호의 강화를 요구하고 있고, 선진국의 지식과 기술을 흡수하는 위치에 있는 개도국의 경우 지적재산물의 공공재적 성격을 강조하면서 이러한 압력을 피해나가려 하고 있는 것이다. 우스개 소리인지 모르겠지만 중국은 그들의 3대 발명품인 나침반, 화약, 종이에 대해 지적재산권 보호를 하라고 한

---

7) 지적재산권은 특허권, 실용신안권, 의장권, 상표권 등의 산업재산권, 저작권, 그리고 산업저작권(컴퓨터 프로그램권 등), 정보재산권 등의 신지적재산권으로 분류된다. 경제적 측면에서 가장 중요한 의미를 지니는 대표적인 지적재산권은 특허권(patent)이라 할 수 있는데, 이는 새로운 산업적 발명에 대해 발명자가 일정기간 동안 이 발명에 대한 독점권을 갖는 것을 말한다. 그런데 특허제도는 발명에 대해 배타권을 부여하는 대신에 그 발명내용을 공개하여 산업발전에 기여하도록 하는 데 목적을 두고 있는 것이다.

8) Levin(1981)의 연구결과에 의하면 의약품의 경우 약 40%, 화학품은 약 30%, 반도체, 컴퓨터, 통신장비의 경우 약 7-15%의 특허에 따른 모방비용의 증가가 있다고 한다.

적이 없는데, 왜 미국은 이제 와서 자국 지적물을 보호하라고 요구하느냐고 반박한다고도 한다.

우리는 이와 같은 선진국과 개도국간의 쟁점을 어떻게 보아야 할 것인가? 우리도 불과 얼마 전까지만 해도 미국으로부터 지재권 보호의 압력을 크게 받았던 전과가 있는 나라로서 개도국의 입장을 지지해야 할 것인가?[9] 우리는 모든 문제에서 약자를 배려해 주는 따뜻한 마음이 너무 강한 민족이라서 통상문제에서도 약자인 개도국의 입장에 끌리는 경향이 있다. 그러나 다른 문제도 그렇지만 이제는 가슴보다 머리를 통해 보아야 한다. 세계화되고 있는 세상에서 지적재산권 보호 역시 세계화되지 않으면 우리의 미래 생활수준이 어떻게 되겠는가? 더 편리하고 우수한 제품이 많이 그리고 빨리 나오기를 기대할 수 있겠는가? 더욱이 삭스 교수가 언급한 바에 따르면 우리나라도 이제는 기술수용국이 아니라 기술혁신국이라 하지 않는가? 이제는 우리도 다른 나라에 우리의 지적재산권 보호를 요구할 수준이 되었다는 것이다. 그리고 우리가 이러한 요구를 하기 위해서는 먼저 우리 스스로 지적재산권 보호의 가치를 알아야 하는 것이다. 본서의 맨뒤에 어떤 글이 있는가? 본서의 무단복제행위를 금합니다.

9) 미국의 무역대표부(USTR)는 지적재산권에 대한 침해 정도가 큰 국가들을 '우선협상대상국', '우선감시대상국', '감시대상국' 등으로 분류하고 있다. 우리나라는 그동안 주로 '우선감시대상국'에 포함되어 왔는데, 2002년 부터는 '감시대상국'으로 격상되었다.

제 3 부 세계화와 소득분배

제 8 장 세계의 빈곤과 세계화

제 9 장 세계화와 국가간 소득격차

제10장 세계화와 국내 소득격차

제2부 세계화의 논리에서 중심적인 주제가 된 것은 세계화가 세계 전체의 후생, 그리고 세계화에 참여하는 개개 국가의 후생을 증대시킨다는 것이었다. 다시 말해서 세계화에 의해 더 큰 파이가 만들어지고 각 국가에 돌아가는 몫 역시 더 커진다는 것이다. 이는 세계의 자원을 보다 효율적으로 사용한 데 따르는 혜택인 것이다. 그런데 우리가 세계의 후생, 그리고 각 국가의 사회적 후생의 문제를 생각할 때 파이의 크기 외에도 고려해야 할 사항이 있다. 즉 파이의 분배 문제이다. 세계 전체 파이의 크기는 커졌다 해도 각 국가에 돌아가는 몫의 차이가 더 커진다면 세계의 후생이 증가했다고 말하는데 다소 주저하지 않을 수 없을 것이다. 비록 자국에 돌아온 몫이 늘었다고는 해도 더 큰 몫을 차지한 다른 국가들을 본다면 상대적 박탈감을 느낄 것이다. 한 국가의 경우도 마찬가지다. 세계화의 결과로 더 큰 파이를 얻기는 했지만 국가 구성원들간의 분배가 더 불평등해졌다면 이 사회의 후생 수준이 높아졌다고 단정하기에 다소 꺼림직한 점이 있을 것이다.

일단은 파이의 절대적인 크기가 중요함은 말할 필요가 없다. 파이의 크기가 커지지 않고서는 세계 시민의 절대적인 생활 수준의 향상을 생각할 수 없다. 그러나 파이의 크기를 크게 한 결과로 파이의 분배가 더 불평등해진다면 이는 파이의 크기가 커졌다는 혜택을 부분적으로 손상시키는 요소가 될 것이다.

지금 진행되고 있는 세계화의 내용 중에서 특히 관심의 대상이 되고 있는 것은 분배와 관련된 측면이라 할 수 있다. 세계화가 파이의 크기를 크게 한다, 즉 세계화의 효율성의 논리에 대해서 부정하는 목소리는 이제 별로 없다. 그러나 분배의 측면에서 세계화가 세계의 불평등을 더 심화시킨다는 목소리는 여전히 강하다. 국가간의 불평등, 그리고 한 국가 내에서도 계층간의 불평등이 심화되고 있고, 이러한 불평등 심화의 주 요인이 세계화라고 비판하는 주장들을 들어 보았을 것이다

제3부에서는 세계화와 분배의 문제에 대해 살펴보도록 한다. 즉 제2부가 주로 세계화의 효율성의 논리에 대한 것이었다면, 제3부는 세계화의 형평성의 논리에 대한 것이라 할 수 있을 것이다. 효율과 형평은 모든 사회 문제를 분석함에 있어 적용되는 두 개의 중요한 가치라 할 수 있다. 그리고 많은 경우에 있어 이 두 개의 가치 추구가 상충되는 경우가 나타나곤 한다. 즉 효율의 가치를 추구하다 보면 형평이 손상되고, 형평을 추구하다 보면 효율에 문제가 생기는 경우가 있다. 이러한 효율과 형평의 문제가 세계화에도 내재되어 있는가?

제 8 장
세계의 빈곤과 세계화

세계의 불평등 문제를 살펴보기에 앞서 먼저 세계의 빈곤문제를 보도록 하자. 여기서 빈곤(poverty)이란 어떤 절대적인 수준에 못미치는 생활수준의 상태, 즉 절대적인 빈곤(absolute poverty)을 말한다. 이에 대해 불평등은 상대적인 빈곤(relative poverty)이라 부른다.

절대적인 빈곤은 상대적 빈곤보다 훨씬 중요한 문제임은 말할 필요가 없다. 이는 인간으로서의 인간다운 삶에 관한 문제이기 때문이다. 우리는 일찍이 인류가 경험하지 못한 풍요의 시대에 살고 있다고 말한다. 그러나 이러한 풍요의 이면에는 여전히 절대적인 빈곤상태에서 빠져나오지 못하고 있는 세계시민들이 있다. 이른바 '부유해진 세계의 가난한 사람들'의 문제이다. 세계은행(World Bank)이 인류가 해결해야 할 최대의 과제를 세계빈곤의 퇴치에 두고 있는 것도 이러한 이유 때문이다.

세계화에 대해 극히 비판적인 시각에서는 세계화가 비단 세계의 불평등뿐만 아니라 절대적인 빈곤문제 역시 심화시키고 있다고 주장하기도 한다. 본장에서는 세계화와 세계 빈곤문제간에는 어떤 관계가 있는가에 대해 살펴보기로 하자.

1. 세계빈곤의 추세 및 현황

어느 정도의 생활수준에 못미치는 것이 빈곤인가에 대해서 일률적인 기준은 없다. 국가마다 절대적인 빈곤수준을 정의하는 기준은 차이가 있다. 세계에서 가장 많은 빈곤 인구를 갖고 있는 중국의 경우 — 왜냐하면 인구가 많으니까 — 구매력평가환율로 환산하여 하루 70센트의 소득에 못미치는 사람들을 빈곤층으로 분류하고 있다. 즉 미국에서 하루 70센트를 갖고 생활하는 사람의 생활수준을 중국에서는 절대빈곤의 수준으로 보고 있다는 것이다. 70센트면 미국에서 햄버거 1/5 조각 정도밖에 안 되는 가치이다. 중국에서 빈곤의 수준을 너무 낮게 책정하고 있는 것은 아닌가? 물론 그렇게도 볼 수 있을 것이다. 그러나 놀랍게도 이 수준에도 미치지 못하는 중국 인구의 수는 1999년에 무려 3천4백만 명에 달하고 있다. 그리고 20년 전인 1978년에는 무려 2억5천만 명이었다. 인도에서는 구매력평가환율로 환산시 하루 85센트가 빈곤의 기준선이다. 그런데 이에 못미치는 인도 인구는 1999년에 무려 2억6천만 명에 이른다. 1977년에는 3억3천만 명이었다.

세계를 대상으로 빈곤문제를 논하는 경우에 절대빈곤의 기준으로 보통 사용되는 기준은 구매력평가환율로 미화 1달러 내지 2달러 기준이다. 최근의 한 논문 (Bourguignon and Morrisson(2002))은 세계빈곤의 장기적인 추세를 설명하고 있다. 이들은 1820년부터 최근까지 세계빈곤(하루 1달러 미만 생활자수)의 추세를 추적하였는데, 1980년까지 세계의 절대빈곤자수는 지속적으로 증가하는 추세를 보이다가 1980년대 초 14억 명을 정점으로 하여 이후 절대빈곤자수가 크게 감소하

그림 8-1 세계 절대빈곤의 추세-1일 1달러 미만 생활자 수

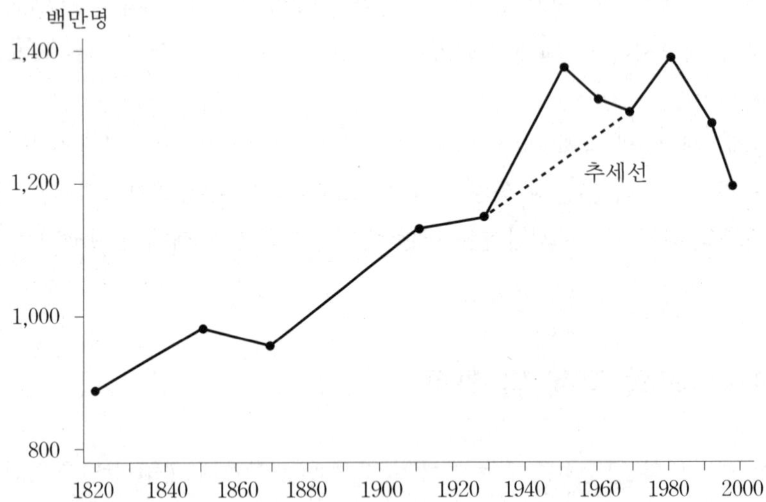

주: 추세선은 세계공황 및 2차대전의 영향을 배제한 경우
자료: 세계은행(2001)

[표 8-1] 세계빈곤의 모습: 개도국과 체제전환국의 절대빈곤

	1달러 기준				2달러 기준			
	인구수(백만)		인구비율(%)		인구수(백만)		인구비율(%)	
	1987	1998	1987	1998	1987	1998	1987	1998
동아시아 · 태평양	418	278	26.6	15.3	1052	892	67.0	49.1
중국제외시	114	65	23.9	11.3	300	260	62.9	45.0
남아시아	474	522	44.9	40.0	911	1096	86.3	84.0
중 · 동유럽	1	24	0.2	5.1	16	93	3.6	19.9
중남미 · 카리브연안	64	78	15.3	15.6	148	183	35.5	36.4
중동 · 북아프리카	9	6	4.3	1.9	65	62	30.0	21.9
사하라이남	217	291	46.6	46.3	357	475	76.5	75.6
합 계	1183	1199	28.3	24.0	2549	2801	61.0	56.0
중국제외시	880	986	28.5	26.2	1797	2169	58.2	57.6

자료: 세계은행(2000)

는 모습을 보이고 있다.

보다 신빙성 있는 통계자료를 바탕으로 세계빈곤의 모습을 보다 확실히 볼 수 있는 것은 1990년대 이후부터라 할 수 있다. [표 8-1]은 세계은행이 발표한 세계빈곤의 최근 상황이다. 1998년에 1달러 미만의 생활을 영위하는 절대빈곤자는 약 12억 명으로 세계인구의 24%를 차지하고 있다. 2달러를 기준으로 하는 경우 세계인구의 56%에 이르는 28억의 인구가 절대빈곤층인 것으로 나타나고 있다. 10여년 전과 비교시 절대빈곤 인구수는 증가했지만 그 비율은 상당히 감소한 것으로 나타나고 있다.

최근 빈곤의 감소가 뚜렷이 목격되는 지역은 동아시아 지역이다. [표 8-1]에서 볼 수 있듯이 이 지역에서는 빈곤의 급격한 감소가 목격되고 있다. 남아시아 지역은 여전히 세계에서 가장 많은 절대빈곤 인구가 거주하는 지역이다. 그러나 이 지역에서도 빈곤인구의 비율은 줄어드는 모습을 보이고 있다. 빈곤문제가 가장 심각한 지역은 사하라 이남 아프리카 지역이다. 이 지역은 빈곤인구의 비율이 높은 수준에서 정체 상태를 보이고 있다. 중·동부 유럽국들, 즉 체제전환국의 경우 빈곤인구의 비율이 크게 증가한 것으로 나타나고 있는데, 이는 사회주의 체제의 몰락 이후 시장경제 체제로 이행하는 과정에서 나타나고 있는 과도기적 현상으로 볼 수 있을 것이다.

향후 세계빈곤의 추세는 어떨까? 특별한 변화가 없는 한 현재와 같은 추세가 이어질 것으로 세계은행은 예측하고 있다. 2008년에 세계 총빈곤인구(1달러 기준)수는 12.4억 명으로 약간 증가하고, 인구비율로는 21.4%정도로 낮아질 것으로 예측하고 있다. 그러나 빈곤퇴치를 위한 보다 적극적인 노력이 이루어진다면 세계빈곤자수는 7억, 빈곤인구비율은 12.3%선으로 크게 낮아질 것이라는 낙관적인 시나리오도 제시하고 있다.

2. 빈곤과 경제성장

빈곤의 최대 적은 경제성장이다. 빈곤층에 대한 지원확대 등과 같은 직접적인 측면에서의 접근도 필요하다. 그러나 이는 일시적으로 빈곤문제를 완화할 수 있을 뿐이며 근본적인 빈곤에 대한 처방이 될 수는 없다. 빈곤층에 대한 지원에 필요한 재원을 안정적으로 확보하기 위해서도 경제성장이 밑받침되어야 한다. 그리고 궁극적으로 빈곤의 퇴치를 위해서는 빈곤층에 적절한 일자리가 창출되어야 할 것이고, 이는 경제의 높은 성장 없이는 기대하기 어려운 것이다.

그림 8-2 경제성장과 빈곤

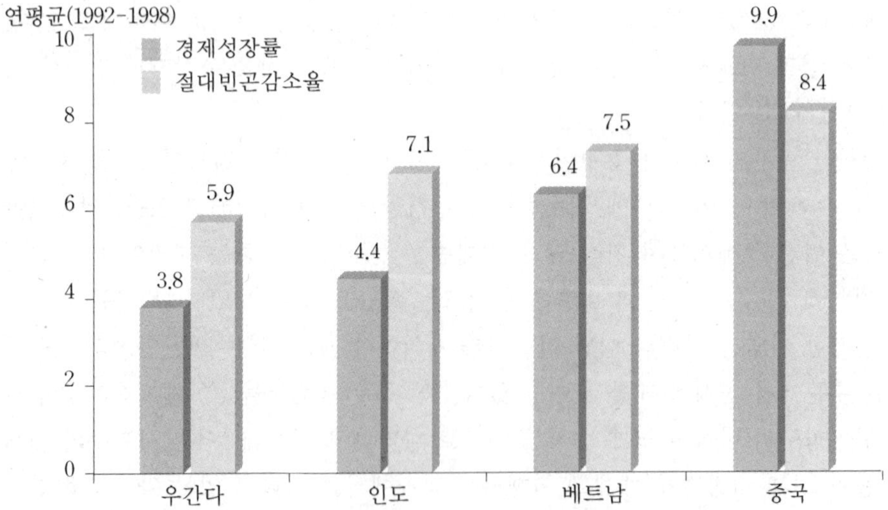

자료: Dollar(2001)

최근에 빈곤 감소에서 괄목할 만한 성과를 보이고 있는 국가들을 보면 모두 높은 경제성장 속도를 보이고 있는 국가들임을 알 수 있다. Dollar(2001)는 1990년대 들어 빈곤이 급속히 감소되고 있는 대표적인 국가로 중국, 인도, 베트남, 우간다의 4개국을 제시하고 있다. 그런데 [그림 8-2]에서 볼 수 있는 것처럼 이들 국가들은 높은 경제성장 추세를 보이고 있는 국가들이기도 하다.

개도국의 경우에는 경제성장이 계층간의 소득분배를 악화시킬 수도 있다(이 점에 대해서는 제10장에서 살펴볼 것이다). 그러나 이는 경제성장과 소득분배간의 관계를 말하는 것이며, 경제성장과 저소득층의 절대적인 소득수준간의 관계를 말하는 것이 아니다. 경제성장과 저소득층의 절대적인 소득수준간의 관계에 있어서는 경제성장에 따라 저소득층의 절대적인 소득 역시 증가한다는 것이 지배적인 관계라 할 수 있다. 최근 세계은행의 연구결과는 이러한 관계를 잘 보여 주고 있다. 지난 40년간 80개 국을 대상으로 조사한 결과, 1인당 국민소득의 증가율과 하위소득 20% 계층의 소득증가율간에 전반적으로 1 : 1의 관계가 존재한다는 결과가 제시되고 있다. 즉 1인당 국민소득이 5% 증가하면, 하위소득 20% 계층의 1인당 소득 역시 5% 증가하는 경향을 보이고 있다는 것이다.

그림 8-3 경제성장과 하위계층의 소득증가

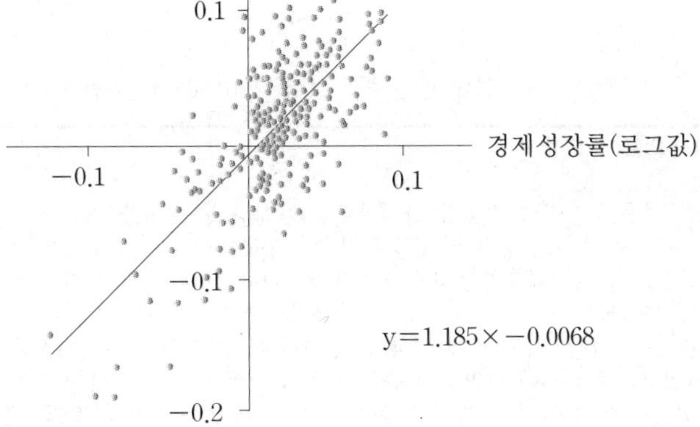

자료: 세계은행(2002)

물론 이러한 1 : 1의 관계는 법칙을 의미하는 것이 아니며, 회귀분석의 결과에 따라 도출된 일반적인 추세를 의미한다.[1] [그림 8-3]에서 볼 수 있듯이 1인당 국민소득은 증가했지만 하위 20% 계층의 평균소득은 감소한 사례들도 있고(즉 4사분면상의 점들), 그 반대의 사례들(2사분면상의 점들)도 있기는 하다. 그러나 이는 매우 예외적인 사례일 뿐이며, 지배적인 관계는 1인당 국민소득이 증가하면 하위 계층의 소득 역시 증가한다는 것이다. 그리고 이들 사례들에서 평균적으로 양자간에 1 : 1의 관계가 나타나고 있다는 것이다.

[그림 8-4]는 [표 8-1]의 6개 지역에 있어 경제성장률과 빈곤감소율간에 역

그림 8-4 지역별 경제성장과 빈곤감소

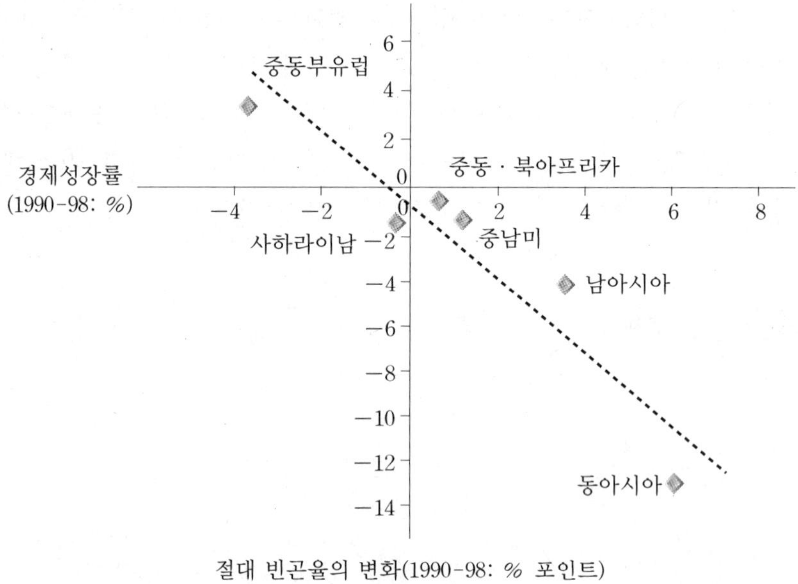

자료: 세계은행(2000)

1) 회귀분석은 경제학을 비롯한 사회과학 분야에서 두루 사용되는 대표적인 통계분석 방법이다. x와 y라는 두 개의 변수가 있다고 하자. 즉 본문에서 1인당 국민소득의 증가율을 x라고 하고, 하위소득 20% 계층의 1인당 소득증가율을 y라고 하자. A라고 하는 국가에서 x의 값이 3%, y의 값이 4%라고 하자. 그러면 (x, y) 평면에서 A국의 상황은 (3, 4)라고 하는 하나의 점으로 나타날 것이다. 마찬가지로 B국, C국 등도 각각 하나의 점으로 나타날 것이다. 80개국을 대상으로 조사하였으므로 (x, y) 평면상에 총 80개의 점들이 나타나게 될 것이다. [그림 8-3]에 나타나고 있는 점들이 이러한 점들이다. 그러면 이러한 점들, 즉 실제 관찰치들을 잘 설명해 주는 x와 y의 관계는 무엇일까? 다시 말해서 이러한 관찰치들을 통해 x와 y간에 어떤 상관관계가 있는지 분석하는 것이 회귀분석이다. 가장 간단한 회귀분석 방법은 관찰치들을 잘 설명해 줄 수 있는 하

시 밀접한 관계를 보여 주고 있다. 가장 고도성장 지역인 동아시아 지역에서 빈곤도 가장 크게 감소하였고, 비교적 높은 경제성장을 보인 남아시아 지역에서도 상당한 빈곤 감소가 이루어졌다. 반면에 가장 저성장 지역(마이너스 성장)인 중동부 유럽에서는 빈곤이 크게 증가하였다. 경제성장이 정체 상태인 중남미, 사하라 이남 아프리카 지역에서는 빈곤의 감소 역시 정체 상태를 보이고 있는 것이다.

3. 경제성장의 의미와 결정요인

경제성장(economic growth)이란 일정기간의 국내총생산(GDP)의 증가를 말한다. 이때 GDP는 물가상승분이 제외된 실질 GDP(경상GDP/물가지수)이다. 경제성장을 1인당 GDP의 증가로 정의할 수도 있다. GDP의 증가는 경제전체규모의 증가를 나타낸다. 그러나 국민 개개인의 소득이 얼마나 증가했는가를 보기 위해서는 1인당 GDP를 기준으로 해야 할 것이다.

어떤 나라의 GDP를 Y로 표시하자. 그리고 1년 동안 GDP가 $\triangle Y$ 만큼 증가했다고 하자. 그러면 $\triangle Y/Y=g$가 경제성장률이다. 그리고 경제성장률을 백분율로 표시하려면 물론 100을 곱하면 될 것이다.

경제성장은 국민의 물질적 생활을 풍요롭게 할 뿐만 아니라 삶의 질도 향상시킨다는 점에서 중요하다. 경제성장에 따라 국민의 건강도 향상되고 평균수명도 증가한다. 국민의 교육수준과 문화수준도 향상된다. 근로자들의 근로환경도 개선된다. 그리고 앞에서 언급한 것처럼 빈곤층도 줄어든다. 더 나아가 국력의 상승으로 국민의 긍지도 높아진다.

따라서 어떤 나라든지 높은 경제성장을 달성하는 것은 가장 중요한 정책목표의 하나이다. 그러나 모든 국가들이 이러한 목표를 달성하고 있지는 못하다. 앞에서 본 것처럼 동아시아 지역의 국가들은 높은 성장 추세를 보이고 있는 반면, 아프리카 지역 국가들은 여전히 저성장 추세에서 벗어나지 못하고 있다. 국가간에 경제성장의 차이가 나는 이유는 무엇인가?

경제성장, 즉 GDP의 증가를 가져오는 요인은 생산요소량의 증가와 생산요

나의 직선식, 즉 x와 y간의 직선관계식을 구하는 것이다. 이러한 직선을 회귀선이라 하고, [그림 8-3]에서 나타나고 있는 직선이 바로 그것이다.

소의 생산성 증가라는 두 가지 요인으로 구분할 수 있다. 가장 대표적인 생산요소는 노동과 자본이라 할 수 있으며, 따라서 경제성장은 그 나라가 갖고 있는 노동력과 자본량의 증가, 그리고 노동력과 자본의 생산성 향상에 기인하게 된다. 이 사실을 다음과 같이 설명해 보도록 하자.

한 국가의 총체적인 생산함수가 $Y=F(L, K)$로 주어져 있다고 하자. 이 함수는 이 나라가 갖고 있는 L 만큼의 노동력과 K 만큼의 자본량을 생산에 투입하여 Y 만큼의 생산물을 만들어 내고 있다는 관계를 나타내고 있다. 즉 Y는 이 나라의 GDP이다. 구체적으로 이 생산함수가 $Y=AL^{1-a}K^{a}$의 모습을 지니고 있다고 하자. 여기서 A는 이 나라의 기술수준을 나타내는 계수이다. 이러한 생산함수를 Cobb-Douglas 생산함수라 하며, 경제학의 실증 분석에서 가장 보편적으로 사용되는 생산함수이다. 그리고 이 식을 변형하면 다음과 같다.[2)]

$$\triangle Y/Y=(1-a)\triangle L/L+a\triangle K/K+\triangle A/A$$

이 식을 성장회계식(equation of growth accounting)이라 부른다. 그리고 이 식이 의미하는 바는 경제성장은 노동력의 증가, 자본량의 증가, 그리고 생산성(이를 총요소생산성(Total Factor Productivity: TFP)이라 지칭한다)의 증가, 즉 기술진보의 3개 부분으로 구성된다는 것이다.[3)]

고전적인 경제이론에서 가장 강조된 경제성장의 원천은 자본의 축적이었다. 지금도 개발도상국의 경제계획 수립에서 중요한 기준식으로 사용되는 '경제성장률=저축률÷자본계수'라는 식은 자본이 경제성장의 결정적 요인이라는 시각에 근거하고 있다.[4)] 경제성장을 위해서는 자본의 축적이 필요하고, 자본의 축적은

2) 양변에 자연로그를 취하고 전미분을 하면 된다. 이를 이해 못하는 사람은 그냥 이 식이 성립함을 받아들이도록 하자.

3) 경제학 개론을 들어본 학생은 이 식에서 a는 총소득에서 자본에 돌아가는 소득의 비율, 1−a는 노동에 돌아가는 소득의 비율임을 알 것이다. 이 식에서 △Y/Y, △K/K, △L/L, a는 모두 실제 측정이 가능하나, △A/A는 그렇지 못하다. 따라서 △A/A는 실제 측정 가능한 수치들을 모두 대입하고 나서 이 식의 좌변과 우변을 갖게 만들어 주는 수치로서 계산된다. 즉 △A/A는 경제성장에서 자본과 노동의 증가에 의해 설명되지 않는 부분이라는 의미를 지니고 있으며, 그래서 이를 Solow(이러한 경제성장식을 도입한 저명한 경제학자이다)의 나머지(residual)라 부른다.

4) 이 식은 쉽게 유도될 수 있다. Y 만큼을 생산하는데 필요한 자본의 총량을 K라고 하자. 즉 Y 한 단위 생산에 필요한 자본의 양은 K/Y=c이다. c를 자본계수라 하며 일정하게 주어져 있다고 하자. Y=K/c에서 △Y=△K/c이고, 양변을 Y로 나누면 △Y/Y=g=△K/Y · 1/c이다(여기서 g는 경제성장률). △K, 즉 자본량의 증가는 투자(I)에 의해 이루어지고, 투자는 저축(S)과 같아야 한다. 따라서 △K/Y=I/Y=S/Y=s이다 (여기서 s는 저축률). 즉 g=s÷c, 또는 g×c=s의 관계가 성립한다. 이를 헤로드 · 도마 모델이라 한다.

현재의 소비를 희생하고 저축을 함으로써 이루어질 수 있다. 따라서 높은 경제성장을 보이는 국가들은 과거에 그 만큼 소비를 희생한 대가를 받고 있는 것이다.

최근의 경제성장이론에서 보다 강조되고 있는 성장의 원천은 생산성 내지 기술의 진보이다. 즉 위 식에서 $\Delta A/A$의 부분이다. 그리고 이러한 생산성 내지 기술진보의 경로로서 연구개발활동, 일찍이 슘페터가 언급한 기업가의 창조적 파괴의 정신, 생산경험을 통한 지식의 습득, 그리고 보다 근본적으로는 교육에의 투자를 통한 인적자본의 형성 등이 제시되고 있다. 즉 총체적으로 '지식'이라는 요소를 경제성장의 주요한 원동력으로 강조하고 있는 것이다. 그리고 한 국가에서 지식의 형성에 영향을 미치는 제반 환경, 즉 제도적, 사회적, 문화적 요인들 역시 경제성장의 결정 요인이 됨을 제시하고 있는 것이다.

4. 세계화와 경제성장

가난한 나라들은 왜 가난한가? 경제성장의 궤도에 제대로 진입하지 못하는 국가들의 문제는 무엇인가?

일찍이 후진국의 경제성장이론에서 제시된 대표적인 문제점은 저축의 부족과 외환의 부족이었다. 국내저축의 부족으로 경제성장에 필요한 적절한 투자가 이루어지지 못하고, 외환의 부족으로 투자에 필요한 자본재를 수입할 수도 없다는 것이다. 이를 전통적인 투갭(two-gap: 즉 저축갭과 외환갭)이라 한다.

1990년대 새로운 경제성장이론을 출범시킨 학자라 할 수 있는 Romer는 새로운 투갭을 제시하고 있다. 첫번째 갭은 오브젝트 갭(object gap: 대상의 갭이라 번역하면 될까?)으로, 공장, 도로, 천연자원 등과 같은 가치 있는 대상들이 부족하다는 것이다. 즉 자본과 자원의 부족이다. 두 번째 갭은 아이디어 갭(idea gap)으로, 경제적 가치의 창출과정에서 선진국에서 사용되는 아이디어에 접근하지 못하고 있다는 것이다. 즉 정보와 지식의 부족이다. 이는 경제활동과 관련된 모든 정보와 지식을 말하는 것으로, 기술의 부족보다도 훨씬 포괄적인 의미이다. 그리고 그는 경제성장의 제약 요인으로서 아이디어 갭의 문제를 특히 강조하고 있다.

이러한 갭을 극복하기 위해서는 어떻게 해야 할 것인가? 전통적인 투갭 모델이 제시하는 바는 외자의 도입과 수출지향적인 경제정책의 추구이다. 제 2 부에서 언급한 바 있지만, 수입대체적인 정책, 즉 내향적인 경제정책으로는 외환 갭의 문제를 해결할 수 없다.

Romer가 제시하고 있는 두 가지 갭에 따르면 경제성장을 위해 외국과의 교류가 필요함이 더욱 부각된다. 오브젝트 갭을 극복하기 위해서는 역시 외자의 도입이 필요하다. 아이디어 갭을 극복하기 위해서는 선진국으로부터의 지식 이전이 필요하며, 이는 다양한 형태의 교류와 접촉을 통해 이루어질 수 있다. 우리가 제7장에서 본 것처럼 국가간의 교역, 특히 선진국으로부터의 수입은 지식 이전의 중요한 경로이다. 외국인직접투자는 특히 중요하다. 이는 비단 외국의 자본뿐만 아니라 선진국의 기술과 경영 지식 이전의 가장 중요한 경로라 할 수 있다.

최근에 각국의 세계화 정도와 경제성장간의 관계에 대하여 많은 실증적인 연구들이 이루어지고 있다. 세계화란 개념을 일률적으로 정의하기 어렵고, 또한 세계화와 관련된 다양한 측면들을 총체적으로 다루기 어려운 문제도 있기 때문에, 세계화의 대표적인 단면으로서 각국의 무역개방 정도와 경제성장간의 관계를 분석하는 데 대체로 연구의 초점이 맞추어지고 있다. 예컨대 각국의 교역도와 경제성장률간의 관계, 교역장벽의 수준(대표적으로 관세율)과 경제성장간의 관계는 가장 보편적인 분석 방법이라 할 수 있다. 그리고 이러한 연구 분석의 결과는 대체로 무역개방 정도와 경제성장간에 상당히 밀접한 관계가 있음을 보여 주고 있다.

최근에 발표된 세계은행의 연구결과는 이러한 관계를 비교적 쉽게 잘 보여 주고 있다. 70여 개의 개발도상국을 대상으로 하여 지난 20여 년의 기간 동안 각국의 교역도의 변화 정도를 측정하여, 교역도의 증가 정도가 큰 상위 1/3의 국가들을 '세계화 국가군'(globalizers), 그리고 나머지 2/3의 국가들을 '비세계화 국가군'(non-globalizers)으로 분류하였다.[5] [표 8-2]에서는 이들 두 개 국가군 간의 상황을 비교하고 있다.

지난 20여 년의 기간 동안에 세계화 국가군의 교역도는 104% 증가한 반면 비세계화 국가군은 오히려 18% 감소한 것으로 나타나고 있다. 관세율의 경우도 세계화 국가군은 34% 포인트 감소한 반면 비세계화 국가군의 경우는 11% 포인트 감소에 머무르고 있다. 1980년만 해도 이들 세계화 국가군은 비세계화 국가군보다 전반적으로 가난한 국가들이었다. 1960년대와 1970년대에 비세계화 국가군

5) 또한 교역도의 높은 증가를 보인 국가들은 외국인직접투자의 유치 증가가 큰 국가들과 대체로 일치하는 것으로 나타나고 있다.

[표 8-2] 세계화 국가군과 비세계화 국가군

		세계화 국가군	비세계화 국가군
교역도 변화(1980-1997)[1)]		104%	-18%
관세율 변화(1985-1997)		-34% 포인트	-11% 포인트
1인당 GDP	1980	1488달러	1947달러
	1997	2485달러	2133달러
1인당 GDP 증가율[2)]	60년대	1.4%	2.4%
	70년대	2.9%	3.3%
	80년대	3.5%	0.8%
	90년대	5.0%	1.4%

주: 1) 동기간중 선진국의 경우 교역도는 71% 증가
2) 선진국의 경우, 각 기간중 경제성장률은 4.7%, 3.1%, 2.3%, 2.2%
자료: 세계은행(2002)

보다 낮은 경제성장률을 보였던 세계화 국가군은 1980년대와 1990년대 높은 경제성장률을 보이면서 지금은 더 높은 소득수준을 누리고 있는 것으로 나타나고 있다. 선진국의 경제성장 추세와 비교하면, 80년대 이후 세계화 국가군은 선진국의 경제성장률 보다 높은 성장률을 보이고 있는 반면 비세계화 국가군의 경우는 선진국의 경제성장률에 미치지 못하고 있다. 이는 선진국과의 소득격차가 세계화 국가군의 경우는 좁혀지고 있지만 비세계화 국가군의 경우에는 확대되고 있음을 의미하는 것이다. 이 점에 대해서는 다음 장에서 보다 상세히 살펴볼 것이다.

그런데 우리가 세계화, 또는 무역개방도와 경제성장간의 관계를 분석하고 해석함에 있어 한 가지 주의할 점이 있다. 이는 대체로 각국이 개방을 확대하면서 동시에 다양한 국내의 경제개혁—보다 시장친화적인 방향으로의 개혁—을 단행한다는 것이다. 따라서 경제성장에서 순수하게 개방의 확대에 기인하는 정도를 식별하기는 쉽지 않다. 개방도가 높은 국가들이 높은 경제성장률을 보이는 것은 개방이라는 요인 때문이 아니라 이들 국가들이 보다 좋은 제도와 정책을 갖고 있음에 기인한다는 분석 결과가 제시되기도 한다.[6)]

그러나 이런 결과를 그대로 받아들인다 해도 이는 세계화가 경제성장에 미치는 긍정적 효과를 부인하는 결과로 해석할 수는 없을 것으로 보인다. 결국 제

6) 대표적인 논문으로 Rodriguez and Rodrik(1999)

도와 정책의 개선이라는 것도 선진국의 우수한 제도와 정책을 모방해 가는 과정의 성격이 강하기 때문이다. 즉 기술의 이전과 마찬가지로 국가간 지식의 확산의 한 모습이라고 볼 수 있는 것이다. 또한 개방의 확대와 함께 국내 제도의 개선이 병행해서 이루어진다는 사실은, 개방을 단순히 교역장벽의 완화나 교역의 확대 등과 같은 외형적 모습뿐만 아니라 이에 수반되는 국내제도의 개선까지도 포함하는 개념으로서 이해할 필요성을 제기한다. 외국인직접투자를 개방만 해 놓고 기업활동에 필요한 국내제도를 개선하지 않는다면 외국기업들이 진출하지 않을 것이다. 개방 또는 세계화의 포괄적인 의미는 이와 연결되는 국내제도와 정책의 개선까지도 포함하는 것으로 보는 것이 적절할 것이다.

5. 세계화와 소외

세계화는 경제성장을 촉진하고, 경제성장의 촉진은 빈곤을 감소시킨다. 다시 말해서 세계화는 경제성장이라는 고리를 통해 빈곤 감소에 기여한다. 이와 같이 쉬운 해답이 있음에도 불구하고 가난에서 헤쳐 나오지 못하는 국가들—우리가 최빈개도국(least developing countries)이라 부르는 국가들—이 여전히 많은 것은 무엇 때문인가?

현재 전세계 인구 중 약 20억 명이 세계화의 추세에 제대로 참여하지 못하는 국가들에 살고 있는 것으로 나타나고 있다. 이른바 세계화에 소외된 국가들이다. 이들 국가들이 안고 있는 기본적인 문제점은 세계화의 대열에 참여할 기초 여건이 마련되어 있지 못하다는 것이다. 세계화의 대열에 참여하여 이의 혜택을 얻기 위해서는 최소한의 자격이 필요하다. 열악한 사회기반시설, 교육을 제대로 받지 못한 국민들, 사유재산의 미흡한 보호 등 취약한 제도와 정책, 부패하고 무능력한 정부, 이러한 국내 여건에서는 외형상 아무리 개방을 확대한다 해도 그 긍정적인 효과를 기대할 수 없는 것이다.

외국기업들이 이러한 나라에 투자할 까닭이 없다. 외국의 정부나 금융기관, 또는 국제기구로부터 자금을 차입한다 해도—자금을 차입하는 것 자체도 어렵겠지만—이러한 자금이 경제성장을 위한 생산적인 투자로 제대로 연결되지 못하며, 그 결과 외채를 상환할 미래의 능력이 마련되지 못할 것이다. 설령 공장이

나 생산설비 등이 마련된다 해도 지식의 부족, 그리고 외국의 지식과 기술에 대한 흡수 능력의 부족으로 극히 낮은 생산성 수준에서 벗어나기 어려울 것이다.

이러한 국가들은 상대적으로 노동풍부국이라 할 수 있다. 따라서 이론상으로는 이러한 국가들이 자유무역을 하게 되면 노동집약적인 산업에서 비교우위를 갖고, 이러한 산업을 기반으로 경제성장을 할 수 있을 것으로 기대된다. 그러나 이런 궤도에 진입하기 위해서는 앞에서 언급한 최소한의 기초 여건이 필요한 것이다. 그러나 이러한 문턱을 넘는 것이 이들 국가에게는 결코 쉬운 과제가 아니라는 점에 문제가 있는 것이다. 그리고 이러한 문턱을 넘지 못하는 한 이들 국가들은 현재의 1차산업 주종의 경제구조에서 벗어나기 어려운 것이다.

지금 세계화의 대열에 참여하여 그 혜택을 누리는 개도국들은 이러한 문턱을 넘어 성장 궤도의 진입에 성공한 국가들이다. 우리가 제1부에서도 언급하였지만, [그림 8-5]에서 볼 수 있는 것처럼 이제 개도국의 수출에서 공산품이 차지하는 비중은 1차산품의 비중을 월등히 앞서고 있다. 이는 문턱을 넘어선 개도국들의 성공적인 모습을 보여 주는 것이다. 그러나 그림에서 볼 수 있는 것처럼 60-70년대만 해도 대부분의 개도국들이 문턱을 넘어서지 못한 채, 지금의 최빈개도국들처럼 1차산업 중심의 생산 구조를 갖고 있었다. 이러한 상황에서 80년대 초반까지만 해도 개도국(당시에는 후진국이라는 명칭을 사용했지만)의 경제발전 이론에서 핵심적인 토픽이 되었던 것이 1차산업 중심 경제가 개방경제체제에서 갖

그림 8-5 개도국 수출에서 공산품 비중의 추세

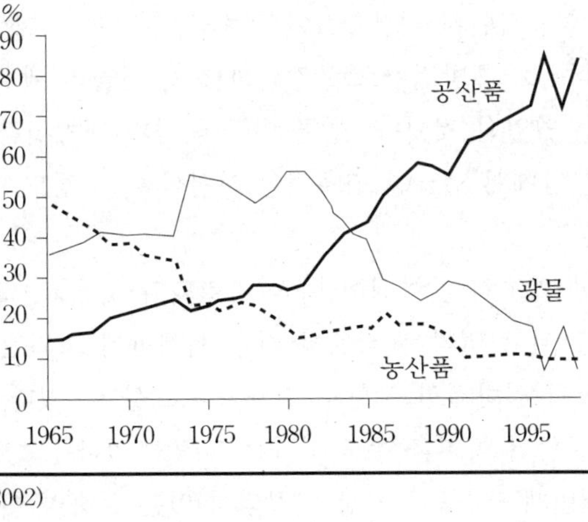

자료: 세계은행(2002)

는 취약성의 문제였다.

대표적인 것이 1950년대 싱어(Singer)와 프레비쉬(Prebisch)의 가설이다. 이는 장기적으로 1차산품의 가격이 공산품의 가격에 비해 상대적으로 하락하는 추세를 보이며, 따라서 1차산업에 특화한 후진국의 교역조건은 갈수록 악화된다는 것이다. 교역조건이 1차산품 수출국에 불리하게 움직인다는 이 가설을 입증할 만한 증거는 사실 미약하다. 그러나 생산성의 증가라는 측면에서 1차산업보다 공업에서 보다 빠른 생산성 진보가 이루어지는 것은 사실이며, 따라서 교역조건이 변화하지 않는다 해도 후진국의 생활수준은 상대적으로 계속 낙후될 수밖에 없다는 점은 분명히 근거가 있다.

50년대 후반 발표된 바그와티(Bhagwati)의 '궁핍화 성장'(immiserizing growth) 모델 역시 개방경제하에서 1차산품 특화 경제의 비관적인 전망을 제시하고 있다. 이는 1차산업에서 생산성 진보가 이루어지더라도 그 나라의 소득수준은 오히려 감소할 수 있다는 것이다. 생산성 진보로 1차산품의 생산량과 수출량이 증가하면 1차산품의 가격은 하락할 것이다. 그런데 특히 1차산품의 경우 가격의 하락폭에 비해 수요의 증가폭이 작은 성격(즉 비탄력적인 수요)을 지니고 있고, 따라서 생산량의 증가가 큰 폭의 가격 하락으로 연결될 가능성이 크다는 것이다. 즉 후진국의 교역조건이 크게 악화되고, 그 결과 생산성의 진보에 따른 소득 증가를 상쇄할 정도의 부정적인 효과가 나타날 수도 있다는 것이다.

이러한 이론적 배경하에 후진국에 제시된 정책이 수입대체형 경제발전정책, 즉 내향형 경제발전정책이었다. 그러나 본서에서 이미 여러번 언급한 바와 같이 이러한 발전전략은 성공적이지 못했다. 이 전략을 추진했던 대부분의 개도국들은 결국 이 전략을 버리고 개방전략으로 전환하였고, 지금의 세계화 대열에 참여하는 국가들이 될 수 있었던 것이다. 물론 이들 국가가 개방전략으로 나와서 성공할 수 있었던 것은 앞에서 언급한 기초적인 여건이 어느 정도 마련되어 있었기에 가능한 것이었다.

공업화에 필요한 기초적인 여건이 아직 마련되지 못했고, 그 결과 1차산업 위주의 경제구조를 보이고 있다는 점에서 지금 세계화에 소외된 국가들의 상황은 50-60년대 후진국의 일반적인 상황과 흡사하다고 볼 수 있다. 그러나 지금의 최빈개도국의 상황은 좀더 어려울 수도 있다는 지적도 있다. 그 대표적인 이유는 지리적 문제이다. 최빈개도국들이 가장 밀집되어 있는 사하라 이남 지역을 생각해 보자. 이들 국가들이 열악한 경제환경을 보일 수밖에 없는 배경에는 기후적인 문제도 분명히 있다고 할 수 있다. 또한 지리상 선진국 시장과의 물리적 거리도 멀어서 수송비용의 부담도 크다. 또한 역사적인 관점에서 세계 산업의 입지가 이들 지역을 배제한 채 이미 형성되어 버렸다는 문제점이 제시되기도 한다.

이러한 지리적인 이유가 경제성장의 결정적인 제약이 될 수 있는 일부 국가들도 있을 수 있다. 그러나 현재 대부분의 최빈개도국들의 근본적인 문제는 경제성장을 위한 최소한의 여건을 마련하지 못하고 있다는 데에 있다. 이러한 여건을 마련하면서 세계화의 추세에 적극 참여하라는 것이 이들 국가에 주어질 수 있는 정통의 처방전이다. 그리고 세계의 과제는 이들 국가들이 이러한 처방전의 이행에 필요한 지원을 하는 것이라 할 수 있을 것이다. 예컨대 재정적 지원의 확대, 외채의 탕감, 경제개발 경험의 전수, 이들 국가 제품의 선진국 시장에의 접근 확대 등 현재 주요 국제기구에서 논의되고 있는 의제 들을 생각해 볼 수 있을 것이다.

Why Sentimental Anti-Globalizers Have It Wrong

There is an old European saying: Anyone who is not a socialist before he is 30 has no heart; anyone who is still a socialist after he is 30 has no head. Suitably updated, this applies perfectly to the movement against globalization-the movement that made its big splash in Seattle back in 1999 and did its best to disrupt the Summit of the Americas in Quebec this past weekend.

The facts of globalization are not always pretty. If you buy a product made in a Third World country, it was produced by workers who are paid incredibly little by Western standards and probably work under awful conditions. Anyone who is not bothered by those facts, at least some of the time, has no heart.

But that doesn't mean the demonstrators are right. On the contrary: Anyone who thinks that the answer to world poverty is simple outrage against global trade has no head, or chooses not to use it. The anti-globalization movement already has a remarkable track record of hurting the very people and causes it claims to champion. The most spectacular example was last year's U.S. election. You might say that people with no heads indulged their idealism by voting for Ralph Nader, so people with no hearts are running the world's most powerful nation.

Could anything be worse than having children work in sweatshops? Alas, yes. In 1993, child workers in Bangladesh were found to be producing clothing for Wal-Mart, and Senator Tom Harkin proposed legislation banning imports from countries employing underage workers. The result was that Bangladesh textile factories stopped employing children. Oxfam found that the displaced child workers ended up in even worse jobs, or on the streets.

Third World countries are not poor because their export workers earn low wages; it's the other way around. Because the countries are poor, even what looks to outsiders like bad jobs at bad wages are almost always much better than the alternatives.

Millions of Mexicans are migrating to the north of the country to take the low-wage export jobs that outrage opponents of NAFTA, and those jobs would not exist if the wages were much higher. The same factors that make poor countries poor-low productivity, bad infrastructure, general social disorganization-mean that such countries can compete on world markets only if they pay wages much lower than those paid in the West.

At a recent conference I heard paeans to the superiority of traditional rural lifestyles over modern urban life-a claim that not only flies in the face of the clear fact that many peasants flee to urban jobs as soon as they can but that has a disagreeable element of cultural condescension. (Would you want to live in a preindustrial village?)

I also heard claims that rural poverty in the Third World is mainly the fault of multinational corporations–which is just plain wrong. The most sophisticated answer was that the movement does not want to stop exports, it just wants better working conditions and higher wages.

But that is not a serious position. Third World countries desperately need their export industries–they cannot retreat to an imaginary rural Arcadia. They cannot have those export industries unless they are allowed to sell goods produced under conditions that Westerners find appalling, by workers who receive very low wages.

So who are the bad guys? The activists got the images they wanted from Quebec: leaders sitting inside their fortified enclosure, with thousands of police protecting them from the outraged masses outside. But images can deceive. Many of the people inside that chain–link fence were seriously trying to help the world's poor. And the people outside the fence, whatever their intentions, were doing their best to make the poor even poorer.

(Paul Krugman. The New York Times 2001년 4월 23일자)

Note

make a splash: 깜짝 놀라게 하다. indulge: 만족시키다. sweatshop: 노동조건이 매우 나쁜 사업소. Oxfam: 개도국의 문제에 관심을 두고 있는 한 시민단체. paean: 찬가. condescension: (자신의 우월감을 인식하면서) 겸손한 듯한 태도. Arcadia: 이상적인 전원지방.

주: 2000년 4월 캐나다 퀴백에서는 미주 자유무역지대(FTAA: Free Trade Area of America)를 논의하기 위한 각국 정상들의 회담이 있었다.

제 9 장
세계화와 국가간 소득격차

앞장에서 세계화에 적극적으로 참여하고 있는 개도국들은 선진국들보다 빠른 경제성장 추세를 보이고 있는 반면 그렇지 못한 개도국들은 더 낮은 성장세를 보이고 있음을 지적한 바 있다. 이는 세계화에 적극적으로 참여하는 개도국들은 선진국과의 소득격차가 갈수록 줄어들고 있지만 그렇지 못한 국가들은 오히려 격차가 확대되고 있음을 의미한다. 그렇다면 세계화는 국가간 소득격차를 축소시키는 요소인가? 본장에서는 세계화와 국가간의 소득격차간의 관계에 대해 상세히 살펴보기로 하자.

1. 국가간 소득격차의 추세

먼저 국가간 소득격차의 추세에 대해 살펴보도록 하자. 두 개의 국가간에 소득격차는 개념적으로 쉽게 이해가 간다. 그러나 다수의 국가들간에 소득격차는 어떻게 이해해야 하겠는가? 열 개의 국가가 있다고 하자. 이 중 아홉 개 국가의 소득은 모두 10으로 같고 한 국가의 소득만 1이라고 하자. 이런 상태는 국가간의 소득분포가 평등한 편이라고 말할 수 있겠는가 아니면 매우 불평등한 편이라고 말하는 것이 적당하겠는가? 열 개의 국가의 소득들이 1부터 10까지 순서대로 분포되어 있다고 하자. 이런 상태는 보다 평등한 소득분포 상태라 볼 수 있겠는가 아니면 보다 불평등한 소득분포 상태라 볼 수 있겠는가?

통계학적으로 소득분포의 불평등한 정도를 측정하는 여러 가지 방법들이 있다. 이 중에서 가장 쉬운 기초적인 방법은 소득분포의 분산(또는 표준편차)이라는 지표를 통해 측정하는 것이다. 만일 모든 국가의 소득이 전부 같다면 분산은 0일 것이고 이는 완전히 평등한 상태일 것이다. 국가간의 소득분포가 흩어져 있는 정도가 클수록 분산은 크게 나올 것이다. 분산 값이 클수록 국가간 소득격차가 크다 또는 국가간 소득분포의 불평등한 정도가 크다고 말할 수 있을 것이다.[1)]

국가간의 소득격차를 언급할 때, 여기서 소득은 각국의 1인당 GDP를 보통 의미한다. 그리고 국가간의 소득비교를 위해서는 각국에서 자국의 화폐단위로 계산된 1인당 GDP를 공통의 화폐단위로 환산해야 할 것인데, 이때 환율로는 구매력평가환율이 보통 사용된다. 시장환율로 환산된 각국의 1인당 GDP를 비교대상으로 하는 경우도 있지만, 국가간의 생활수준의 비교를 위해서는 국가간의 물가 차이가 반영될 필요가 있고 따라서 구매력평가환율이 보다 적절한 환산 환율이라고 볼 수 있다.

[표 9-1]은 109개국을 대상으로 하여 국가들의 1인당 소득의 분포 상황을 요약하고 있다.

1960년에 비해서는 1980년에, 그리고 1980년에 비해서는 최근에 국가들의 소득의 분산 정도가 더욱 확대된 것으로 나타나고 있다.[2)] 그러면 이 결과로부터 국가들간의 소득격차가 계속 확대되고 있다고 말할 수 있겠는가? 물론 그렇게 말할 수도 있을 것이다. 그런데 다음과 같은 상황을 생각해 보자. 10개국이 있다고 하자. 이 중 소득 상위 9개국의 소득은 전혀 변화하지 않았고 가장 가난한 1개국의 소득만 10% 증가했다고 하자. 국가들간의 소득격차는 분명히 감소했다고 볼 수 있을 것이다. 이 가난한 국가가 매우 작은 규모의 국가인 경우와 반대로 매우 큰

1) 이는 정확한 표현으로 보기 어려운 점이 있다. 앞의 예에서 전자의 경우(즉 10개국 중 아홉개국의 소득이 10이고 1개국만 1인 경우) 분산값은 72.9이고 후자의 경우 분산값은 82.5이다. 그렇다면 후자의 경우가 더 불평등한 상태라고 볼 수 있는가? 그렇다는 사람도 있고 그렇지 않다는 사람도 있을 것이다. 10개국 중 8개국의 소득이 10이고 2개국의 소득이 1이면 어떤가? 이 경우 분산값은 129.6이다. 그러면 이는 전자의 경우보다 더 불평등한 상태인가? 즉 분산값이라는 지표는 국가간 소득분포의 불평등한 정도를 보여 주는 측면이 분명히 있기는 하지만, 보다 정확히 표현하면 국가들의 소득이 수렴(convergence)되어 있는 정도를 보여 주는 지표라 할 수 있을 것이다.

2) 여기서 1인당 소득의 분산치는 1인당 소득에 로그를 취한 값의 분산치이다. 그냥 분산치를 구하지 않고 로그 분산치를 구하는 이유는 무엇인가? 20과 10의 소득을 갖고 있는 두 국가가 있다고 하자. 이때 분산값은 50이다. 10과 5의 소득을 갖고 있는 두 국가가 있다고 하자. 이때의 분산값은 12.5이다. 두 경우 모두 2배의 소득격차가 있는 상태임에도 불구하고 분산값은 큰 차이가 난다. 그런데 소득에 로그를 취한 값의 분산값을 구해 보자. 그러면 양 경우 모두에 있어 분산값은 $\frac{(\log 2)^2}{2}$로 같게 나온다.

[표 9-1] 국가들의 소득 분포상황

	1960	1980	1998
평균 소득	2454	4170	5544
분산[주)]	0.815	1.004	1.347
분산의 변화		+0.189	+0.343
분산의 변화 (인구가중치 부여시)		+0.097	−0.158

주: 소득에 로그를 취한 값의 분산치.
자료: Dowrick and Delong(2001)

규모, 즉 세계인구의 상당한 비중이 살고 있는 국가인 경우를 생각해 보자. 그러면 국가들간의 소득격차의 감소 정도는 양 경우에 있어 모두 같은 것으로 보아야 할 것인가 아니면 후자의 경우에 소득격차의 감소 정도가 큰 것으로 보는 것이 적절할 것인가?

다수의 국가들간의 소득격차, 특히 시간의 변화에 따른 소득격차의 변화 정도를 측정함에 있어 직면하는 한 가지 문제는 국가간의 크기 차이를 고려해야 할 것인가 하는 문제이다. 즉 모든 국가를 크기에 상관없이 똑같이 취급할 것인지 아니면 큰 국가에 보다 큰 비중을 주어야 할 것인지 하는 것이다. 이 문제는 특히 최근의 국가들간의 소득격차의 변화 추세를 고려할 때 중요한 요소가 된다. 왜냐하면 [표 9-1]에서 볼 수 있는 것처럼 국가의 크기에 가중치를 부여하는 경우 국가들간의 소득격차는 1980년에 비해 오히려 줄어든 것으로 나타나기 때문이다(또한 1960년과 1980년을 비교해도 국가들간의 소득격차 확대정도는 훨씬 줄어드는 것으로 나타나고 있다). 이는 1990년대 들어 중국과 인도경제의 성장, 특히 중국경제의 고도성장에 크게 기인함을 쉽게 이해할 수 있을 것이다.

국가의 크기에 가중치를 부여하는 것이 적절할 것인가 아니면 똑같이 취급하는 것이 적절한 것인가? 아무리 작은 국가라도 세계 국가의 하나의 구성원으로서 동등하게 취급하는 것이 적절할 수도 있다. 그러나 국가간의 소득 격차에 관심을 갖는 이유는 결국 세계 시민들의 생활수준이 얼마나 다른가를 보려는 데 있다고 할 수 있을 것이다. 따라서 이런 측면에서 본다면 국가간의 크기 차이를 고려하는 것이 적절하다고 볼 수 있을 것이다.

국가들간의 소득격차 추세에 관한 많은 연구결과들을 종합하면 대체로 다음

그림 9-1 국가간 소득격차의 장기적 추세

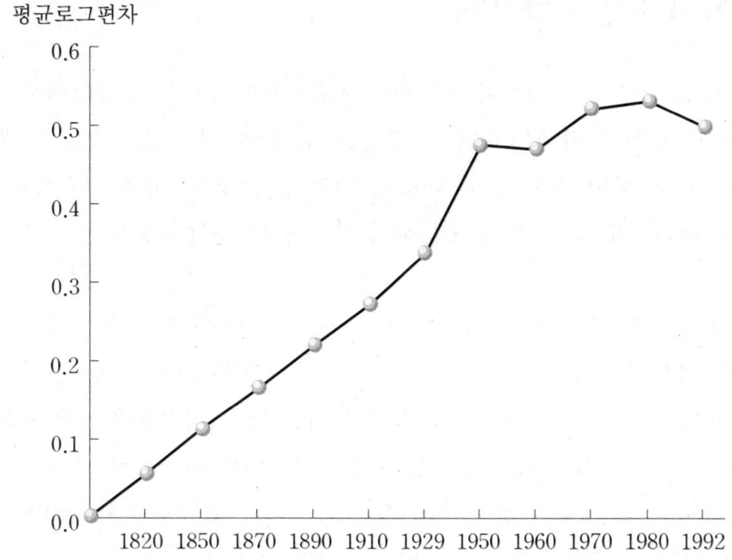

자료: Bourguignon and Morrisson(2002)

과 같이 요약할 수 있다. 국가간의 크기 차이를 고려하지 않는 경우 국가들간의 소득격차는 장기적으로 계속 확대되는 추세를 보이고 있다. 국가들간의 크기 차이를 고려하는 경우 대체로 1960-1970년대까지 확대 추세를 보이다가 이후 확대 추세가 크게 둔화되고 있으며, 최근 감소 추세를 목격하는 연구결과도 제시되고 있다.[3)]

[그림 9-1]은 Bourguignon과 Morrisson(2002)이 제시하고 있는 장기적인 추세이다.[4)] 1820년부터 1950년까지 국가간 소득격차는 크게 확대되는 추세를 보이다가 이후 1990년대 초반까지 정체 내지 미미한 증가세를 보이는 것으로 나타나고 있다.

3) Xavier Sala-i-Martin(2002)은 최근 국가간 소득격차의 감소 추세를 제시하고 있는 대표적인 연구결과라 할 수 있다. 1970년부터 1998년까지 국가간 소득격차는 감소 추세를 보이고 있다는 결과가 제시되고 있다.

4) [그림 9-1]에서 사용되고 있는 소득격차의 지표는 분산값이 아니라 평균로그편차라는 지표이다. 이 지표는 국가 크기에 가중치를 부여한 지표이다. 이 지표에 대해서는 다음장에서 소개할 것이다. 그리고 이들의 연구는 총 33개의 표본(규모가 비교적 큰 15개국+크기가 작고 소득수준이 비슷한 인접국들을 하나의 그룹으로 묶은 18개의 그룹국)을 대상으로 하고 있다.

2. 세계화와 쌍봉수렴현상

앞의 [표 9-1]로 되돌아가서 국가의 크기를 고려하지 않은 상태에서 국가들간의 소득격차가 최근 확대되고 있는 모습을 보자. 이러한 소득격차 확대가 일어나고 있는 것은 무엇 때문인가? 대상이 되고 있는 109개국을 고소득국, 중소득국, 저소득국의 3개 그룹[5]으로 구분하여 각 그룹의 경제성장률을 보면 [표 9-2]와 같다.

[표 9-2]에서 볼 수 있듯이 국가들간의 소득격차가 확대된 주요 이유는 저소득국의 낮은 성장세에 있음을 알 수 있다. 이들 국가들은 수적으로 전체 조사대상 국가의 50%를 차지하나 타그룹에 비해 현저히 낮은 성장률을 보임으로써 타그룹과의 소득격차가 계속 확대되고 있는 것이다. 특히 저소득국 중에서도 최저성장국으로 분류된 35개국의 경우 거의 정체된 상태로 소득수준은 1960년 수준에서 별로 벗어나지 못하고 있다.

그러면 이러한 저소득국을 제외한 나머지 국가들간의 소득격차는 어떠한가? 1960년 고소득국의 평균적인 1인당 소득은 중소득국의 평균적인 1인당 소득의 2.9배 정도 였다. 그러나 1998년 그 비율은 2.3배로 줄어들었다. [그림 9-2]는 세계 국가들의 1인당 소득의 분포도를 보여 주고 있다. 1960년의 분포도와 1993년의 분포도를 비교해 보면 흥미있는 변화가 목격된다. 1960년대의 분포도는 역 U

[표 9-2] 각 그룹의 경제성장률

		고소득국	중소득국	저소득국	최저성장국
경제성장률 (연평균)	1960~1980	2.7%	3.2%	2.1%	0.7%
	1980~1998	1.5%	1.3%	0.6%	−0.7%
1인당 실질소득 (달러)	1960	7117	2433	855	800
	1980	11475	4579	1385	978
	1990	13416	5365	1555	878
	1998	14788	6398	1808	885

주: 최저성장국은 저소득국중 성장률(1960-98)이 낮은 35개국
자료: Dowrick and Delong(2001)

5) 고소득국은 1960년에 1인당 실질소득이 5000달러 이상인 국가(19개국), 중소득국은 1500달러에서 5000달러 미만인 국가(35개국), 저소득국은 1500달러 미만인 국가(55개국)로 구분하고 있다.

그림 9-2 쌍봉수렴현상

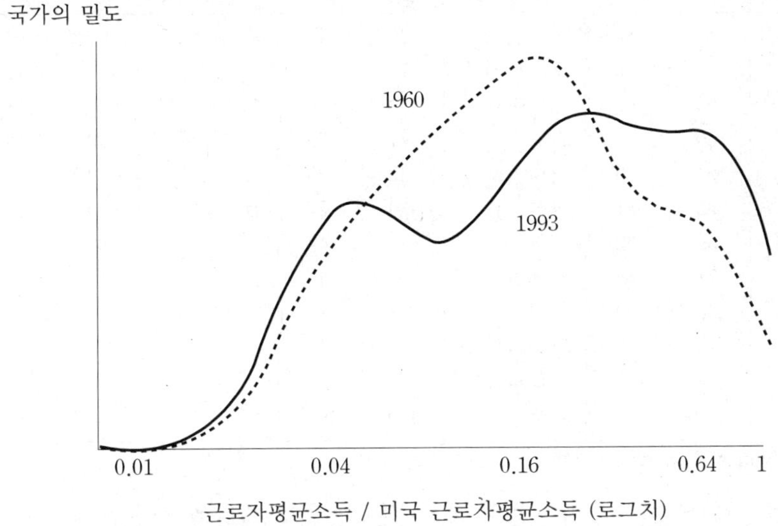

자료: Baldwin and Martin (1999)

자형의 모습으로 나타나고 있다. 즉 미국의 근로자 1인당 소득에 대비한 상대적 소득수준 (로그치)이 약 0.16이라는 수치에 가장 많은 국가들이 밀집되어 있고, 그 수준에서 벗어날수록 (양 방향 모두에서) 해당 국가들의 빈도가 줄어드는 모습을 보이고 있다. 즉 한 개의 봉우리를 갖는 모습의 분포도로서 나타나고 있다. 이에 비해 1993년의 분포도에는 두 개의 봉우리가 나타나고 있다. 그 하나의 봉우리는 약 0.04의 수준에서 나타나고 있다. 다른 하나의 봉우리는 명확한 정점을 찾기는 좀 어렵지만 분명히 0.16보다는 높은 수준에서 나타나고 있음을 볼 수 있다.

이와 같은 소득분포의 변화를 쌍봉수렴(Twin peak convergence)현상이라 부른다. 쌍봉수렴현상은 어느 수준 이상의 국가들간에는 소득의 수렴(즉 소득격차의 축소)이 이루어지고 있지만 그렇지 못한 국가들은 상대적으로 더욱 후퇴하는 모습을 보여 주고 있는 것이다. 즉 이는 소득의 수렴(convergece)과 발산(divergence)이라는 두 가지 모습을 모두 담고 있는 것이다. 소득의 수렴 추세에 참여하고 있는 국가들은 총칭하여 '수렴클럽'(convergence club)이라고 부른다. 요컨대 이 클럽에 참여하고 있는 국가들간에는 소득의 수렴이 이루어지고 있지만 이 클럽과 이 클럽에 참여하지 못하고 있는 국가들간의 소득격차는 확대되고 있다는 것이다.

[표 9-3] 소득의 수렴 및 발산(1850-1913)

국 가	1850	1913	국 가	1850	1913	국 가	1850	1913
캐나다	54	84	노르웨이	46	45	파키스탄	22	14
미국	77	105	오스트리아	70	69	중국	22	14
아르헨티나	56	75	네덜란드	80	78	인도네시아	28	18
아일랜드	40	54	프랑스	71	69	인도	23	13
독일	62	76	러시아	32	30	방글라데시	22	12
핀랜드	32	41	일본	30	27	브라질	30	17
스웨덴	55	62	체코	45	42	태국	30	17
벨기에	77	82	스페인	49	45			
이태리	46	50	스위스	92	84			
덴마크	72	75	헝가리	55	42			
멕시코	28	29	포루투칼	47	27			
영국	100	100	호주	130	109			

자료: Baldwin and Martin(1999)

그러면 이러한 쌍봉수렴현상은 과거에는 없었던 새로운 현상인가? 제1차 세계화 물결의 시대였던 19세기 후반에도 이와 유사한 소득분포의 변화가 있었던 것으로 목격되고 있다. [표 9-3]은 영국의 소득을 100으로 했을 때 각국가의 소득수준이 1850년에서 1913년간에 어떻게 변화했는지를 보여 주고 있다.

[표 9-3]에서는 국가들을 크게 세 개의 그룹으로 구분하고 있다. 첫번째 그룹은 영국과의 소득격차가 축소된 당시 선진권 국가들이다. 두 번째 그룹은 영국과의 소득격차가 다소 확대된 선진권 국가들이다(호주는 축소). 세 번째 그룹은 영국과의 소득격차가 확대된 당시 후진권 국가들이다. 두 번째 그룹의 경우 소득격차가 확대되기는 했지만 헝가리와 포르투칼을 제외하고는 그 정도는 매우 미미하다. 대체로 선진권 국가들간에는 소득의 수렴이 이루어지고 있는 모습을 보이고 있다. 반면 후진권 국가들과의 소득격차는 크게 확대된 모습이 드러나고 있다. 즉 1차 세계화 물결시에도 국가들의 소득분포가 쌍봉수렴의 모습으로 변하고 있음을 볼 수 있다.

이에 반해 세계화가 후퇴했던 시기인 1910-1950년의 기간중에는 이러한 부분적인 수렴현상은 나타나지 않은 채 전반적으로 국가들간의 소득격차가 확대되었던 것으로 목격되고 있다.[6] 즉 쌍봉수렴현상은 세계화의 진행과 분명히 관련된 현상이라 볼 수 있는 것이다.

6) Lindert and Williamson(2001)

그렇다면 세계화가 진행되는 시기에 수렴클럽에 참여하는 국가들은 어떤 국가들인가? 단지 어느 소득수준 이상 이라는 것이 수렴클럽에 참여할 수 있는 조건이 되는가? 우리는 앞장에서 이에 대한 답을 이미 보았다. 수렴클럽에 참여하기 위해서는 크게 두 가지 조건이 만족되어야 한다. 첫째, 세계화의 대열에 참여할 수 있는 어느 정도의 기초적인 여건—제도 및 정책수준, 교육수준, 사회인프라, 정부의 능력 등—이 마련되어 있어야 한다. 이러한 기초적인 여건이 마련되어 있지 못한 국가는 세계화를 활용하지 못하며 저성장 궤도에서 벗어나기 어렵다. 현재 대부분의 최저소득국들이 이러한 상황에 처해 있다고 볼 수 있을 것이다. 두 번째 조건은 세계화 추세에 적극적으로 참여해야 한다는 것이다. 앞장의 [표 8-2]에서 본 것처럼 세계화에 적극적으로 참여하는 개발도상국가들은 그렇지 못한 국가들보다 훨씬 높은 경제성장률을 보이고 있다. 이에 따라 세계화에 적극적으로 참여하고 있는 개발도상국들은 선진국과의 소득격차를 줄여나가고 있지만 그렇지 못한 국가들은 선진국과의 소득격차가 오히려 확대되는 모습으로 나타나고 있는 것이다.

요컨대 수렴클럽의 조건은 세계화에 참여할 수 있는 능력과 세계화에 참여하려는 의지를 모두 갖춘 나라들이라 할 수 있다.

3. 세계화와 후발국의 추격: 이론적 배경

쌍봉수렴현상의 핵심은 어느 정도 조건을 갖춘 후발국들이 선진국을 추격해가는 현상이라 할 수 있다. 다시 말해서 선진국보다 이러한 후발국들이 보다 빠른 경제성장을 하는 현상이다. 그리고 이러한 현상이 세계화가 급속히 진행되는 상황에서 특히 목격되고 있다는 것이다. 이는 이론적으로 어떻게 설명될 수 있을 것인가?

(1) 자본의 축적과 국가간 소득의 수렴

경제성장의 원천을 자본의 축적에서 찾는 경우에 일반적으로 예상되는 결과는 국가간 소득의 수렴이다. 이는 자본의 경우 일반적으로 수확체감의 법칙이 작

그림 9-3 자본축적과 경제성장

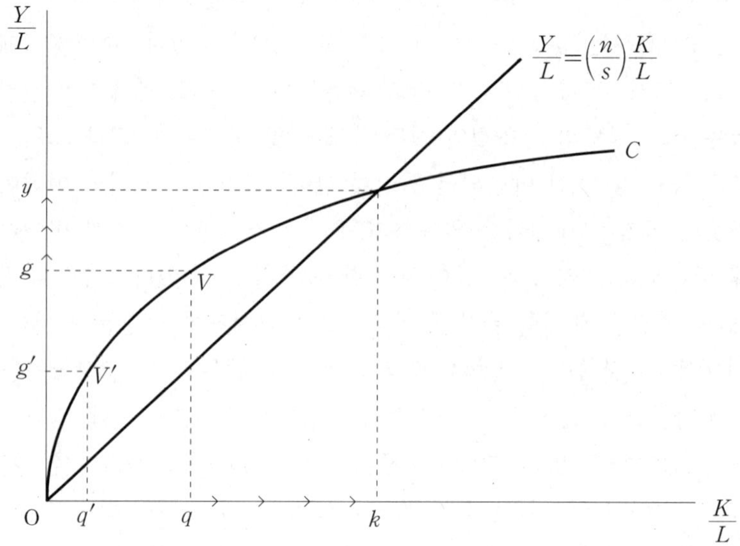

용하기 때문이다. 이를 다음과 같이 설명해 보자.

[그림 9-3]에서는 1인당 자본량과 1인당 소득(또는 생산량)간의 관계를 OC라는 곡선으로 표시하고 있다. 이 곡선은 오목한(원점에서 볼 때) 모습을 지니고 있는데, 이는 자본의 수확체감의 법칙을 반영하고 있는 것이다. 즉 자본의 양이 늘어날수록 추가적인 자본이 생산에 기여하는 부분은 줄어든다는 것이다(예컨대 한 사람이 기계 한 대를 갖고 100만큼을 생산한다면 기계 두 대를 갖고는 200만큼 생산하는 것이 아니라 이에 못미치는 180정도를 생산한다는 것이다). 1인당 소득은 1인당 자본량에 의해 결정된다. 1인당 자본량이 늘어나면 1인당 소득도 증가하고, 반대로 1인당 자본량이 줄어들면 1인당 소득도 줄어든다. 그러면 1인당 자본량의 변화를 가져오는 요인은 무엇인가? 1인당 자본은 $\frac{K}{L}$, 즉 이 나라의 $\frac{\text{총자본}}{\text{총인구}}$이므로 총자본의 증가율이 인구증가율보다 높으면 1인당 자본은 증가하고, 반대로 총자본의 증가율이 인구증가율보다 낮으면 1인당 자본은 감소할 것이다.

이 나라에서 I 만큼의 투자가 이루어졌다고 하자. 그러면 총자본은 I 만큼 증가할 것이다(즉 $\triangle K=I$). 그리고 투자는 이 나라의 국내저축에 의해서만 조달된다고 하자(즉 $I=S$). 그리고 이 나라의 총소득의 일정 부분이 저축으로 나타난다고 하자($S=sY$, s는 저축성향). 이를 정리하면 $\triangle K=sY$ 라는 관계가 나타날 것이다. 그리고 좌우변을 모두 K로 나누면 $\frac{\Delta K}{K}=\frac{sY}{K}$가 된다. 한편 이 나라의 인구증가율은 n 이라는 고정된 수치로 주어져 있다고 하자(즉 $\frac{\Delta L}{L}=n$).

따라서 $\frac{sY}{K}>n$, 즉 $sY>nK$ 이면 총자본의 증가율이 인구증가율보다 높으므로 1인당 자본량은 증가한다. 반대로 $sY<nK$ 이면, 총자본의 증가율이 인구증가율보다 낮으므로 1인당 자본량은 감소한다. 그리고 $sY=nK$ 이면 1인당 자본량은 변화가 없다. 그림에서 $\frac{Y}{L}=\left(\frac{n}{s}\right)\frac{K}{L}$ 이라는 직선을 보도록 하자. 이 직선의 위 영역에서는 $\frac{Y}{L}>\left(\frac{n}{s}\right)\frac{K}{L}$ 이라는 관계가 성립하며, 따라서 1인당 자본량이 증가하는 영역이다. 반대로 이 직선의 아래 영역에서는 $\frac{Y}{L}<\left(\frac{n}{s}\right)\frac{K}{L}$ 이라는 관계가 성립하고, 따라서 이 영역에서는 1인당 자본량이 줄어든다. 자 그러면 이 나라의 1인당 자본량은 어떻게 변화할 것인가? 지금 이 나라의 1인당 자본량이 q, 1인당 소득은 g라고 하자. 즉 이 나라는 V라는 점에 위치하고 있다. 그런데 V라는 점은 이 직선의 위의 영역에 있다. 따라서 이 나라의 1인당 자본량은 증가한다. 어디까지 증가할 것인가? 1인당 자본량이 k라는 수준에 도달할 때까지 증가할 것이다. 그리고 이때 이 나라의 1인당 소득은 y라는 수준이 될 것이다.

지금 또 다른 나라가 있다고 하자. 이 나라 역시 저축성향$=s$, 인구증가율은 n으로 앞의 나라와 같다고 하자. 그런데 이 나라는 앞의 나라에 비해 후진국이다. 즉 1인당 자본량은 q', 1인당 소득은 g'이 수준에 있다. 즉 V'이라는 점에 위치하고 있다. 그런데 V'이라는 점 역시 직선의 위 영역에 위치하고 있으며, 따라서 이 나라 역시 1인당 자본량이 증가하게 된다. 어디까지 증가할 것인가? 앞의 나라와 마찬가지로 k라고 하는 수준에 이를 때까지 1인당 자본량은 증가할 것이고 이때 이 나라의 1인당 소득 역시 y라는 수준이 될 것이다.

이 성장모델에서 저축성향과 인구증가율이 같은 국가들의 1인당 국민소득은 궁극적으로 같아진다. 즉 현재 소득수준이 낮은 국가는 소득수준이 높은 국가보다 더 빠르게 성장하고 그 결과 양국간의 소득격차는 궁극적으로 사라지게 된다. 이러한 결과가 나오는 이유는 자본의 투입과 소득간에 한계수확체감의 법칙이 작용하기 때문이다. 자본량이 큰 국가에 비해 상대적으로 작은 수준에 있는 국가에서는 일정한 양의 자본증가가 더 큰 폭의 소득증가로 연결되고, 따라서 저축을 통해 새롭게 축적되는 자본의 양도 크다. 즉 자본량이 작은 수준에 있는 국가에서 자본의 축적이 보다 빠른 속도로 이루어지게 되는 것이다.

물론 양국의 저축성향과 인구증가율이 다르다면 양국의 장기적인 소득수준은 완벽하게 같아지지는 않을 것이다. 그러나 그 차이가 그다지 크지 않는 한 후진국이 선진국에 비해 보다 빠르게 성장하고 소득격차가 점차 축소된다는 사실에는 큰 변화가 없을 것이다.

이 성장모델은 국가간의 자본이동을 상정하고 있지 않다. 즉 국가간에 자본의 이동이 이루어지지 않는 상황에서도 국가들간의 소득격차는 줄어든다는 것이다. 국가간의 자본이동이 이루어지면 어떻게 될까? 자본은 선진국(1인당 자본이 많은 국가)에서 후진국(1인당 자본이 적은 국가)으로 유입될 것이고, 이는 양국간의 소득격차를 줄이는 역할을 할 것이다. 즉 자본의 이동이 이루어지면 양국간의 소득격차는 보다 빠른 속도로 축소될 것임을 예상할 수 있을 것이다.

(2) 지식의 축적과 국가간 소득의 발산

앞의 자본축적 모델에서 가정한 것은 국가간의 생산기술 수준의 차이가 없다는 것이었다. 국가간에 생산기술 수준에 차이가 있으면 어떻게 되겠는가? 두 국가 A, B가 있다고 하자. 그리고 B국의 생산기술 수준이 A국보다 높다고 하자. 그러면 B국의 생산함수(1인당 자본량과 1인당 소득간의 관계를 나타내는 그래프)는 A국의 생산함수보다 위에 위치할 것이다. 이는 양국에서 1인당 자본량이 같다고 해도 1인당 생산량(즉 소득)은 생산기술 수준이 높은 B국에서 보다 많을 것이기 때문이다.

A, B 양국에서 1인당 자본량$\left(\frac{K}{L}\right)$은 k라는 수준에서 동일하다고 하자. 그리고 양국 모두에서 자본축적은 이루어지지 않는다고 가정하자. 또한 인구의 증가도 없다고 하자. 그러면 시간이 흘러도 양국에서 1인당 자본량은 k라는 수준에서 변화하지 않을 것이다. 그리고 각국의 생산기술 수준은 각각 그 나라가 갖고 있는 지식의 규모를 반영한다고 하자. 현재(현재라는 시점을 1로 표시하도록 하자) A국의 지식규모는 A(1), B국의 지식규모는 B(1)이라고 하자(A(1)<B(1)). [그림 9-4]에서 이때 A국의 1인당 소득은 a(1), B국의 1인당 소득은 b(1)으로 나타나고 있다(a(1)<b(1)).

지식의 규모와 생산량간의 관계는 수확체감의 법칙이 아니라 수확체증의 법칙이 작용한다고 하자. 즉 지식의 규모가 X배 증가하면 1인당 생산량은 X배 이

그림 9-4 지식의 축적과 경제성장

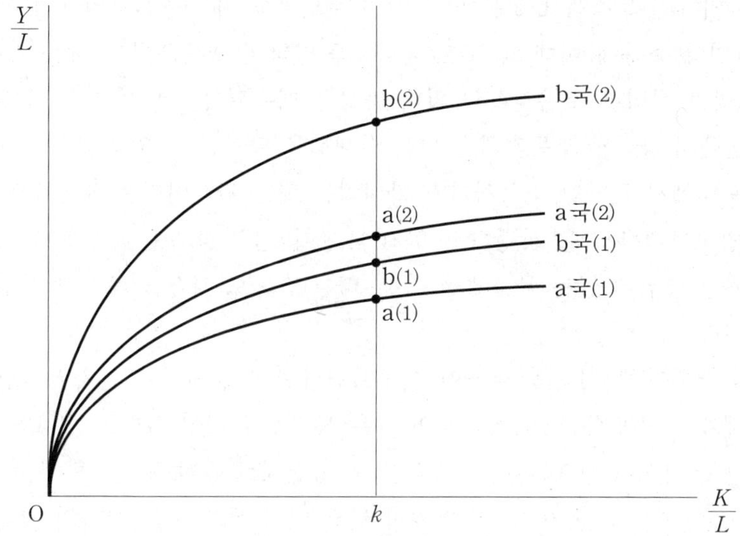

상으로 증가한다는 것이다(지식이라는 생산요소에 수확체증의 법칙이 나타날 수 있는 이유는 제7장에서 설명한 바 있다). 그리고 지식의 축적은 자본의 축적과 흡사하게 △지식$=\alpha Y$라는 관계에 의해 이루어진다고 하자. 이 관계는 다음과 같이 설명될 수 있다. 이 나라의 총 소득 Y의 일정비율(α)이 교육에 대한 투자에 투입된다고 하자. 그리고 교육에 대한 투자만큼 이 나라의 지식 규모가 증가한다고 보면 이 관계가 성립할 것이다. 또 다른 설명으로, 이 나라의 지식창출이 생산경험에서 이루어진다고 보는 경우에도 이 관계가 성립한다. 즉 생산을 많이 할수록(즉 Y가 클수록) 더 많은 생산경험을 하게 되고, 이는 더 많은 새로운 지식의 창출로 연결된다는 것이다. 이러한 효과를 학습효과(learning-by-doing)라 부른다.

그러면 미래에 양국의 소득수준은 어떻게 될 것인가? 구체적인 수치를 통해 살펴보도록 하자. 현재(즉 시점 1에서) A(1)=1, B(1)=1.2라고 하자. 그리고 1인당 소득(생산량)과 지식규모간에는 $\frac{Y}{L}=(\text{지식규모})^2$의 관계가 있다고 하자. 그러면 a(1)=1, b(1)=1.44가 될 것이다. 즉 현재 B국의 1인당 소득이 A국의 1인당 소득에 비해 44% 높다. $\alpha=0.2$라고 하자. 그러면 A국에서 새롭게 축적되는 지식은 0.2가 되고 미래(이를 시점 2라고 하자)에 A국의 지식규모는 1.2가 될 것이다. 반면 B국에서 새롭게 축적되는 지식은 0.288(=1.44×0.2)이 되고 미래에 B국의 지식규모는 1.488이 될 것이다. 그러면 미래에 A국의 1인당 소득 a(2)는 1.44가 되고 B국의 1인당 소득 b(2)는 약 2.21이 된다. 즉 미래에 B국의 1인당 소득은 A국의 1인당 소득에 비해 약 53% 높다. 즉 양국의 소득격차는 더욱 확대된 것이다. 그리고 이러한 소득격차의 확대 과정은 계속된다. 더욱 미래, 즉 3이라고 하는 시점에서 양국간 소득격차는 더욱 확대됨을 확인할 수 있을 것이다.

이 모델에서 국가간 소득격차가 확대되는 것은 지식이라는 생산요소에 수확체증의 법칙이 작용함을 상정하고 있기 때문이다. 지식수준에 우위를 점유하고 있는 국가는 열위에 있는 국가에 비해 더 빠른 속도로 지식을 축적하고 성장하게 되는 것이다.

만일 국가간에 지식의 확산이 이루어진다면 어떻게 되겠는가? 극단적으로 지식은 세계의 공공재(public goods)와 같은 성격을 지니고 있다고 해 보자. 즉 어느 나라에서 지식이 창출되든 그 지식은 세계 전체로 곧바로 전파되어 누구나 이에 접근할 수 있다고 하자. 그러면 말할 필요 없이 세계 모든 국가의 지식수준은 같아질 것이고 소득 역시 같아질 것이다. 즉 완벽한 지식의 확산하에서 세계 각국의 소득수준은 완전히 수렴될 것이다. 지식의 확산이 부분적으로 이루어진다면 어떻게 되겠는가? 예컨대 앞의 수치 예에서 B국이 A국을 초과하는 지식 규모(즉 1.488−1.2=0.288)의 일정 부분(30%)이 A국에 확산된다고 해 보자(시점 1에는 지식확산이 이루어지지 않다가 시점 2에서 양국간의 교류를 통해 지식확산이 이루어지게 되었다고 하자). 그러면 A국의 지식규모는 약 1.29가 될 것이고, A국의 소득은 1.66이 될 것이다. 즉 양국간의 소득격차는 33%로 축소되었다. 그리고 지식의 확산 정도가 클수록 양국간 소득격차는 더욱 줄어들 것이다.

국가간의 경제적 교류는 지식확산의 중요한 경로가 됨을 이미 언급한 바 있다. 따라서 국가간 경제적 교류가 확대될수록 지식의 확산이 보다 활발히 이루어지고, 지식의 축적이 경제성장의 중요한 원천인 상황에서도 국가간의 소득격차는 줄어들 수 있는 것이다.

(3) 후발국의 추격가설

경제발전 단계가 낮은 국가에서 중요한 경제성장 엔진의 하나는 선진국으로부터의 지식 흡수에 있다고 할 수 있다. 후발국의 추격가설(catch-up hypothesis)

이란 후발국이 선진국으로부터의 지식 흡수를 바탕으로 성장하면서 선진국과의 격차를 줄여나간다는 것이다. 이 가설은 크게 세 가지의 내용으로 구성된다. 첫째, 후발국이 선진국보다 성장 속도가 빠르다. 둘째, 선진국과의 격차가 큰 단계일수록 후발국의 성장 속도는 높다. 셋째, 그러나 선진국과의 격차가 지나치게 커서는 안 된다.

후발국이 선진국보다 성장 속도가 빠른 것은 선진국의 지식과 기술을 흡수 · 활용함으로써 선진국이 거쳐갔던 발전단계의 중간과정을 생략할 수 있기 때문이다. 선진국과의 격차가 큰 상태에서 더 빠른 성장 속도를 보이는 것은 후발국이 흡수할 수 있는 새로운 선진 지식의 규모가 그만큼 많기 때문이다. 선진국과의 격차가 줄어들수록 후발국에 의해 미흡수된 지식의 양은 줄어들고 후발국의 성장 속도는 둔화된다. 요컨대 배울 것이 많은 상태일수록 성장 속도는 빠르다는 것이다.

이와 같이 후진성이 큰 국가일수록 경제성장에서 유리하다는 점을 "상대적 후진성의 유리함"(the advantage of relative backwardness)이라 한다. 그러나 이러한 유리함이 현실화되기 위해서는 상대적 후진성이 지나치게 커서는 안 된다. 지나치게 후진적이어서 선진 지식을 흡수할 능력이 없고 이러한 국가는 추격궤도에 진입할 수 없다.

우리가 보통 베블렌-거셍크론 효과(Veblen-Gerschenkron effect)라 부르는 이 추격가설은 국가들간의 소득수렴을 설명하는 대표적인 이론이라 할 수 있다. 그리고 많은 실증적인 연구들은 이 가설의 타당성을 뒷받침하고 있다. 수렴클럽이란 명칭을 처음 도입한 Baumol과 Wolff(1988)는 현재 선진국들의 장기적인 소득 수렴추세의 배경으로 선진국으로부터 후발선진국으로의 지식확산의 역할을 강조하고 있다.

이 추격가설은 세계화의 시대에 어느 정도의 조건을 갖춘 후발국들이 선진국보다 빠르게 성장하여 이들간의 소득격차가 줄어든다는 사실에 적절하게 부합하는 모델이라 할 수 있다. 무역, 투자, 기술이전 등 선진국과의 경제적 교류는 후발국의 선진지식 흡수의 중요한 경로이다. 따라서 이러한 교류에 더욱 개방적이고 적극적으로 참여하는 후발국일수록 보다 강력한 추격세를 보일 수 있는 것이다.

4. 글로벌류션의 논리

세계화 시대의 최대의 승자는 선진국으로 생각하는 경향이 있다. 그러나 본 장에서 언급하고 있는 것은 세계화 시대의 최대의 승자는 선진국이 아니라 개발도상국들—어느 정도의 자격을 갖추고 세계화의 추세에 적극적으로 참여하는 개발도상국들—이라는 것이다. 이들은 세계시장을 대상으로 비교우위를 실현하고, 외국의 자본을 적극 유치하고, 선진 지식을 적극적으로 흡수함으로써 높은 경제성장을 이루고 있는 것이다.

그런데 이들 국가들이 높은 경제성장을 보이는 배경으로서 중요한 또 하나의 측면은 이들 국가들이 제도의 개선 역시 적극적으로 추구하고 있다는 것이다. 앞장에서 언급한 바와 같이 세계화의 정도가 높은 개발도상국들이 높은 경제성장을 보이는 것은 단순히 개방의 확대에만 기인하는 것이 아니며, 개방의 확대와 병행하여 적절한 국내제도의 개혁을 단행한 데 있는 것이다. 따라서 수렴클럽에 참여하는 국가들을 살펴보면, 이들은 소득의 수렴뿐만 아니라 제도적인 측면에서도 수렴되고 있는 모습을 보이고 있는 것이다.

그러면 어떤 방향으로 제도의 수렴이 이루어지고 있는가? 한마디로 민주주의와 자유시장경제에 부합하는 방향으로의 제도적 수렴이라 할 수 있을 것이다. 그리고 현재 이러한 방향에서 가장 발전된 제도 수준을 갖고 있는 나라들은 최선진국들이라 할 수 있다. 따라서 수렴클럽에 참여하는 국가들은 이러한 제도적 수준에 접근해 가고 있는 국가들이라고도 말할 수 있는 것이다. 마치 이 클럽에 속하는 후발국들이 선진국의 지식과 기술수준, 즉 기술적 변경(technology frontier)에 접근해 가는 것처럼, 선진국의 제도적 수준, 즉 제도적 변경(institution frontier)에 접근해 가는 것이다.

개방의 확대—이를 피상적인 세계화라 말할 수도 있을 것이다—는 경제성장의 필요조건이지만 충분조건은 되지 못한다. 제도의 개선이라는 조건이 함께 만족되어야 한다. 그런데 이들 두 가지 조건은 전혀 별개의 조건이 아니며 상당히 밀접하게 연결된 조건이라는 것이다. 특히 개방의 확대가 국내제도의 개선으로 연결되는 메커니즘이 존재하고 있다는 것이다.

개방이 확대되고 외국과의 교류가 확대되면 국내의 낙후된 제도의 개선을 유도하는 외부의 압력이 가중된다. 토마스 프리드만은 「렉서스와 올리브나무」에서 이러한 메커니즘을 "글로벌류션"(globalution: globalization + revolution), 즉 "외부로 부터의 혁명"이라는 명칭을 부여하고 있다.

> … 전자투자가 집단은 안정성, 예측가능성, 투명성에 큰 가치를 부여한다. 그리고 자의적이거나 범죄적인 재산 강탈없이 사유재산을 보호받고 그 사유재산을 마음대로 처분할 수 있는 상황에 높은 가치를 부여한다. 그런데 전자투자가 집단이 이러한 특질을 확보하기 위해서는 개발도상국에게 더 좋은 소프트웨어와 운영 체제 그리고 더 훌륭한 통치 체제, 그러니까 결국 민주주의의 구조물을 더 잘 갖추도록 독려할 수밖에 없는 것이다. 다시 말해 세계에서는 마오쩌뚱으로부터 메릴린치로 옮겨 가고자 할 때, 필히 제임스 메디슨**을 거치지 않을 수 없게 되어 있는 것이다. …

프리드만은 자본시장의 개방이 투명성의 제고, 기업의 회계기준 등 각종 기준의 강화, 부패의 감소, 언론의 자유 등 각종 자유의 확대, 금융제도의 발전 등 각종 국내제도의 개선으로 연결되는 메커니즘을 글로벌류션의 논리로서 설명하고 있다. 이러한 논리는 비단 자본의 교류에서만 나타나는 것은 아니다. 계약의 이행에 신뢰도가 떨어지는 국가, 공정한 경쟁을 배제하고 특정기업에 특혜를 주는 국가, 정정이 불안정한 국가, 그리고 최근에 나타나고 있는 것처럼 환경기준이나 근로기준이 미흡한 국가들은 상품의 교류, 즉 수출입 활동에서도 참여에 제약이 따른다. 국내제도의 수준이 미흡한 국가는 세계 상품 및 자본시장에서 환영받지 못한다. 일단 세계시장에 참여하기로 한 이상 국내제도를 시장친화적인 모습으로 바꾸어야 하는 것이다. 즉 개방과 외국과의 교류는 국내제도를 개선시키는 긍정적인 외압으로서 작용하는 것이다.

글로벌류션의 논리는 수동적인 입장에서 외부의 압력을 수용하는 것만을 단순히 의미하지 않는다. 더 나아가 이러한 외부의 압력을 활용하여 국내제도의 개선을 추진하는 능동적인 변화도 이의 한 측면이다. 개발도상국에서 국내제도의 개선이 어려운 이유 중의 하나는 이에 반대하는 저항세력이 강하기 때문이다. 이러한 저항세력과 대적하기에 정부의 힘이 약하다. 오히려 이러한 세력과 결탁하여 과거의 제도 및 관행에 안주하려는 것이 개발도상국 정부의 일반적인 모습이라 할 수 있다. 제도의 개선, 개혁에 의지를 갖고 있는 정부라면 이러한 국내의

** 미국 건국시조의 한 사람으로서 '헌법제정회의'에 참석해 연방헌법의 입안과 비준에 주도적인 역할을 했고, 1809년부터 1817년 사이 미국 대통령을 역임. 미국의 법률의 아버지로 추앙받음.

저항세력과 대적하기 위해 외부의 압력을 적극적으로 활용할 수 있는 것이다. 중국이 WTO 가입을 적극 추진했던 것은 세계시장에 참여하겠다는 의지와 함께, 이를 통해 국내 개혁을 가속화하겠다는 의지도 작용한 것이다. 우리나라의 OECD 가입은 우리의 제도와 관행을 선진화하는 데 기여하고 있다. OECD 가입이라는 외압이 없었다면 우리 스스로 이러한 제도 개선을 추진하기 어려웠을 것이다.

요컨대 개방의 확대는 국내제도의 개선으로 연결되는 고리가 존재하는 것이다. 그리고 이러한 연결고리를 통해 개방의 확대와 경제성장간의 관계가 더욱 밀접히 나타나는 것이다.

제10장
세계화와 국내 소득격차

1. 세계시민의 소득분배

먼저 지구촌 세계시민의 소득분배 상황을 살펴보도록 하자. 세계에는 빌 게이츠와 같은 갑부가 있는가 하면 초근목피로 연명하는 사람도 있다. 세계시민들의 소득분포는 얼마나 불평등할까?

먼저 소득분배 상황을 측정하는 방법에 대해 살펴보도록 하자. 한 국가 내에서 국민들의 소득분배 상황을 나타내는 대표적인 지표로서 지니계수(Gini index)라는 지표가 있다. 이는 다음과 같이 측정된다. 예를 들어 인구가 100명인 국가가 있다고 하자. 그리고 이 국가에서 이들 100명이 얻은 총소득이 100억 원이라고 하자. 이들 100명을 소득순으로 정렬을 하자. 하위의 20명(즉, 하위소득 20% 계층)이 얻은 총소득이 5억(즉, 이 나라 총소득의 5%), 하위의 40명(즉, 하위소득 40% 계층)이 얻은 총소득이 16억 원(즉, 이 나라 총소득의 16%), 하위 60명이 얻은 총소득이 35억 원, 하위 80명이 얻은 총소득이 60억 원이라고 하자. 하위 100명이 얻은 소득은? 당연히 100억 원이다. 이러한 소득분배 상황을 [그림 10-1]에서처럼 표시해 보자. [그림 10-1]에서 횡축은 인구의 누적비율, 종축은 소득의 누적 점유율이다. 그러면 이 나라의 소득분배 상황은 O와 O′점을 연결하는 하나의 곡선으로 나타날 것이다. 이와 같이 한 나라의 인구의 누적비율과 소득의 누적점유율간의 관계를 표시한 곡선을 로렌츠 곡선(Lorenz curve)이라 부른다.

만일 이 나라의 소득분배가 완벽하게 평등한 상태, 즉 각각 1억 원씩의 소득을 얻고 있는 상태면 어떻게 되겠는가? 이 나라의 소득분배 상황은 O와 O′을 연결하는 45도 직선으로 나타날 것이다. 반대로 한 사람이 100억 원 소득을 모두 얻

그림 10-1 지니계수

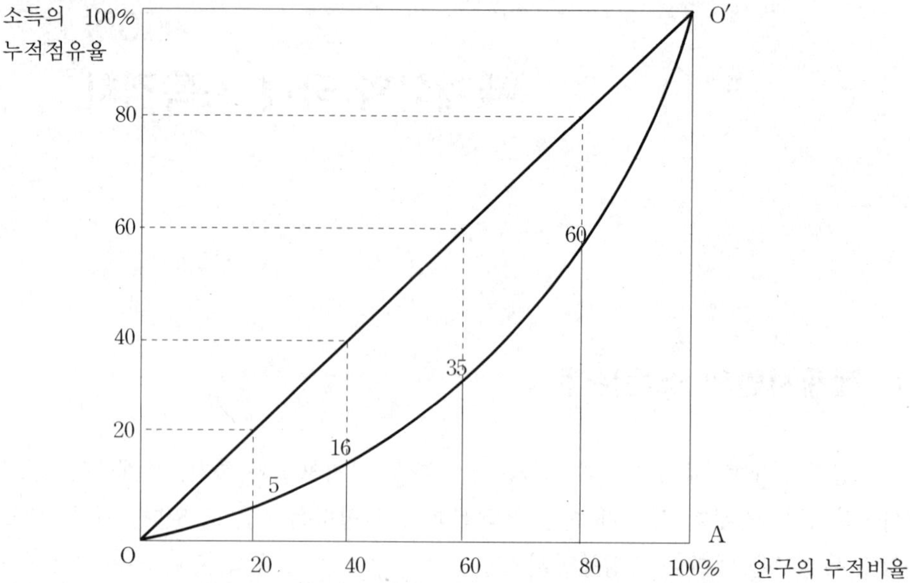

고 나머지 99명은 전혀 소득이 없는 상태, 즉 완벽하게 불평등한 상황이라면 이 나라의 소득분배 상황은 OAO′으로 나타날 것이다. 따라서 로렌즈 곡선은 이러한 극단적인 두 가지 경우의 사이에 위치하는 곡선의 모습을 지니게 된다. 한 나라의 소득분배 상황이 보다 평등한 모습을 지닐수록 로렌츠 곡선은 45도 직선에 근접한 모양을 갖게 된다. 반대로 소득분배의 불평등 정도가 클수록 로렌츠 곡선은 아래로 늘어지는 형태를 갖게 된다.

지니계수란 로렌츠 곡선과 45도 직선 사이에서 형성되는 부분의 면적을 삼각형 OAO′의 면적으로 나눈 수치를 말한다. 따라서 소득분배가 완벽하게 평등한 상태인 경우 지니계수는 0이고, 소득분배가 완전히 불평등한 상태인 경우 지니계수는 1이 된다. 즉 지니계수는 0과 1사이의 수치로 나타나며, 소득분배가 보다 평등한 상태일수록 지니계수의 값은 작다.

그러면 지구촌을 하나의 국가처럼 생각하고 지구촌 시민들의 소득분배 상태를 살펴보면 불평등 정도는 어느 정도일까? 최근에 몇몇 연구는 지구촌 사회의 지니계수를 측정한 결과를 제시하고 있다(보다 정확히 말하면 추정한 결과라 할 수 있다. 왜냐하면 지구촌 시민의 소득분배 상황에 대해 충분한 자료를 구할 수는 없으며, 다소 불충분한 자료로부터 결과를 추정할 수밖에 없는 것이다). 연구결과간에 차이가 있기는 하지만 대체로 0.6에서 0.65정도의 수치가 제시되고 있다. 그러면 이는 어느 정도 불평등한 정도를 나타내는가? 우리가 세계에서 가장 빈부격차가 심한 국가들로 중남미국가들을 거론하곤 한다. 그런데 이들 중남미국가들의 지니계수는 대체로 0.55에서 0.6정도로 나타난다(브라질(0.59), 볼리비아(0.59), 칠레(0.58), 나카라구아(0.6) 등). 따라서 지구촌의 소득분배 상황은 이들 개개 국가 내의 상황보다 더 나쁘다고 할 수 있다(이는 당연한 결과일 것이다).

그러면 지구촌 시민의 소득불평등의 정도는 더 심화되고 있는가 아니면 개선되고 있는가? Bourguignon과 Morrisson(2002)의 연구는 1820년부터 1992년까지의 장기적인 기간 동안 지구촌 시민의 소득분배 상황을 추적하고 있다. 이들의 연구에 따르면 세계 시민의 소득불평등 정도는 1820년부터 계속 심화되는 추세를 보이다가 1980년대 이후부터는 대체로 정체 상태를 보이고 있는 것으로 나타나고 있다.

이러한 세계시민의 소득불평등은 국가들간의 소득불평등과 국가 내에서의 소득불평등이라는 두 가지 불평등 요소에 기인하고 있다. 만일 각국가 내에서 모든 국민들이 동등한 소득을 얻고 있다면 세계 시민의 소득불평등은 오로지 국가간의 소득격차에 기인할 것이다. 각 국가의 1인당 평균소득이 모두 같다면 세계시민의 소득불평등은 오로지 국가 내의 소득불평등에 기인할 것이다. 그러면 세계 시민의 불평등 상황은 이 중 어떤 불평등 요소에 의해 보다 영향을 받고 있는가?

이러한 분석—전체가 몇 개의 그룹으로 구성되어 있을 때, 전체를 대상으로

[표 10-1] 세계시민의 소득분배 상황

	1820	1850	1890	1910	1929	1950	1960	1970	1980	1992
소득 점유율										
하위 20%	4.7	4.3	3.4	3.0	2.9	2.4	2.4	2.2	2.0	2.2
하위 40%	13.5	12.1	9.9	8.8	8.2	6.8	6.8	6.1	5.7	6.4
하위 60%	25.7	23.3	19.5	17.6	16.7	14.2	14.1	12.8	12.5	13.5
하위 80%	43.7	40.7	35.0	33.0	32.3	31.1	31.9	30.4	29.5	28.2
상위 10%	42.8	45.2	49.8	50.9	49.8	51.3	50.0	50.8	51.6	53.4
상위 5%	31.8	32.2	34.9	35.7	35.0	35.5	34.1	34.2	35.0	36.0
지니계수	0.500	0.532	0.588	0.610	0.616	0.640	0.635	0.650	0.657	0.657

자료: Bourguignon and Morrisson(2002)

한 불평등 정도가 각 그룹간의 불평등 정도와 그룹 내의 불평등 정도에 각각 어느 정도 기인하는지를 알아보고자 하는 분석—에 적합한 소득불평등 지표로서 평균 로그편차(mean log deviation)란 지표가 있다(지니계수는 이런 분석에는 적합한 지표가 되지 못한다). 이는 각 개인의 소득과 평균소득간의 차이에 로그를 취한 값들을 평균한 수치이다.[1] 이 지표는 개략적으로 소득의 평균치와 중앙값(median)간의 격차를 나타낸다. 즉 평균소득이 5천달러이고 소득순서로 중앙에 위치하고 있는 사람(가장 보통사람이라 할 수 있을 것이다)의 소득이 천달러라면, 이 사회의 보통사람의 소득은 이 사회의 평균소득보다 80% 적다는 것이고 평균로그편차는 약 0.8 정도가 된다. 따라서 이 지표의 수치가 클수록 소득의 불평등 정도가 크다고 볼 수 있다.[2]

이 지표는 전체의 불평등 정도를 각 그룹간의 불평등 정도와 그룹 내의 불평등 정도로 분할할 수 있다.[3] [표 10-2]는 이러한 방법에 의해 세계시민의 소득불평등 정도를 국가간 불평등 정도와 국가 내 불평등 정도로 분할한 것이다.

[표 10-2]는 다음과 같이 이해하면 된다. 먼저 전체 불평등 정도를 보면 지니계수의 경우와 마찬가지로 1970년대까지는 계속 불평등 정도가 심화되는 모습을 보이고 있다. 지니계수의 경우 이후 불평등 정도가 정체되는 모습을 보였는

[표 10-2] 세계시민의 소득불평등 정도 (평균로그편차)

	1820	1850	1870	1890	1910	1929	1950	1960	1970	1980	1992
국가간 불평등	0.053	0.111	0.162	0.217	0.269	0.334	0.472	0.466	0.518	0.528	0.495
국가 내 불평등	0.370	0.374	0.382	0.393	0.399	0.356	0.303	0.300	0.304	0.321	0.332
전체 불평등	0.422	0.485	0.544	0.610	0.668	0.690	0.775	0.766	0.823	0.850	0.827

자료: 상과 동

1) $\frac{1}{N}\sum_{i=1}^{N}\log\left(\frac{\bar{y}}{y_i}\right)$

2) 평균소득과 소득의 중앙값간의 차이가 소득불평등 정도를 보여 주는 지표가 될 수 있음을 쉽게 이해할 수 있을 것이다. 비교적 평등한 사회라면 보통사람이 이 나라의 평균소득 정도를 받을 것이다. 일부 고소득자들이 이 사회의 소득을 거의 대부분 점유하고 있고 대부분의 사람들은 매우 낮은 소득수준에 있다면 보통사람의 소득 역시 매우 낮은 수준일 것이고 이 나라의 평균소득과의 격차는 매우 클 것이다.

3) 전체를 대상으로 한 평균로그편차를 L, 각 그룹의 평균로그편차를 $L_j(j=1.2, \cdots m)$라 하자. 그러면 다음의 관계가 성립한다.

$$L=\sum_{i=1}^{N}\frac{1}{N}\log\left(\frac{Y/N}{y_i}\right)=\sum_{j=1}^{m}\left(\frac{N_j}{N}\right)L_j+\sum_{j=1}^{m}\frac{N_j}{N}\log\left(\frac{Y/N}{Y_j/N_j}\right)$$

데, 이 지표의 경우에는 이후 불평등 정도가 약간 개선된 것으로 나타나고 있다. 1820년에 지구촌의 보통 시민의 소득수준은 세계의 1인당 평균소득 수준의 약 58% (즉 약 42% 정도 적은 수준)였는데, 1992년에는 약 17%로 줄어들었다는 것이다.

국가 내의 불평등 정도는 각국가 내에서의 불평등 정도를 가중 평균한(즉 인구에 가중치를 부여한) 수치이다. 그리고 국가간 불평등 정도는 각국의 1인당 국민소득의 차이를 비교한 것으로 역시 인구에 가중치를 부여한 수치이다. 이 지표를 사용한 국가간 불평등 정도의 추세는 이미 앞장에서 [그림 9-1]로 살펴본 바 있다. 국가 내 불평등 정도의 경우 1910년대까지 심화되다가 이후 1960년대까지 개선되는 추세를 보이고 있다. 그리고 1970년대 이후 다시 불평등 정도가 심화되는 모습을 보이고 있다.

1920년대까지는 세계시민의 소득불평등이 주로 국가 내의 소득불평등에 기인한 반면 2차대전 이후에는 주로 국가간 소득불평등에 기인하고 있음을 볼 수 있다. 1992년의 경우 세계시민의 소득불평등 정도의 약 60%는 국가간 소득불평등에, 그리고 나머지 40% 정도가 국가 내 소득불평등에 기인하고 있는 것으로 나타나고 있다. 즉 지구촌을 대상으로 하면 국가간 불평등이 국내 불평등보다 더 중요한 비중을 차지하는 문제라 할 수 있다. 그러나 사람들에게 관심이 있는 것은 지구촌의 불평등이나 국가간의 불평등 문제보다는 국내의 불평등 문제라고 할 수 있을 것이다. 다른 나라 사람이 어떻게 사나 보다는 옆집 사람이 어떻게 사나 하는 것에 관심을 더 갖는 것이 인지상정일 것이다.

우리나라는 빈부격차가 큰 나라?

수업중 우리나라는 빈부격차가 큰 나라라고 생각하는가 하고 물어보면 과반수 이상의 다수의 학생들이 그렇다고 답한다. 일반 국민들에게 물어보아도 아마 마찬가지일 것이다. 그러나 그렇지 않다. 다른 나라와 비교해 보면 우리나라의 소득분배는 매우 양호한 편에 속하는 국가라 할 수 있다.

2001년 세계은행에서 발표한 세계개발지수(World Development Indicators)에 나타나고 있는 각국의 소득분배상황을 살펴보자. 1993년 우리나라의 지니계수는 31.6으로 나오고 있다(우리가 본문에서 정의한 지니계수에

100을 곱한 수치이다). 우리나라보다 낮은 지니계수를 갖고 있는 나라는 그렇게 많지 않다. 미국의 경우 지니계수는 40.8로 나타나고 있다. 우리나라보다 미국이 훨씬 소득불평등이 심한 국가라는 것이다. 우리나라보다 지니계수가 낮은 국가로는, 오스트리아(23.1), 벨기에(25), 덴마크(24.7), 핀랜드(25.6), 이태리(27.4), 일본(24.9), 룩셈부르크(26.9), 노르웨이(25.8), 스웨덴(25.0), 독일(30.0) 등이다. 호주(35.2), 캐나다(31.5), 프랑스(32.7), 그리스(32.7), 네덜란드(32.6), 영국(36.1), 아일랜드(35.9) 등 선진국들은 우리나라보다도 오히려 지니계수가 높게 나타나고 있다.

지니계수가 매우 높은 나라들을 보면, 브라질(59.1), 칠레(57.5), 콜롬비아(57.1), 멕시코(51.9), 파라과이(57.7), 남아공(59.3), 잠비아(52.6) 등이다. 중국(40.3), 인도(37.8), 말레이시아(49.2), 러시아(48.7), 태국(41.4) 등도 비교적 높은 지니계수를 보이고 있다.

이 수치들은 조사연도가 국가마다 조금씩 다르고 조사방법도 다소 차이가 있을 수 있기 때문에 국가간에 소득분배 정도의 차이를 정확히 보여 주는 수치라 보기 어려운 점도 있다. 그러나 지니계수는 단기간에 큰 변동성을 보이는 지수가 아니기 때문에 이 수치들을 통해 어느 정도 국가간 비교가 가능하다고 볼 수 있을 것이다. 우리나라 지니계수의 경우 통계청 발표로는 1985년 34.5, 1993년 31.0, 1996년 29.5로 개선되다가 외환위기 이후 다소 높아진 것으로 나타나고 있다.

소득수준이 높을수록 소득분배의 불평등 정도도 완화된다는 쿠즈네츠의 가설을 생각해 보면, 우리나라의 지니계수가 우리나라보다도 소득수준이 훨씬 높은 상당수의 선진국들보다도 낮다는 것은 특이한 점이라 할 수 있을 것이다. 우리나라는 분명히 소득수준에 견주어 매우 평등한 사회라 평가할 수 있다. 즉 우리나라는 성장뿐만 아니라 분배 차원에서도 매우 모범적인 성과를 보인 국가라 할 수 있는 것이다. 국가간의 비교라고 하는 기준을 통해서 보면 이러한 사실이 쉽게 눈에 들어오는 것이다.

2. 국내 소득불평등의 추세 및 현황

세계의 소득불평등의 추세에 대해 좀더 살펴보도록 하자. Clark 등(2001)은 1960년대 이후부터 지금까지 약 100여개국 이상의 보다 풍부한 자료를 갖고 세계의 소득불평등 정도를 추정하였다. 각 5년을 단위로 하여 세계의 소득불평등 정도의 변화 추세는 [그림 10-2]와 같이 나타나고 있다. 1980년대 이후 세계시민의 소득불평등 정도는 정체 내지 약간 개선된 모습을 보이고 있다. 국가간의 소득불평등 정도는 줄어든 반면 국가내 소득불평등 정도는 다소 심화된 모습을 보이고 있다. 이는 Bourguignon과 Morrisson의 추정 결과와 대체로 일치한다.

[그림 10-3]은 선진국 그룹 내에서의 소득불평등 정도의 변화 추세를 보여주고 있다. 2차대전 이후 1980년대 초반까지 선진국 그룹 내에서의 소득불평등 정도는 크게 개선되는 모습을 보이고 있다. 국가간의 소득격차, 국내 소득격차 모두 줄어드는 추세를 나타내고 있다. 그러나 1980년대 중반 이후부터 한 가지 뚜렷한 변화가 목격되고 있다. 국가간 소득격차는 계속 축소되고 있지만 국내 소

그림 10-2 세계의 소득불평등 추세

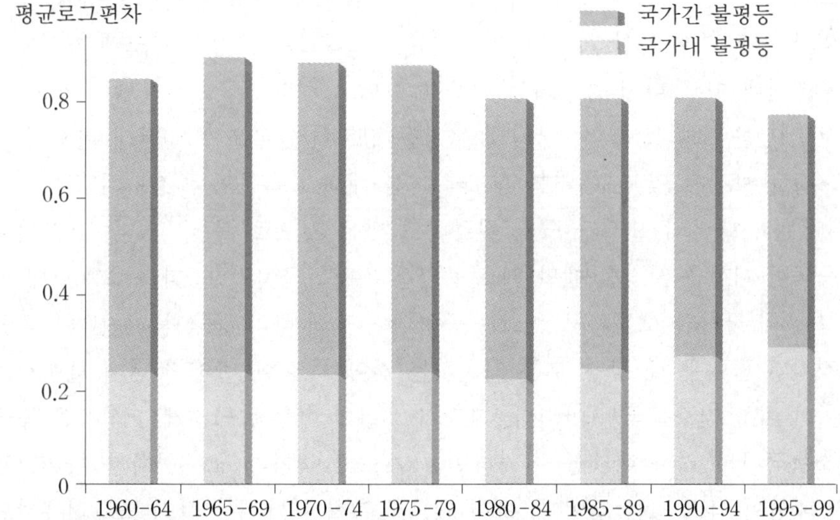

자료: Clark 등(2001)

그림 10-3 선진국 그룹의 소득불평등 추세

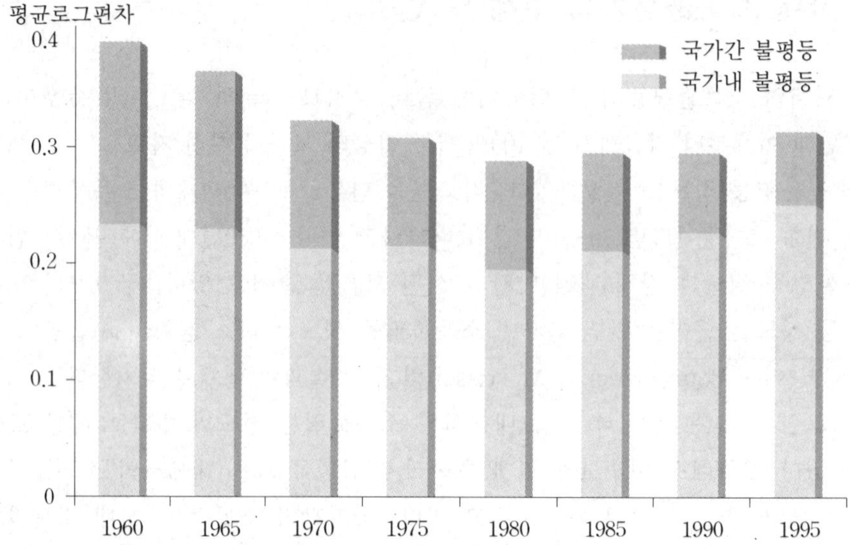

자료: Clark 등(2001)

득격차는 확대되는 양상을 보이고 있는 것이다. 이에 따라 선진국 그룹 내의 소득불평등 정도는 다소 증가하는 모습을 보이고 있다.

[그림 10-4]는 개도국 그룹 내에서의 소득불평등 정도의 변화 추세를 보여주고 있다. 1980년대 들어 개도국 그룹 내에서 소득불평등 정도는 크게 개선되었다가 1990년대 이후 다시 증가하는 모습을 보이고 있다. 국가간 불평등 정도 역시 같은 패턴을 보이고 있다. 국가내 불평등 정도의 경우도 1990년대 이후 증가하는 모습을 보이고 있다. 이러한 개도국 그룹 내의 소득불평등 정도의 변화에는 중국이라는 거대국의 요소가 크게 작용하고 있는 것으로 볼 수 있다. 1980년대 초반 중국이 개혁을 시작할 때만 해도 중국은 저소득국이었다. 따라서 80년대 개도국 그룹 내 국가간 소득격차 축소는 중국의 성장에 따라 중국과 선진 개도국들간의 격차가 줄어든 데 상당 부분 기인하는 것이다. 이에 반해 90년대 들어서면 중국은 더 이상 저소득국이 아니다. 따라서 90년대 이후 중국경제의 성장은 중국과 저소득국간의 격차 확대를 야기하면서 개도국 국가간 소득격차가 확대되는 중요한 배경이 되고 있는 것이다. 또한 개도국 그룹 내에서 전반적으로 신흥개도국들(중국을 포함한)과 저소득국간에 소득격차가 확대되는 추세를 보이고 있음은

그림 10-4 개도국 그룹의 소득불평등 추세

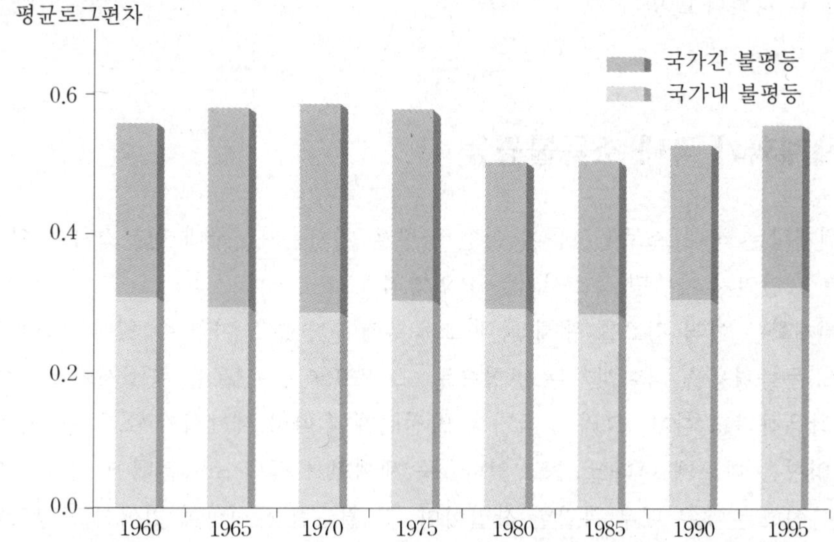

자료. Clark 등(2001)

앞장에서 설명한 바 있다. 개도국 그룹 내에서 국내 소득불평등 정도가 90년대 들어 증가하는 모습을 보이는 것도 중국이란 요소가 크게 작용하고 있다고 볼 수 있다. 중국이 고도의 경제성장을 하면서 도시와 농촌지역간의 격차가 확대되는 현상이 나타나고 있는 것이다.

즉 80년대 중반 이후 세계의 소득분배에 있어 국가내의 소득불평등이 증가하는 모습을 보이고 있는 것은 선진국 그룹에서 국내 소득불평등의 정도가 전반적으로 증가했고 인구에서 큰 비중을 차지하고 있는 중국에서 국내 소득불평등 정도가 증가한 데 기인하고 있다고 볼 수 있다. 여타 개도국들의 경우 국내 소득불평등 정도의 변화에 있어 뚜렷한 추세는 목격되지 않고 있다.

물론 여기서 주의할 것은 국내 소득불평등 정도의 변화는 국가간에 차이가 있다는 것이다. 선진국 그룹에서 전반적으로 소득불평등 정도가 심화되었다는 것이 모든 선진국에서 소득불평등 정도가 심화되었다는 것을 의미하는 것은 아니다. 소득불평등 정도가 개선된 국가들도 있다. 단지 이 그룹에 속하는 국가들의 평균적인 추세를 의미할 뿐인 것이다. 개도국 그룹에 있어서도 마찬가지다. 중국과 같이 소득불평등 정도가 심화된 국가가 있는가 하면 개선된 국가들도 있다. 인도의 경우 절대빈곤층의 급격한 감소에 따라 국내 소득불평등 정도도 개선된 것으로 나타나고 있다.

3. 세계화와 국내 소득불평등

세계화는 국내 소득불평등에 어떤 영향을 미치는가? 국내 빈부격차를 확대시키는 요인인가 아니면 축소시키는 요인인가?

세계화는 여러 경로를 통해 국내 소득분배에 영향을 미칠 수 있다. 어떤 경로는 소득불평등을 심화시키는 방향으로, 그리고 어떤 경로는 축소시키는 방향으로 작용하기도 한다. 그리고 국가의 발전단계에 따라 세계화가 소득분배에 미치는 영향은 다르게 나타날 수도 있다. 즉 세계화가 국내 소득분배에 미치는 영향을 분석하는 것은 매우 복잡한 작업이며, 그 결과를 해석함에 있어서도 상당히 조심할 필요가 있다.

본절에서는 세계화가 어떤 경로를 통해 국내 소득불평등에 어떤 영향을 미칠 수 있는지에 대해 살펴보기로 하자.

(1) 직접적인 경로

우리는 제 2 부에서 세계화의 논리에 대해 살펴보면서 세계화가 국내 소득분배에 미치는 영향에 대해서도 부분적으로 언급한 바 있다. 그 내용을 정리해 보도록 하자.

가. 자유무역과 국내 소득분배

헥셔-오린 모델에서 유도되는 스톨퍼-사무엘슨 정리를 기억하는가? 자유무역을 하면 각국에서 상대적으로 풍부하게 갖고 있는 생산요소의 가격은 올라가고 그렇지 못한 생산요소의 가격은 떨어진다는 것이었다. 즉 자본이 풍부한 국가에서는 자본의 가격은 올라가고 임금은 떨어지고, 반대로 노동이 풍부한 국가에서는 임금은 올라가고 자본의 가격은 떨어진다는 것이었다.

선진국은 대체로 자본풍부국, 개도국은 노동풍부국이라 할 수 있을 것이다.

그리고 부자와 가난한 자의 차이는 주로 갖고 있는 자본의 차이에서 발생한다고 하자(극단적으로 부자는 자본가, 가난한 자는 노동자라고 생각해 보자). 그러면 이 정리에 따르면 자유무역의 결과 선진국에서는 빈부격차가 확대되고 개도국에서는 빈부격차가 축소될 것으로 예상할 수 있다.

헥셔-오린 모델에서 노동과 자본이라는 두 개의 생산요소 대신에 비숙련노동자(즉 단순 노동자)와 숙련노동자(즉 고급 기술자나 화이트칼라)라는 두 개의 생산요소로 대체해 보자. 그러면 스톨퍼-사무엘슨 정리에 따르면 다음과 같이 말할 수 있을 것이다. 자유무역을 하면 숙련노동자가 풍부한 국가에서는 숙련노동자의 임금은 올라가고 비숙련노동자의 임금은 하락하며, 비숙련노동자가 풍부한 국가에서는 비숙련노동자의 임금은 올라가고 숙련노동자의 임금은 하락한다. 그런데 선진국은 대체로 숙련노동자가 풍부한 국가, 그리고 개도국은 비숙련노동자가 풍부한 국가라 할 수 있을 것이다. 따라서 선진국에서는 자유무역의 결과 숙련노동자와 비숙련노동자간의 임금격차가 확대되고, 반대로 개도국에서는 임금격차가 축소될 것이다. 빈부격차가 주로 임금의 격차에 기인하고 있다면, 자유무역은 선진국에서는 역시 빈부격차를 확대시키고 개도국에서는 빈부격차를 축소시키는 방향으로 작용할 것이라 예상할 수 있다.

나. 자본의 이동과 국내 소득분배

자본이동의 효과에 대해 살펴보면서 자본이 유입된 국가에서는 자본가격의 하락과 임금의 상승이, 자본이 유출된 국가에서는 자본가격의 상승과 임금의 하락이 나타남을 언급한 바 있다. 선진국은 대체로 자본의 유출국가, 개도국은 자본의 유입국가라 할 수 있을 것이다. 그렇다면 자본의 이동은 선진국에서는 빈부격차의 확대, 개도국에서는 빈부격차의 축소를 가져올 것으로 예상할 수 있을 것이다.

외환위기는 자본이동에 따른 필연적인 현상은 아니지만, 이에 제대로 대처하지 못한 국가, 주로 개도국에서 발생할 수 있음을 언급한 바 있다. 외환위기 상황에서는 단기간에 걸쳐 실업자가 양산되고 절대빈곤층도 증가한다. 이에 따라 빈부격차가 일시적으로 확대되는 상황이 나타난다. 외환위기를 자본이동의 확대에 따른 부작용으로 본다면, 자본이동은 이러한 개도국의 빈부격차를 확대시키는 요인이 될 수도 있는 것이다.

다. 인력의 이동과 국내 소득분배

인력의 이동 문제는 우리가 별도로 살펴보지는 않았지만 자본의 이동과 같은 맥락으로 분석될 수 있다. 외국으로부터 인력이 유입되는 국가에서는 임금의 하락이, 인력이 유출되는 국가에서는 임금의 상승이 나타날 것으로 예상할 수 있다. 이에 따라 인력의 유입국에서는 빈부격차가 확대되고 유출국에서는 빈부격차가 축소되는 방향으로 소득분배가 변화할 것으로 예상할 수 있다.

어떤 성격의 인력이 이동하는가에 따라 상황은 달라질 수 있다. 단순노동자가 대거 유입되는 경우 단순노동자의 임금 하락으로 빈부격차가 확대될 수 있다. 반대로 숙련노동자가 대거 유입된다면 숙련노동자의 임금 하락으로 빈부격차는 오히려 축소될 수도 있을 것이다. 그런데 현재 세계 인력이동에서 주종을 이루는 것은 개도국 비숙련노동자의 선진국에의 유입이라 할 수 있으며, 이는 선진국에서 빈부격차를 확대시키는 요인이 될 수 있는 것이다.

라. 지식기반사회와 국내 소득분배

지식기반사회의 하나의 배경에는 세계화가 위치하고 있음을 언급한 바 있다. 그리고 지식집약형 산업에서는 전통적인 산업과 달리 수확체증의 법칙이 작용할 수 있으며, 이러한 상황에서는 치열한 경쟁 끝에 살아남는자의 속칭 승자독식 현상이 나타날 수도 있음을 지적한 바 있다. 물론 이는 경제전체에 보편화할 수 있는 현상은 아니지만 세계화의 단면으로 흔히 제시되는 현상이기도 하다.

이러한 현상은 분명히 빈부격차를 확대시키는 요인이 될 수 있을 것이다. 그리고 지식집약산업은 개도국보다는 선진국에서 비중이 큰 산업이라 할 수 있으며, 따라서 주로 선진국에서 빈부격차를 확대시키는 요인이 될 수 있을 것이다.

(2) 경제성장을 통한 간접적 경로

세계화가 경제성장을 촉진하는 요소임은 언급한 바 있다. 그런데 경제성장과 국내 소득불평등간에는 쿠즈네츠(Kuznets)의 가설이라 불리는 관계가 존재하고 있다. 쿠즈네츠의 가설이란 경제성장의 초기에는 국내 소득분배가 악화되지만 후기에는 소득분배가 개선된다는 것으로, 즉 경제수준(1인당 소득수준)과 국내

그림 10-5 쿠즈네츠의 가설

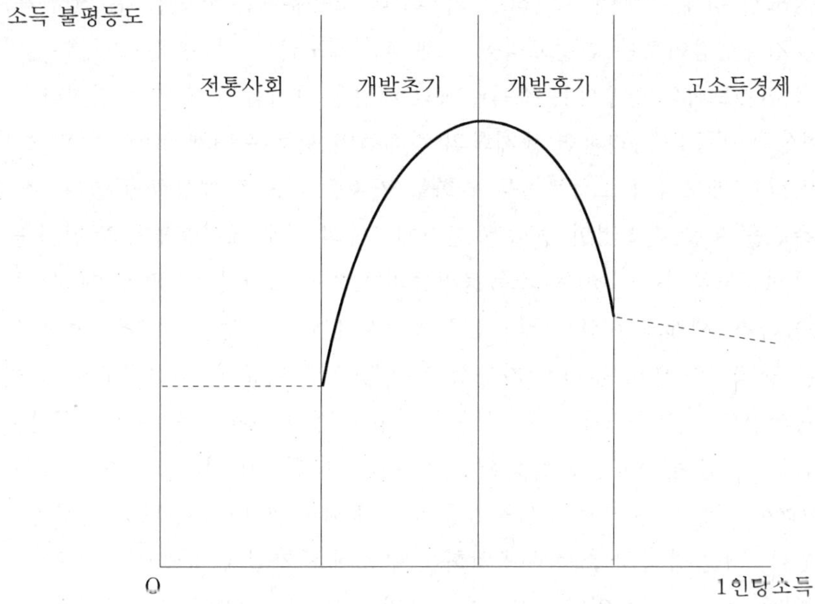

소득불평등 정도간에는 [그림 10-5]와 같이 역 U자형의 관계가 존재한다는 것이다.

이 가설은 다음과 같이 설명될 수 있다. 전통사회의 단계는 사회 구성원들이 똑같이 모두 못사는 단계라 할 수 있다. 그러다가 경제발전이 시작되면 소득분배에 변화가 발생한다. 농업부문의 정체와 공업부문의 성장에 따라 농공간, 그리고 도시와 농촌간의 경제적 수준 격차가 확대된다. 또한 경제개발 초기에는 형평 보다는 자본축적이 중요시되고, 복지보다는 성장에 중점을 둔 경제정책이 시행됨으로써 소득분배는 악화된다. 그러나 경제가 어느 소득 수준 이상에 이르게 되면 소득분배는 다시 개선된다. 공업 부문에서의 고용기회가 크게 확대되고, 교육수준의 향상으로 근로자들의 생산성도 전반적으로 높아진다. 소득의 향상으로 저소득층에 대한 사회복지 재정도 확대된다. 농업 부문에서도 과잉 농촌인력의 문제가 해소되고 생산성이 높아지면서 소득수준이 향상된다.

많은 경험적인 연구들은 이 가설에 상당한 타당성을 부여하고 있다. 그리고 세계화가 경제성장을 촉진하다는 점과 이 가설을 결합하면 다음과 같이 말할 수 있을 것이다. 경제성장의 궤도에 진입하기 시작한 개발도상국이 세계화를 적극 추진하면 경제성장은 촉진되고 이 과정에서 소득분배는 악화될 수 있다. 그러나 어느 정도의 경제 수준에 도달하면 이후부터 소득분배는 개선될 수 있다. 즉 세계화는 경제성장이라는 연결고리를 통해 후진개도국의 경우에는 소득분배의 악화를, 선진개도국의 경우에는 소득분배의 개선을 가져올 수 있다는 것이다.

이상의 내용을 정리하면 세계화의 직접적인 경로는 대체로 선진국의 소득불평등 심화와 개도국의 소득불평등 완화를 가져올 것으로 예상하게 한다. 경제성장의 촉진을 통한 간접적인 경로는 선진개도국의 경우 소득불평등의 완화를, 그리고 후진개도국의 경우에는 소득불평등의 악화를 초래할 것으로 예상하게 한다. 종합하면, 세계화는 선진국의 경우 소득분배에 부정적인 영향을, 선진개도국의 경우 긍정적인 영향을 미칠 가능성이 큰 것으로 보인다. 후진개도국, 특히 도시와 농촌간의 이중구조가 강한 국가의 경우 직접적인 경로를 통한 소득분배 개선효과보다는 간접적인 경로를 통한 소득분배 악화효과가 지배할 것으로 보인다.

이러한 이론적 논리는 소득불평등의 근래 추세와 어느 정도 부합하는 것처럼 보인다. 최근 중국의 소득분배 악화는 쿠즈네츠 가설에 의해 전형적으로 설명될 수 있는 케이스로 보인다. 여타 개도국의 경우 전반적으로 소득불평등의 뚜렷한 변화추세는 목격되지 않으며 국가간에 상당한 차이가 있는 것으로 나타나고 있다. 이는 각국의 세계화 수준뿐만 아니라 경제수준, 정책방향, 국민정서 등 소득분배를 결정하는 다양한 요인들에 차이가 있기 때문인 것으로 보인다. 문제는 선진국의 경우이다. 앞에서 언급한 바와 같이 근래 세계 소득분배에서 나타나고 있는 가장 뚜렷한 특징은 선진국에서의 전반적인 소득불평등의 심화이다. 그리고 이론적인 논리로도 세계화는 선진국의 소득불평등의 심화와 연결된다. 그렇다면 실제 세계화가 선진국의 소득분배 악화를 초래하는 원인이 되고 있는 것인가?

4. 세계화와 선진국의 소득분배

세계화와 관련하여 개도국의 최대 관심사항이 국가간의 격차 문제라면, 선진국의 최대 관심사항은 국내 소득불평등에 관한 문제라 할 수 있다.

우리는 선진국, 특히 미국 사람들은 세계화를 찬양할 것처럼 생각한다. 그러나 그렇지 않다. 오히려 우리나라보다도 더 많은 사람들이 세계화를 비난하고 심지어 그들의 적으로 생각하기도 한다. 글로바포비아(Globaphobia), 즉 세계화에 대한 공포증이라는 용어가 있다. 이는 선진국의 노동자들이 개도국의 저임 노동력에 기초한 값싼 제품의 수입으로 그들의 일자리가 위협을 받고, 임금에 대한 하락압력을 받고 있다는 그들의 우려를 묘사하는 용어이다. 과연 이들의 이러한 우려는 타당한 것인가?

미국인들이 보는 세계화

세계화하면 미국화라고 생각하는 사람들이 상당히 많이 있다. 과연 미국인들도 그렇게 생각하고 있을까? 미국인들은 세계화를 어떤 시각으로 보고 있을까? 그것이 알고 싶다.

미국의 한 기관(The Chicago Council on Foreign Relations)에서 미국인들을 대상으로 세계화에 대해 설문조사한 결과를 보도록 하자. 먼저 세계화가 미국에 좋으냐 나쁘냐 하는 질문에 대해 응답자의 56%가 대체로 좋은편이라고 답했다. 반면 대체로 나쁘다고 답한 사람은 27%, 그리고 비슷비슷하다고 답한 사람이 8%였다. 1998년의 조사와 비교하면 대체로 좋다고 답한 사람의 비율은 2% 포인트 증가한 반면, 대체로 나쁘다고 답한 사람들의 비율은 7% 포인트나 상승하여, 미국인들의 세계화에 대한 경계심이 높아지고 있음을 보여 주고 있다.

세계화의 진행에 대해 미국이 어떤 입장을 취해야 하는가 하는 질문에 대해, 응답자의 14%만이 미국이 세계화를 적극적으로 추진해야 한다고 답한 반면, 현재 진행속도의 유지에 찬성한 사람이 35%, 속도를 둔화시켜야 한다고 답한 사람이 24%, 그리고 세계화의 진행을 중단시키거나 오히려 반대로 가야 한다고 답한 사람이 15%에 이르고 있다. 즉 39%에 이르는 응답자들이 현재 세계화의 진행에 대해 불만을 표시하고 있는 것이다.

세계화가 경제 및 사회의 여러 측면에 미치는 영향에 대해서는 혼재된 반응을 보이고 있다. 세계화가 가난한 나라의 경제에 어떤 영향을 미치는가에 대해서는 64%가 긍정적인 영향을 미친다고 답한 반면, 부정적인 영향을 미친다고 답한 비율은 21%에 머물렀다. 지구촌의 문화 다양성에 미치는 영향에 대해 부정적인 반응은 28%에 머물렀다. 환경에 미치는 영향에 대해서는 긍정적 영향을 미친다고 답한 사람이 42%, 부정적인 영향을 미친다고 답한 사람이 37%로 나타나고 있다. 긍정적인 반응보다 부정적인 반응이 압도하고 있는 유일한 측면은 미국 근로자의 직업안정성으로, 응답자의 51%가 세계화는 미국 근로자의 직업안정성을 위협하고 있다고 답하고 있는 것이다.

표 1 미국인들의 세계화 평가

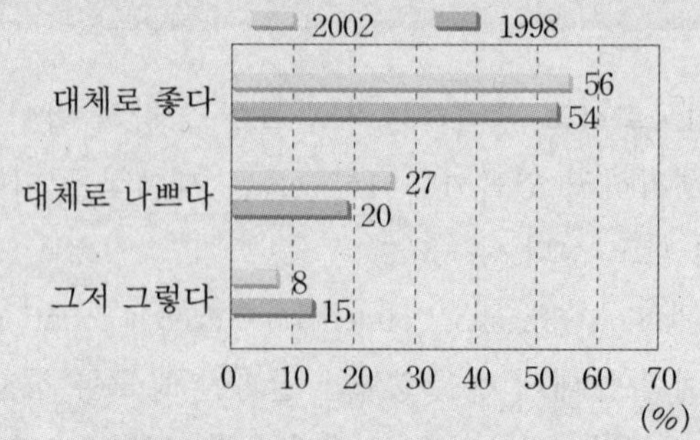

표 2 세계화의 영향

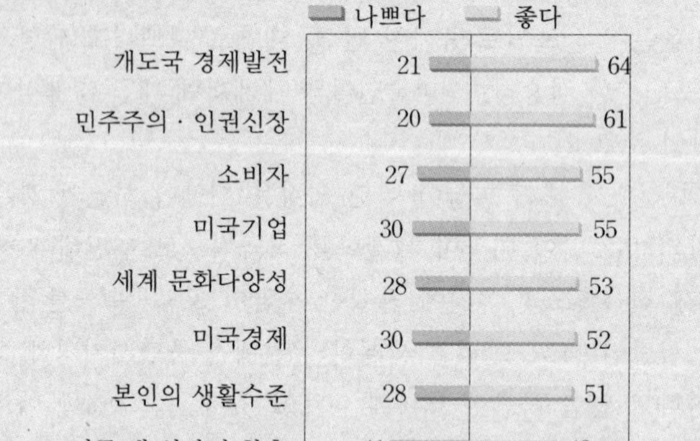

(1) 선진국의 소득불평등 추세

소득재분배 정책의 추구, 사회복지의 확대 등을 배경으로 하여, 앞에서 본 것처럼 지금의 선진국들은 2차대전 이후부터 80년대 초반까지 국내 소득분배의 괄목할 만한 개선을 이루었다. 그러나 그 이후부터 전반적으로 소득분배가 악화되는 모습을 보이고 있다. [표 10-3]은 주요 선진국들에 있어 국내 소득분배가 80년대 중반에서 90년대 중반의 기간에 전반적으로 악화되었음을 보여 주고 있다.

그리고 이러한 소득분배의 악화의 주요 배경이 되고 있는 것은 임금격차의 확대이다. 개인의 소득은 비단 임금뿐만 아니라 자본소득, 부동산이 있다면 임대소득, 정부로부터의 보조금 등 여러 가지 형태로 발생할 수 있다. 그리고 개인의 가처분소득은 이러한 총소득으로부터 세금을 제한 부분이다. 우리가 소득분배를 언급할 때는 보통 가처분소득의 분배상황을 말한다. 그런데 이와 같이 가처분소득을 구성하는 여러 원천 중에서 임금—이는 소득에서 가장 큰 비중을 차지하는 요소이다—분배상황의 변화가 소득분배의 변화를 설명하는 가장 중요한 요인이 되고 있다는 것이다.

[그림 10-6]은 임금 격차의 변화 추세를 보여 주고 있다. 가장 뚜렷한 확대 추세가 목격되고 있는 두 개의 국가가 있다. 바로 영국과 미국이다. 이 두 국가는 80년대 이후 소득불평등 정도가 가장 심화된 두 국가이기도 하다. 여타 국가의 경우 영국이나 미국과 같은 뚜렷한 확대 추세가 목격되지는 않으며 독일(서독)의 경우처럼 오히려 임금격차의 축소가 목격되기도 한다. 그러면 영국과 미국에서 특히 임금격차의 확대가 뚜렷하게 나타나고 있는 이유는 무엇일까? 영국과 미국은 세계에서 노동시장이 가장 유연한 국가라 할 수 있다. 즉 임금이 노동시장의

[표 10-3] 선진국의 소득분배 추세

	++	+	0	−
70년대 중반-80년대 중반	영국, 미국		오스트리아, 일본, 네덜란드	나머지 국가
80년대 중반-90년대 중반	오스트리아, 덴마크, 네덜란드, 뉴질랜드, 스웨덴, 영국, 미국	벨기에, 핀랜드, 프랑스, 독일, 이태리, 일본, 노르웨이, 스위스	캐나다	

++: 7% 이상 악화 +: 2%~7% 악화 0: −2%~+2% 변화 −: 2% 이상 개선
자료: OECD(1998)

그림 10-6 선진국의 국내임금격차 추세(1977년 임금 격차 수준=1)

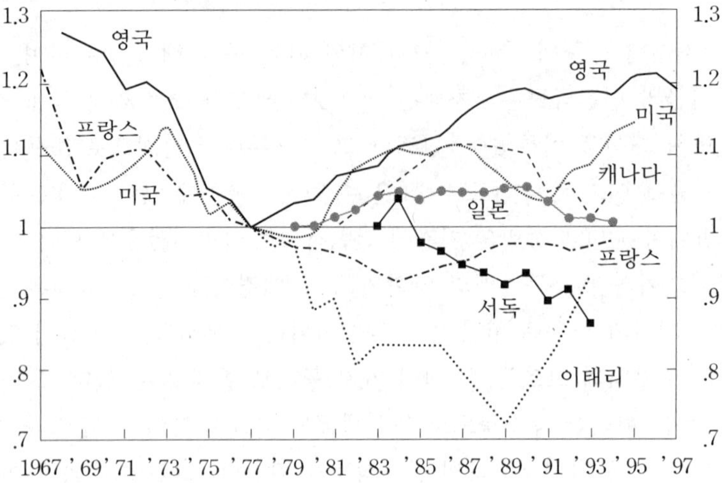

자료: Atkinson(1998)

상황에 따라 신축적으로 움직이는 국가들이라 할 수 있다. 이에 반해 여타 국가, 특히 영국을 제외한 유럽 국가들의 경우 노동시장이 상대적으로 경직적인 국가들이라 할 수 있다. 즉 강력한 최저임금제의 시행 등으로 노동시장에서 인력의 초과공급 상태라 할 지라도 임금은 하락하지 않는다. 대신 이들 국가가 안고 있는 문제는 바로 실업의 문제라 할 수 있다. 즉 최저임금 수준에서 인력의 초과공급분만큼이 실업으로 나타나고 있다고 볼 수 있는 것이다.

선진국, 특히 미국과 영국에서 나타나고 있는 임금격차의 확대는 숙련노동자와 비숙련노동자간의 임금격차 확대가 주요한 원인이 되고 있다. 보통 대졸 이상의 학력을 가진 자들을 숙련노동자, 그렇지 못한 자들을 비숙련노동자로 구분한다. 그런데 대체로 비숙련노동자들은 제조업 분야의 생산직에 종사하는 이른바 블루칼라인 반면, 숙련노동자들은 서비스업 등의 비생산직에 종사하는 화이트칼라이며, 따라서 이들간의 임금격차는 보통 직종간의 임금격차로 나타난다. 그렇다면 이들간의 임금격차 확대는 숙련노동자의 임금이 빠르게 상승했기 때문인가? 이는 숙련노동자의 임금상승이라는 요인뿐만 아니라 비숙련노동자의 임금하락에도 상당히 기인하는 것으로 나타나고 있다.[4)]

4) 미국에서 대졸자의 평균 주급(실질 수준)은 1979년에서 1994년 사이 5% 증가한 반면, 고졸자

요약하면 근래 선진국들의 국내 소득불평등 문제의 핵심은 숙련노동자의 임금이 비숙련노동자의 임금보다 상대적으로 빠르게 상승함으로써, 숙련노동자와 비숙련노동자간의 임금격차가 확대되고 있는 데 있다고 할 수 있다. 특히 이러한 현상이 뚜렷이 나타나고 있는 국가는 영국이나 미국과 같이 노동시장이 유연한 국가들이며, 특히 미국의 경우 비숙련노동자들의 임금하락이 이의 중요한 요인이 되고 있다. 반면 최저임금제가 광범위하게 시행되고 있는 유럽국가들에 있어 임금격차의 확대는 뚜렷이 목격되지 않는다. 하지만 이들 국가에서는 실업의 증가가 목격되고 있으며, 이에 따라 소득불평등 정도 역시 증가하는 양상을 보이고 있다.

(2) 임금격차의 분석

숙련노동자와 비숙련노동자간의 임금격차는 왜 발생하고 그 격차가 확대되는 이유는 무엇인가? 이에 대한 가장 원론적인 답을 수요와 공급의 원리에 기초한 분석방법을 통해 구할 수 있다.

[그림 10-7]은 숙련노동자와 비숙련노동자의 임금이 수요와 공급의 원리에 의해 결정되는 메커니즘을 보여 주고 있다. AA는 숙련노동자에 대한 수요곡선이다. 우리는 제5장에서 자본의 한계수확체감의 법칙에 따라 우하향하는 자본의 수요곡선을 유도한 바 있다. 노동의 경우에도 똑같은 원리에 의해 우하향하는 수요곡선이 유도된다. OQ는 숙련노동자의 총공급량이다. 따라서 숙련노동자의 임금은 W라고 하는 수준에서 결정된다. 한편 BB는 비숙련노동자에 대한 수요곡선이고, 비숙련노동자의 총공급량은 O′Q이다. 따라서 비숙련노동자의 임금은 W′이라는 수준이 된다. 그리고 숙련노동자와 비숙련노동자간의 임금격차는 W−W′으로 나타난다.

전체 노동력의 크기(OO′)는 변하지 않은 채 숙련노동자의 공급이 증가했다고 하자(비숙련노동자의 공급은 줄어들었다). 즉 전체 노동력에서 숙련노동자가 차지하는 비율이 증가했다고 하자. 2차대전 이후 선진국에서 대학진학률은 상승 추세를 보였으며, 특히 미국의 경우 1960년대 이후 대졸자가 크게 확대되었다. 이러

의 평균 주급 수준은 20% 감소한 것으로 나타나고 있다. 또한 1979년 최저임금은 평균임금의 40% 수준이었으나, 1988년에는 30% 선으로 하락하였다.

그림 10-7 숙련노동자와 비숙련노동자의 임금격차

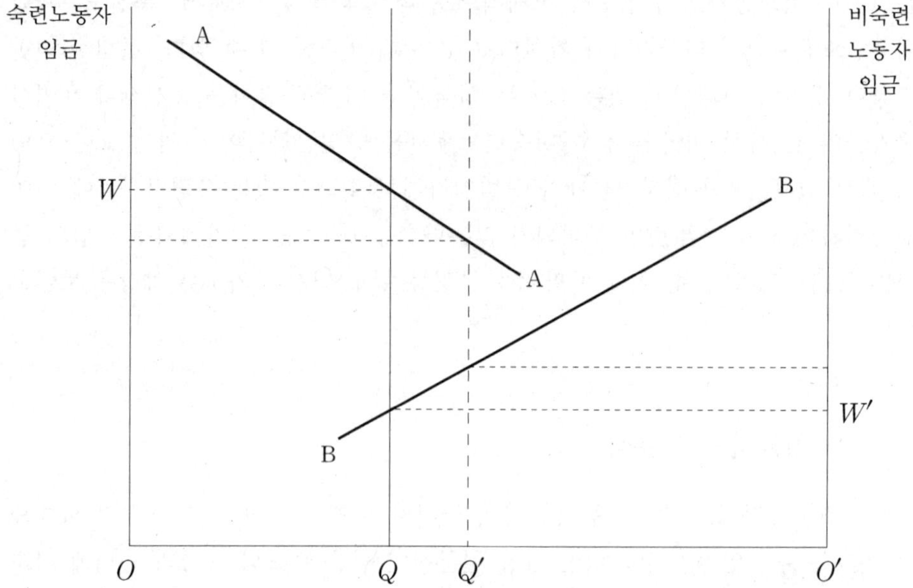

한 숙련노동자의 공급 확대는 그림에서 Q점을 Q′점으로 이동시키는 효과로 나타날 것이다. 그러면 숙련노동자와 비숙련노동자의 임금은 어떻게 되겠는가? 숙련노동자의 임금은 하락하고 비숙련노동자의 임금은 상승할 것이고 임금격차는 축소될 것이다.

그러나 숙련노동자의 공급확대에도 불구하고 선진국에서 숙련노동자와 비숙련노동자간의 임금격차는 오히려 확대되었다. 이는 무엇 때문이가? 이는 노동력의 공급측면에서 초래되는 효과를 상쇄할 만한 수요측면에서 효과가 발생했기 때문이라고 볼 수 있을 것이다. [그림 10-8]을 보자. 숙련노동자에 대한 수요곡선은 AA에서 A′A′으로 확대되고 비숙련노동자에 대한 수요곡선은 BB에서 B′B′으로 축소된 경우를 상정하고 있다. 수요곡선의 이러한 변화의 결과, 숙련노동자의 공급확대에도 불구하고 숙련노동자의 임금은 상승한 반면 비숙련노동자의 임금은 하락하였다. 즉 숙련노동자의 경우 공급의 확대보다도 더 큰 정도의 수요 증가가 발생하였고, 그 결과 임금이 상승하였다. 반면 비숙련노동자의 경우 공급도 줄었지만 수요가 더 큰 폭으로 감소함으로써 임금이 하락한 것이다. 비숙련노동자에 대한 수요가 B″B″ 정도로 약간 감소한 경우는 어떻게 되겠는가? 비숙련노

그림 10-8 임금격차의 확대

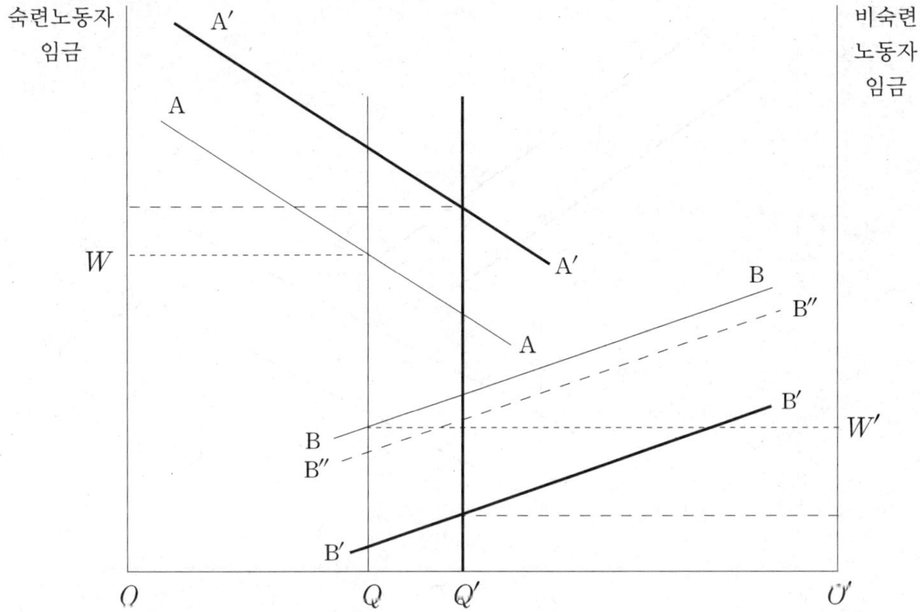

동자의 임금은 공급의 감소에 힘입어 약간 상승한다. 그러나 숙련노동자와의 임금격차는 역시 확대된다.

요컨대 숙련노동자의 공급 확대에도 불구하고 숙련노동자와 비숙련노동자간의 임금격차가 확대되었다면, 이는 숙련노동자와 비숙련노동자에 대한 상대적 수요가 크게 변화했기 때문이라 볼 수 있는 것이다. 만일 비숙련노동자의 임금에 최저임금 수준이 설정되어 있으면 어떻게 되겠는가? [그림 10-9]를 보자. W′이 비숙련노동자에 대한 최저임금 수준이라 하자. 비숙련노동자에 대한 수요가 BB, 공급량이 O′Q인 상태에서 W′라는 최저임금수준에서는 비숙련노동자에 대한 초과공급이 존재한다. 따라서 최저임금 수준에서 초과공급된 비숙련노동자들, 즉 QR만큼의 노동자들은 실업상태에 있게 된다. 숙련노동자에 대한 수요가 A′A′으로 확대되고, 비숙련노동자에 대한 수요가 B′B′으로 축소되면 어떻게 되겠는가? (숙련노동자나 비숙련노동자의 공급은 변화하지 않았다고 하자) 숙련노동자의 임금은 상승할 것이다. 비숙련노동자의 임금은 최저임금 수준에서 변화하지 않는다. 대신 실업자가 QR에서 QR′으로 증가한다. 즉 최저임금의 존재하에서 이러한 수요

그림 10-9 최저임금과 실업

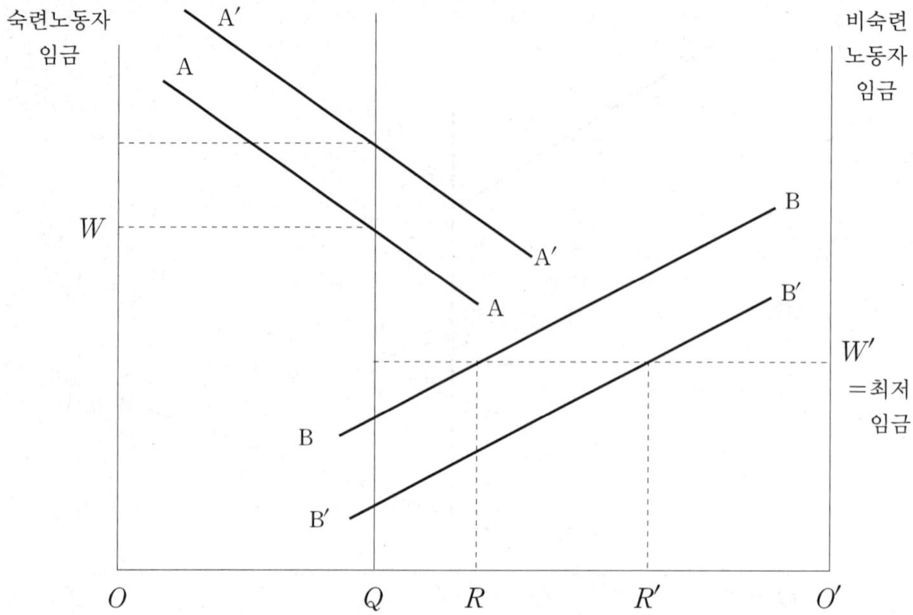

의 변화가 임금격차를 확대시키는 정도는 완화되지만 대신 비숙련노동자의 실업 증대를 초래하는 것이다.

빈부격차와 행복-미국사람과 유럽사람들은 다른가?

모 정치인을 흉내낸 멘트로 "국민 여러분 행복하십니까? 살림살이 좀 나아지셨습니까?" 란말이 유행이다. 이러한 질문에 그렇다고 답하는 사람도 있을 것이고, 그렇지 않다고 답하는 사람도 있을 것이다. 사람마다 처한 상황이 다르고 또한 행복감에 영향을 주는 요소들도 차이가 있을테니까.

최근에 하바드 대학교의 알레시나(Alesina) 교수 등(2001)은 매우 재미있는 내용의 논문을 발표하였는데, 그 논문의 제목이 박스의 제목이다. 이들은 개인이 속한 사회의 빈부격차 정도가 이들의 행복감에 어느 정도 영향을 미치는가에 대해 연구하였다. 그런데 매우 놀랄 만한, 그러나 어쩌면 이들이 기대했던 결과가 나타났다. 유럽의 경우 사회의 빈부격차와 국민이 느끼는 행복감간에 확실한 관계—즉 빈부격차가 행복감에 부정적인 영향을 미친다—가 있는 것으로 나타난 반면, 미국의 경우 이러한 관계가 뚜렷하게 나타나지 않더라는 것이다.

이들은 10만 건이 넘는 설문조사 결과를 바탕으로 통계학적 분석을 하였다. 이들은 전체 표본뿐만 아니라 각 소득계층별로, 그리고 정치적 이념 그룹별로도 빈부격차와 행복감간의 관계를 분석하였다. 유럽의 경우, 소득계층별로는 빈곤층, 정치적 이념별로는 본인이 좌파라고 생각하는 사람들에 있어 빈부격차는 행복감에 매우 부정적인 영향을 미치는 요인으로 나타나고 있다. 즉 쉽게 말해서 이들 집단은 빈부격차에 대해 강한 혐오심을 보이고 있는 것이다. 이에 반해 부유층, 그리고 본인이 우파라고 생각하는 사람들의 집단에 있어서는 빈부격차와 행복감간에 의미 있는 관계가 나타나지 않았다. 그런데 미국의 경우에는, 이들 4개의 집단(빈곤층과 부유층, 좌파와 우파) 모두에서 빈부격차와 행복감간에 의미 있는 관계가 나타나지 않았다. 즉 미국의 경우, 소득계층, 정치적 이념에 상관없이 빈부격차에 대해 별로 혐오감을 보이지 않더라는 것이다.

이러한 차이가 나타나는 이유는 무엇일까? 인간이 다르기 때문인가? 유럽사람들의 유전자에는 빈부격차를 싫어하는 인자가 있는 반면 미국인들에게는 그런 인자가 없기 때문인가? 이들은 그렇지 않다고 설명하고 있다. 만일 그렇다면 유럽의 부유층이나 우파의 경우에도 빈부격차와 행복감에 부정적인 관계가 나타나야 할 것이라는 것이다. 이들은 빈부격차를 보는 미국인과 유럽인간의 시각의 차이가 나타나는 이유를 계층간 이동성의 정도가 미국과 유럽이라는 사회에서 차이가 나기 때문으로 보고 있다. 미국은 유럽이란 사회에 비해 계층간 이동성의 정도가 상당히 높다는 것이다. 현재 저소득층이라 해도 노력하면 얼마든지 고소득층이 될 수 있다는 생각을 갖고 있다는 것이다. 실제 미국 영화를 보면 밑바닥에서 상류사회로 올라가는 경우가 자주 등장한다. 이에 반해 전통적으로 귀족사회의 분위기가 남아 있는 유럽의 경우 저소득층이 상류사회를 꿈꾸는 것은 상대적으로 어렵다는 것이다.

우리나라 국민을 대상으로 빈부격차와 행복감간의 관계를 분석하면 어떤 결과가 나올까? 미국형일까 아니면 유럽형일까?

(3) 임금격차 확대의 요인

그러면 임금격차를 확대시키는 이러한 수요측면에서의 변화는 무엇에 기인하는가? 여러 가지 요인들이 있겠지만 대표적으로 기술의 변화, 세계화, 그리고 탈산업화라는 세 가지 요인이 보통 거론되고 있다.

기술의 변화란 70년대 이후 기술의 진보가 주로 숙련 편향적인(skill-biased) 방향으로 이루어졌다는 것이다. 즉 비숙련노동자보다는 숙련노동자의 생산성을 향상시키는 생산기술의 발전이 이루어졌다는 것이다. 그런데 숙련 편향적인 기술의 발전은 집중적인(intensive) 숙련 편향적 기술발전과 확산적인(extensive) 숙련편향적 기술발전으로 나누어 볼 수 있다. 전자는 비숙련노동자의 생산성에는 변화를 주지 않은 채 숙련노동자의 생산성만 향상시키는 방향의 기술발전을 말하며, 후자는 숙련노동자가 비숙련노동자가 수행했던 작업까지 수행하도록 만드는 기술의 발전을 말한다. 예컨대 컴퓨터 기술의 발전으로 기업의 재무관리에 관한 능률이 크게 향상되었다고 하자. 기업의 재무관리는 원래부터 숙련노동자들이 수행하던 분야이다. 따라서 이러한 기술발전은 비숙련노동자에는 부정적인 영향을 미치지 않은 채 숙련노동자의 생산성 향상에만 도움을 주는 성격의 기술의 발전이라 할 수 있다. 후자의 예로서는 로봇을 들 수 있을 것이다. 로봇이 비숙련노동자의 작업을 대신 수행함으로써 일부 숙련노동자와 로봇만으로 생산이 가능하게 된 것이다. 컴퓨터 기술의 발전에 따른 업무 자동화로 과거에 비숙련노동자들이 수행하던 작업들을 이제는 숙련노동자들이 컴퓨터를 통해 수행하게 된 것도 후자의 예이다.

기술의 발전이 전자의 경우처럼 이루어진다면 단지 숙련노동자에 대한 수요 증대만이 나타날 것이고 비숙련노동자에 대한 수요 감소는 나타나지 않을 것이다. 이 경우 숙련노동자의 임금은 상승하겠지만 비숙련노동자의 임금은 하락하지 않을 것이다. 기술의 발전이 후자의 경우처럼 이루어진다면 비숙련노동자에 대한 수요가 감소할 것이고 비숙련노동자의 임금은 하락할 것이다. 따라서 숙련노동자와 비숙련노동자간의 임금격차 확대가 숙련노동자의 임금상승뿐만 아니라 비숙련노동자의 임금 하락에도 기인하고 있다면 이는 후자의 경우와 같은 기술발전에 의해 설명될 수 있을 것이다.

세계화 요인이란 앞에서 이미 언급한 바 있다. 선진국은 숙련노동자 풍부국이고 따라서 개도국과의 교역 확대시 비교우위 산업인 숙련노동자 집약산업은 확대되지만 비교열위 산업인 비숙련노동자 집약산업은 위축된다. 그 결과 숙련노동자의 수요는 확대되어 숙련노동자의 임금은 상승하는 반면 비숙련노동자의 수요는 축소되어 비숙련노동자의 임금이 하락했다는 것이다. 한편 수요측 요인이 아니라 공급측 요인이지만, 미국의 경우처럼 개도국으로부터 비숙련노동자의 이민 확대로 비숙련노동자의 임금이 하락했다는 점이 제시되기도 한다.

탈산업화 요인이란 선진국 경제가 급속히 제조업 중심 경제에서 서비스 산업 위주의 경제로 전환되고 있다는 것이다. 그런데 서비스업은 제조업에 비해 숙련노동자 집약적인 산업이라 할 수 있으며, 따라서 이러한 산업구조의 전환으로 숙련노동자의 수요는 확대되고 비숙련노동자의 수요는 감소하면서 임금격차가 확대되었다는 것이다. 탈산업화의 논리는 세계화의 논리와 물론 밀접히 연결된다. 탈산업화의 이유를 세계화의 진행으로 선진국의 비교우위가 제조업에서 서비스업 쪽으로 이동해가는 측면에서 찾는 경우 양 논리는 사실상 같은 것이다. 그러나 서비스 산업의 비중이 확대되고 있는 것은 비단 비교우위의 변화에만 기인하는 것은 아니며, 소득수준의 향상에 따라 서비스 상품에 대한 소비가 상대적으로 더 빠른 속도로 증가하는 방향으로 수요패턴이 변화하고 있는 데도 원인이 있는 것이다.

(4) 세계화와 임금격차의 확대

그러면 이러한 요인들 중 세계화의 요인이 임금격차의 확대에 영향을 미친 정도는 어느 정도일까? 많은 연구결과에서 제시되고 있는 공통적인 결론은 세계화가 임금격차의 확대에 영향을 미친 것은 사실이지만 그 정도는 작다는 것이다.

만일 선진국의 임금격차 확대가 주로 세계화에 기인하고 있다는 논리가 맞다면, 반대로 비숙련노동자 풍부국인 개도국에서는 비숙련노동자에 대한 수요의 확대와 숙련노동자에 대한 수요의 감소가 목격되어야 할 것이다. 그러나 개도국에서 이러한 현상은 목격되지 않고 있다. 개도국에서도 숙련노동자에 대한 수요는 비숙련노동자에 대한 수요보다 빠르게 증가하는 모습을 보이고 있다. 다시 말해서 숙련노동자의 비숙련노동자에 대한 상대적 수요의 증대는 국가간에 정도의 차이는 있지만 거의 모든 국가에서 공통적으로 나타나고 있는 현상이라는 것이다.

또한 선진국에서 비숙련노동자에 대한 수요의 감소는 개도국의 수출상품과 경쟁관계에 있는 상품을 생산하는 산업뿐만 아니라 이와 아무런 관계가 없는 산업, 예컨데 비교역재를 생산하는 산업에서도 정도의 별다른 차이 없이 목격되고 있다. 이러한 사실도 세계화와 임금격차의 확대를 연결하기 어렵게 만드는 점이다.

이밖에도 선진국에서 대외교역이 크게 확대된 시점과 임금격차가 확대된 시점간에 괴리가 있다는 점도 지적된다. 즉 선진국, 특히 미국에서 교역도가 크게 증가한 것은 1970년대인 반면 임금격차의 확대가 부각되기 시작한 것은 이보다 10여 년 늦은 시점이라는 것이다. 또한 미국의 경우 개도국과의 교역비중이 작다는 점도 세계화와 임금격차 확대간의 관계에 회의를 제기하는 이유로서 제시되기도 한다.

그러면 근래 임금격차의 확대에서 세계화에 기인하는 부분은 어느 정도일까? 미국 국제경제연구소의 Cline의 연구(1999)에 따르면 1973년부터 1993년의 기간 동안 미국에서 숙련노동자와 비숙련노동자간의 임금격차를 확대시킨 전체요인중 세계화에 기인하는 요인이 차지하는 비중은 10% 정도밖에 되지 않는다는 추정결과가 제시되고 있다. [표 10-4]는 다음과 같이 이해하면 된다. 비숙련노동자에 비해 숙련노동자의 공급이 크게 확대된 정도를 고려하면 숙련노동자와 비

[표 10-4] 미국 임금격차 변화 요인(1973-1993)

A. 축소 요인	−40
숙련노동자/비숙련노동자 증가	
B. 확대 요인	97
스톨퍼-사무엘슨 효과	6
수송 및 통신비용 감소	3
무역자유화	3
해외 아웃소싱 증가	1
외국노동자 이민	2
최저임금 하락	5
노동조합 약화	3
숙련 편향 기술발전	29
미설명 요인	29
C. 순효과	18

자료: Cline(1999)

숙련노동자간의 임금격차는 약 40% 축소되어야 한다. 그런데 임금격차는 18% 확대되었고, 따라서 약 97%의 확대요인이 작용한 것으로 볼 수 있다(1.97×0.6=1.18). 그런데 이러한 확대요인 중, 스톨퍼-사무엘슨 효과, 해외 아웃소싱 생산 증가, 외국노동자 이민 증가와 같이 세계화에 기인하는 요인은 총 9% 정도를 차지하고 있다. 즉 전체 확대요인 중 세계화 관련 요인이 차지하는 비중은 약 10% 정도라는 것이다. 확대요인 중 가장 큰 비중을 차지하는 것은 숙련노동자 편향 기술발전으로 약 29%의 설명력을 갖는다는 것이다. 이밖에 최저임금수준의 하락, 그리고 노동조합의 약화가 각각 5%와 3%의 설명력을 갖는 것으로 나타나고 있다. 주목할 것은 약 30%에 이르는 확대요인이 설명되지 못한 채 남아 있다는 것이다.

요약하면 선진국에서 숙련노동자와 비숙련노동자간에 임금격차가 확대된 가장 큰 이유는 숙련노동자에 유리한 방향으로 기술이 발전한 데 있다고 보는 것이 타당할 것이다. 세계화가 이러한 임금격차의 확대에 영향을 미친 것은 사실일 것이다. 그러나 그 정도는 작다고 보는 것이 역시 타당할 것이다.[5)]

5) 기술의 발전은 세계화를 배경으로 하고, 또한 세계화는 기술의 발전에 의해 촉진되는 측면이 존재한다. 이러한 점에서 세계화의 개념을 확대하여 기술의 발전을 세계화의 한 단면으로 본다면 세계화가 선진국 임금격차 확대에 미친 영향은 보다 크게 나타날 수도 있을 것이다.

세계화의 모순?

하버드 대학교의 데니 로드릭(Rodrik) 교수는 그의 저서「세계화는 과도하게 진행되었는가」(Has Globalization Gone Too Far?)(1997)에서 세계화에 내재되어 있는 모순점을 지적하고 이것이 향후 세계화의 진행에 위협요인이 될 것임을 제시하고 있다.

어떠한 모순인가? 한 나라의 경제가 글로벌 경제에 통합되는 정도가 심화될수록 더 많은 위험에 노출되게 된다. 위험의 증대에 따라 국민들은 정부에 사회적 안전망의 확대를 요구한다. 정부는 이러한 요구에 부응하기 위해 더 많은 재정수입이 필요하다. 그러나 국가간에 자본의 자유로운 이동이 확대되고 있는 상황에서 자본에 대해 세금을 부과하는 것은 갈수록 어려워지고 있다. 따라서 국가간에 자유롭게 이동할 수 없는 생산요소, 즉 근로자에 대해 세금 부담을 가중시키는 수밖에 없다. 그리고 그 결과는 세계화의 진행에 대한 국민적 합의를 유도하는 것이 갈수록 어려워진다는 것이다.

한 나라 경제의 글로벌화가 심화될수록 더 많은 위험에 노출되는가? 그런 측면이 있다고 볼 수 있을 것이다. 아마도 우리나라 사람들은 외환위기와 같은 상황을 떠올릴 것이다. 미국의 근로자들은 그들의 직업안정성 문제를 떠올릴 것이다. 로드릭 교수는 한 나라의 대외교역도가 클수록 교역조건의 변동(즉 상품의 국제가격의 변동)이 그 나라의 소득 변동에 미치는 영향이 크다는 점을 그 근거로 제시하고 있다.

외부위험에의 노출정도가 증가하면 국민들의 보호 요구가 증대되는가? 2차대전 이후 주요 선진국들의 추세를 보면, 대외교역도의 증가라는 추세와 함께 정부의 재정지출, 특히 이전지출(실업보험, 국민연금, 각종 사회보장 등에 대한 지출)이 증가한 추세를 나타내고 있다. 또한 국가들을 서로 비교해 보면 대외교역도가 높은 국가일수록 사회이전지출의 비중 또한 높은 관계가 드러나고 있다. 로드릭 교수는 이러한 관계가 나타나는 이유를 대외교역도의 증가는 외부위험에의 노출정도를 증대시키고 이는 보호에 대한 국민의 욕구를 확대시켰기 때문으로 해석하고 있다. 그래서 그는 "개방경제(open economy)와 사회복지국가(social welfare state)는 동전의 앞뒤면과 같은 것이다"라고 언급하고 있다.

국가간에 이동성이 큰 자본에 대해 과세하는 것은 갈수록 어려워지고 있는가? 주요 선진국의 추세를 보면 80년대 초반 이후 자본소득에 대한 세율은 하락추세를 보이고 있는 반면 근로소득에 대한 세율은 전반적으로 증가하는 추세를 보이고 있다. 로드릭 교수는 이러한 추세를 대외교역도의 증가에 상당히 기인하는 것으로 해석하고 있다. "경제통합이 진행될수록 사회보장을 위한 과세부담은 자본에서 노동 쪽으로 이동되고 있다"는 것이다.

그가 제시하고 있는 결론: 당면한 문제는 세계화의 진행과 위험부담의 경감을 원하는 국민의 압력간에 존재하는 갈등을 어떻게 완화시키느냐 하는 것이다. 2차대전 이후 세계교역의 확대를 가능하게 한 요인으로서 사회보장의 역할을 망각하고 사회안전망의 확충에 소홀히 하는 경우, 세계화에 대한 국민적 합의는 갈수록 줄어들고 보호주의 압력이 다시 대두될 것이다.

What's Wrong With Inequality?

Look at the distribution of world income and population. Not surprisingly, high-income countries have the overwhelming share of world income, nearly 60%, but they have barely 15% of world population. In contrast, the poorest countries in the world have 35% of world population but less than 10% of world income.

And these averages disguise the even more striking differences between the upper-income groups in rich countries and the poorest in poor countries, a contrast that is as sharp as day and night. When you look at income distribution around the globe, clearly there is nothing remotely resembling equality, nor is there a trend in that direction.

Within countries, comparisons of poor and rich tell a more favorable story, at least in the past 30 years. Of course, the poor still have a far smaller income share than the rich, but the discrepancy has declined almost everywhere.

In Latin America, where the poor used to have only 5% of the income of the rich, they are now up to nearly 8%. In far more equality-minded Asia, the poor have moved from 16% to 22% of the incomes accruing to the rich.

And then there is a third dimension of inequality that is worth considering: How do the top and bottom 10% of the labor force compare in earnings? Across industrial countries, we see dramatic differences. As expected, the United States has the largest difference, almost twice that of Germany. Not surprisingly, German workers resist the U.S. model because they essentially are pessimists. They believe that somehow they will wind up at the bottom-even though not everybody can be at the bottom.

In open and competitive markets, wages in any year(or for any person) may have a large luck component. But surely on average they reflect energy and talent, motivation and investment in human skills. Any society that limits rewards to accomplishment will achieve equality, but it will come at the price of arriving at a low common denominator. In my view, rewards for excellence, or inequality if one wants to call it that, are the great driving force of progress.

As a consequence, public policy makers should therefore be concerned with giving broad access to strong education. That is by far still the best tool for helping women, men and children to get ahead. Conversely, I will counsel to pay less attention to the outcomes of the economic race. As hard as it sounds at first, I would say three cheers for inequality. It is good for growth-and growth, believe it or not, is the best way of rooting out poverty.

After all, the real issue is not inequality itself. The real issue is whether or not individuals are able to improve their own economic situation. When unequal incomes prevent people from developing their abilities, then inequality is dangerous. But this problem cannot, in any event, be solved simply by placing a limit on the inequality of wages.

The only way to ensure that inequality does not freeze people out of fulfilling their potential is to make a committment to providing society with access to education. The growth of the Internet economy over the past few years-regardless of its busts and booms-has well demonstrated the importance of knowledge to the economy.

And this will become even more apparent in the years ahead. What will freeze people out of the potential for raising their standard of living will not be the lack of physical wealth-but the lack of opportunities for education.

Attempting to correct income inequality is not the best policy to encourage a strong and innovative economy. But providing the resources necessary to open up education opportunities to the most people will strengthen an economy-and help to bring true equality, the equality that occurs when every citizen is given the full chance to reach his or her potential.

(Rudiger Dornbusch(전 MIT대 교수). The Globalist 2001년 3월 21일자)

Note

overwhelming: 압도적인. common denominator: 공동분모. discrepancy: 격차.

제 4 부 세계화와 국제경제기구

이론이라는 명칭을 부치는 것이 좀 거창스러운 면이 있기는 하나 국제경제학에 자전거 이론(bicycle theory)이라는 것이 있다. 자전거의 페달을 계속 밟지 않으면 자전거가 넘어지는 것처럼, 자유화라고 하는 것도 그 페달을 계속 밟지 않으면 후퇴하기 쉽다는 것이다. 자유화라고 하는 것이 세계의 대세인 것처럼 보이지만 이를 방치하게 되면 깨지기 쉬운 취약한 존재이기도 하다는 것이다. 자유화의 이득은 작게 보이고 자유화로 인한 피해와 부작용은 크게 부각되는 것이 현실이다. 이러한 정서에 득세한 정치적 논리는 자유화의 큰 위협요소이다. 국가간의 관계에 있어서도 자유화를 위한 국가간의 협력은 자국의 이익을 앞세우려는 국가 이기심에 의해 깨지기 쉬운 것이다.

세계경제의 지속적인 성장을 위해서는 국가간의 경제적 교류의 활성화가 필수불가결한 요소이다. 그리고 이러한 요소가 충족되기 위해서는 국가간의 협력이 반드시 필요하다. 그리고 이러한 협력은 단지 말로서 서로 잘해 보자는 식의 차원이 아니라 국가들이 준수해야 하는 준칙을 마련하는 차원의 협력인 것이다. 우리는 이렇게 해서 마련된 준칙을 세계경제제도라 부른다. 그리고 이러한 세계경제제도는 자유화를 지탱해 주는 최소한의 보호장치인 것이다.

국제경제기구는 국가간의 경제협력을 도모하기 위해 만들어진 기구이다. 그리고 이 기구가 담당하는 중요한 역할은 바로 세계경제제도를 만들고 이를 관리하는 것이다. 특히 최근 세계화의 추세하에서 이러한 국제경제기구의 중요성이 부각되고 있다고 할 수 있다. 제 4 부에서는 세계경제제도와 국제경제기구에 대해 살펴보도록 한다.

제11장

글로벌 가버넌스와 국제경제기구

1. 글로벌 가버넌스의 개념

90년대 중반 세계화란 용어가 본격적으로 사용되기 시작하면서, 이와 함께 회자되기 시작한 용어가 글로벌 가버넌스(global governance)란 용어이다. 그러면 이 용어가 갖는 의미는 무엇인가?

먼저 가버넌스란 용어를 살펴보자. 가버넌스란 한 집단의 행동을 통제하여 이를 어떤 방향으로 이끄는 공식적인 또는 비공식적인 절차와 제도를 의미한다 (Keohane and Nye, 2000). 말할 필요없이 정부는 가버넌스를 행하는 주체의 대표적인 예이다. 정부는 국민들로부터 위임받은 공식적인 권한을 갖고 국민들이 준수해야 하는 의무를 창조하여 가버넌스를 행하는 경우이다. 환경단체가 환경보호라는 방향으로 사회를 이끌기 위해 감시와 사회적 압력을 행사하는 것도 가버넌스이다. 이는 비공식적인 절차와 제도를 통한 가버넌스의 경우이다. 기업이라고 하는 집단에는 경영진, 노동자, 주주 등 다양한 이해를 갖고 있는 당사자들로 구성되어 있다. 기업이 잘 운영되야 한다는 공통된 목표하에 이들의 이해관계를 조정하고 행동을 관리하고 하는 모든 것들은 기업의 가버넌스라 할 수 있다. 여러분이 속한 동아리에서 회원들이 준수해야 할 의무를 만들었다고 하자. 이것도 역시 가버넌스이다. 의무 위반시 강제 탈퇴와 같은 제재가 부여된다면 이는 공식적인 절차와 제도를 만든 것이다. 단지 회원간의 약속의 형태로 의무를 지키자고 했다면 이는 비공식적인 절차와 제도로 가버넌스를 행하고 있는 것이다.

가버넌스란 사실상 모든 집단—크든 작든간에—에 존재하는 행위라 할 수 있다. 그런데 가버넌스란 행위가 특히 필요시되는 경우가 있다. 대표적인 경우가 행동의 외부성(externality)이 존재하는 경우이다. 이는 한 개인의 행동이 다른 사람에게 영향을 주는 경우를 말한다. 이는 긍정적인 영향으로 나타날 수도 있고 부정적인 영향으로 나타날 수도 있을 것이다. 한 개인의 행동이 다른 사람에게 아무런 영향을 주지 않는다면, 개인의 행동을 통제할 필요도 없을 것이다. 각자 자기가 하고 싶은 대로 하면 될 것이다. 그러나 엄밀히 따지면 한 집단에서 다른 사람에게 전혀 영향을 주지 않는 개인의 행동이란 거의 없다고도 볼 수 있을 것이다.

두 명으로 구성된 한 집단이 있다고 하자. 각자가 어떤 행동을 하고(D) 안 하고(ND)에 따라 이들 두 사람에게 주어지는 결과가 다음과 같이 주어진다고 하자. (a), (b)의 경우는 한 사람의 행동이 다른 사람에게 부정적인 영향을 주는 경우이다. (a)의 경우 개인이 이 행동을 하면 본인에게는 10 만큼의 이득을 주지만 상대방에게는 −5 만큼의 피해를 주는 경우이다. 이러한 경우 각 개인은 모두 이 행동을 하게 되고, 그 결과는 각각 5 만큼씩의 이득을 보게 된다. (b)의 경우는 이 행동을 하게 되면 본인은 5 만큼의 이득을 보지만 상대방에게 10 만큼의 피해를 주는 경우이다. 이러한 경우에도 각 개인은 이 행동을 하게 되고 그 결과는 두 사람 모두 5 만큼의 손실을 보는 것으로 나타난다.

한편 (c), (d)의 경우는 개인의 행동이 상대방에게 긍정적인 영향을 주는 경우들이다. (c)의 경우 개인의 행동은 본인에게 5 만큼의 이득을 줄 뿐만 아니라 상대방에게도 5 만큼의 이득을 준다. 이 경우 각 개인은 모두 이 행동을 하게 되고

(a)

		1	
		ND	D
2	ND	0, 0	10, −5
	D	−5, 10	5, 5

(b)

		1	
		ND	D
2	ND	0, 0	5, −10
	D	−10, 5	−5, −5

(c)

		1	
		ND	D
2	ND	0, 0	5, 5
	D	5, 5	10, 10

(d)

		1	
		ND	D
2	ND	0, 0	−2, 5
	D	5, −2	3, 3

그 결과 각각 10 만큼의 이득을 보게 된다. (d)의 경우, 이 행동을 하는 사람은 2 만큼의 손실을 본다. 하지만 상대방에게는 5 만큼의 이득을 준다. 이러한 경우 아무도 이 행동을 하지 않는다.

(a)의 경우 각 개인의 행동을 통제할 필요가 없을 것이다. 각자가 하고 싶은 대로 내버려 두어도 결과는 최선의 결과로서 나타나기 때문이다. (c)의 경우도 마찬가지다. 문제는 (b)나 (d)와 같은 경우이다. (b)의 경우 두 사람 모두 이 행동을 하지 않는 것이 최선의 결과이다. 그러나 개인으로 하여금 이 행동을 하지 말도록 통제하지 않으면 개인은 이 행동을 하게 되고 결국 모두 손실을 보게 되는 것이다. (d)의 경우 두 사람 모두 이 행동을 하는 것이 최선의 결과이다. 그러나 개인으로 하여금 이 행동을 하도록 통제하지 않으면 아무도 이 행동을 하지 않게 되고, 더 좋은 결과를 얻지 못하게 된다.

이상의 예에서 볼 수 있듯이 행동의 외부성이 반드시 가버넌스를 요구하는 것은 아니다. 그러나 외부성이 (b)나 (d)의 경우처럼 나타나는 경우 가버넌스가 특히 필요하게 된다. 쓰레기를 아무데나 버리게 한다면 모두 이웃집 앞에다, 그것도 너저분하게 버릴 것이다. 쓰레기를 자기집 앞에 반드시 버리도록 통제하면 쓰레기 봉투에 잘 정리한 채로 버릴 것이다. (b)의 예라 할 수 있을 것이다. 대로로부터 멀리 떨어져 있는 두 마을이 있다고 하자. 한 마을에서 대로로부터 연결되는 길을 놓으면 다른 마을도 혜택을 본다. 그런데 길을 놓는데는 많은 자금이 들어서 한 마을이 이를 전부 부담하기 어렵다고 하자. 그러나 자금을 두 마을이 분담하면 각 마을에 돌아오는 혜택이 비용부담을 넘어선다고 하자. 이러한 경우 두 마을이 협력을 하면 사업을 추진하여 모두 혜택을 보게 되지만, 협력을 하지 않는 경우 사업은 추진되지 못하게 된다. (d)의 예라고 할 수 있을 것이다.

가버넌스가 필요시 되는 또 다른 대표적인 경우로서 무임승차(free-riding)의 문제가 발생하는 경우를 들 수 있을 것이다. 무임승차란 어떤 대상을 만드는데 자신은 기여하지 않은 채 그 대상으로부터의 혜택을 얻으려는 행위라 할 수 있다. 공공재(public goods)의 경우 이러한 무임승차의 문제가 발생하게 된다. 공공재는 사유재(private goods)에 대조되는 개념으로서, 소비의 비경합성과 소비의 비배제성이라는 특성을 갖는 재화이다. 소비의 비경합성(non-rivalry)이란 한 사람이 그 재화를 소비한다고 해서 다른 사람이 소비할 수 있는 양에 영향을 주지 않는 것을 말한다. 소비의 비배제성이란 대가를 지불하지 않은 사람도 소비에서 배제시킬 수 없는 것을 말한다. 대표적인 예로서 국방을 생각할 수 있을 것이다. 세금을 내지 않은 사람은 국방의 대상에서 제외시킬 수 있는 방법이 있는가? 내가 국방의 혜택을 보고 있다고 해서 다른 사람에 돌아가는 국방의 혜택이 줄어드는가? 환경보호도 비슷한 예라 할 수 있을 것이다.

공공재가 갖는 이러한 성격 중 무임승차의 문제와 특히 관련되는 성격은 소비의 비배제성이라 할 수 있다. 설령 다른 사람의 소비가 내 소비에 영향을 준다고 해도 다른 사람의 소비를 막을 수 있는 물리적 방법이 없다면, 또는 막을 수는 있다고 해도 그 비용이 크다면, 무임승차의 문제를 피할 수 없을 것이다. 예컨대 미국의 센트럴 파크처럼 규모가 큰 공원을 생각해 보자. 공원에 사람이 너무 많다면 기분이 별로 좋지 않을 것이다(즉 소비의 만족감이 떨어질 것이다). 즉 소비가 완전히 비경합적이라 볼 수는 없을 것이다. 그렇다고 해서 그 공원을 전부 높은 벽으로 둘러싸고 몇 개의 입구에서만 입장료를 내고 들어갈 수 있게 만들어 놓는다면, 미관도 좋지 않을 뿐 아니라 입구에서의 혼잡이라는 비용도 발생할 것이다. 차라리 아무런 통제도 하지 않는 것이 좋을 것이다.

무임승차의 문제가 존재하는 재화는 적정한 수준으로 공급되지 못한다. 공원이 혼잡을 피하기 위해 입구에서 입장료를 받지 않고, 공원 내에 공원관리를 위한 모금통을 설치했다고 하자. 그 통에 돈이 얼마나 모이겠는가? 국방을 위해 필요하니 각자 자발적으로 일정 금액을 내라고 해 보자. 과연 얼마나 낼 것인가? 따라서 이러한 성격의 재화를 적정수준으로 공급하기 위해서는 집단의 각 개인들에게 행동을 강제하는 식의 가버넌스가 필요하다. 강제로 세금을 걷는 것이 한 방법이다.

무임승차의 문제는 구성원이 많은 집단일수록 발생하기 쉽다. 여러분의 동아리에서 동아리 운영을 위해 회비를 자발적으로 내기로 하였다. 회원이 5명 정도라면 아마도 모든 회원이 회비를 내는 결과가 나올 것이다. 설령 회비를 걷는 강제적인 절차가 없다고 해도 묵시적인 압력이 크게 작용하기 때문이다. 그러나 회원이 100명이라면 강제적 절차가 없는 한 무임승차하려는 회원들이 상당히 나올 것이다.

글로벌 가버넌스란 다수의 국가에 영향을 미치는 문제, 즉 글로벌 문제를 어떤 방향으로 해결하기 위해 다수의 국가에 걸쳐 가버넌스가 이루어지는 것을 말한다. 예컨대 지구촌의 환경문제를 생각해 보자. 이는 대표적인 글로벌 문제라 할 수 있을 것이다. 지구촌의 환경보호라는 목적을 달성하기 위해 각국가의 환경파괴 행위를 통제하고, 지구촌의 환경개선을 위한 자금을 갹출하고, 각국이 환경보호 기술을 공유하도록 하고, 이러한 모든 것들이 글로벌 가버넌스이다.

인권문제를 생각해 보자. 한 나라의 인권상황의 악화가 단지 그 나라만의 문제라고 본다면 글로벌 차원의 가버넌스가 굳이 필요 없을 것이다. 그러나 우리는 지구촌 시민으로서 타국의 인권상황 악화에 가슴 아파한다. 또한 그 나라의 인권문제로 그 나라의 안정이 깨지고 그것이 다른 나라에도 여파를 미칠 수 있다는 점에서 국가간의 외부성이 있는 문제라 볼 수 있을 것이다. 각국의 인권상황을 감시하고, 인권을 탄압하는 국가에 압력을 가하고, 인권 개선을 위해 노력하는 국가를 격려하고, 이러한 것들도 역시 글로벌 가버넌스이다.

글로벌 가버넌스를 행하는 가장 대표적인 주체로 국제기구, 특히 각국의 정부를 구성원으로 하는 정부간 국제기구를 들 수 있을 것이다. UN, WTO, IMF 등 쉽게 생각나는 국제기구들이 수행하는 역할이 바로 글로벌 가버넌스이다. 최근에는 정부간 국제기구뿐만 아니라 세계 시민단체들도 글로벌 가버넌스의 중요한 주체로 부각되고 있다. 예컨대 그린피스와 같은 환경단체는 비공식적인 절차와 제도를 통해 지구촌의 환경문제를 자발적으로 가버넌스하는 기구라 할 수 있다. 여러 국가에 자회사를 두고 있는 다국적기업이 기업을 운영하고 관리하는 행위도 글로벌 가버넌스라 할 수 있을 것이다.

2. 국제기구의 개념

국제기구가 수행하는 역할은 글로벌 가버넌스이다. 그러나 글로벌 가버넌스를 행하는 모든 주체를 국제기구라 부를 수는 없다. 예컨대 다국적기업은 글로벌 가버넌스라는 행위를 하고 있지만 우리는 보통 이를 국제기구라 부르지는 않는다(국제기구를 넓게 정의하는 경우 다국적기업을 국제기구에 포함시키기도 한다). 세계적 조직망을 갖고 있는 마피아가 세계 조직을 관리하고 운영하는 행위도 글로벌 가버넌스라 볼 수 있을 것이다. 그러면 마피아는 국제기구인가?

국제기구연감(The Yearbook of International Organization)은 지구상에 현재 존재하는 국제기구들을 수록하고 있는 책자이다. 이 연감은 이에 수록될 수 있는 기구의 기준, 즉 국제기구의 기준으로 다음의 일곱 개 기준을 제시하고 있다.

① 목표의 국제성: 최소한 3개국을 카버할 의도를 가진 목표를 설정하고 있어야 한다. ② 회원자격의 국제성: 최소한 3개국으로 구성된 개인 또는 집단이 완전한 투표권을 갖고 참여해야 한다. ③ 공식적인 구조: 기구의 집행부 구성에 관한 규정, 상설적인 본부(permanent headquarter)의 운영에 관한 규정 등을 명시한 기구의 헌장(constitution)을 갖고 있어야 한다. ④ 직원의 국제성: 일정기간에 있어 직원이 모두 동일 국적인이어서는 안 된다. ⑤ 예산의 국제성 및 비영리성: 기구의 예산은 3개국 이상에서 분담되어야 하며, 기구의 활동은 비이윤적 동기에 기초해야 한다. ⑥ 기구의 독립성: 다른 기구와 유기적인 관계를 갖고 있는 기구의 경우는 그 기구 자체가 독립적으로 존재하고 독자적으로 직원을 선출함을 입증해야 한다. ⑦ 활동: 기구의 활동에 관한 자료를 발표하거나 요구시 제출할 수 있어야 한다.

이 기준에 따르면 다국적기업은 ⑤에 위배되어 국제기구가 아니다. 마피아의 경우는 ⑤와 ⑦의 기준을 만족하지 못하는 것으로 볼 수 있을 것이다. 또한 이 기준에 따르면 국제기구가 되기 위해서는 최소한 3개국이 참여해야 한다.[1]

국제기구는 회원자격에 따라 정부대표로 구성된 기구(IGO: International Governmental Organization), 비정부대표로 구성된 기구(INGO: International Non-governmental Organization), 그리고 정부대표와 비정부대표가 모두 참여하는 혼합적 기구로 나누어진다. UN, NATO, IMF 등은 정부간 국제기구이며, 그린피스, 구세군 등은 비정부간 국제기구이다. 혼합적 기구의 대표적 예로는 국제노동기구(ILO)를 들 수 있다. ILO의 경우 정부대표뿐만 아니라 각국의 노동단체들도 참여한다.

우리가 보통 국제기구라 부르는 것은 정부간 국제기구라 할 수 있다. 이는 각국 정부로부터 일정한 권한을 위임받아 공식적으로 글로벌 가버넌스를 수행하는 기구라 할 수 있다. 마치 정부가 국민들로부터 권한을 위임받아 가버넌스를 수행하는 것처럼, 국제기구의 존재는 각국 정부로부터 위임받은 권한에 기초한다. 다시 말해서 한 국가가 어떤 국제기구에 참여한다는 것은 그 국가의 주권 일부를 그 국제기구에 양도하는 것을 의미한다. 이렇게 양도한 부분의 주권에 대해

---

1) 이에 반해 Archer는 국제기구를 둘 또는 그 이상의 주권국의 회원들이 공동 이익추구를 목표로 그들간의 협정에 의해 설립된 공식적이고 지속적인 구조로 정의하고 있다.

서는 행사를 요구할 수 없으며, 국제기구에서 결정된 사항을 따라야 하는 것이다 (물론 결정과정에 참여하지만).

각국이 자발적으로 국제기구에 참여하는 것은 주권을 부분적으로 국제기구에 양도함으로써 더 큰 이득을 얻을 수 있기 때문이다. 이러한 이득이 없다면 어떤 국가도 자국의 주권을 조금이라도 포기하려고 하지 않을 것이다. 국제기구의 참여에 따른 이러한 이득을 앞의 외부성의 예를 통해 쉽게 설명할 수 있다. 1, 2를 개인이 아니라 국가라 하자. (b)의 경우에 각국이 마음대로 한다면, 각국이 모두 이 행동을 하는 결과가 초래될 것이고 손실을 보게 될 것이다. 이제 두 국가가 국제기구를 만들어 각국이 이 행동을 하고 안하고 하는 결정을 이 국제기구에 위임했다고 하자. 국제기구에서는 이 문제를 분석하여 각국이 이 행동을 하지 말도록 결정할 것이다. 그리고 각국은 이 결정을 따름으로써 각국 모두 이득을 얻게 되는 것이다. (d)의 경우도 마찬가지다. 즉 각국이 이 행동을 하고 안 하고 하는 결정을 내릴 주권을 국제기구에 양도한 결과로 이득을 얻게 된 것이다.

3. 국제경제기구의 체계

국제경제기구란 경제분야에 있어 글로벌 가버넌스를 수행하는 기구이다. 국가간의 경제적 교류가 양적 · 질적으로 확대되면서 각국의 경제는 더욱 긴밀하게 연결되고 있다. 이에 따라 국제경제기구의 활동 영역은 확대되고 있으며, 국제경제기구의 역할에 대한 기대도 증대되고 있다.

국제경제기구의 역사에서 1944년은 중요한 의미를 지닌다. 제2차 세계대전이 막바지에 이르고 있던 당시, 전후 세계경제질서의 문제를 논의하기 위한 모임이 미국 뉴햄프셔주의 소도시 브레튼우즈에서 연합국 45개국 대표가 참석한 가운데 개최되었다. 이 회의의 기본적인 정신은 전후 세계경제를 다시 부흥시키고 전쟁재발을 방지하는 경제적 환경을 마련하자는 것이었다. 황폐된 유럽경제의 재건이 시급한 과제였다. 또한 양차대전 사이에서 경험했던 국제통화질서의 문란, 보호주의의 만연이 전쟁의 경제적 배경이 되었다는 인식하에, 이러한 상황의 재발을 막기 위한 국가간의 협력체제를 구축할 필요가 있었다.

이 회의에서 일단 두 개의 국제기구를 만들기 위한 협정을 체결하였다. 국제통화기금(IMF)설립협정과 국제부흥개발은행(IBRD)설립협정이 그것이다.

IMF(International Monetary Fund) 설립의 기본적인 취지는 일시적인 국제수지 적자상황에 직면한 국가가 과다한 수입규제나 수입을 억제하기 위한 국내긴축정책을 시행하지 않고도 국제수지불균형 문제를 해결할 수 있도록 지원해야 한다는 것이었다. 이는 2차대전 이전 각국이 경험했던 극심한 국제수지 불균형 문제가 2차대전 발발의 배경이 되었다는 인식에 따른 것이었다.

IBRD(International Bank for Reconstruction and Development) 설립의 취지는 전쟁으로 파괴된 각국의 경제를 부흥시키고 저개발국의 경제성장을 지원한다는 것이었다. 즉 IMF가 단기적인 국제수지 불균형 해소에 목적을 두고 있다면, IBRD는 각국의 장기적인 경제발전 촉진에 목적을 두고 있는 것이다.

한편 이 회의에서는 국가간에 보다 자유로운 상품교역을 도모하기 위한 국제기구의 설립도 필요하다는 인식이 제기되었다. 그러나 이 회의에서 무역문제는 핵심적인 의제가 아니었으며, IMF나 IBRD와 같은 차원의 구체적 논의가 이루어진 것은 아니었다.[2] 무역에 관한 국제기구의 설립이 구체화된 것은 1948년 쿠바의 하바나에서 개최된 회의에서 였다. 이 회의에 참석한 53개국은 국제무역기구(ITO: International Trade Organization)의 설립에 관한 헌장, 즉 하바나 헌장(Havana Charter)을 채택하였다.

그러나 IMF나 IBRD와 달리 ITO는 국제기구 설립이라는 결실을 맺지 못했다. 여러 가지 이유가 있지만 ITO 설립이 무산된 결정적인 이유가 된 것은 미 의회의 반대 때문이었다. 사실 ITO의 설립을 주도했던 것은 미국이었다. 그런데 ITO의 설립을 무산시킨 것도 미국이었다. 이러한 아이러니는 다음과 같이 설명된다. ITO의 설립을 추진한 것은 미 행정부, 당시 민주당 집권하의 행정부였다. 그러나 1948년 미 총선결과 의회를 장악한 것은 공화당이었다. 그리고 당시 미 의회의 분위기는 여전히 보호주의적인 분위기가 강했으며—보다 정확히 표현하면 보호주의로 회귀하려는 이해집단이 지배하는 분위기였고—, ITO의 설립은 미국의 통상주권을 지나치게 침해한다는 이유로 결국 설립비준을 거부하였던 것

2) 무역문제가 이 회의에서 제대로 논의되지 않은 것은 이 회의의 명칭이 UN 통화금융회의(UN Monetary and Financial Conference)라는 사실에서 이해될 수 있을 것이다. 즉 이 회의를 주관한 것은 각국의 통화금융관련 부처들이었으며, 무역관련 부처들은 이에 주도적으로 참여하지 않았다. 브레튼우즈회의가 무역문제까지 포함하여 보다 포괄적으로 국제경제관계문제를 논의하는 회의가 되었다면 국제경제기구의 역사는 달라졌을지도 모른다(Jackson(1989)).

이다.

ITO가 설립되었다면 2차대전 이후의 세계경제는 국제통화문제를 담당하는 IMF, 국제무역문제를 담당하는 ITO, 그리고 경제개발문제를 담당하는 IBRD의 3개 기구를 축으로 하는 체제를 갖추었을 것이다. ITO의 설립 무산으로 ITO 대신 한 축을 담당하게 된 것이 GATT(관세 및 무역에 관한 일반협정: General Agreement on Tariff and Trade)이다.

GATT의 출범은 다음과 같은 과정으로 이루어졌다. 당시 국제무역분야에서 논의된 의제는 크게 세 가지가 있었다. 그 하나는 바로 ITO의 설립에 관한 것이다. 또 다른 의제는 관세인하 협상에 관한 것이었다. 2차대전 이전에 지나치게 높아진 각국의 관세수준을 조속히 낮출 필요성이 있었던 것이다. 이에 따라 1947년 4월부터 제네바에서 23개국이 참가한 가운데 관세인하협상이 시작되었다. 그리고 또 하나의 의제는 관세와 관련된 각종 규정들을 만드는 것이었다. 예컨대 우리가 뒤에서 보겠지만 관세 이외의 보호주의 수단을 사용해서는 안 된다든지, 관세를 부여함에 있어 국가간에 차별을 해서는 안 된다든지 등과 같이 각국이 준수해야 할 의무 규정들을 만드는 것이었다. 그리고 GATT는 이 두 번째와 세 번째 의제의 논의 결과를 결합하여 출범하게 된 협정인 것이다.[3] GATT는 제네바 협상에 참가한 23개 국을 최초의 가입국으로 하여 1948년 1월부터 협정 효력이 발효되었다.

따라서 엄밀히 따지면 GATT는 국제기구가 아니라 하나의 국제협정일 뿐이다. 만일 ITO가 설립되었다면 GATT는 ITO의 소프트웨어로서의 역할을 담당했을 것이다. GATT의 출발은 협정의 형태로 시작되었지만 이후 관련 업무가 확대되면서 사실상 국제기구로서의 역할을 수행하게 된다.

따라서 2차대전 이후 IMF, IBRD, GATT를 3개의 축으로 하는 세계경제체제가 형성되었고 이를 브레튼우즈체제(Bretton Woods system)라 부른다.[4] 그리고 지금의 국제경제기구체제도 이때 만들어진 브레튼우즈체제를 골격으로 하고

3) 즉 GATT 협정문은 각국이 준수해야 할 의무 등을 규정한 규범 부문과 관세인하협상의 결과(이를 관세양허표라 한다)로 구성되어 있다.

4) 국제경제기구의 측면에서 브레튼우즈체제는 이처럼 IMF, IBRD, GATT로 대표되는 체제를 말한다. 국제통화 분야에 있어 브레튼우즈체제란 용어는 IMF의 설립에 의해 출현한 국제통화제도, 즉 미국의 달러화를 기축통화로한 고정환율제도가 운영되었던 체제(우리가 다음장에서 볼 것이다)를 의미한다.

있다. IBRD는 이후 업무가 확대되면서 세계은행(World Bank)이라는 명칭하에 기능을 수행하고 있다. GATT는 1995년 WTO의 설립으로 발전되었다. IMF, 세계은행, 그리고 WTO는 현재 3대 국제경제기구이다.

이들 3대 기구 다음으로 중요한 위치를 부여 받을 수 있는 국제경제기구로서 OECD와 UNCTAD를 들 수 있다. OECD(경제개발협력기구: Organization for Economic Cooperation and Development)는 우리가 흔히 선진국 클럽이라 부르는 기구로서, 현재 세계경제를 이끄는 중요한 역할을 담당하고 있다. UNCTAD (UN 무역개발위원회: UN Conference on Trade and Development)는 UN의 산하기구로서 개발도상국의 문제를 주로 취급하고 있다.

이러한 기구들은 다자간기구, 즉 다대륙에 걸친 다수의 국가들이 참여하는 기구들이다(OECD를 다자간기구라 부르는 것에 대해서는 좀 유보적일 수도 있을 것이다). 한편 한 대륙 내의 국가들(전부일 수도 있고 일부일 수도 있다)만이 참여하는 지역경제기구들도 있다. 가장 대표적인 것이 유럽연합(EU)이다. 물론 EU는 단지 경제문제뿐만 아니라 정치, 외교, 사회 등 제반 문제에서 협력을 도모하는 포괄적인 기구이다. 미국, 캐나다, 멕시코간의 자유무역지대인 NAFTA, 그리고 동남아국가연합인 ASEAN 등도 지역경제기구라 할 수 있다. 아시아 · 태평양 지역 국가들의 협력체인 APEC, 동아시아, 유럽국가들간의 협력체인 ASEM 등은 지역간경제기구라 부를 수 있을 것이다.[5)]

이밖에도 특정한 분야만을 취급하는 다수의 국제기구들이 있다. 예컨대 노동문제만을 다루는 국제노동기구(ILO), 지재권 보호에 관한 문제만을 다루는 국제지재권기구(WIPO), 국제식량농업기구(FAO) 등도 우리가 자주 듣는 국제기구들이라 할 수 있을 것이다.

본서에서는 이 중 IMF, 세계은행, WTO, OECD, UNCTAD의 5대 기구와 일부 지역경제기구에 대해 살펴보기로 한다.

---

5) NAFTA, APEC, ASEM 등이 국제기구인가 아닌가에 대해서는 논란의 여지가 있을 수 있을 것이다. 외형상으로 중요한 기준은 일단 상설본부를 두고 있느냐 하는 것일 텐데 이들 기구의 경우 사무국은 두고 있지만 상설본부까지는 갖고 있지 않다. GATT의 경우도 제네바에 사무국만을 두고 있었다. 그러나 이 사무국이 사실상 상설본부와 같은 역할을 수행하였다.

제12장
IMF와 국제통화제도

1944년 브레튼우즈 회의 결과로 탄생한 IMF는 1945년 12월 미국 워싱턴에 본부를 두고 공식적으로 출범하였다. 처음에 45개국으로 시작된 IMF는 이후 회원국이 계속 확대되면서 2003년 회원국수는 184개국에 이르고 있다.

IMF는 세계경제의 지속적인 성장을 뒷받침하기 위한 국가간의 통화협력을 추구하고 있다. 본장에서는 국제통화제도의 변천과정에서 IMF의 출현, IMF의 기능의 변화에 대해 설명하도록 한다.

1. 국제통화제도

먼저 국제통화제도라는 개념에 대해 살펴보도록 하자. 국제통화제도(International Monetary System)란 국제거래(상품거래, 자본거래 등)의 결재(payments)가 이루어지는 방식, 그리고 이에 관련된 제반 국제제도를 의미한다. 거래가 동전의 앞면이라면 그 뒷면은 그 거래에 수반되는 자금의 결재라고 할 수 있다. 이러한 자금의 결재가 원활하게 이루어지지 못한다면 국제거래 역시 원활하게 이루어질 수 없을 것이다. 특히 국제거래의 경우 각국이 사용하는 통화가 다름으로 인해 원활한 결재를 제약하는 여러 상황이 벌어질 수 있다.

그러면 원활한 국제거래가 이루어질 수 있도록 하기 위해서 국제통화제도는 어떤 기능을 갖추어야 할 것인가? 우리는 대표적으로 세 가지 기능을 생각해 볼 수 있다.

첫째, 국제수지의 조정기능이다. 어떤 국가에 국제수지의 불균형(특히, 국제수지의 심각한 적자상황)이 발생하였을 때 이러한 문제를 해결할 수 있는 기능이다. 만일 이러한 기능이 없다면 적자국의 정부는 무역장벽(특히 수입에 대한 규제)이나 자본거래에 대한 통제(특히 자본유출에 대한 제한) 등 자유로운 국제거래를 제한하는 조치를 통해 국제수지 불균형의 문제를 해결하려 할 것이다.

둘째, 국제유동성의 공급기능이다. 국제유동성(International Liquidity) 또는 국제준비자산(International Reserves)이란 모든 국가들에 의해 일반적으로 받아들여지는 통화를 말한다. 국제거래의 규모를 충당할 만한 충분한 국제유동성이 공급되어야 한다. 만일 그렇지 못하다면 국제유동성의 부족으로 국제거래가 제약될 수밖에 없을 것이다. 우리나라가 석유을 수입하려는데 달러화가 부족하다면 어떻게 되겠는가? 달러 대신 반도체를 주면 받아주겠는가?

셋째, 환율의 안정기능이다. 환율의 변화가 심하다면 국제거래는 상당한 제약을 받을 것이다. 국제거래의 경우 거래계약과 자금결재간에 시간적 차이가 보통 존재한다. 그런데 환율의 변화가 심하다면 거래상품을 매입하는 쪽에서는 자국통화로 얼마나 지급해야 하는지, 매도하는 쪽에서는 자국통화로 얼마나 지급받는지 불확실할 것이다. 그리고 이러한 불확실성은 국제거래를 위축시키는 요인이 될 것이다.

2. IMF 이전의 국제통화제도: 국제금본위제도

1930년대 이전의 국제통화제도는 국제금본위제도였다. 이는 각국의 화폐가치를 일정량의 금에 고정시키고(예컨대 미국의 1달러는 금 23.22 그레인, 영국의 1파운드는 금 113 그레인 등), 이렇게 고정된 가치하에 각국 정부는 자국통화와 금을 누구에게든 무제한으로 교환해 주며, 국가간에 금의 자유로운 유출입을 보장하는 것이었다.

이 제도가 앞에서 언급한 국제통화제도의 기능을 어떻게 충족시켜는지 보자. 먼저 환율의 안정이라는 문제를 보면, 금본위제도는 고정환율제도로서 환율의 변화라는 문제가 발생하지 않는다. 영국의 1파운드는 금 113그레인, 미국의 1달러는 금 23.22 그레인이므로, 미국의 1달러는 0.205파운드라는 고정환율이 결정되는 것이다.

금본위제도가 갖는 가장 흥미 있는 점은 이의 국제수지 조정기능이다. 이렇게 고정된 환율하에서 영국이 미국에 대해 국제수지 적자가 발생하였다고 하자. 이는 영국에서 달러화의 공급보다 수요가 많은 상태를 의미한다. 달러화에 대한 초과수요로 달러화의 가치는 상승(환율이 상승)하게 될 것이다. 예컨대 1달러에 0.207파운드로 거래가 이루어진다고 하자. 그러면 어떤 상황이 전개되겠는가? 0.205파운드를 주면 영국에서 금 23.22 그레인을 살 수 있다. 이 금을 미국으로 갖고 와서 팔면 1달러를 받는다. 그런데 1달러를 파운드화로 환전하면 0.207파운드를 얻는다. 즉 0.002파운드만큼 남는다.[1] 즉 환율이 상승하게 되면 영국에서 금을 사서 미국에서 금을 파는 거래가 발생하게 된다.

금이 유출되는 영국에서는 어떤 상황이 전개되겠는가? 영국에서 국내통화량이 줄어들 것이다(금거래를 위해 파운드화를 금으로 바꾸므로). 국내통화량이 줄어들면 물가가 하락할 것이다. 물가가 하락하면 수출은 늘어나고 수입은 줄어들 것이다. 반대로 금이 유입되는 미국에서는 국내통화량이 증가하고, 물가가 상승하게 된다. 이에 따라 미국의 수출은 감소하고 수입은 증가한다. 즉 영국의 국제수지 적자는 줄어들고 미국의 국제수지 흑자도 줄어든다. 결국 환율은 다시 하락하고 금거래도 멈추게 된다. 금본위제도하에서 국제수지의 이러한 자동조정기능을 금-정화 유출기구(gold-specie flow mechanism)라 부른다.

한편 금본위제도하에서 국제유동성의 역할을 한 것은 금이었는데, 국제거래의 증가가 금의 적절한 생산증가에 의해 충족됨으로써 국제유동성의 부족에 따른 문제는 발생하지 않았다.

이러한 금본위제도가 가장 잘 작동했던 시기는 1870-1914년의 기간이었다. 이 시기는 바로 제1차 세계화 물결의 시기이다. 금본위제도의 원활한 작동하에서 국가간의 경제적 교류가 활발하게 이루어질 수 있었던 것이다. 당시 금본위제도가 원활하게 작동한 데에는 영국의 주도적인 역할이 배경이 되었다고 할 수 있다. 당시 금본위제도를 관장하는 국제기구가 있었던 것도 아니다. 그럼에도 불구하고 각국이 이러한 게임의 규칙을 잘 준수했던 것은 영국이라는 거대한 파워가 존재했기 때문이라 할 수 있을 것이다. 또한 영국 스스로도 국제수지 적자국에 장기적인 대부를 해 주는 등 주축국으로서의 역할을 했던 것이다.

그러나 무엇보다도 당시 금본위제도가 원활하게 작동했던 중요한 요인이 있

1) 금을 영국에서 미국으로 수송하는 데 드는 비용은 없다고 하자.

다. 이는 임금을 포함하여 제반 가격, 즉 물가가 지금보다 훨씬 신축적으로 변화했다는 것이다. 금본위제도하에서 물가가 경직적이라면 어떻게 되겠는가? 국제수지 적자국에서 통화량의 감소는 일단 구매력의 감소로 연결될 것이다. 물가가 충분히 떨어진다면 이러한 구매력의 감소를 상쇄할 수 있을 것이다. 그러나 물가가 떨어지지 않는다면 이는 수요의 감소로 나타날 것이고 따라서 생산이 위축되어 고용도 줄어들고 소득도 감소할 것이다. 실업의 증가, 소득의 감소 역시 수입을 줄이는 역할을 함으로써 국제수지 적자는 자연스럽게 해소될 것이다. 그러나 이는 물가의 하락보다 훨씬 고통스러운 조정과정이라 할 수 있다. 그런데 당시 다행히 물가가 신축적으로 변화함으로써 국제수지 적자가 고용과 소득의 감소라는 고통스러운 경로보다는 물가의 하락이라는 경로로 연결될 수 있었던 것이다.[2)]

금본위제도는 1차대전의 발발로 작동이 중지된다. 전후 금본위제도로 복귀하려는 노력이 있었지만, 이는 그다지 성공적이지 못했다. 그러던 가운데 1930년대 세계대공황이 발생하였다. 극심한 경기침체 상황에서 각국은 경기회복과 실업감소를 위한 정책을 우선적으로 시행할 수밖에 없었다. 국제수지 적자국에서 국제수지 적자의 해소라는 문제는 고용증가, 물가안정이라는 국내문제 앞에서 더 이상 중요한 문제가 되지 못했다. 즉 금본위제도가 요구하는 국제수지 자동조정기능을 받아들이지 않게 된 것이다.

더욱이 이 제도에 대한 신뢰도가 하락하면서 통화보다는 안정된 가치를 가진 금을 보유하려는 욕구가 확대되고, 환율의 하락을 기대한 투기적인 자본의 공격하에서 국제수지 적자국은 금 보유고가 크게 줄어들게 되었다. 이에 따라 금태환 능력을 상실한 각국은 차례로 금본위제도를 포기하게 되었던 것이다.

3. IMF하의 국제통화제도

IMF는 금본위제도가 갖는 장점을 살리면서 국제수지 균형을 위해 물가의 안정, 고용의 유지라는 국내목표를 희생해야 하는 금본위제도의 단점을 제거하

2) 물론 고용과 소득의 감소라는 경로가 전혀 나타나지 않았다는 것은 아니다. 단지 물가의 하락이 국제수지 적자에 따른 충격을 상당히 흡수함으로써 고용과 소득감소라는 부작용이 크지 않았다는 것이다.

는 방향으로 새로운 국제통화제도를 마련하였다. IMF의 설립시 마련된 제도를 금환본위제도라 부르며, 이는 다음과 같은 내용을 갖추고 있다.

달러화는 유일한 기축통화로서 달러화의 가치는 금의 일정량으로 고정되며(IMF의 설립시 달러화와 금간의 교환비율은 금 1온스당 35달러로 설정), 달러화와 금간에는 자유로운 교환이 보장된다. 여타 회원국의 통화 가치는 달러화를 매개로 하여 설정된다. 즉 달러화와 회원국 통화간에 일정한 교환비율(이를 평가기준(par value)이라 한다)이 설정된다.

각 회원국은 평가기준을 중심으로 하여 상하 1%의 범위 내에서 환율을 유지할 책임을 진다. 단 심각한 국제수지 불균형의 상태에서는 IMF와의 협의하에 10% 범위까지 환율을 변동시킬 수 있다. 단기적인 국제수지 불균형을 겪고 있는 회원국의 경우 각 회원국이 IMF 기금에 출자한 자금을 인출하여 불균형문제를 해소하는 데 사용할 수 있다.

이 제도가 국제통화제도의 기대 기능을 어떻게 만족시켰는지 보자. 환율의 안정이라는 기능의 경우 평가기준을 중심으로 상하 1%의 범위 내에서만 환율이 변동하는 고정환율제도를 통해 이를 만족시켰다. 각 회원국은 이러한 환율수준의 유지를 위해서 환안정기금(금, 외환, 자국통화로 구성된 기금)을 마련하고, 이 기금을 이용하여 외환시장에 적극적으로 개입하여 환율을 안정시키도록 했다.

금본위제도와 크게 다른 점은 국제수지 소성기능이라 할 수 있다. 각 회원국은 IMF 가입시 각국의 능력에 따라 일정 금액을 납입해야 한다. 할당액의 25%는 금으로, 나머지 75%는 자국통화로 납입해야 한다(이를 기금에 출자한다고 한다).[3] 그 대신 각 회원국은 IMF가 보유하고 있는 외환(즉, 여타국의 통화)을 차입할 수 있는 권리를 부여받는다(이를 인출권이라 부른다). 이 중 출자금의 25%까지는 어떤 국가의 통화라도 자동적으로 항시 차입할 수 있다. 따라서 단기적으로 국제수지 적자를 겪고 있는 국가는 이 방법을 이용하여 외환의 공급부족 상황을 해결할 수 있다.

이러한 방법으로 해결할 수 없는 심각한 국제수지 불균형의 경우 해당국은 IMF와의 협의하에 자국통화의 평가를 조정하여(상하 10% 범위 내에서) 국제수지 불균형 문제를 해소하도록 하였다.

이러한 제도하에서 국제유동성으로서의 역할을 한 것은 금, 달러화, 그리고

3) 1978년부터 금 대신 SDR이나 IMF가 선정한 타 회원국 통화로 납입하는 것으로 바뀌었다.

IMF 인출권이었다. 그런데 1960년대 들어 국제거래의 급격한 확대 등으로 국제유동성의 부족문제가 발생하게 되었다. 이에 따라 1970년 IMF는 새로운 국제유동성을 만들어냈는데 이것이 특별인출권(SDR: Special Drawing Rights)이라는 것이다. 이는 새로운 출자없이 회원국의 기존 출자액에 비례하여 IMF가 추가적으로 배분해 준 인출권이다. 국제유동성의 부족을 겪고 있는 국가는 자국의 특별인출권을 지급하고 다른 회원국의 통화를 매입할 수 있다. 그리고 각 회원국은 다른 회원국으로부터의 요청이 있으면 특별인출권을 받고 자국통화를 매도할 의무를 지닌다(특별인출권의 보유 누계가 최초 할당액의 3배 수준에 이를 때까지는 SDR의 수취를 거부할 수 없다).

이러한 통화제도가 운영되었던 1945년부터 1971년의 기간을 브레튼우즈체제라 부른다. 이 국제통화제도는 1960년대 초반까지는 그런대로 잘 운영되었다. 그러나 1960년대 들어 이 체제는 위기에 봉착하게 되었고 결국 1970년대 들어 결국 붕괴되는데, 그 중요한 요인을 몇 가지 지적하면 다음과 같다.

첫째, 미국 달러화의 교환가치에 대한 신뢰도의 저하이다. 금의 공급은 물리적으로 한정되어 있을 뿐 아니라, 금 1온스당 35달러라는 1931년에 결정된 금의 공정가격이 계속 유지됨으로써 채광수지면에서도 금의 공급 확대가 제약되었다. 반면 대폭적이고 지속적인 미국의 무역수지 적자, 그리고 대외준비자산을 달러화로 보유하려는 각국의 욕구 확대 등에 따라 미국이 보유하고 있는 금준비자산 규모에 비해 미국의 달러 부채규모가 상대적으로 크게 증가하였다. 이에 따라 미국 달러화의 금태환능력에 대한 의구심이 증대하게 되었다.

둘째, 브레튼우즈체제하에서 국제수지 불균형은 환율의 변경을 통해 조정되는 것이었는데, 실제 환율의 변경이 제대로 이루어지지 못했다는 것이다. 기축통화국인 미국의 경우 필요시에도 환율(즉 금 평가기준)을 변경시킬 수 있는 자유가 없었다. 여타 회원국의 경우 심각한 국제수지 불균형의 경우에 환율변경이 허용되기는 했지만, 국제수지 적자국은 최악의 경우가 아니면 평가절하를 하려고 하지 않았다. 이는 지금도 그렇지만 자국 통화의 가치하락을 정치적 체면이 손상되는 것으로 인식하는 경향이 있었기 때문이다.

그러나 무엇보다도 이 제도의 붕괴를 가져온 근본적인 이유는 고정환율제도하에서 각국이 상충된 경제정책을 수행하기 어렵다는 점에 있다고 할 수 있다. 1960년대와 1970년대 초반 세계경제 상황을 보자. 당시 미국, 영국 등 일부 국가들은 경기확대 정책을 추구한 반면 독일을 비롯한 일부 국가들은 저인플레정책을 추구하였다. 세계전반, 특히 미국보다 낮은 독일의 물가상승률은 독일제품이 미국제품에 비해 점차적으로 가격이 낮아진다는 것을 의미한다. 그 결과 독일의 국제수지흑자는 증대한 반면, 미국과 영국에서는 국제수지적자가 증대하였다. 이에 따라 독일은 1971년 마르크화의 평가절상을 단행하였다. 그럼에도 불구하고 미국의 수지적자는 축소되지 않았고, 1973년 들어 독일에서 또다시 평가절상을 단행할 것이라는 소문이 확산되게 되었다.

마르크화가 곧 평가절상될 것이라는 믿음은 미국으로부터 독일로의 자본유입을 초래하였고,[4] 이에 따라 마르크화에 대한 수요가 급격히 증대하였다. 1973년 1월 말부터 3월 초까지 5주 동안 독일의 중앙은행은 100억 달러를 매입하고 그만큼의 마르크화를 매도하였다. 이에 따라 독일의 통화량은 크게 증가하였고(당시 독일 국내통화량의 20%선), 국내물가는 상승 압력을 받게 되었다. 이에 독일정부는 국내물가안정을 위해 더 이상 외환시장에의 개입을 중단하고 외환시장에서 환율이 결정되도록 방관하게 되었다. 즉 고정환율제도를 포기하고 시장에서의 환율 변동을 허용하게 된 것이다.

반면 적자국인 영국에서는 반대의 상황이 전개되었다. 파운드화의 평가절하에 대한 예상으로 자본이 해외로 유출되고 파운드화의 매도, 외환의 매입이 증대하였다. 고정환율의 유지를 위해 영국 중앙은행은 외환보유고를 풀 수밖에 없었고 외환보유고는 급속히 감소하였다. 결국 영국에서도 고정환율을 포기하고 환율의 변동(즉 평가절하)을 허용할 수밖에 없었다.

70년대 초반에 있었던 이러한 에피소드는 고정환율제도가 각국이 다른 인플레정책을 추구하고 국가간에 자본이동이 자유로운 상태에서는 유지되기 어렵다는 점을 보여 주는 것이다. 우리가 제5장에서 언급했던 바로 개방경제의 트릴레마인 것이다.

브레튼우즈체제는 미국의 닉슨대통령이 1971년 8월 달러화의 금태환 정지를 선언함으로써 붕괴되기 시작하였다. 닉슨선언이 몰고 온 세계통화질서의 혼란을 피하기 위해 1971년 12월 스미소니언에서 개최된 회의에서 달러화를 평가절하하

---

4) 1마르크는 30센트인 환율이 40센트로 오를 것이라 예상된다면 어떻게 하겠는가? 백만 달러를 갖고 있는 사람이 오늘 마르크화를 매입하면 3.33백만 마르크화를 갖게 될 것이다. 이를 평가절상 후 달러화로 다시 바꾸면 1.33백만 달러가 될 것이다. 즉 이러한 거래의 결과 33%의 이득을 실현할 수 있을 것이다.

고(금 1온스는 35달러에서 38달러로) 환율변동폭을 1%에서 2.25%로 확대하는 것을 내용으로 하는 스미소니언협정을 체결하였다. 그럼에도 불구하고 브레튼우즈체제가 갖고 있는 문제점은 해결되지 못했다.

결국 1976년 1월 자마이카 킹스턴에서 열린 회의에서 고정환율제도의 유지를 공식적으로 포기하고 각 회원국에게 자국의 경제여건에 부합하는 독자적인 환율제도를 선택할 수 있는 재량권을 부여하게 되었다. 즉 변동환율제도를 공식적으로 인정하게 된 것이다. 이러한 국제통화제도가 운영되고 있는 이후의 체제를 킹스턴체제라 부른다.[5)]

변동환율제도의 인정은 국제수지의 조정이라는 기능을 얻기 위해 환율의 안정이라는 기능을 포기한 것이라 할 수 있을 것이다. 변동환율제도하에서 국제수지 불균형 문제는 환율의 변화에 의해 자동적으로 해결된다. 국제수지 적자국(즉, 외환의 초과수요가 존재하는 국가)에서는 환율이 상승하고(즉, 자국 통화가치의 하락), 이에 따라 수출이 증가하고 수입은 감소함으로써 국제수지 적자가 해소된다. 국제수지 흑자국은 반대이다. 한편 완벽한 변동환율제도하에서는 국제유동성의 문제가 발생하지 않는다. 국제유동성의 부족은 환율의 변화에 의해 시정되기 때문이다. 완벽한 변동환율제도에 근접할수록 많은 외환보유고를 갖고 있을 필요가 없는 것이다.

4. 외환위기와 IMF

IMF가 설립된 기본적인 목적은 2차대전 이후 고정환율제도의 유지에 있다고 볼 수 있다. 그런데 고정환율제도가 붕괴됨으로써 IMF는 존립 의의를 크게 상실하게 된 것이다. 이러한 가운데 1970년대 중반 이후 IMF의 새로운 역할로서 부각된 것이 심각한 외환부족 상태에 직면한 개도국들에 대한 자금지원이었다. 70년대 오일 쇼크에 따라 교역조건의 악화로 심각한 국제수지 적자문제에 처한

5) 킹스턴체제를 변동환율제도로 오해하는 학생들이 있다. 이는 변동환율제도를 공식적으로 인정하는 체제이다. 1996년에 고정환율제도를 채택하고 있는 개도국이 45개국, 변동환율제도(관리변동환율제도 포함)를 택하고 있는 국가가 52개국으로 나타나고 있다. 1976년의 경우 개도국에 있어 고정환율제도를 택한 국가가 86개국, 변동환율제도를 택한 국가는 11개국이었다. 고정환율제에서 변동환율제도로 이행하는 국가들이 증가하고 있음을 보여 주는 것이다.

개도국들, 80년대에는 외채위기에 처한 중남미국가들, 90년대초에는 시장경제체제로 전환하는 과정에서 심각한 국제수지 불균형 문제에 처한 체제전환국들, 그리고 90년대 중반 동아시아 외환위기국 등, 이러한 국가들에 긴급자금을 지원하고 국제수지 문제의 근원적인 해결을 위해 처방을 하는 것이다.

IMF의 긴급자금지원 메커니즘에 대해 살펴보자. 먼저 그 절차를 보도록 하자. IMF의 자금지원 메커니즘이 발동되는 것은 회원국의 자금지원 요청에서 부터이다. 외환위기 상황에 처한 회원국이 자금지원을 요청하면 IMF는 해당 회원국에 대표단을 급파하고 회원국 정부와 협의를 통해 자금지원조건(conditionality)을 결정한다. 협의 결과 피지원국 정부는 의향서(letter of intent)를 제출하고 스탠바이협약(stand-by agreement)을 체결한다.[6] 의향서는 피지원국 정부가 외환위기를 벗어나기 위해 수행하려고 하는 정책을 표명한 문서이고, 스탠바이협약은 자금을 지원받는 일정과 피지원국 정부가 준수해야 하는 엄격한 이행조건을 규정한 문서이다. IMF 본부에서는 이 문서의 적절성을 검토한다. 적절하다는 평가가 내려지면 IMF 총재는 상임이사회에 자금지원을 요청하고, 상임이사회의 승인으로 자금지원이 결정된다. 곧바로 IMF로부터 자금지원이 이루어지며 피지원국 정부는 자금지원조건을 정해진 일정에 따라 이행하게 된다. IMF는 피지원국이 자금지원조건을 충실히 이행하는지를 정기적으로 점검하며, 이행상황이 만족스러운 경우에만 자금지원을 계속하게 된다.

우리가 IMF의 긴급자금지원에서 특히 관심을 가져야 할 것이 자금지원조건이다. 피지원국의 입장에서야 아무런 조건 없이 자금을 갖다 쓰면 제일 좋을 것이다. 그러나 모든 국가들이 이런 식으로 자금을 갖다 쓰면 어떻게 되겠는가? 아마도 IMF는 곧 파산할 것이다. 제한된 재원하에서 자금을 지원받은 국가가 이를 조속히 상환해야 외환 부족의 어려움을 겪고 있는 여타 회원국도 지원해 줄 수 있는 것이다. 이 때문에 IMF는 피지원국이 자금을 상환할 능력을 만드는 데 필요한 조건들을 제시하게 되는 것이다.

IMF의 긴금자금 지원조건은 피지원국이 조속한 시간 내에 지속가능한 국제수지 균형을 회복할 수 있도록 하는 것을 원칙으로 한다. 그리고 어떤 회원국에는 보다 쉬운 조건을 제시하고 어떤 회원국에는 어려운 조건을 제시하고 하는 식

6) 또는 확대협약(Extended Agreement)을 체결한다. 확대협약은 스탠바이협약보다 장기간의 자금지원(보통 3년)과 대규모자금이 필요할 경우 이용된다.

으로 국가간에 차별을 하지 않는다. 기본적으로 회원국간의 동등대우(uniformity)를 원칙으로 하되, 각 회원국의 특수한 상황을 감안한 신축성(flexibility)을 부여하게 된다.

IMF의 자금지원조건은 보통 총수요억제정책, 자유화정책, 그리고 구조조정 프로그램의 3개 부문으로 구성된다. 먼저 총수요억제 정책은 자금지원조건의 가장 핵심적인 부분이라 할 수 있다. 이는 총수요의 억제를 통해 경상수지 적자의 축소 내지 흑자 전환을 도모하는 정책이다(이 개념에 대해 이해하지 못하는 학생은 부록을 참조하도록 한다). 국내의 총수요는 민간부문의 소비수요, 민간부문(기업)의 투자수요, 그리고 정부의 지출수요로 구성된다. 민간부문의 수요는 직접적으로 규제하기 어렵다. 따라서 일단 쉽게 줄일 수 있는 부문은 정부지출이다. 우선 순위가 낮은 공공사업의 추진을 취소하거나 축소하고, 정부관리 예산을 줄이고 하는 식으로 정부지출을 억제하도록 하는 것이다. 이를 재정긴축이라 한다.

총수요억제정책의 보다 중요한 내용은 금융긴축이다. 특히 고금리정책은 IMF 긴급자금지원 조건의 핵심적인 내용이다. 금리가 높아지면 민간의 소비지출이 줄고, 기업의 투자수요도 줄어든다. 더욱이 고금리정책이 요구되는 것은 단기적으로 외자의 유입을 촉진시키고 국내자본의 해외유출을 억제시키는 효과를 거둘 수 있기 때문이다. 이에 따라 고금리정책은 외환시장의 동요를 단기적으로 안정시킬 수 있는 효과를 거둘 수 있는 것이다.

자유화정책의 가장 핵심적인 내용은 자본자유화이다. 즉 외국자본의 자유로운 유출입을 저해하는 규제들을 완화하는 것이다. 외환위기의 극복을 위해서는 외국자본의 유입이 절대적으로 필요하다. 그러나 이를 막는 규제가 존재하는 한 단순히 고금리만으로 외국자본을 끌어들일 수 없다. 또한 외환위기라는 급한 불을 끄고 난 뒤에도 외국자본의 안정적인 유입이 외환위기의 재발을 방지할 수 있는 것이다. 또한 무역에 대한 규제가 많은 국가의 경우에는 무역자유화도 지원조건에 포함된다. 수입에 대한 각종 규제는 경상수지의 개선을 가져오는 것이 아니라 오히려 경제구조를 왜곡하여 성장을 저해하는 것이기 때문이다. 또한 고정환율제도하에서 자국의 통화가치를 인위적으로 높게 유지해 온 국가의 경우에는 평가절하를 유도하고, 환율의 변동폭을 확대하여 외환시장의 기능을 강화하도록 한다.

총수요억제정책이 외환위기의 극복을 위한 단기적인 처방이라면, 구조조정

프로그램은 외환위기가 재발되지 않도록 그 나라의 경제체질을 개선하는 처방이라 할 수 있다. 70년대까지 IMF의 자금지원조건은 대체로 총수요억제정책이 중심을 이루었다. 그러나 이것만 갖고는 개도국의 외환문제를 해결할 수 없다는 인식이 확대되면서 보다 근원적인 문제해결을 요구하는 조건들이 제시되게 된 것이다. 특히 90년대 들어 동구권 국가의 외환위기 과정에서 구조조정의 문제가 강조되었고, 동아시아의 외환위기 경우에서도 구조조정이 자금지원의 핵심적인 조건으로 위치하였다.

구조조정 프로그램의 가장 중요한 내용은 금융부문의 개혁이다. 금융기관의 무분별한 대출 등 부실한 운영은 외환위기를 촉발시키는 중요한 요인이다. 따라서 부실금융기관을 폐쇄하고 합병하는 등의 과감한 조치를 취할 것을 요구하게 된다. 또한 금융기관의 건전성을 제고하기 위해, 자기자본비율의 강화, 내부 및 외부감사 기능의 강화, 정부의 금융기관 감독기능의 강화 등을 요구하게 된다.

경우에 따라서는 민간기업의 구조조정을 요구하는 경우도 있다. 우리나라의 경우가 대표적인 경우라 할 수 있는데, 이는 우리나라의 경우 재벌기업의 과다한 차입경영, 비효율적인 투자, 불투명한 경영 등이 외환위기의 하나의 원인이 되었다는 인식에 따른 것이다. 인도네시아의 경우도 정부와 유착된 특혜기업들에 대한 구조조정이 요구되었다. 한편 공기업의 비효율적인 경영이 문제가 되는 경우에는 (특히, 체제전환국의 경우) 공기업에 대한 민영화, 해외매각 등의 구조조정을 강조한다.

경직된 노동시장은 기업과 금융기관의 경쟁력을 약화시키는 요인일 뿐 아니라, 경쟁력 강화를 위한 구조조정을 어렵게 만드는 중요한 요인이 된다. 따라서 노동시장의 유연성을 제고하는 방향으로 노동부문에서의 구조조정도 요구하게 되는 것이다.

이러한 IMF의 자금지원조건은 매우 원론에 충실한 처방이라 할 수 있다. 그러나 이에 대한 비판이 없는 것은 아니다. 흔히 제기되는 비판으로서 총수요억제정책이 융통성이 적고 지나치게 고통을 수반한다는 것이다. 가뜩이나 심각한 경기침체 상황에서 총수요억제는 경기침체를 지나치게 심화시킨다는 것이다. 특히 고금리정책은 투자를 지나치게 위축시키고, 건전한 기업까지도 금융비용 부담으로 도산할 수 있으며, 이로 인해 장기적인 성장잠재력이 훼손될 수 있다는 것이다. 그리고 고금리에 따른 기업의 도산확대는 금융기관의 부실을 더욱 심화시켜

구조조정비용을 더욱 증대시킨다는 것이다.

물론 이러한 측면이 없는 것은 아니다. 그러나 고통을 수반하지 않고 외환위기를 극복한다는 것은 기대하기 어려운 것이다. 설령 IMF의 자금지원을 받지 않고 다른 방법으로 외환위기를 극복한다 해도 이 과정에는 상당한 고통이 수반될 것이다. 그리고 유감스러운 것은 아직까지 IMF의 처방전보다 효과적인 외환위기 극복방법이 제시되지 못하고 있다는 것이다.

또 하나의 비판은 자본자유화정책에 대한 비판이다. IMF는 외환위기국에 대해 단기자본을 포함한 모든 자본이동에 대한 개방확대를 요구하고 있는데, 이것이 단기적으로 외환위기 극복에는 도움이 될지 모르지만 위기가 어느 정도 극복되면 새로운 불안요인이 될 수 있다는 것이다.

그러나 이에 대해 오해하지 말아야 할 점은 IMF가 전혀 기초적인 여건이 갖추어지지 못한 국가에게 무작정 자본시장을 개방하라고 요구하는 것은 아니라는 것이다. 자본시장 개방에 대한 IMF의 입장은 범세계적인 자본자유화는 지속적으로 추진되어야 하지만, 기본적인 여건이 제대로 갖추어지지 못한 국가에서 성급하게 자본자유화를 추진하는 경우 문제점이 발생할 수 있다는 것이다. 따라서 자본시장의 개방은 여건에 맞게 장기자본부터 순차적으로 할 것을 권장하고 있다. 이는 자본시장의 개방에 대한 정론이라 할 수 있다. IMF의 자본시장 개방요구가 너무 높은가 아닌가 하는 문제는 피지원국의 기본여건에 견주어 판단할 문제인 것이다.

어찌되었든 IMF가 지금까지 외환위기의 관리를 수행한 공과는 높이 평가되어야 할 것이다. 만일 IMF와 같은 기구가 없었다면 세계경제는 큰 혼란과 침체를 피할 수 없었을 것이다. 그러나 지금 외환위기가 글로벌 문제로서의 성격이 더욱 강해지고 있는 상황에서 IMF와 같은 국제기구에 거는 기대가 더욱 크다고 할 수 있다. 현재 IMF의 보다 강력한 역할이 요구되는 사항은 외환위기에 대한 사전 예측능력의 제고라 할 수 있을 것이다. IMF의 회원국에 대한 감독(surveillance)기능은 IMF의 전통적인 업무의 하나이다. 그러나 동아시아 외환위기와 같은 대형 위기를 전혀 예측하지 못했다는 점은 그 감독기능에 문제가 있는 것이 아닌가 하는 의문을 불러일으킬 수 있는 것이다. 그러나 사실 외환위기에 대한 사전 예측의 실패는 IMF의 예측능력의 구조적 결함에 있다기보다는 이들 외환위기 국가들의 정확한 정보에 접근할 수 없었다는 점에 그 근본적인 원인이 있다고 볼 수 있다. 우리나라만 해도 외환위기가 발생했을 때 단기외채가 어느 정도 되는지조차 우리 스스로도 파악하지 못하고 있었던 것이다. 결국 국제적 기준에 따라 각 회원국이 그 나라의 경제상황에 대한 정보를 투명하게 제공하는 것이 IMF의 감독기능의 강화를 위한 출발점이라 할 수 있을 것이다.

부 록 경상수지 불균형의 의미

GDP(국내총생산)란 한 국가 내에서 일정기간 동안 생산된 모든 최종생산물을 시장가격으로 평가하여 합산한 것임을 알고 있을 것이다. 예컨대 어떤 나라에서 일년 동안 빵 1000개, 옷 500벌, 기계 100대를 생산했다고 하자. 그리고 빵 한 개의 가격이 10원, 옷 1벌의 가격이 20원, 기계 1대의 가격이 30원이라면, 이 나라의 GDP는 2만 3천원이다.

그러면 이러한 생산물들은 어디에 쓰였을 것인가? 외국과의 교역이 없는 상태라면 단 세 가지의 사용원천이 존재한다. 첫째, 민간이 소비를 위해 사용했을 것이다. 둘째, 기업들이 투자를 위해 사용했을 것이다. 셋째, 정부가 사용했을 것이다. 즉 민간, 기업, 정부라는 3대 경제주체 중 누군가가 사용했을 것이라는 것이다. 앞의 예에서 민간이 빵 700개, 옷 400벌을 소비했다고 하자. 그러면 민간의 소비지출은 1,5000원이다. 기업이 미래의 생산을 위해 100대의 기계를 설치했다고 하자. 그러면 기업의 투자지출은 3,000원이다. 정부가 군대용으로 빵 200개, 옷 80벌을 구입했다고 하자. 그러면 정부지출은 3,600원이다. 그러면 나머지 빵 100개, 옷 20벌은 무엇인가? 이는 팔리지 않고 남은 부분, 즉 재고이다. 그런데 재고는 기업의 투자로 간주된다. 따라서 기업의 투자지출은 3,000원이 아니라 4,400원이 된다. 즉 이 나라의 GDP 23,000원은 민간소비지출 15,000원, 기업의 투자지출 4,400원, 정부의 지출 3,600원으로 분리된다. GDP를 Y, 민간소비지출을 C, 기업의 투자지출을 I, 정부지출을 G로 표시하면, $Y \equiv C+I+G$라는 항등식이 성립하는 것이다.

외국과의 교역이 있으면 어떻게 되겠는가? 외국에서 자동차를 100대 수입하고 외국에 빵을 200개 수출했다고 하자. 자동차 1대의 가격은 30원이라고 하자. 그리고 이제 민간의 소비는 빵 500개, 옷 400벌, 자동차 70대라고 하자. 즉 민간의 소비지출은 15,100원이다. 정부는 빵 200개, 옷 80벌, 자동차 30대를 소비했다고 하자. 즉 정부지출은 4,500원이다. 기업은 기계 100대를 구입하고, 빵 100개, 옷 20벌이 재고이므로 기업의 투자지출은 4,400원이다. 한편 이 나라의 수출액은

2,000원이고, 수입액은 3,000원이다. 그러면 어떤 관계가 성립하는가? (민간의 소비지출+기업의 투자지출+정부지출+수출액−수입액)을 계산하면 23,000이 나온다. 즉 Y≡C+I+G+X−M이라는 관계가 성립한다. 이 나라에서 생산된 물건들을 사용하는 원천은 민간, 기업, 정부에다 외국이라는 새로운 원천이 추가된다. 그런데 민간, 기업, 정부의 지출에는 외국에서 수입된 물건에 대한 지출도 포함되어 있다. 따라서 이들의 지출에서 수입품에 지출한 부분을 빼고 수출액만큼을 더하면 GDP와 같아지는 것이다.

그러면 경상수지, 즉 X−M은 어떻게 표시되는가? X−M≡Y−(C+I+G)라는 관계가 성립한다. 즉 경상수지는 이 나라의 GDP에서 이 나라의 총지출을 뺀 것이다. 그런데 GDP는 이 나라의 누군가의 소득으로 다 분배되며, 결국 GDP는 이 나라의 총소득이다. 따라서 경상수지≡총소득−총지출이라는 관계가 성립하게 되는 것이다.

따라서 한 나라에서 소득보다 많은 지출을 하게 되면 경상수지 적자로 나타나고, 소득보다 적은 지출을 하면 경상수지 흑자로 나타나게 되는 것이다. 국가도 개인하고 마찬가지인 것이다. 그러면 경상수지 적자인 국가가 적자를 줄이려면 어떻게 해야 하겠는가? 고등학생은 이 질문에 수출을 늘이고 수입을 줄여야 한다고 답할 것이다. 틀린 답은 아니다. 그러나 생각해 보라. 수출을 마음대로 늘일 수 있는가? 수출은 원한다고 마음대로 늘일 수 있는 것이 아니다. 그러면 수입을 줄이면 되지 않겠는가? 맞다. 수입을 줄여야 한다. 그러나 수입을 어떻게 줄일 수 있는가? 수입품에 높은 관세를 부과하면 되지 않겠는가 하고 생각할지도 모른다. 그러나 국제제도상 관세란 마음대로 높일 수 있는 것이 아니다. 설사 가능하다고 해도 외국에서 가만있을 리 없다. 아마도 우리나라 수출품에 보복을 가할 것이다.

외국산 상품을 쓰지 말도록 국민들에게 묵시적인 압력을 넣는다? 우리나라가 즐겨 쓰는 방법인 것 같다. 한국은행에서 경상수지 적자가 문제다라는 발표를 하면 뉴스 기자는 곧바로 카메라를 들고 공항으로 간다. 해외여행(특히 골프여행) 가는 사람을 붙잡고 죄인 취급하듯이 인터뷰를 한다. 그 다음엔 (경상수지 적자 문제가 좀더 심각하면) 카메라를 들고 백화점 명품관으로 간다. 쇼핑하는 아줌마를 잡고 역시 강제로 인터뷰한다(이 경우엔 보통 모자이크 처리를 한다). 우리나라 TV 뉴스를 유심히 보라. 거의 예외 없이 나타나는 현상이다.

그러나 과연 이것이 얼마나 효과가 있겠는가? 해외여행 좀 덜가고 해외 명품 좀 적게 수입한다 해서 우리나라 경상수지 개선에 얼마나 기여하겠는가? 그리고 직접적으로 수입억제를 통해 문제를 해결하기 어려운 보다 근본적인 이유는 국산품, 수입품 자체를 식별하는 것도 쉽지 않다는 것이다. 우리가 소비하는 물건들을 살펴보면 100% 국산품인 경우가 얼마나 되겠는가? 겉으로는 국산품인 것처럼 보여도 그 물건을 만드는데는 상당한 원재료를 수입해서 만들었을지 모른다. 사실 우리가 쓰는 모든 물건에는 수입품이 내제되어 있다고 볼 수 있을 것이다. 왜냐하면 거의 모든 물건을 만드는데는 석유가 어디선가 쓰였을 것이니까.

경상수지 적자문제에 대한 가장 적절한 해법은 총지출을 줄이는 것이다. 민간, 기업, 정부 모두 벨트를 줄이는 것이다. 지출을 줄이면 수입도 줄어든다. 물론 순수한 국내상품에 대한 지출도 같이 줄어들 것이다. 그러나 앞에서도 언급한 것처럼 수입품에 대한 지출만 차별적으로 줄이는 것은 쉽지도 않으며 부작용도 많기 때문이다. 그러면 총지출을 어떻게 줄일 수 있겠는가? 정부의 경우는 지출을 줄이면 된다. 그러나 민간과 기업에게 지출을 줄이도록 강제할 수는 없다. 무언가 간접적인 방법이 필요하다.

총소득이 어떻게 처분되는가를 보자. 일정 부분은 소비(C)에 사용될 것이다. 그리고 저축(S)도 할 것이다. 그리고 또 하나의 부분은 정부에 내는 세금(T)이다. 이외는 없다(쓰지 않고 집안에 그냥 보관해 둔 돈도 있지 않은가? 이 역시 저축이라 한다. 왜냐하면 저축의 정의는 소득 중 소비하지 않은 부분으로 정의되기 때문이다). 즉 $Y \equiv C+S+T$라는 관계식이 또한 성립한다. 따라서 이를 앞에서 유도된 관계식과 결합하면 $C+I+G+(X-M) \equiv Y \equiv C+S+T$와 같이 될 것이다. 그러면 경상수지를 다음과 같이 표현할 수도 있다. 즉 $X-M \equiv (S-I)+(T-G)$.

따라서 어떤 나라가 경상수지의 불균형을 보이고 있다면 이는 저축과 투자간의 불균형, 정부지출과 정부의 세금수입간의 불균형이라는 두 가지 원천에 기인한다. 정부가 균형재정(정부지출=정부의 세수)을 유지하고 있다면, 경상수지의 불균형 규모는 정확히 저축과 투자간의 불균형 규모와 일치하게 된다. 저축보다 과도한 규모의 투자가 이루어지면 경상수지 적자가, 투자보다 더 큰 규모의 저축이 이루어지면 경상수지 흑자로 나타난다. 저축과 투자가 균형을 이루고 있는 경우, 경상수지 불균형 규모는 정부 부문에서의 수입과 지출간의 불균형 규모와 정확히 일치한다. 정부가 흑자 재정(정부지출<정부수입)을 이루는 경우 경상수지 흑

자가, 적자재정을 이루는 경우 경상수지 적자로 나타나게 되는 것이다.

경상수지 적자국이 적자 규모를 줄이기 위해서는 민간의 저축을 늘이고, 기업의 투자를 줄이고, 정부지출을 줄이고, 정부 세수를 늘이는 방향으로 정책을 펴야 한다. 저축이 늘고, 세금이 늘어나면 민간의 소비지출이 줄어들고 수입도 줄어든다. 기업의 투자가 줄면 기계류 등 자본재의 수입이 줄어든다. 즉 이 나라의 총지출이 줄어들고 수입이 줄어들어 경상수지 적자가 개선되는 것이다. 국내금리가 상승하는 경우 저축은 늘고 기업의 투자는 줄어들어 경상수지 적자가 개선될 수 있다. 정부가 지출을 줄이고 세금을 많이 거두면 역시 경상수지 적자가 개선된다. 다시 말해서 경상수지 적자 개선을 위해서는 긴축재정, 긴축통화정책을 펴야 하는 것이다.

$X-M \equiv (S-I)+(T-G)$라는 관계식을 알고 나면 다음 내용을 이해할 수 있을 것이다.

우리는 일본은 만성적인 흑자국이라는 말을 한다. 그러면 일본이 지속적으로 흑자상황을 보이는 이유는 무엇일까? 일본사람들은 저축을 열심히 한다는 말을 많이 한다. 심지어 금리가 거의 0%인데도 저축을 한다고 한다. 일본이 경상수지 흑자를 보이는 중요한 배경은 국민의 높은 저축률에 있다고 볼 수 있을 것이다.

우리나라가 외환위기를 극복하면서 경상수지 흑자를 시현하였다. 이는 환율의 상승으로 수출이 늘어난 것도 배경이지만, 보다 근본적인 배경은 높은 금리, 경기침체로 기업의 투자가 위축된 데 있다고 볼 수 있을 것이다.

미국은 일본과 반대로 만성적인 적자국이라 한다. 막대한 경상수지 적자규모를 외국으로부터의 자본유입으로 충당하고, 이에 따라 달러화의 가치가 유지되고 있는 것이다. 미국의 경상수지 적자의 주요 배경은 정부의 재정 적자에 있다고 볼 수 있다. 미국의 경제상황을 언급할 때 쌍둥이 적자(twin deficit)라는 용어를 많이 사용한다. 이는 경상수지 적자와 재정 적자를 말하는 것이다. 그런데 이 두 가지 적자는 별개의 것이 아니라 이처럼 밀접하게 연결되어 있는 것이다.

제13장
WTO와 세계무역체제

세계무역기구(WTO)는 국제무역에 관한 규범을 만들고, 이를 관리하고, 이와 관련된 분쟁을 처리하는, 즉 국제무역에 관한 입법, 행정, 사법의 기능을 모두 갖춘 중요한 기구이다. 2003년 현재 146개국이 참여하고 있고, 10여개국 이상이 가입준비중에 있어 회원국이 조만간 더욱 확대될 전망이다. 주요국 중에는 러시아가 아직 가입하지 않고 있으나 역시 가입준비중에 있다. WTO 본부는 스위스 제네바에 위치하고 있다.

1. GATT의 발전과 WTO의 출범

GATT의 출범까지의 과정은 11장에서 설명한 바 있다. GATT의 출범 이후 그 발전의 역사는 바로 다자간무역협상의 역사라 할 수 있다. GATT 체제하에서

[표 13-1] GATT 체제하의 다자간무역협상

회수	명 칭	기 간	참가국	양허품목수	관세인하율(평균)
1	제네바	1947	23	46,000	–
2	안 시	1949	29	5,000	–
3	토 키	1950-51	32	8,700	–
4	제네바	1955-56	33	3,000	–
5	딜 론	1960-61	39	4,000	7%
6	케네디	1963-67	74	30,300	35%
7	도 쿄	1973-79	99	250,000	33%
8	우루과이	1986-94	117	263,735	33%

총 8차례에 걸쳐 우리가 흔히 라운드라고 부르는 다자간무역협상이 이루어졌다. 제1차 다자간무역협상은 11장에서 설명한 바와 같이 GATT의 출범을 가져온 제네바협상이다. 그리고 제8차 협상이 우리에게 가장 잘 알려진 우루과이라운드협상이다.[1)]

[표 13-1]에서 여러분들에게 생소한 용어 하나가 나타나고 있다. 즉 양허라는 용어이다. 양허(concession)란 각 회원국이 각 제품별로 관세율을 일정수준 이상으로 올리지 않겠다고 약속(committment)하는 것을 말한다. 그리고 이렇게 약속한 관세율을 양허세율이라 부른다. 즉 양허세율은 타회원국에게 약속한 최고세율을 의미한다. 따라서 양허세율은 실행관세율과 반드시 일치하지 않으며, 더 높을 수도 있다. 그리고 다자간무역협상에서 관세인하협상은 실행세율을 놓고 협상하는 것이 아니고 양허세율을 놓고 협상을 하는 것이다. 즉 어떤 품목에 대해 양허를 할 것인가(양허를 하지 않는다면 이는 이 품목에 대해 마음대로 관세율을 높일 수 있다는 것을 의미한다), 양허한 품목의 경우 양허관세율을 얼마나 낮출 것인가를 놓고 협상을 진행하는 것이다.

제5차 협상까지는 공산품 분야에서의 관세인하협상만이 이루어졌다. 제6차 케네디라운드에서는 이러한 관세인하협상뿐만 아니라 반덤핑협정이라는 새로운 협정을 만들어냈다. 또한 제7차 도꾜라운드에서는 관세 이외의 교역장벽, 즉 비관세장벽의 문제를 크게 부각시킨 협상이라는 의미를 지닌다. 정부조달협정, 제품의 표준에 관한 협정, 보조금에 관한 협정 등이 이때 만들어졌다.

그러나 무엇보다도 GATT체제하에서 중요했던 협상이 제8차 우루과이라운드이다. 그리고 우루과이라운드의 결과로 WTO라는 국제기구가 출범하게 된 것이다. 우루과이라운드는 1986년 9월 우루과이의 푼타 델 에스테에서 라운드의 출범을 선언한 이후 1994년 4월 모로코의 마라케쉬에서 협상의 종료를 선언할 때까지 무려 7년여에 걸쳐 117개국이 참여한(협상 종반에는 125개국이 참여) 대규모의 협상이었다. 또한 협상기간이나 참여국뿐만 아니라 그 내용에 있어서도 과거의 협상과 비견되지 않을 정도로 광범위한 분야에서 협상이 이루어졌다. 우루과이라운드에서 특기할 만한 사항들을 들면 다음과 같다.

---

1) 협상의 명칭은 보통 다자간무역협상의 출범을 선언한 각료회의가 열렸던 곳의 명칭을 따른다(예컨대, 우루과이라운드 등). 5차 협상인 '딜론 라운드'나 6차 협상인 '케네디 라운드'의 경우 협상을 주창한 주요인물의 명칭을 따르고 있다(딜론은 당시 미국 국무부차관이다).

농산물과 섬유라는 민감한 품목을 협상의 대상에 포함시켰다. 농산물이 민감한 품목인 것은 우리가 잘 알고 있다. 섬유산업은 대표적인 노동집약적 산업으로, 이에 비교우위가 없는 선진국의 노동자에게 매우 민감한 분야이다. 이들 품목은 이러한 이유로 세계교역에서 차지하는 비중이 큼에도 불구하고 GATT 체제하에서 광범위한 예외가 인정되어 왔다. 즉 사실상 GATT 체제 밖에 있었던 이 품목들을 GATT 체제 안으로 끌어들인 것이다.

세계교역에서 중요성이 급격히 증가하고 있는 서비스교역 역시 협상의 대상에 포함시켰다. 즉 서비스 분야를 관장하는 협정을 제정하고, 이의 교역장벽을 완화하는 협상을 진행하였다.

앞에서 언급한 반덤핑, 보조금 협정 등은 원래 복수국가협정(원하는 국가들만 참여하는 형태)으로 만들어졌었다. 그런데 이들 복수국가협정을 모든 회원국들이 참여하는 다자간협정으로 전환하였다.

국제무역에 영향을 미치는 지적재산권 보호조치에 관한 협정을 제정하였다. 만일 외국의 지적재산권을 제대로 보호해 주지 않는다면 이와 관련된 교역도 위축될 것이다. 예컨대 외국의 원서를 복사해서 싸게 판매하면(이를 해적판이라 한다) 원서의 수입은 크게 위축될 것이다.

GATT의 분쟁해결규정을 크게 강화하였다. WTO의 분쟁해결절차에 대해서는 뒤에서 보겠지만, 기존의 절차보다 훨씬 투명한 절차를 마련하고 교차보복(이 의미는 뒤에서 설명)을 허용하는 등 제재조치를 강화하였다.

그리고 WTO의 창설이다. GATT는 다자간무역협상을 통해 더 자유롭고 발전적인 다자간교역체제를 구축하는 데 기여했으나, 1980년대 들어서는 양적, 질적으로 크게 확대된 세계교역을 담당할 만한 보다 강력한 국제기구에 대한 요구가 제기되었던 것이다.

2. 다자간교역체제의 원칙

WTO에 의해 운영되는 교역체제를 다자간교역체제(multilateral trading system)라고 부른다. 주요 교역국을 비롯한 대부분의 국가들은 WTO의 회원국이다. 그러나 아직 일부 국가들은 WTO 회원국이 아니기 때문에 '범세계' 또는 '세계' 대신에 '다자간'이라는 용어를 사용하고 있다.

WTO는 공산품에 관한 관세협정, 농산물협정, 서비스협정 등 많은 협정들을 갖고 있다. 그러나 이들 모든 협정에는 몇가지의 단순하고 기본적인 원칙이 바탕을 이루고 있다. 이와 같은 원칙들이 다자간교역체제의 기초를 이루고 있는 것이다. 이러한 원칙들을 살펴보자.

(1) 차별없는 교역

여기서 차별은 두가지 측면에서의 차별을 의미한다. 첫째, 교역상대국간의 차별이고, 둘째, 자국과 외국 제품간의 차별이다. 첫번째 의미와 같은 차별을 해서는 안 된다는 원칙을 최혜국대우의 원칙이라 한다. 즉 최혜국대우(MFN treatment: Most Favored Nation treatment)의 원칙이란 A라는 외국과 B라는 외국을 차별해서는 안 된다는 것이다. 다시 말해서 A라는 국가에 대해 특혜(예를 들어 그 나라 상품의 수입시 낮은 관세를 부과하는 등)를 부여하면 B라는 국가에 대해서도 똑같은 대우를 해 주어야 한다는 것이다. 이를 최혜국대우라 부르는 것은 어떤 국가에 대해 최고의 혜택을 부여하면 다른 모든 국가들에 부여하는 대우도 이 수준이 되어야 한다는 것이기 때문이다.

최혜국대우의 원칙은 GATT 이래 가장 핵심적인 교역의 원칙이라 할 수 있다. GATT 협정문 제1조에 명시하고 있는 내용이 최혜국대우의 규정이다.

두 번째 의미와 같은 차별을 해서는 안 된다는 원칙을 내국민대우(NT: National Treatment)의 원칙이라 부른다. 즉 내국민대우의 원칙이란 외국상품(재화나 서비스)이 국내시장에 수입된 이상 외국상품과 국내상품을 동등하게 취급해야 한다는 것이다. 여기서 주의해야 할 것은 국내시장에 들어오기 전, 즉 국경에서 외국상품을 차별하는 것은 내국민대우 원칙의 위배가 아니라는 것이다. 즉 세관(상품의 국경)에서 외국상품에 대해 관세를 부과하는 것은 내국민대우원칙과 관련이 없다. 또한 최혜국대우의 경우도 마찬가지지만 비교의 대상이 되는 것은 당연히 같은 종류의 국내상품과 외국상품이다. 내국민대우는 GATT 3조에 명시되어 있는 규정이다.

내국민대우와 주세분쟁

내국민대우의 개념이 무엇인지는 이와 관련된 분쟁을 살펴보면 쉽게 이해할 수 있을 것이다. 90년대 중반 우리나라의 주세법은 소주에는 35%, 그리고 위스키에는 100%의 주세율을 부과하고 있었다(수입 위스키의 경우 이러한 국내세뿐만 아니라 물론 관세도 내야 한다). 이에 위스키의 수출국인 EU와 미국은 1997년 우리나라를 WTO에 제소하였다. 이유는 소주보다 수입 위스키에 대해 높은 국내세율을 적용하는 것은 내국민대우의 위반이라는 것이었다.

문제는 소주와 위스키가 비교대상이 될 수 있는 상품이냐 하는 것이었다. 만일 소주와 위스키가 같은 종류의 상품(동종의 상품)이라면, 위스키가 수입품이라는 이유로 국내에서 차별을 해서는 안될 것이다. 그러나 이들이 다른 종류의 상품이라면 차별을 해도 무방할 것이다. 왜냐하면 수입품이라는 이유로 차별하는 것이 아니라 상품의 종류가 다르기 때문에 차별하는 것이니까.

여러분들은 소주와 위스키가 과학적으로 같은 종류의 술이라는 것을 아는가? 소주와 위스키는 동일한 증류주로서 분류된다고 한다. 제소국들은 이러한 과학적 근거에 입각하여 내국민대우의 위반을 주장하였다. 이에 대해 우리나라는 소주와 위스키가 다른 종류의 술임을 주장하였다. 즉 소주와 위스키간에 존재하는 현저한 가격차이, 음용장소 및 습관의 차이 등을 이유로 양 상품은 경쟁관계에 있는 상품, 그리고 서로 대체할 수 있는 상품으로 볼 수 없다는 것이었다.

결과는 우리나라의 패소로 끝났다(일본의 경우도 똑같은 분쟁으로 이미 1996년에 패소판정을 받은 바 있기에 결과는 이미 예상된 것이었다). 이에 따라 우리나라는 소주세율을 35%에서 80%로 올리고, 위스키 세율은 100%에서 80%로 인하함으로써 양 상품에 대한 국내세율을 같게 조정하였다.

(2) 보다 자유로운 교역

이는 협상을 통하여 점진적으로 자유화 수준을 높여 간다는 것이다. WTO는 결코 즉각적인 자유화, 즉 교역장벽의 전면적인 철폐를 추구하지 않는다. 상당한 시간을 갖고, 각국의 사정에 맞게 점진적으로 교역장벽을 낮추어 간다는 것이다.

(3) 안정성과 예측가능성

교역장벽을 높이지 않겠다고 약속하는 것은 기업들이 미래의 기회에 대해 보다 정확한 전망을 할 수 있도록 하기 때문에 교역장벽을 낮추는 것만큼 중요하다. 양허라는 용어가 함축하고 있는 의미가 바로 이러한 것이다. 관세협정에서 양허세율은 그 이상으로는 세율을 높이지 않겠다고 약속한 세율이며, 서비스협정에서 양허란 일정 수준 이상의 규제를 하지 않겠다는 약속인 것이다.

GATT 제2조에 명시되어 있는 수량제한의 금지 역시 안정성과 예측가능성이라는 원칙에 근거한 것이다. 이는 수입을 규제하는 방법으로서 수입쿼터와 같은 물량규제를 사용해서는 안 된다는 것이다. 다시 말해서 수입을 규제하려면 오로지 관세를 통해서 하라는 것이다. 왜 쿼터보다 관세가 더 안정적이고 예측가능한 수단인가? 일단 관세의 경우에는 가격의 기능이 여전히 살아 있다. 수출업사는 관세를 더한 가격에 자신의 제품이 팔린다는 것을 알고 이에 따라 행동을 할 수 있다. 그러나 쿼터의 경우에는 그렇지 못하다. 또한 쿼터의 경우는 관세보다 투명성이 낮고 따라서 소비자의 저항이 상대적으로 낮기 때문에(쿼터의 경우에는 쿼터 때문에 얼마나 비싼 가격으로 물건을 쓰고 있는지 알기 어렵다) 특수 이익집단의 로비가 없다고 해도 관세 이상으로 보호수준이 확장되기 쉽다. 또한 쿼터를 관리하는 복잡한 행정절차와 불공정한 운용으로 남용될 소지도 크다.

한편 WTO의 모든 협정에는 각 회원국이 자국의 관련 법규와 제도를 명확하게 공개할 것을 규정하는 투명성의 규정을 두고 있다. 이 역시 안정적이고 예측가능한 교역환경을 마련하기 위함인 것이다.

(4) 공정경쟁의 촉진

WTO는 자유로운 교역을 지향한다. 또한 WTO는 공정한 경쟁을 지향한다. 정부가 인위적으로 경쟁조건을 변화시키지 않은 상태에서 기업들이 자유롭게 경쟁할 수 있는 마당을 마련해 주자는 것이다(이를 평평한 놀이터(level playing field)라 한다). 비차별대우의 원칙 역시 이러한 경쟁여건을 마련하기 위한 것이다. 그러나 비차별대우의 원칙만으로는 공정한 경쟁여건을 보장할 수 없다. 정부가 수출기업에 보조금을 주는 것은 비차별대우의 원칙에 위배되지 않지만 공정한 경쟁정신을 위반하는 것이다. 따라서 WTO의 보조금 협정은 공정경쟁을 저해하는 보조금 부여를 금지하고 있다. 수출기업의 덤핑행위 역시 공정한 경쟁을 위반하는 것이다. 따라서 해당 수입국가가 덤핑수출을 한 기업에 대해 제재를 가하는 것에 대해 WTO는 전혀 관여하지 않는다. 단 덤핑에 대한 제재 조치가 보호무역의 수단으로 이용되어서는 안 됨을 반덤핑협정에서 규정하고 있는 것이다.

(5) 경제개발 및 개혁의 장려

WTO 회원국의 3/4는 개발도상국이다. 개발도상국은 경제개발이 최우선의 목표이며, 자유무역은 경제개발을 촉진한다. 그러나 개도국은 자유무역 체제로 이행해 가는 과정에서 어려움을 겪을 수 있다. 따라서 개도국은 선진국보다 시간적인 여유를 갖고 점진적으로 자유화를 추진하도록 하고 있다.

WTO의 모든 협정들은 개도국에 대한 특혜규정을 두고 있다. 개도국에게는 협정의 의무를 이행하기까지 상당한 과도기간을 부여하고 있다. 개도국 중에서도 상황이 나쁜 최빈개도국에 대해서는 더 큰 융통성을 부여하고 있다. 또한 경제형편이 나은 국가들은 최빈개도국들이 수출하는 상품에 대해 시장접근 약속의 이행을 가속화하고 이들 국가에 대한 기술지원의 증대를 모색하도록 하고 있다.

3. WTO의 기능, 조직, 주요 협정

(1) WTO의 기능과 조직

WTO의 기능은 크게 다음의 네 가지로 요약된다. 첫째, WTO의 협정들을 관리하고 이행하는 것, 둘째, 다자간무역협상을 주도하는 것, 셋째, 회원국간의 무역분쟁을 해결하는 것, 넷째, 각 회원국의 무역정책을 검토하는 것이다.

WTO의 조직상 최고 기구는 각료회의이다. 이는 상설적인 기구는 아니며 매 2년마다 모든 회원국의 통상담당 각료들이 모여 주요 사항을 결정하는 모임이다. 각료회의 개최기간 사이의 일상업무는 일반이사회, 분쟁해결기구, 그리고 무역정책검토기구의 3대 기구에 의해 운영된다. 그리고 일반이사회 산하에 상품교역이사회, 서비스교역이사회, 무역관련지적재산권이사회의 3대 이사회가 위치하며, 이밖에 각종 위원회, 작업반 등이 활동을 하고 있다.

회원국의 무역정책검토(TPRM: Trade Policy Review Mechanism)의 경우, 미국, 일본, EU, 캐나다의 4대 교역국(이를 Quad라 부른다)은 매 2년마다, 교역규모 5위에서 20위까지 16개국은 매 4년마다, 그리고 나머지 국가는 6년마다 검토를 받도록 하고 있다.

WTO의 분쟁해결절차에 대해서 살펴보자. WTO의 분쟁해결절차는 회원국의 제소가 있어야 발동된다. 제소가 있으면 먼저 당사국들간에 협의를 하도록 한다(양자협의). 즉 우호적인 해결을 먼저 모색하는 것이다. 그러나 협의결과 문제가 해결되지 못하면, 분쟁 사안을 심리하기 위한 패널이 설치되고 패널의 심사에 들어간다. 패널은 심사결과를 보고서로 채택하며, 각국은 패널의 판정결과를 이행해야 한다. 그러나 패널의 판정결과에 승복할 수 없는 경우 상소를 할 수 있다. 상소심의 판정결과는 최종적이며 이를 반드시 이행해야 한다. 만일 패소국이 최종결과를 이행하지 않는 경우 상대국은 보복조치를 할 수 있다. 즉 판정결과를 이행하지 않는 패소국에 대해 승소국은 양허나 기타 의무의 적용을 정지할 수 있다. 그리고 이러한 보복조치는 분쟁의 대상이 된 분야뿐만 아니라 분쟁과 전혀 관계없는 분야에서도 할 수 있다. 이를 교차보복이라 한다. 예컨대 우리나라가 농산물시장 개방약속을 제대로 이행하지 않았다고 해서 미국이 제소하여 우리나라가 패한 경우, 그리고 우리가 판정결과를 제대로 이행하지 않은 경우, 미국은 농산물 분야가 아닌 반도체나 자동차 등에서 우리나라의 수출에 보복관세를 부과할 수 있는 것이다.

(2) 주요협정의 내용

WTO에 의해 운영되는 많은 협정들이 있다. 물론 이 중에서 가장 핵심적인 협정은 GATT 이래 존재하는 일반공산품 관세인하 협정이라 할 수 있다. 그러나 이는 지금까지 언급한 내용외에 별로 특기할 만한 사항은 없다. 이외의 협정들 중에서 우리가 특히 좀 관심을 가져야 할 몇 가지 협정들에 대해서 살펴보도록 하자.

가. 농산물협정

이는 앞에서 언급한 바와 같이 우루과이라운드협상의 결과 출현한 협정이다. 이 협정이 담고 있는 주요 내용은 농산물 분야에서의 시장접근의 확대와 보조금 감축에 관한 것이다.

농산물 분야에서의 시장접근(market access)의 확대는 관세화, 관세인하, 최소시장접근이라는 방법을 통해 이루어진다. 관세화(tariffication)란 농산물 분야에서 만연했던 수입물량규제를 관세로 바꾸라는 것이다. 즉 공산품 분야에 적용되는 물량규제의 금지를 농산물 분야에도 그대로 적용한다는 것이며, 그래서 이를 예외없는 관세화라고도 부른다. 단 당장 관세화하기 어려운 특정 농산물에 대해서는 일정기간(선진국은 95년부터 6년간, 개도국은 10년간) 동안 관세화를 유예해 주었다. 우리나라의 경우 농업 분야에서는 개도국으로 분류되고 있으며, 쌀에 있어 관세화에 대한 유예를 인정받았다(2004년까지 관세화 유예). 일본, 필리핀도 쌀에 있어, 이스라엘은 양고기, 전지분유 및 치즈에 있어 관세화의 유예를 받았다.

관세인하는 공산품과 마찬가지로 농산물의 경우도 관세율을 점진적으로 낮추어간다는 것이다. 1995-2000년 기간중 전체품목 평균 36% 감축(개도국은 24%), 품목별 최저 감축률 15%(개도국은 10%)가 설정되었었다. 최소시장접근(minimum market access)이란 수입이 극히 미미한 품목의 경우 최소한 수입해야 하는 물량을 설정하는 것이다. 즉 이러한 품목에 대해서는 86-88년 기준 국내소비량의 3% 이상을 최소한 수입해야 하고, 2004년까지 이를 5%까지 확대하도록 하였다(이

규정에 따라 우리나라는 이행초기연도인 1995년에 국내소비량의 1%인 35만석의 쌀을 최초로 수입하였고, 최소수입물량은 계속 증가하여 2004년에는 4%인 142만석을 수입해야 한다).

보조금 감축은 국내보조금과 수출보조금 모두 해당된다. 국내보조금의 경우 생산을 직접 장려하는 보조금과 생산에 직접 영향이 없는 것으로 인정되는 보조금으로 구분하여, 전자의 경우에 한해 감축의무를 부여 받는다. 예컨대 연구개발, 병충해구제, 기간시설, 농가소득 직접보조, 농업구조개선과 관련된 보조금은 허용된다. 이외의 국내보조금의 경우 선진국은 95년부터 6년간 20% 감축, 개도국은 10년간 13% 감축(최빈개도국은 예외)의무를 부여 받았다. 모든 수출보조금의 경우 선진국은 6년간 재정지출 기준으로 36%, 개도국은 24%의 감축의무를 부여 받았다.

나. 서비스협정

서비스협정의 적용대상이 되는 국가간의 서비스거래는 다음의 네 가지 유형이 모두 포함된다. 첫째, 서비스를 구입하는 쪽과 판매(즉 공급)하는 쪽이 모두 이동하지 않은 채 이루어지는 서비스 거래(예: 설계도면의 작성을 외국의 건축업자에게 요청하고 건축업자는 이를 팩스로 송부. 이를 서비스의 국경간 공급이라 한다) 둘째, 소비자가 서비스 공급자가 있는 쪽으로 이동하여 이루어지는 서비스 거래(예: 해외관광. 이를 서비스의 해외소비라 한다) 셋째, 외국회사가 다른 국가에 자회사나 지사를 설립하여 현지 소비자와 서비스를 거래(예: 외국은행의 영업. 이를 상업적 주재를 통한 서비스공급이라 한다) 넷째, 개인이 다른 국가로 이동하여 현지 소비자들에게 서비스를 공급(예: 해외 패션쇼. 이를 자연인의 이동을 통한 서비스공급이라 한다). 이 이외의 국가간 서비스거래의 유형이 있는가? 없다.

이러한 서비스거래에 대해서는 상품의 경우와 마찬가지로 최혜국대우와 내국민대우의 의무가 부여된다. 아니 보다 정확히 말하면 최혜국대우는 의무이지만, 서비스거래의 경우 내국민대우는 의무가 아니라 각국의 양허사항이다. 이것이 무슨 말인가? 미국은행과 일본은행이 우리나라에 들어와 영업을 하고 있을 때 일본은행에 대해서는 더 심한 규제를 하는 등 이들간에 차별을 해서는 안 된다(최혜국대우). 우리나라의 은행보다 이들 은행에 대해 더 심한 규제를 하는 것은 허용된다. 그러나 이들 외국은행들에 적용되는 규제의 최고수준을 설정해야 한다

(예컨대, 지금 외국은행에만 적용되는 규제들이 있다면 이러한 규제들을 제시하면 될 것이다). 이를 은행 분야에 있어 양허했다고 말하며, 각국은 양허한 수준 이상의 규제를 해서는 안 된다. 그리고 각국의 양허수준은 협상을 통해 점진적으로 낮추어간다.

다. 반덤핑협정

이 협정은 우리나라가 매우 관심을 갖는 협정이다. 앞에서도 언급한 바와 같이 덤핑 행위, 즉 수출국 기업이 자국시장 내에서 통상적으로 거래되는 가격보다 낮은 가격으로 상품을 수출하는 행위는 공정한 경쟁이라는 정신에 위배되는 조치로서, 이에 대해 피해국, 즉 수입국 정부가 제재조치(이를 반덤핑조치라 한다)를 가하는 것은 문제가 되지 않는다. 그러나 이러한 반덤핑조치가 국내산업의 보호수단으로 이용되지 않도록 반덤핑조치를 규제하는 것을 내용에 담고 있는 것이 반덤핑협정(Anti-dumping agreement)이다.

이 협정에서는 수입국 정부가 반덤핑조치(예: 수입품에 대해 추가적인 관세를 부과)를 발동하기 위해서는 다음과 같은 조건을 충족해야 함을 규정하고 있다. 수입국 정부는 수출가격과 국내가격과의 차이를 산정하는 등 해당 수출기업의 덤핑 사실을 입증해야 한다. 그리고 이러한 덤핑수출이 자국산업에 실질적인 피해(material injury)를 주고 있음을 입증해야 한다.

우리나라가 이 협정에 큰 관심을 갖는 이유를 이제 알 것이다. 그 이유는 우리나라가 외국, 특히 미국과 유럽에서 덤핑제소를 가장 많이 당하고 있는 국가 중의 하나이기 때문이다(가장 많이 당하는 국가는 당연히 중국이다). 우리 기업들은 이들 국가로부터 부당하게 덤핑제소를 받는 경우가 많다고 호소하고 있다. 부당한 덤핑제소라고 판단되는 경우 이 협정에 근거하여 WTO에 제소할 수 있는 것이다.

라. 보조금 및 상계관세 협정

앞에서도 언급한 바와 같이 보조금은 공정한 경쟁의 정신을 위반하는 것으로 보고 이를 규제하고 있다. 그러나 정부의 민간부문에 대한 모든 보조금이 다 규제되는 것은 아니다. 수출목표의 달성, 수입품 대신에 국내생산품 사용을 촉진할 목적으로 주어지는 보조금은 금지된다. 이들 보조금은 국제무역을 왜곡시켜 무역상대국들에게 큰 피해를 줄 가능성이 크기 때문이다. 그러나 특정성이 없는 보조금(특정산업에만 주어지는 보조금을 특정성이 있는 보조금이라 하며, 이는 금지된다), 특정성이 있더라도 산업연구, 기초개발활동, 낙후지역개발 지원, 환경보조금 등의 경우는 허용된다.

금지된 보조금을 부여하는 경우 상대국은 보조금 지급에 상응하는 보복조치를 취할 수 있다. 예컨대 수출보조금에 의해 피해를 입은 국가가 해당기업의 수출에 대해 더 높은 관세를 부과할 수 있다. 이를 상계관세(countervailing duties)라 한다. 그러나 반덤핑협정의 경우와 마찬가지로 상계관세의 부과가 보호무역의 수단으로 이용되지 않도록 이의 발동절차를 규제하고 있다.

마. 세이프가드 협정

특정 물품의 수입이 급격히 증가하여 수입국의 국내산업이 피해를 입거나 피해를 입을 우려가 있는 경우, 해당 품목의 수입을 일시적으로 제한할 수 있는데, 이를 세이프가드 조치라 한다. 이 경우 수입에 따른 피해정도는 심각한(serious) 수준이어야 한다. 따라서 세이프가드 조치를 발동하기 위해서는 국내산업이 심각한 피해를 보고 있고, 이러한 피해가 수입의 급증 때문이라는 것을 입증할 수 있어야 한다.

이 협정은 마치 수도관의 밸브와 같은 역할을 한다고 말한다. 즉 빠져나갈 구멍이 좀 있어야 물도 잘 흐른다는 것이다. 협정이 엄격하면 물론 그 효과도 있겠지만 지키기도 어렵다. 따라서 예외를 적절히 인정해 주는 것이 협정의 원활한 운용을 위해서도 필요한 것이다. 그러나 이러한 예외가 너무 남발되면 협정의 효과가 크게 떨어질 것이다. 따라서 이를 적정하게 규제하는 것도 필요한 것이다.

혼합분유와 세이프가드 분쟁

여러분은 혼합분유가 뭔지 아는가? 이는 일명 모조분유라고도 하는 것으로, 분유에다 다른 분말을 혼합한 것이라고 한다. 예컨대 분유 75%에 전분, 쌀가루, 밀가루, 코코넛 분말 25%를 혼합한 것 등이다. 그런데 90년대 초 우리나라의 분유에 대한 관세율은 206.8%였는데, 혼합분유에 대한 관세율은 40%로 큰 차이가 있었다. 이에 분유에 대한 고율관세를 피하기 위한 수단으로 혼합분유에 대한 수입이 급증하였다. 1993년 혼합분유의 수입량은 3,200톤이었는데, 1995년 수입량은 28,000톤으로 증가하였다. 이에 우리나라는 무역위원회의 산업피해조사를 거쳐 농림부에서 긴급수입제한조치, 즉 세이프가드 조치의 시행을 결정하였다. 즉 1997년 3월부터 2001년 2월까지 4년 동안, 97년도 수입량 20,521톤을 기준으로 매년 5.7%씩 증량하는 방식으로 수입쿼터제를 시행하기로 했다.

이에 혼합분유 수출국인 EU는 우리나라의 세이프가드 조치 발동이 WTO 협정에 합치되지 않는다는 이유로 제소하였다. 이 분쟁에서 핵심적인 쟁점이 된 것은 국내 관련산업, 즉 유제품 산업이 수입증가로 인해 심각한 피해를 입었는가 하는 것이었다. 우리나라는 분유재고량의 증가, 낙농가수의 감소, 축협의 경영적자 악화 등을 심각한 피해의 증거로 제시하고, 이는 수입증가에 기인한 것이라 주장하였다. 이에 반해 EU는 수입증가가 세이프가드 조치가 필요할 정도의 중대하고도 전반적인 피해를 야기시키지 않았다고 주장하였다. 그리고 분유재고의 증가 등 국내산업에서 나타나고 있는 피해상황은 수입의 증가 때문이라기보다는 원유생산의 증가, 소비기호의 변화, 그리고 고름우유 파동 등에 기인한 것이라고 주장하였다.

결과는 혼합분유 수입증가와 국내 유제품산업 피해와의 인과관계가 충분치 않다는 이유로 우리나라가 패소하였다.

4. 협정외 의제

WTO에서 아직 규범화되지 못했지만 규범화 문제에 대해 논의되고 있는 사항들이 몇 가지 있다. 이러한 의제들을 흔히 신통상의제라 부른다.[2] 이 중 가장 대표적인 의제로서 현재 규범화에 가장 근접한 분야인 환경 의제에 관하여 살펴보도록 하자.

WTO는 무역기구이지 환경기구가 아니다. 따라서 WTO에서 논의되고 있는 것도 환경보호 그 자체를 논의하고 있는 것이 아니다. WTO에서 논의되고 있는

2) 환경 의제 외에 투자, 경쟁정책, 노동기준, 전자상거래, 무역원활화 등의 이슈가 있다. 이들 이슈의 세부적인 내용은 본서에서 다루지 않도록 한다. 관심 있는 학생은 「국제통상론」(강인수외, 박영사)을 참고하기 바란다.

것은 무역과 환경문제간의 상호관계에 관한 것으로, 자유무역과 세계환경보호라는 두 개의 목표를 어떻게 양립할 것인가에 관한 것이라 할 수 있다. 90년대 초반 GATT에서 있었던 '참치와 돌고래의 분쟁' 사례는 무역과 환경문제간의 관계를 보여 주는 대표적인 사례라 할 수 있을 것이다.

> 동태평양열대지역에서 황색지느러미 참치떼는 돌고래떼 아래에서 서식을 한다. 따라서 참치를 건착망을 사용하여 잡을 때 돌고래는 그물에 포획되어 풀어 주지 않으면 죽는다고 한다. 그런데 미국의 해양포유동물보호법은 자국의 어선 및 동태평양열대지역에서 황색지느러미 참치잡이를 하는 타국 어선단에 대해 돌고래 보호의무를 규정하고 있다. 즉 미국에 참치를 수출하는 국가가 자국의 참치어선이 미국법에 규정된 돌고래 보호규정을 준수하고 있다는 사실을 미 당국에 입증하지 못할 경우, 미국 정부는 해당국가로부터의 참치 및 참치제품에 대한 모든 수입을 금지하며, 이들 국가로부터 참치를 구입한 제3국이 미국에 수출하는 참치 및 참치제품에 대한 수입도 금지한다는 것이다.
>
> 이 법에 의해 미국 정부는 멕시코로부터의 참치 수입을 금지하였고, 멕시코에서 참치를 수입 · 가공하여 미국에 수출하는 중개국(코스타리카, 일본, 스페인, 프랑스 등)으로부터의 수입도 금지하였다. 이에 멕시코 정부는 1991년 미국을 GATT에 제소하였다.

이 분쟁의 핵심은 생산공정간의 국가간 차이(이 경우, 참치잡이 방식의 국가간 차이)에 근거하여 수입품과 국내제품을 차별하는 것이 합당한가 하는 것이다. 당시 GATT 패널은 참치를 잡는 과정에 대한 멕시코의 규정이 미국의 규정을 충족시키지 못함을 이유로 멕시코로부터의 참치제품 수입을 금지할 수 없다는 결론을 내렸다.[3] 만일 미국의 주장이 수용되었다면 어느 국가라도 수출국이 자국과 상이한 환경정책[4]을 추구한다는 이유로 특정제품의 수입을 금지할 수 있게 된다. 그러면 어느 국가가 자국의 환경기준을 타국에 강요할 수 있도록 하여 결국 실질적인 일방적 무역제한조치를 허용하는 길이 열리는 것이다. 그러나 이러한 결론에 대하여 환경론자들은 GATT는 자유무역에만 중점을 두어 환경보호문제를 충분히 반영하지 못하고 있다는 비판을 제기하였다.

환경보호론적 관점에서는 환경보호에 유해한 행위에 대해 무역조치가 효과

---

3) 그러나 미국은 수입참치의 품질 혹은 내용에 대해서는 자국의 규정을 적용할 수 있다고 결론지었다. 그래서 이 분쟁은 '제품' 대 '공정' 이슈로 불린다.

4) 또한 환경정책뿐만 아니라 보건, 노동, 사회정책 등 여타 분야로도 확대 해석이 가능할 것이다.

적인 제재수단이 될 수 있고 또한 되어야 한다는 입장이다. 이에 반해 자유무역론적 관점에서는 환경보호를 이유로 한 무역조치가 오용되거나 남용되어 보호무역주의적 수단으로 이용될 수 있는 위험성이 크다는 점을 지적하고 있다. WTO에서 논의되고 있는 환경문제란 바로 이와 같은 양 입장을 어떻게 조화할 것인가 하는 것이다. 즉 적절한 규율을 설정함으로써 환경보호를 위해 시행되는 무역조치를 허용하되 이들 조치가 합당한 목적을 넘어서 보호주의적으로 남용되는 것을 억제하는 방법을 규범화하려고 하는 것이다.

5. 도하개발아젠다협상

지난 2001년 11월 카타르 도하에서 열렸던 제4차 WTO 각료회의에서, WTO 체제하에서 최초의 다자간무역협상을 진행하기로 결정하였다. 즉 GATT 시절과 연결하면 제9차 다자간무역협상인 셈이다. 원래 계획은 이보다 2년 전인 1999년 시애틀 제3차 각료회의에서 다자간무역협상의 출범을 선언하고 2000년부터 협상을 개시하는 것이었다. 그러나 일부 과격한 시민단체들의 반발로 시애틀시에 비상사태가 선포된 분위기하에서 진행된 시애틀각료회의에서 협상의제 선정에 관한 회원국의 타협이 이루어지 못했고, 결국 원래의 계획은 무산되고 말았다. 그리고 2년뒤 9.11 테러로 세계경제가 위축되고 있는 상황에서 진행된 도하 각료회의에서 마침내 그 결실을 맺게 된 것이다.

도하 각료회의 결과 2002년 1월부터 다자간무역협상이 개시되었다. 현재 협상기간은 일단 3년을 목표로 하고 있다. 이 협상을 도하 라운드라 불러도 무방할 것이나, 이 협상의 공식명칭은 도하개발아젠다(Doha Development Agenda: DDA) 협상이다. 이 협상의 명칭을 이렇게 정한 것은 이번 다자간무역협상은 개도국의 경제개발 문제에 특히 중점을 두겠다는 취지에 근거하고 있다. 이는 WTO라는 국제기구에서 개도국의 파워가 그만큼 신장되었다는 것을 의미한다. 사실 GATT 체제하에서 개도국은 논의에서 소외되어 왔다고 볼 수 있다. 주요 선진국들의 결정을 그냥 따르는 것이 보통이었다. 한때 개도국은 GATT의 난해한 규범들을 이해할 능력도 되지 않는다는 평가를 받기도 했다. 그러나 이제는 그렇지 않다. WTO의 논의에 능동적으로 참여하고 그들의 목소리를 내고 있다. 시애틀

각료회의가 실패한 이유 중의 하나도 개도국의 반발 때문이었던 것이다.

도하개발아젠다협상에서 협상이 이루어지고 있는 대표적인 분야는 공산품 관세인하, 농산물, 그리고 서비스 분야이다. 공산품 관세인하는 기본적으로 협상에 포함되고 있다. 농산물과 서비스 분야의 경우 우루과이라운드 당시 시간의 부족으로 논의를 일단 마무리 짓고 2000년부터 추가적인 자유화협상을 개시하기로 합의한 바 있는 분야(이를 기설정의제(built-in-agenda)라 한다)이다. 이에 따라 이들 분야는 이미 2000년부터 사실상 협상이 이루어지고 있는 것이다. 이밖에 반덤핑협정 등 일부 기존의 협정들을 보완하는 협상, 환경관련 규범의 제정을 위한 협상 등이 진행되고 있다.

글로벌경제의 정치적 트릴레마와 실현가능한 세계화

우리는 제5장에서 개방거시경제의 트릴레마에 대해서 살펴본 적이 있다. 즉 환율의 안정, 통화정책의 독립성, 자본의 자유로운 이동이라는 세 가지 목표는 동시에 달성될 수 없다는 것이었다. 이와 유사하게, 하바드 대학교의 로드릭 교수는 글로벌경제의 정치적 트릴레마(political trilemma of the global economy)라는 논리를 전개하고 있다. 즉 국가, 깊은 경제통합, 민주정치 라고 하는 세 가지 목표는 동시에 달성될 수 없다는 것이다. 반드시 하나는 포기해야 한다는 것이다.

세계경제가 완벽하게 통합된 세상, 즉 국경이라고 하는 것이 경제적 교류에서 전혀 장애요인이 되지 않는 그런 세상을 생각해 보자. 이와 같은 세상에서 지금과 같은 국가체제가 유지된다면 정치의 영역은 크게 축소된다는 것이다. 자국의 경제적 후생을 증대시키기 위해 모든 국가들은 시장신뢰도를 높이기 위한 경쟁적 노력을 할 것이다. 결국 모든 국가들은 토마스 프리드만이 명명한 '황금구속복'(Golden Straitjacket)을 입게 될 것이다(황금구속복에 대해서는 역시 5장에서 설명한 바 있다). 시장신뢰(market confidence)에 부합하는 방향으로 모든 국가의 정책은 수렴하고, 이와 관련된 정치적 논쟁은 사라진다. 예컨대 과거와 같이 사회주의냐 자본주의냐, 좌파냐 우파냐 하는 고전적인 정치적 논쟁은 사라진다. 정치적 논쟁은 콜라냐 식혜냐 하는 것이 아니라 펩시콜라냐 코카콜라냐 하는 소소한 논쟁만이 남는 것이다.

정치영역의 소멸이 싫다면 대신 지금의 국가체제가 사라져야 한다. 즉 세계가 마치 하나의 연방국가(global federalism)처럼 되면 된다는 것이다. 미국의 연방제를 생각하면 될 것이다. 전지구의 시민을 대상으로 공화당, 민주당, 노동당, 개혁당 등의 정당이 만들어질 수 있을 것이고, 이들간에 어떤 정치적 논쟁을 하든 상관없을 것이다. 지구상에는 하나의 국가밖에 없으니까.

정치영역의 소멸도, 국가의 소멸도 싫다면 완벽한 경제통합이라는 꿈을 버려야 한다. 그러면 이 중 어느 목표를 희생하는 것이 현실적이겠는가? 오랜 시간이 지나면 글로벌 연방제라고 하는 것도 가능할지 모른다. 그러나 현재 가장 실현가능한 대안은 완벽한 경제통합이라고 하는 목표를 희생하는 것이라고 로드릭 교수는 언급하고 있다. 그는 지금의 경제통합의 정도가 너무 과도한 방향으로 가고 있다고 평가하고 있다. 그는 1970년대의 GATT체제 정도 — 그는 이를 브레튼우즈타협(Bretton Woods Compromise)이라고 부르고 있다 — 가 적절하다고 보고 있다. 이를 타협이라고 부르고 있는 것은 국가들간 교역의 자유화와 함께 상당한 예외를 허용함으로써 각국이 스스로의 판단에 의해 나름대로의 정책을 펼 수 있는 여지가 있었다는 것이다. 예컨대 동아시아국가들은 산업지원정책을 통해 고도성장을 추구하였고, 중남미나 동남아국가들은 수입대체라는 방법을 통해 경제발전을 추구하였다. 그러나 지금은 이러한 방법들이 모두 금지되고 있다. 오로지 공정한 경쟁에 합치하는 개발정책만이 인정될 뿐이다.

그러나 80년대 이후 브레튼우즈타협은 사실상 물건너 갔다는 것이다. 지금 WTO 등 국제기구에서 논의되고 있는 것은 국가간 경제적 교류가 마치 한 국가 내에서 이루어지는 것처럼 만들기 위해 국가간의 모든 제도적 차이를 조화시키려(harmonize) 하고 있는 것이다. 그리고 이러한 경제통합의 진행 결과 지금 우리는 세 가지 꼭지점 내의 어중간한 영역에 위치하고 있다는 것이다. 그러나 이러한 위치는 편하지도 않고(uncomfortable), 또한 계속 지탱될 수도 없을 것(unsustainable)이라는 것이다. 로드릭 교수가 언급하는 실현가능한 세계화(feasible globalization)는 브레튼우즈타협 수준이라는 것이다.

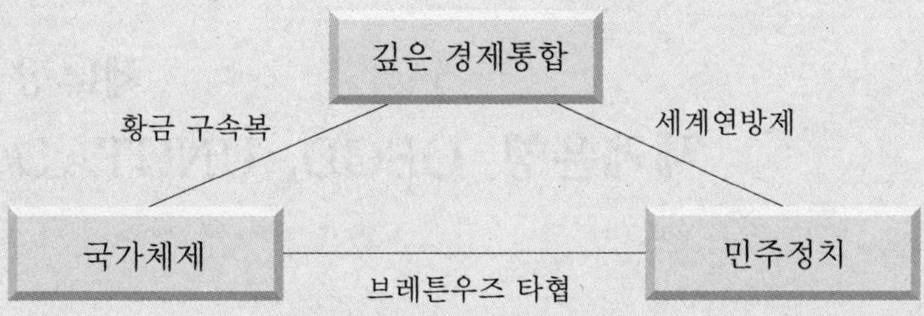

(글로벌경제의 정치적 트릴레마)

제14장
세계은행, OECD, UNCTAD

1. 세계은행(World Bank)

(1) 세계은행의 기능

앞에서 언급한 대로 전후경제의 부흥과 개도국에의 경제개발 지원을 목적으로 한 국제부흥개발은행(IBRD)은 브레튼우즈협정의 결과 IMF와 함께 설립되었다. 이후 1960년 개도국 중에서도 특히 빈곤한 개도국에의 지원을 목적으로 한 국제개발협회(IDA: International Development Agency)가 설립되었다. 이들 두 개의 기구를 세계은행이라 지칭한다. 세계은행 본부는 워싱턴에 있으며, 2003년 현재 184개의 회원국으로 구성되어 있다. 세계은행은 우리가 생각하는 은행이 아니며, UN의 전문기구이다.

개도국, 특히 저소득 개도국은 경제개발을 위한 자금이 필요하지만 국제자본시장에서 자금의 차입이 쉽지 않으며, 설령 차입을 한다 해도 낮은 신용도로 높은 금리를 지불해야 한다. 이러한 문제를 안고 있는 개도국들에게 개발목적의 자금을 유리한 조건으로 융자해 주는 것이 세계은행의 주요 기능인 것이다.

IBRD는 융자자금에 필요한 재원을 국제자본시장에서 채권을 발행하는 방식으로 주로 조달하고 있다. IBRD가 발행하는 채권은 최고의 신용등급 수준(AAA)으로 평가되며, 따라서 매우 저렴한 금리로 자금을 차입할 수 있다. IBRD는 이러한 자금조달 능력을 영리를 목적으로 사용하지 않고 개도국에 유리한 조건으로 자금을 빌려주는 데 쓰고 있는 것이다.

IBRD로부터 자금을 융자받을 수 있는 국가들은 1인당 소득 5,185달러 미만의 국가들이다. 그런데 실제 IBRD의 자금을 쓰고 있는 국가들은 대체로 중소득국들이다. IBRD는 이들 국가들에게 시장금리 수준으로 대규모 장기대출을 해 주는 것이다. 이들 국가들은 민간자본시장에서 차입을 할 수도 있지만, 대규모 자금을 장기적으로 그리고 안정된 조건으로 사용할 수 있다는 점(보통 만기가 15-20년)에서 IBRD로부터의 차입이 훨씬 유리한 것이다. 2002년의 경우 40개국에 걸쳐 96개의 개발프로젝트를 대상으로 115억 달러의 자금을 대출해 주었다.

IDA는 IBRD의 지원이 미치지 못하는 최빈개도국들을 대상으로 하고 있다. 즉 1인당 소득 875달러 미만의 국가들로서, 이들은 IBRD의 대출금리조차 부담이 큰 국가들이다. IDA는 이러한 국가들에게 무이자로 만기가 35-40년이나 되는 자금을 대출해 주는 것이다. 이러한 대출자금에 필요한 IDA의 재원은 약 40여개의 선진 회원국들이 매 4년마다 제공하는 기부금에 의해 조성된 펀드에 주로 의존하고 있다. 2002년의 경우 62개국에 걸쳐 133개의 개발프로젝트를 대상으로 81억 달러의 자금을 대출해 주었다.

세계은행의 대출은 주로 구체적인 프로젝트를 대상으로 하여 이루어진다. 예컨데 댐, 발전소, 관개시설, 고속도로, 교량, 항만 등 인프라 시설에 관계된 특정 프로젝트에 중점적으로 이루어지고 있다. 프로젝트의 선정은 기본적으로 차입국의 정부 또는 차입기업 등의 차입자가 하게 된다. 그러나 많은 경우에 있어 세계은행으로부터 프로젝트의 선정이 차입자에게 직접 제안되기도 한다. 프로젝트의 발굴과 선정이 완료되면 이러한 사업의 타당성에 대한 구체적인 조사와 평가를 거치게 된다. 그래서 프로젝트의 적격성이 인정되면 차입국과 대출규모, 대출조건 등에 대한 협의를 하고, 대출약정서를 작성하게 된다. 프로젝트의 집행은 전적으로 차입자의 책임하에 이루어지며, 세계은행은 감독의 역할을 수행한다. 그리고 프로젝트가 완성되면 최종적으로 프로젝트의 성과를 평가하는 절차를 밟는다. 이러한 일련의 과정을 세계은행의 프로젝트 사이클이라 부른다.

세계은행의 대출은 농업 부문의 개발에 필요한 자금을 제공하는 것과 같이 특정 부문에 대한 대출의 형태로 이루어지기도 한다. 한편 1980년대 들어서부터는 심각한 국제수지문제를 겪고 있는 개도국의 국내구조조정을 지원하기 위한 대출도 하고 있다. 이를 구조조정대출(SALs: Structural Adjustment Loans)이라 부른다. 이 경우 특정한 정책, 제도상의 개혁조치의 실시가 대출의 이행조건으로 첨부된다.

(2) 세계은행 대출정책의 변화

세계은행의 설립 이후 세계경제 여건의 변화와 시대적 특수상황에 따라 대출정책의 우선순위나 주안점이 변화되어 왔다.

1960년대까지 세계은행의 대출은 개도국의 인프라 건설이라는 측면에 집중되었다. 그리고 아주 저소득국이 아니라 이른바 도약단계에 진입한 어느 정도 수준 이상의 개도국을 대상으로 한 지원에 집중하였다. 이는 대출재원이 부족한 상황에서, 약간의 지원만으로 성장궤도에 진입할 수 있는 국가들에 우선적으로 지원한다는 입장에 따른 것이다.

1970년대 들어 세계은행의 역점 사업으로 등장한 것은 기본적 사회서비스의 제공이었다. 즉 개도국의 절대적 빈곤의 문제를 제기하고, 이의 해결을 돕기 위하여 농업·농촌개발, 교육, 보건 및 영양 등 인간의 기본적 니즈의 충족을 위한 대출을 확대하였다.

1980년대 들어서는 심각한 국제수지적자와 외채문제를 안고 있는 개도국에의 지원이 주요 관심사항으로 등장하였다. 이에 따라 구조조정대출이 도입되었고, 특히 외채부담으로 허덕이는 사하라이남 아프리카지역 국가들의 경제개혁을 위한 특별지원 프로그램이 설립되기도 하였다.

1990년대 세계은행의 특별한 관심 분야는 환경과 빈곤 문제라 할 수 있다. 개도국의 경제성장이 환경친화적인 방향으로 이루어져야 한다는 취지하에, 개도국의 환경문제해결을 위한 투자사업 및 기술지원에 대한 대출이 크게 확대되었다. 빈곤문제의 경우 세계의 절대빈곤 수준을 2015년까지 현재의 절반 이하로 낮춘다는 목표하에 빈곤과의 전쟁을 선언하고 보다 적극적인 빈곤퇴치전략에 나서고 있다.

(3) 세계은행과 외채감축

1980년대 들어 개도국의 외채문제가 심각한 세계경제문제로 대두되면서 세계은행은 이 문제를 논의하는 대표적인 기구가 되어 왔다. 최근에는 빈곤퇴치와 연계하여 심각한 외채부담을 안고 있는 최빈개도국들—이를 외채과다빈곤국(Highly Indebted Poor Countries: HIPCs)이라 부른다—의 외채문제 해결을 세계은행이 주도하고 있다.

현재 외채과다빈곤국으로 분류되는 개도국은 42개국인데, 이 중 34개국이 사하라 이남의 아프리카 국가들이다. 이들 국가들의 총외채규모는 계속 증가하여 1990년대 들어 2천억 달러를 넘어섰다. 1999년 총외채규모는 2천 5억 달러 수준인 데 비해, 이들 국가의 총GNP는 1,890억 달러, 총수출액은 630억 달러 수준으로, 외채상환능력을 보여 주는 지표인 외채/GNP 비율은 108%, 외채/수출액 비율은 무려 325%에 이르고 있다. 세계은행은 지탱가능한 외채부담 수준으로 외채(현재가치기준으로)/수출액 비율 150%선을 제시하고 있다. 즉 현재 이들 국가 대부분의 외채수준은 지탱할 수 없는 수준이라는 것이다.

이들 국가들은 상업적 차관을 도입하기 어려운 만큼, 이들 국가 채무의 80% 이상이 공공차관이다. 그리고 1999년 시점에서 공공차관 중 약 57%가 국제기구에 대한 채무, 나머지 43%가 외국정부에 대한 채무이다. 1990년의 경우, 국제기구에 대한 채무가 30%선, 외국정부에 대한 채무가 70%선이었던 것과 비교하면 국제기구에 대한 채무가 급격히 증가하였음을 알 수 있다. 이들 국가들이 가장 많은 채무를 지고 있는 기구는 물론 세계은행으로, 전체 공공차관의 60% 이상을 차지하고 있다. 나머지는 IMF, 지역별 개발은행 등에 대한 채무이다.

이들 국가에 대한 외채부담의 감축노력은 과거부터 있어 왔다. 그럼에도 불구하고 이를 국가의 외채문제의 심각성이 그다지 개선되지 못하고 있는 가운데, 세계은행은(IMF와 공동으로) 이른바 HIPC 이니셔티브라는 명칭하에 "보다 깊이 있고, 광범위하고, 신속한" 외채감축 프로그램을 90년대말부터 추진하고 있다. 이 프로그램하에서 이른바 파리클럽에 속하는 주요 채권국들, 세계은행 등 주요 채권 국제기구들은 이전에 없었던 대규모의 외채탕감을 시도하고 있다. 이 프로그램하에서 이들 외채과다빈곤국의 외채규모는 절대규모로 약 900억 달러(현재가치로) 이상 감축되는 효과가 나타날 것으로 예상하고 있다. 혜택을 받는 국가들은 빈곤퇴치와 경제개혁을 지속적으로 추진할 것을 조건으로 부여받고 있다. 이들 국가들이 채무상환에 지출해 왔던 재원을 대신 빈곤퇴치를 위해 사용할 수 있도록 하자는 것이 이 프로그램의 취지인 것이다.

2. OECD

(1) OECD의 성격과 기능

OECD(경제개발협력기구: Organization for Economic Cooperation and Development)는 원래 2차대전 이후 미국이 공산진영과의 대결구도하에서 유럽경제부흥을 통해 경제적 측면에서의 집단안보체제 구축이라는 목적을 수행하기 위해 만들어진 기구이다. 즉 미국의 유럽국가들에 대한 원조 프로그램인 마샬플랜을 효과적으로 수행하기 위해 유럽경제협력기구(OEEC: Organization for European Economic Cooperation)를 설립하였고, 이는 경제적 측면에서의 NATO와 같은 성격을 갖고 있었다고 볼 수 있다. 이후 유럽경제의 발전에 따른 미국과 유럽간의 협력여건의 변화에 따라 OEEC는 세계경제 발전의 주도라는 보다 확대된 목표를 갖고 OECD라는 국제기구로 발전적으로 개편되었다. OECD는 1961년 설립되었고, 프랑스 파리에 본부를 두고 있다. 현재 회원국수는 29개국이다.

OECD는 세계경제를 주도하는 국가들간의 경제협의체라 할 수 있다. 즉 WTO가 기본적으로 협상의 장이라면, OECD는 기본적으로 경제정책을 논의하는 협의의 장인 것이다. OECD에서 협의의 대상이 되는 것은 경제와 직·간접적으로 관련된 모든 것이라 할 수 있다. 이러한 협의를 통해 비단 회원국의 경제성장 촉진뿐만 아니라 세계경제발전에 기여한다는 것을 설립목적으로 하고 있다.

OECD는 원한다고 해서 마음대로 가입할 수 있는 기구가 아니다. OECD에의 가입은 기본적으로 OECD 이사회의 초청이라는 절차를 통해 이루어지며, 전회원국이 모두 동의해야 한다. OECD의 설립당시 회원국은 20개국이었다. 1964년 일본이 새로이 가입하였고, 70년대 초반에 호주와 뉴질랜드가 가입하였다. 이후 20여년간 회원국의 변동이 없었던 OECD는 90년대 중반 멕시코, 체코, 헝가리, 폴란드, 그리고 한국의 가입을 받아들였다. 우리나라는 1996년 12월 29번째 회원국으로 OECD에 가입하였다.

OECD의 가장 기본적인 활동은 정책토의이다. 토의과정에서 각 회원국의 정책에 대한 상호평가 및 건설적인 비판을 통해 보다 바람직한 방향으로 정책수립을 유도하게 된다. 이 과정에서 "동료간의 압력"(peer pressure)이라는 메커니즘이 작동한다. 어느 회원국이 유독 이상한 정책을 갖고 있다든지, 타회원국에 부정적인 영향을 미치는 정책을 추구한다든지 하면 타회원국들로부터 비판을 받게 되고, 이러한 비판은 그 회원국으로 하여금 정책을 개선하도록 만드는 압력으로 작용한다는 것이다. 이러한 메커니즘이 OECD에서 유효하게 작동할 수 있는 것은 OECD가 비교적 동질적인 국가(like-minded countries)들로 구성되어 있기 때문이다. 이러한 회원국의 속성 때문에 여타 회원국들의 수준에 어느 정도 맞추어야 한다는 것이 큰 압력으로 작용하게 되는 것이다.

또한 회원국들이 공동으로 준수하는 것이 필요한 의제의 경우 이에 대한 규범을 만든다. OECD는 현재 약 180여 개의 규범들을 갖고 있는데, 이러한 규범의 준수는 회원국의 중요한 의무 사항이다. 그런데 WTO와 달리 OECD의 경우 협정이라는 명칭을 갖는 규범은 매우 드물다. 대부분 결정, 권고, 가이드라인, 선언 등의 명칭을 갖고 있는데, 이 중 이사회의 결정사항으로서 '결정'(decisions)이라는 명칭을 갖는 일부 규범만이 회원국들에게 법적으로 구속력 있는 규범이며, 나머지 권고, 가이드라인, 선언 등의 명칭을 갖는 상당 수의 규범들은 비구속적인 규범이다. 그럼에도 불구하고 이러한 비구속적인 규범들도 실제로는 상당한 구속력을 갖는데, 이는 앞에서 언급한 동료간 압력이라는 메커니즘하에서 각 회원국이 결코 자유로울 수 없기 때문이다.

OECD는 세계의 최첨단의 문제를 다루는 기구라 할 수 있다. 어떤 문제가 세계경제의 새로운 문제로 대두되면 OECD에서는 곧바로 이 문제에 대한 논의에 들어가고 대책을 강구한다. 경우에 따라서는 OECD에서 논의된 사항이 다른 전문적인 국제기구로 이전되어 규범화되는 사례도 있다. 예컨대 WTO 서비스협정의 출범도 OECD의 논의에서 그 출발점을 찾을 수 있다. 또한 OECD는 선진국들의 모임이지만 선진국들의 문제만을 다루는 것이 아니다. OECD에서 가장 중요한 관심분야의 하나는 개도국의 경제개발 문제로서, 경제발전에 관한 회원국의 지식과 경험을 개도국에 전수하는 것이 OECD의 중요한 기능이기도 하다. 그리고 권고적 성격이기는 하지만 회원국은 GNP의 0.7% 이상을 개도국에 대한 개발원조로 제공하도록 하고 있다. 한편 OECD는 경제기구이지만 정치적 성격도 상당히 지니고 있다고 말한다. 이는 다원적민주주의, 시장경제체제, 그리고 인권존중이라는 OECD의 3대 이상에서 나타나고 있는 바와 같이 OECD는 비단 회원국들의 경제적 동질성뿐만 아니라 정치적인 동질성에도 그 기반을 두고 있기 때문이다.

(2) 양대 자유화규약

OECD의 가장 대표적인 규범이라면 양대 자유화규약을 들 수 있다. 이는 경상무역외거래 자유화규약(Code of Liberalization of Current Invisible Operation)과 자본이동 자유화규약(Code of Liberalization of Capital Movement)을 지칭하는 것으로, 이 규약들은 OECD의 구속력있는 규범, 즉 이사회의 결정사항이다.

경상무역외거래 자유화규약은 서비스의 국경간 거래의 자유화와 이러한 거래에 수반되는 자금지급의 자유화에 관한 규범이다. 자본이동 자유화규약은 국가간에 모든 형태의 자본이동에 관한 자유화를 내용으로 하고 있는 규범이다. 이 중에서도 자본이동 자유화규약은 OECD의 성격을 가장 잘 보여 주는 규범이라 할 수 있다. 즉 OECD 회원국이 되기 위해서는 비단 상품 및 서비스거래의 자유화 뿐만 아니라 자본이동의 자유화라고 하는 의무를 수용할 수 있는 수준이 되어야 한다는 것이다.

양대 자유화규약은 자유화, 점진적 철폐, 무차별성, 현상동결, 그리고 투명성 등의 주요 원칙하에 운용된다. 자유화(Liberalization)란 자금의 국내외 이동을 저해하는 모든 규제를 철폐해야 한다는 것이다. 점진적 철폐(rollback or progressive liberalization)란 이러한 규제의 철폐를 전면적으로 하는 것이 아니라, 각 회원국의 경제사정을 감안하여 점진적으로 한다는 것이다. 각 회원국은 자유화의 의무에 위배되는 자국의 모든 규제조치들을 명시한 리스트를 제출해야 한다. 이를 유보(reservation) 리스트라 한다. 그리고 이 리스트에 기재된 유보사항들을 점진적으로 줄여나가야 한다는 것이다. 무차별성(non-discrimination)이란 각 회원국의 모든 자유화 조치는 OECD의 타 회원국에 대해 차별적으로 적용되어서는 안 된다는 것, 즉 최혜국대우를 말한다. 현상동결(standstill)이란 자유화의 역행을 금지한다는 것이다. 즉 유보 리스트에 새로운 규제조치를 추가하거나, 기존의 규제조치의 내용을 강화하는 식으로 변경해서는 안 된다는 것이다. 투명성의 원칙이란 각 회원국의 모든 규제와 관련 제도를 정확하게 타회원국들에 통보해야 한다는 것이다.

OECD의 자유화 메커니즘을 흔히 톱니효과(ratchet effect)라 부른다. 이는 현상동결과 점진적 자유화를 결합하면 자유화가 마치 톱니의 모양처럼 진행된다는 것이다. 그러면 점진적 자유화는 어떤 방식으로 이루어지는가? OECD에는 기본적으로 협상이라는 것이 없다. 대신 각 회원국의 유보 리스트는 정기적으로 심사를 받는다. 이 심사과정에서 자유화 위배조치가 많은 국가, 자유화의 진행이 미진한 국가에 대해 타회원국들의 비판이 제기되고, 이러한 비판이 자유화의 압력으로 작용하게 되는 것이다. 즉 자유화는 기본적으로 자발적인 자유화를 원칙으로 하되, 자유화를 촉진하기 위해 서로간에 동료간의 압력을 행사하는 것이다.

(3) 뇌물방지 협정

앞에서 언급한 것처럼 OECD는 협정이라는 성격의 규범을 별로 지향하지 않는다. 그런데 최근에 OECD에서 중요한 협정이 하나 체결되었는데, 그것이 이른바 뇌물방지 협정이라는 것이다. 이 협정의 공식명칭은 '국제상거래상 외국공무원의 뇌물수수 척결에 관한 협약'(Convention on Combating Bribery of Foreign Public Officials in International Business Transactions)이다.

이 협정의 취지는 다음과 같다. 뇌물수수가 무역과 투자를 포함한 모든 국제상거래에 만연해 있어서 심각한 도덕적 · 정치적 우려를 야기하며, 올바른 국가경영과 경제개발을 저해할 뿐만 아니라 공정한 경쟁을 저해하고 있다. 따라서 모든 국가는 국제상거래상의 뇌물수수를 척결하기 위하여 국제상거래 과정에서 외국공직자에 대한 뇌물공여를 억제, 방지 및 적결하기 위한 소지가 필요하나는 것이다. 그러나 사실 이 문제가 논의되게 된 중요한 배경은 미국은 해외부패관행법에 의해 미국기업의 외국공무원에 대한 뇌물공여를 불법화하고 있는 데 반해, 여타국들은 이러한 법률을 대체로 갖고 있지 않음으로써 미국기업들이 개도국 시장에서 국제입찰 등의 상거래에서 불리한 입장에 있다는 주장에 따라 미국 행정부가 이 문제를 적극 제기한 데 따른 것이라 할 수 있다.

이 협정의 핵심적 내용은 각국이 외국공무원에 대한 뇌물공여를 범죄로 규정하고 이러한 범죄행위를 형사처벌해야 한다는 것이다. 국내 정부관리에 대한 뇌물공여행위를 뇌물죄로 형사처벌하고 있는 것과 마찬가지로, 외국공무원에 대한 뇌물공여행위도 같은 수준으로 처벌해야 한다는 것이다.[1)]

여기서 외국공무원이란 우리가 일반적으로 생각하는 공직자뿐만 아니라 외국의 공공기관, 공기업, 그리고 국제기구에 근무하는 사람들까지도 포함된다. 이

1) 이 협정에 따라 우리나라는 국내이행법안인 '국제상거래에 있어서 외국공무원에 대한 뇌물방

협정은 국제상거래에 있어 어떤 이득을 얻기 위해 외국공무원에게 부당한 보수나 여타 이익을 제공하거나 제의, 약속하는 모든 행위를 처벌대상으로 삼고 있다. 뇌물을 제공한 자연인뿐만 아니라 이에 대한 책임이 있는 법인에 대해서도 처벌해야 하며, 해외에서 이루어지는 뇌물공여행위의 경우에는 이의 효과적인 수사 및 기소를 위해 포괄적인 사법공조 및 범죄인 인도를 규정하고 있다. 한편 이 협정은 OECD 비회원국의 경우에도 원하면 가입할 수 있다.[2)]

MAI와 네트워크 게릴라

OECD가 1990년대에 최대 역점사업으로 추진했던 것이 하나 있다. 다자간투자협정의 제정이 그것이다. 이는 외국인투자의 자유화와 외국인투자자산의 보호에 관한 다자간의 협정을 말한다. 굳이 '다자간'이란 명칭을 붙이고 있는 것은 양자간에, 즉 두 개의 국가간에 체결되는 양자간투자협정은 이미 상당수(지금은 1500여 개가 넘는다) 존재하고 있기 때문이다. 그런데 대부분의 양자간투자협정은 외국인투자자산에 대한 보호만을 다루고 있으며, 그래서 흔히 투자보장협정이라고 부른다. 1980년대 들어서는 외국인투자 자유화에 대한 내용도 포함된 양자간투자협정도 나타나고 있다(이를 미국형 투자협정이라고도 부른다). 즉 이러한 양자간투자협정들을 종합하여 다수의 국가들이 함께 참여하는 투자협정을 만든다는 것이었다.

OECD가 추진했던 다자간투자협정은 직접투자, 포트폴리오 투자 등 모든 형태의 외국인투자를 궁극적으로 자유화하고 외국인투자자산에 대해 높은 수준의 보호를 추구하였다. 또한 OECD 비회원국이라도 이 협정에 참여할 의지와 능력이 있으면 참여할 수 있는 개방적인 협정을 지향하였다. 몇 년간의 준비작업을 거쳐 1995년 가을부터 협정 제정을 위한 협상이 시작되었다. 그러나 3년여의 협상에도 불구하고 결국 이 협정은 체결되지 못했다. 이 협정에 원래 붙여진 명칭은 MIA(Multilateral Investment Agreement)였다. 그러나 협상초 이 명칭이 재수없게 보인다 해서(왜냐하면 MIA는 전쟁중에

지법'을 제정하고 1999년 2월부터 시행하고 있다.

2) 현재 OECD에서는 비회원국, 특히 중남미 및 아시아 개도국을 상대로 가입 확대를 위해 노력하고 있으나, 개도국들로부터 그렇게 긍정적인 반응을 얻지는 못하고 있다.

행방불명된 병사를 뜻하는 missing in action의 약자이기 때문이다) MAI(Multilateral Agreement on Investment)로 바꾸었다. 그러나 결국 MAI는 MIA가 되어 버린 것이다.

MAI 협상이 실패한 데에는 여러 가지 원인이 있지만, 이 중 중요한 원인의 하나는 세계시민단체들의 강력한 반발이라 할 수 있다. WTO 각료회의니, IMF/세계은행 연차총회니, 중요한 국제행사가 있으면 그곳에 세계의 각종 시민단체들이 모여서 시끄럽게 떠드는 것이 이제는 유행처럼 되버렸는데, 그 시발점이 된 것이 MAI 협상이라고 할 수 있다. 1997년초 MAI 협상의 진행을 알게 된 한 시민단체가 이를 인터넷에 띄웠고, 이후 세계에 산재된 다양한 시민단체들이 역시 인터넷을 통해 연대결성하여 저항하고 나섰던 것이다. 그리고 시민단체들의 강력한 정치적 압력하에서 미국 등 주요 협상국의 행정부는 협상을 적극적으로 추진하기 어렵게 되었던 것이다. 1998년 4월 30일자 Financial Times는 시민단체들의 MAI에 대한 저항운동을 "The Network Guerrilla"라는 제목으로 묘사하였다.

이들 시민단체들은 MAI를 다국적기업만을 위한 권리장전이라고 비난하였다. 그리고 MAI에 대한 반발은 더 나아가 세계화 자체에 대한 비난으로까지 비화되었던 것이다. 그러면 시민단체들이 주장했던 것처럼 MAI가 그렇게 잘못된 협정이었을까? 저자는 이 협상에 직접 참여하였기 때문에 이 협정에 대해 누구보다도 잘 이해하고 있다고 자신하는데, 이 협정은 부분적으로 문제점이 없는 것은 아니지만 괜찮은 협정이다. 그러나 투자협정 자체가 내용상 매우 난해한 협정이기 때문에, 적지 않은 오해가 야기될 수 있는 것이다. 미국 국제경제연구소의 그래함(E. Graham) 박사가 평가하고 있는 것처럼 시민단체들은 잘못 설정된 적과 싸웠던 것이다('Fighting the wrong enemy').

우리나라 OECD 가입의 효과

멕시코는 1994년 5월에 OECD에 가입했는데 그해 겨울에 외환위기가 났다. 우리나라는 1996년 12월에 OECD에 가입했는데 1997년 가을에 외환위기가 났다. 그래서 우리나라에서 외환위기가 난 후 OECD가 아주 곤혹스러워졌다. OECD 가입이 외환위기와 관계가 있는 것이 아니냐 하는 비난이 쏟아졌기 때문이다.

OECD 가입을 준비하고 있을 때부터 OECD 가입에 대해 우리 사회에서는 적지 않은 비판이 있었다. 아직 가입할 수준도 안 되었는데 서둘러 가입해서 부담만 커지는 것이 아닌가? OECD에 가입하면 개도국으로서의 지위를 포기해야 할텐데 너무 성급한 것 아닌가? 더 나아가 개도국에 지원도 해야 하고 OECD 분담금도 내야 하는데 그럴 돈이 있나? 하는 것들이다. 그러던차에 OECD에 가입하자마자 외환위기가 났으니 OECD 가입이 도마 위에 오르지 않을 수 없었던 것이다.

그러면 OECD 가입과 우리나라 외환위기와 실제 관계가 있는가? 매우 밀접한 관계가 있다고 주장하는 사람들이 아직도 있기는 하다. 그러나 정론은 OECD 가입과 외환위기간에는 거의 관계가 없다는 것이다. OECD 가입을 비난하는 측에서는 OECD 가입 때문에 우리 자본시장을 대폭 개방했고 이로 인해 외환위기가 났다고 하는데 이는 사실이 아니다. OECD 가입 당시 우리나라의 국내 금리가 국제금리보다 상당히 높았기 때문에 자본시장을 대폭 개방하는 경우 너무 많은 외국자본이 유입되는 상황이 전개될까 우려되었다. 그래서 우리 정부는 국내외 금리 차이가 상당히 좁혀질 때까지 매우 점진적으로 자본시장을 개방하겠다는 입장을 취했고 OECD에서도 이를 수용하였다. 우리가 OECD 가입과 동시에 자본시장을 개방한 부분은 별로 없다. 단지 향후 어느 시점에서 개방하겠다는 약속을 하였던 것이다. 그리고 우리의 자본시장 개방은 OECD 가입과 관계없이 90년대 초 만들어진 청사진에 따라 이미 점진적으로 이루어져 왔던 것이다.

OECD 가입과 외환위기간에 한 가지 그럴싸한 고리는 OECD 가입으로 우리나라의 국가신용도가 높아졌고 이로 인해 국제자본시장에서 차입금리가 낮아져 기업이나 금융기관들이 단기성 외채를 많이 끌어다 쓴 것이 아니냐 하는 것이다. 설령 이것이 사실일지라도 OECD 가입 때문에 외환위기가 났다고 주장하는 것은 잘못된 것 아닌가? 국가신용도가 높아졌으면 좋은 것이지 비난할 사항이 아니지 않은가? 단지 문제가 있다면 단기 외채를 많이 들여온 기업과 금융기관에 있는 것 아닌가?

어쨌든 외환위기도 잘 극복되었고 이제 OECD 가입한 지도 상당한 세월이 지났으니 OECD 가입에 대해 평가해 볼 필요가 있을 것이다. 저자는 우리가 OECD에 가입한 것은 정말 잘된 일이라고 생각한다. 멕시코도 그렇지만 우리나라도 사실 OECD에 가입할 만한 수준은 아니라고 본다. 그런데 90년대 중반 여러 이유로 OECD가 회원국을 늘리는 상황이 전개되었고, 이것은 우리에게 행운의 기회였던 것이다. 앞으로 상당기간 동안 OECD는 더 이상 회원을 받지 않을 것 같으니, 우리는 정말 막차를 타는 행운을 잡은 것이다. 그러면 OECD에 가입해서 무엇이 좋아졌는가? 국민들 생활수준이 좀 나아졌는가?

OECD 가입 이후 한 가지 확실히 변한 것이 있다. 이는 우리의 비교수준이 이제는 OECD 국가들로 변했다는 것이다. 여러분들이 뉴스에서 심심치 않게 발견할 수 있는 기사가 우리나라가 OECD 국가들 중 몇 등이다 하는 것이다. 예컨대 OECD 국가들 중 교통사고 사망률 1등이라든지, 초·중·고등학교 학생들의 교육에 대한 만족도 꼴등이라든지 그런 것들이다. 주로 안좋은 면에서 최상위에 드는 것들이 많다. 이것이 뭐가 중요하며, 오히려 기분만 나쁘게 아닌가 하고 생각하는 사람도 있을지 모른다. 그러나 우리 스스로의 현실을 정확히 파악하는 것은 매우 중요한 일이다. 우리의 문제점이 뭔가를 정확히 알아야 개선도 이루어질 수 있는 것이다. 교통사고 사망률 1등이라는 평가에 자극을 받아 안전벨트 착용을 의무화한 결과 터키에게 1등 자리를 내주고 2등이 되었다는 기사가 나온 적도 있다. 우리는 특히 등수에 민감한 국민인지라 이러한 등수 메커니즘이 상당한 효과가 있을 것으로 본다. 메르데카배(말레이시아에서 개최하는 동남아 국가권 축구대회 였는데 70년대까지 우리나라가 매우 중요시 여기는 대회였다)에서 맨날 우승하는 것보다 성적은 별로 일지라도 월드컵 무대에서 노는 것이 축구발전에 도움이 되는 것과 같은 논리인 것이다.

3. UNCTAD

(1) UNCTAD의 성격

OECD가 선진국 중심의 기구라면 개도국에 의해 주도되고 있는 경제기구는 UNCTAD(UN 무역개발회의: UN Conference on Trade and Development)라고 할 수 있다. UNCTAD는 1964년 제19차 UN 총회에서 UN 직속기구로 설립이 결정되었다. 현재 192개국이 참여하고 있고, 본부는 제네바에 있다.

UNCTAD의 설립에는 선진국 중심의 세계무역질서에 대한 개도국의 불만이 작용했다고 볼 수 있다. 특히 1차산품을 수출하는 저개발국들은 GATT체제하에서 농업에 대한 보호무역조치를 광범위하게 허용함으로써 상대적으로 피해를 보고있다는 인식을 갖고 있었다. 이들 국가들은 GATT체제의 세계무역질서가 저개발국들의 무역과 수출을 증진하는 데에는 별로 도움이 되지 못하고 오직 선진공업국들의 무역확대에만 기여한다는 비판을 제기하였다.

UNCTAD의 설립시 개도국들의 자유무역에 대한 비판적 인식은 이른바 '프레비쉬 보고서'(Prebisch Report)에 잘 나타나고 있다. 이 보고서는 UNCTAD 초대 사무총장인 프레비쉬에 의해 작성된 것으로, 선진국과 저개발국간에 자유무역시 저개발국은 저성장 산업인 1차산품 산업에 특화하게 되고 그 결과 계속 불리한 위치에 놓일 수밖에 없다는 것이다. 따라서 저개발국은 자유무역 정책을 추구해서는 안 되며, 수입규제를 통한 유치산업의 육성, 수입대체형 경제발전 정책을 추구해야 한다는 것이다.

이러한 인식하에서 개도국들은 개도국의 입장에서 세계무역문제를 논의하는 기구의 설립을 추진하였고, 그 결과 만들어진 것이 UNCTAD인 것이다. 따라서 UNCTAD는 UN 내에서 개도국들이 비동맹 77그룹[3]이라는 정치적 블록을 결성한 것과 맥락을 같이 한다고 볼 수 있다.

UNCTAD에서 논의대상이 되는 것은 비단 무역문제에만 국한된 것은 아니며, 개도국의 경제개발과 관련된 모든 문제들이 다루어진다. UNCTAD에서 가

3) 이 명칭이 부여된 것은 1964년 이 블록의 결성시 참여국이 77개국이었기 때문이다. 지금은 130여개국이 참여하고 있다.

장 자주 사용되는 용어는 '개발친화적'(development-friendly)라는 용어일 것이다. 개도국의 세계경제에의 참여가 어떻게 하면 보다 개발친화적인 방향으로, 즉 개도국의 경제개발에 도움이 되는 방향으로 이루어질 수 있을 것인가 하는 것이 UNCTAD의 최대 관심사항인 것이다.

(2) 일반특혜관세제도

지금까지 UNCTAD의 가장 대표적인 성과로서 거론되는 것은 일반특혜관세제도의 도입이라 할 수 있다. 일반특혜관세제도(GSP: Generalized System of Preferences)란 개도국의 수출증대와 공업화를 촉진하기 위하여 선진국들이 개도국으로부터 수입하는 제품에 대하여 최혜국대우 관세율(즉 일반 관세율)보다 낮은 관세를 부과하거나 관세를 면제하는 등의 관세상의 특혜를 일방적으로 부여하는 제도를 말한다. 이 제도는 1968년 제2차 UNCTAD 총회에서 제기되었고, 1971년 GATT에서 인정됨(즉, GATT 1조 최혜국대우에 대한 예외조치로서 인정됨)으로써 세계의 공식적인 제도로서 자리잡게 되었다.

이 제도는 선진국들에게 개도국들에 대해 관세상의 특혜를 주라고 의무화하는 것은 아니다. 개도국에 대해 특혜를 주고 싶은 국가가 있으면 그렇게 해도 된다는 것이다. 즉 개도국에 부여하는 이러한 특혜를 GATT의 여타 회원국들에게 똑같이 부여해야 하는 최혜국대우의 의무로부터 면제를 받는다는 것이다. 그리고 개도국에 부여한 특혜에 대해 그 대가를 개도국에 요구하지 않고, 일방적으로 특혜를 부여한다는 것이다.

현재 대부분의 OECD국가들이 개도국에 일반특혜관세를 공여하고 있다. 우리나라는 1989년 미국의 GSP 수혜대상국에서, 1998년 EU의 GSP 수혜대상국에서 각각 제외되었다. 즉 개도국 그룹으로부터 졸업한 것이다. 그리고 이제는 오히려 우리가 개도국에 이러한 혜택을 부여해야 할 위치에 서게 된 것이다.

제15장
세계화와 지역경제통합

끝으로 세계화와 지역경제통합에 관한 문제를 살펴보도록 하자. 제 1 장에서 세계화에 대해 정의하면서, 세계화는 경제적 교류를 통한 국가간의 상호의존성 심화가 다대륙에 걸쳐 이루어지는 현상으로 정의하였다. 그리고 어떤 특정지역에 속한 인접한 국가들간에 형성되는 상호의존성의 심화는 지역주의이며 세계화가 아니라고 정의하였다. WTO나 IMF와 같은 국제기구는 전세계적인 차원의 경제적 교류를 관장하는 범세계적 기구이다. 이에 반해 EU나 NAFTA 등과 같은 국제기구는 어느 특정지역의 경제적 교류를 관장하는 지역기구이다. 그러면 이러한 지역기구가 갖는 기능은 무엇이며, 세계화와는 어떤 관계를 갖고 있는 것일까?

1. 지역경제통합의 의미

지역경제통합(regional economic integration)이란 일단의 국가들이 그들간의 경제적 장벽을 낮추기 위한 정부간의 노력으로 하나의 시장 혹은 하나의 경제권역을 형성해 나가는 과정이나 상태라고 정의될 수 있다. 보통 특정지역에 속하는 일단의 국가들, 또는 지리적으로 인접한 국가들간에 이루어지는 경제통합을 의미하나, 지리적으로 멀리 떨어져 있는 국가간에 이루어지는 경제통합—예컨대 우리나라와 칠레간의 자유무역협정—도 지역경제통합의 범주에 포함시키고 있다.

이러한 정의와 같이 정부의 주도하에 경제통합을 위한 제도적 장치를 마련함으로써 이루어지는 통합을 특히 제도적 통합이라 부른다. 이에 반해 민간경제주체의 자연스런 활동의 결과로 교역이 어떤 특정지역 내에서 특히 활발하게 이루어지는 현상을 시장주도형통합이라 부른다. 광의의 지역경제통합은 제도적 통합뿐만 아니라 시장주도형통합까지도 포함한다. 그러나 일반적으로 지역경제통합 하면 보통 제도적 통합을 의미한다.

지역경제통합에 참여하는 국가를 역내국, 그렇지 못한 국가를 역외국이라 부른다. 지역경제통합은 역내국 서로간에 특혜를 부여함을 의미한다. 예컨대 서로간에는 관세를 부여하지 않는 것처럼 말이다. 따라서 역외국의 입장에서 보면 지역경제통합은 역외국에 대한 차별이다. 다른 역내국에 부여하는 특혜를 역외국에 대해서는 부여하지 않기 때문이다.

선진국과 개도국처럼 경제발전단계가 다른 국가간의 통합, 즉 경제관계가 수직적 보완관계에 있는 국가간의 통합을 수직적 통합이라 부른다. 반면에 발전단계가 유사한 국가들간의 통합을 수평적 통합이라 부른다. 경제통합은 모든 산업을 대상으로 이루어질 수도 있고, 석탄, 철강, 자동차 등과 같이 특정산업만을 대상으로 하여 이루어질 수도 있다.[1] 전자의 경우를 전면적 통합, 후자의 경우를 부문별 통합이라 한다. 경제통합은 국가의 전체영역을 대상으로 하여 이루어지는 것이 일반적이지만, 국가의 일부지역만을 대상으로 하여 이루어질 수도 있다. 이러한 경우를 국지적 통합이라 부른다.[2]

2. 지역경제통합의 형태

지역경제통합은 발전단계에 따라 보통 5단계로 구분된다. 제1단계는 자유무역지역(FTA: Free Trade Area)이다. 이는 역내국간에 관세 등 상품교역에 관한 장벽을 철폐하는 것을 말한다. 역외국에 대해서는 각국이 독자적인 무역정책을 유지한다. 북미자유무역협정(NAFTA), 아세안자유무역협정(AFTA) 등이 그 예이다. 제2단계는 관세동맹(CU: Custom Union)이다. 이는 역내국간에 상품교역 장벽을 철폐할 뿐만 아니라, 각 역내국이 역외국에 대해 공동의 관세를 부과

1) 예컨대 1952년에 결성된 유럽석탄철강공동체, 1965년에 체결된 미·캐나다간 자동차 자유무역협정 등을 들 수 있다.

2) 예컨대 인도네시아의 바탐섬, 싱가폴, 말레이시아의 조호르 지역간의 공동경제구역 등을 들 수 있다.

[표 15-1] 지역경제통합의 단계

	관세 등 교역장벽철폐	공동 역외관세	생산요소 자유이동	경제정책 조화	초국가기구, 정치적동맹
FTA	○				
CU	○	○			
CM	○	○	○		
EU	○	○	○	○	
CEU	○	○	○	○	○

하는 등 공통의 무역정책을 실시하는 형태이다. 대표적인 예로 1940년대 결성된 베네룩스 3국간의 관세동맹(후에 EC에 흡수)을 들 수 있다. 제 3단계는 공동시장(CM: Common Market)이다. 이는 관세동맹에서 한발 더 나아가, 상품 교역의 자유화뿐만 아니라 역내국간에 자본, 노동 등 생산요소의 자유로운 이동까지 보장하는 형태이다. 그 예로 1960년대 결성된 유럽공동체(EC)(후에 EU로 발전), 남미공동시장(Mercosur), 중앙아메리카 공동시장(CACM) 등을 들 수 있다.

제 4단계는 경제동맹(EU: Economic Union)이다. 이는 공동시장의 성격에 더하여, 역내국간에 경제정책의 조정과 조화를 도모하는 단계이다. 현재 유럽연합(EU: European Union)이 이 단계에 있다고 볼 수 있을 것이다. 그리고 마지막 제 5단계는 완전한 경제통합(CEU: Complete Economic Union)이다. 이는 경제정책의 조정에서 한발 더 나아가, 모든 경제정책의 통일을 추구한다. 이를 위해서는 초국가적인 기구가 필요하며, 경제면에서뿐만 아니라 정치적 · 사회적 측면에서의 통합이 수반된다. EU는 단일통화를 쓰고 있고, 이를 관리하는 중앙은행을 두고 있다. 이는 완전한 경제통합의 측면이라 볼 수 있을 것이다.

3. 지역경제통합의 효과

그러면 국가들은 왜 지역경제통합체를 결성하는 것일까? 이를 결성함으로써 뭔가 이득이 있기 때문일 것이다. 이러한 이득이 무엇인지 살펴보도록 하자.

지역경제통합에 따른 이득은 정태적 효과, 그리고 시간이 경과함에 따라 나타나는 동태적 효과, 그리고 비경제적인 측면에서의 효과로 나누어 볼 수 있다. 정태적 효과로서, 지역경제통합의 대표적 이득으로 거론되는 것은 무역창출효과라는 것이다. 무역창출효과(trade creation effect)란 역내국간에 관세가 철폐됨으로써 역내에서 상품의 생산지가 생산비가 높은 국가로부터 생산비가 낮은 국가로 이동하고, 이에 따라 새로운 교역이 발생하는 효과를 말한다.

다음과 같은 예를 들어 보자. A, B, C 3국이 있고 어떤 상품을 생산하는 비용이 각각 35달러, 26달러, 20달러라고 하자. 현재 A국이 이 상품에 대해 100%의 관세를 부과하고 있다고 하자. 그러면 A국 시장에서 B국의 상품 가격은 52달러, 그리고 C국의 상품 가격은 40달러가 될 것이고, 따라서 A국은 이 상품을 B국이나 C국으로부터 수입하지 않을 것이다.

이제 이들 3국 중 A국과 B국이 관세동맹을 결성했다고 하자. 즉 A국과 B국간에는 관세를 철폐하고, C국에 대해서는 100%의 관세를 유지한다고 하자. 그러면 상황이 어떻게 변할 것인가? 이제 B국의 상품은 A국에서 26달러에 팔릴 것이다. 반면 C국의 상품 가격은 계속 40달러일 것이다. A국은 더이상 이 상품을 국내에서 생산하지 못한다. 이 상품의 소비는 이제 전적으로 B국으로부터 수입에 의해 이루어지게 된다. 이게 무슨 이득인가? 국내생산이 사라지고 대신 수입이 발생했는데 손해 아닌가?

얼핏 보면 손해 같지만 이득이다. 왜? A국에서는 이 상품 한 단위를 만들기 위해 35달러만큼의 국내자원이 투입된다. 이 상품의 생산을 한 단위 줄이고 이에 투입되었던 35달러의 자원을 A국이 수출하는 어떤 상품을 만드는 데 투입하도록 하자. 대신 이 상품은 B국에서 26달러의 가격에 수입하여 소비하도록 하자. 그러면 손익이 어떻게 되는가? 35달러만큼의 소득이 발생하고 26달러 만큼의 지출이 발생하였다. 즉 9달러만큼의 순이득이 생긴 것이다. A국의 수출상품이 없으면 어떡하나? 이제 와서 이런 질문을 하는 학생이 있으면 곤란하다. 4장에서 누누이 강조했던 비교우위의 원리를 생각하라.

즉 무역창출효과란 관세의 철폐에 의해 역내국간 비교우위에 따른 특화가 실현되고, 이에 따라 국내의 자원이 보다 효율적으로 사용되며, 그 결과 역내국의 후생이 증대하는 효과를 말한다.

그런데 역내국간의 관세철폐는 이런 긍정적인 효과만 있는 것은 아니며 경우에 따라서는 오히려 부정적인 효과가 나타날 수도 있다. 다음의 예를 보자. 앞의 예와 마찬가지로 A, B, C 3국이 있고 국내생산비는 역시 35달러, 26달러, 20달러라고 하자. 지금 A국은 이 상품의 수입시 50%의 관세를 부과하고 있다고 하자. 그러면 A국 시장에서 B국 상품의 가격은 39달러, C국 상품의 가격은 30달러가 될 것이고 A국은 C국으로부터 이 상품을 수입할 것이다. 이제 A국과 B국간에 관세를 철폐하고 C국에 대해서는 계속 50%의 관세를 유지한다고 하자. 그러면 A국 시장에서 B국 상품의 가격은 26달러로 떨어질 것이고 A국의 수입선은 C국에서 B국으로 전환될 것이다.

이에 따른 후생효과는 어떻게 되는가? C국에서 이 상품을 수입하는 경우 C국에 지불하는 금액은 단위당 20달러였다(30달러가 아니다. 10달러는 A국 정부의 관세수입으로 결국 A국의 소득이 된다). 그런데 B국으로 수입선이 전환됨으로써 이 상품의 수입에 단위당 26달러를 지불해야 하는 것이다. 즉 단위당 6달러의 손실이 생겨난 것이다. 이러한 효과를 무역전환효과라 한다. 즉 무역전환효과(trade diversion effect)란 역내국간의 관세 철폐로 인해 생산비가 낮은 역외국으로부터 수입하던 상품이 생산비가 더 높은 역내국으로부터 수입하게 됨으로써 발생하는 부정적 효과를 말하는 것이다.

결국 지역경제통합에 따른, 보다 정확히 표현하면 역내국간 관세철폐에 따른 이득은 무역창출효과가 무역전환효과를 초과하는 경우에 발생한다. 일반적으로 무역창출효과가 무역전환효과보다 크게 나타난다. 그러나 경우에 따라서는 무역전환효과가 무역창출효과보다 크게 나타나는 경우도 있다. 그러면 이러한 경우 경제통합의 근거는 없어지는 것인가? 꼭 그렇다고는 말할 수 없다. 왜냐하면 경제통합에 따른 다른 효과들도 있기 때문이다.

시장의 규모가 커짐으로써 기업들은 규모의 경제를 실현할 수 있을 것이다. 규모의 경제란 이미 여러 번 언급한 바와 같이 생산의 확대에 따라 생산효율이 증가하고 이로 인해 평균생산비가 하락하는 것을 말한다. 또한 생산의 증대에 의해 기업들은 보다 많은 학습효과를 얻을 수 있고 이는 미래의 생산성 향상으로 연결될 수도 있는 것이다. 또한 경제통합으로 동일 산업에서 경쟁하는 기업의 수가 증대되는 경우, 그 동안 독과점 시장구조 안에서 안주하던 기업들의 비효율이 축출되고 해당산업의 생산효율이 증대되는 효과가 나타날 수도 있을 것이다. 즉 경쟁촉진의 효과이다. 이러한 규모의 경제 효과나 경쟁촉진 효과는 시간이 지남에 따라 점차적으로 나타나는 효과라는 점에서 동태적 효과라 부른다.

또한 경제통합에 따른 중요한 동태적 효과로서 외국인직접투자 유치 효과를 빼놓을 수 없다. 경제통합을 하면 역내국에 외국인직접투자의 유입이 일반적으로 증대한다. 그 원인은? 일단 시장 규모가 커지기 때문이다. 하나로 통합된 확대된 시장규모는 역외국의 기업들이 역내에 진출하도록 하는 새로운 매력 포인트가 되는 것이다. 또한 역내국의 기업과 경쟁관계에 있는 역외국 기업의 경우 수출을 통해서 역내국 시장에서 경쟁하는 경우 관세 등 차별이라는 불이익을 감수해야만 한다. 이러한 차별을 극복하기 위해서는 역내국 시장에 직접 진출해서 생산 · 판매하는 수밖에 없는 것이다. 또한 경제통합시 역내국간의 직접투자도 더욱 활성화된다. 시장이 하나로 통합된 상황에 굳이 생산비가 높은 국가에 입지할 이유가 없는 것이다. NAFTA의 출범으로 많은 미국기업들이 멕시코에 진출한 것은 이런 이유 때문인 것이다.

한편 지역경제통합에 따른 비경제적 효과로서 역내국간에 정치적 결속이 보다 강화되고, 국제사회에서 위상이나 교섭력이 높아진다는 점 등을 생각할 수 있다. EU 회원국들의 경우 WTO 등에서 EU라는 하나의 교섭집단으로서 큰 파워를 행사하고 있으며, 아세안 역시 개개 국가의 힘은 약하지만 아세안이라는 결속을 통해 개도국의 한 축을 형성하고 있는 것이다.

4. 지역경제통합과 세계화

여러분 중에 한 가지 의문점을 갖고 있는 사람들이 있을 것이다. 어떻게 지역경제통합체가 WTO라는 체제하에서 존재할 수 있는가? 지역경제통합체는 역내국간에만 서로 특혜를 부여하고 이러한 특혜를 역외국에 대해서는 부여하지 않는다. 즉 최혜국대우의 위반인 것이다. 그리고 우리가 WTO에 대해서 설명할 때, WTO의 가장 중요한 원칙은 최혜국대우의 원칙이라고 했다. 그러면 이러한 모순은 어떻게 설명될 수 있을 것인가?

답은 간단하다. WTO에서 지역경제통합체는 최혜국대우의 원칙 적용에 관한 예외 사항으로 인정하고 있기 때문이다. 최혜국대우는 WTO의 가장 핵심적인 원칙이다. 그런데 이 원칙에 대한 대표적인 예외 사유가 두 가지 있다. 하나는 지역경제통합체에 대한 예외이고, 또 하나는 우리가 앞장에서 설명한 바와 같이 개도국에 대한 일반특혜관세 부여이다. 개도국에 대한 특혜관세 부여는 개도국 지원이라는 취지하에 정당성을 갖는다고 치고, 그렇다면 지역경제통합체에 대해 최혜국대우 예외를 인정하고 있는 취지는 무엇인가?

WTO가 지향하는 목표는 범세계적인 자유무역 — 보다 정확히 표현하면 다자간 자유무역, 즉 다자주의(multilateralism) — 이라 할 수 있다. 그리고 다자주의야말로 세계화의 진정한 모습이라 볼 수 있을 것이다. 그러면 지역경제통합은 다자주의와 어떤 관계가 있는가? 지역경제통합은 역내국간에는 자유무역, 역외국에 대해서는 보호무역이라는 이중적 성격을 갖고 있다. 이 중 자유무역의 성격은 다자주의와 상통하지만, 보호무역의 성격은 다자주의와 상충되는 성격이라 할 수 있다.

지역경제통합과 다자주의의 관계에 관해서는 이들간의 상통성과 상충성 중 어느쪽을 강조하느냐에 따라 두 가지 상반된 시각으로 나누어진다. 먼저 상충성을 강조하는 경우, 지역경제통합은 다자주의의 진행을 저해하는 걸림돌(stumbling block)로 본다. 즉 이를 용인하면 상호 경쟁적인 경제블록이 형성되고, 이들간의 차별이 심화되며, 궁극적으로 세계경제는 다자주의와는 거리가 먼 지역 분할주의의 결과가 초래된다는 것이다. 이에 반해 상통성을 강조하는 경우, 지역경제통합은 다자주의 완성을 위한 디딤돌(building block)로 본다. 경제수준이 다르고, 이해관계가 다른 많은 국가들간에 동시에 자유무역을 추진하는 것은 현실적으로 적지 않은 어려움이 있으며, 따라서 그 진행속도도 느릴 수밖에 없다. 따라서 보다 높은 수준의 자유화에 대해 이해를 같이 하는 국가들간에 먼저 자유화를 추진하라는 것이다. 즉 지역경제통합은 다자주의의 완만한 진행이 갖는 약점을 보완하고 궁극적으로 다자주의 완성으로 가는 하나의 단계로 본다는 것이다.

WTO에서 지역경제통합체에 대해 최혜국대우 원칙 적용의 예외를 인정해 주고 있는 것은 지역경제통합체를 다자주의의 걸림돌이 아니라 디딤돌로 본다는 입장을 반영한 결과라 할 수 있다.

한편 이러한 논리적 이유와 함께 WTO체제로 대변되는 세계교역체제에서 지역경제통합을 인정할 수밖에 없는 현실적인 이유도 있다. 지역경제통합에 대한 최혜국대우 예외 인정은 비단 WTO체제하에서 처음 도입된 것은 아니며, 이미 GATT의 출범 당시부터 인정되어 왔다. 그러면 GATT의 출범 당시에도 걸림돌이니 디딤돌이니, 다자주의니 지역주의니 하는 논쟁이 있었겠는가? 그렇지 않다. 그러나 GATT의 출범시 지역경제통합에 대해 현실적으로 예외를 인정해 줄 수밖에 없었던 것은 당시 영연방, 불란서연방 등과 같이 특정국들간에 특혜를 부여하는 지역체들이 존재하고 있었다는 것이다. 영연방은 GATT 제1조 위반이니 해체해라, 아니 적어도 경제적 교류에서 서로간에 특혜 부여하는 것을 중단하거나 그러한 특혜를 다른 모든 국가들한테 주어라 하고 명령한다면 영국이 GATT에 가입했을 것인가? 아마도 영국은 우리는 영연방이 더 좋으니 너희끼리나 GATT해라 하고 나왔을지도 모른다. 지금도 비슷하다. 유럽국가들한테 EU는 최혜국대우 위반이니 이를 해체하거나 아니면 미국, 일본, 한국 등 모든 WTO 회원국에 똑같이 문호를 개방하라고 한다면 EU는 어떤 반응을 보일까? 아마도 EU 회원국들은 차라리 WTO에서 모두 탈퇴하겠다고 나올지 모른다. 즉 지역주의라고 하는 것은 GATT나 WTO에서 다루기에 힘에 겨운 현실적인 존재인 것이다.

5. 지역경제통합의 추세 및 현황

지역경제통합이 진정한 의미의 세계화로 가는 디딤돌이든 걸림돌이든, 분명한 것은 WTO 체제하에서 그 존재가 용인되고 있는 상황하에서 그 진행이 계속 심화되는 양상을 보이고 있다는 것이다. [표 15-2]에서는 GATT 및 WTO에 통보된 지역경제통합체의 추세를 보여 주고 있다. 1990년대 이전까지 30여 개에 불과했던 지역경제통합체의 수는 이후 급격히 증가하여 2001년말에는 150여 개에 이르는 것으로 파악되고 있다. 특히 90년대 후반기에만 90여개의 새로운 지역경제통합체가 결성된 것으로 나타나고 있다.

90년대 이후 지역경제통합이 크게 확산된 이유는 무엇인가? 아마도 가장 중요한 이유는 다자주의 진행속도에 대한 불만이라 할 수 있을 것이다. 우루과이 라운드 협상이 순탄하게 진행되지 못하고 90년대 들어서는 협상 타결의 전망 마저 불투명해지면서 주요국들을 중심으로 다자주의에 대한 불만이 커지게 되었다. 이러한 분위기하에서 유럽의 경제통합은 더욱 속도를 가하였고, 지역경제통합에 대해 소극적인 입장을 보여왔던 미국 역시 NAFTA를 결성하면서 지역주의

[표 15-2] 지역경제통합의 추세

기 간	개수	예
1948−1960	2	EC(유럽공동체: 1957), EFTA(유럽자유무역지역: 1960)
1961−1965	1	CACM(중미공동시장: 1961)
1966−1970	3	아이슬랜드 EFTA 가입(1970)
1971−1975	9	EC · 노르웨이 FTA(1973), CARICOM(카리브해공동시장: 1974)
1976−1980	9	EC · 요르단 FTA(1977)
1981−1985	6	미 · 이스라엘 FTA(1985)
1986−1990	0	
1991−1995	32	MERCOSUR(남미공동시장: 1991), NAFTA(북미자유무역협정: 1994)
1996−2001	90	EC · 체코 FTA(1996), 불가리아 · 터키 FTA(1999), EU · 멕시코 FTA(2000)
계	152	

무대에 본격적으로 뛰어들게 되었다. 이러한 양대 경제대국의 움직임은 다른 국가들한테도 지역경제통합에 대한 관심을 크게 자극시키고 경계심을 불러일으키면서, 각국이 경쟁적으로 지역경제통합체를 결성하는 분위기를 만들어내게 되었던 것이다. 2001년에는 그동안 어떤 지역경제통합체에도 참여하지 않던 일본 마저 싱가폴과의 FTA 결성을 시작으로 지역주의에 발을 들여 놓았고, 우리나라 역시 칠레와의 FTA를 시작으로 지역경제통합에 적극적으로 나서기 시작하였다.

각 지역별로 지역경제통합의 추세 및 현황을 살펴보도록 하자. 지역경제통합에 가장 오랜 역사를 갖고 있고 또한 발전단계가 가장 높은 지역은 말할 필요없이 유럽대륙이라 할 수 있을 것이다. 유럽대륙에서 지금의 경제통합의 시점이 된 것은 1952년 프랑스, 독일, 이태리, 베네룩스 3국의 6개국간에 유럽 석탄 · 철강 공동체를 결성하면서부터라 할 수 있다. 이후 1957년에 이 부문별 통합체는 관세동맹의 성격을 갖는 전면적 통합체, 즉 유럽경제공동체(EEC: European Economic Community)(이 공동체를 결성한 조약이 로마조약이다)로 발전하였다.[3] EEC는 1967년 EC라는 명칭으로 재편되었고, 영국, 덴마크, 아일랜드(이상 1973

3) 한편 당시 프랑스와의 관계 등으로 EEC에 참여하지 못했던 영국은 오스트리아, 덴마크, 노르웨이, 포르투칼, 스웨덴, 스위스와 함께 자유무역지역을 결성(1960)하게 되는데, 그것이 EFTA이다.

년), 그리스(1981), 스페인, 포르투칼(1986)이 가입하면서 확대되었다. 1986년 EC는 단일유럽법(SEA: Single European Act)을 제정하는데, 이는 1992년말까지 역내 모든교역장벽(상품 및 자본, 노동 등에 대한)의 제거를 통해 유럽단일시장을 출범시킨다는 것이었다. 즉 관세동맹에서 공동시장의 단계로 발전한 것이다. 단일시장의 출범이 본궤도에 오르자 EC는 1992년 경제통화동맹(EMU: European Monetary Union)과 유럽정치동맹(EPU: European Political Union)을 포함하는 유럽연합(EU: European Union)을 결성한다는 내용의 유럽연합조약, 일명 마스트리트 조약을 체결하였다. 즉 단일시장에서 경제동맹, 완전한 경제통합의 단계로 접어든 것이다. 1995년 오스트리아, 핀란드, 스웨덴의 가입으로 회원국이 15개국으로 확대되었다.

미주 대륙에서 대표적인 지역경제통합체는 북미자유무역지대(NAFTA)이다. 유사한 역사 배경을 갖고 있고 지리적으로도 인접한 미국과 캐나다는 1960년대 자동차 부문의 자유무역확대를 위하여 미-캐나다간 자동차협정을 체결하였고, 1988년에는 전부문에서의 미-캐나다간 자유무역협정으로 발전시켰다. 그리고 1994년에는 미국과 캐나다뿐만 아니라 멕시코도 참여하는 3국간의 자유무역협정이 발효되었다. NAFTA는 명칭은 FTA라는 용어가 붙여져 있지만, 앞에서 언급한 FTA의 정의보다 발전된 성격을 지니고 있다. 즉 서비스를 포함한 상품의 자유로운 교역뿐만 아니라 사실상 자본의 자유로운 이동까지 내용에 담고 있다. 한편 남미지역에서 대표적인 경제통합체는 브라질, 아르헨티나, 우루과이, 파라과이 4개국간에 1991년에 결성된 남미공동시장(MERCOSUR)이라 할 수 있다. 그리고 1960년대에 결성된 중남미공동시장(CACM)(과테말라, 엘살바도르 등 6개국)도 있다.

현재 미주대륙에서 진행되고 있는 것은 미주대륙 전체를 대상으로 하는 자유무역지대, 즉 미주자유무역지대(FTAA: Free Trade Area of America)의 결성이다. 쿠바를 제외한 34개국이 참여한 가운데, FTAA 결성을 위한 협상이 진행중에 있다. 목표는 2005년까지 협상을 마무리짓고 FTAA를 출범시킨다는 것이다. FTAA가 출범하는 경우 미주대륙은 거대한 하나의 시장으로 통합되는 것이다.

유럽대륙과 미주대륙과 달리, 동아시아지역에서의 경제통합은 아직 낮은 수준이다. 동아시아지역에서 대표적인 경제통합체는 1992년에 결성되었고 현재 동남아 10개국이 참여하고 있는 아세안 자유무역지대(AFTA: ASEAN Free Trade

Area)이다. 최근 유럽과 미주대륙의 움직임에 자극을 받아 동아시아 지역에서도 경제통합체 결성에 관한 논의가 이루어지고 있다. 예컨대 한·중·일 3국간의 동북아 자유무역지대 구상이라든지, 한·중·일 3국과 동남아 10개국을 연결하는 동아시아 자유무역지대의 구상 등이 그러한 것이다. 그러나 이러한 구상은 아직까지 초보적인 논의 단계에 머물러 있을 뿐이다. 유럽이나 미주대륙과 달리 국가간의 이질성이 크고 구심점 내지 주도국도 뚜렷치 않은 동아시아지역에서 경제통합체가 성공적으로 출현할 수 있을 지는 아직 예단하기 어렵다.

각 지역별로 경제통합의 진행상황을 보면 마치 세계경제가 몇 개의 블록으로 분리되고 있는 것처럼 보일 것이다. 동아시아지역 전체를 대상으로 하는 자유무역지대가 결성된다면 세계의 경제지도는 유럽, 미주, 동아시아의 3대 시장으로 분리된, 세계경제 삼국시대의 지도로 그려질 수 있을 것이다. 그리고 이러한 지역별 분리와 각 지역 내 통합의 심화는 세계경제의 통합, 즉 세계화를 저해하는 걸림돌이 될 것처럼 보인다. 그러나 현재 진행되고 있는 또 하나의 양상, 즉 각 지역간에 이루어지는 경제통합의 양상을 보면 반드시 그렇지만도 않다. EU는 멕시코와 2000년에 FTA를 결성하였고, MERCOSUR와도 FTA를 추진하고 있다. 캐나다도 EU와 FTA를 추진하고 있다. 또한 미국과 EU는 범대서양자유무역지대(TAFTA)에 대해서도 논의를 진행하고 있다. 아세안은 MERCOSUR와 FTA를 추진하고 있으며, 일본도 멕시코와의 FTA를 추진하고 있다. 즉 지역 내 통합뿐만 아니라 각 지역을 연결하는 네트워크의 구축도 활발히 진행되고 있는 것이다. 그리고 이러한 지역간의 연결을 고려할 때 지역경제통합은 세계화의 걸림돌이 아니라 디딤돌이 되고 있는 것처럼 보이는 것이다.

지역간의 연결이라는 측면에서 좀더 큰 역할이 기대되는 국제기구가 아태경제협력체(APEC)와 아시아·유럽회의(ASEM)이다. 이들 기구는 경제통합체가 아니라 경제협력체이다. APEC(Asia Pacific Economic Cooperation)은 아시아 태평양 지역의 21개국이 참여하고 있는 경제협력체로서, 1989년 발족되었고 1993년부터는 매년 정상회담을 개최하고 있다. ASEM은 동아시아 10개국과 EU 15개국이 참여하고 있는 협력체로서 1996년 발족되었고 매 2년마다 역시 정상회담을 개최하고 있다. 양 기구 모두 참여국들간의 경제교류 활성화를 목표로 하고 있다. 두 기구를 굳이 비교하자면 ASEM에 비해 APEC의 발전수준이 다소 높다고 볼 수 있다. APEC의 경우 1994년 인도네시아 보고르에서 있었던 제2차 정상회담에서 선진 회원국은 2010년, 그리고 개도국 회원국은 2020년까지 역내 무역·투자 자유화를 달성한다는 목표를 설정하고, 이를 위한 세부계획을 추진해왔다. 그러나 90년대 후반 이후 APEC의 활동은 상당히 약화되는 듯한 모습을 보이고 있어, 단지 선언에 불과한 이러한 목표가 달성될 수 있을지에 대해서는 분명치 않다. 이들 지역간 협력체의 활동이 보다 활성화된다면 지역경제통합이 세계경제통합의 걸림돌이라는 부정적 성격보다 디딤돌이라는 긍정적 성격이 보다 부각될 수 있을 것이다.

칠레보다는 일본?

우리나라는 왜 FTA의 첫번째 파트너로서 칠레라는 국가를 택했을까? 칠레는 우리나라와 거리도 멀고 교역도 그리 많지 않은 나라인데. 칠레가 만만해 보여서? 우리나라하고 FTA하겠다는 나라가 칠레밖에 없어서? 우리나라가 칠레와 FTA를 추진하면서 그 이유로 언급한 것들을 보면, 칠레와 우리나라의 경제구조는 경쟁적이지 않고 상호보완적인 측면이 강하기 때문에 큰 무리없이 자유무역을 추진할 수 있으며, 칠레를 중남미시장의 교두보로 삼을 수도 있고, 칠레는 FTA의 경험이 많기 때문에 그 경험을 이전받을 수도 있다는 것 등이었다. 이중 첫번째 이유에 대해 생각해 보자.

콜럼비아 대학교의 석학 바그와티 교수는 2002년 우리나라를 방문해 모 일간지와의 인터뷰에서 "한·칠레처럼 경쟁이 아닌 상호보완적인 관계의 국가간에 FTA를 맺는 것은 경제발전에 별 도움이 안 된다"고 언급했다. "한국, 칠레 두 나라는 지리적으로 너무 멀고, 경제체제도 경쟁관계가 아니어서 FTA의 진정한 의미를 살릴 수 없다. FTA는 비슷한 산업끼리 경쟁을 붙여 불필요한 부분을 도려내는 프로그램이다. 테니스를 못치는 사람과 테니스를 하면 배울 게 없는 것과 같은 이치다." "한국은 경제체제가 비슷한 싱가포르, 대만, 홍콩 등 주변국가들과 FTA를 맺어야 한다. 그래야 비슷한 산업끼리 경쟁하게 돼 경제체제를 더욱 효율적으로 만들 수 있는 것이다." 또한 "한국이 주변 아시아 국가들과 FTA를 맺는다면 WTO 협상에서 아시아의 이익을 위한, 아시아 국가들만의 협상력을 발휘할 수 있을 것이다." 또한 "다른 나라가 FTA를 맺는다고 해서 무조건 따라하는 것도 바람직하지 않다. FTA의 목적은 시장접근의 촉진이라는 원칙을 잊어서는 안 된다"고 언급했다. 일본과의 FTA에 대해서는 "한국상품의 일본시장 접근이 가능한지 여부가 한·일 FTA의 관건"이라면서 기대감을 표시했다.

FTA의 파트너로서 보완적인 국가가 적절한가 아니면 경쟁적인 국가가 적절한가? 바그와티 교수가 언급하고 있는 것은 원론적인 이야기라 할 수 있다. 경쟁적인 구조를 가진 국가가 파트너가 될수록 무역창출효과가 클 것이기 때문이다(왜? 무역창출효과의 개념을 잘 살펴보라). 또한 4장에서 설명한 바와 같이 자유무역의 이익은 비교우위 산업에 특화하는 방향으로 국내 산업구조 조정이 이루어짐으로써 발생하는 것이다. 만일 양국의 산업구조가 보완적이라면 FTA를 체결한다고 해서 이런 식의 산업구조 조정이 일어날 여지가 별로 없을 것이다.

그렇다면 우리나라의 논리가 틀린 것인가? 단순히 경제적인 측면에서만 본다면 보완적 국가간의 FTA 효과는 적을 것이다. 그러나 정치적 측면에서 보면 이해가 간다. 산업구조 조정은 결국 이해집단의 상당한 반발을 야기할 것이고, 이는 정치적으로 상당한 부담이 될 수밖에 없는 것이다. 그러나 생각해 보라. 칠레와의 FTA 추진과정에서 반발이 없었는가? 여러분들은 뉴스에서 한·칠레 FTA를 반대하는 농민들의 격렬한 데모를 보았을 것이다. 우리나라와 칠레는 분명히 경제전체적인 측면에서는 보완적인 산업구조의 성격을 강하게 갖고 있다고 볼 수 있다. 우리나라는 제조업에서 강점을 갖고, 칠레는 농업이나 수산업에서 강점을 갖고 있다. 그렇다고 해서 양국간에 전혀 경쟁관계가 없는 것은 아니다. 우리나라에 농업과 수산업이란 산업이 존재하고 칠레에도 제조업이 있다. 각국에 존재하는 산업이 전혀 다른 식으로 보완관계를 갖는다면 FTA로 인한 국내 갈등도 없을 것이지만, 대신 FTA의 효과도 거의 없을 것이다. 그러나 이런식의 완벽한 보완관계를 갖는 국가는 없을 것이다. 어느 정도의 경쟁, 그리고 구조조정은 감수해야 하는 것이다.

농업 분야가 자유무역에서 특히 문제가 되는 이유는 다른 산업에 비해 단기적으로 구조조정이 어렵다는 데에 있다. 제조업 내에서 A라고 하는 산업에서 B라고 하는 산업으로의 구조조정과, 농업에서 제조업으로의 구조조정을 생각해 보면 후자의 경우가 훨씬 어려울 것임을 쉽게 생각할 수 있을 것이다. 평생을 농사만 지어온 농부에게 제조업에 가서 일하라고 한다면 그것이 쉽게 되겠는가? 산업구조조정이라는 측면에서 농업이 갖는 특수성은 우리가 현실적으로 받아들일 수밖에 없다. 농업문제를 고려할 때, 사회적 갈등을 가능한 적게 한다는 정치적 측면과 FTA의 효과를 크게 한다는 경제적 측면을 모두 만족시킬 수 있는 적절한 FTA의 파트너는 어느 나라일까?

바그와티 교수는 홍콩, 싱가폴, 대만 등을 언급했지만, 저자의 생각으로 대만은 모르겠지만, 홍콩, 싱가폴은 아닌 것 같다. 쉬운 파트너인 것은 분명하지만 그 효과도 별로 없을 것이다. 저자는 일본이야 말로 우리나라가 최우선적으로 추진해야 할 FTA의 파트너라고 본다. 일본은 우리나라와 마찬가지로 농업 얘기만 나오면 히스테리 반응을 보이는 국가인지라 농업이 문제가 될 것 같지는 않다. 제조업의 경우 양국의 산업구조는 경쟁성과 보완성을 두루 갖추고 있다. 일본과의 FTA가 이루어지면 양국 모두에서 제조업 내에서의 상당한 경쟁촉진과 산업구조조정이 일어날 것이다. 정확히 어떻게 될지는 모르겠지만 분명한 것은 양국간에 산업간 분업체제, 그리고 한 산업 내에서도 세분화된 분업체제가 상당히 진척될 것이라는 것이다. 즉 우리가 4장에서 언급한 분업의 이익을 더욱 실현할 수 있을 것이라는 것이다.

물론 일본과의 FTA에도 적지 않은 갈등이 나타날 것이다. 제조업 내에서도 살을 도려내야 하는 산업은 반발할 것이다. 그러나 일본과의 FTA의 경우 이러한 이해집단의 반발보다도 상대가 일본이라는 특수성 때문에 문제가 될 수 있을 것이다. FTA는 비단 경제적인 측면뿐만 아니라 사회 전반에 적지 않은 영향을 미치는 사안이기 때문이다. 일본에 대한 과거의 감정은 FTA 추진에 적지 않은 부담이 될 수 있을 것이다. 그러나 세계는 빠르게 변하고 있다. 과거에 집착하는 경우 발전을 기대할 수 없다. 지금 우리 국민이 원하고 있는 것이 무엇인가? 노동시간을 단축하고 더 많이 놀고 싶어한다. 그러면서 소득은 과거처럼 계속 올라가기를 바란다. 이에 대한 해법은 안에 있지 않고 밖에 있는 것이다. 분업의 이익이 무엇이라 그랬는가? 분업을 할수록 더 적게 일하고도 더 높은 생활수준을 누릴 수 있다고 하지 않았는가?

주요 인용문헌

〈국내문헌〉

「경제학 대사전」. 제3전정판. 박영사. 2000

강인수 외, 「국제통상론」. 제3판. 박영사. 2002

이영우, 「헤지펀드 운용실태와 국별 환투기 사례분석」. 대외경제정책연구원. 1998

정재영 외, 「국제통상론」. 법문사. 2000.

Clive Archer / 김강녕 번역. 「국제기구론」. 문우사. 1992

Thomas L. Friedman / 신동욱 번역, 「렉서스와 올리브 나무」. 창해, 1999

Frances Cairncross / 홍석기 번역, 「거리의 소멸」. 세종서적. 1999

Roger Lowenstein / 이승욱 번역, 「천재들의 실패」. 동방미디어. 2001

Paul Krugman / 김광전 번역, 「팝 인터내셔널리즘」. 한국경제신문사. 1997

한국은행, 「알기쉬운 경제지표 해설」. 한국은행. 2000

〈외국문헌〉

Alesina, A., R. Di Tella, and R. MacCulloch. 2001. "Inequality and Happiness: Are Europeans and Americans Different?" National Bureau of Economic Research Working Paper 8198

Arrow, K. 1962. "Economic Welfare and the Allocation of Resources for Invention." in R.R. Nelson (ed.), *The Rate and Direction of Invention Activity*

Atkinson, A. 1998. "The distribution of Income in Industrialized Countries." Income Inequality: Issues and Policy Options Symposium Proceedings, Federal Reserve Bank of Kansas City

Baldwin, R.E. and P. Martin. 1999. "Two Waves of Globalization: Superficial Similarities, Fundamental Differences." National Bureau of Economic Research Working Paper 6904

Baumol, W. and E. Wolff. 1988. "Productivity Growth, Convergence, and Welfare: Reply." American Economic Review 78(5): 1155-1159

Bordo, M.D., B. Eichengreen, and D.A. Irwin. 1999. "Is Globalization Today Really Different than Globalization a Hundred Years Ago?" National Bureau of Economic Research Working Paper 7195.

Bordo, M., B. Eichengreen, D. Klingegiel, and M.S. Martinez-Peria. 2001. "Is the Crisis Growing More Severe?" Economic Policy 31: 51-82

Bourguignon, F. and C. Morrisson. 2002. "Inequality among World Citizens: 1820-1992." American Economic Review 92(4): 727-744

Clark, X., D. Dollar, and A. Kraay. 2001. "Decomposing Global Inequality, 1960-99." World Bank, Washington, D.C.

Cline, W. 1999. "Trade and Income Distribution." Institute for International Economics. Washington, D.C.

Dollar, D. 2001. "Globalization, Inequality, and Poverty Since 1980." World Bank, Washington, D.C.

Dollar, D. and A. Kraay. 2001. "Trade, Growth and Poverty." Policy Research Working Paper 2199, World Bank, Washington, D.C.

Dorwick, S. and J.B. Delong. 2001. "Globalization and Convergence." Paper for NBER Conference on Globalization in Historical Perspective.

Dunning, J.H. 1993. *Multinational Enterprises and the Global Economy*. Addison-Wesley

Eichengreen, B. 2001. "International Financial Crisis: Is the Problem Growing?" festshrift in honor of Carl-Ludwig Holtfrerich

Frankel, J. 2000. "Globalization of the Economy." in *Governance in a Globalizing World*, Brookings Institution

Jackson, J. 1989. *The World* Trading System. The MIT Press, Cambridge, MA.

Keller, W. 2001. "Knowledge Spillovers at the World Technology Frontier." CEPR Working Paper 2815

Keller, W. 2002. "Geographic Localization of International Technology Diffusion." American Economic Review 92(1): 120-142

Keohane, R. and J.S. Nye Jr. 2000. "Governance in a Globalizing World: Introduction." Brookings Institution. Washington, D.C.

Krugman, P. 1998. "Fire-sale FDI" Paper prepared for NBER Conference on Capital Flows to Emerging Markets

Levein, R.C., A.K. Klevorick, R.R. Nelson, and S.G. Winter. 1987. "Appropriating the Returns from Industrial R&D." Brookings Papers on Economic Activity: Special Issues on Microeconomics: 783-820

Lindert, P.H. and J.G. Williamson. 2001. "Does Globalization Make the World More Unequal?" National Bureau of Economic Research Working Paper 8228

McCulloch, R. 2000. "Globalization: Historical Perspective and Prospects." Paper presented at the 26th Pacific Trade and Development Conference, "Globalization in the New Millenium"

Mussa, M. 2000. "Factors Driving Global Economic Integration." Paper presented at the symposium on "Global Opportunities and Challenges" sponsored by the Federal Reserve Bank of Kansas City

O'Rourke, K. and J.G. Williamson. 2000. "When did Globalization begin?"

National Bureau of Economic Research Working Paper 7632

OECD. 2001. "Understanding the Digital Divide." OECD, Paris

Rodriguez, F., and D. Rodrik. 1999. "Trade Policy and Economic Growth: A skeptic's Guide to the Cross-national Evidence." National Bureau of Economic Research Working Paper 7081

Rodrik, D. 1997. *Has Globalization Gone too Far?* Institute for International Economics, Washington, D.C.

Rodrik, D. 2000. "How Far will International Economic Integration Go?" Jouranl of Economic Perspective 14(1)

Rodrik, D. 2002. "Feasible Globalization." National Bureau of Economic Research Working Paper 9129.

Romer. P. 1993. "Idea Gaps and Object Gaps in Economic Development." Journal of Monetary Economics 32: 543-573

Sachs, J. 2000. "A New Map of the World." The Economist July 1. 2000

Sala-i-Martin, X. 2002. "The Disturbing Rise of Global Income Inequality." National Bureau of Economic Research Working Paper 8904

Solnik, B.H. 1999. *International Investments*. Addison-Wesley, MA.

Taylor, A.M. 1996. "International Capital Mobility in History: The Saving-Investment Relationship." National Bureau of Economic Research Working Paper 5743

World Bank. 2002. *Globalization, Growth, and Poverty*. World Bank Policy Research Report. Washington, D.C.

색 인

저자 소개

서울대학교 경제학과 졸업
Columbia University 경제학 박사
대외경제정책연구원 연구위원
현 동국대학교 경제통상학부 경제학과 교수

e-mail: khkim@dongguk.edu

세계화와 글로벌 경제

2003년 9월 5일 초판발행
2016년 2월 10일 중판발행

저 자 김 관 호
발행인 안 종 만
발행처 (주) 박영사
서울특별시 종로구 새문안로3길 36, 1601
전화 (733)6771 FAX (736)4818
등록 1959. 3. 11. 제300-1959-1호(倫)

저자와 협의하여 인지 첩부를 생략함

www.pybook.co.kr e-mail: pys@pybook.co.kr

정 가 28,000원 ISBN 978-89-7189-008-0